北京公园生态与文化研究（七）

北京市公园管理中心　主编

中国建筑工业出版社

图书在版编目（CIP）数据

北京公园生态与文化研究．七 / 北京市公园管理中心主编．—北京 ：中国建筑工业出版社，2022.11
ISBN 978-7-112-28078-0

Ⅰ．①北… Ⅱ．①北… Ⅲ．①公园－管理－北京-文集 Ⅳ．①G246-53

中国版本图书馆CIP数据核字（2022）第200975号

责任编辑：杜 洁 兰丽婷
责任校对：董 楠

北京公园生态与文化研究（七）
北京市公园管理中心 主编
*
中国建筑工业出版社出版、发行（北京海淀三里河路9号）
各地新华书店、建筑书店经销
北京鸿文瀚海文化传媒有限公司制版
北京建筑工业印刷厂印刷
*
开本：880毫米×1230毫米 1/16 印张：21¼ 字数：744千字
2022年12月第一版 2022年12月第一次印刷
定价：**149.00**元
ISBN 978-7-112-28078-0
（40194）

《北京公园生态与文化研究（七）》编辑委员会

前　言

PREFACE

2020 年、2021 年是“十三五”收官之年和“十四五”的开局之年，也是学习贯彻北京市委十二届十五次、十六次全会精神，全力服务首都“四个中心”功能建设的关键之年。北京市公园管理中心坚持以习近平新时代中国特色社会主义思想为指导，以习近平总书记对北京重要讲话精神为遵循，在科技工作中，结合“十四五”发展规划，充分整合和利用中心优质的科技资源，聚焦重点领域，进一步明确中心科技发展的目标和重点，完成了一批与首都生态环境建设、公园实际发展需求紧密相关的园林生态、园林植物、园林文化、遗产保护、节能环保等重点领域的科研项目。同时，围绕城市园林绿化发展及京津冀协同发展战略机遇，在公园生态文化、历史名园保护等领域开展合作研究、合作示范、资源共享、成果共享，充分发挥北京市公园管理中心科技资源优势，增强园林科技创新能力和竞争力，全面提升了北京市属公园系统科技创新质量。

《北京公园生态与文化研究（七）》是北京市公园管理中心成立以来第七册以获奖科研课题为内容的论文集，全书收集了 2020 年，2021 年两年中心科技进步奖评选中获奖的科技成果，共 53 篇论文。我们希望通过《北京公园生态与文化研究》的持续编写，为广大园林科技工作者及管理人员提供一个相互学习、广泛交流、深入研讨、促进合作的平台，同时也希望通过学习和交流，提高科学研究水平，切实为北京园林绿化行业高质量发展和历史名园保护发挥科技支撑作用。

编　者

目　录

CONTENTS

北京市公园管理中心 2020 ~ 2021 年科技进步一等奖

北京市公园管理中心 2020 ~ 2021 年科技进步二等奖

北京市公园管理中心2020 ~ 2021年科技进步三等奖

北京市公园管理中心 2020 ~ 2021 年
科技进步一等奖

颐和园水利文物遗迹实地勘查与初步研究①

北京市颐和园管理处 / 张利芳

摘　要：颐和园水利文物遗迹是颐和园文化遗产的重要组成部分。本文构建了清漪园时期水利设施的布局，厘清了清漪园至颐和园不同时期水利活动的主要内容及水利设施的变迁，明确了颐和园现存水利遗迹的类型、数量、现状等问题。

关键词：颐和园；水利文物；勘查；研究

目前，关于颐和园水利文物遗迹的专题研究较少，资料的搜集也较零散。本文旨在以往学者研究的基础上，系统梳理与颐和园水文化活动相关的文献史料和图档等影像资料，通过对水利文物遗迹的实地勘查，掌握这类遗迹的数量、类型、分布、历史变迁、现状、价值、文化内涵等方面的内容，以期更好地保护和传承颐和园文化资源的完整性和原真性。

1　颐和园水利文物遗迹的界定与分类 [1]

颐和园水利文物遗迹类型丰富，历经元明清三代对北京西郊水系的整治及清漪园的建设，逐渐形成了河、湖、堤、闸、桥相分相连的水利体系，解决了城市漕运和供水问题，使昆明湖成为历代都城的调节水库和重要的水系节点。此外，因园林造景需要，在水利设施兴建的基础上，颐和园内还留存诸多因水利工程产生的自然与人文景观和水神崇拜、水利碑刻等单体建筑，这些遗存共同构建了颐和园水利文化遗产的属性和内涵。

依据实地勘查结果，我们大致可将颐和园现存水利文物遗迹分为三类：

第一类：水利基础设施及其配套单体建筑，主要有桥、闸、堤（含驳岸）、水口、码头、船坞等。

第二类：水利景观，主要有石峡水道及其内摩崖石刻、建筑院落内的水池和石桥等。

第三类：水崇拜建筑及纪事碑刻，如东堤铜牛、昆仑石碑、南湖岛龙王庙、万寿山昆明湖碑、湛清轩石碑等。

2　清漪园时期（1750 ~ 1888 年）水利文化内容的初步研究

清漪园的建设源于西郊水利治理，对这一时期水利文化活动的研究，主要以下述史料为依据和线索。

① 本文已收入于《中国古典园林建筑研究与保护学术论文集》，北京市颐和园管理处，文物出版社，2019。

2.1 样式雷图档

现存样式雷图档中有关清漪园的原始图档极少，且多作为颐和园重修的底稿，为颐和园重建所用。《国家图书馆藏样式雷图档·颐和园卷》[2]中能直接或间接反映清漪园时期水利内容的画样有 5 张①，这是了解清漪园布局规划和建设的一手资料。此外，重修颐和园前期所绘制的部分建筑遗址勘测图档②和重修期间补修、拆修、挪修、拆换桥座、码头、船坞等设施的图档③（图 1、图 2），也为还原清漪园时期的水利格局提供了重要参考（图 3）。

2.2 清宫档案

《清宫颐和园档案·营造制作卷》[3]中乾隆、嘉庆、道光、光绪时期的奏折、黄册、工程清单中记载了清漪园时期的部分水利文化活动。列举见表 1。

隨河桶補修五孔木板橋一座橋面長六丈二尺寬一丈二尺至橋面
上皮高八尺中孔金門面闊一丈六尺四次稍孔金門各面闊一
丈一尺
補修三孔木板橋三座內
一座橋面長三丈七尺寬一丈二尺至橋面上皮高八尺中孔金
門面闊一丈六尺二次孔金門各面闊九尺五寸
一座橋面長五丈寬一丈二尺至橋面上皮高八尺金門各面
闊一丈六尺
一座橋面長三丈三尺寬六尺五寸至橋面上皮高八尺中

图 1 337-0120 万寿山后山河桶泊岸码头桥座等工丈尺做法细册（局部）

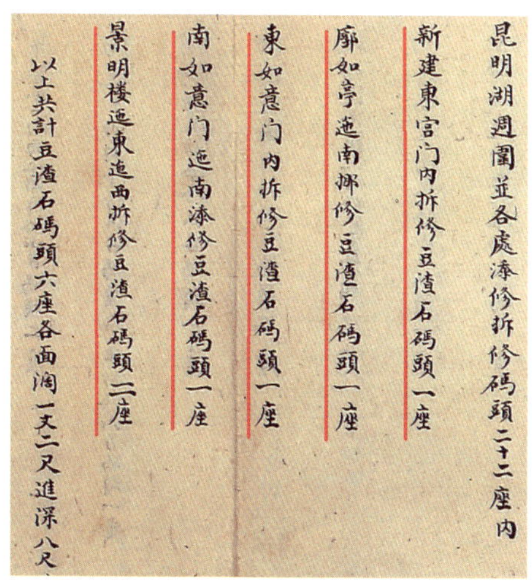
昆明湖週圍並各處添修拆修碼頭二十二座內
新建東宮门內拆修豆渣石碼頭一座
廓如亭迤南挪修豆渣石碼頭一座
東如意门內拆修豆渣石碼頭一座
南如意门迤南添修豆渣石碼頭一座
景明樓迤東迤西拆修豆渣石碼頭二座
以上共計豆渣石碼頭六座各面闊一丈二尺進深八尺

图 2 338-0167 昆明湖周围并各处添修拆修码头等工丈尺做法细册（局部）

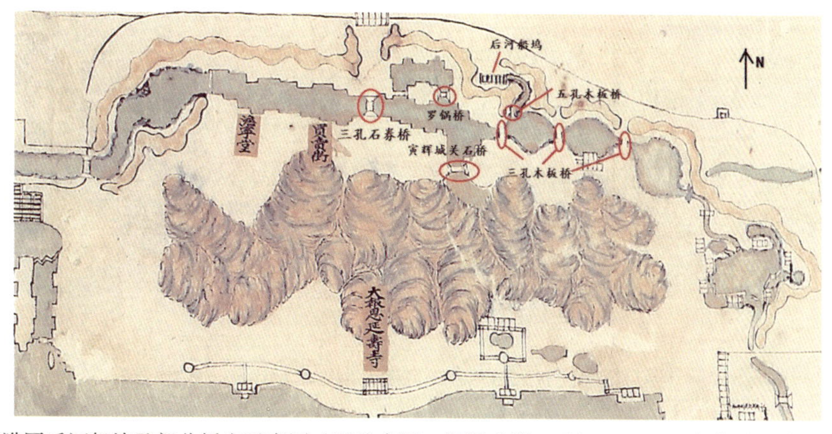

图 3 清漪园后河船坞及部分桥座示意图（图片来源：据图（第一函）146-0045 清漪园河道地盘样改绘）

① （第一函）146-0045 清漪园河道地盘样、343-0666 清漪园地盘画样；（第六函）338-0198 清漪园西宫门买卖街地盘图（石丈亭西侧有码头 1 座）、339-0290 清漪园西宫门内外各处殿座亭台桥座房间等画样，图 339-0290 中桑苎桥西侧后学堂南侧有"新建木板桥"一座，考虑图中前后学堂已建成，故这座木板桥应为光绪时期恢复昆明水操及成立水操学堂时的重修工程，非清漪园时期水利设施；（第十四函）125-003 静明园外大虹桥起至玉带桥接昆明湖至绣漪桥上修理河道工程画样，图中治镜阁西侧有三孔涵洞一座，即清漪园时期西闸，连接高水湖与治镜阁区域所在的小西湖。

② 重修颐和园前期指光绪十二年至光绪十四年（1886 ~ 1888 年），样式雷图主要有：（第十一函）337-0153 颐和园景明楼地盘全图，（第八函）343-0658 万寿山颐和园后山味闲斋清可轩等座图样对准底（桃花沟北侧有石桥一座）、343-0659 构虚轩绘芳堂地盘全图，（第一函）343-0662 万寿山前昆明湖内开挖船道底盘画样，（第十四函）144-0024 从文昌阁经绣漪桥至西直门之间部分河道丈尺及闸板尺寸略节（东堤上有二孔泄水闸一座，泄水涵洞 4 座）。

③ （第八函）338-0197 万寿山颐和园内后山买卖街铺面房等图样（这是恢复后溪河的方案之一，未实施）、337-0120 万寿山后山河桶泊岸码头桥座等工丈尺做法细册，（第一函）337-0150 昆明湖周围码头做法图样，（第九函）338-0167 昆明湖周围并各处添修拆修码头等工丈尺做法细册，（第四函）358-0021-01 万寿山前添修大墙宫门角门并桥座涵洞泊岸等工约估钱粮数目（略节）（东堤原有一孔涵洞 4 座）。

《清宫颐和园档案·营造制作卷》中乾隆、嘉庆、道光、光绪时期记载的清漪园时期部分水利文化活动内容① 表 1

出处	水利文化活动内容
乾隆四十年五月初六日 查议承办治镜阁等处工程报销迟延员外郎福德等罚俸	“洗秋殿船坞后明河工程”[4]
乾隆四十五年正月初九日 奏销清漪园等修缮工程用费	“耕织图四捲船坞一座，计三十六间”
乾隆四十五年五月初三日 呈览昆明湖等处已完及未完工程清单	“清漪园昆明湖水周堂北添建喜龙大船坞一座已完”
乾隆四十八年五月十八日 拆修清漪园治镜阁销算银两	“澹宁堂西边弯转踏跺板桥一座”
乾隆四十八年十二月初六日 拆建清漪园内亭房等用过工料银销算	“畅观堂三捲船坞一座，计五十七间”
乾隆五十一年五月二十二日 粘修清漪园等工程销算银两	“惠山园洗秋殿三间后船坞三间……山后三孔板桥一座……西船坞中北五间……望蟾阁北码头两边大料石泊岸二段……月牙马头等处涵洞二十一座挑换闸板”
乾隆五十七年十一月初十日 修理清漪园各殿工程用过银两数目	“界湖桥方亭一座，南船坞诸旗房二间，二孔闸诸旗房三间”
乾隆五十九年正月二十八日 粘修清漪园工程用过银两数目	“镜桥过河八方亭一座……水周堂嘉荫轩绘芳堂寒香阁②五圣祠拆修码头五座”
乾隆五十九年五月十四日 修理清漪园等处工程用过银两数目	“水周堂两捲船坞二十六间……小西泠三孔板桥一座，水村居五孔板桥一座③，双城关过河板桥四块，东边三孔板桥一座，……东宫门外五孔石桥一座，藻鉴堂廓如亭马头二座”
嘉庆十五年十月十八日 查验清漪园等园工料银两	“清漪园遵旨鉴远堂殿内添安装修并藕香榭等处粘修泊岸马头”
道光四年六月初七日 请修缮清漪园等处工程	“清漪园内外后河筒二段，暗沟一道，淤浅内河筒两边山石泊岸间段亦有散卸坍塌”
光绪三年 万寿山等处此次查勘工作简明数目节略单	“（万寿山等处）桥梁共重建四座（沿河添修小石桥三座）……内外湖酌开船道”

2.3 《崇庆皇太后万寿庆典图》[5]

故宫博物院所藏《崇庆皇太后万寿庆典图》（图 4），是乾隆皇帝为祝其母六旬大寿而命宫廷画家绘制的一套长卷，共四卷。第一卷名“嵩呼介景”，自万寿山昆明湖东宫门外描绘至昆明湖南长河入口段，其内容再现了清漪园的重要宫殿、庙宇、桥梁、牌坊及各式点景建筑，是研究清漪园时期水利文化的珍贵资料。研读该图，我们可得知如下信息（表 2）。

《崇庆皇太后万寿庆典图》所绘水利设施 表 2

位置	水利设施内容
东宫门外	东宫门外牌楼东侧有一座一孔石平桥，桥两侧各有六块栏板，最外侧桥翅带抱鼓；东宫门前影壁南、北有一条月牙河，河上南北两侧各有一座一孔石平桥，桥两侧各有五块栏板，最外侧桥翅带抱鼓
知春亭	知春亭东侧以带栏杆的六折木桥与堤岸相连，西侧以无护栏的四折木桥与另一小岛连接
宜芸馆	宜芸馆西侧有码头一座，其上台基有砖石铺砌的垂带式踏跺
水木自亲	水木自亲南侧有一座码头，由条石叠砌，其上有三步垂带式踏跺，两侧有栏杆
养云轩	养云轩南侧有一座单孔石孔桥（置于葫芦形河之上），桥东西两侧有栏板

① 据（第一函）146-0045 图中所绘船坞的位置，可知耕织图船坞即西船坞，畅观堂船坞即南船坞，水周堂船坞即北船坞。将此图与光绪重修后溪河画样（第八函）338-0168 相对比，依地形地势得知清漪园时期北宫门内三孔石桥东侧还有后河船坞一座。

② 寒香阁码头即绮望轩北侧码头。

③ 据（第一函）146-0045 清漪园河道地盘样，推测此桥的位置应是图中的锯齿桥。

续表

位置	水利设施内容
游廊沿线	对鸥舫南侧临湖有码头一座，形制特殊，无规制的方形平台，为垂带踏跺式，两侧有栏杆；大报恩延寿寺南侧牌楼之南临湖处有码头一座，造型别致，成凸字形，接湖面处为两个大小不一的半圆形叠加的台阶，上层有一方形台基，东、西、南三侧有如意踏跺，之上有两步垂带踏跺，无栏杆；鱼藻轩南侧临湖有码头一座，为垂带踏跺式，两侧无栏杆
西所买卖街	荇桥一座，五圣祠南门外有码头一座，造型简单，由两方形石块叠砌
西堤①	桑苎桥一座，玉带桥一座，镜桥一座，练桥一座，柳桥一座；景明楼南北配殿与主殿间有两座七折木桥相连，主殿东侧有码头一座，上有方形台基，台基南北侧有两步如意踏跺，台基上有两步垂带踏跺
藻鉴堂	藻鉴堂南端有码头一座，因建筑遮掩，推测其结构为两层方形石块叠砌
东堤	闸桥一座（图中尚可看出闸板提起后东侧放水之势），十七孔桥一座
南湖岛	南湖岛南侧牌楼临湖处有码头一座，上有两步如意踏跺
凤凰墩	南、北、东侧各有码头一座，形制相同，码头底座之上有方形台基，台基两侧有两步如意踏跺，台基上有两步垂带踏跺

图 4 《崇庆皇太后万寿庆典图》（局部）（图片来源：网络）

此外，清漪园被焚毁后的老照片及部分学者对清漪园劫后余存建筑的研究[6]，也一定程度上补充了清漪园时期的水利文化内容。

综上，我们可大致构建清漪园时期主要水利设施的布局（图 5），共计桥 37 座②、码头 36 座、水闸 8 处、船坞 5 座、可确定涵洞 4 处。关于水闸和涵洞[7]，清漪园时期，西北部有溢洪闸青龙桥闸，当昆明湖内水位升高时，可开启此闸使湖水泄入肖家河至清河，以确保东堤安全；东堤上有二孔闸，为圆明园最重要的供水之源，二孔闸以南有涵洞4个，既是灌溉闸涵又是出水口，流出之水可灌溉六郎庄

① 图中绘制了西堤六桥中除界湖桥外的其余 5 座桥，玉带桥为石质，余 4 座桥，疑似为木桥。
② 未包含养云轩东侧的三孔石拱桥、五百罗汉堂内的石桥、大报恩延寿寺宫门内的石桥和谐趣园知鱼桥。

一带水田，之后，经蔚秀园西，过红桥，绕清华园入清河；南端有绣漪桥闸①，其为昆明湖最大的出水口，经长河流入城内，以供城内用水；西侧治镜阁区域设有西闸，可引高水湖和养水湖之水入昆明湖；后溪河还有出水闸3处，《日下旧闻考》记载："万寿山后溪河亦发源于玉泉，自玉河东流，经柳桥曲折东注。其出水口分为三：一由东北门西垣下闸口出，一由东垣下闸口出，并归圆明园西垣外河；一由惠山园南流出垣下闸，为宫门前河，又南流由东堤外河，会为马厂诸水，入圆明园内"[8]。

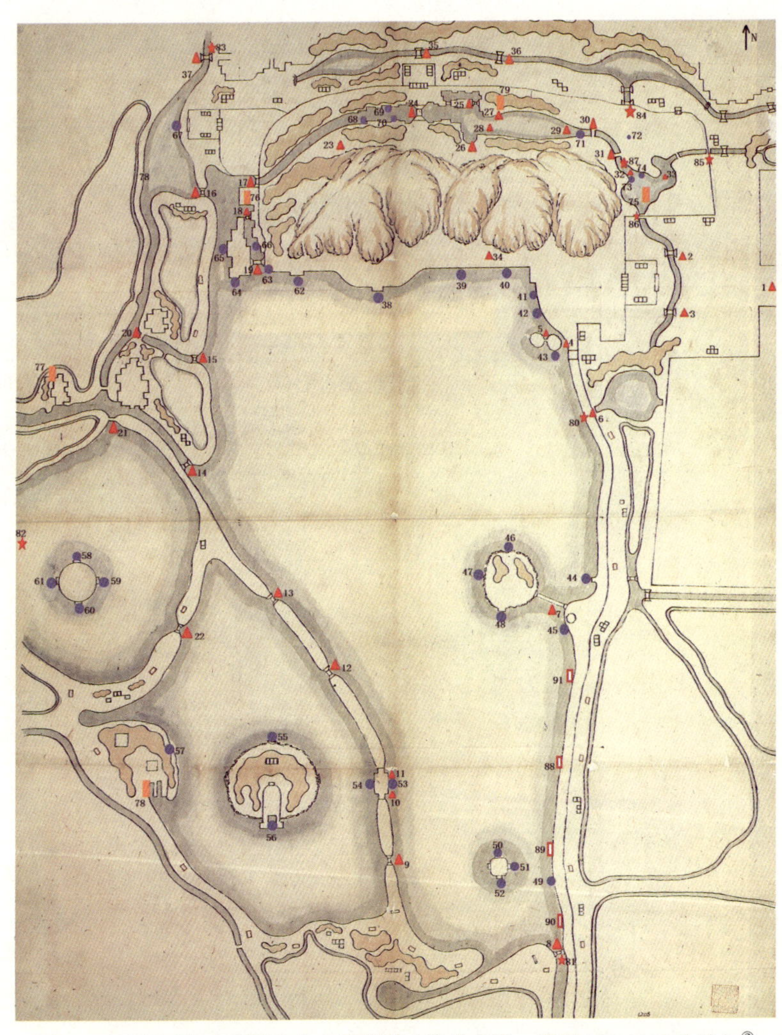

图5　清漪园时期水利设施分布示意图（图片来源：据图349-1205改绘）②

▲桥：1东宫门外牌楼东侧石桥；2～3东宫门影壁前月河南北两侧石桥；4～5知春亭东西侧木桥；6二孔闸桥；7十七孔桥；8绣漪桥；9柳桥；10～11景明楼南北配楼木桥；12练桥；13镜桥；14玉带桥；15豳风桥；16界湖桥；17半壁桥；18小西泠；19荇桥；20锯齿桥；21北新桥；22南新桥；23桃花沟石桥；24北宫门内石桥；25罗锅桥；26寅辉城关石桥；27五孔木板桥；28～30三孔木板桥；31谐趣园入水口水石桥；32～33谐趣园内石平桥；34葫芦河石桥；35～36北宫门外石桥；38青龙桥

●码头：38大报恩延寿寺码头；39对鸥舫码头；40水木自亲码头；41～42玉澜堂码头；43知春亭码头；44铜牛东北侧码头；45廓如亭码头；46～48南湖岛码头；49东堤如意门西侧码头；50～52凤凰墩码头；53～54景明楼码头；55～56藻鉴堂码头；57畅观堂码头；58～61治镜阁码头；62鱼藻轩码头；63石丈亭码头；64五圣祠码头；65买卖街西侧码头；66旷观斋码头；67西宫门外码头；68寒香阁码头；69嘉荫轩码头；70绘芳堂码头；71澹宁堂码头；72谐趣园西侧码头；73～74谐趣园内码头

■船坞：75谐趣园洗秋船坞；76北船坞；77西船坞；78南船坞；79后河船坞

★闸：80二孔闸；81绣漪桥闸；82西闸；83青龙桥闸；84东北门西垣下闸；85东北门东垣下闸；86谐趣园南垣下闸；87谐趣园进水闸

□涵洞：88～91东堤一孔涵洞4个

---

① 乾隆时期昆明湖扩湖时，将元代的瓮山闸（明时称"响水闸"）南移置于绣漪桥下。

② 图中西船坞的东侧留有桥或者涵洞的位置，因未找到相关史料，不确定其类型，故图中未标明。该位置在光绪重修时期图（第一函）337-0149中为"北搽桥"，图（第十一函）338-0196中此位置"添修木板桥"。（惠山园）谐趣园区域考虑到清漪园时期已有船坞，且配套设施码头、石桥等材质特殊，可免于焚毁，故推测这些现有遗存在清漪园时期已存在。

3 颐和园时期（1888 ~ 1908 年）水利文化内容的初步研究

颐和园重修工程集中于光绪十七年至光绪二十年（1891 ~ 1894 年），有学者将此期间的工程称为“颐养工程”[9]，部分水利设施的添建和园林建筑的重修，其主要目的是服务帝后生活起居。

3.1 样式雷图档

颐和园重修时期的样式雷图档主要内容包括开挖船道①、添修拆修码头②、修建添建桥座船坞③、添修涵洞④等。重修水利工程基本维持了清漪园时期的布局，多是在原有水利设施基础上的拆修、挪修，仅有少部分为增添或改换。

光绪十七年（1891 年），昆明湖区域于绣漪桥西侧添修山石码头一座、南侧添修木板桥一座、大料石码头一座，畅观堂南添修山石码头一座，柳桥迤南添修山石码头两座，练桥迤南添修一孔活面木板桥一座，镜桥迤南迤北添修山石码头两座，南荇桥⑤迤南添修山石码头一座，玉带桥迤南迤北添修山石码头两座，豳风桥迤北添修山石码头一座，北如意门内添修山石码头一座；添建大墙时，将耕织图、治镜阁区域圈在大墙以外，界湖桥西北添建五孔涵洞一座，后学堂东南添建三孔涵洞一座，玉带桥迤西添建木板桥一座，木板桥上安板墙，中间有进船门口，西堤添修一孔涵洞四个（图 6、图 7）。

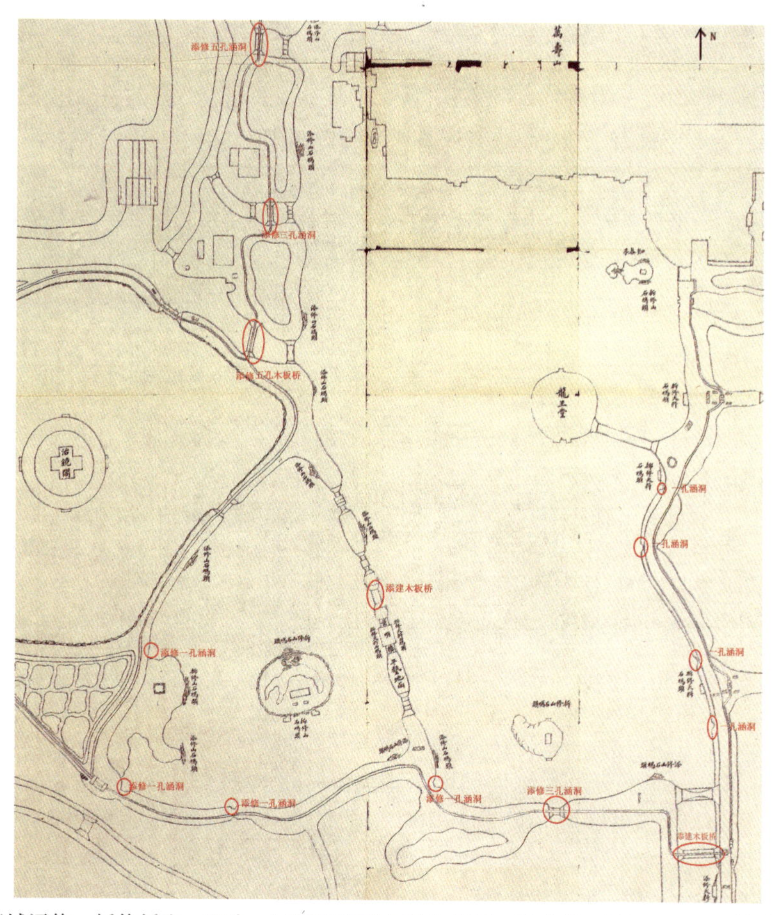

图 6　光绪十七年昆明湖区域添修、拆修桥座、码头、涵洞示意图［图片来源：据（第一函）337-0150 昆明湖周围码头做法图样改绘］

① （第九函）337-0157 昆明湖鉴远堂至藻鉴堂船道图、359-0054 龙王堂等处开挖船道并添修桥座等工丈尺做法细册。

② （第九函）338-0167 昆明湖周围并各处添修拆修码头等工丈尺做法细册，（第一函）337-0150 昆明湖周围码头做法图样，（第七函）343-0699 万寿山颐和园西宫门外添修码头等图样。

③ （第一函）337-0149 昆明湖添建大墙做法图，（第七函）344-0753 谐趣园全图添修桥座开挖河桶船坞等图样、343-0700 万寿山颐和园西宫门外添修码头等图样、342-0521 西宫门外挪修三孔木板桥图样、343-0699 万寿山颐和园西宫门外添修码头等图样，（第十一函）338-0196 昆明湖西堤河桶丈尺数目图，（第八函）359-0044 万寿山后山补建船坞并泊岸等工丈尺做法细册。

④ （第一函）337-0149 昆明湖添建大墙做法图、339-0280 昆明湖周围添建大墙图，（第九函）358-0021-03 昆明湖大墙宫门桥座涵洞等工做法清册，（第四函）358-0021-01 万寿山前添修大墙宫门角门并桥座涵洞泊岸等工约估钱粮数目。

⑤ （第一函）337-0149 中清漪园“南新桥”的位置改为“南辛桥”（337-0157 中为“南荇桥”），“北新桥”的位置改为“南搽桥”。

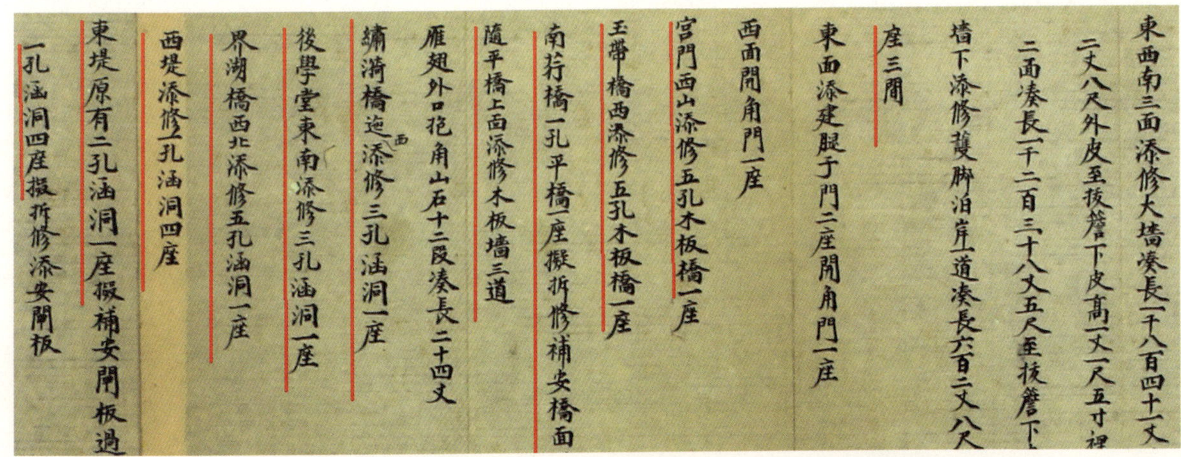

東西南三面添修大墻湊長一千八百四十一丈
二丈八尺外皮至抜簷下皮高一丈一尺五寸裡
二面湊長一千二百三十八丈五尺至抜簷下
墻下添修護脚泊岸道湊長六百二丈八尺
座三間
東面添建腿子門二座閘角門一座
西面閘角門一座
宮門西山添修五孔木板橋一座
玉帶橋西添修五孔木板橋一座
南荇橋一孔平橋一座擬拆修補安橋面
隨平橋上面添修木板墻三道
雁翅外口包角山石十二段湊長二十四丈
繡漪橋迤西添修三孔涵洞一座
後學堂東南添修三孔涵洞一座
界湖橋西北添修五孔涵洞一座
西堤添修一孔涵洞四座
東堤原有二孔涵洞一座擬補安閘板過
一孔涵洞四座擬拆修添安閘板

图 7　358-0021-01 万寿山前添修大墙宫门角门并桥座涵洞泊岸等工约估钱粮数目（局部）

光绪十八年至光绪十九年（1892 ~ 1893 年），重修谐趣园时，对清漪园时期的建筑格局进行了调整，增建了知春亭和亭东侧的引镜等建筑，将澄爽斋建筑及其前码头均往南挪移，拓宽引镜①后南向河道，迤南添修木板桥一座，并于谐趣园东南角添修船坞一座七间（图 8）。同年，为满足慈禧太后在园内观看妙峰山庙会，在后溪河东端北岸添建眺远斋大殿，殿前的湖岸边新建一座石砌码头，供慈禧太后乘船之用。

光绪十九年（1893 年），西宫门外添修码头一座，界湖桥西侧五孔涵洞改修三孔木板桥，活安木板墙；后学堂西南（原清漪园时期锯齿桥的位置）改修木板桥一座，西船坞迤东添修木板桥一座（图 9）。

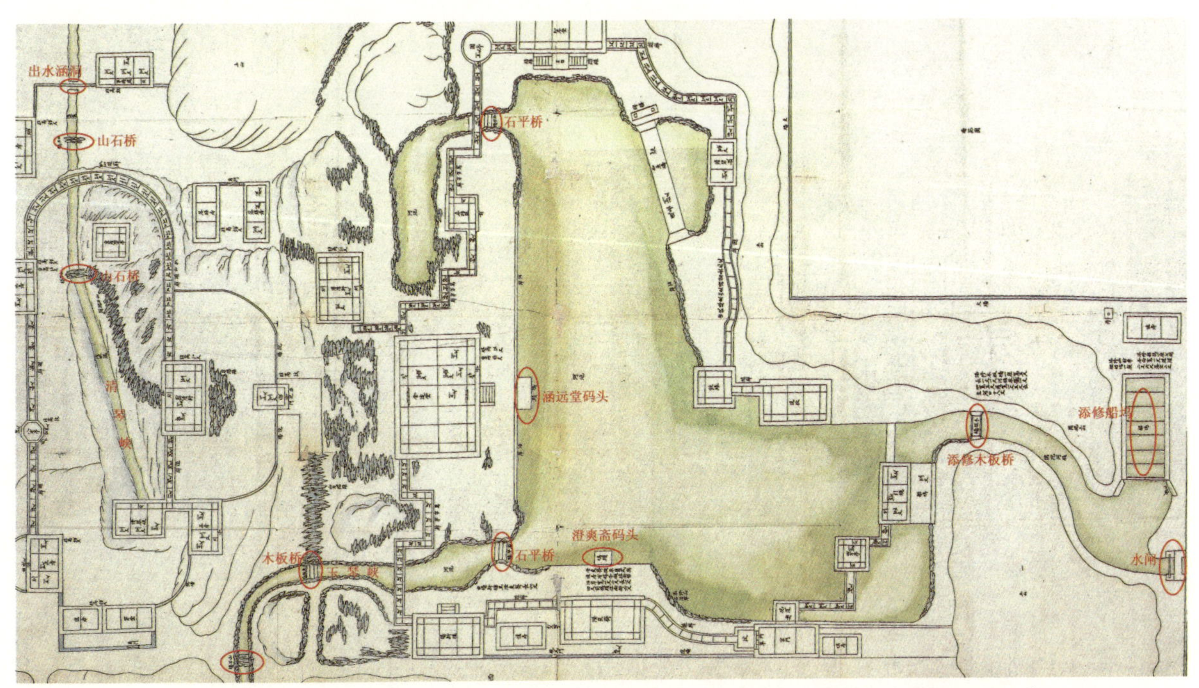

图 8　霁清轩—谐趣园桥座、码头、船坞等设施分布图（图片来源：据图 343-0668 改绘）②

① 据张龙博士论文第 146 页，谐趣园样式雷图 343-0753 原有贴页，其内容为将引镜后船坞改为厅堂。推测重修的施工方案中原本拟定在引镜后兴建船坞，之后实施方案进行变动，最终于引镜迤南添建船坞。

② 图中玉琴峡之上的木板桥，在清漪园乾隆时期为莹心堂建筑位置，之后，谐趣园经历了嘉庆年间的改建和光绪时的重修，现已不确定此桥的具体年代。另图中引镜通向堤岸的位置，推测应还有一座安装活板的木桥，以便船只进入船坞。

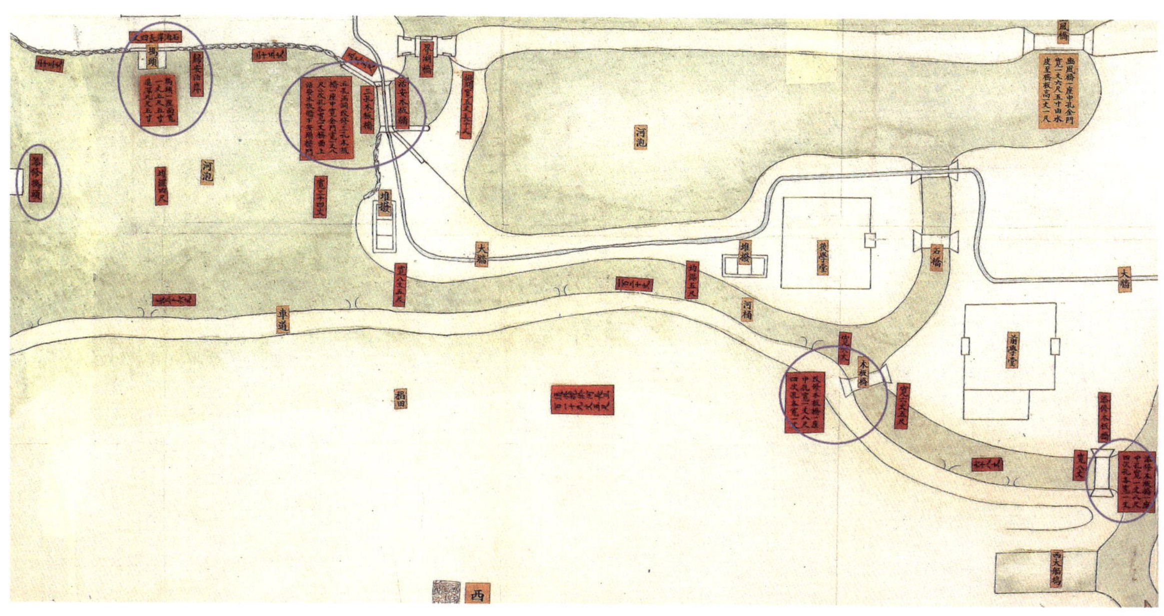

图 9　343-0699 万寿山颐和园西宫门外添修码头等图样（局部）①

3.2　清宫档案

《清宫颐和园档案·营造制作卷》中《颐和园工程清单》每 5 天对重修工程进行统计一次，记录开工、竣工的时间和工程的进展状况等，是判断相关样式雷图档绘制时间及工程实施与否的重要依据。同时，从“拆换”“拆修”“粘修”“改修”“添修”“新建”“添建”等工程用语②中，我们还可进一步分析重修工程与清漪园已有工程之间的联系，以还原清漪园时期建筑的格局，明确颐和园新增水利设施的具体位置、功用等，厘清清漪园至颐和园时期水利设施的变迁（表 3）。

《清宫颐和园档案·营造制作卷》中记载的水利文化活动内容　　表 3

出处	水利文化活动内容
光绪十七年 三月至十月 颐和园工程清单	①“（养云轩）钟式门外葫芦河清挖河淤”“钟式门前一孔券桥拆换桥面归安平水等石”； ②“二孔闸外口接修二孔石平桥”“二孔闸外添修石平桥一座现下柏木椿村”； ③“西堤新建一孔木板桥成打挡水坝”； ④“寄澜堂迤北至船坞河道掏挖淤泥”； ⑤“绣漪桥池南码头錾打石料现圈土坝”“绣漪桥北腿（骰）子门外添建石平桥刨槽築打柏木村”； ⑥“景明楼添修码头二座现筑打柏木村随砌大料石”； ⑦“藻鉴堂凤凰墩均添建码头安砌云片石”
光绪十九年 正月至十二月 颐和园工程清单	①“（排云殿）八方河池周围河帮并一孔石券桥均安地伏栏板石柱”“石丈亭迤北石舫周围挡水坝砣下柏木椿”； ②“后山河道挑挖淤泥河帮背后築打灰土”“后山五孔木板桥一座，三孔木板桥三座，桥板安齐，成作挂檐板栏杆”“北宫门内三孔石券桥一孔青石桥均拆卸地伏栏板石”“北宫门外东西河桶挑挖淤泥”“北宫门外迤东三孔石平桥安砌地伏栏板石料”； ③“知春亭迤东添建七孔桥築打柏木椿村”“月牙河背后筑打灰土”“东宫门外如意石平桥安砌石料，牌楼头停苫灰背，迤东石平桥錾打石料”； ④“绣漪桥西码头錾打躔级石”； ⑤“贝阙门外迤西大船坞竖立木架”； ⑥“石舫改修船楼清挖淤泥”“石丈亭西石舫改修洋式船楼”

① 图中后学堂南侧石桥位置（年代相近的图 343-0700、342-0521 中此处均为木板桥），据（第六函）339-0290，清漪园时期为恢复水操学堂，此处新建木板桥一座，故推测该桥材质应为木桥。

② “拆换”“拆修”“粘修”等术语，标明此建筑延续了清漪园时期的格局；“改修”，标明此建筑沿用了清漪园时期的位置，但形制、功用可能发生了变化；“添修”“新建”“添建”，这类建筑在研究的过程中需综合考虑和判定，多数是颐和园新增建筑，但也有部分为清漪园时期已存在同类型的建筑，至颐和园时期，因未对其主体建筑进行重修，仅在基址处兴建部分单体建筑，且与清漪园时期相比形制变化较大，也用类似术语记录，如“知春亭迤东添建七孔桥、景明楼添修码头二座”。

续表

出处	水利文化活动内容
光绪十九年 正月至十二月 颐和园工程清单	⑦“贝阙门迤北大桥接安躐级石”“北宫门内迤东船坞清挖淤泥”； ⑧“（谐趣园）东南角添建船坞”“谐趣园梅式仙舫船并活篷船重上攛木船口”“知春亭东西桥孔錾打石料”“北宫门内石券桥均拆卸栏板地伏石柱”； ⑨“澄爽斋前面码头安砌栏板石”“知春亭迤东七孔桥安砌压面石栏板石柱，迤西三孔桥安金刚墙雁翅石”“东宫门外影壁迤南石平桥帮宽下柏木桩已齐”
光绪二十年 二月至十一月 颐和园工程清单	①“东宫门外牌楼迤东三孔石平桥南北河桶筑打柏木桩”； ②“清晏舫船楼安砌地面石”“清晏舫迤东木板桥①现安栏杆”； ③“引镜迤东至船坞河桶开宽”； ④“西宫门外河西添修码头”“西宫门外牌楼前补修码头安砌大料石”； ⑤“涵远堂前迤东至石平桥成墁甬路石子散水”； ⑥“西宫门三孔桥筑打桩朾”“西宫门三孔木板桥成作桥面”； ⑦“耕织亭迤西添修三孔木板桥成作桥面”
光绪二十九年十二月二十一日 岁修银两不敷应用拟请由部筹拨	“谐趣园出水桥口粘修”

综上，清漪园至颐和园时期，园内水利文化活动频繁，不同时期水利设施的更迭，主要还是为了满足园林供水、解决漕运和灌溉农田，从这些历史变迁中我们也可窥探园林作为闲暇之余散志澄怀之所至园居功能的动态演变。

4 颐和园水利文物遗迹的实地勘查

本部分内容采用文献资料分析法和实地调研法相结合的研究方法，力求文献史料、档案和勘查资料的相互印证和补充。在上述史料搜集的基础上，我们对颐和园内现存的、可确定为历史时期的水利文物遗迹分区域分类别进行实地勘查，统计如表 4 所示。

颐和园水利文物遗迹实地勘查统计表② **表 4**

勘查区域	类型	位置	数量	现状
昆明湖区③	桥	知春亭东侧七孔石平桥 1 座、西侧三孔石平桥 1 座	2 座	光绪重修时所建，不同于清漪园时期的曲折木桥，其上的朱红栏杆应为现代维护、整修添加
		闸桥（二孔闸东侧）	1 座	保存较好，为清漪园时期遗存，光绪时重修，与二孔水闸配合使用，闸板提起，昆明湖水可导入东侧石桥流向园外，为圆明园、畅春园提供园林用水。现已失去泄水功用
		二孔石平桥	1 座	光绪重修时期添修④，保存较好，部分石栏板存在风化
		东堤十七孔桥	1 座	保存完好，为清漪园时期遗存。1986 年进行过全面整修，拆换御路石和桥面砖
		绣漪桥	1 座	保存较好，为清漪园时期遗存，是连接东堤与西堤、昆明湖与长河的水陆交通要道
		西堤六桥⑤	6 座	玉带桥为清漪园时期遗存，位于昆明湖入水口上，西通玉河，现已失去水上通道的功能；其余 5 座桥为颐和园重修时期遗存，保存较好。1950 年以来多次进行整修

① 据（第六函）344-0767 万寿山颐和园内石舫添修木板桥图样和 392-0502 寄澜堂并石舫图样，可知石舫东侧与寄澜堂连接处和寄澜堂与东岸连接处各有木桥一座，但这两张图样中绘制的木板桥有两种样式：万字木板桥或湾转木板桥，因实地勘查木桥无存，具体实施过程中采用了哪种图样不得而知。

② 该表中对颐和园内现存但不能判定是否为历史时期的桥、码头等单体建筑进行了注解和说明。

③ 包括东堤、西堤、昆明湖内及外围沿线区域。实地勘查的过程中，于东堤墙基处发现有诸多排水口，水口直径约 20cm，水口间距约 6.3m，因颐和园大墙近年经过整修，无法判断这些出水口是否为清代遗存。

④（第九函）358-0019《昆明湖续展大墙并添修堆拨桥座添建海军衙门值房及东面大墙外补垫道路等工丈尺做法细册》中记载：“东堤原有二孔闸一座，今因补垫道路，拟在二孔闸外口添修二孔石平桥一座，桥面长三丈四寸……等石俱用豆渣石”。

⑤（第六函）339-0290 中北侧的界湖桥上方有亭座，实地勘查中桥亭不存。此外，在练桥南侧与景明楼之间还有一座石平桥，其位置与光绪十七年于练桥迤南添修一孔活面木板桥的位置相近，具体年代待考。

续表

勘查区域	类型	位置	数量	现状
昆明湖区	码头[①]	新建宫门内牌楼西侧1座、廓如亭西侧1座、东堤如意门西侧码头1座、南湖岛南北西侧码头各1座、景明楼东西侧各有码头1座	8座	这8座码头清漪园时期已存在，光绪重修时进行过拆修或挪修，位置不变，景明楼码头形制与乾隆清漪园时期相比差别较大；部分码头现状保存较差，已失去登船靠岸的功用，新建宫门内牌楼西侧码头和廓如亭西侧码头已被新建现代码头覆盖，仍可观察到条石叠砌的台基，现作为游船码头使用；东如意门西侧的码头条石有裂缝和破碎；南湖岛码头台基之上及周边附加有现代建筑设施，南侧和西侧码头现作为游船码头使用
	闸	东堤二孔闸	1处	清漪园时期遗存，为泄水闸、灌溉闸，由前闸后桥两部分组成。保存较完好，已失去功用
	纪事碑刻	东堤昆仑石碑、绣漪桥昆仑石碑	2处	清漪园时期遗存，保存较好（现已搭建保护亭）。东堤昆仑石碑记述了昆明湖和西堤的历史与变迁，绣漪桥昆仑石碑四面阴刻乾隆御制诗，描述高梁桥进舟由长河至昆明湖的沿途即景
	水崇拜建筑	镇水铜牛、南湖岛龙王庙	2处	铜牛为清漪园时期遗存，保存较好；龙王庙为光绪时重修，是清代举行祈雨活动的场所[10]
万寿山西区[②]	桥[③]	荇桥	1座	清漪园时期遗存，光绪时重修，保存较好
	船坞	耕织图东侧	1座	光绪时期重修，保存较好，20世纪50年代以来多次进行保护性修缮，现仍作为船坞使用
	码头	五圣祠南侧1座、石丈亭西侧1座、临河殿西北1座	3座	清漪园时期遗存，光绪时重修，保存较差。五圣祠码头仅能看到局部原状，其上已被现代使用码头覆盖；石丈亭码头之上及周边有现代围栏等附加建筑，这2座码头现作为游船码头使用
万寿山东区[④]	桥[⑤]	谐趣园内石平桥2座、东宫门外东西两侧石桥各1座、谐趣园外西侧山石桥1座、霁清轩山石桥1座	6座	这6座石桥均为清漪园时期遗存，光绪时重修，保存较好，谐趣园内2座石桥形制一样，均由三块石板组成（部分石板应为现代整修时替换），两侧各有石鼓形望柱两个，以栏杆进行连接
	船坞	谐趣园东南角	1座	光绪重修时期添修，保留了建筑外形，已失去船坞的功能，现用作文物库房
	码头	涵远堂南侧1座、澄爽斋东侧1座、玉澜堂西南侧1座、水木自亲南侧1座	4座	均为清漪园时期遗存，光绪时重修，保存较差，已失去原有功用。谐趣园内的2座码头由薄长条石和长条砖垒砌的台基酥减，澄爽斋东侧码头两侧有石栏杆（推测为现代整修时添加）；玉澜堂码头和水木自亲码头部分条石有缺失
	水利景观	玉琴峡水道[⑥]及其摩崖石刻[⑦]、清琴峡水道、知鱼桥	3处	后溪河分别通过前2条水道进入谐趣园和霁清轩，现水道内水已断流；知鱼桥为清漪园时期遗存，保存较好，光绪时期和现代进行过整修
	纪事碑刻	湛清轩碑	1处	清漪园时期遗存，阴面阴刻乾隆御制诗，描述了自玉河放舟由昆明湖归御园的沿途即景
万寿山前山区[⑧]	码头	云辉玉宇牌楼南侧1座、对鸥舫南侧1座、鱼藻轩南侧1座	3座	清漪园时期遗存，光绪时重修，保存较差，码头台基条石有裂缝、酥减、风化，周边附加现代建筑，现作为现代游船码头使用

① 清漪园-颐和园时期，凤凰墩北东南各有码头3座，勘查中发现凤凰墩四周各有一座码头，与史料记载不符，应为现代整修时添加；藻鉴堂因其现代功用特殊，仅在周边较远区域进行了水面勘查，未发现码头；治镜阁岛屿环境特殊，受昆明湖季节性水位变化影响较大，上岛仔细勘查后，未发现码头遗迹，推测原有码头可能被湖内的淤泥堆积湮没了。

② 主要为西所买卖街沿线。

③ 清漪园时期万字河北端有湾转桥一座，实地勘查中此处有七折木桥一座，年代待考。

④ 主要包括谐趣园、霁清轩及部分宫殿区建筑（含东宫门内外）。

⑤ 谐趣园西北角有一座带栏杆的石平桥横跨玉琴峡之上，可通霁清轩南门，其位置与（第七函）344-0753玉琴峡水道木板桥的位置接近，该桥栏杆为现代新置，桥体为水泥板，桥基仍存，年代待考；此外，引镜东侧还有石桥一座，该桥的位置与343-0753中引镜南侧木板桥的位置接近，推测为现代后建，此时船坞已失去功用；344-0753中霁清轩内有山石桥两座，将清琴峡泄水沟内的水引向园外东流，经勘查其内一座石桥仍存，另一座石桥桥面用现代砖砌，年代待考。

⑥ “玉琴峡”乾隆时期名为“秋堂峡”。

⑦ 有“玉琴峡”“松风”“仙岛”“泉流不息”“堆云积翠”“萝月”“云窦”等石刻，均有“慈禧皇太后御笔之宝”刻章。

⑧ 主要包括长廊沿线及其建筑。

续表

勘查区域	类型	位置	数量	现状
万寿山前山区	桥	养云轩门前葫芦河及单孔石桥	1座	清漪园时期遗存，光绪时重修，保存较好
	水利景观	排云门内方形水池及单孔石拱桥，清华轩内水池及石桥	2处	应为清漪园时期遗存，保存较好
	纪事碑刻	万寿山昆明湖碑	1处	清漪园时期遗存，碑阴刻《万寿山昆明湖记》，记述修浚昆明湖始末，保存较好，局部风化
万寿山后山后河区①	船坞	后溪河东北侧	1座	仅残存坞桶和底座[11]，现搭建临时建筑作为仓库使用
	码头	嘉荫轩南侧1座、绘芳堂北侧1座、绮望轩北侧1座、澹宁堂北侧1座、眺远斋南侧1座、霁清轩西侧1座	6座	多数为清漪园时期遗存，均失去原有功用，部分码头于20世纪80年代复建苏州街时可能进行过整修，绮望轩遗址码头保存较差，条石塌陷，缝隙间长满杂草；眺远斋码头为光绪时期遗存，码头以被现代材质搭建的保护套覆盖
	桥	寅辉城关石桥1座②、半壁桥1座、罗锅桥1座、北宫门内外三孔石桥各1座、桃花沟石板桥1座、北宫门内三孔石券桥东侧木桥1座、后溪河东部木桥1座	8座	石桥均为清漪园时期遗存，光绪时期和中华人民共和国成立后进行过修缮，多数保存较好，北宫门外石桥因河废弃填平，桥洞及拱券部分被埋入土中，已失去原有功用；2座木桥应为光绪时期遗存，中华人民共和国成立后进行过多次维修

我们通过实地勘查，建立颐和园地面现存水利文物遗迹档案和数据库，较全面掌握了此类文物遗迹的分布、类型、数量、现状等基本信息，总体特征如下：

（1）类型：以水利设施类遗迹居多，共计桥28座、码头24座、船坞3处、水闸1处，水利景观类遗迹共计5处，水崇拜、纪事碑刻类文物共计6处。

（2）价值：颐和园水利文物遗迹类型丰富，体系完整，演变脉络清晰，具有独特的历史、科学和文化价值。就其整体效益而言，“是一项集灌溉、防洪、城市水利、运河、园林营建为一体的综合工程”，对不同时期北京城市的建设与发展起着重要作用，其引水蓄水工程产生的河湖、田园、山林景观，又具有生态与环境的双重价值。

（3）现状：多数水利文物遗迹保存状况不佳，已失去原有功用，均存在不同程度的风化、酥减、损坏等，且大多无文物遗迹指示标识，未得到有效管理与科学保护，仅少数石质露陈文物搭建了护栏或保护亭；园林的修缮过程中，由于对水利文物遗迹缺乏辨识，且对其历史价值及内涵认识得不够，现代码头、围墙、驳岸等工程添建、改造、完善的过程破坏了文物遗迹的原状，或被填埋（如涵洞），或被清除（近年消失的颐和园西闸），水利文物遗迹逐渐湮没，无信息留存。

（4）内涵：水利文物遗迹是历史时期人类对水的利用、认知所留下的遗存和见证，其不仅蕴含着古人的智慧、创造力和知识技术体系，还折射出当时的社会背景，诠释某种特殊的祭祀仪式或节日，是研究水利与农业、社会、文化的重要载体。

鉴于上述特征，在之后的深入研究中，还应加强水利文物遗迹的价值评定，针对遗存现状，提出合理、科学的保护措施或建议，在动态监管的基础上，将颐和园水利文物遗迹纳入整个三山五园地区水利文化遗产保护范畴，为未来该地区河湖水系和历史主体景观的复原提供研究基础和理论依据。

参考文献

[1] 谭徐明．水文化遗产的定义、特点、类型与价值阐释[J]. 中国水利，2012（21）：1-4.

[2] 国家图书馆．国家图书馆藏样式雷图档·颐和园卷[M]. 北京：国家图书馆出版社，2018.

[3] 北京市颐和园管理处，中国第一历史档案馆．清宫颐和园档案·营造制作卷（全八册）[M]. 北京：中华书局，2015.

[4] 北京市地方志编纂委员会．北京志·世界文化遗产卷·颐和园志[M]. 北京：北京出版社，2004.

[5] 刘潞．《崇庆皇太后万寿庆典图》初探——内容与时间考释[J]. 故宫学刊，2014（02）：151-165.

[6] 张龙，祝玮，谷媛．咸丰十年清漪园劫后余存建筑考[J]. 中国园林，2013，29（03）：120-124.

[7] 蔡蕃．昆明湖的历史演变及其环境效应[M]// 中国水利水电科学研究院水利史研究室．历史的探索与研究——水利

① 主要包括苏州街及其沿岸建筑，向北可延伸至北宫门区域。光绪重修颐和园时，未重建苏州街，现苏州街景观为20世纪80年代复建。考虑到砖石、琉璃构造的桥梁、码头，因材质特殊，可能免于咸丰年间的焚毁，故推测苏州街码头及石桥为清漪园时期遗存。

② 1996年，其上修建木桥套桥进行保护（见《颐和园志》第206页）。

史研究文集 . 郑州：黄河水利出版社，2006.
[8] 于敏中，等 . 日下旧闻考（三）[M]. 北京：北京古籍出版社，1983.
[9] 张龙 . 颐和园样式雷建筑图档综合研究 [D]. 天津：天津大学，2009.
[10] 何瑜 . 清代三山五园史事编年 [M]. 北京：中国大百科全书出版社，2014.
[11] 颐和园管理处 . 颐和园志 [M]. 北京：中国林业出版社，2005.

四种不同园艺疗法活动对孤寡老人身心健康影响研究①②

北京市植物园管理处，北京市花卉园艺工程技术研究中心 / 魏　钰　虞　雯　董知洋
清华大学　建筑学院 / 黄秋韵　李树华

摘　要：随着我国社会老龄化趋势的日益严峻，园艺疗法对老人的身心健康研究越来越受到社会的关注。本研究通过播种、间苗移植、多肉植物组合盆栽与草花植物组合盆栽等4种园艺植物栽培活动来探究其对孤寡老人压力缓解效益。研究发现，“播种”“间苗”和“多肉植物组合”活动均能够显著改善老年人心率的恢复情况。“播种”“间苗”活动均能够显著改善老人的正性情绪和表情愉悦度，降低老人负性情绪，此两种活动更适合作为孤寡老人的园艺疗法方案。

关键词：园艺疗法；孤寡老人；身心健康；园艺植物栽培活动

人口老龄化是世界人口发展的普遍趋势。国家统计局公报显示 2019 年底，我国 60 岁以上人口达到 2.54 亿，占人口比例 18.1%。人口老龄化不仅会带来一系列的社会问题，亦会为老年人个体带来诸多身心痛苦和不便。在身体健康层面，老年人会出现生理、免疫机能和躯体功能的下降，导致其对不良环境的适应能力也随之减弱；在心理健康层面，因切断了原先的社会连接，老年人容易出现“离退休综合征”“空巢综合征”等，容易产生沮丧、孤独、失落等消极情绪。因此，人居环境工作者需要创造积极的物质和精神空间来缓解老年人的压力和痛苦，满足其养老的需求。“园艺疗法”作为一种非药物性的替代性疗法，安全性高，实施性强，可以通过园艺活动有效地刺激老年人视、听、嗅等感觉，促进其感官系统的再建和加强。多项研究表明，对花草的“观色形”“嗅香味”等活动能减缓多个系统的退化，尤其是循环系统、神经系统等，因此，开展园艺疗法活动，可促进老年人的身心健康，提高老年人的幸福指数 [1-4]。

研究表明，开展园艺疗法活动会使老年人的全身体力得到充分的锻炼，从而让老年人的心肺功能和身体机能得到改善，生理健康得到促进 [5-7]。同时，园艺活动还包含一定的精神文化特性，具有抚慰心灵、改善心理健康的作用。通过参与园艺活动，老年人得以体验亲手创造劳动成果的快乐，从而增加自信，提高自我效能感，并在与他人的合作交流中，摆脱孤独、失落的消极情绪，抑制冲动，消除急躁感，改善抑郁症状。可见，园艺活动的开展有利于帮助老人产生积极乐观的生活态度，保持心理健康状态 [8-11]。

然而，目前专门针对“孤寡老人”的研究较少，仅有少量研究探索了孤寡老人基本需求 [12-13]；同时，本领域也未有定量研究专门探索“园艺疗法活动”对孤寡老人的身心健康功效。

因此，本研究旨在探究：6 周共 4 次的园艺活动对孤寡老人是否有显著提高身心健康的功效，并比较 4 种不同

① 基金项目：北京市科委绿通基金资助项目（Z171100004417027）。
② 本文已发表于《西北大学学报（自然科学版）》，2020 年第 6 期。

园艺活动对提高孤寡老人身心健康的功效是否有所差异。本研究将采用客观生理指标：心电、血压、心率，主观心理指标：正负性情绪量表和笑脸量表分数，来定量探索长期和单次园艺活动对孤寡老人的身心健康状况的影响，以期今后为孤寡老人设计安排更适合的园艺活动方案提供科学依据。

1 研究方法

1.1 实验地点与被试人员选取

本研究选择北京建外街道温馨家园作为实验地点。

本实验招募孤寡老人被试的条件如下：身心基本健康，无重大急性重症（部分伴有慢性疾病），独居（包含单身、丧偶、子女长期不同住等情况），生活中缺乏与他人密切共处的交流机会。

本研究最终随机招募建外温馨家园的孤寡老人 44 名作为被试人员，安排其开展 4 类活动，即：播种、间苗、多肉植物组合盆栽、开花植物组合盆栽的系列园艺疗法活动，比较不同活动对孤寡老人身心健康状态产生的影响，旨在为孤寡老人群体设计适宜的园艺疗法方案提出建议。在实验过程中，有部分被试人员未能参加所有的活动。

1.2 实验流程

实验共分 4 次开展，具体活动时间及内容详见表 1。

园艺活动时间与内容　　表 1

活动顺序	活动时间	活动内容
1	3 月 30 日	播种
2	4 月 18 日	间苗
3	5 月 4 日	多肉植物组合盆栽
4	5 月 18 日	开花植物组合盆栽

注：每次实验都分为准备、前测、活动与后测阶段。

（1）准备阶段：首先由实验员准备实验材料并布置场地。待被试人员到场后，安排实验员为其进行实验说明并介绍知情同意书。若老人同意进行实验，则安排其签署知情同意书。准备阶段约需 15min。

（2）前测阶段：首次活动前，需要采集老人基本信息。其后，每次活动前测时，均按如下顺序测量被试者身心健康指标：①采用欧姆龙血压仪测量被试者的血压、心率；②采用可穿戴无线生理收集装置采集被试者心电图 5min，测量完毕后解除设备；③安排被试者填写“笑脸量表”“正负性情绪量表”“老年负性情绪量表”“主观幸福感量表”和“SF-12 量表”。此步骤约需 15min。

（3）活动阶段：本实验设计的园艺活动干预包括：播种、间苗、多肉植物组合盆栽、草花植物组合盆栽 4 项。每次实验安排被试人员参加 1 项活动，每项活动用时均约 30min。每种活动内容如下：①播种：被试人员亲手播种辣椒和生菜各一盆。被试人员先在塑料盆中置入培养土，压实，点播种子 10 粒，覆土并浇水。②间苗：被试人员将培养土置入塑料盆，并将上次播种活动中生长状况良好的植株取出，单独移至新盆。③多肉植物组合盆栽：被试人员挑选 3 ~ 5 株无刺的多肉植物并选择陶盆；在陶盆中加入过半的营养土后，整理多肉植物根系，并将其放入陶盆中；调整多肉植物位置进行搭配组合；确定位置后，将土壤加满陶盆并覆盖碎石；最后浇透水。④草花植物组合盆栽：被试人员选择 3 ~ 5 株薰衣草、美女樱等草花开花植物，然后在塑料盆中置入过半的营养土，再把植物移入盆中调整位置，覆土，压实，最后浇透水。

（4）后测阶段：每次园艺活动后，均需安排被试人员完成下列数据采集：①测量血压、心率；②穿戴无线生理采集装置，采集 5min 心电图后解除设备；③填写“笑脸量表”“负性情绪量表”和“正负情绪量表”。整个后测过程约需 10min。

1.3 数据采集

1.3.1 生理数据

本研究采用可以直接反映身体压力状态的血压、心率和心率变异性指标（时域特征 PNN50；频域特征：LF，HF，LF/HF）作为衡量老人生理压力的指标。血压和心率常用于衡量人的紧张程度[14-15]，心率变异性因可通过心动周期邻近两个 R 波间隔的变化计算所得的时域、频域特征[16-18]，可有效地反映个人在不同压力状态下的心血管响应状态，故常作为生理指标用于情绪[19]和压力方面的研究[17]。

1.3.2 心理数据

本研究采用“正负性情绪量表”和“笑脸量表”[20-21]来测量被试人员参加每一次活动前后的即时性情绪变化，采用“SF-12”和“主观幸福感量表”来测量被试人员参加完 4 次活动前后的长期身心健康和主观幸福感变化程度。

1.4 数据分析

本研究采用配对 t 检验分析不同园艺活动前后孤寡老人身心指标的变化情况是否显著，再采用单因素方差分析的方法分析不同活动对孤寡老人的各项身心状态影响程度是否有显著差异。所有的分析均采用 SPSS Version 22 软件完成。

2 研究结果

2.1 生理指标

2.1.1 血压、心率数据

（1）四种园艺活动单次干预对孤寡老人血压、心率的影响

对“播种”“间苗”“多肉植物组合盆栽”“草花植物组合盆栽”4种园艺活动单次活动前后孤寡老人的收缩压、舒张压和心率分别进行配对样本 t 检验的结果表明：被试人员在参加完“播种”（t=5.29，df=36，p=0.000），“间苗”（t=2.15，df=17，p=0.04）和“多肉植物组合盆栽”（t=5.947，df=17，p=0.000）活动后心率均显著低于参加活动前。此结果说明孤寡老人在参加完“播种”“间苗”和“多肉植物组合盆栽”活动后，以心率为指示标准的生理压力均得到显著缓解，均值详见表2。

孤寡老人4种园艺活动前后收缩压、舒张压、心率配对 t 检验结果　　表2

生理指标		播种		间苗		多肉植物组合盆栽		草花植物组合盆栽	
		M	SD	M	SD	M	SD	M	SD
收缩压	前测	138.49	16.21	131.28	19.01	132.06	15.02	130.76	17.65
	后测	142.03	17.88	133.22	14.44	133.89	15.78	129.86	15.45
	差值	−3.54	18.47	−1.94	15.24	−1.83	13.72	0.90	13.08
	n	37		18		18		21	
	t（p）	−1.16（.25）		−0.541（0.595）		−0.567（0.58）		0.317（0.75）	
舒张压	前测	78.22	10.87	68.72	11.17	71.83	10.68	70.48	10.23
	后测	79.14	10.02	71.64	13.33	73.28	10.69	68.14	9.02
	差值	−0.92	10.54	−2.92	10.73	−1.44	8.19	2.33	8.21
	n	37		25		18		21	
	t（p）	−0.53（0.60）		−1.36（0.19）		−0.748（0.47）		1.302（0.21）	
心率	前测	75.19	11.57	71.52	9.43	77.67	11.42	73.43	9.49
	后测	69.08	9.04	69.12	7.83	72.22	9.54	73.71	12.36
	差值	6.11	7.02	2.40	5.59	5.44	3.88	−0.29	9.03
	n	37		25		18		21	
	t（p）	5.29（0.000***）		2.15（0.04**）		5.947（0.000***）		−0.145（0.89）	

注：** 表示 p<0.05，*** 表示 p<0.001。

由表2可知，被试人员参加“播种”活动后，平均心率从75.19±11.57下降到69.08±9.04（p<0.000）；参加完“间苗”活动后，心率从71.52±9.43下降到69.12±7.83（p<0.05）；参加完“多肉植物组合盆栽”活动后，心率从77.67±11.42下降到72.22±9.54（p<0.05）；参加完“草花植物组合盆栽”活动后，心率无显著变化。

可见，就对心率的改善程度而言，“播种”“间苗”和“多肉植物组合盆栽”活动均对被试人员的心率有显著的改善作用。

（2）比较4种园艺活动对孤寡老人血压、心率状态的影响效益

单因素方差分析结果表明：4种园艺活动对孤寡老人的心率改善程度存在显著差异（F（3，97）= 4.727，p=0.004），然而对其收缩压 [F（3，90）= 0.348，p = 0.791）] 和舒张压 [F（3，97）= 1.141，p =0.336] 的改善无显著差异（表3）。

孤寡老人四种园艺活动收缩压、舒张压、心率变化值单因素方差检验结果　　表3

		方差	df	平方根	F	$Sig.$
收缩压差值	组间	264.876	3	88.292	0.348	0.791
	组内	22848.443	90	253.872		
	总计	23113.319	93	—		

续表

		方差	*df*	平方根	*F*	*Sig.*
舒张压差值	组间	326.431	3	108.810	1.141	0.336
	组内	9249.708	97	95.238		
	总计	9576.139	100	—		
心率差值	组间	645.009	3	215.003	4.727	0.004**
	组内	4412.298	97	45.488		
	总计	5057.307	100	—		

注：** 表示 $p<0.05$。

事后的多重比较结果显示："播种"和"间苗"活动对孤寡老人心率影响程度存在显著差异（$p<0.05$）；"播种""间苗"和"多肉植物组合盆栽"活动三者均与"草花植物组合盆栽"活动对孤寡老人心率影响存在显著差异（$p<0.05$）；而其余活动比较发现其对孤寡老人心率的影响程度没有显著差异，如图 1 所示。

由此可见，"播种"活动对心率改善的效果优于"间苗"活动（$p<0.05$）；"播种""间苗"和"多肉植物组合盆栽"活动对心率的改善效果均显著优于"草花植物组合盆栽"活动（$p<0.05$）；其他活动间对心率的改善作用无显著差异。

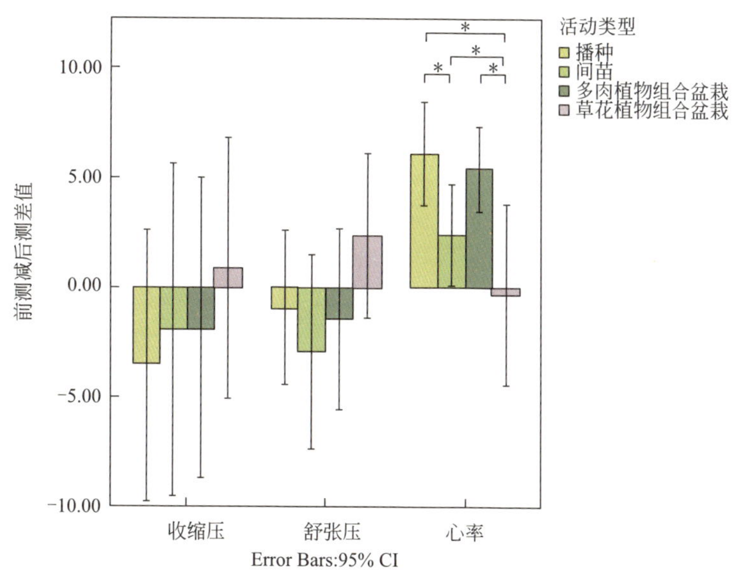

图 1　孤寡老人 4 种活动前后收缩压、舒张压、心率变化值比较

2.1.2　心电数据

根据对"播种""间苗""多肉植物组合盆栽""草花植物组合盆栽"4 种园艺活动单次活动前后孤寡老人的"PNN50""低频 LF""高频 HF"和"低频 / 高频"的配对样本 t 检验可知：被试人员在参加 4 种活动后，其 PNN50、LF、HF 和 LF/HF 指标均无显著变化（表 4）。

孤寡老人在 4 种园艺活动前后的 PNN50、LF、HF、LF/HF 前后测配对 *t* 检验结果　　表 4

生理指标		播种		间苗		多肉植物组合盆栽		草花植物组合盆栽	
		M	SD	M	SD	M	SD	M	SD
PNN50	前测	0.1397	0.2338	0.1397	0.2338	0.0566	0.1310	0.0917	0.2208
	后测	0.1117	0.1871	0.1117	0.1871	0.0729	0.1981	0.0936	0.2129
	差值	0.0281	0.1678	0.0281	0.1678	−0.1621	0.0954	−0.0019	0.0718

续表

生理指标		播种		间苗		多肉植物组合盆栽		草花植物组合盆栽	
		M	SD	M	SD	M	SD	M	SD
PNN50	n	44		30		27		28	
	t（p）	1.109（0.27）		−0.335（0.74）		−0.883（0.385）		−0.141（0.89）	
LF	前测	0.0002	0.0004	0.0001	0.0004	0.0002	0.0004	0.0001	0.0002
	后测	0.0007	0.0032	0.0007	0.032	0.0001	0.0003	0.0001	0.0003
	差值	−0.0005	0.0032	−0.005	0.032	0.0001	0.0002	0.0001	0.0003
	n	38		26		19		21	
	t（p）	−0.980（0.33）		−0.542（0.60）		1.786（0.10）		−0.151（0.88）	
HF	前测	0.0003	0.0010	00003	0.010	0.0002	0.0006	0.0002	0.0003
	后测	0.0005	0.0014	0.0005	0.012	0.0002	0.0006	0.0002	0.0005
	差值	−0.0002	0.0008	−0.0002	0.0008	0.0001	0.0002	−0.0003	0.0003
	n	37		26		19		21	
	t（p）	−1.445（0.16）		−1.253（0.22）		1.321（0.2）		0.571（0.57）	
LF/HF	前测	1.1646	1.490	1.165	1.490	1.1965	8.844	1.13051	1.239
	后测	1.0620	1.017	1.062	1.017	1.2466	1.072	1.4334	1.502
	差值	0.1026	1.585	0.0126	1.5848	−0.0502	1.2001	−0.03128	1.8329
	n	38		26		19		21	
	t（p）	0.399（0.69）		−1.407（0.17）		−0.182（0.86）		−0.782（0.44）	

方差分析结果表明：4种园艺活动对孤寡老人心电PNN50、LF、HF和LF/HF指标的改善均无显著差异（图2、表5）。

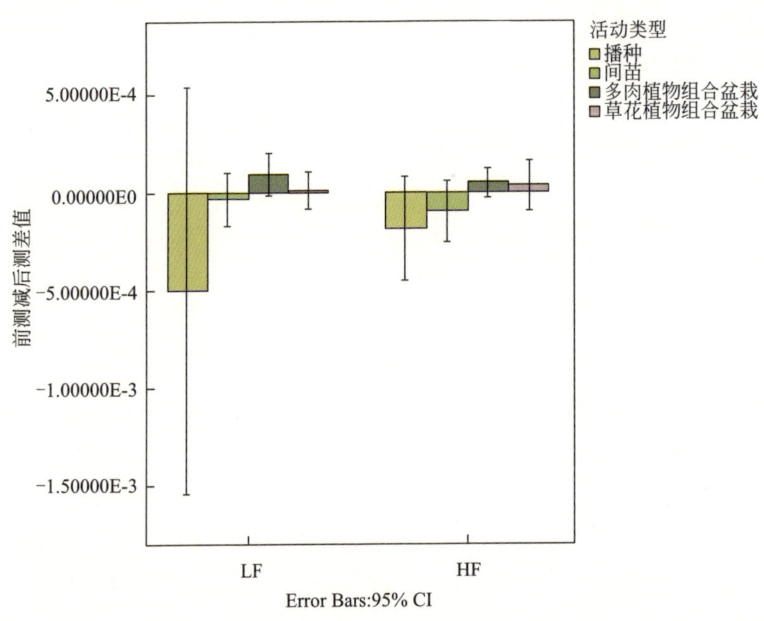

图2　孤寡老人4种活动前后LF、HF变化值比较

孤寡老人 4 种园艺活动 PNN50、LF、HF、LF/HF 变化值单因素方差检验结果　　表 5

		方差	*df*	平方根	*F*	*Sig.*
PNN50	组间	0.041	3	0.014	0.855	0.466
	组内	2.018	125	0.016		
	总计	2.060	128	—		
LF 差值	组间	0.000	3	0.000	0.591	0.623
	组内	0.000	100	0.000		
	总计	0.000	103	—		
HF 差值	组间	0.000	3	0.000	1.189	0.318
	组内	0.000	99	0.000		
	总计	0.000	102	—		
LF/HF 差值	组间	5.800	3	1.933	0.749	0.525
	组内	257.997	100	2.580		
	总计	263.797	103	—		

2.2　心理数据

（1）4 种园艺活动单次活动前后对孤寡老人心理状态的影响

对“播种”“间苗”“多肉植物组合盆栽”“草花植物组合盆栽”4 种园艺活动单次活动前后孤寡老人的“正性情绪”“负性情绪”和“表情愉悦度”进行配对样本 *t* 检验的结果表明：被试人员在参加“播种”活动后，正性情绪（t=−4.80，df=36，p=0.000）和表情愉悦度（t=−5.93，df=36，p=0.000）都显著上升，负性情绪显著下降（t=3.28，df=36，p=0.002）；在参加“间苗”活动后，正性情绪（t=−2.44，df=25，p=0.02）和表情愉悦度（t=−3.44，df=24，p=0.002）显著升高，负性情绪显著降低（t=2.12，df=25，p=0.04）；在参加“草花植物组合盆栽”活动后，正性情绪（t=−2.084，df=21，p=0.050）显著升高。这些结果说明，孤寡老人在参加“播种”“间苗”活动后，“正性情绪”和“表情愉悦度”都显著提升，“负性情绪”显著下降；而参加“草花植物组合盆栽”活动后，仅“正性情绪”显著上升；其他活动对于被试人员的“负性情绪”及“表情愉悦度”均无显著影响，均值详见表 6。

孤寡老人在 4 种园艺活动前后的正性情绪、负性情绪、表情愉悦度前后测配对 *t* 检验结果　　表 6

心理测量指标		播种		间苗		多肉植物组合盆栽		草花植物组合盆栽	
		M	SD	M	SD	M	SD	M	SD
正性情绪	前测	28.92	6.66	30.69	9.10	34.78	8.18	32.59	7.65
	后测	34.49	5.74	33.69	12.12	38.56	8.48	36.09	9.96
	差值	−5.57	7.06	−3.0	2.59	−3.78	8.42	−3.50	7.88
	n	37		26		18		22	
	t（*p*）	−4.8（0.000）		−2.44（0.02）		−1.904（0.07）		−2.084（0.050）	
负性情绪	前测	18.81	6.21	14.65	4.47	16.17	4.31	18.68	8.69
	后测	15.78	5.29	13.57	4.10	15.94	4.87	15.73	5.58
	差值	3.03	5.61	1.08	2.59	0.22	4.54	2.95	8.60
	n	37		26		18		22	
	t（*p*）	3.28（0.002）		2.12（0.04）		0.207（0.84）		1.610（0.12）	
表情愉悦度	前测	3.76	1.09	4.08	1.22	4.44	0.86	4.18	1.10
	后测	4.62	0.68	4.76	0.52	4.72	0.75	4.77	0.43
	差值	−0.86	0.89	−0.68	0.98	−0.28	0.67	−0.57	1.08
	n	37		25		18		22	
	t（*p*）	−5.93（0.000）		−3.44（0.002）		−1.761（0.10）		−2.630（0.2）	

（2）比较4种园艺活动对孤寡老人心理状态的影响

4种园艺活动单因素方差分析结果表明，4种园艺活动对孤寡老人的负性情绪 [F（3，99）=0.752，p =0.52]、正性情绪 [F（3，99）=1.419，p =0.24] 和表情评估分数 [F（3,98）=1.697,p =0.17] 的改善程度均无显著差异(p>0.05)，如表7和图3所示。

孤寡老人4种园艺活动单次活动前后正性情绪、负性情绪、表情愉悦度变化值单因素方差检验结果　　表7

		方差	*df*	平方根	*F*	*Sig.*
正性情绪差值	组间	120.502	3	40.167	0.752	0.524
	组内	5285.692	99	53.391		
	总计	5406.194	102	—		
负性情绪差值	组间	138.028	3	46.009	1.419	0.242
	组内	3208.885	99	32.413		
	总计	3346.913	102	—		
表情愉悦度差值	组间	4.297	3	1.432	1.697	0.173
	组内	82.694	98	0.844		
	总计	86.990	101	—		

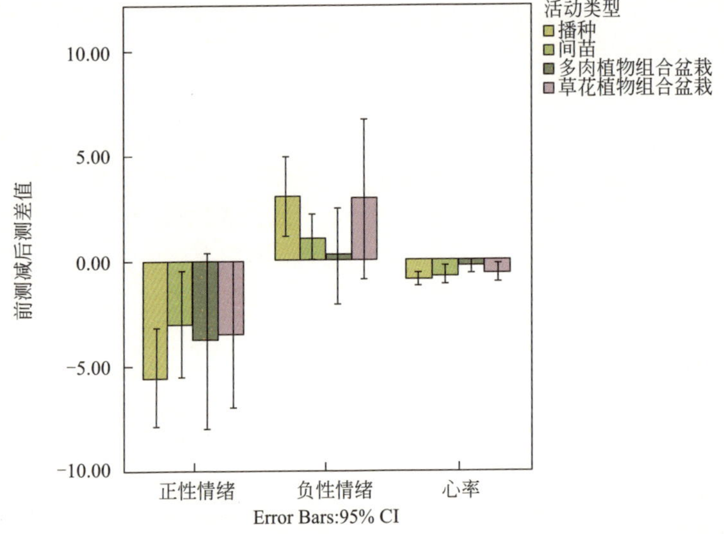

图3　孤寡老人4种活动前后正性情绪、负性情绪、表情愉悦度变化值比较

（3）全套活动（共4次）前后被试人员身心健康状态比较

在完成所有活动后，对所有参与全部4次活动的被试人员进行“SF-12”和“主观幸福感”量表前后测的配对 t 检验，结果显示，4次活动干预前后，老人的自评生理健康程度、心理健康程度和主观幸福感均无显著差异（表8）。

4次园艺活动前后老人自评身体、心理健康程度和主观幸福感配对 t 检验结果　　表8

测量指标	前测		后测		t（配对）	p
	Mean	SD	Mean	SD		
SF12 生理	46.56	9.29	45.02	6.78	0.86	0.40
SF12 心理	52.73	10.10	52.60	10.07	0.04	0.97
主观幸福感	15.28	10.13	15.39	10.98	−0.04	0.97

3 讨论

3.1 对比 4 种园艺活动对孤寡老人生理压力指标的影响效益

根据以上 4 种不同园艺活动对孤寡老人“生理压力指标”影响的数据分析可知，仅心率指标显示出 4 种活动间的显著差异。就 4 种活动对孤寡老人心率降低程度横向比较而言，“播种”“间苗”和“多肉植物组合盆栽”3 种活动均显著优于“草花植物组合盆栽”活动；“播种”活动显著优于“间苗”活动；而其他活动两两比较后无显著差异。就单次园艺活动前后老人的生理指标变化情况而言，除“草花植物组合盆栽”活动以外，在“播种”“间苗”和“多肉植物组合盆栽”活动干预下，老人的心率均显著降低。由此可见，大部分园艺活动均能使老年人以心率为指标的生理压力显著降低。这与先前的研究结果相似，例如，Goto 等研究发现，在观看 15min 日式花园后，老人心率显著降低[22]，Hanssan 等发现，短暂的园艺活动可使老人以血压为指标的生理压力显著降低[23]，此结果也与修美玲等[1]和邢振杰等[24]的研究结果相似，即园艺活动后，老人的心率降低，说明园艺操作活动能够让老年人得到放松与平静。

3.2 对比 4 种园艺活动对孤寡老人心理压力指标影响效益

在心理压力指标方面，本研究发现，进行大部分园艺活动之后，孤寡老人的“正性情绪”“表情愉悦度”均有积极的改善，同时“负性情绪”下降。其中，“播种”和“间苗”活动干预均能够显著增加孤寡老人的正性情绪和表情愉悦度，并且降低其负性情绪，而被“草花植物组合盆栽”活动干预后的孤寡老人，仅“正性情绪”有明显上升。然而，总体而言，4 种活动对孤寡老人心理压力影响能力无显著差异。综上，孤寡老人在参与“播种”和“间苗”园艺活动干预后，心理指标（包括正、负性情绪，表情愉悦度）表现出多方面的改善，这可能是由于孤寡老人原本生活枯燥寂寞，而参加园艺活动对他们来说，不仅仅能享受园艺活动的乐趣，更是增加了自身和其他人之间的交流机会，减轻了寂寞和孤独感，使其心情得到极大的改善。

3.3 整体 4 次园艺活动对孤寡老人身心健康和主观幸福感的影响

由结果分析可知，完整参加本研究 4 次园艺活动的孤寡老人，其身体健康、心理健康和主观幸福感自评分数并没有显著改变。此结果可能的原因如下：第一，每次园艺活动时间间隔较长，活动频率较低，削弱了活动整体对老人的影响作用，在今后的研究中，可以尝试对比不同园艺活动频率从长期来看是否对老人的身心健康和主观幸福感有所促进。第二，总体活动持续时间较短、活动期数较少，还无法达到影响老人长期身心健康水平和幸福感的程度，在今后的研究中可尝试开展不同总时长、不同期数的园艺疗法活动，以探究不同活动时限和活动次数对改善孤寡老人身心健康水平和主观幸福感的效果。

4 结论

综合生理和心理数据分析，本研究发现：①“播种”“间苗”“多肉植物组合盆栽”3 种活动对降低孤寡老人的心率均有显著影响；②“播种”“间苗”“多肉植物组合盆栽”3 种活动对降低心率的影响力显著高于“草花植物组合盆栽”活动；③“播种”活动对降低心率的影响显著高于“间苗”活动；④ 4 种活动对孤寡老人正负性情绪、表情愉悦度均有积极的改善作用，其中“播种”和“间苗”在提升孤寡老人的“正性情绪”及“表情愉悦度”方面和降低“负性情绪”方面更为显著；⑤“草花植物组合盆栽”活动能显著提升孤寡老人的“正性情绪”。总之，“播种”“间苗”和“多肉植物组合盆栽”活动均能够显著改善老人心率的恢复情况，且“播种”“间苗”活动能够显著改善老人的“正性情绪”和“表情愉悦度”，降低老人“负性情绪”。“草花植物组合盆栽”活动仅能显著改善老人的“负性情绪”。因此，综合本研究结果，“播种”“间苗”这两种活动能够更多元地改善孤寡老人的身心健康指标，是 4 种活动中较佳的园艺疗法备选方案，可供孤寡老人使用。本研究的结果可为养老院、社区等基于孤寡老人身心健康恢复的园艺疗法实践活动的选择提供参考。

参考文献

[1] 修美玲，李树华．园艺操作活动对老年人健康影响的初步研究 [J]. 中国园林，2006（6）：46-49.

[2] 周瑶．园艺疗法在社区老年人医疗保健中的应用初探 [J]. 中国老年保健医学，2014，12（3）：77-79.

[3] 田苗．园艺疗法对老年人健康的积极作用 [J]. 绿色科技，2014，3：309-310.

[4] 魏世创，王金元．园艺养老在我国养老服务中的应用探究 [J]. 南方农业，2017，11（16）：60-64.

[5] 姚子弘．浅析园艺疗法在老年康复中之应用——以广州市老人院老年康复中心为例 [M]// 李树华．2016 中国园艺疗法研究与实践论文集，2017：171-174.

[6] 刘欢欢．园艺疗法在养老方面的应用探讨 [J]. 文存阅刊，2018，4：71-72.

[7] PARK S A，LEE K S & SON K C. Determining exercise intensities of gardening tasks as a physical activity using

metabolic equivalents in older adults[J]. Hort-S 次 ENCE：A Publication of the American Society for Horticultural Science，2011，46（12）：1706-1710.

[8] 黄文柱，严文，王志军，等．基于园艺景观康复疗法的心理与脑机制 [J]. 医学与哲学，2018，39（5）70-72.

[9] 曾娅萱．园艺疗法在老人养老精神生态中的运用 [J]. 前沿探索，2016（11）：264.

[10] 顾文芸．园艺疗法在改善老年抑郁症状效果方面的探索 [J]. 安徽农业科学，2016（17）：272-274.

[11] 王青．园艺心理疗法作用及应用形式 [J]. 中国园艺文摘，2010，4：164-165.

[12] 王小雯．孤寡老人养老需求的社会工作介入研究——以湖北慈宁服务项目“美好夏日”为例 [D]. 武汉：华中农业大学，2013.

[13] 张倩琼．个案工作在丧偶老人生活适应问题中的应用研究 [D]. 贵阳：贵州大学，2015.

[14] 严璘璘，骆宏，危静，等．心理压力的测量方法及新技术 [J]. 应用心理学，2019，25（1）：32-47.

[15] GIGLIOTTI C M，JARROTT S E. Effects of horticulture therapy on engagement and affect[J]. Canadian Journal on Aging，2005，24（4）：367-377.

[16] THAYER J F，ÅHS F，FREDRIKSON M，et al. A meta-analysis of heart rate variability and neuroimaging studies：implications for heart rate variability as a marker of stress and health[J]. Neuroscience and Biobehavioral Reviews，2012，36（2）：747-756.

[17] CASTALDO R，MELILLO P，BRACALE U，et al. Acute mental stress assessment via short term HRV analysis in healthy adults：A systematic review with meta-analysis[J]. Biomedical Signal Processing and Control，2015，18：370-377.

[18] CAMM A J，MALIK M，BIGGER J T，et al. Heart rate variability：standards of measurement，physiological interpretation and clinical use[J]. European Heart Journal，1996（17），354-381.

[19] 阎克乐，张文彩，张月娟，等．心率变异性在心身疾病和情绪障碍研究中的应用 [J]. 心理科学进展，2006（02）：261-265.

[20] TAELMAN J，VANDEPUT S，SPAEPEN A，et al. Influence of mental stress on heart rate and heart rate variability[M]//IFMBE proceedings. 4th European Conference of the International Federation for Medical and Biological Engineering，2008，1366-1369.

[21] ANDREWS F M，WITHEY S B. Social indicators of well-being：Americans’ perceptions of life quality[M]. New York：Plenum，1976.

[22] GOTO S，GIANFAGIA T J，MUNAFO J Pet al. The power of traditional design techniques：The effects of viewing a japanese garden on individuals with cognitive impairment[J]. HERD，2017，10（4）：74-86.

[23] HASSAN A，QIBING C，& TAO J. Physiological and psychological effects of gardening activity in older adults[J]. Geriatrics & Gerontology International，2018，18（8）：1147-1152.

[24] 邢振杰，康永祥，李明达．园林植物形态对人生理和心理影响研究 [J]. 西北林学院学报，2015，30（2）：283-286.

北京地区月季综合评价体系的建立①②

北京市园林科学研究院 / 冯　慧　赵世伟　卜燕华　刘　引
北京林业大学园林学院 / 戴思兰

摘　要：对4个类型的月季（茶香月季、丰花月季、藤本月季和微型月季），共计238个品种的植株性状、花部性状和抗性等27个性状进行详细观测，结合月季在北京园林绿化中的应用形式，利用主成分分析方法，筛选出了13个性状指标。以准确筛选适合北京地区栽植的新优月季品种为目标，基于植株性状、花部性状、和抗性3个层面，利用层次分析法，分别构建了针对四大类群月季的综合评价体系。应用该评价体系，筛选出综合性状优秀的杂交茶香月季品种20个、丰花月季品种11个、藤本月季品种3个、微型月季品种8个。为今后合理筛选适宜北京地区栽植的月季品种提供了一条有效的途径。

关键词：园林植物；月季品种；主成分分析；层次分析；品种评价体系

现代月季品种已经超过了4万多个，如何评价某一品种的优劣，目前国内外均无统一的标准[1-2]。这种现状的存在致使我国虽然花了大量资金引进新优品种，但却不能准确筛选出适宜各地栽植的新优月季品种。国内大多采用专家评议和打分的方法，由于缺乏标准的定量分析，其评价结果往往不够全面和准确[3]。对于观赏植物品种的品质，人们的要求在不断提高：既要求其花大、色艳，又要求其姿美、有香味、耐贫瘠，定性或单一指标的评价方法已不能满足人们的需要。因此，从品种评价到优良品种选育都需要一个客观、全面、科学和定量的综合评价体系。

由于层次分析法在处理复杂决策问题上的实用性和有效性，其在农业等领域得到了广泛的应用[4]。在观赏植物方面主要应用于资源评价和新优品种的选择，如在桂花[5]、紫薇[6]、大花蕙兰[7]、菊花[8-11]和地被菊[12]等的评选中都应用到了此方法。在月季中，基于层次分析法，柴扉、武华鑫、李贝和孙霞枫分别建立了现代月季的综合评价体系[13-16]。李贝的研究侧重于切花月季[15]；武华鑫的研究目的是筛选出适合武汉地区栽培的现代月季品种[14]；柴扉建立的评价模型过分重视花部性状，同时柴扉的试验材料只有24个现代月季品种，代表性不足[13]；孙霞枫建立的月季综合评价体系中，没有结合月季在北京绿化中的实际应用方式，应用性不强[16]。

本试验以筛选适宜北京地区绿化应用的现代月季品种为目标，对4类238个月季品种的植株性状、花部性状和抗性等27个性状进行详细观测。结合月季在北京园林绿化中的应用形式，利用主成分分析方法筛选影响品种分类的主要性状，应用层次分析法确定主要性状的权重，并建立了分别针对四大月季类群的综合评价体系。

---

①　基金项目：北京市科技计划项目“分子标记辅助培育抗旱月季新品种及其在世园会的示范”（编号Z191100008519005）和北京市公园管理中心课题“基于月季花全基因组重测序基础上的部分观赏性状定位”（编号2017076）共同资助。

②　本文已发表于《中国园林》，2021，37（01）：116-121。

1 研究区域

北京位于东经 115.7° ~ 117.4°，北纬 39.4° ~ 41.6°，是典型的北温带半湿润大陆性季风气候，夏季高温多雨，冬季寒冷干燥，春秋季较短。

2 分析方法

2.1 主成分分析法

应用 SPSS18.0 统计软件对试验的数据进行分析，进行主成分分析前，首先根据 Kaiser[17] 给出的 KMO 度量标准，检验本试验所选取的变量间的相关系数是否适合作主成分分析。

2.2 层次分析法

根据绿化用月季各性状指标间的相互关系和隶属关系，建立 3 个层次的综合评价模型。第一层是目标层（A），为北京地区优秀的绿化类月季品种；第二层是约束层（C），包括植株性状、花部性状、和抗性；第三层是指标层（P），包括选取的 13 个性状指标，并分别表述为不同分值。根据 T.L.Saaty[18]1-9 比率标度法，通过因素之间两两比较来构造判断矩阵。根据各评价因子对绿化类月季品质的重要程度，构建低层指标相对于上一级指标的判断矩阵。在计算出各个具体评价指标相对于所隶属性状的加权值后，再与该性状的权值加权综合，即可计算出各评价指标因素相对于总的综合评价值的权值（表 1）。

四大类群月季的指标层相对于目标层的总权重值　表 1

指标层	杂交茶香月季	丰花和微型月季	藤本月季
株型 P1	0.1125	0.1516	0.1624
生长势 P2	0.0671	0.0904	0.0969
分枝性 P3	0.0671	0.0904	0.0969
花梗挺拔度 P4	0.0300	0.0404	0.0433
皮刺数量 P5	0.0202	0.0271	0.0291
花色 P6	0.1390	0.1036	0.1110
花径 P7	0.0730	0.0543	0.0582
花型 P8	0.0730	0.0543	0.0582
花瓣数量 P9	0.0730	0.0543	0.0582
花香 P10	0.0400	0.0300	0.0322
花朵繁密度 P11	0.1390	0.1036	0.1110
连续开花能力 P12	0.1080	0.1333	0.0714
抗病虫害能力 P13	0.0540	0.0667	0.0714

2.3 评分标准

在对月季的植株性状和花部性状进行详细调查的基础上，根据 AARS 制定的月季性状的评价标准[19]，以及北京市地方标准《花卉产品等级月季》[20]，对调查得到的各性状指标赋予不同的数值，具体标准见表 2。

月季性状赋值标准　表 2

目标层	约束层	指标层	月季类型	指标层赋值标准
适宜北京地区绿化应用的优秀月季品种	植株性状	P1 株型	4 种类型	5 分：枝条在空间分布均匀，叶片在枝条上分布匀称；株型整齐，美观； 3 分：枝条在空间分布较均匀，叶片在枝条上分布较匀称；株型整齐； 1 分：单株中枝条有高低
		P2 生长势	4 种类型	5 分：强　3 分：中　1 分：弱
		P3 分枝性	4 种类型	5 分：强　3 分：中　1 分：弱
		P4 花梗挺拔度	4 种类型	5 分：花梗直立挺拔　3 分：花梗较直立挺拔　1 分：花梗柔弱，盛花期时出现垂头现象
		P5 皮刺数量	4 种类型	1 分：多　3 分：中　5 分：少或无
	花部性状	P6 花色	4 种类型	5 分：色泽鲜艳纯正；变色和复色品种，各种颜色搭配在一起非常协调、美观； 3 分：颜色较新鲜；变色和复色品种，各种颜色搭配在一起较协调、美观； 1 分：颜色不纯正或较暗淡
		P7 花径	茶香月季	5 分：≥ 11cm　3 分：≥ 9cm　1 分：<9cm
			丰花月季	5 分：≥ 9cm　3 分：≥ 7cm　1 分：<7cm
			微型月季	5 分：≥ 5cm　3 分：≥ 3cm　1 分：<3cm
			藤本月季	5 分：≥ 9cm　3 分：≥ 7cm　1 分：<7cm
		P8 花型	4 种类型	5 分：杯状花型　3 分：平顶包心型　1 分：盘状花型
		P9 花瓣数量	4 种类型	5 分：40 瓣以上　3 分：20 ~ 40 瓣　1 分：20 瓣以下
		P10 花香	4 种类型	5 分：浓香　3 分：香　1 分：淡香或无

续表

目标层	约束层	指标层	月季类型	指标层赋值标准
适宜北京地区绿化应用的优秀月季品种	花部性状	P11 花朵繁密度	茶香月季 藤本月季	5 分：花量大，花盖度达 50% 以上，盛花期花朵在植株上整齐、匀称排列； 3 分：花量大，花盖度达 30% 以上，盛花期花朵在植株上排列较整齐； 1 分：花量较大，花盖度达 20% 以上
			丰花月季 微型月季	5 分：花量大，花盖度达 60% 以上，盛花期花朵在植株上整齐、匀称排列； 3 分：花量大，花盖度达 40% 以上，盛花期花朵在植株上排列较整齐； 1 分：花量较大，花盖度达 20% 以上
	抗性	P12 连续开花能力	4 种类型	5 分：花期连续，春季花量大，夏秋季花量较大； 3 分：花期连续，春季花量大，夏季花量较少，秋季花量较大； 1 分：花期连续，春季花量大，夏季秋季花量少
		P13 抗病虫害能力	4 种类型	5 分：无病虫害发生； 3 分：有部分植株感染； 1 分：大部分植株感染

3 结果与分析

3.1 月季品种资源的主成分分析

通过 SPSS18.0 统计软件计算，选取的 238 个月季品种的 27 个性状的 KMO 值为 0.772，根据 Kaiser 给出的 KMO 度量标准[17]，检验结果表明：本实验所选取的变量间的相关系数适合作主成分分析。本试验中，对 238 个月季品种的 27 个性状进行主成分分析，以特征值大于 1 为标准提取主成分，共提取到 9 个主成分。第 1 个主成分的特征值为 5.276，方差贡献率是 19.54%，代表了全部性状信息的 19.54%，是最主要的成分；第 2 个主成分的特征值为 2.285，方差贡献率是 8.46%，代表了全部性状信息的 8.46%；第 3 个主成分的特征值为 1.632，方差贡献率是 6.05%，代表了全部性状信息的 6.05%。本次调查数据中，9 个主成分的累计贡献率只有 61.79%，说明 27 个性状的相关性较小，月季性状比较复杂，不能达到有效降维的目的。

从因子载荷量表可以看出（表 3），第一主成分中，花径、瓣长、瓣宽系数最大，其次是顶端叶长和叶宽，花径与瓣长、瓣宽极显著相关，叶长与叶宽极显著相关，叶长与花径极显著相关，据此，后续的层次分析中剔除叶长、叶宽、瓣长和瓣宽，保留花径这一指标，花朵繁密度和花型系数较大，结合园林应用，予以保留；第二主成分中生长势、分枝性、株型系数最大，保留这 3 个指标；第三主成分中，皮刺和叶刺数量系数最大，保留皮刺数量这一指标；第四主成分中，花瓣数量和花蕾性状系数最大，保留花瓣数这一指标；第五主成分中，花香、花色和皮刺大小系数最大，保留花香和花色 2 个指标；第六主成分中，叶色、叶质和花期系数最大，结合园林应用，这 3 个指标对园林景观效果影响不大，在群众欣赏月季花时，关注度较低，同时花期早晚不能评价一个月季品种优劣的有效指标，园林中需要有不同花期的月季品种，据此删除这 3 个指标；第七主成分中，花梗挺拔度、叶形和花蕾性状系数最大，结合园林应用，保留花梗挺拔度这一指标；第八主成分中，小叶数量、茎色和花香系数最大，结合园林应用，保留花香这一指标；第九主成分中，皮刺形状和茎色系数最大，但这 2 个性状在园林应用中群众关注度较低，予以删除。综上所述，通过主成分分析结合园林应用，筛选获得花径、花朵繁密度、花型、株型、生长势、分枝性、皮刺数量、花瓣数、花香、花色和花梗挺拔度 11 个观赏指标，同时月季品种的连续开花性和抗病性 2 个性状尽管不在 9 个主成分中，对月季品种分类影响不大，但对园林景观影响较大，故添加这 2 个指标作为后续综合评价体系的内容。

3.2 现代月季综合评价体系的建立

3.2.1 杂交茶香月季综合评价体系的建立

前人建立的茶香月季评价体系中参考切花月季的评价标准，花枝长度和花梗长度占较大的权重值，花枝越长，评分越高，没有花色和花量这 2 个园林绿化中非常重要的指标，株型指标所占权重非常低[16]。实际园林绿化中，高大的月季的绿化效果并不一定比矮的好。北京地区茶香月季最常见的应用方式是作为花境、色块、色带等，此种应用方式中低矮紧凑的株型比长长的花枝、只有顶端着生 1 ~ 3 朵花的株型，群体景观要好很多。据此，本研究建立的适宜北京地区绿化应用的茶香月季评价体系中，加入花色和花量，提高株型权重，去掉花枝长度和花梗长度 2 个指标。新评价体系中，花色（权重 13.97%）和花量（权重 13.97%）所占权重最高，其次是株型，连续开花性和花径、花型和花瓣数 3 个花部性状。这与茶香月季在北京绿化中多用作色块、色带，群众观赏注重的是花色、花量、株型、连续开花性是一致的。本评价体系筛选出的优秀茶香月季品种适宜在北京地区优先推广和应用。

3.2.2 丰花和微型月季综合评价体系的建立

前人建立的丰花月季评价体系中，虽然强调了花量和

因子载荷量表　　表 3

性状	成分								
	1	2	3	4	5	6	7	8	9
株型评分	−0.466	0.66	−0.062	0.068	−0.138	0.158	−0.003	0.019	0.148
生长势	−0.229	0.801	0.199	0.070	0.051	−0.003	0.021	−0.049	−0.009
分枝性	−0.489	0.733	0.001	0.044	−0.057	0.120	0.036	−0.058	0.163
花梗挺拔度	0.099	0.083	0.064	0.163	0.064	0.275	0.518	−0.191	−0.362
茎色	0.125	−0.063	−0.071	0.177	0.297	0.264	0.064	0.363	0.467
皮刺大小	0.090	−0.006	0.407	−0.176	0.408	−0.062	−0.134	0.065	0.224
皮刺形状	0.245	0.063	−0.075	0.097	−0.158	0.174	0.003	−0.56	0.481
皮刺数量	0.192	−0.113	0.646	−0.237	0.090	−0.069	0.187	−0.075	0.147
叶刺数量	0.324	−0.050	0.616	−0.166	−0.257	−0.011	0.048	−0.073	0.112
顶端叶长平均值	0.788	0.267	0.009	−0.006	−0.038	−0.101	0.154	0.054	0.008
顶端叶宽平均值	0.762	0.250	−0.042	0.068	−0.020	−0.153	0.185	0.057	−0.003
小叶数量	−0.228	−0.095	0.333	0.216	−0.213	−0.023	−0.026	0.478	0.141
叶形	0.348	0.165	−0.036	−0.274	0.039	0.007	0.460	0.141	0.049
叶色	0.423	−0.004	0.274	−0.050	0.175	0.398	−0.177	−0.165	−0.232
叶质	0.084	−0.064	0.343	0.208	−0.096	0.481	−0.162	−0.160	0.080
花期	0.064	0.155	0.357	0.312	0.204	−0.557	−0.264	−0.089	−0.092
花朵繁密度	−0.488	0.159	0.047	−0.019	0.359	−0.309	0.177	0.025	0.117
花蕾形状	0.047	−0.039	0.13	0.493	0.009	−0.081	0.545	0.077	−0.028
花瓣数	0.184	−0.031	−0.087	0.632	0.252	0.024	−0.098	−0.047	0.084
花香	0.101	0.014	0.144	0.312	−0.533	0.137	−0.161	0.359	−0.064
花径平均值	0.875	0.221	−0.083	−0.106	−0.022	−0.019	−0.088	0.096	0.026
瓣长平均值	0.88	0.244	−0.106	−0.062	−0.095	−0.042	−0.109	0.071	−0.014
瓣宽平均值	0.884	0.203	−0.102	−0.048	−0.059	−0.042	−0.100	0.092	0.01
花色	0.172	−0.096	0.009	−0.002	0.499	0.461	0.034	0.220	−0.086
花型	−0.485	−0.074	0.202	−0.218	−0.308	0.066	0.224	0.079	−0.054
连续开花性	−0.295	0.343	−0.051	−0.397	0.123	0.166	−0.135	0.238	−0.035
抗病性	−0.092	0.364	0.239	0.119	0.131	0.069	−0.188	0.025	−0.426

盛花期持续时间，但花部观赏性状所占比重较高，同时株高和枝粗也占有一定权重[16]。实际园林应用中，丰花月季多用于色块色带，此种应用方式中低矮紧凑的株型、较强的分枝能力和生长势更能够达到理想的绿化效果。据此，优化的评价体系中，在注重花量和盛花期持续时间的同时，提高了株型、分枝能力和生长势的权重，加入了花色，去掉株高和枝粗。新评价体系中，株型（权重 15.16%）、连续开花能力（权重 13.33%）和花量（权重 10.36%）、花色（权重 10.36%）占较高的权重，其次是分枝性（权重 9.04%）、生长势（权重 9.04%）和抗病虫害能力（权重 6.67%）3 个指标。这与丰花月季在园林应用时，重视整体绿化效果，群众更关注株型整齐、花量大、能够连续开花等性状是一致的。应用这一评价体系选出的优秀丰花和微型月季品种适宜在北京地区优先推广应用。

3.2.3　藤本月季综合评价体系的建立

前人建立的藤本月季评价体系中[16]，蔓性所占权重较高，但并未指明如何测量藤本月季的蔓性。藤本月季分直立性藤本和攀缘性藤本，按照字面理解“蔓性”指的是攀缘性藤本月季，“蔓性强”指植株茎枝匍匐生长性强。实际北京园林绿化中应用藤本月季，多栽植于环路分车带，此种应用方式下，直立性藤本月季应用效果与攀缘性藤本月季是一样的，例如北京环路应用最广的一个藤本月季品种‘光谱’就是直立性藤本月季。同时旧的评价体系中抗性所占权重过大，生长势、分枝性所占权重过低。据此，新的评价指标中，加入株型指标，去掉蔓性这一指标，提高株型、生长势和分枝性所占比例。新的评价体系中，株型、花量和花色所占权重较高，分别为 16.24%、11.10% 和 11.10%；其次是生长势、分枝性、连续开花能力和抗病虫害能力，分别为 16.24%、11.10% 和 11.10%。这与藤本月季在北京园林实际应用中，在强调株型、生长势、分枝性 3 个植株性状的同时，也注重花色、花量、连续开花能力和抗病虫害能力是一致的，运用这一评价体系筛选出的

优秀品种适宜在北京地区优先推广应用。

3.3 现代月季品种综合评价结果

首先记录、整理现代月季各性状实地观测的数值，根据杂种茶香月季、丰花月季、微型月季和藤本月季的各性状评分标准，得出每个月季品种的各性状特征分值。依据杂种茶香月季、丰花月季、微型月季和藤本月季各自性状特征的相对权重值，计算出 4 类月季每个品种的最后分值，即综合评价值（表 4）。

4 讨论

4.1 主成分分析方法在月季品种评价中的应用

主成分分析是将多个性状指标化为少数指标的一种统计方法，能从众多性状因素中找出主要的综合性状因素，尽可能多地反映原始数据资料的信息，简化数据，揭示变量之间的关系。多位学者利用主成分分析法对月季性状进行分析，贾元义[21]对 150 个月季品种的 39 个形态性状进行主成分分析，前 10 个主成分累计贡献率达到 81.91%；罗丹[22]的研究以国际月季试验站中的 72 个月季品种为供试材料，前 8 个主成分的累计贡献率达 80.558%，代表了原始性状的大部分信息，李保忠[23]对 110 个月季品种的 36 个形态性状进行主成分分析，前 8 个主成分的贡献率达 80.558%。本次调查数据中，9 个主成分的累计贡献率只有 61.79%，与上述学者的结果不一致，可能与本试验调查的

月季综合评价值与等级　　表 4

月季类型	综合评价等级为Ⅰ级（分值≥4）的月季品种（综合性状优秀，可在北京绿化中大量推广应用）	综合评价等级为Ⅱ级（分值≥3.5）的月季品种（综合性状优良，可在北京绿化中推广应用）	综合评价等级为Ⅲ级（分值≥3.0）的月季品种（综合性状一般，不建议推广应用）	综合评价等级为Ⅳ级（分值<3.0）的月季品种（综合性状差，不建议推广应用）
茶香月季	21 个品种：绯扇、希望、亚力克红、节日礼花、粉扇、月季夫人、摩尼卡、赞歌、色霸、大奖章、坦尼克、红双喜、红胜利、天堂、绿野、却可克、东方之子、花展、俄州黄金、金奖章、爱	66 个品种：梅郎口红、电子表、朱墨双辉、奥运会、情侣约会、新万福玛利亚、阿尔蒂斯 75、鸡尾酒、荷兰明星、蓝花楹、英格丽褒漫、美好时光、葵英、亚克力红、金色年华、现代艺术、光明之王、赛丽娜、白玫瑰王、冠军、五彩缤纷、香魔 84、北极星、优雅、丹顶、胡佛总统、印度红、莎莎 90、一等奖、蓝和平、粉萨曼莎、玛尔默斯伯里、粉后、白兰地、绿云、蓝色狂想曲、漂多斯、股票、热带雨林、明星、美景、红衣主教、红法兰西、吉利茶、醉香酒、画册、银婚纪念、百老汇、北斗、莱茵黄金、巴尔博士、漂亮女人、摩纳哥公主、和平之子、我的选择、花魂、热腊、安娜红、黑珍珠、贝拉米、红玫瑰王、玛依珂、日粉、王威、香欢喜、黑王	67 个品种：自由之钟、朝云、甜桃、花车、彩云、卡尔红、灰姑娘午夜、扬基歌、流浪者、金牌、秋月、阿比莎林卡、香云、美国遗产、公共汽车、微笑、晏、哈雷彗星、蓝丝带、流星雨、白葡萄酒、白雪山、绿星、曙光、婚礼白、露丝公主、阳光 1 号、荣光、粉和平、桑德林汉纪念、光芒、和平、粉玫瑰王、春满园、长梦、百事达、独山风光、金婚纪念、施佩特纪念日、艳红、荷兰黄金、天国钟声、睡美人、杏黄绸、里程碑、红丝绒、红茶、我亲爱的、超世纪、马斯科特、黄昏曲、赌城、唐娜小姐、阿班斯、金阁、杰斯特乔伊、米农、梅郎随想曲、月光、黑美人、锦绘、南海、加里娃达、洛利塔、萨曼莎、朱王、卡罗拉	33 个品种：索力多、金牛、黄金时代、北极风神、卡托尔纸牌、漫天银星、外交家、夏日芬芳、白缎、大风歌、巴比伦、金徽章、卡拉米亚、黑旋风、美国粉、接班人、豆蔻年华、一流小姐、古铜粉、绝代佳人、殿下、新歌舞剧、火和平、太阳城、糖果条、蓝杰作、大丰收
丰花月季	13 个品种：澳洲黄金、红五月、曼海姆宫殿、荷尔斯坦、伦特纳、莺歌燕舞、朱美、仙境、新生冰川、杏花村、金色荷尔斯坦、武州、坎特公主	7 个品种：卡特道尔、爱丽丝公主、希拉之香、冰山、美洲虎、莫扎特、蓝宝石	4 个品种：南美桑巴舞、输钱、玉楼春、欢笑	2 个品种：欢庆、铜花瓶
藤本月季	3 个品种：光谱、瓦尔特叔叔、御用马车	9 个品种：金秀娃、藤彩云、大游行、夏令营、安吉拉、同情、桔红色火焰、黛安娜、藤绿云	1 个品种：京城	无
微型月季	9 个品种：旋转木马、小太阳、草裙舞女、橙柯斯特、小女孩、甜梦、梅郎狄娜、粉柯斯特、独玉	6 个品种：粉梅郎、彩虹、红柯斯特、蓝彼得、白柯斯特、太阳姑娘	1 个品种：白宝石	1 个品种：梅郎珍珠

样本量更大、覆盖的月季品种类型更加丰富、性状变异范围更大有关。

4.2 月季品种筛选中性状的选择

本次调查中，应用主成分分析结合园林应用，筛选获得花径、花朵繁密度、花型、株型、生长势、分枝性、皮刺数量、花瓣数、花香、花色和花梗挺拔度 11 个观赏指标，同时增加月季品种的连续开花性和抗病性 2 个对月季观赏性影响较大的性状，总计筛选出 13 个指标作为后续层次分析法综合评价体系的内容。本研究中删除茎色、皮刺大小、皮刺形状、叶刺数量、顶端叶长、顶端叶宽、小叶数量、叶形、叶色、叶质、花期、花蕾形状、瓣长和瓣宽共 14 个主成分分析中对月季品种分类影响不大的指标，与前述多位学者的研究基本一致[21-23]。

4.3 基于层次分析法建立的月季品种综合评价体系

在月季中，多位学者基于层次分析法分别建立了现代月季的综合评价体系[13-16]。李贝的研究侧重于切花月季[15]；武华鑫的研究目的是筛选出适合武汉地区栽培的现代月季品种[14]；柴扉的研究是筛选和合理选择适宜北京地区种植的现代月季品种，但其建立的评价模型过分重视花部性状，而对生长势、生长量、株型、耐贫瘠能力和全年的观赏效果等缺乏考虑，而在月季的实际应用中这些都是非常重要的因素[13]。同时柴扉的试验材料只有 24 个现代月季品种，相对于庞大的现代月季品种，代表性不足。孙霞枫建立的三大类群月季综合评价体系中，没有结合茶香月季在北京绿化中的应用方式，茶香月季评价体系中参考切花月季的评价标准，花枝越长，评分越高，而在实际园林应用中，低矮紧凑的株型和漂亮的花朵观赏价值更高；丰花月季评价体系中，虽然强调了花量和盛花期持续时间，但花部观赏性状所占比重较高，株型所占比例过低；藤本月季评价体系中，蔓性所占权重较高[16]。

本试验以筛选适宜北京地区绿化应用的现代月季品种为目标，在对 238 个月季品种的植株性状、花部性状和抗性进行详细观测、分析的基础上，创造性地结合不同类型的月季在北京园林绿化中的应用形式进行综合评价，建立了月季四大品种群的综合评价体系。应用该评价体系，从 185 个茶香月季、24 个丰花月季、12 个藤本月季和 17 个微型月季品种中筛选出综合性状优秀的杂交茶香月季品种 20 个、丰花月季品种 11 个、藤本本月季品种 3 个、微型月季品种 8 个。经本评价体系筛选出的月季品种，在北京综合表现优异，非常适宜在北京大量推广应用。本评价体系建立在大样本调查的基础上，更加简便、客观。同时，本评价体系还可为育种者合理选择亲本，以及客观评判杂种苗的品质、合理选种提供理论依据。

参考文献

[1] 陈莉，孙兆法，李梅．切花品质评价标准及采前生长条件对切花影响 [J]. 北方园艺，2000，130（1）：40-42.

[2] 薛麒麟，郭继红．月季栽培与鉴赏 [M]. 上海：上海科学技术出版社，2004.

[3] 陈俊愉，马燕，毛汉书．利用模糊综合评判模型评判月季抗性品种 [J]. 西北林学院学报，1993，8（1）：50-55.

[4] 郭亚军．综合评价理论与方法 [M]. 北京：科学出版社，2002.

[5] 伊艳杰，袁王俊，董美芳，等．运用 AHP 法综合评价河南部分桂花品种 [J]. 河南大学学报，2004，34（4）：60-64.

[6] 杨彦伶，雷小华，李玲，等．层次分析法在紫薇优良无性系选择的应用研究 [J]. 西南农业大学学报：自然科学版，2005，27（4）：518-521.

[7] 陈和明，江南，朱根发，等．层次分析法在大花蕙兰品种选择上的应用 [J]. 亚热带植物科学，2009，38（2）：30-32.

[8] 张德平，戴思兰，朱珺．切花菊新品系栽培特性的研究及其品质评价 [J]. 江苏农业科学，2011（1）：173-175.

[9] 李娜娜．单头切花菊新品种培育 [D]. 北京：北京林业大学，2012.

[10] 韩勇．切花菊品质综合评价体系的构建及性状遗传分析 [D]. 南京：南京农业大学，2011.

[11] 张亚琼，张伟，戴思兰，等．基于 AHP 的中国传统盆栽菊花产业化品种筛选 [J]. 中国农业科学，2011，44（21）：4438-4446.

[12] 孙明，李萍，张启翔．基于层次分析法的地被菊品系综合评价研究 [J]. 西北林学院学报，2011，26（3）：177-181.

[13] 柴菲．月季杂交育种技术初探及部分现代月季品种性状综合评价 [D]. 北京：中国农业大学，2007.

[14] 武华鑫．武汉地区露地栽培月季品种的综合评价、扦插繁殖和杂交育种初探 [D]. 武汉：华中农业大学，2011.

[15] 李贝．切花月季品种的综合评价筛选及其配套栽培技术研究 [D]. 武汉：华中农业大学，2010.

[16] 孙霞枫．现代月季综合评价体系的初步研究 [D]. 北京：北京林业大学，2009.

[17] Kaiser H F, Rice J. Little Jiffy, Mark IV[J]. *Educational and Psychological Measurement*, 1974, 34（1）: 111-117.

[18] Saaty T L. *The Analytic Hierarchy Process*[M]. MacGraw-Hill, New York, 1980.

[19] Bruce M M. *Gulidelines and Rules for Judging Roses*[M]. The Official American Rose Society Horticulture Judges Handbook（2018 revised）.

[20] 冯慧，丛日晨，周燕，等．花卉产品等级——月季：DB11/T 1176—2015[S]. 北京市地方标准．

[21] 贾元义 . 月季品种资源的收集、分类和评价 [D]. 泰安 : 山东农业大学, 2005.

[22] 罗丹 . 72 个月季品种数量分类及耐热性研究 [D]. 哈尔滨: 东北农业大学, 2013.

[23] 李保忠 . 月季的品种的引种、分类和综合评价 [D]. 南京 : 南京林业大学, 2006.

北京通州地表温度的时空分布特征与绿化作用[①]

北京市园林科学研究院 / 谢军飞　丛日晨　王月容　段敏杰

摘　要：基于Landsat 8卫星的热红外波段，通过劈窗反演算法获取了2015年、2016年、2017年、2019年的北京市通州区（含北京城市副中心）地表温度，分析发现：①2015年的夏季和秋季，西北部和东南部的建成区地表温度明显高于周边林地和农田区域，总体呈现片状和零星热岛共存的空间分布特征；而北京城市副中心的热岛分布格局呈明显的多中心，除了老城区，位于郊区的宋庄、姚辛庄因建筑面积较大，也出现了明显的高温区域。随着城市副中心绿化建设的持续推进，2019年北京城市副中心局部区域的夏季地表温度有所下降。②北京城市副中心老城区冬季"地表冷岛效应"的出现并不是偶然现象，原因可能是冬季上午时段受空气污染物的影响，太阳辐射强度较弱，下垫面能量输出大于输入，在传递热量至大气的过程中，郊区的裸露土壤因比热容较大，降温速度较慢，从而导致地表温度高于城市下垫面。③地表温度与植被覆盖度之间具有明显的负相关关系，城市绿化引起的植被面积的增长有助于缓解整体热岛效应。

关键词：风景园林；地表温度；遥感反演；时空分布；城市副中心；通州

城市热岛效应（Urban Heat Island，UHI）是指城市气温或地表温度高于郊区等非城市区域的一种温度差别现象[1，2]。随着城市的持续发展，水泥路面等不透水表面大量取代原有的自然地表[3，4]，城市居民生活热排放激增，也造成城市热排放量的日益增加[5，6]，导致目前城市热岛效应比较突出[7-11]。

目前城市热岛效应的研究范围主要涉及城市地表层、城市冠层和城市边界层 3 个层次[12]。其中，城市边界层和城市冠层的热岛效应研究主要基于地面气象观测和数值模拟[13-16]。有别于城市大气冠层和大气边界层温度，城市地表层温度与人居感受密切相关，不仅可以反映城市热岛效应状况，也是当前城市热岛效应研究的核心内容之一[17]。传统的通过气象站获取的空气温度等数据的方法，虽然能实现高时间分辨率的测定，但受经济等因素的制约难以实现空间上的全覆盖。基于少量的气象站点数据，通过空间内插的方法扩展到面上的误差通常较大，而通过遥感卫星传感器获取的城市地表热辐射信息，具有间隔周期短、空间覆盖范围广、获取成本低的优点，目前已成为研究城市地表温度时空特征的重要途径。另外，相对于气温，地表温度受大尺度气团运动的影响较小，比较适合评估人为活动对城市热岛效应的贡献[18，19]。

通常，利用遥感卫星热红外波段数据反演地表温度分两种情况，即：需要通过大气校正的地表温度反演和不需要经过大气校正的星上亮温。当研究区域的水汽条件基本一致时，可以忽略大气影响而用亮温代表；当研究区域的大气水汽条件差异较大时，会导致遥感卫星的传感器接收到的热辐射强度与真实的地表热辐射强度之间存在较大差异，为获取真实的地表温度，需经过含大气校正的算法反演地表温度[20]。

本研究基于 Landsat 8 卫星的热红外波段，在气象要素实地观测支持下，通过劈窗反演算法获取了 2015 年、2016 年、2017 年、2019 年的北京市通州区（含北京城市副中

① 本文已发表于《中国园林》，2021，37（04）：41-45。

心）地表温度，并分析了北京市通州区（含北京城市副中心）地表的热岛效应时空变化规律与影响因素，从而为缓解北京市通州区及城市副中心地表的热岛效应提供科学建议。

1 研究区概况与遥感影像的选取

通州区（北纬 39°36′ ~ 40°02′，东经 116°32′ ~ 116°56′）位于北京市的东南方向，东西宽约 36.5km，南北长约 48km，总面积达 906km²。通州区地势相对平坦，土质多为潮黄土、两合土、沙壤土，属于大陆性季风气候区，年平均气温约 11.3℃，年降水量 620mm 左右。而北京城市副中心为原通州新城范围，东至规划东部发展带联络线，西至朝阳区之间的规划绿化隔离带，南至京哈高速公路，北至潞苑北大街，东西宽约 12km，南北长约 13km，总面积为 155km²。

本研究选取了 2015 年、2016 年、2017 年、2019 年共计 7 景 Landsat 8 卫星影像（由地理空间数据云 http：//www.gscloud.cn 提供的云量少于 10% 的 L1 级数据产品，已经过系统的辐射校正和几何校正处理，基本可以代表晴空条件下北京时间上午 10 点的地表情况）。Landsat 8 是 2013 年 2 月 11 日发射的，携带有 OLI 陆地成像仪和 TIRS 热红外传感器。Landsat 8 卫星在空间分辨率和波长范围方面与 Landsat 5 基本保持一致，但波段数量有明显增加。该卫星一共有 11 个波段，波段 1 ~ 7，波段 9 的空间分辨率均为 30 m，波段 8 为 15m 分辨率的全色波段，波段 10 和 11 波段空间分辨率为 100m，均属于热红外波段，卫星每 16 天可以实现一次全球覆盖。

2 地表温度反演方法简介

为了尽可能发挥 Landsat 8 卫星的两个热红外波段（常被称作通道）的优势，本研究选择了劈窗算法 [21, 22] 进行地表温度反演。劈窗算法属于双通道非线性反演，重点考虑了水汽等因素：

$$T_S = b_0 + (b_1 + b_2\frac{1-\varepsilon}{\varepsilon} + b_3\frac{\Delta\varepsilon}{\varepsilon^2})\frac{T_i + T_j}{2} + (b_4 + b_5\frac{1-\varepsilon}{\varepsilon} + b_6\frac{\Delta\varepsilon}{\varepsilon^2})\frac{T_i - T_j}{2} + b_7(T_i - T_j)^2 \quad (1)$$

其中，ε 和 $\Delta\varepsilon$ 分别表示两个波段的发射率均值与差值，取决于地表分类与覆盖度；T_i 和 T_j 为两个波段的观测亮温，b_i（i=0，1…，7）为各项系数，其可通过实验测定、大气参数以及大气辐射传输方程的模拟数据集获取。系数 b_i 取决于大气柱水汽含量。

另外，通过植被覆盖度加权法，利用 Landsat 8 可见光、近红外波段数据反演的 *NDVI* 与植被覆盖度 f 估算像元发射率。

$$\varepsilon_p = \varepsilon_v \cdot f + \varepsilon_g \cdot (1-f) + 4 < d\varepsilon > f \cdot (1-f) \quad (2)$$

$$f = \left(\frac{NDVI - NDVI_s}{NDVI_v - NDVI_s}\right)^2$$

其中，植被发射率 ε_v、背景发射率 ε_g 值来自于相关的光谱数据库；$NDVI_v$ 和 $NDVI_s$ 分别为植被和裸土的 *NDVI* 值，为了使不同热红外波段间的 $NDVI_s$ 和 $NDVI_v$ 保持一致，取 0.2 作为 $NDVI_s$ 的固定值，取 0.86 作为 $NDVI_v$ 的固定值，当像元 *NDVI* 大于 $NDVI_v$，像元的植被覆盖度为 1.0，像元发射率为 ε_v，当像元 *NDVI* 小于 $NDVI_s$，像元的植被覆盖度为 0.0，像元反射率即为 ε_g。$<d\varepsilon>$ 则是像元内各组分间多次散射而形成的腔体效应（cavity effect）参数，其大小与像元内部冠层结构与地表粗糙度有关。

为了减少不同数据源匹配导致的误差，劈窗算法基于热红外波段数据估算水汽，即首先利用 MODTRAN 和 TIGR 大气廓线，建立两个劈窗通道的大气透过率比值 τ_j/τ_i 与大气水汽含量 wv 的经验公式，再通过滑动窗口内两个波段内亮温（T_i 和 T_j）之间的协方差与方差的比值来估算透过率比值。

$$wv = a + b \cdot (\tau_j / \tau_i) + c \cdot (\tau_j / \tau_i)^2 \quad (3)$$

$$\tau_j / \tau_i \approx R_{ji} = \sum_{k=1}^{N}(T_{ik} - \overline{T}_i)(T_{jk} - \overline{T}_j) \Big/ \sum_{k=1}^{N}(T_{ik} - \overline{T}_i)^2 \quad (4)$$

为了验证劈窗算法反演地表温度的精度，本研究还在 2017 年 7 月 10 日上午 10：40（Landsat 8 卫星的北京过境时间），使用 Fluke Ti 32 红外热像仪，对处于通州城市副中心的水体、不透水铺装、草坪的地表温度进行测定，发现水体表面的平均温度为 30.3℃，不透水铺装的平均温度为 44.2℃，草坪的平均温度为 36.6℃，与劈窗算法反演的结果比较接近。

从图 1 可以看出，2015 年通州不同季节的地表温度呈现不同的空间分布特征：夏季和秋季，西北部和东南部的建成区地表温度明显高于周边林地和农田区域。其中，最大热岛区域主要位于通州老城区，总体呈现出片状和零星热岛共存的空间分布特征。而冬季的通州老城区地表温度则显著低于郊区林地与农田地表温度，出现明显的“地表冷岛效应”。

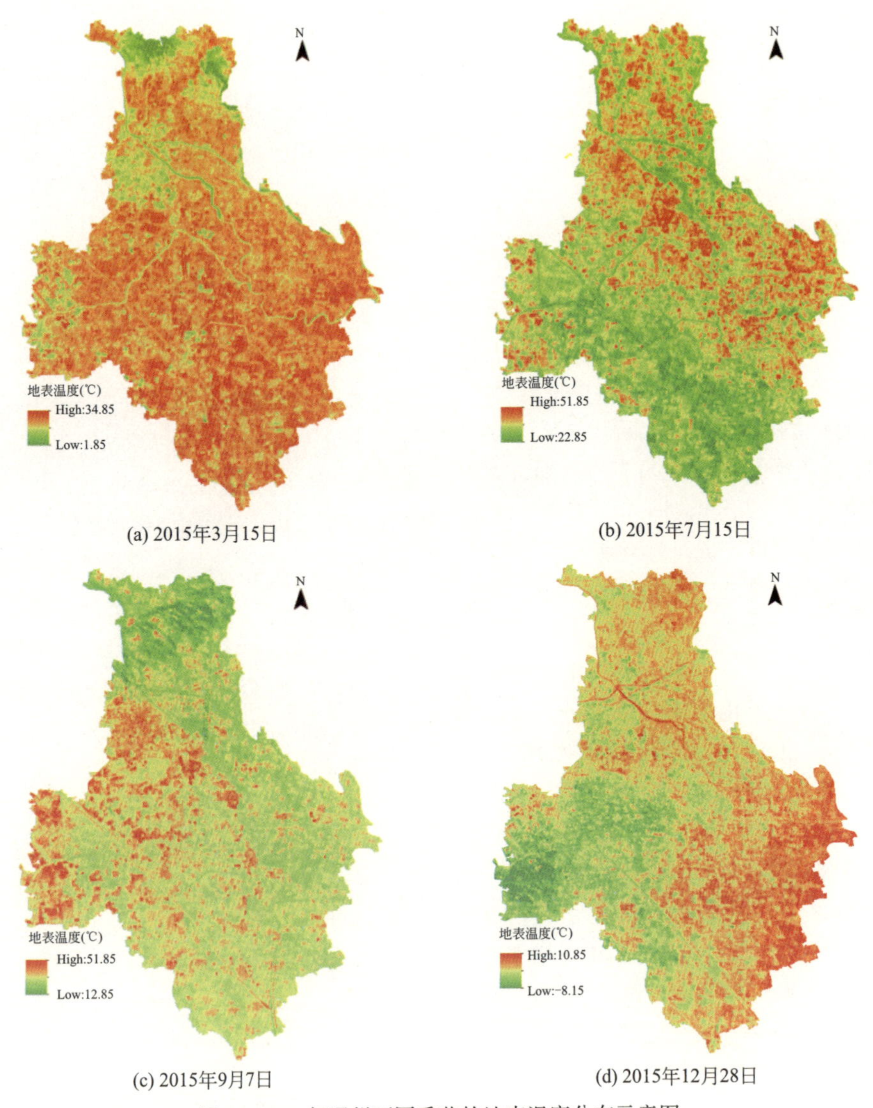

(a) 2015年3月15日　(b) 2015年7月15日

(c) 2015年9月7日　(d) 2015年12月28日

图 1　2015 年通州不同季节的地表温度分布示意图

3　北京城市副中心不同季节地表温度的空间分布特征

通过对 2015 年通州地表温度反演图的剪切处理，我们也获得了城市副中心不同季节地表温度分布特征：夏季，通州大运河西南侧的老城区出现了大面积的高温区，并沿西南方向延伸至姚辛庄（主要由不透水地面和建筑组成），北部的宋家庄地区也有一定的高温区域分布，总体呈现多中心的热岛分布特征，而位于南部郊区的林地农田的地表温度相对较低。冬季，位于老城区的地表温度则低于南部郊区的植被覆盖区域，“地表冷岛效应”也比较明显（图 2）。

为了判断城市副中心冬季老城区的“地表冷岛”效应是否为偶然现象，本研究进一步随机选择 2016 年 12 月 14 日、2017 年 11 月 15 日的 Landsat 8 卫星的遥感影像并反演其地表温度，从图 3 可以合理推测北京城市副中心老城区冬季“地表冷岛”效应的出现并不是偶然现象。

王建凯等[23]也发现了类似的冬季“地表冷岛效应”，并认为一方面因为郊区地面的裸露土壤较为干燥，蒸发量较小，导致其升温速度高于城区下垫面（如水泥路面）；另一方面是因城区大气污染物对太阳辐射有吸收和散射作用，在很大程度上削弱了到达地表的太阳辐射强度。

基于上述解释，在城市副中心地区还值得进一步探讨：即使在干燥的情况下，裸露土壤的比热容应该大于水泥路面等城市下垫面，在热量输入大于输出的条件下，其升温速度应该会低于城市地表。另外，关于对于城区污染物引发的“地表冷岛效应”，也值得商榷。区域污染物浓度不仅与污染源有关，还易受气象条件与区域传输的影响，占地面积仅为 155km^2 的城市副中心的空气污染物浓度的空间分布会存在较大差异的可能性较小。如何解释城市副中心冬季老城区“地表冷岛效应”呢？是否有这么一种可能，即冬季上午时段，因空气污染物的影响，导致老城区与郊

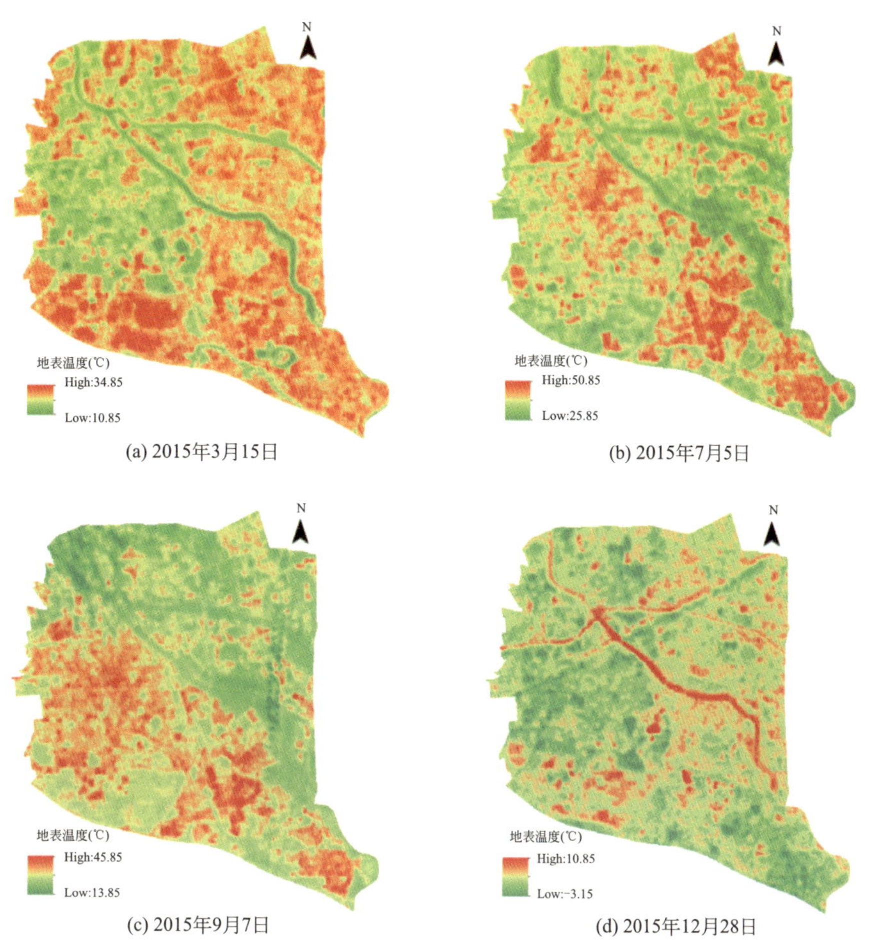

(a) 2015年3月15日　(b) 2015年7月5日

(c) 2015年9月7日　(d) 2015年12月28日

图 2　2015 年北京城市副中心不同季节的地表温度分布

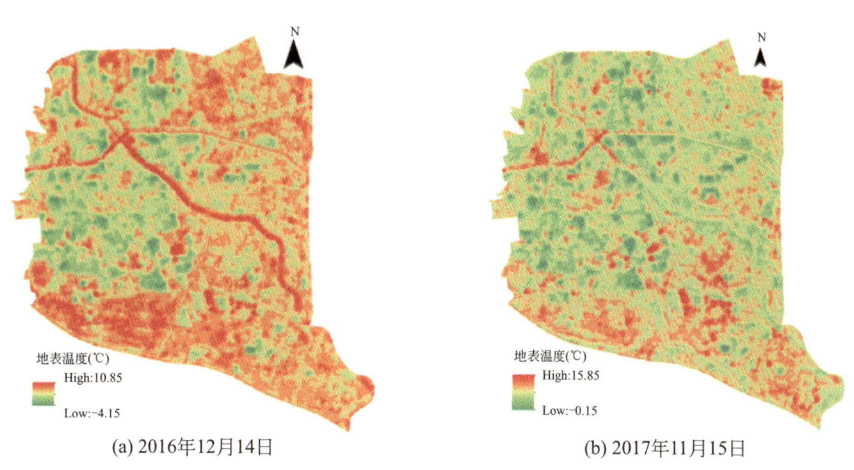

(a) 2016年12月14日　(b) 2017年11月15日

图 3　北京城市副中心的冬季地表温度分布

区的太阳辐射强度均较弱，下垫面能量输出大于输入，在传递热量至大气的过程中，郊区的裸露土壤因比热容较大，其降温速度较慢，从而导致其地表温度高于水泥路面等城市下垫面占主要面积比例的老城区。

同时也应该了解到同一区域相同时刻的地表温度与气温值存在差异，虽然二者的差异在夜间较小，但是白天城市地表温度与其上空的气温差异较大，根据 2015 年通州自动气象站的观测数据，晴朗的夏季中午城市地表温度与气温的最大温差可以达到 25℃。在冬季，城市地表温度也会高出气温约 13℃。

需要补充的是，随着城市副中心环境改善与绿化建设的持续推进，2019 年北京城市副中心的局部区域夏季地表温度有所下降，尤其是北京市政府所在的行政办公区的地表高温范围有明显的缩小，姚辛庄地区的地表温度也有一定程度的下降（图 4）。

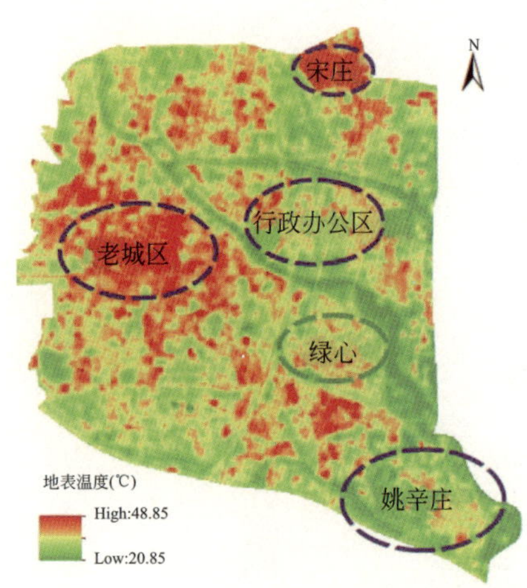

图 4　2019 年 8 月 17 日北京城市副中心地表温度分布示意

基于以上分析结果可以发现，通州（含北京城市副中心）城区夏秋两季热岛效应显著，出现这种现象的原因应该与城区下垫面类型等因素有关[24]：①城市下垫面吸收更多的热量。城市中大量的人工构筑物如铺装地面、水泥路面、建筑物等，颜色较深，其反射率比自然下垫面小，导热率也要比郊区自然界下垫面大，所以在相同的太阳辐射条件下，城市下垫面能吸收更多的热量。再加上城市建筑物密集，街道和庭院中的“天穹可见度”较小，太阳辐射在高大建筑物之间的多次反射和吸收，能够比郊区农村开阔地吸收更多的太阳能。②城市下垫面的蒸散耗热量小。城市中植被覆盖率较郊区低，由于蒸腾作用散失的热量较小。③城市下垫面通常比热容小，吸收相同热量升温更快。④城市中建筑物密集，使下垫面的粗糙度增加，减弱了风速，不利于热量向外扩散。

在通州地区，郑晓莹等[24]基于网格法的定量研究发现，其地表温度与植被覆盖度之间具有明显的负相关关系。本项目通过 Arcmap 的 Spatial Analyst Tools-Multivariate 选择 band collection statistics 工具，在出现的对话框中，选中图 6 中的两个栅格图，并且勾选 COVARIANCE MATRIX 和 CORRELATION MATRIX 进行相关分析，发现北京城市副中心植被覆盖度与地表温度之间的相关系数可达 0.57，具有较强的负相关关系。

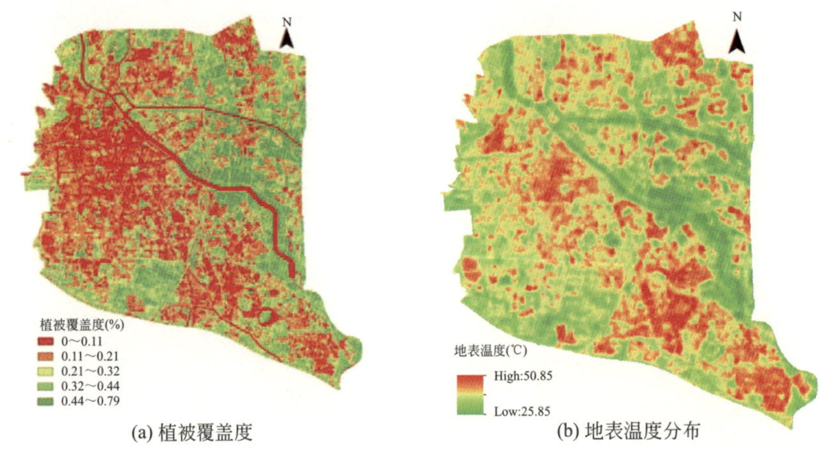

(a) 植被覆盖度　　(b) 地表温度分布

图 5　2015 年 7 月 5 日北京城市副中心植被覆盖度与地表温度分布

综合而言，影响城市热岛效应的因素是城市扩展引起的自然因素（土地利用）、社会因素（人口密度、生产活动）。城市绿化则能够有效发挥缓解城市热岛的作用。城市绿化缓解热岛效应主要是通过园林植物生理活动中产生的生态效益引起的，即植物通过叶片光合与蒸腾作用，吸收太阳辐射与环境中的热量，从而实现地表降温效应。

需要注意的是，城市热岛作为一种小尺度的气象现象，必然受到大尺度天气形势的影响，当气压梯度小，微风或无风，或有下沉逆温时，有利于热岛的形成。而如果处于不稳定的天气形势下，热岛的强度则会降低，有研究表明风速大于 11m/s 时，热交换强烈、城市热岛效应不明显。

4　小结与讨论

本研究，基于 Landsat 8 卫星的热红外波段，在气象要素的实地观测支持下，通过劈窗反演算法获取了 2015 年、2016 年、2017 年、2019 年的北京市通州区（含北京城市副中心）地表温度，并分析了北京通州区（含北京城市副中心）地表的热岛效应时空变化规律与影响因素。主要研究结论如下：

（1）2015 年的夏季和秋季，西北部和东南部的建成区地表温度明显高于周边林地和农田区域。其中，最大热岛区域主要位于通州老城区，总体呈现片状和零星热岛共存

的空间分布特征。而冬季的通州老城区地表温度则显著低于郊区林地与农田地表温度，出现了明显的“地表冷岛效应”。北京城市副中心也具有类似通州的规律，但北京城市副中心的热岛分布格局呈明显的多中心，不仅在老城区，位于郊区的宋庄、姚辛庄因建筑面积较大，也出现了明显的高温区域。

（2）北京城市副中心的老城区冬季“地表冷岛效应”的出现并不是偶然现象，可能原因是冬季上午时段，因空气污染物的影响，导致老城区与郊区的太阳辐射强度均较弱，下垫面能量输出大于输入，在传递热量至大气的过程中，郊区的裸露土壤因比热容较大，其降温速度较慢，从而导致地表温度高于水泥路面等城市下垫面。

（3）2019 年北京城市副中心的局部区域夏季地表温度有所下降，尤其是北京市政府所在的行政办公区的地表高温范围有明显的减少，姚辛庄地区的地表温度也有一定程度的下降。

（4）城市地表热岛效应产生的主要驱动力是来自城市扩展引起的自然因素（土地利用）和社会因素（人口密度、生产活动）。北京城市副中心植被覆盖度与地表温度之间的相关系数可达 0.57，具有较强的负相关关系，城市绿化引起的植被面积的增长则有助于缓解整体地表热岛效应。

此外，李延明等[25]对北京城区的绿化覆盖率和热岛强度进行了回归分析，结果发现绿化覆盖率与热岛强度之间呈显著的负相关关系，绿化覆盖率越高，则热岛强度越低。并且对比发现绿化覆盖率达到 30% 的区域，其热岛强度出现较明显的减弱；而当绿化覆盖率大于 50%，热岛强度的缓解现象极其明显。

在缓解城市热岛效应方面，王美雅和徐涵秋[26]通过对比广州和深圳两个城市发现，它们虽然地理位置相邻，但深圳的建设用地呈多区域分布，而广州的建设用地却集中连片发展，导致广州热岛强度（3.07℃）高于深圳的热岛强度（2.43℃）。建议在城市建设过程中采用多中心布局的方式，有计划地疏散主城区高聚集度的居住区或工业设施，从而降低城市整体地表热岛强度。

除此之外，城市绿地系统的布局也会影响城市热岛。苗世光等[27]通过数值模拟发现，在面积相同的情况下，对比集中型绿地布局，分散型绿地布局对环境温度、湿度、风速的影响范围更大、影响程度更深。臧亭和谭瑛[28]认为在城市高密度中心区，在绿化面积一定的情况下，宜选择多点布局方式，即增加绿地小斑块数量，从而更好地发挥整体降温效应。薛滨夏等[29]也从整体协同、均匀配置的角度，提出了应对城市热岛效应的三种绿地格局优化模式。

需要补充的是，提高城市绿化覆盖率是优化绿地系统布局的重要前提。尤其是对于城市建设用地紧张的区域，充分开展屋顶绿化将在提高绿化覆盖率的同时缓解夏季热岛效应。姜之点等[30]基于三维小气候模型 ENVI-met，在南京市开展了传统光屋顶、简易型绿化、复合型绿化的微气候模拟与分析，其结果表明，街区尺度的屋顶绿化会产生“冷岛”效应，并从屋面扩散到地面，从而会间接降低地表温度。

参考文献

[1] Mohan M, Kandya A. Impact of urbanization and land-use / land –cover change on diurnal temperature range: a case study of tropical urban airshed of India using remote sensing data[J]. Science of the Total Environment, 2015, 506-507: 453-465.

[2] Zheng B J, Myint S W, Fan C. Spatial configuration of anthropogenic land cover impacts on urban warming[J]. Landscape and Urban Planning, 2014, 130: 104-111.

[3] Zhou X L, Wang Y C. Spatial – temporal dynamics of urban green space in response to rapid urbanization and greening policies[J]. Landscape and Urban Planning, 2011,100 (3): 268-277.

[4] Voogt J A, Oke T R. Thermal remote sensing of urban climates[J]. Remote Sensing of Environment, 2003, 86 (3): 370-384.

[5] Rizwan A M, Dennis L Y C, Liu C H. A review on the generation, determination and mitigation of Urban Heat Island[J]. Journal of Environmental Science, 2008, 20 (1): 120-128.

[6] 乔治，田光进 . 北京市热环境时空分异与区划 [J]. 遥感学报，2014，18（3）: 715-734.

[7] Kovats R S, Hajat S. Heat stress and public health: a critical review[J]. Annual Review of Public Health, 2008, 29(1): 41-55.

[8] White M A, Nemani R R, Thornton P E, et al. Satellite evidence of phonological differences between urbanized and rural areas of the Eastern United States deciduous broadleaf forest[J]. Ecosystems, 2002, 5(3): 260-273.

[9] Grimm N B, Faeth S H, Golubiewski N E, et al. Global change and the ecology of cities[J]. Science, 2008,319 (5864): 756-760.

[10] Akbari H, Pomerantz M, Taha H. Cool surfaces and shade trees to reduce energy use and improve air quality in urban areas[J]. Solar Energy, 2011, 70(3): 295-310.

[11] 姚远，陈曦，钱静 . 城市地表热环境研究进展 [J]. 生态学报，2018，38（3）: 1-13.

[12] 张金区．珠江三角洲地区地表热环境的遥感探测及时空演化研究 [M]. 广州：中国科学院广州地球化学研究所，2006，19-49.

[13] Shao J T, Liu J, Zhao J N. Evaluation of various non–linear k - ε models for predicting wind flow around an isolated high-rise building within the surface boundary layer[J]. Building and Environment, 2012, 57:145-155.

[14] Boot L M, Wang Y H. Chiang C M, et al. Effects of a green space layout on the outdoor thermal environment at the neighborhood level[J]. Energies, 2012, 5(12): 3723-3735.

[15] 何萍，陈辉，李宏波，等．云南高原楚雄市热岛效应因子的灰色分析 [J]. 地理科学进展，2009，28（1）：25-32.

[16] 刘艳红，郭晋平，魏清顺．基于 CFD 的城市绿地空间格局热环境效应分析 [J]. 生态学报，2012，32（6）：1951-1959.

[17] 陈云浩，周纪，宫阿都，等．城市空间热环境遥感 - 空间形态与热辐射方向性模拟 [M]. 北京：科学出版社，2014：1-3.

[18] 谢启姣，刘进华，胡道华．武汉城市扩张对热场时空演变的影响 [J]. 地理研究，2016，35（7）：1259-1272.

[19] Lv Z Q, Zhou Q G. Utility of Landsat image in the study of land cover and land surface temperature change[J]. Procedia Environmental Sciences, 2011, 10:1287 -1292.

[20] 孟鹏，胡勇，巩彩兰，等．热红外遥感地表温度反演研究现状与发展趋势 [J]. 遥感信息，2012，27（6）：118-123，132-132.

[21] Ren H Z, Du C, Liu R Y, et al. Atmospheric water vapor retrieval from Landsat8 thermal infrared images[J]. Journal of Geophysical Research: Atmospheres, 2015, 120: 1723-1738.

[22] D C, Ren H Z, Qin Q M, et al. A practical split-window algorithm for estimating land surface temperature from Landsat 8 data[J]. Remote Sensing, 2015, 7: 647-665.

[23] 王建凯，王开存，王普才．基于 MODIS 地表温度产品的北京城市热岛（冷岛）强度分析 [J]. 遥感学报，2007（3）：330-339.

[24] 李延明，张济和，古润泽．北京城市绿化与热岛效应的关系研究 [J]. 中国园林，2004（1）：72-75.

[25] 王美雅，徐涵秋．中国大城市的城市组成对城市热岛强度的影响研究 [J]. 地球信息科学学报，2018，20(12)：1787-1798.

[26] 郑晓莹，王向荣，罗朕，等．基于 RS 和 GIS 的北京市通州区地表温度与植被覆盖度时空演变及相关性研究 [C]. 中国风景园林学会 2017 年会论文集，2017：347-351.

[27] 苗世光，王晓云，蒋维楣，等．城市规划中绿地布局对气象环境的影响——以成都城市绿地规划方案为例 [J]. 城市规划，2013，37（6）：41-46.

[28] 臧亭，谭瑛．高密度中心区绿地与温湿综合生态效应关联研究 [J]. 现代城市研究，2014（8）：67-73.

[29] 薛滨夏，李同予，王利会，等．应对热岛效应的城市绿地格局优化策略研究 [J]. 城市建筑，2018（33）：87-92.

[30] 姜之点，彭立华，杨小山，等．街区尺度屋顶绿化热效应及其与城市形态结构之间的关系 [J]. 生态学报，2018，38（19）：7120-7134.

基于万寿菊转录组测序的 SSR 标记开发①

北京市园林绿化科学研究院，绿化植物育种北京市重点实验室 / 张 华 辛海波 张华丽 李 硕

摘 要：万寿菊（*Tagetes erecta* L.）花蕾转录组测序共获得48 953条Unigene，利用MISA软件检测出20666个SSR位点，分布于13849条Unigene中，出现频率为28.29%，平均分布距离为2.51kb。优势重复基序为三核苷酸、四核苷酸，分别占总SSR位点的50.16%和20.94%。ATG/ATG和AAAC/GTTT分别是三核苷酸、四核苷酸的优势重复基元，占总SSR重复类型的13.82%和3.66%。随机选取不同主导重复基元类型并合成SSR引物36对，以20份万寿菊自交系的基因组DNA为模板，对引物有效性和多态性进行了验证，30对引物可以扩增到清晰稳定的目标条带，有效扩增率为80.56%，其中，13对引物具有多态性，平均*He*和PIC分别为0.275和0.608。以上结果表明，万寿菊转录组测序产生的Unigene信息可作为开发SSR标记的有效来源，获得的大批量SSR标记可为万寿菊的遗传多样性分析和遗传图谱构建提供可靠的标记选择。

关键词：万寿菊；SSR；转录组

简单重复序列（Simple Sequence Repeat，SSR）也叫微卫星（Microsatellites），广泛地存在于真核生物基因组。SSR 标记数量丰富、遍布整个基因组、多态性高，具有扩增位点专一、呈共显性和多等位性的特点，且操作技术相对简便，并且 SSR 位点在属内种间和属间具有保守性 [1]。SSR 技术已经被广泛应用于植物的遗传图谱构建、品种鉴定、遗传多样性分析、亲缘关系等方面。

万寿菊（*Tagetes erecta*）为菊科万寿菊属植物，种内具有丰富的多样性，株高、头状花序的花型、花色等都有丰富的类型。万寿菊不仅可以用于园林绿化，还可以提取色素，吸收土壤中的重金属镉，提取杀虫剂等。课题组在收集万寿菊种质资源的基础上，选育出表型多样的万寿菊雄性不育系、自交系和 F_1 代品种，如何利用分子标记手段评价种质资源的亲缘关系，科学合理地指导育种工作的开展，开发分子标记的工作具有重要意义。截至目前，在 EST-SSR 标记方面，仅见菊花的 EST-SSR 标记在万寿菊上的可转移性研究。本研究基于前期工作中对万寿菊花蕾转录组测序获得的数据，开发 SSR 标记，为万寿菊种质资源亲缘关系、种质资源多样性、遗传图谱构建等研究奠定基础。

1 材料与方法

1.1 转录组数据来源

万寿菊转录组数据来源于本课题组 2014 年 12 月对万寿菊雄性不育系 S-121 花蕾进行 Illumina 高通量深度测序。测序取 3 个发育时期的花蕾：①现蕾前，取可见花蕾之前的茎分生组织；②花序发育期，取直径≤ 1.5mm 的花蕾；③花器官分化期，取直径 2 ~ 3mm 的花蕾。委托广州市锐博生物科技有限公司进行 RNA-seq 转录组测序，并通过 De novo 方法组装得到 Unigene，作为背景数据。

① 本文已发表于《园艺学报》，2018，45（1）：159-167。

1.2 植物材料及其DNA提取

实验材料为本课题组收集选育的20个表型性状各异的万寿菊自交系（见表1）。

基因组DNA提取采用天根生物公司植物基因组提取试剂盒，具体步骤见说明书。

万寿菊自交系信息　　表1

编号	株高（cm）	冠幅（cm）	花色（RHSCC）	花径（cm）	从播种到开花（d）	来源
1	35	40	桔红（23A）	6	100	赤峰
2	35	50	桔黄（17A）	6	85	赤峰
3	35	35	黄（7A）	7	85	赤峰
4	35	35	黄（6A）	5.5	95	赤峰
5	30	35	黄（6A）	3	80	赤峰
6	45	45	黄（6A）	6	69	赤峰
7	36	38	黄（5A）	6.5	82	赤峰
8	35	40	黄（5A）	6.5	82	自育
9	38	46	金黄（9A）	6.5	82	自育
10	35	40	金黄（9A）	6.5	74	自育
11	40	45	金黄（9A）	7	82	自育
12	38	42	黄（5A）	7	82	自育
13	50	45	金黄（7A）	6.5	82	自育
14	28	36	桔黄（17A）	2	74	自育
15	69	66	黄（5C）	6	116	越南
16	69	66	桔红（N25B）	6	116	越南
17	55	58	桔红（N25C）	8	87	赤峰
18	120	45	桔红（N25B）	8	92	赤峰
19	24	31	白色（2D）	5	110	赤峰
20	45	40	桔红（21A）	7	95	北京花仙子园艺

1.3 转录组SSR位点鉴别及SSR引物设计

采用MISA程序查找SSR位点，标准为：二核苷酸（Dinucleotide）、三核苷酸（Trinucleotide）、四核苷酸（Tetranucleotide）、五核苷酸（Pentanucleotide）和六核苷酸（Hexanucleotide）的重复次数分别≥7、5、4、4和4。

采用Primer Premier 5.0设计引物，标准为：引物长度18～24bp，GC含量40%～60%，理论退火温度（T_m）55.0～65.0℃，预计产物长度为150～300bp。

1.4 EST-SSR引物筛选

随机选取36对EST-SSR引物，以20份万寿菊自交系材料为模板进行PCR扩增。PCR采用10μL反应体系，包括4.1μL双蒸灭菌H_2O，5μL 2×Taq PCR MasterMix（天根生化），20μM的上下游引物各0.2μL，DNA模版0.5 μL。PCR反应采用Biometra Gradient（德国），反应条件为：94℃预变性5 min；94℃变性30s，合适的退火温度下退火30 S，72℃延伸45s，35个循环；72℃延伸5 min。各引物对最适退火温度通过梯度PCR试验确定。

用8%非变性聚丙烯酰胺凝胶，150V电压条件下电泳55min，对PCR产物进行电泳分析。电泳后参照Bassam等（1991）的方法进行银染显色，用Canon IXUS相机拍照记录。

1.5 数据统计

SSR出现频率和SSR平均分布距离的计算公式如下：①SSR出现频率，f_c（%）=$c/n\times100$，c为搜索到的SSR数量，n为无冗余EST数量；②SSR平均分布距离，f_N=N/c，

N 为无冗余 EST 数量的总碱基数。采用 Popgene 软件计算各 SSR 位点平均等位基因数、预期杂合度和理论杂合度。

2 结果与分析

2.1 转录组中 SSR 的分布及结构特点

通过对万寿菊转录组的 48953 条 Unigene（序列总长约 51818161 kb）序列进行搜索，发现其中 20666 条 Unigene 序列中含有 13849 个 SSR 位点，其中 4299 条 Unigene 含有 1 个以上 EST-SSR 位点。SSR 发生频率为 28.29%，平均每 2.51kb 存在 1 个 SSR 位点。

万寿菊花蕾转录组序列中的 SSR 类型较丰富，二核苷酸至六核苷酸总共 45 个重复类型。其中三核苷酸和四核苷酸重复出现频率占优势，分别占总 SSR 的 50.16% 和 20.94%；二核苷酸、五核苷酸和六核苷酸重复类型数量较少，分别占总数的 9.29%、9.57% 和 10.04%（表 2）。所有 SSR 中，以 4 次重复的 SSR 最多，占 37.83%，3 次重复的占 32.10%，5 次和 6 次重复的分别占 12.06% 和 10.27%（表 2）。

万寿菊转录组 SSR 重复单元的重复次数分布在 3 ~ 27 次之间，其中 3 ~ 10 次重复的 SSR 位点有 20593 个，占总个数的 99.65%；11 ~ 20 次重复的有 72 个，占 0.35%；20 次重复以上的有 1 个。

万寿菊 EST-SSR 基元及其重复数量的变异分析　　表 2

重复基元长度	重复次数（次）									总数（次）	比例（%）
	3	4	5	6	7	8	9	10	>10		
二核苷酸	—	—	—	855	501	272	148	81	64	1921	9.29
三核苷酸	—	6385	2249	1218	486	25	—	—	3	10366	50.16
四核苷酸	3439	658	186	40	0	3	—	—	2	4328	20.94
五核苷酸	1469	464	38	1	3	2	—	—	—	1977	9.57
六核苷酸	1726	310	19	8	3	4	—	—	4	2074	10.04
总数（次）	6634	7817	2492	2122	993	306	148	81	73	20666	100.00
百分比（%）	32.10	37.83	12.06	10.27	4.80	1.48	0.72	0.39	0.35	—	—

2.2 转录组 SSR 基序重复类型和频率特征

三核苷酸和四核苷酸重复基元的类型及发生频率见表 2。由表可知，两种核苷酸的重复基序类型总计 14 694 个，占 SSR 位点总数的 71.10%，二核苷酸的重复次数集中在 6 次以上；三核苷酸重复次数集中在 4 ~ 7 次，重复≥ 8 次较少；四核苷酸重复次数集中在 3 ~ 4 次，没有出现 7 次重复，重复≥ 8 次极少。

从万寿菊转录组 SSR 核苷酸基序类型来看，其 20 666 个 SSR 位点包含 370 种重复基元，二核苷酸至六核苷酸，重复分别有 3、10、32、86、239 种；从分布频率来看（表 3），二核苷酸中出现最多的重复基元是 AG/CT（864 个，占 4.18%），占二核苷酸重复总数的 44.98%；三核苷酸中出现最多的重复基元是 ATC/ATG（2857 个，占 13.82%），占三核苷酸总数的 27.56%，其次是 AAG/CTT（1960 个，占 9.48%）、ACC/GGT（1926 个，占 9.32%）和 AAC/GTT（1486 个，7.19%），四种基元占三核苷酸重复总数的 79.39%，在三核苷酸重复基元中，出现频率最小的是 CCG/CGG（89 个，0.43%）（表 3）；在四核苷酸重复基元中，以 AAAC/GTTT、AAAG/CTTT 、AATC/ATTG 和 ACAT/ATGT 为主（表 3），分别占四核苷酸总数的 17.47%，11.62%，10.37% 和 10.19%；五核苷酸中以 AAAAC/GTTTT 和 AACAC/GTGTT 出现频率最高，分别占其总数的 8.19% 和 8.14%；六核苷酸中出现频率最高的是 AAGATG/ATCTTC 和 AAACAC/GTGTTT，分别占其总数的 7.18% 和 4.15%。

万寿菊 EST-SSR 中二、三、四碱基重复基元的类型及频率　　表 3

重复基元类型	重复次数（次）							总计（次）	频率
	3	4	5	6	7	8	＞8		
AC/GT	—	—	—	318	198	91	42	697	3.37%
AG/CT	—	—	—	343	215	130	90	864	4.18%
AT/AT	—	—	—	194	88	51	176	360	1.74%

续表

重复基元类型	重复次数（次）							总计（次）	频率
	3	4	5	6	7	8	＞8		
AAC/GTT	—	907	344	168	62	5	—	1486	7.19%
AAG/CTT	—	1214	417	218	108	2	1	1960	9.48%
AAT/ATT	—	374	166	106	24	4	2	676	3.27%
ACC/GGT	—	1201	417	223	81	4	—	1926	9.32%
ACG/CGT	—	94	21	7	1	—	—	123	0.60%
ACT/AGT	—	66	29	20	4	—	—	119	0.58%
AGC/CTG	—	514	181	100	30	5	—	830	4.02%
AGG/CCT	—	214	49	28	7	2	—	300	1.45%
ATC/ATG	—	1735	608	343	168	3	—	2857	13.82%
CCG/CGG	—	66	17	5	1	—	—	89	0.43%
AAAC/GTTT	620	99	28	9	—	—	—	756	3.66%
AAAG/CTTT	392	79	27	4	—	1	—	503	2.43%
AAAT/ATTT	292	35	7	4	—	—	—	338	1.64%
AACC/GGTT	124	19	4	1	—	—	1	149	0.72%
AACG/CGTT	22	—	1	—	—	—	—	23	0.11%
AACT/AGTT	43	11	7	—	—	—	—	61	0.30%
AAGC/CTTG	80	19	5	1	—	—	1	106	0.51%
AAGG/CCTT	67	12	—	—	—	—	—	79	0.38%
AAGT/ACTT	19	9	4	—	—	2	—	34	0.16%
AATC/ATTG	350	75	18	6	—	—	—	449	2.17%
AATG/ATTC	243	50	13	3	—	—	—	309	1.50%
AATT/AATT	113	14	—	—	—	—	—	127	0.61%
ACAG/CTGT	29	7	1	—	—	—	—	37	0.18%
ACAT/ATGT	298	90	48	5	—	—	—	441	2.13%
ACCC/GGGT	48	5	—	1	—	—	—	54	0.26%
ACCG/CGGT	13	—	—	—	—	—	—	13	0.06%
ACCT/AGGT	25	7	—	—	—	—	—	32	0.15%
ACGC/CGTG	5	—	—	—	—	—	—	5	0.02%
ACGT/ACGT	29	12	—	—	—	—	—	41	0.20%
ACTC/AGTG	90	13	6	3	—	—	—	112	0.54%
ACTG/AGTC	20	4	2	—	—	—	—	26	0.13%
AGAT/ATCT	101	18	6	1	—	—	—	126	0.61%
AGCC/CTGG	16	3	—	—	—	—	—	19	0.09%
AGCG/CGCT	13	2	1	—	—	—	—	16	0.08%
AGCT/AGCT	93	20	5	—	—	—	—	118	0.57%
AGGC/CCTG	27	18	1	—	—	—	—	46	0.22%

续表

重复基元类型	重复次数（次）							总计（次）	频率
	3	4	5	6	7	8	＞8		
AGGG/CCCT	48	2	—	—	—	—	—	50	0.24%
ATCC/ATGG	76	11	2	—	—	—	—	89	0.43%
ATCG/ATCG	77	13	—	—	—	—	—	90	0.44%
ATGC/ATGC	46	10	—	2	—	—	—	58	0.28%
CCCG/CGGG	8	1	—	—	—	—	—	9	0.04%
CCGG/CCGG	12	—	—	—	—	—	—	12	0.06%
总计（次）	3 439	7 043	2 435	1 258	486	28	5	14 694	71.10%
频率	16.64%	34.08%	11.78%	6.09%	2.35%	0.14%	0.02%	71.10%	—

2.3 万寿菊转录组SSR引物的有效性和多态性检测

为了验证引物的有效性，随机挑选36对EST-SSR引物，包括二核苷酸、三核苷酸、四核苷酸、五核苷酸及六核苷酸重复基元的SSR位点，重复次数在5～9次。以20个形态性状不同的万寿菊自交系基因组DNA为模板，进行了PCR扩增。结果表明，其中编号5、12、26、28、30和35的6条引物为无效引物，其余30对引物（表4）可获得期望的PCR产物，有效扩增率为83.33%。

36对万寿菊SSR引物信息　　表4

编号	重复基元	退火温度（℃）	引物序列（5′→3′）	GC含量（%）	产物预期大小（bp）
1	(GCA) 6	52	F：GACAGCGTGTGCAAGAGTAT	50	293
		52	R：CAGGTGAAGCTGCTGAAAGA	50	
2**	(TCTC) 5	52	F：CCATACACACATCAGCAGAC	50	203
		52	R：GAGCAGGTGATTGTGTGTGT	50	
3**	(AAT) 6	52	F：GGAGCATAGGGTATCTGCTT	50	177
		52	R：CGAAGCCTCCTCTTCAGATA	50	
4**	(TTGT) 6	52	F：CACAAGAATGCTATCGCCAC	50	157
		52	R：ATTGGCTAAAGCACAGACCG	50	
5*	(TCA) 8	50	F：CATCATCATCATCGCTATCG	45	168
		50	R：AAGACGATGACAAGGTTGAG	45	
6**	(GTAGG) 5	52	F：TCCATGGGCATACAAGGTGT	50	231
		52	R：ACGACCTGCGAAGCATATTC	50	
7**	(CACACG) 7	52	F：ATGCTCTCGATGGTGCCTTT	50	213
		50	R：GACCAACTAATAGCTCTGTG	45	
8**	(TGA) 5, (CAT) 5	52	F：CATCATCACCATTGGTCCTG	50	234
		52	R：CCGCCTTATCTCGGAATGTA	50	
9	(AGA) 5, (AACG) 5, (ATA) 5	52	F：CGAGCAGATCACAGATATGG	50	200
		52	R：CTCCTCTCCGTCACGAAATA	50	
10**	(TCC) 5, (GCT) 5, (TA) 7	50	F：TGAAGATGGTGAGGAAGAAG	45	279
		50	R：CAATTGCTAGCTAGATCCAC	45	
11	(CAC) 5	52	F：GTGTTGAAGCATCCAAGCTG	50	203
		52	R：CCTTACTGTCGACTCAGATC	50	

续表

编号	重复基元	退火温度（℃）	引物序列（5′→3′）	GC 含量（%）	产物预期大小（bp）
12*	(AAC) 6	52	F：CTTCATCCTCCTCCTCATAC	50	182
		50	R：CCTAAGTTGTACCTTACCTC	45	
13	(GCT) 6	52	F：TGGCTGTGTACCTCATCTCT	50	172
		50	R：GCTTCATGCTTCTACAACAG	45	
14	(AT) 7	50	F：GTTAGCAAACACGTACATTGC	43	215
		52	R：AAGGACCATCAGTTCAGAGG	50	
15**	(GA) 8	52	F：AAAGAACCAAGAGGGAGGCT	50	111
		50	R：TCTAGTCCATACATCCCATC	45	
16	(CA) 5，(AC) 6，(TT) 5	52	F：AGAGGAAGGCTACACTTACC	50	135
		51	R：GGAGAACAGTCACCAGTTG	53	
17	(A) 7，(A) 8，(A) 6	50	F：CACTACAGTTCATCATACTCG	43	193
		53	R:GCTTTCTTGAAAAGTCCGGTAC	45	
18**	(CA) 7	52	F：TCGTCGGTTGCTTGGATTTG	50	188
		50	R：GAGTATGATTCAAAGCCACC	45	
19	(CT) 9	52	F：ACAGGTCATCACCATCAACC	50	166
		52	R：CGATCAATGGCACTTCCGAT	50	
20	(TC) 7	52	F：CCCTGACTCATCCTTGGTTT	50	152
		52	R：GCTAACCCAATAGATCCTGC	50	
21**	(AT) 6	52	F：CACACGGTAACAATCCCTAG	50	201
		50	R：GCTGAGGATTGTCTGATAAC	45	
22	(CAC) 7	52	F：CACTATGGCGTTCACGTATC	50	218
		52	R：AGGCTTAGCTTTAGTGGAGG	50	
23	(CTG) 6	52	F：ACTTAGAACCCGCAATGCTG	50	202
		50	R：AGAGGAGATGGGTATAGAAG	45	
24	(TCA) 6	50	F：AAAATCCACCGACCATCATC	45	200
		50	R：AGCTCCACCAGATTCTTGAT	45	
25	(AATC) 5	50	F：AGAAACACACCGATGCATAG	45	241
		50	R：CGGCTCTCAGATCCTTCTAT	52	
26*	(AAAC) 6	50	F：CGAGACGAGACAGAGAAGTT	52	225
		50	R：GTGGCAAAATGAGGGTCCAA	52	
27	(GTTT) 5	50	F：AATCATGACCGATCTCCAGT	45	173
		50	R：CATCATCATCCTCTTCATCC	45	
28*	(TCTT) 6	50	F：CTACATCCACTACCATTTGC	45	166
		50	R：CGTGATGAACCATACATTCG	45	
29**	(GTTTA) 7	50	F：TCATCCCATGATTTAGGCTC	45	242
		52	R：CCAGAACCAGAAGAGAAGCA	50	
30*	(TTCAT) 5	52	F：TATCCAAAGTGGCCTGGCAT	50	186

续表

编号	重复基元	退火温度（℃）	引物序列（5′→3′）	GC 含量（%）	产物预期大小（bp）
30*	(TTCAT) 5	52	R：CCGCCATCTAAACTCAAACG	50	186
31	(ACTAC) 5	52	F：GCACACTCGATAGGTTCTTC	50	221
		50	R：ATGCATCTTATTGGTGGTGG	45	
32	(CCACAG) 5	52	F：CTCGCAACACACAGAACAAC	50	197
		52	R：GATGTGGTGGAATTGGAGAC	50	
33**	(GATGTA) 6	52	F：TGCTGGAACAGGTGAATCAC	50	242
		52	R：CTTCTTCAAGCTCGCTTGCA	50	
34	(CCACAG) 5	52	F：ACCACCACCAGTAGAAGATG	50	162
		52	R：GATGTGGTGGAATTGGAGAC	50	
35*	(GTGTTG) 5	52	F：TTCTCAAACTCCTCGGAGTG	50	174
		52	R：CAATCCGATGGACCTTTACG	50	
36**	(CCATCT) 5	52	F：GTAAGTGCACCATCACCATC	50	224
		52	R：GAGTTTTGAGATGGAGGAGG	50	

注：* 代表无效标记，** 代表多态性标记。

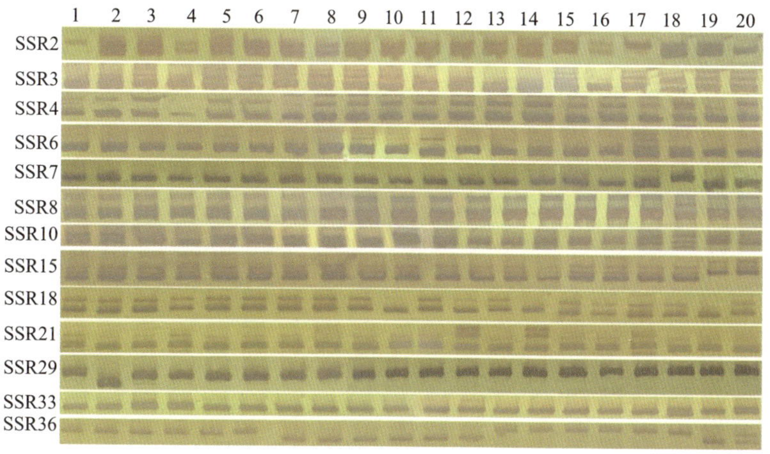

图 1　多态性标记在 20 个万寿菊自交系材料中的扩增情况

通过 30 对有效引物扩增产物的多态性分析表明，13 对引物呈现出多态性（图 1），占有效引物的 43.33%。

2.4　多态性标记位点多样性分析

使用 13 个多态性标记对 20 份万寿菊自交系遗传多样分析，扩增到 26 个等位基因；各 SSR 位点之间的有效等位基因数平均值为 1.477，变化范围为 1.051（SSR7、SSR8 和 SSR33）~ 1.98（SSR10）；香农多样性指数平均值为 0.408，变化范围为 0.117 ~ 0.692；观察杂合度和期望杂合度的平均值分别为 0.342 和 0.275，变化范围分别为 0 ~ 0.85 和 0.05 ~ 0.508；各位点多态信息含量平均值为 0.608，变化范围为 0.524 ~ 0.734（表 5）。

13 对多态性引物多样性分析　　表 5

SSR 位点	有效等位基因数	香农多样性指数	观察杂合度	期望杂合度	多态信息含量
SSR2	1.995	0.692	0.850	0.512	0.569
SSR3	1.782	0.631	0.650	0.450	0.772
SSR4	1.923	0.673	0.800	0.492	0.580

续表

SSR 位点	有效等位基因数	香农多样性指数	观察杂合度	期望杂合度	多态信息含量
SSR6	1.105	0.198	0.100	0.097	0.545
SSR7	1.051	0.117	0.050	0.050	0.524
SSR8	1.051	0.117	0.050	0.050	0.524
SSR10	1.980	0.688	0.900	0.508	0.697
SSR15	1.219	0.325	0.000	0.185	0.590
SSR18	1.956	0.682	0.850	0.501	0.564
SSR21	1.105	0.199	0.100	0.097	0.707
SSR29	1.105	0.198	0.000	0.097	0.569
SSR33	1.051	0.117	0.050	0.050	0.524
SSR36	1.882	0.662	0.050	0.481	0.734
平均值	1.477	0.408	0.342	0.275	0.608

3 讨论

菊属植物 SSR 标记对万寿菊具有通用性，但标记的数量和质量远不能满足研究需要。随着测序技术的发展，转录组测序成为 SSR 标记的重要途径之一[2-6]，但基于转录组测序的万寿菊 SSR 标记开发仍无相关报道。

综合已有报道发现，各类植物间 EST 的 SSR 分布频率大不相同，频率较低的种类包括：蝴蝶兰（*Phalaenopsis*，3.19%）[7]、百合（Lilium，5.98%）[8]、砂梨（*Pyrus pyrifolia*，7.2%）[9]、鹰嘴豆（*Cajanus cajan*，7.6%）[2] 和辣椒（*Capsicum annuum*，7.83%）[10]；频率较高的种类有：刺梨（*Rosa roxburghii*）20.37%）[11]、（柑橘（*Citrus sinensis*，21.74%）[12] 和萝卜（*Raphanus sativus*，23.79%）[13]；处于中等频率的有：红掌（*Anthurium andraeanum*，12.17%）[14] 和蜡梅（*Chimonanthus praecox*，12.35%）[15]。本研究中利用万寿菊雄性不育系 S-121 花蕾转录组数据，对 48 953 条 Unigene（序列总长约 51818161 kb）序列进行分析，发现有 13849 个 SSR 位点，SSR 位点频率为 28.29%，处于较高水平，这种差异可能源于两个原因：①与物种、SSR 位点搜索标准以及序列大小等有关[16]；②转录组数据来源于特定时期和特定器官，缺乏对物种整个基因组序列特征的代表性。

参考文献

[1] Thomas M R，Scott N S. 1992. Microsatellite repeats in grapevine reveal DNA polymorphisms when analysed as sequence-tagged sites（STSs）[J]. Theoretical and Applied Genetics，86（8）：985-990.

[2] Dutta S，Kumawat G，Singh B P，et al. Development of genic-SSR markers by deep transcriptome sequencing in pigeonpea [*Cajanus cajan*（L.）Millspaugh]. BMC Plant Biology，2011，11（1）：17.

[3] 王丽鸳，韦 康，张成才，等 . 茶树花转录组微卫星分布特征 [J]. 作物学报，2014，40（1）：80-85.

[4] Zhai L，Xu L，Wang Y，et al. Novel and useful genic-SSR markers from de novo transcriptome sequencing of radish（*Raphanus sativus* L.）[J] Molecular Breeding，2014，33（3）：611-624.

[5] 李荣华，王直亮，陈静芳，等 . 菜薹转录组中 SSR 信息与可用性分析 [J]. 园艺学报，2016，43（9）：1861-1824.

[6] 宗宇，王月，朱友银，等 . 基于中国樱桃转录组的 SSR 分子标记开发与鉴定 [J]. 园艺学报，2016，43（8）：1566-1576.

[7] 张水明，陈程，龚凌燕，等 . 蝴蝶兰 EST 资源 SSR 标记分析与开发 [J]. 园艺学报，2012，39（6）：1191-1198.

[8] 杨素丽，明军，刘春，等 . 基于 EST 信息的百合 SSR 标记的建立 [J]. 园艺学报，2008，35（7）：1069-1074.

[9] Yue Xiao-yan，Liu Guo-qin，Zong Yu，et al. Development of genic SSR markers from transcriptome sequencing of pear buds[J]. Journal of Zhejiang University Science B，2014，15（4）：303-312.

[10] 刘峰，王运生，田雪亮，等 . 辣椒转录组 SSR 挖掘及其多态性分析 [J]. 园艺学报，2012，39（1）：168-174.

[11] 鄢秀芹，鲁敏，安华明 . 刺梨转录组 SSR 信息分析及其分子标记开发 [J]. 园艺学报，2015，42（2）：341-349.

[12] Jiang Dong，Zhong Guang-yan，Hong Qi-bin. Analysis of microsatellites in citrus unigenes. Acta Genetica Sinica，2006，33（4）：345-353.

[13] Wang S F，Wang X F，He Q W，et al. Transcriptome

analysis of the roots at early and late seedling stages using Illumina paired-end sequencing and development of EST-SSR markers in radish[J]. Plant Cell Reports, 2012, 31 : 1437-1447.

[14] 郁永明，田丹青，潘晓韵，等．基于红掌转录组序列的 SSR 标记分析与开发 [J]. 分子植物育种，2015，13（6）：1349-1354.

[15] 李响，杨楠，赵凯歌，等．腊梅转录组 EST-SSR 标记开发与引物筛选 [J]. 北京林业大学学报，2013，35（1）：25-32.

[16] Wu H L, Chen D, Li J X, et al. De novo characterization of leaf transcriptome using 454 sequencing and development of EST-SSR markers in tea (Camellia sinensis) [J]. Plant Molecular Biology Reporter, 2013, 31 : 524-538.

“皇家园林样式雷图档资源库”平台设计与应用[①]

中国园林博物馆 / 夏 卫 崔 嵘 牛建忠

摘 要：“皇家园林样式雷图档资源库”（以下简称“资源库”）依托于北京市公园管理中心（以下简称“中心”）各单位有关“样式雷”的图档、文物及数字资源建立，实现了“样式雷”皇家园林资源的数字化管理，为建筑学科、园林学科及相关交叉学科的研究提供了丰富的基础数据。资源库的建设与利用在信息化和博物馆智慧化的时代背景下，降低文物图档本体的损坏概率，确保样式雷资源收藏单位及博物馆文化资产的长久安全，对博物馆藏品科学管理、有效保护、合理利用等方面具有重要意义。

关键词：样式雷；北京皇家园林；资源库；博物馆；信息化

1 资源库建设背景

中国园林博物馆（以下简称“园博馆”）自开馆以来陆续收集北京地区皇家园林及历史名园的样式雷图档资料，为园林系列的藏品研究提供重要支撑。2020 ~ 2021 年中心所属的园博馆、颐和园、北海公园、香山公园 4 家单位联合开展了《北京皇家园林“样式雷”图档研究》，以涉及北京皇家园林的图档资料为搜集和研究对象，在各单位现有“样式雷”的图档、文物及数字资源基础上，进一步搜集整理国内外与北京皇家园林相关的“样式雷”图档资源、文献资料与其他研究资料等。现存样式雷图档散落于世界各地，国内及国外均有收藏单位保存样式雷图档、烫样，据统计，涉及颐和园、北海公园、香山公园、圆明园遗址公园等北京皇家园林样式雷图档、烫样的国内外收藏单位共 13 家（表 1）。

皇家园林样式雷图档资源分布情况简表 表 1

序号	收藏单位	图档数量	图档说明	现今所属单位
国内				
1	中国国家图书馆	4000 余件	圆明园：1359 件。 颐和园：686 件。 香山、玉泉山 96 件。 畅春园：31 件。 南苑：200 余件。 王公府第：700 余件。	颐和园、北海公园、香山公园、北京动物园、北京植物园、天坛公园、中山公园、景山公园、紫竹院公园、圆明园遗址公园等

① 本文已收入于《北京皇家园林样式雷图档汇编》。

续表

序号	收藏单位	图档数量	图档说明	现今所属单位
1	中国国家图书馆	4000余件	西苑三海：近900件（西苑北海80余件）。 香山静宜园：59件。 乐善园、天坛、紫竹院行宫、卧佛寺行宫、社稷坛、景山等园林60余件。 图档资源最为丰富，包括全图、建筑图、内外檐装修等多种类型	颐和园、北海公园、香山公园、北京动物园、北京植物园、天坛公园、中山公园、景山公园、紫竹院公园、圆明园遗址公园等
2	中国第一历史档案馆	200余件	颐和园（清漪园）:70余件，包括地盘图、平面图、立样图、糙底等，统计数据仅为馆藏舆图内的相关画样，夹于奏折题本中的画样尚未整理。 西苑北海：1件，《北海至中海辅修铁路地盘样》 香山静宜园：样式雷画样目录12件。库房整理，未能查询。 圆明园：119件。据《中国第一历史档案馆藏清代内务府舆图目录》，库房整理，未能查询	颐和园、北海公园、圆明园遗址公园、香山公园
3	故宫博物院	398件	圆明园：312件，原中法大学收藏，摘自《原中法大学收藏之样式雷圆明园图样目录》，包括地盘图、河道图、建筑图、内外檐装修图等。 颐和园（清漪园）：图档63件，烫样2具，包括全图、建筑图、内外檐装修、园内航道、万寿庆典搭彩等。 香山静宜园：样式雷画样目录2件，《致远斋寿药房寿膳房等地盘尺寸图》《丽瞩楼配殿等地盘尺寸糙图》。 西苑北海:19件，其中包含烫样7具，包括画舫斋、漪澜堂等处全图、内外檐装修图等	颐和园、北海公园、香山公园、圆明园遗址公园
4	清华大学	204件	皇家园林相关图档、烫样、内檐装修板片204件：包括圆明园11件、内外檐彩色3件、石拱桥3件、颐和园《清漪园殿宇名单》《万寿山准底册》，其余为其他皇家园林、行宫、围场、公所、学堂以及值房、船坞；文档4件	圆明园遗址公园、颐和园等
5	中国文化遗产研究院	7册	《西苑仪鸾殿福昌殿后罩楼海晏堂仿俄馆样式楼装修立样》	中南海
6	中国科学院情报文献中心	65件	颐和园（清漪园）:63件，游船画样1册15件、露天陈设图样61件、石座图样1册。 西苑北海：2件，《工程做法不分卷》，包含北海工程	颐和园
7	中国人民大学古籍特藏阅览室	23件	颐和园（清漪园）:22件，多无签，涉及东宫门外马厂值房、文昌阁、重翠亭、西堤诸桥、对鸥舫、龙王庙、听鹂馆等建筑，包括建筑设计、内檐装修、佛像等几个方面。 香山静宜园：样式雷图1件，《静宜园内太后宫旧准底》	颐和园、香山公园
8	中国国家博物馆	少量	圆明园：包括地盘样、内檐装修立样	圆明园遗址公园等皇家园林
9	首都博物馆	4件	颐和园（清漪园）:其中两件题为《颐和园文物学堂图》,一件题为《颐和园建筑图》，一件题为《颐和园方位全图》	颐和园
10	故宫博物院（台北）	1件	香山静宜园：《静宜园已修各工缮单》	香山公园
11	台湾大学图书馆	10件	颐和园（清漪园）：10件，包括《仁寿殿内围屏宝座地平床图样》仁寿殿福寿同仙围屏顶帽、仁寿殿凤扇一对《排云殿宝座图样》、排云殿凤扇一对、《万寿山颐和园内玉澜堂后抱厦内改安阑干罩图样》等	颐和园
12	中国园林博物馆	少量	西苑中海海晏堂、福昌殿内檐装修图样等	中南海
13	北京市颐和园管理处	10件	颐和园（清漪园）：包括建筑图、内外檐装修图和区域地盘图	颐和园

续表

序号	收藏单位	图档数量	图档说明	现今所属单位
国外				
1	日本东京大学东洋文化研究所	18件	颐和园（清漪园）：12件，《万寿山离宫之全图》《万寿山后山点景值房图样》《万寿山颐和园前堤泊岸等处添修码头图样》等。 香山静宜园：样式雷图1件，《北京静宜园内致远斋等图样》。 西苑北海：1件，《西苑周围海墙各门座朝房全图地盘样进呈样》。 圆明园：4件，整修大墙、船只做法清册等	颐和园、北海公园、香山公园、圆明园遗址公园
2	法国巴黎吉美博物馆	1册	圆明园：1册，《圆明园地盘全图》	圆明园遗址公园

注：上述数据为编者目前掌握的图档情况，随着研究的进一步深入将更加明晰，仅作参考。

为实现对“样式雷”各类数字化资源的统一存储管理，并使其服务于中心各单位，以便互通有无、高效利用，借助信息化技术手段，规划建设“皇家园林样式雷图档资源库”，从根本上解决样式雷图档相关数字化资源无法统一集中收藏、查阅、共享使用的问题，避免频繁调阅文物图档本体造成的损坏，从而使样式雷图档这一珍贵的建筑文化遗产得到科学保护，使其充分发挥多方面效益，并且能够得到更便捷、更充足地应用。

样式雷资源库的搭建，可随着专题的研究进展，乃至后续“样式雷”研究和利用领域的持续发展，将陆续产生的各类数字化资源及时吸纳到资源库中，逐渐形成一个内容持续积累与更新的“皇家园林样式雷图档资源库”，以“样式雷”图档资源为切入点，为园林、建筑及相关交叉学科的研究提供丰富与充足的基础数据。

2 资源库数据管理对象

结合《北京皇家园林“样式雷”图档研究》的整体规划和要求，输出的数字化资源分为图档资源、文献资料、其他研究资料三大类，构成了资源库的数据管理对象。

2.1 图档资源

在收集图档资源的基础上，课题单位以“样式雷”图档文物本体为核心，按照统一的图档编目采集标准及样例材料，对图档文物描述信息的、图片信息进行采集加工。为此，园博馆专门制定了《样式雷图档信息采集表》《样式雷图档信息分类统计表》《样式雷图档编目说明》《样式房图档研究凡例参考》等标准规范文件，并依此对颐和园、北海公园、香山公园、园博馆、天坛公园五家课题单位搜集的“样式雷”图档文物及数字资源开展了相关图档资源采集加工工作。对涉及颐和园、香山公园、北海公园、天坛公园、圆明园、畅春园、南苑公园等处样式雷图档资料进行鉴识、整理与分析，开展图文识别、信息采集、分类标引、内容分析等工作。截至2021年9月，各课题单位完成样式雷图档收集2300余张，完成有关图档的信息采集共计2400余件套（含信息采集表、高清图片），完成《样式雷分类统计表》2372条，为“皇家园林样式雷图档资源库”的建立提供了丰富的材料基础（表2）。

2020 ~ 2021年皇家园林样式雷图档资源采集情况 表2

（单位：件）

	图档收集	完成信息采集表	完成分类统计表
园博馆	1348	1547	1461
颐和园	839	771	771
北海公园	86	86	86
香山公园	59	42	42
天坛公园	4	4	4
其他	8	8	8
合计	2344	2458	2372

2021年，课题组进一步拓展北京皇家园林样式雷图档资源的收集工作范围，将涉及北京市动物园（乐善园和继园）、紫竹院公园（紫竹院行宫）、北京植物园（卧佛寺行宫）、天坛公园（祈年殿）、景山公园（寿皇殿）、中山公园（社稷坛）等地的20余幅样式雷图档收集入库，共覆盖中心所属10家单位，收集整理研究工作凝聚了各单位研究力量，资源库成果进一步丰富。

2.2 文献资料

文献资料主要是指通过正规渠道出版的近现代资料（图书、期刊论文、学位论文、会议论文、报纸、年鉴等）以及历史性文献（古籍等）。相关文献资料是开展样式雷图档专题研究的重要参考，考虑版权问题，仅供中心及所属各单位开展样式雷图档文物相关分类登记、研究与应用工作时参考使用。文献资料的来源方式主要两种：一是对购买的文献资料进行数字化加工；二是通过网络收集下载。

(a) 中国园林博物馆

(b) 颐和园

(c) 北海公园

(d) 香山公园

(e) 天坛公园

(f) 中山公园

(g) 北京动物园

(h) 北京植物园

(i) 紫竹院公园

(j) 景山公园

图 1　皇家园林样式雷图档涉及单位

2.3　其他研究资料

中心及所属各单位在历年实际工作中对样式雷图档有不少结合应用的研究，由此积累下来诸多一手研究资料、宣传应用资料等，这些均具有共享使用的价值。除此之外，业内其他单位对样式雷图档的相关研究资料同样具有重要参考价值，将持续列为资料收录范围。

以上三大类数据管理对象，在进入资源库时，统一采用“标引信息 + 数字文件”（即“结构化数据 + 非结构化数据”）的方式。标引信息用于统一检索和浏览查看，以便于快速了解各类资料的基本情况。数字文件包括 jpg、pdf、word、excel、caj、kph 以及音视频等各类文件；其中图片分为缩略图、高清大图两类，缩略图为压缩后的图片，用来粗略辨识图片中的主体内容，一般与标引信息共同发布使用，而高清大图涉及版权问题，一般仅用于内部存档。不同类别资料根据专题研究实际要求和资料本身特点，分别制定各自的标引信息规范、数字文件采集规范，比如前述针对图档资料制定专门的信息采集表、分类统计表等标引信息规范，从而确保进入资源库的数据均为有序、规范的。

3　资源库功能及服务对象

“皇家园林样式雷图档资源库”以《北京皇家园林“样式雷”图档研究》输出的各类数字化资源为数据管理对象（形成样式雷资源库），提供面向中心及所属各单位的在线查询服务，解决各单位样式雷图档相关数字化资源的集中收藏、查阅和共享使用的问题。资源库包括后台管理功能、前端服务网站、光盘镜像系统 3 部分。

3.1 后台管理功能

后台管理功能的服务对象主要是园博馆负责样式雷图档研究课题的工作人员以及资源库运维工作人员。

3.1.1 数据管理功能

（1）仓储式数据库创建和设置功能。仓储式数据库是用来容纳样式雷图档相关的各类数字化资源标引信息、数字文件的载体。不同类别数字化资源标引信息的字段构成不同，在进行网页发布时字段参与检索的方式不同，因此，资源库需支持根据实际应用的需求，自由创建数据库，允许自由设置各个数据库的字段及字段属性，将数字文件作为标引信息记录的关联对象直接存储于数据库中。

（2）数据录入功能。仓储式数据库创建完成后，需要将各类数字化资源的标引信息、数字文件分别录入至对应类别的数据库中。资源库提供单条人工录入和批量导入两种方式。批量导入分为标引信息、数字文件两个方面。将标引信息规范化录入 EXCEL 模板文件，通过 EXCEL 文件批量导入资源库中；规范化命名数字文件，与标引信息的某个字段内容（该字段内容须为不重复的唯一标识）完全一致，通过资源库工具自动将数字文件根据文件名称匹配至标引信息记录，并将该数字文件作为该记录的关联对象自动存储于数据库中。

（3）数据修改 / 删除功能。各类数字化资源入库后，后续如果需要对数据记录的内容进行单条修改或批量修改，资源库提供相应的记录内容查看、编辑功能，以及批量覆盖功能。记录无效数据，提供删除功能。

（4）数据发布设置功能。数据库内容最终要发布到网页上，面向用户提供浏览查看、统一检索等功能，资源库提供对数据库的是否发布、发布后的访问范围控制、发布样式等的管理功能。

3.1.2 数据存储功能

资源库支持仓储式数据库，该类型数据库支持将数字文件作为标引信息记录关联对象的存储功能，也就是支持“结构化 + 非结构化”的混合存储方式。该存储功能一是提高数据安全性，具有保密性质和授权访问控制的数字文件不是以服务器硬盘上文件夹的方式存放，而是直接存储于数据库中，受到数据库访问机制的保护，外界用户不通过资源库无法拿到数据库中的数字文件；二是确保数据关联的有效性，标引信息与对应的数字文件直接关联存储，不会出现由于数字文件存放的文件夹名称或位置发生变化而造成关联失效的情形；三是允许数据库的整体迁移、满足部分内容（标引信息 + 数字文件）快速打包、抽取等需求。

3.1.3 数据索引、搜索引擎功能

数据索引是预先组织数据的过程，是支撑搜索引擎功能发挥的基础。针对样式雷相关数字化资源标引信息的特点，资源库支持的数据索引方式包括：

（1）分词索引。基于词表的分词方式，在业内常见词表的基础上，通过收集整理样式雷相关领域的特定词汇、专用词汇等，一并纳入至常见词表中，提高索引后的搜索效果。

（2）精确匹配。如果需要对标引信息中的特定字段进行精确的匹配检索，则要将该字段设置为精确匹配模式。

（3）分类法交叉索引。用于标引信息中的分类字段，在搜索页面中提供分类导航，从而辅助缩小分词索引的检索范围。

（4）特征聚类索引。将标引信息中字段内容具有一定特征的进行单独聚类，辅助快速缩小检索范围，比如针对样式雷图档资料的工程或建筑地点、工程类别、图档颜色、图档性质、藏品类别等字段内容进行检索。

搜索引擎依赖于数据索引，负责将前端网页用户的检索请求转化为具体的结果集和引导信息返回给用户，并且按照时间 / 相关度等对结果集进行排序显示。搜索引擎功能涉及语义分析技术、数据智能挖掘和展现技术等，支持语义和个性化搜索，提供搜索推荐和搜索词关联服务，提供文献计量可视化分析功能等，从而满足对样式雷资源库内容的统一检索需求。

3.1.4 数据发布功能

资源库最终需要将样式雷资源库内容面向中心及所属各单位提供在线查询服务，即将数据库内容发布至前端服务网站。传统定制开发模式下，服务网站一旦建成后，后续进行页面栏目设置更改、位置页面风格变动等，均需要通过改动代码、更新部署系统的方式。为实现服务网站页面的动态维护管理，资源库采用所见即所得的模块拼装式网页可视化建设技术，可自由、灵活、快捷地构建个性化网页布局、添加模块、配置模块属性、模块风格，使得模块与后端的仓储式数据库无缝连接，能够快捷、方便地按需发布仓储式数据库中的数据。

除将数据库内容发布至前端网站外，资源库还提供光盘镜像制作功能，可以将前端服务网站及部分数据库内容打包制作成光盘镜像系统。

3.1.5 其他功能

除以上四大类核心功能外，资源库还需要具备基础支撑功能以及其他辅助功能。比如基础的用户管理、授权访问控制、用户访问监控与统计分析等功能。考虑到样式雷图档资源的保密性要求，资源库在授权访问控制方面，要求必须具有按 IP 地址范围的访问控制功能，从入网访问用户登录地点的角度直接控制数据库的显隐问题，辅以远程

VPN 访问机制以及用户访问实时监控和追踪功能，严格控制资源库服务网站的访问和使用留痕。

3.2 前端服务网站

前端服务网站是资源库面向中心及所属各单位工作人员提供的基于网络的样式雷资源库内容在线服务窗口。其中，园博馆作为样式雷资源库建设的承担单位，其负责样式雷图档专题研究课题的工作人员具有通过前端服务网站查看所有数字化资源的标引信息和数字文件的权限。中心和园博馆以外其他单位工作人员具有通过网页浏览查看、统一检索资源库中的各类数字化资源的标引信息（含图档编目用缩略图），以及下载部分类别资源数字文件的权限。

前端服务网站由首页、检索页、详情页三类页面构成。首页是提供对样式雷资源库各种类别数字化资源的分类导航功能。

检索页是提供图档资源、学术资源及一站式搜索框，用户在搜索框中输入单个关键词或者多个以空格分隔的关键词，点击搜索按钮提交后，该页面显示检索结果集。通过鼠标点击界面中的数据库，可切换查看不同数据库中的检索结果集；点击检索面板中的检索点选项，可切换查看不同检索点下的检索结果集；点击分类法面板、聚类特征面板中的选项，以检索条件组合的方式不断缩小检索结果集。同时在搜索界面中提供了相关词条、聚类统计面板等服务内容，其中，聚类统计面板能够实现对当前检索结果集，各类指标项的数量统计与图形化展现。

详情页是提供各类数字化资源标引信息详情和数字文件的下载入口。比如在图档资源的详情页中，可查阅每件藏品的标引信息，包括基本信息、延展资料信息、缩略图等。

3.3 光盘镜像系统

光盘镜像系统是将资源库的前端服务网站以及部分数据库内容，按需打包为可离线单机使用的应用系统，进一步便于中心及所属各单位相关工作人员 / 研究人员离线使

图 2　前端服务网站首页

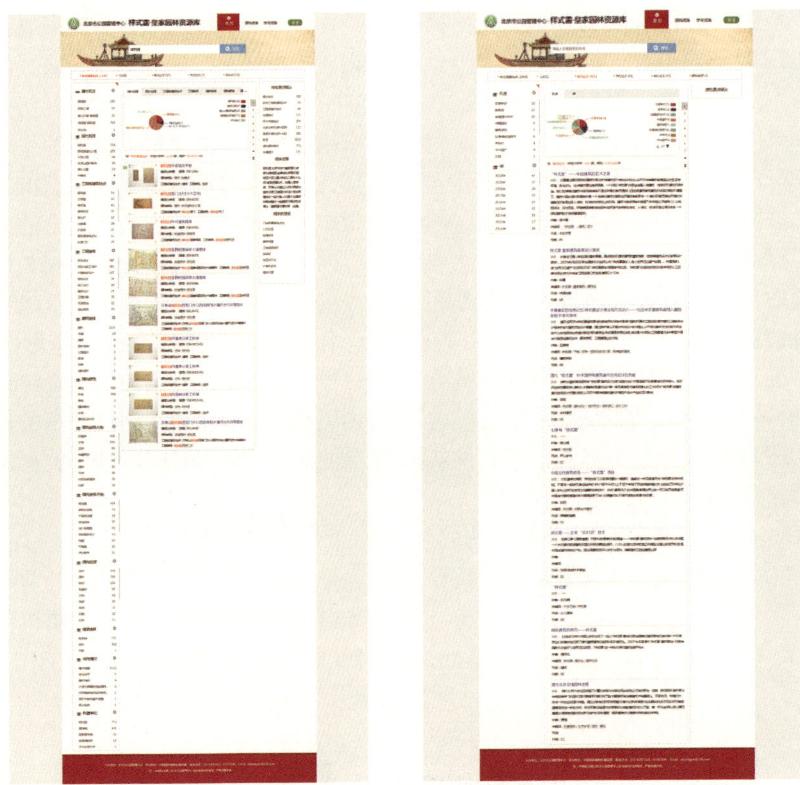

图 3　前端服务网站检索页

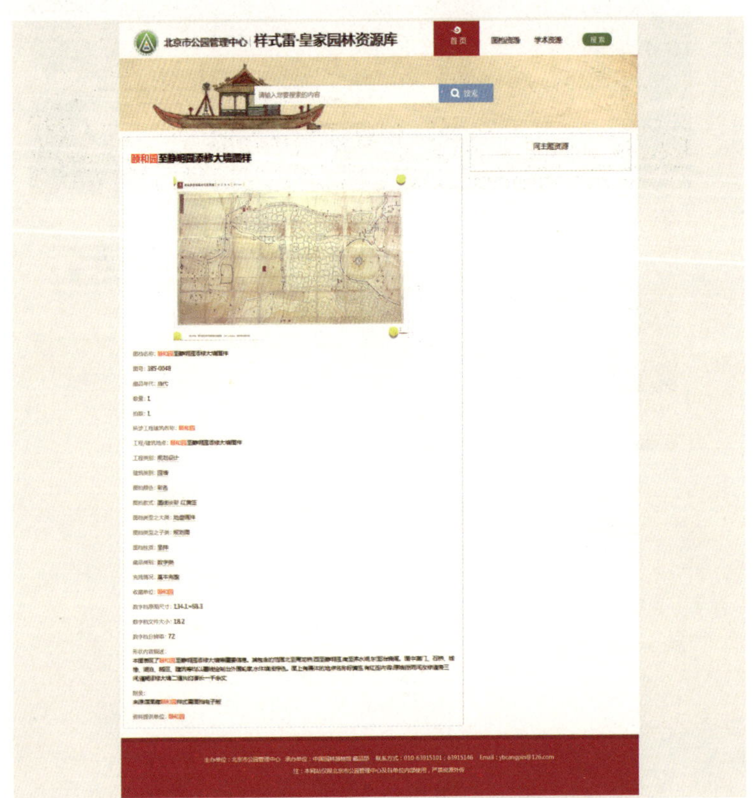

图 4　前端服务网站详情页

用样式雷资源库。资源库打包制作的光盘镜像系统为绿色免安装，拷贝至个人电脑中，点击镜像系统文件夹中的可执行文件，运行后自行调用默认浏览器打开网页，提供与前端服务网站类似的查询、浏览功能。

4 资源库技术选型及部署应用方式

4.1 资源库技术选型

“皇家园林样式雷图档资源库”以样式雷图档相关各类数字化资源的导入、存储、管理、发布应用为核心，功能需求的核心在于数字化资源的批量导入、仓储式存储管理（“结构化＋非结构化”的混合存储）、网页可视化搭建与动态管理维护，基于搜索引擎技术的灵活、丰富的快速检索功能。如果全盘采用定制开发的方式，则资金需求量大、开发周期长。在资源库数据管理对象、功能需求、应用场景均明确的前提下，采用“业内成熟技术性产品＋定制化应用”的方式来解决资源库的快速建设与上线；在产品选型时，首先应确保所选用产品能够满足资源库的核心功能需求，其次综合考虑产品的成熟度、安全性、是否具有广泛的应用案例、安装部署的便易性、前后台功能的操作性与易用性、后续运维的难度、是否具备后续升级能力等诸多因素。

4.2 资源库部署基础环境

根据资源库的服务对象、服务方式、存储数据量预计、网络需求等，结合园博馆现有机房、服务器、网络环境等实际情况，决定将资源库设置在园博馆机房虚拟机ESXI系统内。该虚拟系统配置为：CPU为4线程，内存为24G，硬盘为系统分区100G与应用分区2T共两个分区，操作系统是Server 2019 Standard。通过以下三种方式确保资源库安全、平稳运行：

（1）虚拟机系统内安装瑞星杀毒软件，定期进行全盘杀毒；

（2）通过VMware软件，定期对虚拟系统进行“生成快照”，相当于对系统做备份，当系统出问题并无法解决时可以恢复至最近时间的快照生成。

（3）对外部硬件设备进行防护，有效拦截防火墙，对IDS进行内部安全扫描。

4.3 资源库访问方式

资源库后台管理功能仅对园博馆相关工作人员、资源库运维人员授权使用；前端服务网站则分为园博馆相关工作人员内部使用、中心及所属各单位工作人员普遍使用两大类。

结合资源库按IP地址范围对数据库进行访问控制（显隐控制）的功能，实际应用资源库时，直接将数据库区分为内部使用（可存有涉及版权不便于共享使用的数字文件，比如图档资源高清图）、外部使用（仅存有供指定范围内共享使用的标引信息及数字文件）两种。

（1）对内部数据库提供按IP地址范围的访问控制。内部数据库设置其允许访问的IP地址范围为园博馆相关工作人员工作电脑IP地址，只有使用这些工作电脑才能通过前端服务网站看到内部数据库。

（2）对外部数据库提供两种访问方式。一是通过IP地址范围的访问控制，外部数据库设置其允许访问的IP地址范围为中心及所属各单位指定工作人员工作电脑的固定IP地址，通过其他电脑打开前端服务网站页面均看不到任何数据库。资源库自带的用户访问监控和追踪功能，可以对外部数据库的访问情况进行留痕。二是外部数据库设置其允许访问的IP地址范围为园博馆内部IP地址，为工作人员开通VPN账号，通过VPN账号远程访问前端服务网站，实现严格的使用留痕。

此外，还可以使用资源库按需制作光盘镜像系统，以光盘/U盘分发的方式，进行资源库内容的共享使用。

5 应用场景

在信息化和博物馆智慧化的时代背景下，对《北京皇家园林“样式雷”图档研究》输出物的存储、管理与合理利用是“皇家园林样式雷图档资源库”建设的目标。借助于先进的信息化技术手段，将随着专题研究工作的推进，形成一套样式雷图档收集数据量大、文献资源丰富的样式雷图档专题资源资源库，也是形成具备一站式交叉检索、基础指标项分类统计等功能的资源库。该资源库的建设覆盖了以下三大应用场景：

一是为中心及所属各单位样式雷图档的持续研究提供一站式资料收集、检索资源库，实现了相关单位内部样式雷相关文物藏品及资料的资源整合与互联互通，改变了样式雷图档资料信息零散孤立、互不相通的信息孤岛局面，通过资源库的建立实现资源集中、统一管理与高效共享。

二是以样式雷图档编目资源为核心，以相关文献资源、研究资料为补充，建成的样式雷资源库，将形成具有园林主题特色的资源库，有别于以往研究机构及院校多注重于布局规划、建筑设计等学科研究，填补了样式雷图档园林文化研究数据支撑方面的空白。该资源库内容将服务于后续皇家园林建筑修缮以及相关研究，并助力展览、科普宣传、文创开发等工作，引导公众了解“样式雷”文化遗产，感受中华传统文化和园林文化深厚的文化内涵、永恒的艺术魅力，增进全面保护文化遗产的意识，提高文化自信，传承与弘扬园林文化与中华传统文化。

三是资源库及内容的建设对博物馆藏品科学管理、有效保护、合理利用等方面同样具有重要意义，将极大提高样式雷图档及资料的查阅效率，减少对文物图档本体翻阅造成的损坏几率，确保样式雷资源收藏单位文物资产的长久安全和永久数字化存档。

中国园林博物馆藏“中海海晏堂地盘图样”研究①

中国园林博物馆 / 李　明　张　宇　滕　元

摘　要： 清末，在北京西苑三海内曾写仿过一组集艺术价值与实用价值于一身的园林建筑景观，该组建筑将洋式装修风格与皇家园林营造相融合，通过北京城的地域划分可称其为“中海海晏堂”。在中国园林博物馆的馆藏藏品中，有这样一幅绘制类似“长春园海晏堂”的西洋式格局建筑，但内檐装修设计却风格迥异的“海晏堂”样式雷图样，通过参照图样红签上的“围屏”“宝座”等中式传统家具文字以及“洋式门口玻璃窗”“洋式花罩”等描绘西洋式装修风格文字记载进行文献对比研究表明，经由清宫“样式雷”设计的这幅“海晏堂地盘图样”实为北京西苑三海之“中海海晏堂”。

关键词： 皇家园林；西苑三海；中海海晏堂；样式雷图样；内檐装修

西苑即太液池，早在金代便在此修建离宫。元代建都，太液池则归入宫城范围以内。明代开挖南海，使太液池的水域汇合了北海、中海、南海，俗称“三海”。同期进行了大规模的修建，成为一座美丽的皇家园林。三海分割巧妙，各具特色。中海水面辽阔，地域宽广，建筑疏朗而体量高大，以气势取胜[1]。如古代帝王宫苑一样，包括西苑中海在内的“三海”皇家园林营造也受到了儒家思想的熏陶，将其山水规制为“一池三山”的自然山水园格局。这种“一池三山”的构园格局是以象征传说中的仙境而来，只能为帝王宫苑所用[2]。

1　中国园林博物馆馆藏“中海海晏堂地盘图样”介绍

中国园林博物馆馆藏清代“中海海晏堂地盘图样”为清内务府样式房所绘并呈样的修改稿，图中未发现与建筑名称相关的文字记录（图 1）。图样以“南”“东”“下层”共 3 张黄签指明建筑方位，彩绘，是不规则的 9 间洋式寝宫建筑的地盘设计图，绘制时间在清光绪二十八年至光绪

图 1　中国园林博物馆馆藏“中海海晏堂地盘图样”

① 本文已收入于《北京皇家园林样式雷图档汇编》。

三十年（1902 ~ 1904 年）。建筑中路为 3 开间带前后廊洋式建筑，东、西方向均为前后各 3 开间带前廊的洋式建筑。三路建筑之间由“洋式门”连接进出。此外，图样内还粘贴有“楼梯”“洋式落地罩”“洋式落地罩”“洋式玻璃罩”“洋式飞罩”“洋式门口玻璃窗”“洋式花罩”“洋式门”“洋式碧纱橱”“围屏”“宝座”“寝宫洋式落地罩床”“洋式几腿罩”等 29 张涉及内檐装修风格与家具的红签，其中西洋式内檐装修风格的红签共 25 张，传统家具红签 4 张。

2　两座“海晏堂”的历史出处

从海晏堂的称谓来看，“海”为百川汇聚处，比喻事物多而广，“晏”为晴朗、安静之意，海晏堂既体现了中国古代皇家君临天下、至高无上的权威，又含有天下太平、长乐未央的治国理政思想。

2.1　长春园中的海晏堂

以海晏堂为代表的长春园西洋楼建筑群最早见于清代乾隆时期，由传教士郎世宁、蒋友仁、王致诚等设计监修，其中“地盘样稿”于乾隆二十一年（1756 年）四月奉旨照准，蒋友仁设计的水法仪器则于次年七月奉旨照样准做，前后历时三载，至乾隆二十四年（1759 年）工程基本告竣。长春园海晏堂东西向，占地 140m × 50m，是西洋楼景区中规模最大的一组建筑（图 2）。不过，海晏堂与长春园中的其他西洋楼一起，毁于咸丰十年（1860 年）英法联军的大火[3]。

图 2　“长春园海晏堂”铜版画

2.2　中海仪鸾殿旧址上仿建的海晏堂

在中国国家图书馆馆藏“谨拟集灵囿内添修洋式点景楼座亭台房间等图样”中，建筑群中路最北端有一座浮签标注为“谨拟仿照海晏堂正面式样”的建筑，南部为“十二属相水法池”，东西两侧各有一个八边形的“水法池”，北部为“水池”和转向“踏跺”。显然，这一设计仿照的就是长春园海晏堂，只是水车房、锡海等被简化[4]。根据题图名可以推测：除长春园中的海晏堂以外，另有一座与“长春园海晏堂”建筑正面相似的建筑正处在“样式雷”建筑图档的酝酿之中。

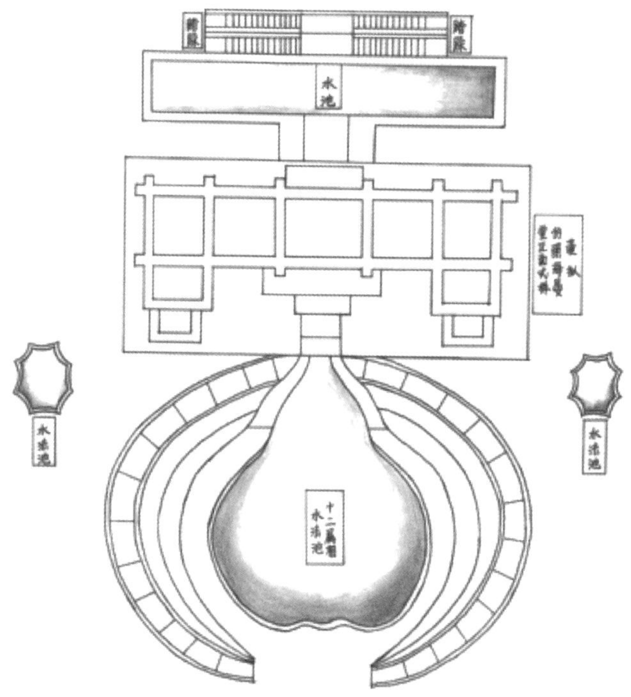

图 3　改绘自《集灵囿海晏堂地盘样》

光绪二十七年（1901 年），经历八国联军战乱的慈禧决定重建海晏堂，但并未在长春园内重建，而是在被联军烧毁的中海仪鸾殿（图 4）的旧址上，参仿长春园海晏堂，将海晏堂（图 5）建成二层洋式楼房。其实，在清同治十三年（1874 年）至清光绪三十年（1904 年），曾有 3 次关于西苑的大修工程。其中最后一次大修与海晏堂有关。第一次大修工程在同治十三年（1874 年）八至十二月间，虽因穆宗驾崩半途而废，但从所遗图档文献分析，当时确曾有计划进行大规模的兴建。第二次大修，始于光绪十一年（1885 年）四月，约至光绪十八年（1892 年）告一段落，是为德宗亲政后，慈禧太后与光绪帝驻跸西苑之需。其重点工程为瀛台与仪鸾殿，还赎买了临近西苑的北堂，命名为集灵囿。第三次大修，始自光绪二十七年末（1901 年），到光绪三十年（1904 年）基本完成，主要对西苑所受破坏进行修复，在中海仪鸾殿基址新建的中海海晏堂可谓此次修复的重点[1]。这组建筑费时 3 年，耗银 500 多万两。但慈禧只在这里举行过 5 次外事活动[5]。

图 4 “中海仪鸾殿”老照片

图 5 “中海海晏堂”老照片

3 中国园林博物馆藏“海晏堂”图样所绘建筑地点推论

中国园林博物馆自这件西洋建筑风格的样式雷图档入藏以来，从未间断过对于图样所绘的建筑位置进行推测，登编之初其藏品名称为《洋式建筑图样——样式雷绘寝宫建筑图》，关于其工程建筑地点的推测均没有确切依据，因此编研工作曾被暂时搁置，直到馆藏另一件《样式雷绘福昌殿地盘图样》的发现，才将《样式雷绘寝宫建筑图》所绘建筑地点的研究向前推进一步。

3.1 通过对“福昌殿”建筑的研究推测“海晏堂”的建筑位置

中国园林博物馆馆藏“样式雷绘福昌殿地盘图样”，彩绘有五开间带前后廊的福昌殿，为样式雷呈样的修改稿。图样左侧粘贴“东房”黄签 1 张；两稍间粘贴 3 张红签“床”，明间内粘贴“福昌殿地盘图样”红签 1 张表示图档的名称（图 6）。

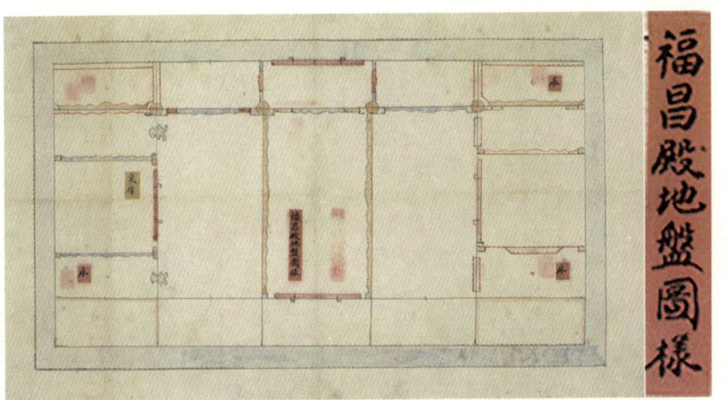

图 6 中国园林博物馆馆藏《样式雷绘福昌殿地盘图样》与红签、黄签

中国第一历史档案馆有两份有关西苑大修的工程经费的历史档案——《奏为恭修仪鸾殿福昌殿以及海晏堂仿俄馆等项目工程应需钱粮数目折》[6]《中海修建海晏堂仿俄馆核估工料银两数目单》[6]，两份档案的题名中同时出现了“福昌殿”与“海晏堂”字样，且“海晏堂”与中海的修缮事件似乎有所关联。再据中国第一历史档案馆《中海修建仪銮殿两卷殿各座殿宇楼房游廊门座墙垣海墁甬路等工丈尺做法清册》《仪銮殿各处添修值房并添改墙垣海墁甬路泄水沟等公丈尺做法清册》档案，这两份档案对仪鸾殿这组建筑群的规模、样式及做法等都有具体详细的规定。这是一组以仪鸾两卷殿为中心，前后三进，坐北朝南的传统宫殿式建筑群，仪鸾两卷殿是正殿，规模最大，共五间，殿顶建成两卷形式，两卷殿即由此而得名。仪鸾两卷殿的前后各有东西配殿一座，共四间，每座五间；它们的后面有福昌殿，也是五间，规模略小于仪鸾两卷殿[7]。据此可知：福昌殿的建筑规模为一座五间，规模略小于仪鸾殿，且仪鸾殿、东配殿、西配殿、福昌殿、海晏堂等建筑的位置均在中海。另外，《样式雷绘福昌殿地盘图样》《样式雷绘寝宫建筑图》两份图档为中国园林博物馆同一批次与来源的馆藏，这也为两座建筑的位置关系提供了佐证。

3.2 从圆明园安装“玻璃窗”的时间推断“中海海晏堂”的建筑位置

张凤梧《样式雷圆明园图档综合研究概述》一文对于乾隆年间长春园工程项目有所表述，文中提到《奏销档》记载乾隆二十四年（1759 年）新建成“方外观”“海晏堂”“大水法”等东侧各景。而《钦定总管内务府现行则例——圆明园卷一》记载了乾隆五十二年（1787 年）“谐趣园”“黄花灯”“海晏堂”落成。在中国园林博物馆馆藏《样式雷绘寝宫建筑图》中，多次出现“洋式玻璃罩”“洋式门口玻璃窗”“洋式门口玻璃窗”等含有“玻璃”二字的红签[8]。而在童立群《论以“玻璃窗”来确定庚辰本定稿于乾隆三十五年以后》的文章中，对于圆明园安装玻璃一事也有提及：“乾隆三十五年（1770 年）四月，圆明园的

淳化轩新建宫殿的后殿窗户安装玻璃。此为中国最早安装玻璃窗之事”[9]。因此，若用乾隆三十五年（1770 年）四月为圆明园最早安装玻璃窗的时间来推断，馆藏《样式雷绘寝宫建筑图》的绘制年代不应早于乾隆三十五年（1770 年）。因此，“洋式玻璃罩”“洋式门口玻璃窗”“洋式门口玻璃窗”等装饰材料在乾隆二十四年（1759 年）就出现在海晏堂内檐装修上的推论不能成立，也间接证明该幅馆藏图样所绘“海晏堂”的建筑位置并不位于圆明园三园之中。

3.3 从内檐装修及陈设推测建筑地点

根据上述推论，中国园林博物馆馆藏《洋式建筑图样——样式雷绘寝宫建筑图》建筑地点并不在圆明园之中，不是长春园西洋建筑群中的海晏堂。因此，对建筑地点的猜测再次回到西苑三海之中。

一位清末侍女德龄的《清宫二年记》的回忆引起笔者注意。文中提到“有一次到西苑去玩，太后指着一大块荒场说：从前这里本来有一所大殿，不幸在庚子年烧毁了，她又说这倒不是外国兵来烧掉了，是因为自己失慎。她又说她先前本来嫌这殿的样子不好看，现在正计划在原地，重新建造一所大殿，因为现在的大殿，在新年里外国人来贺年的时候，还是觉得太小，容纳不下。因此她就命工部照她的意思，打起图样来。以前宫中的房屋，都完全是中国式的，这一次也稍稍参照西式。于是一切图样就照着太后的意志，开始了设计，这是一幢木头的模型，各物齐备，即窗格，天花板和嵌板上的雕刻也无不完备。然而我知道太后永远不会对一件事完全满意的，这次当然也没有例外，她各方面打量了一番，便说这间屋子要大些，那间要小些，这个窗移到那里去等等，于是模型不得不带回去重做。做好了再拿来时，人人都称赞比上次做得好多了，太后也觉得很满意，接着要做的就是定名，商酌了好久才定为‘海晏堂’。建筑工程就立刻开始，太后对于工作的进展也很关切，殿内的一切设备早已决定完全采用西式，当然只有宝座，仍旧是满洲的风格”[10]。

德龄的此段回忆虽然在“不是外国兵来烧掉了”的细节上有些不合史实，不过所提及的海晏堂是建在西苑被焚毁的仪鸾殿旧址上，以及殿内宝座仍为满洲风格是经得起推敲的。特别是殿内宝座仍为满洲风格与中国园林博物馆馆藏《洋式建筑图样——样式雷绘寝宫建筑图》中所绘宝座上粘贴红签的家具称谓是一致的。在图样中共粘贴 29 张红签，除“洋式门口玻璃窗”“洋式花罩”“洋式飞罩”等涉及“洋式”二字的红签 25 张外，剩余“围屏”“宝座”“楼梯”“楼梯”未标有“洋式”二字的红签共 4 张。一般在样式雷图档粘贴红签，代表此处的装修或家具尚未确定，还需调整。结合《清宫二年记》中德龄的回忆具体分析：此一时期的海晏堂所绘宝座始终未出现“洋式”字迹，资料记载的满洲风格宝座与“样式雷”图档绘制中未出现“洋式”二字的宝座的历史史实一致。“屏风”与“楼梯”最终采用满洲风格还是洋式风格尚不得而知，至少从《样式雷绘寝宫建筑图》呈样修改稿所绘的特定历史时期来看，“宝座”“屏风”“楼梯”“楼梯”四张红签所代表的风格并不为“洋式”（图 7）。

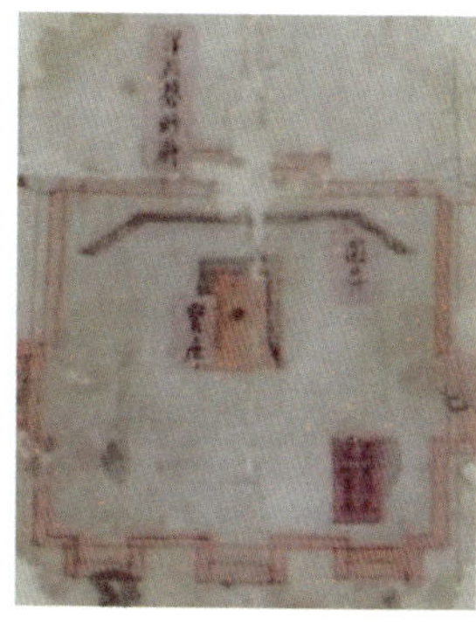

图 7 中国园林博物馆藏“中海海晏堂地盘图样”局部与“宝座”红签

此外，在《清宫二年记》中“太后的意志”“工部”“图样”“木头的模型”等文字已将“西苑海晏堂”与“样式雷”图档产生了关联。清朝晚期，慈禧太后独揽大权，从慈禧的想法到海晏堂建筑的建成是经过样式雷图样与烫样的反复修改，最后由太后阅览定夺。

综上：在德龄的回忆中，慈禧太后想要修建的“西苑海晏堂”是经过如下过程：在西苑内的荒场中原有一所被焚毁的中式大殿“仪鸾殿”，太后命令工部在大殿原址上重新营造出一座西洋风格的建筑，隶属工部的“样式雷”在经过图样绘制、烫样的制作与修改后呈现给太后阅览，建筑内部只有一处满洲风格的“宝座”，此外的家具及陈设风格均为洋式装修。最终，这座西洋风格建筑被太后冠以“海晏堂”之称。而在西苑三海内被称为“海晏堂”的建筑只此一座，即“仪鸾殿”基址所在位置——西苑“中海”。

至此，中国园林博物馆馆藏“中海海晏堂地盘图样”找到了“归属”，即为：太后在西苑修建“中海海晏堂”期间，由隶属工部的“样式雷”绘制的屏风、宝座以及两处楼梯，共 4 处呈现满洲风格，其余均为洋式内檐装修的“样式雷”图样过程稿，其建筑地点也确认在北京西苑三海皇家园林内，在曾经的中海仪鸾殿旧址上仿建的海晏堂。

4 勘误“圆明园海晏堂 [地盘平格底]”图档

中国国家图书馆藏有“圆明园海晏堂 [地盘平格底]”，编号 392-0404，清光绪三十年（1904 年）所绘。观察图档所绘建筑外部轮廓与黄签可知，位于建筑外轮廓正中的1张“洋式门”黄签以及2张“洋式玻璃门”黄签与9张“洋式玻璃窗”黄签恰好阐述了海晏堂建筑采用了西洋式外檐装修设计的营造手法。另外，图样还用墨线绘制出海晏堂建筑前的水池，水池两侧各为一路带“礓礤”与“踏跺”的台阶，台阶的内侧各自布置“十二铜属相”，两组台阶与“十二铜属相”相互对称通向“泊岸”,其中“水池”“礓礤”“踏跺”“十二铜属相”“泊岸”等文字一并粘贴出黄签以供清宫审阅。

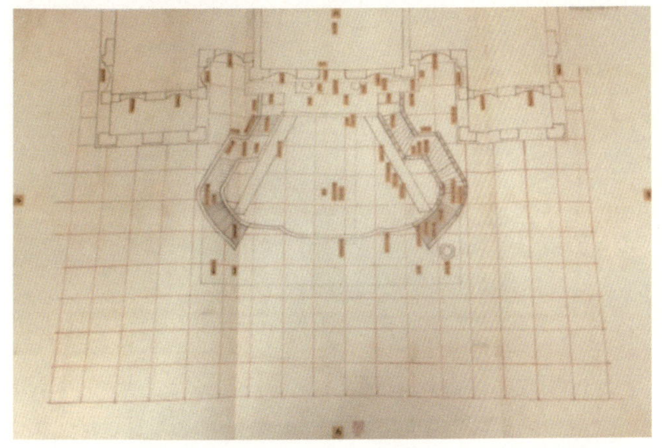
图8 中国国家图书馆馆藏“圆明园海晏堂[地盘平格底]”

4.1 两幅“海晏堂”图样对比研究

结合中国园林博物馆馆藏“中海海晏堂地盘图样”进行对比分析，两幅图样中建筑以南所绘建筑外轮廓完全一致，均为非传统形式的不规则建筑，且国家图书馆馆藏“海晏堂”图样更加清晰、直白地在图样中粘贴出表明建筑身份“海晏堂”的黄签以及“洋式门”“洋式玻璃窗”“洋式玻璃门”等外檐装修黄签。另外，两座海晏堂建筑从外檐装修处观测具有较为明显的洋式建筑风格，图中所示3组内外檐装修的红、黄签位置近似，即建筑外轮廓西南的“洋式花罩”与“洋式玻璃窗”、建筑外轮廓正南的“洋式花罩”与“洋式门”、建筑外轮廓东南的“洋式花罩”与“洋式玻璃窗”的建筑格局位置近乎一致（图9～图12）。综上表明：中国国家图书馆馆藏“圆明园海晏堂[地盘平格底]”图档所绘建筑同中国园林博物馆馆藏“中海海晏堂地盘图样”所绘建筑为同一座海晏堂。

4.2 “圆明园海晏堂[地盘平格底]”勘误

“圆明园海晏堂[地盘平格底]”曾在《国家图书馆藏样式雷图档·圆明园卷续编》中出版，该图档建筑地点被推测为长春园的海晏堂。对于这张编号为392-0404的“海晏堂”建筑位置所在，笔者持有不同观念，认为其建筑位

图9 中国园林博物馆馆藏“中海海晏堂地盘图样”局部

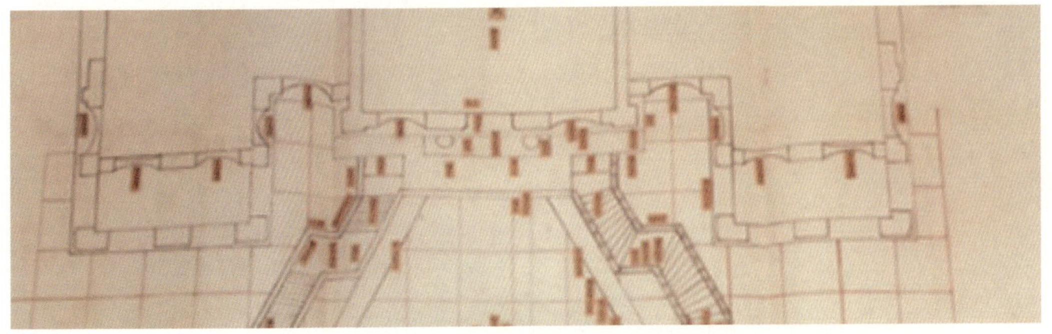
图10 中国国家图书馆馆藏“圆明园海晏堂[地盘平格底]”局部

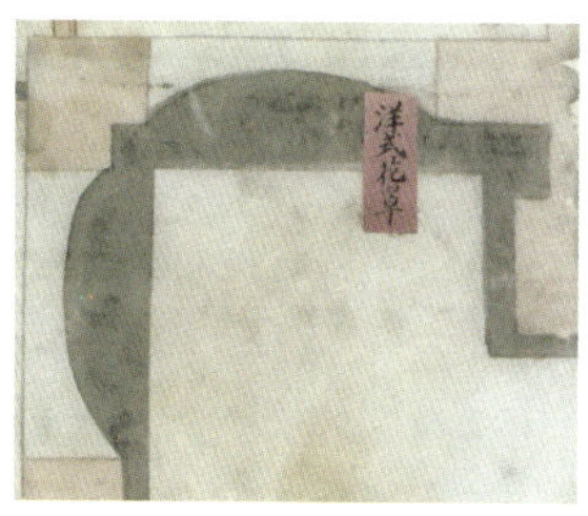
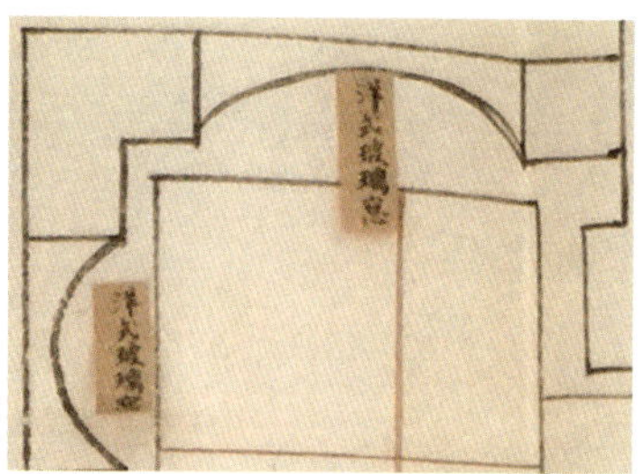

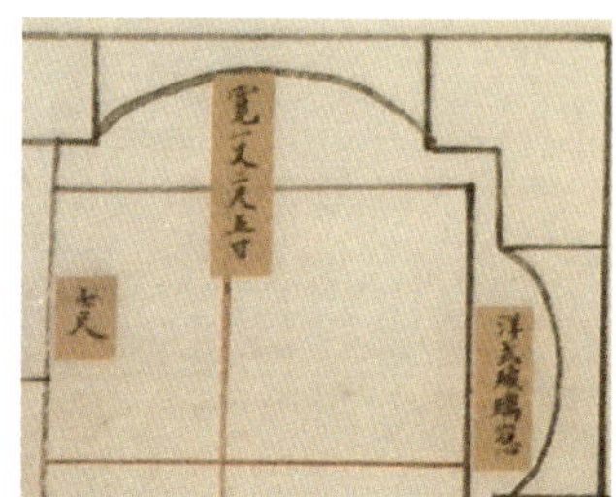

图 11 “洋式花罩”与“洋式玻璃窗”内外檐装修对比图

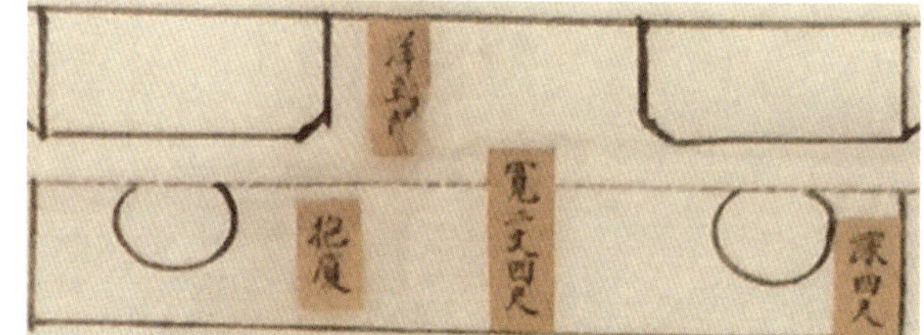

图 12 “洋式花罩”与“洋式门”内外檐装修对比图

置在西苑“中海”，并且从该图背面的“样式雷”文字档中发现端倪。

该图右上方背面写有一组文字，题写“光绪三十年六月二十六日海晏堂添四季花池，当日午刻至同和居面商”（图 13）。尽管该段文字并未直接写明海晏堂的建筑地点，但另一处建筑“同和居”引起了笔者的注意。据查证，同和居始于清道光二年（1822 年），坐落在西四南大街北口（西四十字路口西南角），1984 年搬至三里河月坛南街，是北京经营鲁菜的饭庄[11]。相较于长春园的海晏堂来说，位于中海的海晏堂建筑位置距西四附近的同和居饭庄更为贴近，当日正午前往此处解决海晏堂四季花池之事更加合乎常理。再根据光绪三十年（1904 年）六月二十六日出现的具体日期进行推论，长春园的海晏堂在咸丰十年（1860 年）毁于大火，在历史文献中未出现过光绪三十年（1904 年）重修长春园西洋楼建筑群之事，反倒是与西苑第三次大修建造“中海海晏堂”的完工日期相同。通过对编号为 392-0404 图档进行研究，笔者认为“中海海晏堂地盘平格底”作为这张图档的题图名较为准确，此项勘误工作更加明确了在皇家园林图档中营造“海晏堂”建筑的历史细节，更是对中国园林博物馆藏“中海海晏堂地盘图样”的研究结论得到了印证。

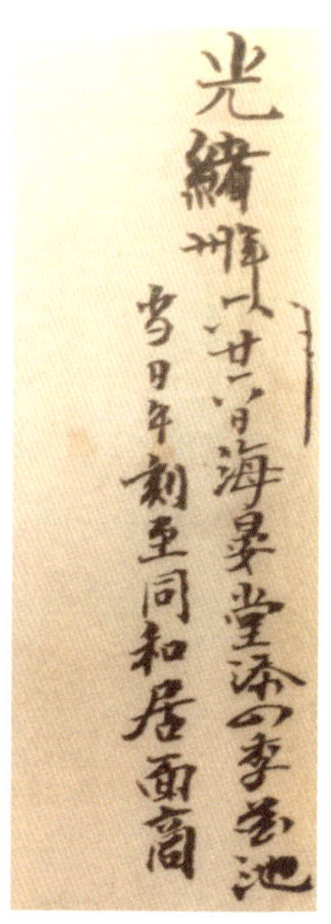
光緒卅年六月廿六日海晏堂添四季花池
当日午刻至同和居面商

图 13 中国国家图书馆馆藏“圆明园海晏堂 [地盘平格底]”背面文字

5 结语

首先，根据中国园林博物馆馆藏“中海海晏堂地盘图样”的本体研究可知，该图样为彩绘不规则 9 间洋式风格建筑，通过粘贴在图样上的 3 张黄签以及 29 张红签可以确认图样类型为内部装修平样，可以确定 [中海海晏堂地盘图样] 属于清宫样式雷图档研究范畴。

其次，通过参照中国园林博物馆馆藏同一批次的另一幅“样式雷绘福昌殿地盘图样”进行推论：中国园林博物馆馆藏“中海海晏堂地盘图样”所绘建筑地点在北京西苑三海皇家园林之中，并极有可能与福昌殿的建筑地点相近，位在北京西苑三海的“中海”之列。

再次，回到文物本体研究中发现图样所绘“洋式门口玻璃窗”“洋式花罩”等记录洋式装修风格红签与“宝座”等中式传统家具红签在《清宫二年记》中“殿内的一切设备早已决定完全采用西式，当然只有宝座，仍旧是满洲的风格”的历史事件一致。再结合“太后的意志”“工部”“图样”“木头的模型”等文字表述与“样式雷”图样与烫样的制作与修改过程进行推测，还原了从慈禧的一个想法到“海晏堂”图档形成的设计过程，明确了图档建筑位置是于西苑三海皇家园林内中海仪鸾殿旧址上仿建的海晏堂。

最后，通过辨析国家图书馆馆藏编号为 392-0404 的清光绪三十年（1904 年）所绘“圆明园海晏堂 [地盘平格底]”正、背面图档及文字，再结合中国园林博物馆藏“中海海晏堂地盘图样”研究依据，将编号 392-0404 的图档勘误为“中海海晏堂地盘平格底”。

此举验证了中国园林博物馆馆藏“中海海晏堂地盘图样”的研究结论，明确了皇家园林图档中营造“海晏堂”建筑的历史细节，确认其是一张自光绪二十七年末（1901 年）到光绪三十年（1904 年）间，由清宫“样式雷”绘制的关于中海海晏堂内檐装修地盘图样的呈样修改稿。

参考文献

[1] 吴空 . 清代西苑的造园特色 [J]. 紫禁城，1998（06）：7.

[2] 马岩 . 浅论北海园林艺术理法 [D]. 北京：北京林业大学，2014.

[3] 张威 . 同治光绪朝西苑与颐和园工程设计研究 [D]. 天津：天津大学，2005：85.

[4] 张威 . 海晏堂四题 [C]. 圆明园学刊第二十三期，2018：41-42.

[5] 左图 . 中海海晏堂 [J]. 紫禁城，2005（06）：136.

[6] 中国第一历史档案馆 . 清代中南海档案文献选编（修建篇 · 下）[M]. 复印本：238-248.

[7] 林克光，王道成，孔祥吉 . 近代京华史迹 [M]. 北京：中国人民大学出版社，1985：34-47.

[8] 张凤梧 . 样式雷圆明园图档综合研究 [D]. 天津：天津大学，2010：46-47.

[9] 童力群 . 论以“玻璃窗”来确定庚辰本定稿于乾隆三十五年以后 [J]. 鄂州大学学报，2010，17（1）：49-52.

[10] 德龄 . 清宫二年记：清宫中的生活写照 [M]. 顾秋心 . 第 2 版 . 昆明：云南人民出版社，1994：193-194.

[11] 王振宇 . 同和居饭庄 [J]. 商业文化，1997：49-51.

颐和园样式雷图档编目与研究概述

北京市颐和园管理处 / 张鹏飞　赵晓燕

摘　要： 样式雷图档为颐和园研究提供了难得的图像资料，近些年关于颐和园样式雷图档的研究取得了不少新的进展，但是仍然存在多学科交叉研究的可能性。“颐和园样式雷图档编目与研究”课题对国内外单位收藏的颐和园样式雷图档进行全面搜集整理，并对图档信息进行提取，制作编目表，进而对建筑内外檐装修、古树名木、园内航道等专题和养云轩、介寿堂等个案进行研究，深化了室内设计、园林环境和建筑变迁的研究，对于颐和园遗产保护有积极意义。

关键词： 颐和园；样式雷；图档研究

1　研究缘起

1.1　颐和园样式雷图档编目研究的目的和意义

样式雷家族是中国古代杰出的工程设计世家，在清代传承八代，与清代年代相当。在二百多年的历史中，样式雷家族参与设计了众多工程，留下了大量工程设计图档，其中颐和园就是样式雷家族参与设计的皇家园林的典范。样式雷家族在对颐和园进行园林设计的过程中绘制了大量的图纸，并留下相关文献档案，为我们今天保护颐和园世界文化遗产提供了重要的依据。

目前，颐和园样式雷图档散落在国内外各收藏单位，尚没有一份较为完整的目录，因此需要对现有已知的图档进行收集整理，编成一份较为完整的颐和园样式雷图档目录，并对图中信息进行识别，以便于研究和利用。

颐和园在遗产保护实际工作中经常需要利用样式雷图档，依据目前工作需要我们选择在古建筑个案、古树名木、园内航道、内外檐装修及等几个方面开展专项研究。这些研究对“十四五”期间颐和园即将开展的古建修缮、泊岸整治、被占建筑腾退（东宫门区域）等项工作有实际推动作用，对于三山五园国家文物保护利用示范区建设也将发挥积极作用。颐和园作为样式雷设计的现存较为完整的作品，在研究样式雷图档方面有较为便利的条件和相对的优势，可以将样式雷图档与现存情形进行对比研究。颐和园拥有古建筑、植物、历史文化等领域的专业技术人员队伍，之前曾经完成“样式雷图档与颐和园建筑研究”中心课题，具有良好的研究基础。

2019 年，在北京市公园管理中心的统一组织和支持下，颐和园申请“颐和园样式雷图档编目与研究”科技课题，并获得批准。

1.2　研究综述

样式雷家族研究肇始于民国时期，朱启钤最早对这一家族进行研究，并在《中国营造学社汇刊》上发表过《样式雷考》的文章。20 世纪清华大学建筑学院开展颐和园研究，在其编著的《颐和园》[1] 中即开始利用样式雷图档研究颐和园。此后天津大学团队开展样式雷研究。张龙、王其亨《样式雷图档的整理与清漪园治镜阁的复原研究》通过分析样式雷图档、烫样，结合文献记载对治镜阁进行复原研究 [2]。

张龙的博士论文《颐和园样式雷图档综合研究》是关于颐和园样式雷图档研究的集大成之作，该文从水操学堂建设与清漪园遗存勘察、阅操与佛宇、正路工程、颐养工程、其他工程与重修工程经费、慈禧太后六旬庆典点景工程等方面对颐和园样式雷图档进行全景式研究，在研究方法上注重图纸、档案、历史文献、老照片、图像资料的综合运用。

张龙、王其亨《样式雷与颐和园》以雷家六代为线索梳理从清漪园到颐和园的设计建造过程[3]。翟小菊《清代"样式雷"与颐和园御船设计初探》梳理了颐和园御船设计的历史沿革，分析样式雷设计的颐和园御船烫样，并提出对图样的利用[4]。翁莹芳《国家图书馆藏有关颐和园的样式雷图档述略》分析了颐和园样式雷图档的制作者，中国国家图书馆藏颐和园图档的类型、内容以及颐和园图档的作用[5]。张龙等《雷廷昌的巧思——从样式雷图档看颐和园德和园的设计》通过样式雷图档追寻德和园设计者雷廷昌的设计思路及设计过程[6]。张龙《〈国家图书馆藏样式雷图档·颐和园卷〉评述》以时间线索对已经出版的中国国家图书馆藏颐和园样式雷图档进行分期，对各个时期典型的图档进行分析断代，并阐发了颐和园样式雷图档研究的意义[7]。刘婉琳等《从宗教空间到庆典空间——基于样式雷图档的颐和园排云殿建筑群重修设计过程研究》通过对样式雷图档的研究，分析排云殿建筑群从宗教空间到庆典空间的转变[8]。

关于颐和园样式雷图档的研究，多从建筑学、园林学的角度进行。不断有新的图档发现，填补现有研究的缺环。近年档案资料出版较多，可以在一定程度上弥补样式雷图档研究的某些不足之处。结合档案资料、图像等对样式雷图档进行综合研究成为趋势。除建筑、园林之外，近年来古树环境、内外檐装修、昆明湖水道航道等越来越受到关注，这都是之前少有人研究的。除昙花阁、治镜阁、德和园、大报恩延寿寺等建筑外，尚有诸多建筑院落需要进行个案研究。

2 课题研究方法、研究思路

2.1 研究方法

研究主要应用历史学研究方法对样式雷图档进行断代，识别图中蕴含的文字信息，依据样式雷家族世系，对作者进行初步判断。应用风景园林学、植物学方法对古树名木景观进行研究。应用建筑学和设计学方法对古建筑设计过程及内外檐装修设计进行深入研究，并对部分颐和园古建个案进行历史变迁研究。结合样式雷家族文字档案及清宫颐和园档案，对老照片等图像资料进行研究。此外，通过实地调查植物、建筑、水利遗迹现状，深化对图档的研究。

2.2 研究思路

对样式雷图档进行搜集、复制、编目，结合以档案为主的文献资料整理，对选定的个案和专题进行综合研究，形成论文和结题报告。

3 《颐和园样式雷图档编目与研究》取得的成果

3.1 样式雷图档收藏情况及编目

颐和园及其前身清漪园的设计中都有雷氏家族的身影，从样式雷谱系看，参与清漪园设计的应该是第三代雷声澂，目前存在较早的样式雷图档为道光时期，可以推测参与绘制的为第四代雷家玺、雷家玮、雷家瑞三兄弟及第五代雷景修两代。

1886年水操学堂建设工程启动，清廷以阅操名义修复清漪园。1888年颐和园修复工程启动，样式雷家族深入参与颐和园建设，从时间上判断主要设计者应为雷廷昌和雷献彩两代。样式雷家族绘制的图档除一部分随同奏折等上呈帝后外，大部分留存家中。由于清朝灭亡，雷家不再承担皇家工程，而掌案一支雷献彩绝嗣，雷家衰落，民国以后雷家收藏的图档便流入社会，后来分别落入国内外公私藏家手中。目前课题组了解到的国内外收藏颐和园样式雷图档情况见表1。

颐和园样式雷图档收藏情况表　　表1

收藏单位	数量（件）
中国人民大学图书馆	23
东京大学	3
故宫博物院	63
中国科学院文献情报中心	76
中国国家图书馆颐和园卷	769
颐和园管理处档案室	10
台湾大学	9
首都博物馆	4
总计	957

目前国内外收藏样式雷图档的单位中以中国国家图书馆所藏数量最多，其出版的《中国国家图书馆藏样式雷图档·颐和园卷》中收录颐和园相关样式雷图档839页（769件）。国图所藏颐和园样式雷图档涉及工程勘察、建筑设计、

施工、装修、陈设等多个方面，图档时代从道光朝到光绪朝，其中有众多设计过程图，对于了解样式雷家族的设计理念具有重要价值。另外国图收藏的颐和园的万寿庆典点景图及御船图、水操阵图等尚未出版。

中国第一历史档案馆收藏有关于颐和园的样式雷图70余张，包括地盘图、平面图、立样图、糙底图等，地盘图有《颐和园昆明湖图》《万寿山颐和园前昆明湖周围添修大墙桥座涵洞图样》《万寿山颐和园东宫门外南花园图样》《万寿山修建各宫殿房间地势图样》等，平面图有《万寿山各处他坦地基样》《万寿山颐和园东宫门内寿膳房地盘画样》《颐和园玉澜堂等样图》等，立样图有《颐和园东宫门外牌楼立样图》《治镜阁团城原旧式灰土城潢立样图》《颐和园澹会轩正殿装修图样》《万寿山仁寿殿添改外檐装修图样》等，糙底图有《万寿山颐和园东宫门外南花园图样》《颐和园东宫门样图》《颐和园修建各宫殿等样图》等[9]。

故宫博物院可以确定为颐和园的样式雷图有63张，另外有较多的周边相关区域图纸及水利图涉及颐和园。故宫收藏的样式雷图涉及全图、建筑图、内外檐装修图、园内航道图、万寿庆典搭彩图等多个品类，全图如《万寿山清漪园地盘画样》，建筑图如《香严宗印之阁坍塌情形平面并立样图》，内外檐装修图如《畅观堂两卷殿内檐装修立样准底》，园内航道图如《万寿山颐和园昆明湖内添修船道桥座等地盘尺寸形势图》，万寿庆典搭彩图如《颐和园仁寿殿前支搭殿式万寿筵宴彩棚地盘图》。

中国科学院文献情报中心收藏有样式雷御船图样15张一册，名为《御座镜春舻水云乡平台船木兰艭（艘）鸥波舫位分船轮船炮船并车棚楼扑拉縴（纤）船册页》；并有露天陈设图样61张，名为《颐和园万寿山内仁寿殿排云殿玉澜堂乐寿堂留佳亭鱼藻轩等各处露天陈设添安石座图样》。

台湾大学图书馆收藏的样式雷图中有9张可以确认为颐和园图纸，包括《仁寿殿内围屏宝座地平床图样》《仁寿殿福寿同仙围屏顶帽》《仁寿殿凤扇一对》《排云殿宝座图样》《排云殿宝座（一分泥金九凤献寿）图样》《排云殿雕刻阑干地平床图样》《排云殿凤扇一对》2份，《万寿山颐和园内玉澜堂后抱厦内改安阑干罩图样》。

中国人民大学图书馆收藏有一包题为《谨拟万寿山颐和园东宫门外迪南马厂墙内添修外边各项值房图样》的样式雷图，共23张，多无签，涉及东宫门外马厂值房、文昌阁、重翠亭、西堤诸桥、对鸥舫、龙王庙、听鹂馆等建筑，包括建筑设计、内檐装修、佛像等几个方面。

颐和园管理处档案室收藏有颐和园样式雷图10张，包括建筑图、内外檐装修图和区域地盘图，建筑图有《万寿山颐和园前山中御路内转轮藏立样》，内檐装修图有《谨拟颐和园内畅观堂内檐洋式门口立样》，区域图地盘图有《谨拟养花园内河泡挖淤随补垫泊岸等图样》。另外3张草亭图可能为西堤草亭。

首都博物馆收藏有颐和园样式雷图4张，其中两张题为《颐和园文物学堂图》，一张题为《颐和园建筑图》，另一张题为《颐和园方位全图》。

东京大学东洋文化研究所收藏颐和园样式雷图3张，分别是《万寿山离宫之全图》《万寿山后山点景值房图样》《万寿山颐和园前堤泊岸等处添修码头图样》，另有其他图纸多张。

据贾珺《清华大学建筑学院藏清样式雷档案述略》一文，可知清华大学建筑学院图书馆收藏有《清漪园殿宇名单》《万寿山准底册》，另外有图纸若干[10]。

按照统一模式，我们对样式雷图档进行采集，制作颐和园样式雷图档信息采集表，样表见表2。信息采集是进行研究的前提，通过制作采集表为后来的研究者提供便利。

3.2 课题专题研究及个案研究成果

以样式雷图档为依据，结合实地调查开展颐和园内外檐装修、古树名木、园内航道等专题研究。完成《颐和园样式雷装修图档整理和实例分析》专题论文，全面分析颐和园内外檐装修图档，对内外檐装修的形式和设计过程进行全面梳理，并对其功能进行探讨。完成专题论文《基于样式雷图档的颐和园植物景观研究》，提取分析样式雷图档中所蕴含的植物信息，开展颐和园不同区域植物景观的个案研究，结合古树现状分布图和现场调研情况，理清历史上颐和园部分区域植物景观的配置方式和营建特点，提出植物景观调整建议。完成《清漪园与颐和园御船航线探析》，全面梳理两个时期园内航线的历史沿革、原貌及沿途风景，并对航线上航行的御船以及航线的特点、功能进行简略的分析。

个案研究第一次全面系统梳理养云轩、无尽意轩、介寿堂、清华轩的历史变迁，通过样式雷图档研究清漪园和颐和园两个时期四座建筑的设计过程及变迁情况，完成《颐和园养云轩历史变迁及其样式雷图档研究》等4篇专题论文。

此外还进行特定区域研究，完成东宫门区域历史变迁的梳理，形成论文《颐和园东宫门区域建筑布局及功能演变述略——以国家图书馆藏样式雷图档为中心》。

样式雷图档信息采集表（国图藏样式雷 146-0045 清漪园河道地盘样）　　表 2

藏品分类号			图号	146-0045
名称	清漪园河道地盘样			
藏品年代	当代		绘制年代	清代
收藏单位	颐和园		数量	1
数字档	146-0045 清漪园河道地盘样		拍数	1
款式／颜色	彩色：墨线、青绿褐色＋黄色签			
图档类型	大类	地盘样	子类	勘察图
图档性质			藏品类别	资料
藏品完残	基本完整			
所涉工程／建筑名称		清漪园河道勘察		
工程／建筑地点		清漪园		
工程类别		勘察	建筑类别	园林
形状内容描述	描述文物、图档的器型、纹饰及内容 该图主要描绘了勘察昆明湖淤滩及水深情况，青绿代表水域，黄褐色为山。凤凰墩北侧水域黄签标注“水深二三寸”，治镜阁水域黄签标注“水深一尺二三寸”。西宫门外小湖西北部有“淤滩”标签，水村居西北河道西岸有“两边淤滩”标签，应是其他位置掉落移贴至此，耕织图东侧小湖、南新桥东侧及南侧、畅观堂南侧水域、藻鉴堂湖南端、景明楼以南西堤两侧、凤凰墩西南岸边等处有“淤滩”标签。图中以凤凰墩为中心有至绣漪桥、东堤、柳桥、景明楼、八方亭、南湖岛的黑色虚线。图中建筑标签有大报恩延寿寺、买卖街、澹宁堂、锯齿桥、澄鲜堂、北新桥、半边桥、治镜阁、南新桥、柳桥，澹宁堂标签移动至后溪河西侧南岸，半边桥标签移动至玉带桥处。图中反映的建筑还有东宫门与左右廊房、左右朝房、影壁、挡众木、金水河及两座桥梁，文昌阁，知春亭，长廊、四亭及水木自亲、对鸥舫、鱼藻轩、无尽意轩、大报恩延寿寺天王殿，谐趣园内诸建筑，东北门、后溪河船坞、北宫门、西宫门、大船坞、西堤六桥、景明楼、耕织图、西船坞、畅观堂船坞、藻鉴堂宫门及伸入水中的两座方亭，南如意门内外及绣漪桥西牌楼			

4　课题的亮点和创新

课题第一次系统梳理了国内外收藏的颐和园样式雷图档，同时对颐和园样式雷图档的研究现状进行分析，并在此基础上开展研究，发挥颐和园专业技术力量和资源优势，力求为图档研究开拓出新的研究领域。

课题以样式雷图档信息表为基础，深入解读图档中所蕴含的历史文化信息，而后结合历史文献和实地调查开展建筑个案和专题研究。课题对养云轩、无尽意轩、清华轩、介寿堂样式雷图档及历史变迁的研究，都属于开拓性研究，对这四项建筑的保护修缮具有一定的指导意义，也有利于古建筑文化的挖掘及利用。专题研究中的植物景观、内外檐装修及航道研究也属开创性研究，之前并没有关于颐和园样式雷图档中这几项的研究。通过图档与实物对比，研究者细心揣摩古人对于植物与建筑关系的看法，体察古人对于室内外空间的划分，梳理昆明湖中的游览航线，填补了相关领域的研究空白。

个案研究与专题研究对于颐和园样式雷图档研究具有典范意义，沿用这样的思路可以在后续的图档研究中开展更多建筑组群研究和专题研究，丰富并深化颐和园的文化研究工作。

5　问题、不足及展望

颐和园作为一个综合体，山水格局、园林建筑、植物景观、叠石堆山都极具特色，这是颐和园研究的重中之重。目前关于颐和园样式雷图档研究的范围还不够广泛，仅涉及建筑设计、河道航道、植物景观、内外檐装修、露天陈设、御船等要素，仍有很多需要研究而目前没有涉及的部分。比如万寿庆典点景、室内陈设以及样式雷图中的纹饰纹样，都需要结合现有资源进行深入研究，以更好地保护世界文化遗产。目前的个案研究也仅限于部分建筑群落，仍然有大量建筑组群的图档需要进行专题研究。样式雷图档所涉及的工程制度也值得深入探讨，诸如木厂商的承包施工情况、算房高的预算制定方法等。

景观环境的研究需要加强。近年来颐和园倡导由文物保护向景观保护转变，颐和园作为园林类世界遗产，景观环境也是保护的重要内容。样式雷图档为我们提供了不同时代的园内景观和园外景观。

我们对图档的认识也需要不断深化，对图档文字释读和研究的深度也需要不断加强。样式雷图档是我们了解清代皇家园林设计的重要媒介和线索，以其为基础探讨当时的设计理念等更为深层次的研究需要提上日程。

随着新图档的不断发现，以及新的文献资料的补充，将为研究者带来新的认识，因此样式雷颐和园图档的研究需要随着新的发现持续予以推进。

参考文献

[1] 清华大学建筑学院．颐和园 [M]. 北京：中国建筑工业出版社，2000.

[2] 张龙，王其亨．样式雷图档的整理与清漪园治镜阁的复原研究 [J]. 华中建筑，2007，25（8）：129-132.

[3] 张龙，王其亨．样式雷与颐和园 [J]. 世界建筑，2011（12）：117-121.

[4] 翟小菊．清代“样式雷”与颐和园御船设计初探 [C]// 中国紫禁城学会会员代表大会暨学术研讨会．2012.

[5] 翁莹芳．国家图书馆藏颐和园相关样式雷图档述略 [J]. 文津学志，2016：305-311.

[6] 张龙，张凤梧，吴晗冰．雷廷昌的巧思——从样式雷图档看颐和园德和园的设计 [J]. 紫禁城，2019（2）：60-81.

[7] 张龙．《国家图书馆藏样式雷图档 • 颐和园卷》评述 [G]// 文津学志编委会．文津学志第 13 辑．北京：国家图书馆出版社，2020.

[8] 刘婉琳，张龙，吴琛．从宗教空间到庆典空间——基于样式雷图档的颐和园排云殿建筑群重修设计过程研究 [J]. 故宫博物院院刊，2020（10）：71-82.

[9] 刘若芳．清宫珍藏的样式雷建筑图档——从中国第一历史档案馆所藏的图档谈起 [C]// 清代宫史研究会．北京：紫禁城出版社，2007：705-706.

[10] 贾珺．清华大学建筑学院藏清样式雷档案述略 [J]. 古建园林技术，2004，6（2）：34-36.

慈禧太后御船木兰艭再现北海太液池
——基于样式雷图档的木兰艭复原研究

北海公园管理处 / 祝　玮　岳　明　郭　妍　胡　峂　王　嵩　赵　蕊

摘　要：2020年北海公园以清末慈禧太后御船“木兰艭”为原型，按现代造船技术规范在太液池上对其予以再现。课题组通过整理、研究样式雷图档、烫样以及历史照片，完成了木兰艭的尺度、空间及形象复原设计，并根据当代造船的技术规范与使用要求对船体室内空间、动力系统以及外部形象进行了优化。在项目的实施过程中，“木兰艭”相关样式雷图档发挥了重要作用，“木兰艭”的成功再现为其他清代皇家游船提供了有益的借鉴，也是对中国传统游船设计与文化的传承与弘扬，更是当代设计师对清代建筑世家“样式雷”的致敬。

关键词：木兰艭；样式雷图档；烫样

北海公园是一座驰名中外的大型古典皇家园林，历经辽、金、元、明、清，5个朝代，是中国乃至世界上现存建园最早、延续时间最长、格局最完整的古典皇家园林之一。它位于北京城的中心，东与景山相望，西与国家图书馆接壤，南与中南海比邻，北与什刹海相连。总面积为68.2hm^2，其中陆地面积为29.3hm^2，水面积为38.9hm^2。1166年，中国金代帝王在辽代湖泊景致的基础上，按照中国古典皇家园林“筑山理水（叠石）”的设计手法营建金代最大的皇家园林，元代初期被忽必烈用作朝政居所，继而成为元朝宫苑的中心与元大都规划设计的核心。之后明清两代持续受到帝王青睐并进行精心营建，不断得以传承和发展，如今的北海公园是以清乾隆年间大规模营建形成的鼎盛时期的皇家园林面貌保存至今，园中的“一池三山”的设计理念也反映了历代帝王的追求，一直以来也都是皇家水上活动的重要场所。

1　北海御船的历史

诸多相关历史文献记载了历代帝王将相泛舟西苑北海的场景，如元代《元诗选初集》所载：“风吹广寒殿，龙舟太液池。”[1] 太液池旧为汉代所建，后代即指北海、中海、南海。清代乾隆皇帝也多次泛舟太液池，并留下几十首这一主题的御制诗，如《圣制太液池泛舟游览遂至画舫斋诗》“堂处漪澜早备舟，遂教六棹奏黄头”。[2]

根据文献记载，康熙时期北海就有明代留下的船坞旧物。“藏舟浦：自琼华岛東麓过石桥，由陟山门折而北，循岸数百步，有水殿二，深十六间，一藏龙舟，一藏凤舸，舟首尾刻龙凤形，上结楼台以金涂之，备极华丽。又一浦系五六小舟，岸际有丛竹荫屋，浦外一亭，今皆荒废”。[3] 而后据清宫《内务府奏案》（05-0082-002）件并《北海景山公园志》[4] 中乾隆十一年十一月初七档案记载，船坞被拆卸。拆除此船坞的原因，据乾隆十年十一月的清宫《内务府奏销档》[5] 记载，很可能是为了在北海挑挖船道码头、修整湖岸，以致船坞必须拆除。此后，据乾隆二十二年五月二十七日的清宫《内务府奏案》和《内务府奏销档》记载，在先蚕坛附近挪盖了船坞一座，计十一间。中国第一档案馆藏的乾隆二十四年《西苑太液池地盘图》（图1）上绘有一九间船坞，应为北海船坞当时的改建方案。

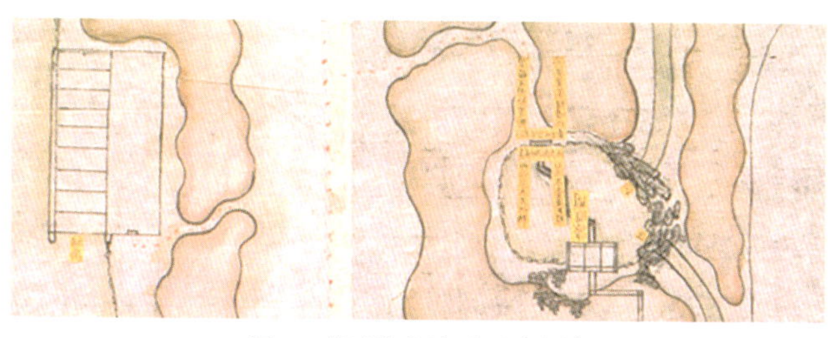

图 1 《西苑太液池地盘图》

图 2 1903—1905 年，北京中海，慈禧及其随从在游船上
（图片来源：网络）

《金鳌退食笔记》有载："瀛台门下迤北，有过船亭，雕簷峻宇，下连丹栏掣之，亦可行舟直北两厢。窗棂临水为内大臣及侍卫直宿之地，再北为御膳房。自膳房转东，为闸口，各种船停泊堤外。"说明并非所有的船只，都会停泊于船坞，普通渡船、纤船或随侍船等，应当是泊于闸口堤外，便于随时差遣；而帝后御座船等，因其装饰华美精致，故平时应停放于船坞之中，以免日晒风吹，造成损坏。

北海船坞曾经停泊过许多御船，"船坞旧有御舟甚多，如瀛槎、仙汉乘春、太液翔鸾之类，其名不一。又有酒船、茶船、纤船、扑拉船、牛舌头船、膳船，皆所以备随员者。中有蓬岛飞龙一船，尚是前明所遗，飞甍重楼，庄丽称甲。乾隆间尚加修饰，以其重滞不复乘用。迨道光间，三海之船户、网户，十九汰去矣"。[6] 可以看出清朝前中期北海御船数量众多，而自嘉庆后，大清国力日微，难以继续维系旧有开支便逐步荒废了。如同治二年（1863 年）八月《勘估瀛台三海等处应修工程、船只冰床跳板等核明银两数目，列清单》[7] 就有记载："……再陈设紫霞舟、蓬岛游龙、太液翔鸾大船三只，查勘均已糟朽，拆卸及堪用木植无多，应传毋庸拆卸……查得：三海修造船只及油饰船身、成搭罩棚圈厂、开挖船道、支楞垫墩、拉船上岸、推船下河，清挖河口淤泥各作短运等工作，拆换下棹船木植，拣选堪用等抵用，糟朽者拆作木柴抵修银两外……"，由上文可知，同治时期三海内大船及其他随侍船只年久失修，均被拆卸作他用，不再维修。

及至光绪时期，《北海景山公园志》中记载，光绪二十八年（1902 年），北海曾大规模地清挖船道与码头，可知光绪时期因帝后驻跸，北海御船再次得用（图 2）。《翁同龢日记》[8] 乙酉日记（光绪十一年，1885 年）和戊子日记（光绪十四年，1888 年）有载："'七月初八日，赴西苑门待船，坐柳阴中……又令中海造船一只，又采莲船一只。又闻中元日中海放焰火莲灯。盖尚沿旧俗'云云。是为光绪十一年事。"

民国十五年（1925 年），北海经略微修缮后正式开放为公园，其内时存御船还曾为园中访客所使用。在现日本京都大学人文科学研究所的时华北交通株式会社（1939 ~ 1945 年）所藏 35000 多张宣传报道用的库存照片中（图 3、图 4），还能够看到部分北海御船的身影。

图 3 1941 年 7 月《北海莲花》
（图片来源：京都大学人文科学研究所）

图 4 1941 年 7 月《北海漪澜堂》
（图片来源：京都大学人文科学研究所）

遗憾的是诸多北海御船都已于历史长河中湮灭，并未留下可供研究复原的实物。而此次样式雷图档研究，为木兰艭复原提供了理论基础与复原依据。

2 北海“木兰艭”的复原

从绿色环保的理念出发，为维护城市水系历史名园特色，最大限度地保护北海水体不受污染，进一步提升北京城整体水生态文明建设能力，北海公园于2019年对全部游船进行了全面的更新换代，将油船淘汰更换为电船。设计者在查阅众多历史档案资料的基础上，最终决定参照样式雷资料中“木兰艭”的样式，设计复原符合现代游览需求和环保理念的全新游船。

北海水系的起源最早可追溯到辽代、金代。当时的统治者为建造都城，开挖海子将大量的木料、石材从中原运到北京。元代元世祖忽必烈以琼华岛为中心规划大都城，并将皇城内的北海命名为太液池。为了加大漕运力度，忽必烈命水利专家郭守敬开凿大运河，打通了通州至大都城最后一段水路，南方的漕粮和物资可以直抵皇城外的积水潭，然后转运至太液池。积水潭在当时就是京杭大运河北京段北部的终点，而北海的艮岳石就是经大运河水运至琼华岛。北海太液池作为航运水系的作用虽然在今天已经不复存在，但是木兰艭的复原将成为展现北海水上园林景观的一个全新契机，同时为让广大游客能在太液池上乘览皇家御船提供了一次全新的体验。

北海作为北京城市中心著名的皇家园林，也是样式雷建筑设计遗存的珍贵实例之一。但是遗憾的是御船本身是样式雷建筑设计中一个较为稀少的门类，因此北海御船的设计及历史沿革过程仍然尚待发掘整理。而此次针对御船的复原对象选取了“木兰艭”，通过对设计图、烫样资料的收集整理，分析其设计流程，按照原本的外观、特征，在最大限度保留原有特色的同时，对其进行了复原。

“木兰艭”是清代皇家御用游船的一种统称，也是光绪朝颐和园重修时为慈禧太后专门设计的一种大船，据中国第一历史档案馆藏光绪二十三年（1897年）慈禧63岁万寿专档记载：“皇太后御用镜春舻船一只，停在颐和园内船坞；御用木兰艭船一只，停在西直门船坞；皇上御用水云乡一只，停在颐和园内船坞；御用鸥波舫船一只，停在西直门船坞；位分船二只，颐和园、西直门船坞各一只，均著安挂彩绸……”北海公园通过对样式雷图档的研究，以及对“木兰艭”建造的糙底草图、彩色呈览透视立样图、烫样和老照片的梳理，进而对设计程序、方法以及御船的空间特征进行了汇总，最终确定了符合北海特色的“木兰艭”复原方案。

通过“木兰艭”烫样（图5）可知，木兰艭原本为二层楼殿式，一层前抱厦原为坡顶，后殿为两间，其一层每间窗分上下两扇，二层原为卷棚悬山顶船殿，后改为歇山卷棚顶。船殿柱和地伏装饰纹样题材有蝠、喜、寿，挂檐板和额枋上绘片金苏式彩画，心间彩画题材为山水、人物、花鸟等，（前抱厦与中殿前室间设）二面水纹式嵌梅花落地罩，（中殿前室与后室间设）锦元光罩，（中殿与平台廊间设）雕作二面，（后殿门口设）雕作二面蝠流云八方罩，（净房门口设）二面灯笼框碧纱橱。

图5 木兰艭烫样

利用样式雷烫样及相关图档对“木兰艭”的空间特征也进行了梳理。①流线型的船殿布局可以减少阻力。②高低错落的屋顶形制组合。船只空间和整体比例多通过局部二层或卷棚悬山、卷棚歇山、歇山、攒尖、平顶等不同屋顶形制的组合来调节，形成高低错落的视觉效果，塑造丰富的形象。木兰艭正是通过二层不同的屋顶形制，产生高低差的视觉效果。木兰艭烫样模型中没有可上至二层的楼梯，且烫样贴签显示的船殿2层柱高约为900mm，室内高度不足以进人。但是在实际复原中，参考老照片（图6）在1层增加了可用于上至2层的楼梯，赋予二层空间观景作用，木兰艭本身在船尾舵楼桅杆旁安放可通往后殿二层平台的爬梯，而出于安全考虑将楼梯设置在前殿位置。③灵活的面阔与柱高比例。

图6 木兰艭老照片（图片来源：北京名胜）

北海公园实际复原“木兰艭”参考了图档、烫样以及老照片，船身采用仿木制，上部建筑为船首平台楼座，船尾歇山楼，以平台游廊收尾楼座，槅扇、槛窗封闭船舱，采用北海园林建筑“上五彩、下绿柱”的色彩模式，绘苏式包袱式自然山水彩画，局部贴金。船舱内采用海墁双鹤天花，船尾设圆光罩分隔驾驶舱与客舱，布置仿清式木质家具（图7、图8）。在彩画样式上北海公园并没有严格按照“木兰艭”原状复原，而是选择在题材上进行精简并且最终选择北海建筑常用的苏式彩画山水题材，达成与全园建筑色彩的统一与协调。

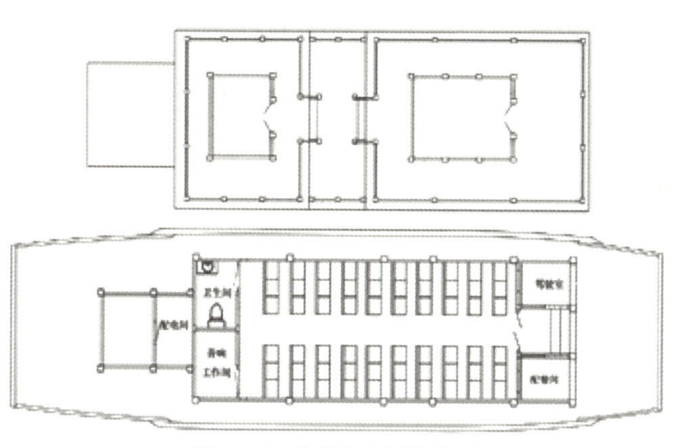

图7 “木兰艭”复原设计图

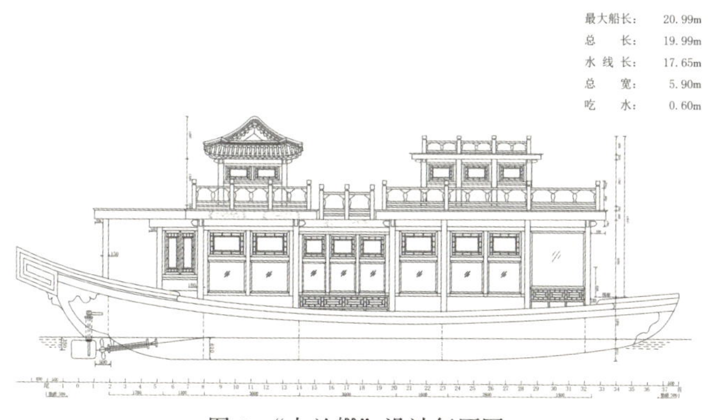

图8 “木兰艭”设计复原图

船身通长20.99m，在船尾配置了驾驶室与配餐间，在船头配置了工作间，既符合现代游船的要求，又兼顾安全性与舒适性。

复原工作在工艺做法上也进行了创新，船的结构形式为纵横混合骨架式结构，全船骨架木包钢的钢制主体结构（图9）。船为单底、单甲板，船体及甲板均采用玻璃纤维增强塑料制造。玻璃纤维增强塑料又称玻璃钢，是一种以合成树脂的粘结剂，玻璃纤维及其制品为增强材的热固性塑料。它具有金属的一些优点，如平整、坚硬、密闭等，也有木材的性质，如弹性、绝缘、无磁性等。玻璃钢船经长期曝晒、水浪冲刷后仍能安全行驶。玻璃钢还具有一定的抗化学腐蚀性，可防燃油、机油、蓄电池液的浸蚀。熟化后的玻璃钢不会散发有害气体。甲板以上采用木质结构，船上部的建筑采用传统材料和工艺建造。

北海公园在复原“木兰艭”整体样式、彩画、结构上都受到了样式雷相关图档、烫样及老照片的启发，在应用最新技术、保证行船安全的前提下，成功完成复原，现在已经顺利下水（图10）。

图9 钢制主体结构

图10 复原后“木兰艭”

3 结语

利用木兰艭相关样式雷图档、烫样复原御船，是北海公园对样式雷建筑文化传承和应用的展现，此次复原既梳理了历史资料，又为未来复原其他皇家御船提供了宝贵的经验。统观全程，复原工作首先要选取合适的御船复原对象，既能体现清代皇家御船的历史风貌，又能在样式上具有一定创新性，与景区普通游船有所差别。在整体结构上采用现代船舶建造工艺，以钢材作为船体外板以及骨架的材料既可使结构具有足够的承载能力，又可以避免外板漏水及开裂，保证航行的安全。同时为了具有仿古特征，在船体外板表面包围防腐性能好、不易变形的木结构，使其具有古色古香的独特韵味，这种木包钢技术既符合了现代安全保障的要求，又维持了游船古朴的造型外观。

木兰艭的复原建造过程，对于样式雷图档整理与研究来说是一种应用的现实延伸，它既证明了这种理论的科学性，也体现了皇家御船设计的高超技艺和表现形式，也为其他样式雷研究的应用提供了借鉴与思考，是一次有意义的探索与尝试。

注：本文撰写过程中得到了天津大学北海游船文化与木兰艭复原研究团队（张龙、谢竹悦、朱琳、张凤梧、田家青）、游船施工图设计团队、项目策划团队、张龙老师及中国科学院图书馆翟小菊老师的持续关注与支持。谨对以上支持和关注木兰艭研究的老师和团队表示感谢！

参考文献

[1]（清）顾嗣立．元诗选初集［M］．北京：中华书局，1987.

[2] 乾隆皇帝咏西苑北海御制诗［M］．北京：中国旅游出版社，2007.

[3]（清）高士奇．金鳌退食笔记［M］．北京：北京古籍出版社，1980.

[4] 北海景山公园管理处．北海景山公园志［M］．北京：中国林业出版社，2000.

[5] 内务府奏销档．内务府大臣海望等奏为挑挖北海船道码头等事折．中国第一历史档案馆数据库．

[6] 养吉斋丛录·卷之十八［M］．北京：中华书局，2005.

[7] 清代中南海档案［M］．北京：西苑出版社，2004.

[8]（清）翁同龢．翁同龢日记［M］．北京：中华书局，2006.

从“样式雷”图档看香山静宜园梯云山馆建筑的变迁①

北京市香山公园管理处 / 孙齐炜　牛宏雷

摘　要：静宜园梯云山馆前身是清乾隆时期静宜园中的洁素履，嘉庆年间改建，曾作为清帝皇室赏景、膳食之处，民国后建筑改造成为私人别墅。结合现存的3张静宜园梯云山馆的样式雷地盘图以及3张静宜园全图内容，可以看出梯云山馆在静宜园百年辉煌时期的建筑及功能变迁。文章结合历史档案，对6张图中的梯云山馆进行研究，既有历史变迁的探讨，也涉及建筑的组群布局、使用功能及现状利用。

关键词：皇家园林；香山静宜园；梯云山馆；样式雷图档

1　梯云山馆建筑群概述

1.1　梯云山馆的历史沿革

静宜园的园林布局有别于其他园林，景观以山为主，景点分散于山野丘壑之间，包括内垣、外垣、别垣三部分，占地约 153hm^2，是一座以自然景观为主、具有浓郁的山林野趣的大型园林。

静宜园梯云山馆位于香山半山腰深处的茂林中，地处西山晴雪碑东部坡下，坐西朝东，视野开阔。建筑原址的前身为乾隆年间的“洁素履”，原为以游览为主的园林建筑，后于嘉庆十三年（1808 年），洁素履被拆改为梯云山馆。此后在光绪年间多次有改扩建的计划如增设点景值房及寿膳房等，但均未实施。咸丰十年（1860 年）和光绪二十六年（1900 年）静宜园先后遭到英法联军和八国联军的劫掠，梯云山馆虽免于战火的焚毁，但却几近荒废，无人打理。民国时期（1931 年），张謇在原址上改建为私人别墅。香山公园建园后，梯云山馆一直受到保护和维修[1]。

1.2　梯云山馆的前身“洁素履”（1751 ~ 1808 年）

《日下旧闻考》中曾有记载：“香雾窟……其北岩间有西山晴雪石幢，又北为洁素履。”，说明梯云山馆建立前还有一座名为“洁素履”的建筑在此。而通过清乾隆年间沈焕、嵩贵创作的《静宜园全貌图》（图 1）、样式雷图档《静宜园全图》（1801 年）的绘制描述以及《清代皇家陈设秘档》乾隆五十五年（1790 年）中的相关记载“洁素履殿一座计五间，中间靠西窗，向东设，床一张，前后门上挂殿外前檐向东挂，御笔洁素履匾一面”来判断，在梯云山馆建立前，原址上还有一组建筑，名为“洁素履”（图 2），始建于乾隆年间。它位于“西山晴雪”碑东部坡下，原为五间房，东、西两间为重檐亭式，中间三间为单檐卷棚顶（图 3），与梯云山馆的建筑形制相差较大且造型独特，应为园林景观型建筑，其建筑形式与静宜园内的“绿云舫”（图 4）和承德

①　本文已发表于《中国园林博物馆学刊》，2021，8：67-77。

避暑山庄的“云帆月舫”（图 5）相仿，同为乾隆皇帝喜爱的舫式建筑之一[2]。

图 1 《静宜园全貌图》（沈焕、嵩贵，1780 年左右）中“洁素履”的位置

图 2 《静宜园全貌图》（沈焕、嵩贵，1780 年左右）

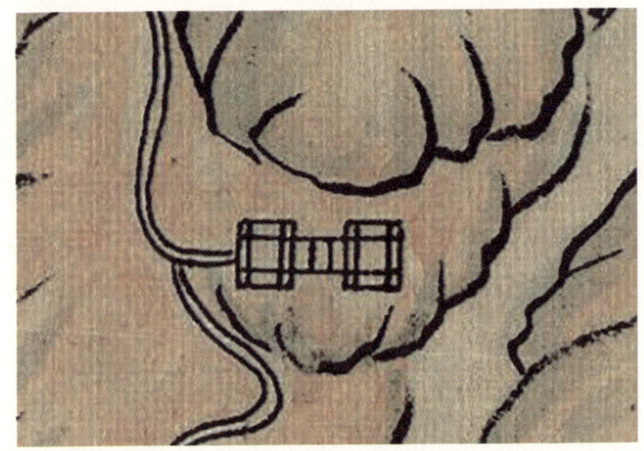

图 3 《静宜园全图》（雷家玺，1801 年）

图 4 静宜园“绿云舫”

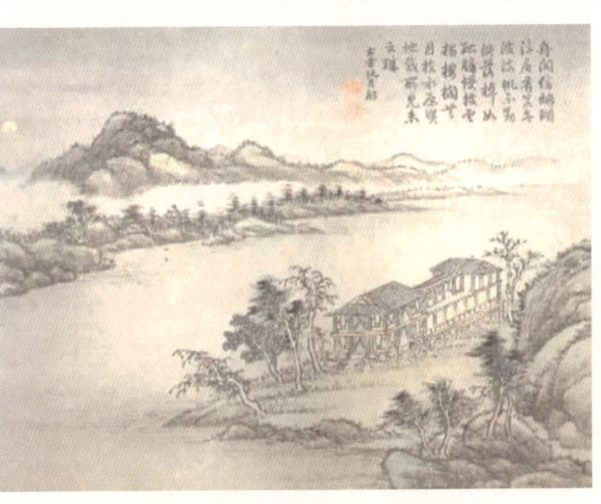

图 5 承德避暑山庄“云帆月舫”

1.3 梯云山馆的建立与发展计划（1808 ~ 1913 年）

乾隆皇帝归天后，嘉庆帝才真正以皇帝身份入住静宜园，同时也继续对静宜园进行了改建。根据《总管内务府现行则例·静宜园》记载“嘉庆十三年（1808 年），改洁素履殿为梯云山馆”。将原有的洁素履殿改为歇山顶，主体五间，带抱厦三间梯云山馆建筑（图 6）。改造原因不详，可能因为建筑本体出现问题，不得不拆除；也可能是原有的树木成长后阻挡了远眺的视线，改变了原有的登临眺望的建筑功能；或是与绿云舫造型相近及嘉庆皇帝的个人喜好原因[3]。

根据《梯云山馆陈设清册》[4] 嘉庆二十四年（1819 年）中的记载“梯云山馆殿一座五间北抱厦三间，正殿名间坎窗前向西设楠木包镶床三张，南北门口挂，明间坎窗前向东设楠木包镶床三张，北进间靠北墙向南设楠木包厢床五张，南次间向西设楠木包厢床三张，南进间迎门向南设楠木包厢床一张，抱厦明间向南设楠木包厢床三张，外檐门上挂，殿外向南挂，梯云山馆匾一面（嘉庆黑漆金字）”，嘉庆时期的此次改造，将原有的园林景观型的“洁素履”殿改为实用性更强的“梯云山馆”，扩大了殿宇面积的同时，还增设了大量的“包厢床”等实用家具，使其成为可以暂时休憩的居所（图 7）。同时，《静宜园地盘画样全图》（1825 ~ 1860 年）及光绪时期样式雷图档中均在梯云山馆西侧绘有寿膳房、值房等附属建筑，但现状经勘查并未发现相关遗迹，有待进一步查证。

可以看出，嘉庆皇帝对梯云山馆的关注远高于其父乾隆皇帝，有意常来此小憩，这也为梯云山馆后期的改扩建计划打下了基础。

1860 年后，静宜园内大量的建筑被英法联军破坏，但因梯云山馆地处山林腹地之中，又无重宝藏于其内，幸免于此次浩劫，得以幸存。在法国驻华参赞罗伯特·德·赛玛耶伯爵（Comte Robert de Samalle）（中文名为谢满禄，图 8）于 1882 年前后对静宜园的摄影记载中，能够清晰地看到梯云山馆虽然有些破损，但主体和装修依旧完好（图 9）。因此，清朝皇室依旧对其委以重任。据《光绪实录》记载：“光绪二十二年八月壬午（1896 年），皇帝奉慈禧太后幸静宜园梯云山馆，侍晚膳。”因慈禧太后即将于此赏景用膳，皇帝极为重视，并有了相应的改扩建计划，但未实施，随后逐渐荒废。

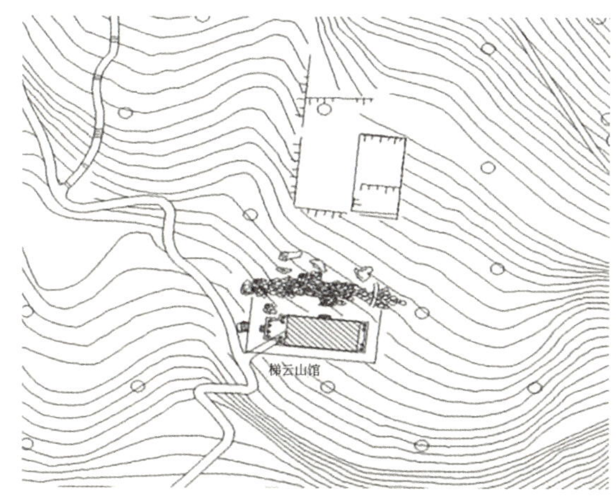

图 6　梯云山馆现状位置图

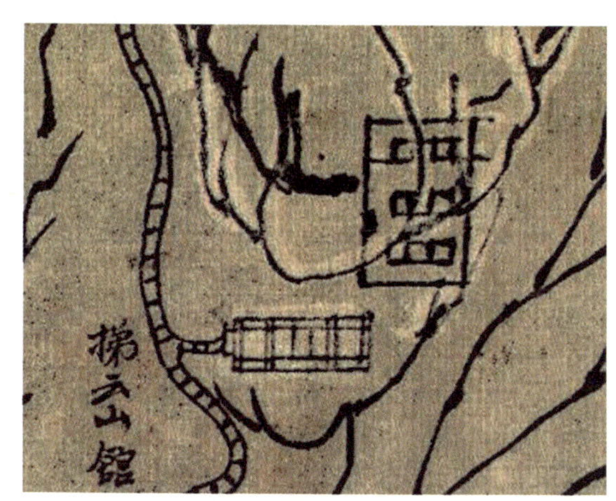

图 7　125-0001《静宜园地盘画样全图》[5]（1825 ~ 1860 年）

图 8　谢满禄（1839 ~ 1946 年）

图 9　梯云山馆（谢满禄，1882 年；图片来源：刘阳提供）

1.4 近代对梯云山馆的改造和使用（1913 年至今）

1900 年，静宜园再次遭到了列强的掠夺和焚毁，园内建筑十不存一，梯云山馆成为仅存的建筑之一，但已无人照看，几近荒废。1912 年，由贡王福晋善坤及马相伯、英敛之等人请愿在静宜园内开办静宜女校，同年对梯云山馆进行了修葺。民国时期（1913 年），张謇捐资将原建筑改建为私人别墅，将原有南出抱厦改为门廊，屋面改为硬山，增加砖混的墙体，重砌门窗，使其同时具有中西方建筑文化特色（图 10）。后租住给中华民国北京政府监务署顾问丁恩君，后者经常在此招待各方来宾，使其曾热闹一时（图 11 ~ 图 13）。1956 年梯云山馆划归为现香山公园管理，如今梯云山馆内部主体的梁架和周边叠石保存比较完好，为静宜园内少数遗存建筑，现已规划为文物保护地带，受到了妥善保护。

图 10 《香山风景——梯云山馆》（1920 年）

图 11 1913 年—2021 年梯云山馆南门廊

图 12 1913 年—2021 年梯云山馆西侧

图 13　1913 年—2021 年梯云山馆外围叠石

2　梯云山馆的“样式雷”图档研究

现存包含梯云山馆的样式雷图档共有 6 张，其中 3 张为静宜园全图或地盘图反映的当时建设现状图，另外 3 张为光绪时期的梯云山馆添建方案图，对梯云山馆的历史研究具有重要的意义。

2.1　“静宜园全图”中的梯云山馆

目前所掌握的历史档案中，包含“洁素履”或“梯云山馆”建筑信息的静宜园全图或地盘图共有三张，分别为编号 111-0010 的《香山全图》[5][清嘉庆五年（1800 年）]、编号 356-1923 的《静宜园地盘图全图》[5] 和编号 125-0001 的《静宜园地盘画样全图》[5] 的中国国家图书馆藏样式雷图档。

编号 111-0010 的《香山全图》[5][清嘉庆五年（1800 年），图 14] 为目前发现的最早的静宜园“样式雷”图，所用底图描绘的是乾隆四十五年（1780 年）昭庙建成到乾隆五十四年（1789 年）昭庙改建之间的静宜园 [嘉庆十三年（1808 年）洁素履改为梯云山馆前的静宜园]，绘制范围东至外买卖街东牌楼，南、西至静宜园大墙，北至碧云寺。根据《总管内务府现行则例 · 静宜园》[6] 中“嘉庆十三年（1808 年），改洁素履殿为梯云山馆”的记载，图中梯云山馆所在位置绘制的应为梯云山馆的前身“洁素履”殿，其坐西朝东，共有五间房，殿东西两间为重檐亭，也是在已知“样式雷”图中最早出现的“洁素履”。

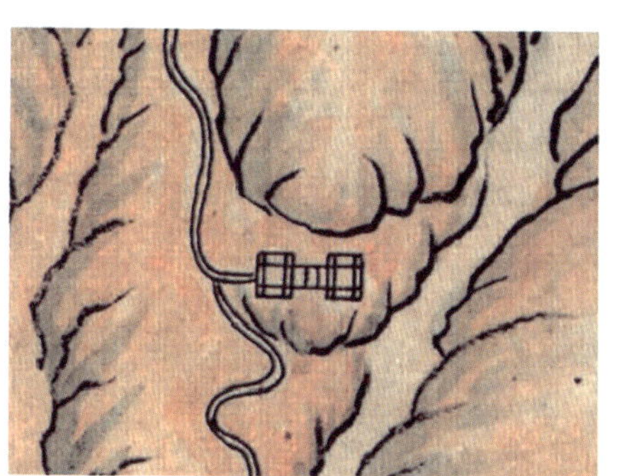

图 14　111-0010《香山全图》[5]（清嘉庆五年，1800 年）中的“洁素履”

编号为 356-1923 的《静宜园地盘图全图》（图 15）[5] 与 111-0010 的《香山全图》[5] 表现的内容相似度较高。图档本身为糙样图稿，仅绘出静宜园大墙内建筑最集中区域，图内无文字，大致描绘了嘉庆十三年（1808 年）洁素履改为梯云山馆前的静宜园，未绘外买卖街和内垣墙以西、以南部分。图中绘制的依旧为嘉庆十三年（1808 年）改建梯云山馆前的"洁素履"殿，与编号为 111-0010 的《香山全图》[5] 相比建筑形制相同，但绘制手法较为粗糙，推测该图作者为样式雷家族第七代的雷廷昌，是光绪年间参考静宜园嘉庆时期的全图所绘的重修图档。

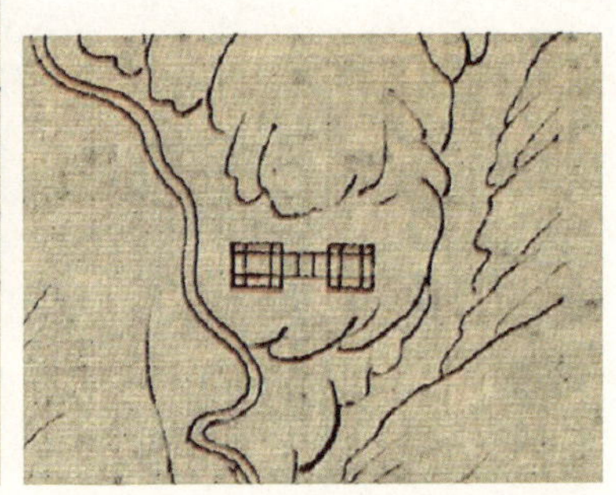

图 15　356-1923《静宜园地盘图全图》[5][清光绪二十年（1984）年前] 中的"洁素履"

编号 125-0001 的《静宜园地盘画样全图》（图 16）[5] 的底图反映的基本是静宜园嘉庆十六年（1811 年）之后的面貌，嘉庆时期的几项拆改在图中均已反映。该图绘画线条较为粗糙，山道墨线较粗，山石用"皴"笔画法绘制，尤其是有明显的用白粉涂盖建筑和山体的痕迹。图中的字分为两类，一类是直接书写在图上，这类字较多，字迹潦草，有涂改，且很多组群之中的单体建筑也被标出；另一类是图上贴黄签标注，笔迹与草书者十分相似，但与编号 110-010 的《香山全图》[5] 笔迹明显不同，猜测其为嘉庆十六年以后的一张草图。通过与几代样式雷所绘其他图样及笔迹的对比，推测其绘制时间约为道光五年到咸丰十年之间。该"样式雷"图中的"洁素履"殿已经改为了"梯云山馆"并有文字标记，且建筑结构也与"洁素履"有很大的不同，取消了东西的重檐亭，建筑改为主体五间、带抱厦三间的梯云山馆。本图也是已知最早的梯云山馆建筑地形图。同时在梯云山馆西侧绘有三排九间的寿膳房、值房等附属建筑，为后续光绪帝添建梯云山馆房舍提供了参照依据。

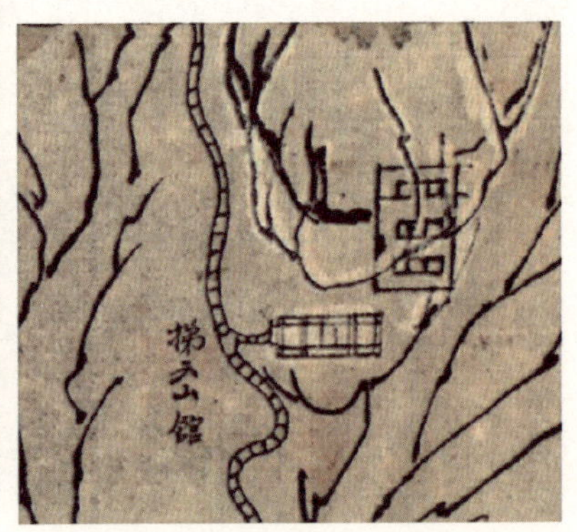

图 16　125-0001《静宜园地盘画样全图》[5]（清道光五年到咸丰十年之间 1825 ~ 1860 年）中的梯云山馆

2.2 梯云山馆的扩建计划

除中国国家图书馆所藏的3张静宜园的样式雷地盘图中的梯云山馆外，还有3张光绪年间梯云山馆点景值房及寿膳房添修工程的相关图档，它们分别是343-0689《静宜园梯云山馆地盘样》（图17）、343-0648《谨拟静宜园内梯云山馆添修点景值房寿膳房图样》和332-0060《谨拟香山梯云山馆添修点景值房寿膳房图样》[5]。根据对比研究这3张样式雷图档绘制较为细腻，配色均匀，手法统一，应出自同一时期同一人之手。绘制内容均为在梯云山馆周围多处添修寿膳房、值房、点景房等辅助用房的设计地盘图。现梯云山馆西侧林地中留有一处疑似地基的空地，证实了其中一张图中添修的寿膳房得到了实施。根据图面上的说明文字，3张图均为光绪二十二年（1902年）八月前绘制，作者应为雷廷昌。

编号343-0689的《静宜园梯云山馆地盘样》[5]保存基本完整，绘图精细，有部分裁接和修补覆盖痕迹。其作为静宜园内梯云山馆地盘样，贴有黄签，墨线绘图，详细标记有“西山晴雪”“山石”“大山”“松树”“山坡”“土山”“南”“山水沟”“角门”“寿膳房”“山水沟”“山道”“宇墙”“抱厦”“梯云山馆”等方位、环境、基础设施、植物及建筑名称等信息。

根据研究对比，其表现的梯云山馆为主体五间、带抱厦三间的建筑，应为梯云山馆现存建筑地盘图，在梯云山馆西北有三座寿膳房，这与国125-001雷景修绘《香山地盘画样全图》[5]吻合。馆西有一块空地基，与现状图吻合。因此，后续的样式雷图档均应为在其基础上添加的设计方案。

编号343-0648的《谨拟静宜园内梯云山馆添修点景值房寿膳房图样》[5]（图18）保存基本完整，绘图精细，有部分裁接痕迹和修补覆盖。图中贴黄签、红签以标注名称及尺寸做法。

根据研究对比，本体是在343-0689《静宜园梯云山馆地盘样》[5]的基础上增加了红签和红线的设计图，主要标记有“点景房”“转角房”“石桥”“值房”“歇山”“值房”“游廊”“泊岸”“门罩”“寿膳房”“扒山墙”“方窗”“点景值房”“挑山”“屏门”“什锦窗”“山道”“山道”“曲折山道”“月台”“揭瓦”等新添加建筑、基础设施、景观名称以及相应的建筑尺寸和工程做法说明。

此方案主要增加三处点景值房院落和一处寿膳房院落，将原有寿膳房改为居所，可满足不同人的居住需求，应为可长期居住的配套建筑，该方案应为呈上批阅的方案之一。

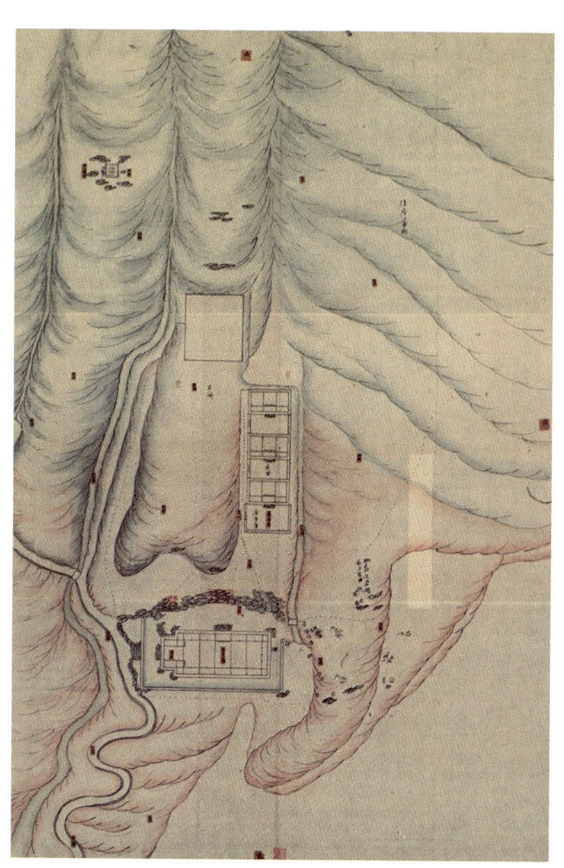

图17　343-0689《静宜园梯云山馆地盘样》[5]

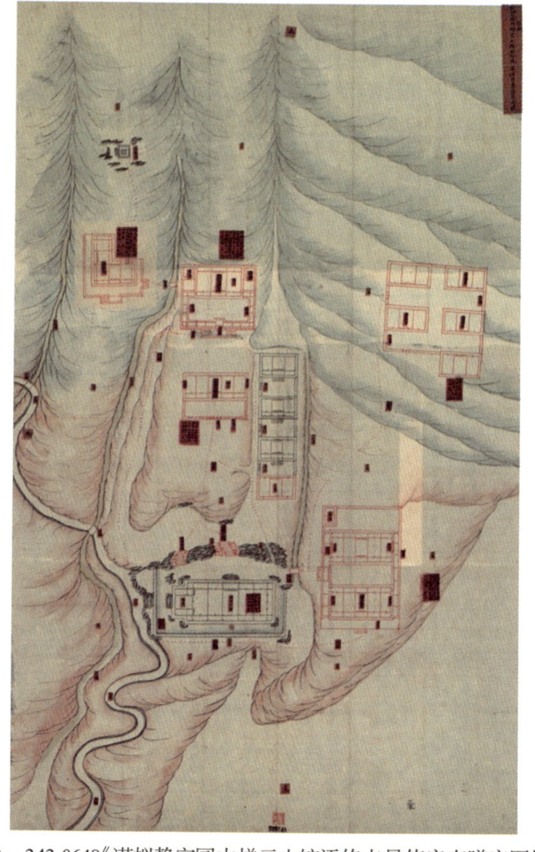

图18　343-0648《谨拟静宜园内梯云山馆添修点景值房寿膳房图样》[5]

编号为 332-0060 的《谨拟香山梯云山馆添修点景值房寿膳房图样》[5]（图 19）保存基本完整，绘图精细，有部分裁接和修补覆盖痕迹。图中贴黄签、红签用以标注名称及以贴页分割成独立院落方案。

根据研究对比，本样式雷图档是在 343-0689《静宜园梯云山馆地盘样》[5] 的基础上增加了红签、红线和贴页的设计图，其中 332-0060 形式 1 图中有 4 处贴页，分别贴于 4 座点景值房部分。主要为增加 4 处景观值房院落、点缀大量山水造景，彰显江南特色。而 332-0060 形式 2 图中有 4 处贴页，分别将 332-0060 形式 1 图中的 4 座点景值房隐去，绘制了带有泊岸、宇墙的景观值房，自成一景。两个方案各有千秋，应为呈上批阅的方案之一。

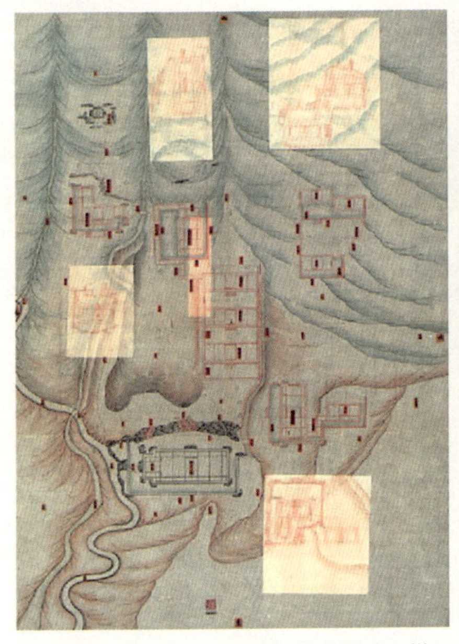

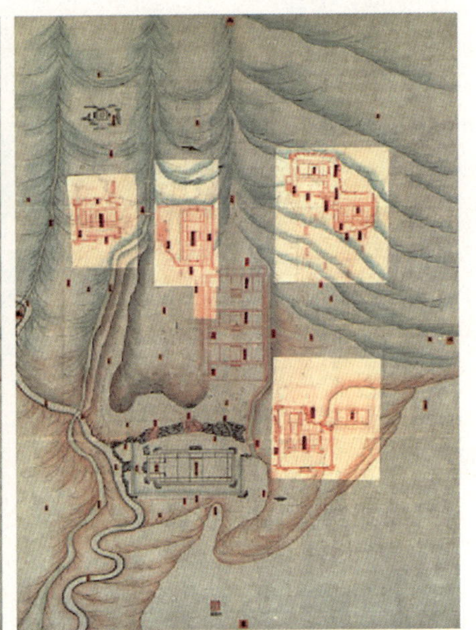

图 19　332-0060《谨拟香山梯云山馆添修点景值房寿膳房图样》[5]

2.3　梯云山馆样式雷图档综合分析

1860 ~ 1900 年的 40 年，是中国皇家造园史上最后一个建园高峰，但静宜园的二次重建却因种种原因而未实施。结合历史档案，通过对中国国家图书馆藏的 3 张静宜园梯云山馆图档和 3 张静宜园全图进行研究与对应分析，可以看出梯云山馆在不同历史时期的建筑演变。从清乾隆时期的“洁素履”演变成为嘉庆时期的“梯云山馆”，再到光绪时期未完成的添建计划。通过这种演变，结合历史档案信息，可以推断出部分静宜园“样式雷”图档的断代信息。如通过嘉庆十三年（1808 年）梯云山馆的建立，就能推断出 111-0010《香山全图》[5] 和 125-0001《静宜园地盘画样全图》[5] 中反映的各组建筑的时间顺序，对研究、判断“样式雷”的信息准确性具有重要的意义。

根据现场勘查，除 343-0689 所绘寿膳房外，其他点景房和膳房方案都未实施。但增扩建方案多达 3 个，并且风格、用途均不同，从中能看出光绪时期慈禧及光绪皇帝对梯云山馆的重视。但通过梯云山馆建筑本身建筑形式进行推断，其规模不大、功能单一，且离行宫及其他建筑均较远，自建立以来多为休憩、赏景之用，历任帝王留驻的时间也不会过久。但此次添加计划的缘由，根据内务府档案记载，乾嘉时期的静宜园因距离较远，皇帝巡幸香山时的食物等生活物资均由紫禁城或圆明园随行供给，园林内的后勤服务空间较少，梯云山馆也仅作为休憩使用。通过以上样式雷图档可以看出，光绪年间梯云山馆点景值房及寿膳房添修工程的设计方案重点是在梯云山馆的周边扩建大量的寿膳房、值房、平台等后勤保障用房，这与《光绪实录》记载“光绪二十二年八月壬午（1896 年），皇帝奉慈禧太后幸静宜园梯云山馆，侍晚膳”相吻合。说明是因慈禧太后即将到此赏景用膳，皇帝极为重视，才有了相应的改扩建计划，满足慈禧太后赏景、休憩的需求。在光绪时期如意馆绘制的清内府舆图《香山路程图》[7]（图 20）中同样记载着光绪帝为慈禧太后制定的从故宫至静宜园的游玩行程图，其中梯云山馆作为游览地之一名列其上，可见光绪帝对这次改扩建计划的重视。而且，本次添建的建筑规模之巨大、形制之奢华，在 1860 年静宜园遭英法联军劫掠后也是首次。为何光绪皇帝在当时国家衰败、外强环视的忧患之下，还要大兴土木要为慈禧太后扩建梯云山馆建筑群落呢？推断如下：一是迎合慈禧太后奢华的喜好；二是同年光绪皇帝在接触到康有为等维新志士后眼界大开，有意通过此举适时向慈禧太后推崇变法救国的思想。最终没有实施相应的添建计划，既可能与国力衰败、资金挪用他处

图 20　光绪时期《香山路程图》[7] 中的梯云山馆（清内府舆图——如意馆，1891 ~ 1895 年）

有关；也可能与光绪二十二年（1896 年）后时事的动荡及维新变法触怒慈禧太后有一定的联系。

3　小结

3.1　梯云山馆变迁分析

通过此次对比性研究，解析出位于静宜园外垣的梯云山馆地处西山晴雪碑东部坡下，原为五间的洁素履殿，殿东西两间为重檐亭，中间三间为单檐卷棚顶，造型独特。洁素履是清代舫式建筑的代表，与同在静宜园的绿云舫、避暑山庄中的云帆月舫、知鱼矶等建筑造型逻辑有相似之处。也许因为和绿云舫造型相近等原因，嘉庆十三年（1808 年），它最终被改为了五间带抱厦的歇山敞厅，取名“梯云山馆”。梳理梯云山馆的变迁历史，从洁素履到梯云山馆，这座建筑经历了两次改建，光绪二十二年八月光绪帝为迎接慈禧太后来此用晚膳设计了三版方案，曾计划添建寿膳房、点景值房等后勤保障为主的建筑，后未实施。民国时被改为私人别墅，改硬山顶，其南出抱厦不存，改为门廊至今。

由此可见，中国国家图书馆藏静宜园梯云山馆的相关图档，虽绘制时间、目的和绘图人不同，但比对历史档案，它们所绘内容十分真实可靠，是研究静宜园最珍贵的资料。

3.2　梯云山馆研究的其他发现与价值

通过此次研究，发现在 343-0689《静宜园梯云山馆地盘样》[5] 中所绘的梯云山馆周边环境和道路清晰，与现状基本相符。图档中共标记树木 7 棵，均为松树，经实地查看，确认现存古树 6 棵，其中一级古树 2 棵，二级古树 4 棵。样式雷图纸中的树木，对部分二级古树的重新断代有推动作用，对香山古树研究具有历史意义。

梯云山馆作为静宜园内仅存的清代建筑之一，从乾嘉盛世的观景之所，再到光绪时期的后勤服务型园林景观，它正通过“样式雷”图档这种特殊的图形记录形式，将自身百年的建筑史与静宜园的兴衰荣辱紧密相连。它既是静宜园“样式雷”图档判断的依据之一，也是静宜园历史最好的见证者。只有加深对梯云山馆保护和修缮利用，才能更好地保护和挖掘它的文化、历史价值，才是对静宜园历史文化最大的保护。

参考文献

[1] 杨菁 . 静宜园、静明园及相关样式雷图档研究 [D]. 天津：天津大学，2011.

[2] 杨菁，王其亨 . 解读光绪重修静明园工程：基于样式雷图档和历史照片的研究 [J]. 中国园林，2012，28（11）：117-120.

[3] 李江，杨菁，金天天 . 样式雷图纸上的修建计划—— 解读晚清香山静宜园重修方案 [J]. 景观设计，2020（2）：8.

[4] 香山公园管理处 . 清 · 乾隆皇帝咏香山静宜园御制诗 [M]. 北京：中国工人出版社，2008.

[5] 中国国家图书馆 . 国家图书馆藏样式雷图档 · 香山玉泉山卷 [M]. 北京：国家图书馆出版社，2019.

[6] 故宫博物院 . 总管内务府现行则例 · 静宜园 [M].

[7] 中国园林博物馆 . 清内府舆图 · 香山路程图 [M].

北京动物园青头潜鸭易地保护研究进展①

北京动物园管理处，圈养野生动物技术北京市重点实验室，北京林业大学生态与自然保护区学院，武汉大学生命科学学院 / 李淑红　吴秀山　李静　等②

摘　要：2019—2021年，北京动物园首次探索并成功建立了极危物种青头潜鸭人工孵化技术体系，建立了我国首个青头潜鸭人工种群，总结青头潜鸭易地保护工作经验，为今后野化放归实施再引入提供种源奠定了基础。

关键词：青头潜鸭；人工孵化；圈养；野化放归；北京动物园

1　青头潜鸭濒危状况

青头潜鸭（*Aythya baeri*）是雁形目鸭科潜鸭属鸟类，主要分布于亚洲东南部地区，我国是其重要的繁殖地、越冬地和迁徙分布区[1-9]。20世纪80年代末期，由于气候变化、天敌侵害、人类活动等因素干扰，青头潜鸭野外种群数量不断减少，濒危程度越来越严重，受到国际保护组织的关注[10-25]。自1988年被IUCN红色物种名录列为近危物种；随后在1994年上升为易危物种，2008年升级为濒危物种；2012年IUCN将青头潜鸭的受胁等级升级为极危（CR）。2015年由东亚—澳大利西亚迁飞区伙伴关系（EAAFP）青头潜鸭特别工作组主持编制了《青头潜鸭单一物种保护行动计划》（SSAP），并先后获得EAAFP和《保护迁徙野生动物物种公约》（CMS）大会通过。2019年全球青头潜鸭种群数量小于700只，成为全球最濒危的水鸟之一[11,25]。2021年2月，我国将青头潜鸭提升为国家I级重点保护野生动物。青头潜鸭深受社会关注，成为环境优良的标志性物种。

2　青头潜鸭相关研究

由于青头潜鸭出没的地区难以考察和调查，其识别难度较大，该物种的生物生态学一直没有深入的研究报道。

① 基金项目：北京公园管理中心项目（编号：ZX2020010）北京动物园自管课题项目（编号：KGBZ201903）资助项目。

② 青头潜鸭易地保护研究团队：李淑红　吴秀山　李　静　杜　洋　冯　妍　卢　群　姜　森　王　琨　王立莹　马　刚　孟　彤　张增帅　平　骞　李　菁　董晨迪　金　霆　刘　峥　王　震　刘雪生　丁　楠　张海波　王运盛　刘金鹏　姜瑞婕　王　昕　赵　京　周凯迪　李　莹　滑　荣　崔多英　刘　佳　国欣欣　朱云芸　郑梦君　范昕琳　李祥翔　崔雅芳　王宇辰　张雨辰　宋　昊　李春兴　贾建军　刘书军　刘　斌　张铁卓　王　璐　普天春　杨明海　贾　婷　卢　岩　刘学锋　刘　燕　杜余礼　李金生　牟宁宁　郑常明　张铁卓　叶兴元　马富光　李　露　张　珂　钟震宇　程志斌　张庆勋　杨　峥　王利民　白加德　卢　欣　丁长青　张成林。

近年来，随着青头潜鸭受威胁等级的逐渐提高，其状况才得到广泛重视。目前国内外对青头潜鸭的研究主要包括：①种群数量和分布调查；②栖息环境调查；③繁殖生态学研究；④行为节律等几个方面[3-9, 18-19]。近几年，青头潜鸭的野外调查工作主要集中在繁殖生态学研究，其夏季繁殖失败的主要原因有黄鼬、褐家鼠巢捕食以及高温天气、洪涝所导致的巢破坏甚至弃巢。主要栖息地环境倾向于在自然植被丰富、水面开阔的淡水湖泊，隐蔽性高；鸟巢以水面巢为主，水深 0.6 ~ 1m；青头潜鸭自行筑巢产卵繁殖，窝卵数较多（6 ~ 9 枚）；青头潜鸭与红头潜鸭，赤膀鸭等还存在着不完全巢寄生行为[26]。

目前青头潜鸭人工种群主要集中在国外动物园，文献记载最早在 1900 年以前，欧洲动物园饲养青头潜鸭，截至 2014 年，全球共有 203 只青头潜鸭圈养个体，但由于缺乏严格的圈养管理，目前尚不知其基因纯度[27-30]。国内动物园行业可能已经没有青头潜鸭人工饲养种群。北京动物园在 20 世纪 80 年代曾经有少量青头潜鸭的人工饲养个体，但是，随着该物种野外濒危状况趋紧，未能及时地引进新的青头潜鸭个体来调换血缘，最终因为近亲衰退等原因使得圈养种群于 20 世纪 90 年代末在园内消失。

3 青头潜鸭易地保护

2018 年 3 月，北京林业大学与河北省衡水市人民政府联合主办了“青头潜鸭保护国际研讨会”，北京动物园受邀参加了此次大会，并提交了《关于中国青头潜鸭易地保护与人工种群建立》的提案。大会通过了《中国青头潜鸭保护行动计划》，行动计划采纳了北京动物园的提案建议。北京动物园将承担行动计划中“中国青头潜鸭迁地保护与人工种群建立”部分的目标任务，发展壮大青头潜鸭圈养种群规模，适时开展野化放飞项目及重引入生物学研究。2019 年，在国家林业和草原局统一部署下，北京林业大学、北京动物园、武汉大学生命科学学院和湖北省长江生态保护基金会共同签署“四方联合”协议，联合开展《青头潜鸭的易地保护研究》。其中，北京林业大学负责调查我国青头潜鸭繁殖种群分布和数量等资源状况，武汉大学和湖北省长江生态保护基金会在前期调研基础上，及时拾捡野外弃巢的卵，北京动物园负责开展青头潜鸭人工孵化技术研究。

4 青头潜鸭人工种群

2019 年北京动物园设立了“青头潜鸭引种和人工孵化技术研究”项目，开展青头潜鸭野外生活环境调查、青头潜鸭卵的运输技术、青头潜鸭卵人工孵化和育雏技术。通过 3 年不懈努力，北京动物园探索并掌握了青头潜鸭卵的运输、保存条件；总结出人工孵化青头潜鸭卵所需要的温湿度、翻卵、晾卵等关键孵化条件，填补了国内青头潜鸭人工孵化领域的空白。以图谱方式完整记录青头潜鸭卵胚胎发育特征，总结青头潜鸭卵胚胎发育过程中的关键阶段；比较青头潜鸭野外弃巢卵和人工饲养种群繁殖产卵，获得卵的基本数据。截至 2021 年底，圈养青头潜鸭的数量达到 54 只，分别饲养在北京动物园和北京生物多样性保护研究中心，成功建立我国国内第一个青头潜鸭人工种群。

5 人工种群管理建议

目前的文献资料显示，我们对青头潜鸭的繁殖习性、越冬生态、孵化行为、雏鸟行为、天敌情况、觅食行为等仍知之甚少，需通过在野外环境下和圈养条件下青头潜鸭的生态和生活习性研究，对比两者差异和严格的圈养管理，为人工饲养青头潜鸭提供适宜的栖息环境参数和繁育措施，提高其繁殖力和适应环境能力，提升濒危物种的圈养福利。

人工饲养条件下，主要存在建议饲养场地不足、种群密度大，夏季繁殖受黄鼠狼、喜鹊等天敌威胁，资金严重不足和没有野化场地等问题，建议给予更多的关注和支持，开展深入广泛的研究，尽快增加青头潜鸭的数量，改善青头潜鸭的濒危状况，建立稳定的易地保护种群，为野化放归实施再引入提供种源。

6 展望未来

一方面，要继续开展“青头潜鸭圈养种群扩增技术研究”“青头潜鸭圈养种群扩增技术研究”，研究人工繁殖青头潜鸭育雏、生长发育、饲料供给、捕捉保定等饲养管理技术，扩大种群数量；另一方面，继续开展圈养青头潜鸭野生环境适应性研究，为青头潜鸭圈养种群规模扩大、实现野化放归奠定坚实基础，增加野生青头潜鸭种群数量，壮大野生青头潜鸭规模。

致谢

对国家林业和草原局动植物司张月、李林海、周秀清处长，武汉园林和林业局野保处程本泽处长，武汉黄陂区林业局宋红卫科长，北京市公园管理中心办公室李晓光、科技处宋丽培处长，北京动物园丛一蓬园长等同志给予的帮助，表示衷心感谢！

参考文献

[1] Lu L，Sichun L，Xudong T. Baer's Pochard Aythya baeri：breeding in central Yangtze region，China，2015：84-86.

[2] Xia S，Liu Y，Wang Y，et al. Wintering waterbirds in a large river floodplain：Hydrological connectivity is the key for reconciling development and conservation[J]. Science of the Total Environment，2016，573：645-660.

[3] 郭玉民，林剑声，沈俊峰，等．关于青头潜鸭九江群体的最新报道 [J]. 野生动物学报，2017，38（3）：535-536.

[4] 郭玉民，闻丞，林剑声，等．青头潜鸭（*Aythya baeri*）在中国的近期分布 [J]. 野生动物学报，2016，37（4）：382-385.

[5] 胡杨，黄文杰．九江市柴桑区东湖青头潜鸭种群监测现状与栖息地保护对策 [J]. 现代农业科技，2018，20：221-227.

[6] 申苗苗，董荣，于晓平．陕西省两种鸟类新纪录——疣鼻天鹅和青头潜鸭 [J]. 四川动物，2016，35（4）：608-608.

[7] 吴渊，于海龙，刘亚东，等．张家口坝上康巴诺尔湖世界极度濒危物种青头潜鸭的新发现 [J]. 湿地科学与管理，2017，13（1）：65.

[8] 杨军，阳丽萍．世界极危鸟类青头潜鸭现身沅江漉湖 [J]. 林业与生态，2016（4）：46-46.

[9] 杨晓菁，张菁，汪海兵，等．湖北武汉涨渡湖发现全球极度濒危物种青头潜鸭群 [J]. 动物学杂志，2017，52（3）：430.

[10] Arup N. D，Y. Lokeshwor Singh. 2016. Avian Diversity in an Around Dhir Beel in Dhubri District of Assam. P：ISSN No. 0976-8602.

[11] BirdLife International. 2016. Species factsheet：Aythya baeri. Downloaded from http：//www.birdlife.org on 21/02/2016.Callaghan，D.A.，A.J. Green. 1993. Wildfowl at risk. Wildfowl 44：149-69.

[12] Chatterjee A，Adhikari S，Mukhopadhyay S K. Erratum to：Effects of Waterbird Colonization on Limnochemical Features of a Natural Wetland on Buxa Tiger Reserve，India，During Wintering Period[J]. Wetlands，2017，37(1)：191-191.

[13] Chowdhury S U，Lees A C，Thompson P M. Status and distribution of the endangered Baer's Pochard Aythya baeri in Bangladesh. FORKTAIL，2012，(28)，57-61.

[14] Gao J，J. Ma，Y. Tao. 1992. The behavior of incomplets [sic] brood parasitism of two Pochard species. Zoological Research 13：327-328. [Incomplete brood parasitism in Aythya ferina and A. baeri in Xianghai. In Chinese]

[15] Hearn，R. 2017. International Single Species Action Plan for the Conservation of the Baer's Pochard (*Aythya baeri*). UNEP/CMS/COP12/Doc.24.1.8/Annex 1. The Convention on the Conservation of Migratory Species of Wild Animals (CMS). Wildfowl and Wetlands Trust.

[16] Hearn R. 2015.The troubled Baer's Pochard *Aythya baeri*：cause for a little optimism? BirdingASIA 24，78-83.

[17] Hearn R，X. Tao G. Hilton. 2013. A species in serious trouble：Baer' s Pochard *Aythya baeri* is heading for extinction in the wild. BirdingASIA 19：63-67. Heilongjiang Wildlife Research Institute. 1992. The Avifauna of Heilongjiang. Beijing.

[18] Heim W. 2016. A survey of breeding waterbird communities on lakes and other waterbodies on the middle reaches of the Amur River valley near Blagoveshensk，Amur province，Far East Russia.

[19] Heim W，K Wolanska，A Siegmund，U Schuster. 2013. Possible breeding of Baer' s Pochard Aythya baeri at Muraviovka Park，Far East Russia. BirdingASIA 20：64-66. International Species Information System. 2014. www.isis.org，accessed 14 November 2014.

[20] Nechaev V A，Y N Gluschenko. Baer's Pochard in the Far East of Russia. IWRB Threatened Waterfowl Specialist Group News，1993，3：5-7.

[21] Prosser D，Ding C，Erwin R，et al. MOESM1 of Species distribution modeling in regions of high need and limited data：waterfowl of China[J]. Avian Research，2018，9(1):7.

[22] Sayam U. Chowdhury，Alexander C，et al. 2012. Status and distribution of the endangered Baer's Pochard Aythya baeri in Bangladesh. FORKTAIL，2012，28：57-61.

[23] Taej M，Tom L，Doug W.2017. The Asian Waterbird Census 2008-2015：Results of coordinated counts in Asia and Australasia.

[24] Thiri D. W. A，Thet Z，et al. 2016. Monitoring An assessment of the wintering population of Baer's. Pochard in central Myanmar. Biodiversity and Nature Conservation Association.

[25] Wang X，M Barter，L Cao，J Lei，A D Fox. Serious contractions in wintering distribution and decline in abundance of Baer's Pochard Aythya baeri. Bird Conservation International，2012，22：121-127.

[26] 高继宏，孙相吾，陶宇，等．青头潜鸭繁殖研究初报 [J]. 野生动物学报，1992（2）：25-27.

[27] Abdul Jamil Urfi. The birds of Okhla barrage bird sanctuary，Delhi，India. FORKTAIL，2003，19：39-50

[28] Anon. Words on Waterfowl. Newsletter of the Sylvan Heights Waterfowl Society an International Wild Waterfowl Association. Fall/Winter，2013，Issue No.2：4.

[29] Cao L，Barter M，Lei G. New Anatidae population estimates

for eastern China : Implications for current flyway estimates[J]. Biological Conservation, 2008, 141 (9) : 0-2309.

[30] Gombobaatar S, E.M. Monks. 2011. Baer's Pochard *Aythya baeri*. In : Seidler, R., D. Sumiya, N. Tseveenmyadag, S. Bayarkhuu, J.E.M. Baillie, Sh. Boldbaatar, Ch. Uuganbayar. (Eds.) . Regional Red List Series Volume 7. Birds. Zoological Society of London, National University of Mongolia and Mongolian Ornithological Society.

兰科植物三蕊兰的生物学特性研究

北京市植物园管理处，北京市花卉园艺工程技术研究中心，城乡生态环境北京实验室 / 王苗苗　张　毓　刘　佳　施文彬　盖　枫

摘　要：本文于海南热带雨林国家公园，对三蕊兰的生境、形态特征、繁育系统等生物学特性开展研究。结果表明，三蕊兰的伴生植物种类丰富，共计29种。根际土壤营养丰富，pH值为5，团粒结构良好，属于黏质壤土。三蕊兰为总状花序，单朵花期2～3d，整株20d左右，群体花期6月中旬到7月上旬。浆果次年3月变红。种子黑色，呈水滴形，它由一层透明的外种皮、深褐色的内种皮以及圆球形的种胚组成，无胚乳。三蕊兰具有花粉散生的特性，即使在套袋隔离情况下，仍有着高达94.05%的结实率。三蕊兰能够自花结实。三蕊兰种子萌发困难。4种方式下的三蕊兰萌发率均比较低（12.27%～15.45%），且相互间差异不显著。

关键词：兰科，三蕊兰，生物学特性

三蕊兰（*Neuwiedia singapureana*）隶属于兰科（Orchidaceae）拟兰亚科（Apostasioideae）三蕊兰属（*Neuwiedia*）。拟兰亚科是兰科5个亚科中1个小而原始的亚科，位于兰科植物系统树基部，由于其在分类上的特殊地位而受到广泛关注[1]。三蕊兰具有多个原始特征：雄蕊和雌蕊分离、未形成合蕊柱，具3枚能育雄蕊，花粉散生、未黏成花粉块，果实为浆果而非兰科常见的蒴果。全世界有三蕊兰属植物11个种，主要分布在东南亚至新几内亚岛和太平洋岛屿。我国分布有三蕊兰和麻栗坡三蕊兰（*N. malipoensis*）[2]2个种，其中三蕊兰仅分布于香港、海南和云南南部。前人的研究主要集中在三蕊兰属（主要是模式种香花三蕊兰 *N. veratrifolia*）花朵的形态结构[3]、系统发育[4]、传粉系统[5]以及菌根真菌[6]等方面。目前，对三蕊兰这个种的研究还很少。最新研究揭示了鸟类为三蕊兰的传播者，在鸟消化道作用下，三蕊兰坚硬的种皮被腐蚀后，仍保持较高的活力[7]。王涛等研究了三蕊兰全长转录组中简单重复序列（SSR）信息，并对其功能进行分析[8]。本论文对三蕊兰的生境、形态特征、繁育系统等生物学特性展开了研究，以期为今后开展迁地和就地保护工作提供本底资料和技术支持。

1　材料与方法

1.1　调查地点概况

调查地点位于海南热带雨林国家公园，是中国极为珍稀的原始热带雨林区之一，属热带海洋季风气候，年均气温为24℃，最高月均气温28℃（7月），最低月均气温15℃（11月），年降雨量1870 ~ 2760mm[9]。

1.2　试验材料

以三蕊兰自然居群为研究对象，于花期（6 ~ 7月）和果期（12月和3月）对其进行调查和观察。

1.3　研究方法

1.3.1　生境调查

调查三蕊兰居群内的伴生植物，按照乔木、灌木、草本等进行统计归类。

采集三蕊兰生境中的植株根际土壤样品，带回实验室测定其有机质、矿质元素、pH值等理化性质。土壤有机质测定方法用灰分法；氮（全氮）用凯氏定氮法；其矿质

元素采用原子吸收光谱法测定（AAS，GBC9932AA）；土壤 pH 值用 1 ∶ 5（土壤：水）提取液测定。

1.3.2　形态特征

随机选择居群内的 17 株三蕊兰植株，测量株高、叶长、叶宽、花序长、花朵数量、果序长度、果实的长和宽等。果期采集果实，并用 Nikon SMZ1000 体式显微镜对种子进行显微观察。

1.3.3　开花物候

由于野外条件限制，难以进行完整的长期物候监测，所以结合野外试验进行了部分观察。

在花期记录其开花物候，包括单个花期、整株花期、群体花期。在果期记录果实变化情况。

1.3.4　繁育系统

选取居群内 40 株三蕊兰植株进行以下 4 种方式处理。①自然传粉：不做任何处理，观察自然条件下传粉结实情况。②套袋隔离：不去雄，开花前用尼龙网袋（孔径 1mm）将花序和传粉昆虫进行隔离。③人工自交：开花当天清晨，在花粉散落前，去掉雄蕊，用同朵花的花粉授其柱头上，后用尼龙网袋隔离。④人工异交：开花当天清晨，在花粉散落前，去掉雄蕊，用异株的花粉授其柱头上，后用尼龙网袋隔离。每个处理 10 株，挂牌后果期统计结实情况，结实率（%）= 结实数 / 授粉花朵数 ×100%。

对上述 4 种方式获得的种子进行无菌播种，灭菌时间为 50min，萌发培养基为 M4，pH 值为 5.8。每个处理 9 个重复。28 周后，统计萌发情况，萌发率（%）= 萌发数 / 播种数 ×100%。

2　结果与分析

2.1　生境情况

三蕊兰的伴生植物种类丰富，据调查统计，乔木有 13 种，灌木有 2 种，草本植物有 9 种，地被植物有 3 种，藤本植物有 2 种，共计 29 种（表 1）。伴生植物中占比最高的乔木类植物形成了高高的林冠线，并为三蕊兰营造了较为荫蔽的林下空间。同时，对居群内分布的三蕊兰进行统计发现，成年植株数量约为 150 余株，但基本见不到幼苗。

三蕊兰的伴生植物　　表 1

序号	植物	拉丁名	科属	类别
1	陆均松	*Dacrydium pectinatum*	罗汉松科陆均松属	乔木
2	大头茶	*Polyspora axillaris*	山茶科大头茶属	乔木
3	丛花山矾	*Symplocos poilanei*	山矾科山矾属	乔木
4	钝齿木荷	*Schima crenata*	山茶科木荷属	乔木
5	变叶榕	*Ficus variolosa*	桑科榕属	乔木
6	鹅掌楸	*Liriodendron chinense*	木兰科鹅掌楸属	乔木
7	海南杨桐	*Adinandra hainanensis*	山茶科杨桐属	乔木
8	海南山胡椒	*Lindera robusta*	樟科山胡椒属	乔木
9	岭南青冈	*Cyclobalanopsis championii*	壳斗科青冈属	乔木
10	鸡毛松	*Dacrycarpus imbricatus*	罗汉松科鸡毛松属	乔木
11	海南大头茶	*Polyspora hainanensis*	茶科大头茶属	乔木
12	单花山矾	*Symplocos ovatilobata*	山矾科山矾属	乔木
13	柬埔寨子楝树	*Decaspermum montanum*	桃金娘科子楝树属	乔木
14	苹婆	*Sterculia monosperma*	锦葵科苹婆属	灌木
15	鹅掌柴	*Schefflera heptaphylla*	五加科南鹅掌柴属	灌木
16	露兜树	*Pandanus tectorius*	露兜树科露兜树属	草本
17	黑桫椤	*Alsophila podophylla*	桫椤科桫椤属	草本
18	毛果珍珠茅	*Scleria levis*	莎草科珍珠茅属	草本
19	粽叶芦	*Thysanolaena latifolia*	禾本科粽叶芦属	草本
20	假益智	*Alpinia maclurei*	姜科山姜属	草本

续表

序号	植物	拉丁名	科属	类别
21	山菅兰	*Dianella ensifolia*	阿福花科山菅属	草本
22	大羽芒萁	*Dicranopteris splendida*	里白科芒萁属	草本
23	铁芒萁	*Dicranopteris pedata*	里白科芒萁属	草本
24	乌毛蕨	*Blechnum orientale*	乌毛蕨科乌毛蕨属	草本
25	糙叶卷柏	*Selaginella doederleinii*	卷柏科卷柏属	草本
26	薄叶卷柏	*Selaginella delicatula*	卷柏科卷柏属	草本
27	团叶鳞始蕨	*Lindsaea orbiculata*	鳞始蕨科鳞始蕨属	草本
28	鸡眼藤	*Morinda parvifolia*	茜草科巴戟天属	藤本
29	蔓九节	*Psychotria serpens*	茜草科九节属	藤本

从表 2 可以看出，居群土壤的 pH 值为 5，呈弱酸性环境。土壤有机质是土壤固相的重要组成部分，与土壤矿质部分共同形成植物的营养来源，它的存在还改变或影响着土壤的物理、化学和生物性质。我国土壤养分含量分级标准为 1 ~ 6 级。其中有机质含量＞ 4.00%，即可归入第 1 级，全氮含量大于 0.2% 即为第 1 级。表中各样品有机质含量为 43.4g/kg，含量高出 4.00% 的分级标准数倍。有机质的含量在很大程度上取决于自然植被保存完好与否。土壤有机质也是氮素的主要来源，有机质含量高，则氮素含量也高，表中土样全氮含量也达到了 1 级标准。从表 3 可以看出，土壤的颗粒组成中，0.25 ~ 2.00mm 的组分占比 46.34%，接近一半，说明三蕊兰吊罗山种群土壤的团粒结构良好，属于黏质壤土，适合植物生长。

土壤的成分含量 **表 2**

样品名称	全氮（g/kg）	有机质（g/kg）	有效磷（mg/kg）	速效钾（mg/kg）	电导率（mS/m）	pH 值
土样 1	2.55	43.4	3.8	46.3	2.47	5

土壤的团粒结构组成 **表 3**

颗粒组成	0.25m ≤ Φ<2.00mm（%）	0.05m ≤ Φ<0.25mm（%）	0.02m ≤ Φ<0.05mm（%）	0.002m ≤ Φ<0.02mm(%)	Φ<0.002mm（%）
占比	46.34	9.78	6	10	27.88

2.2 形态特征

三蕊兰为地生兰（图 1a），具有向下垂直生长的根状茎，在其节上长出支柱状的气生根。地下部分的根状茎，具有独特的菌囊结构。

对随机选择的 17 株三蕊兰植株进行观察和测量（表 4）。株高 41.14cm，叶近簇生于短的茎上，叶多枚，叶长 45.74cm，叶宽 6.05cm，先端长渐尖，基部收狭成明显的柄；叶柄边缘膜质，基部稍扩大而抱茎，背面的脉明显凸出。三蕊兰的花为总状花序（图 1b），具 25.82 朵花，平均长 11.71cm。

与模式种香花三蕊兰（*N. veratrifolia*）不同，三蕊兰果实为浆果，而非蒴果，其果序长为 12.76cm（图 1c），单个浆果的长为 5.90cm，宽为 4.82cm。

通过体式显微镜观察到，与大多数兰科植物种子呈纺锤形不同，三蕊兰种子呈水滴形。其种子细小，结构简单，由种皮和胚组成，无胚乳。种皮由外面一层透明的外种皮和里面一层深褐色的内种皮组成（图 1d），内种皮高度加厚，呈木质化。

三蕊兰的形态特征 **表 4**

序号	株高（cm）	叶长（cm）	叶宽（cm）	花序长（cm）	花朵数（个）	果序长（cm）	浆果长（cm）	浆果宽（cm）
1	45.02	50.11	7.12	10.02	18	10.65	5.55	4.00
2	38.01	49.03	5.43	10.51	26	11.05	5.56	4.14
3	38.03	54.92	6.54	9.11	22	10.10	7.03	4.91
4	44.98	47.01	6.51	13.50	18	13.86	5.04	3.68
5	38.02	39.05	5.52	11.02	17	12.05	5.65	4.27

续表

序号	株高（cm）	叶长（cm）	叶宽（cm）	花序长（cm）	花朵数（个）	果序长（cm）	浆果长（cm）	浆果宽（cm）
6	47.99	49.05	6.53	13.12	28	13.82	6.66	4.64
7	54.95	38.02	5.54	9.01	25	9.52	5.98	4.45
8	48.04	51.34	6.21	12.21	33	13.23	5.77	5.30
9	41.18	41.22	5.74	13.03	29	13.55	6.08	4.88
10	40.05	44.52	5.55	12.52	27	12.95	5.04	4.94
11	30.05	32.15	5.53	11.50	27	11.95	6.31	5.42
12	59.97	46.96	6.05	11.15	17	12.38	6.02	5.79
13	30.02	41.01	6.03	13.21	22	13.83	5.77	4.54
14	44.96	48.02	6.56	14.03	36	15.86	5.88	5.4
15	33.34	55.08	5.59	12.06	24	13.53	6.37	5.11
16	30.26	37.13	5.83	11.05	34	13.54	6.08	5.53
17	34.55	52.92	6.54	12.06	36	15.02	5.48	4.92
$X \pm S$	41.14±8.60	45.74±6.67	6.05±0.51	11.71±1.49	25.82±6.40	12.76±1.71	5.90±0.52	4.82±0.59

注：X 代表算术平均值，S 代表标准偏差。

图 1　三蕊兰形态特征
（*a*）三蕊兰植株；（*b*）三蕊兰的花朵；（*c*）三蕊兰的果序；（*d*）三蕊兰的种子（OT：外种皮；IT：内种皮）

2.3　开花物候

6 月中旬，三蕊兰的花朵从总状花序的基部往上依次开放，单朵花期 2 ~ 3d，整株 20d 左右，群体花期 6 月中旬到 7 月上旬。自然状态下，雨水会加速花朵凋谢。

9 月果实为绿色，种子为浅褐色。10 月果实慢慢由绿色变为橙色，种子为深褐色。12 月果实为橙红色，种子为深褐色。次年 3 月果实为红色，种子为黑色。

2.4 三蕊兰繁育系统研究

从表 5 可以看出，理论上，自然传粉处理的三蕊兰应该有着不低于套袋处理的结实率，但实际结果却大不同，因其大部分果实被鸟类吞食，所以仅有 15.33% 的果实保留下来。这种情况的发生跟三蕊兰所处的位置也有很大关系。相对隐蔽的植株，其果实保留相对完整；周围空旷，易被鸟类发现的植株，其果实易被破坏。

野外观察发现：三蕊兰柱头和 3 枚雄蕊相距比较近，开花当天花药裂开，不时有花粉掉落。三蕊兰这种花粉散生的特性，使得三蕊兰即使在套袋隔离传粉昆虫后，仍有着高达 94.05% 的结实率，这说明三蕊兰能够自花结实。

经多重比较，套袋、人工自交、人工异交三者之间差异不显著。

对 4 种方式获得的种子进行非共生培养，其种子萌发率较低，为 12.27% ~ 15.45%，相互之间差异也不显著。

不同授粉方式下种子的结实率和萌发率　　表 5

授粉方式	结实率（%）	萌发率（%）
自然传粉	15.33	13.37A
套袋试验	94.05A	12.27A
人工自交	91.97A	14.51A
人工异交	95.44A	15.45A

注：同列相同英文字母表示差异不显著。

3 讨论

在生境调查中发现，三蕊兰居群中基本见不到幼苗，其种群结构不同于常规（正常）的金字塔形种群结构。长期来看，该种群结构处于一个不稳定的状态。另外，兰科植物高度依赖菌根真菌来完成其生命周期，尤其在缺乏胚乳导致营养缺乏的种子萌发阶段和幼苗生长阶段[10]。三蕊兰居群中幼苗的缺失，从另一个层面说明三蕊兰种子萌发困难。三蕊兰有哪些共生真菌，它们之间如何建立共生关系，共生真菌如何促进三蕊兰萌发生长，这些都值得深入研究。

在繁育系统试验中，套袋处理后的三蕊兰与传粉昆虫相隔离，其结实率仍高达 94.05%。与大多数兰花需要传粉昆虫不同，三蕊兰不需要传粉昆虫，可以通过花粉散落在柱头上实现传粉，进而实现自花结实，其有着与大多数兰花不一样的传播途径。

参考文献

[1] 陈心启，郎楷永，中国拟兰亚科的研究 [J]. 植物分类学报，1986，24（5）：346-352.

[2] Liu Z J，Li J C，Ke W L，*Neuwiedia malipoensis*，a new species（Orchidaceae，Apostasioideae）from Yunnan，China[J]. A Journal for Botanical Nomenclature，2012，22（1）：43-47.

[3] Kocyan A，Endress P K，Floral structure and development of Apostasia and *Neuwiedia*（Apostasioideae）and their relationships to other Orchidaceae[J]. International Journal of Plant Sciences，2001，162：847-867.

[4] Judd W S，Stern W L，Cheadle V I，Phylogenetic position of *Apostasia* and *Neuwiedia*（Orchidaceae）[J]. Botanical Journal of the Linnean Society，1993，113：87-94.

[5] Okada H，Kubo S，Mori Y，Pollination system of *Neuwiedia veratrifolia* Blume（Orchidaceae，Apostasioideae）in the Malesian wet Tropics[J]. Acta Phytotaxon Geobot，1996，47：173-181.

[6] Kristiansen K A，Freudenstein J V，Rasmussen F N，*et al.*，Molecular identification of mycorrhizal fungi in *Neuwiedia veratrifolia*（Orchidaceae）[J]. Mol Phylogene Evol，2004，33：251-258.

[7] Zhang Y，Li Y Y，Wang M M，*et al.*，Seed dispersal in *Neuwiedia singapureana*：novel evidence for avian endozoochory in the earliest diverging clade in Orchidaceae[J]. Botanical Studies，2021，62（3）.

[8] 王涛，罗樊强，池淼，等 . 濒危兰科植物三蕊兰全长转录组 SSR 序列特征及其功能分析 [C]. 四川：中国风景园林学会 2020 年会议论文集，2020.

[9] 邱治军，刘海伟，李桂梅，等 . 海南省吊罗山自然保护区水文条件与水资源 [J]. 热带林业，2004，32（2）：34-37.

[10] Kento Rammitsu，Takahiro Yagame，Yumi Yamashita，*et al.*，A leafless epiphytic orchid，*Taeniophyllum glandulosum* Blume（Orchidaceae），is specifically associated with the Ceratobasidiaceae family of basidiomycetous fungi[J]. Mycorrhiza，2019，29（2）：159-166.

人工孵化及育雏技术在北京地区鸳鸯（*Aix galericulata*）重引入项目中的应用[①]

北京动物园圈养野生动物技术北京市重点实验室 / 崔多英　李　莹　刘　燕　卢　岩　张成林

摘　要：2009～2013年，连续5年在北京动物园收集堆巢和弃巢的鸳鸯卵共计254枚用于人工孵化和育雏研究。其中受精卵218枚，受精率85.83%；出雏205只，受精卵孵化率94.04%。采用恒温孵化法，孵化机温度（37.6±0.2）℃，湿度50%～55%；落盘后移至出雏机，温度（37.0±0.2）℃，稍低于孵化温度，湿度70%～75%，稍高的湿度有利于雏鸟出壳。鸳鸯卵的鲜卵重（48.09±4.02）g，卵长径（53.09±1.43）mm，短径（39.95±1.62）mm，卵形指数为1.33±0.06。平均孵化期（29.10±0.32）d，孵化期间的平均失重率（16.13±1.27）%。卵重与孵化天数存在显著负相关关系。线性回归方程：$y=-0.279x+48.06$（$R^2=0.999$，$p<0.01$），其中x表示孵化天数，y表示卵重。

人工育雏满45d的青年鸳鸯体型已接近成鸟，活力旺盛，觅食和躲避天敌的能力较强。经过兽医体检、放飞前评估和林业主管部门审批后全部在北京地区放归野外，并进行野化放飞后的跟踪监测。其中，2009年野化放飞18只鸳鸯，2010年放飞14只，2011年放飞47只，2012年放飞16只，2013年放飞100只，连续5年共野化放飞鸳鸯195只。鸳鸯重引入项目的实施，可以壮大北京地区野生鸳鸯种群数量，实现北京动物园野生动物移地保护的重要职能。

关键词：鸳鸯；人工孵化；人工育幼；重引入；移地保护

鸳鸯（*Aix galericulata*）俗名：匹鸟、官鸭，英文名：Mandarin Duck，是雁形目鸭科中的小型鸭类，国家Ⅱ级重点保护野生动物。分布于亚洲东部，在中国东北地区繁殖，华南地区越冬，可见于中国东部各地。栖息地选择山间溪流、沼泽、湖泊等处，常见于阔叶树林环绕的沼泽、芦苇丛生的水面。国内种群数量从大约1500～2000对（2001年）[1]到12000～14000只（2009年）[2]。

鸳鸯的研究资料比较少且分散，国内仅限于野外观察基础上的分布和种群数量调查[1-3]，野外繁殖生态学研究[4-6]，生态、行为与保护[7-11]，圈养鸳鸯的繁殖生物学研究[12, 13]等。英国学者Davies A K & Baggott G K（1989）报道了引种到英格兰南部的鸳鸯种群的产卵、孵化及种内巢寄生现象[14]，英美学者Lawton L. Shurtleff L L & Christopher Savage C（1996）则系统研究了分布在太平洋东西两岸的近缘种——林鸳鸯（*Aix sponsa*）和鸳鸯的比较生物学及个体和种群生态学[15]。鸳鸯的人工孵化、育幼及重引入方面的研究尚未见报道。

鸳鸯在北京地区为旅鸟[16]，未见有繁殖记录报道。2007年5月10日，在北京动物园发现1只野生鸳鸯雌鸟带领3只雏鸟在湖面活动。2008年5月7日和6月2日，在北京动物园湖面观察到2窝鸳鸯雏鸟（5只，11只）在雌鸟带领下游动、觅食。2009年4～6月，在北京动物园发现4个野生鸳鸯繁殖树洞巢（nature nest），其中09-1号繁殖巢位于钻天杨（*Populus nigra*）顶部的树洞里，窝卵数33枚，这是由于鸳鸯的种内巢寄生行为（intraspecific nest parasitism，INP）导致的超常窝卵数，即“堆巢”（dump nesting）现象[14, 15]；09-2号繁殖巢在加杨（*Populus*×*canadensis*）中上部侧口树洞里，窝卵数11枚；09-3号、09-4号繁殖巢在垂柳（*Salix babylonica*）树洞内，窝卵数分别为11、12枚，均为正常窝卵数。2010～2013

① 基金项目：北京市公园管理中心科研项目：北京地区野生鸳鸯（*Aix galericulata*）繁殖生态学及保护策略研究；国家自然科学基金（No. 31470460）。

年，连续 4 年在北京动物园河湖岸边的高大树木上安装大型人工巢箱（Artificial nest box）用于野生鸳鸯产卵、孵化，共计 69 个（2010 年 11 个，2011 年 24 个，2012 年 14 个，2013 年 20 个）。因为鸳鸯堆巢卵的自然孵化率< 50%[14, 15]，我们自 2009 年起将北京动物园发现的天然巢和人工巢箱中的堆巢卵取出一部分送孵化室进行人工孵化、育幼，每巢留下 5 ~ 6 枚供亲鸟自然孵化，人工巢箱中发现的超常窝卵数，最多达 44 枚（2011 年）。检查过程中发现的弃巢卵则全部取出进行人工孵化、育幼。人工孵化、育幼至 45 日龄的青年鸳鸯，体型已接近成鸟，具备主动觅食和躲避天敌的能力。经兽医体检，野化放飞前体况评估，上报林业主管部门审查批准后，全部放归野外并开展放飞后的监测和研究。

1　材料与方法

1.1　卵的采集、保存和消毒

2009 ~ 2013 年连续 5 年的 4 ~ 6 月在北京动物园定期检查高大乔木上的天然树洞和人工巢箱，观察到鸳鸯利用天然树洞做繁殖巢产卵 22 窝（2009 年 4 窝，2010 年 4 窝，2011 年 6 窝，2012 年 5 窝，2013 年 3 窝），利用人工巢箱产卵 53 窝（2010 年 8 窝，2011 年 19 窝，2012 年 10 窝，2013 年 16 窝）。采集堆巢和弃巢（连续 3 天窝卵数未增，卵轻握在手中感觉较凉，无孵化启动后的温度）的鸳鸯卵 254 枚，其中受精卵 218 枚。

将采集到的卵使用碘伏稀释液擦拭表面消毒，待表面晾干后，用精确度为 0.1 g 的电子秤称重，游标卡尺测量长径和短径，即可入孵。未开始孵化的卵可以放置阴凉处短暂保存 2 ~ 3 天，待收集到一定数目后整批入孵。保存时卵钝端朝上呈 45°倾斜，置于蛋托或软垫之上；每天以长径为轴，按 90°方向转动 2 次。已经由亲鸟开始孵化的卵，采集、消毒、测量后需立即入孵。

1.2　卵的孵化

采用恒温孵化法，孵化机（型号：无锡产，9WF-1500 型）温度（37.6 ± 0.2）℃，湿度 50% ~ 55%；孵化机自动翻卵，每 2 h 翻卵 1 次，每次翻转 90°。晾卵间隔 5 ~ 8h。孵化前期的 1 ~ 5 天，每天晾卵 2 次，每次 10 min；孵化中期的 6 ~ 22 天，每天晾卵 2 ~ 3 次，每次 15min；孵化后期的 23 ~ 28 天，每天晾卵 3 ~ 4 次，每次 20min。孵化机所在室内温度 12.90 ~ 25.31℃，湿度 23.2% ~ 72.8%；晾卵时间和次数可根据环境温湿度适当调整。

落盘后移至出雏机（型号：日本产，P-05 型），温度（37.0 ± 0.2）℃，稍低于孵化温度，湿度 70% ~ 75%，稍高的湿度有利于雏鸟出壳。

1.3　数据处理

将 254 枚卵消毒后放入孵化机，定期照蛋检查卵发育状况，捡除白蛋（未受精卵）和死胚卵，孵化期间每隔 3 天定时进行卵称重并记录，落盘前最后称重 1 次，称重均在 17：00 进行。

用 Excel 2010 和 Spss 17.0 对实验数据进行统计分析，卵重与孵化天数的相关性分析选择计算 Pearson 简单相关性系数（r），显著性检验选择双侧检验，显著性水平设置为 0.01。

2　结果

2.1　鸳鸯卵的人工孵化率

2009 ~ 2013 年入孵鸳鸯卵共计 254 枚。其中受精卵 218 枚，白蛋 36 枚，受精率 85.83%；出雏 205 只，受精卵孵化率 94.04%；健康雏鸟 199 只，健雏率 97.07%（表 1）。连续 5 年孵化条件一致，孵化率和健雏率较高且稳定。

2009 ~ 2013 年鸳鸯卵的人工孵化率　　表 1

年份	入孵卵数（枚）	孵化率（%）	健雏率（%）
2009	25	76.00	94.74
2010	20	75.00	100.00
2011	62	80.65	98.00
2012	22	81.82	88.89
2013	125	82.40	98.06
共计 / 平均	254	79.17	95.94

2.2　鸳鸯卵的基本参数

从过去 5 年采集到的鸳鸯卵中随机抽样 99 枚进行测量，基础数据见表 2。鸳鸯卵呈椭圆形；卵壳颜色为象牙白，无斑点、花纹，具温润、柔和的光泽，孵化中后期微微泛黄。鲜卵重（48.09 ± 4.02）g，卵长径（53.09 ± 1.43）mm，短径（39.95 ± 1.62）mm，卵形指数为 1.33 ± 0.06。

鸳鸯卵的量度　　表 2

	卵重（g）	长径（mm）	短径（mm）	卵形指数＊
平均值$\overline{X}$	48.09	53.09	39.95	1.33
SD	4.02	1.43	1.62	0.06
范围 *R*（*n*=99）	55.40 ~ 40.90	57.32 ~ 49.60	42.10 ~ 32.12	1.61 ~ 1.24

注：＊ 卵形指数等于卵的长径与短径之比。

从入孵到出雏，测算199枚鸳鸯卵的平均孵化期为（29.10±0.32）天，最长孵化期29.86天，最短孵化期28.49天。

本研究监测2011年（49枚）和2012（16枚）年成功孵化出雏的65枚鸳鸯卵的破膜和打嘴（雏鸟用卵齿从卵内部开始叨壳，卵壳外表面出现裂痕和微小突起）情况，孵化末期，照蛋检查雏鸟啄破内卵壳膜进入气室到开始打嘴的平均时间为（11.20±2.57）h，从打嘴到出雏的平均时间为（24.65±5.08）h。打嘴部位在钝端距长轴1/3处，逆时针方向（观察者视角）开始叨壳，一般在卵壳破开2/3周长后，雏鸟颈背、腿同时用力即可顶开卵壳，尽力向前爬行至全部脱离卵壳，完成出雏。

2.3 人工孵化过程中的卵失重

测量2011年和2012年共计57枚鸳鸯卵的卵重、雏重及剩余物质，并计算雏重与卵重之比（表3）。

鸳鸯雏重占卵重的百分比　　表3

	卵重（g）	雏重（g）	剩余物质重（g）	雏重／卵重
$\overline{X}$ +*SD*（*n*=57）	48.16±3.97	26.75±3.12	12.20±1.05	55.54±3.65

57枚鸳鸯卵的平均失重率（16.13±1.27）%，卵失重率的变化区间为14.23%～17.52%。卵在孵化期间重量变化如图1所示，卵重与孵化天数存在显著负相关关系（r =−0.999，双侧显著性值0.000＜0.01的显著性水平）。线性回归方程：y=−0.279x+48.06（R^2=0.999，$p<0.01$），其中x表示孵化天数，y表示卵重。

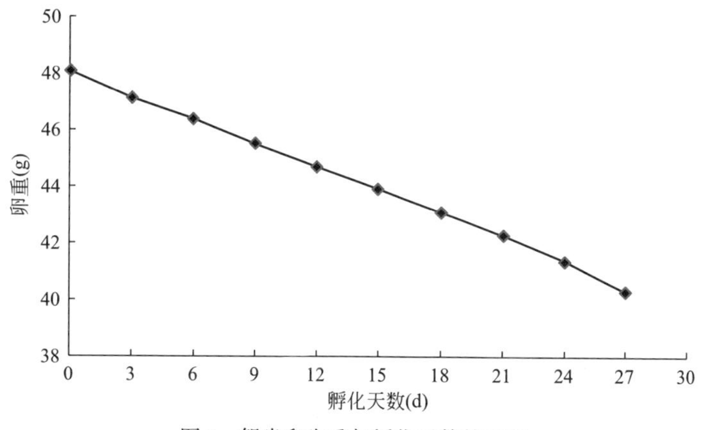

图1　鸳鸯卵失重与孵化天数的天系

2.4 人工育幼

雏鸟出壳后待毛完全干爽，即可从出雏机移入育幼箱。育幼箱的长×宽×高为1.5m×1.0m×0.8m可容纳大约20只雏鸟。使用电热毯或电热石取暖，温度保持在30～35℃，不低于25℃。箱内的普通照明灯白天点亮，夜间熄灭。置小型水盆、饲料盆和丰容用的木块、树枝等。饲料为雏鸟用面料。刚出壳的雏鸟在24h以后开食比较好，饲料不宜多给，以利于卵黄囊的完全吸收。3～7天后，雏鸟可移至更大空间的育雏室，育雏室围栏的网眼要密集，防止雏鸟攀爬、逃逸，并提供长×宽×深为1.0m×1.0m×0.3m左右的水池或水盆，供雏鸟游泳、洗浴。饲料增加切碎的蔬菜和少量面包虫活体。20日龄以后，移入有水池、栖杠的室外笼舍，饲料改为禽用颗粒料、蔬菜和活面包虫，面包虫和蔬菜可以撒到笼舍地面和水池内，锻炼雏鸟采食能力，增强野性。

2.5 青年鸳鸯的野化放飞

45日龄鸳鸯雏鸟的体型已经接近成鸟（表4）；成为活力旺盛、采食能力较强、具备躲避天敌能力的青年鸳鸯。经过兽医体检，野化放飞前的评估，报请林业主管部门审查批准后，全部在北京地区放归野外，并进行野化放飞后的跟踪监测。其中，2009年野化放飞18只鸳鸯，2010年放飞14只，2011年放飞47只，2012年放飞16只，2013年放飞100只，2015年放飞12只，2016年放飞12只，2017年放飞26只，2018年放飞14只，2019年放飞47只，2021年放飞24只，连续11年共野化放飞鸳鸯330只。野化放飞的青年鸳鸯采用全国鸟类环志中心提供的统一环志编号，鸳鸯左脚佩戴金属环志，右脚佩戴橙色旗标。

野化放飞青年鸳鸯（45 日龄）体尺测量 表 4

	体重（g）	体长（mm）	喙长（mm）	翼长（mm）	尾长（mm）	跗蹠长（mm）	中趾甲长（mm）
$\overline{X}$ +*SD*	426.04±50.97	386.73±25.14	28.37±1.95	186.66±23.60	82.92±9.23	38.97±5.49	7.65±0.77
范围 R（*n*=93）	560.0 ~ 262.7	450.0 ~ 320.0	33.0 ~ 22.0	260.0 ~ 129.0	108.0 ~ 55.0	52.1 ~ 30.48	9.54 ~ 4.22

3 讨论

鸳鸯卵在孵化过程中必须严格控制温度和湿度，并保证良好的通风条件。很小的温度变化都会影响胚胎的存活，温度急剧升高极有可能导致胚胎死亡；低温会减慢胚胎发育，延迟出雏。孵化机内的温度和湿度可以直接影响卵失重的快慢，在以往孵化经验的基础上，确定适宜的孵化温度和湿度，使鸳鸯卵的平均失重率保持在 16.13% 左右，获得较高的孵化成功率。Harvey（1993）对多种鸟卵孵化过程中失重规律的研究发现，从开始孵化到雏鸟喙进入气室（破膜），鸟卵失重 15% 最为适宜[17]，这与我们的研究结果一致。

鸳鸯卵一旦开始孵化，胚胎的发育进程即被启动，中途停止孵化将导致胚胎失温而死亡。2010 年 5 月 26 日(晴，19 ~ 32℃）上午 9：30 开始，通过安装在一株垂柳上部树洞（10-2 号天然巢，距地面 5.5 m）洞口的摄像头监测到已经自然孵化第 6 天的鸳鸯雌鸟未返巢继续孵化，5 月 27 日（阴，16 ~ 25℃）监测未见亲鸟返巢，5 月 28 日（小雨，16 ~ 25℃）监测仍未见亲鸟返巢，5 月 29 日（多云，18 ~ 32℃）判断弃巢，决定救助该巢鸳鸯卵。10-2 号天然巢窝卵数 10 枚，全部送孵化室人工孵化，后期跟踪检查发现存活 5 枚；6 月 16 日将这 5 枚幸存的鸳鸯卵移入 10-6 号人工巢箱，由另外一只雌鸟（所孵化的堆巢卵 38 枚全部死胚，已坐巢 35 天）继续自然孵化，6 月 20 日早晨 7：00 雌鸟（代亲）带领 5 只雏鸟从 10.5m 高的人工巢箱跳落地面，完成孵化。自然孵化中断 3 天的鸳鸯卵，仍有 50% 的存活率，说明鸳鸯胚胎对温度变化有较强的耐受性，该现象为首次报道。另外，将 10-6 号人工巢箱里剩下的 6 枚坏蛋取走，换入 5 枚有体温的活卵，雌鸟（代亲）继续完成孵化并顺利出雏，说明鸳鸯对同种的卵不具有识别能力，在卵的孵化阶段无排异行为。

卵的重量和卵形指数对孵化成功率均有影响。孵化记录显示，入孵卵重最大的 09-21 号卵（55.40g），孵化末期死亡；入孵卵重最小的 10-11 号卵（40.90g），孵化早期胚胎死亡。长径最大的 11-40 号卵（57.32mm）顺利出雏；长径最小 11-30 号卵（49.60mm），孵化早期胚胎死亡。短径最大的 12-13 号卵（42.10mm），落盘后死亡；短径最小的 11-42 号卵（32.12mm），孵化早期胚胎死亡。卵形指数最大的 11-42 号卵（1.61），偏细长，同短径最小，孵化早期胚胎死亡；卵形指数最小的 09-2 号卵（1.24），偏正圆，孵化后期胚胎死亡。可见，入孵卵重过大或过小，以及卵形指数异常，都难以顺利完成孵化。

孵化至 27 天的鸳鸯卵，放在耳边可听到细微的叫声(开叫)。推测此时雏鸟已经用喙顶破内卵壳膜进入气室，开始逐渐启动肺呼吸。破膜后的大约 11.20 h，雏鸟在卵壳内调整姿势，积蓄力量，为叨壳做准备。打嘴破壳后，雏鸟 jir—jir—的叫声由弱渐强，大约经过 24.65 h，待雏鸟完全出壳时，叫声已经十分响亮。这与我们使用带有音频和视频功能的微型摄像头观察到的，鸳鸯在天然树洞和人工巢箱里自然孵化的情况一致。亲鸟在孵化末期会有特别的、连续的 chia—chia—的声音，回应即将出壳的和出壳以后的雏鸟的叫声。亲子之间在孵化末期到离巢之前这段时间，利用声音通讯建立起来的相互识别方式，将是离巢过程以及今后在地面、水面生活中最重要的联络方式。

采用人工孵化和人工育幼技术可以减少鸳鸯卵因为堆巢或弃巢造成的损失，也可以避免自然条件下雏鸟因为天敌捕猎导致的较高死亡率，从而大幅度提高鸳鸯卵的出雏率和雏鸟存活率，为鸳鸯重引入项目的实施提供充足的动物来源。连续 5 年共计 195 只圈养青年鸳鸯野化放飞，壮大了北京地区野生鸳鸯种群数量，实现北京动物园野生动物移地保护的重要职能。

参考文献

[1] 赵正阶 . 中国鸟类志（上卷）[M]. 长春：吉林科学技术出版社，2001，210-212.

[2] 国家林业局 . 中国重点陆生野生动物资源调查 [M]. 北京：中国林业出版社，2009，140-141.

[3] 苏化龙，肖文发，胥执清，等 . 三峡库区蓄水 172 m 水位线前后江面江岸鸳鸯越冬种群分布调查 [J]. 西南大学学报(自然科学版)，2011，33(7)：62-66.

[4] 赵正阶，张兴录，何敬杰，等 . 鸳鸯的繁殖生态学研究 [J]. 吉林师大学报（自然科学版），1980（2）：52-58.

[5] 杨炯蠡，邹迅，林乾正 . 梵净山地区鸳鸯的繁殖生态 [J]. 野生动物，1985，75(4)：15-17.

[6] 蒋爱伍，蔡江帆 . 鸳鸯利用城市建筑物繁殖初步观察 [J]. 动物学杂志，2009，44(3)：135-137.

[7] 钟福生，陈冬平．鸳鸯越冬生态的观察 [J]. 动物学杂志，1992，27（2）：27-28.

[8] 阮云秋．鸳鸯越冬期日活动行为时间分配的研究 [J]. 野生动物，1995，85（6）：19-23.

[9] 高玮，王海涛，王日新，等．中国东北地区洞巢鸟类生态学 [M]. 长春：吉林科技出版社，2004，11-13.

[10] 北京市野生动物救护中心．自然北京——鸳鸯 [M]. 北京：北京出版集团公司，北京出版社，2011.

[11] 焦致娴，高艳娇，张俊华，等．三峡库区青干河峡谷鸳鸯越冬生境选择初探 [J]. 四川动物，2012，31（4）：647-654.

[12] 吴孔菊，李洪文，费立松，等．圈养条件下鸳鸯的自然繁殖 [J]. 四川动物，2005，24（4）：582-583.

[13] 卜海侠．鸳鸯的地栖繁殖行为 [J]. 畜牧与兽医，2008，40（6）：106.

[14] Davies A K，Baggott G K. Egg-laying，incubation and intraspecific nest parasitism by the Mandarin Duck Aix galericulata [J]. Bird Study，1989，36：115-122.

[15] Shurtleff L L，Savage C. The Wood Duck and The Mandarin [M]. Berkeley，Los Angeles，London：University of California Press，1996.

[16] 蔡其侃．北京鸟类志 [M]. 北京：北京出版社，1988，87-88.

[17] Harvey R L. Practical Incubation [M]. Canada and US：Hancock House publishers Ltd：63-71.

北京市公园管理中心 2020 ~ 2021 年
科技进步二等奖

明清中和韶乐的研究与实践

北京市天坛公园管理处 / 霍　燚　梁梓昱　刘晓绯　党宏斌　袁　方

摘　要：中和韶乐，是明清两朝皇家用于祭祀、宴飨、朝会时使用的礼仪性音乐。本文主要通过对明清中和韶乐本体进行研究，注重中和韶乐的实际操作，主要从乐律、乐调、乐器、词章、舞蹈、服装、实操等方面入手，利用文献学的方法，收集大量中和韶乐在音乐本体方面的文献资料，通过对多种古籍的交叉比对，确定明清时期中和韶乐的展示方式和流变关系、明代中和韶乐乐律的音域范畴、清代十四律的乐律结构、明清中和韶乐音乐词章的传承与变化等。最终解决明清中和韶乐在历史当中的使用规范，为当代传承、实践中和韶乐提供理论依据。

关键词：明清；中和韶乐；实践

1　中和韶乐概述

中和韶乐是明清两朝皇家用于祭祀、宴飨、朝会时使用的礼仪性音乐。在明清时期，国家典礼有祭祀、朝会、宴飨、行幸、大阅等，各种典礼由不同的音乐来伴奏，体现了礼备乐和的特点。中和韶乐是其中一个乐种，由特定的乐器、乐工组成的乐队，由特定的乐章和演奏风格。明代初期，朱元璋制定中和韶乐清代沿用。可以说中和韶乐是明清两朝皇家音乐当中等级最高的仪式音乐。

1.1　明代中和韶乐

明代祭祀乐在太祖时期被称为“中和韶乐”，也被称为“雅乐”，有太祖置雅乐之说[1]，主要是用来祭祀神祇和祖宗。祭祀有不同的等级，随着等级的不同，雅乐的乐队配置、词章数量等也不尽相同。

明初以圜丘、方泽、宗庙、社稷、朝日、夕月、先农为大祀，太岁、星辰、风云雷雨、岳镇、海渎、山川、历代帝王、先师、旗纛、司中、司命、司民、司禄、寿星为中祀，诸神为小祀。后改先农、朝日、夕月为中祀[2]。

明代皇帝亲自祭祀的有天坛、地坛、太庙、社稷坛、山川坛等。如果国家出现大事，则会命令官员去祭告。中祀和小祀都是派遣官员去祭祀，帝王陵庙和孔子庙，则特派官员去祭祀。每年常规进行祭祀的活动，大祀有 14 项，中祀 25 项，小祀 8 项。其中大祀和部分中祀皆使用中和韶乐，由太常寺下辖的神乐观掌管。

明代的乐舞生规模从明初的 194 人逐渐增多到 204 人。明初并未有排箫记载，而在明晚期的《大明会典》当中出现，《太常续考》中也有排箫的设置，这也说明明代的礼乐逐渐齐备。

1.2　清代中和韶乐

清代祭祀分为三等，为大祀、中祀和群祀。其中大祀和中祀会使用到祭祀中和韶乐，由神乐观（神乐署）负责演乐；群祀则由教坊司（和声署）负责演乐。在清代大祀有 13 项、中祀 12 项、群祀 53 项。相对于明代，中祀数量减少，群祀数量大幅增加。

中和韶乐，用于坛、庙者，镈钟一，特磬一，编钟

十六，编磬十六，建鼓一，篪六，排箫二，埙二，箫十，笛十，琴十，瑟四，笙十，搏拊二，柷一，敔一，麾一。唯先师庙，琴、箫、笛、笙各六，篪四，馀同。巡幸祭方岳，不用镈钟、特磬，琴、箫、笛、笙各四，瑟、篪各二，馀同。用于殿陛者，箫四，笛四，篪二，琴四，瑟二，笙八，馀同[3]。乐悬具体摆放位置见清代祭祀中和韶乐乐悬位次图（图 1）。

从乐队的配置来看，几乎与《太常续考》众所记载的乐队数量一样，也体现清承明制的特点，尤其是清代前期在制礼作乐之时，直接照搬明代祭祀乐队配置，直到乾隆二十六年（1761 年）才增加了镈钟和特磬两样乐器。除祭孔外，祭祀中和韶乐乐队在大祀和中祀里的配置是一样的，人员和乐器没有增减。

图 1　清代祭祀中和韶乐乐悬位次图

2　明清中和韶乐乐律

2.1　明代中和韶乐乐律

明代初期，朱元璋命冷谦等制乐，《明史》当中记载是："稽明代之制作，大抵集汉、唐、宋、元人之旧，而稍更易其名"[4]。因此明代初期基本承袭前代王朝的乐舞特点，乐律亦是如此。明代编钟为十六枚，为十二正律另四清律，分别是黄钟、大吕、太簇、夹钟、姑洗、仲吕、蕤宾、林钟、夷则、南吕、无射、应钟、清黄钟、清大吕、清太簇、清夹钟。这十六枚编钟的音域就代表着明代中和韶乐的音域使用范围和发音标准。根据万依先生《宋代黄钟的改作及大晟黄钟的影响》所载，明代编钟与宋大晟钟音列相同，属于一脉相承。根据恢复大晟律管的复原，计算出大晟黄钟律管发音为 c^2+10，故宫博物院藏大晟黄钟清发音为 c^2+20，音高几乎相同，故此推测宋代大晟钟音域为 c^1 至 $^\#d^2$。而根据恢复明代律管，明代黄钟音高为 c^2+10，故此证明明代依然遵循宋代大晟律，明代编钟的音域亦为 c^1 至 $^\#d^2$[5]。

2.2　清代中和韶乐乐律

中和韶乐的音域可以看作清代编钟的音域。关于清代编钟的律名区别于明代编钟，明代编钟为十二正律之后加四清律，音域自黄钟至清夹钟；而清代编钟除去四清律，在黄钟之前加入了四倍律，形成了自倍夷则至应钟的音域范围。

可以说选择自倍夷则至应钟这个音域是有不高不低、不哑不促、中和已足的要求。根据刘复对于天坛康熙五十四年编钟的测算，音域基本上在 $^\#c^4$ 至 d^5 之间，与明代音域 c^4 至 $^\#d^5$ 这种十二律制相比，从文物角度来说，清代实行的是十四律。

3　明清中和韶乐乐章

3.1　明代中和韶乐乐章

明代祭祀乐的乐章以"和"字定名，如明代洪武元年圜丘乐章，迎神奏《中和之曲》，奠玉帛奏《肃和之曲》。《明史》当中将乐分为 4 个等级："曰九奏，用祀天地；曰八奏，神祇、太岁；曰七奏，大明、太社、太稷、帝王；曰六奏，夜明、帝社、帝稷、宗庙、先师。舞二：曰文舞，曰武舞。”乐章文体格式使用离骚体，以“……兮……”为格式，如“昊天苍兮穹窿，广覆焘兮庞洪”[6]。另使用诗经体，特点为四字一句，如“坤德博厚，物资以生。承天时行，光大且宁”[6]。

3.2 清代中和韶乐乐章

祭祀中和韶乐的乐章与前代一样，取“嘉名”定名，“郊庙及社稷乐章，前代各取嘉名，以昭一代之制，梁用‘雅’，北齐及隋用‘夏’，唐用‘和’，宋用‘安’，金用‘宁’，元宗庙用‘宁’、郊社用‘咸’，前明用‘和’。我朝削平寇乱，以有天下，宜改用‘平’”[7]。清代主要以“平”字来定名。后定朝日，乐章用“曦”；夕月，乐章用“光”；耤田飨先农，用“丰”；大享殿合祀天地百神，用“和”。虽用“曦”“光”“丰”“和”数字，但属个案，其余绝大部分中和韶乐乐章皆以“平”字命名。如圜丘祭天，迎神奏《始平之章》，亚献奏《嘉平之章》等。

4 明清中和韶乐乐器

4.1 明代中和韶乐乐器

明代中和韶乐乐器共 14 种，与历代王朝一样，是根据八音分类法设置的，但相比宋元时期的雅乐器种类要减少很多。明代中和韶乐乐器目前鲜有文物存世，《大明会典》当中有关于乐器的记载[8]，但并不详细，主要是关于外形的描述。

明代初期，朝廷在制作雅乐之时未如前代一样设置特钟、特磬，在明嘉靖年间，张鹗提出恢复特钟、特磬，礼官便以“周旋未便”为由并不设置，故明代八音乐器数量仅有 14 种，由此也可以看出雅乐发展到明代乐器种类已经缩减。且与宋代鼎盛时期相比，雅乐进入衰退的阶段。

4.2 清代中和韶乐乐器

清代中和韶乐乐器形制记载数据十分详尽，收录在《御制律吕正义后编》当中，其科学性和系统性是前世史书中所不具备的。乐器形制数值在万依、黄海涛所著的《清代宫廷音乐》一书中有详细说明，在此不展开编写。

清代中和韶乐乐器承袭明代形制，以八音分类法设置，共计 16 种乐器，相较明代多出镈钟、特磬两种乐器。

清代由于在康熙朝后实行十四律，并且制作和颁布了新律的乐器，故此清代中和韶乐乐器的使用方法与明代有很大不同，主要表现形式是明代按照十二律五音的演奏法，而清代则使用阴阳律的演奏法，从乐器使用上来看就已经按照阴阳来分，如编钟、编磬仅敲上一排，笛、篪、箫、埙分姑洗律和仲吕律，排箫分阴阳律等。

4.3 明清中和韶乐乐器对比

明清时期，乐器形制总体上秉承了“清承明制”的做法，仅有一些微调。变化在以下几个方面：①从乐器本体外观上，有较大改动的仅有排箫一项，主要是排箫肩部翘头改为圆头；②更多的是配饰上的变化，明代至清代前期多为如意结，乾隆后改配饰为流苏；③配饰悬挂位置也有变化，尤其是吹奏类乐器，如明代及清代前期龙笛悬挂在龙首，乾隆后悬挂在龙笛出音孔，又如明代及清代前期笙的配饰挂在大管，乾隆后改为挂在笙短嘴上；④乾隆时期对乐器的形制相对较多，也体现了乾隆皇帝对于制礼作乐的热衷，同时也标志着清代国力的鼎盛。

5 明清中和韶乐舞蹈

5.1 明代中和韶乐舞蹈

明代初期，朱元璋设置雅乐，“命选道童充乐舞生”[4]，后“乐生仍用道童，舞生改用军民俊秀子弟”[4]。祭祀乐舞依然如同前代，并设置武舞和文舞于祭祀的三献敬酒仪程之中。殿陛中和韶乐不设置舞蹈，仅有音乐。

明代雅乐舞蹈在舞谱和舞容方面皆无记载，因此明代舞蹈，尤其在官方正史中几乎没有可以参考的依据。朱载堉在《律吕精义 · 论舞学不可废》中提到：“太常雅舞，立定不移，微示手足之容，而无进退周旋、离合变态，故使观者不能兴起感物，此后世失其传耳，非古人之本意也”[9]。这可以从侧面论证明代雅乐舞蹈为“一字一音一动作”的行为模式。

汉唐之后，雅乐舞蹈逐渐僵化，沿用至明清时期。根据《頖宫礼乐疏》中所保留的祭孔乐舞和《御制律吕正义后编》舞谱的记载，无论是佾舞形式，还是舞具形制，明清时期基本相同，依然体现了雅乐舞蹈“一字一音一动作”的模式。

5.2 清代中和韶乐舞蹈

清代中和韶乐舞蹈在祭祀当中大祀、中祀的三献敬酒环节使用，先蚕坛和殿陛中和韶乐等仪式不用舞蹈。清代祭祀舞生选用八旗俊秀子弟充任。祭祀舞蹈使用干戚、羽籥作为舞具，在三献敬酒的过程中翩翩起舞。《坛庙祭祀节次》记载了有关于舞蹈的基本动作，是以眼、手、身、足等肢体动作，正、背、里、外、对等舞生的左右对称关系和干戚、羽籥的舞具动作进行排列组合，最终形成祭祀舞蹈。书中记载文舞和武舞共记载有 195 个基本动作，其中武舞 52 个，文舞 143 个。这些舞蹈基本动作在朱载堉《乐

律全书》中的编舞方法基础上进行设计的，《中国舞蹈通史·明清卷》就载有“朱载堉编制舞谱的方法，对后世产生了一定影响，清代一些记载祭祀乐舞的书，就是采用朱载堉记录舞蹈的方法来编写绘制的”[10]。

清代祭祀舞谱存于《御制律吕正义后编》，其中包含所有祭祀仪式的舞谱。《清代盛京宫廷乐舞研究》指出“《御制律吕正义·后编》采用了朱载堉的舞谱，将清宫乐舞记录下来，这又是我国官修史志、会要中绝无仅有的”[11]。在此书描述的编写体例下，对于后人认识祭祀舞蹈，复建祭祀舞蹈都提供了相应的依据。但很显然，缺点是每个舞蹈动作如同一张张照片，无法形成连贯的动作，虽然在没有摄像机的古代，这种图版式的记录方法虽已是当时最科学的手段，但今人若想重构祭祀乐舞，使动作连贯，形成舞蹈，则仍然需要一定的合理想象。

6　明清中和韶乐演奏方法

中和韶乐周代的雅乐，自周公之礼作乐以来被历代沿用，保持着中和平和、庄严肃穆的演奏风格，符合儒家的伦理道德规范。如今在民间依然流传的是祭祀孔子的释奠礼乐，宫廷的中和韶乐已经不复使用，仅在北京坛庙进行祭祀礼乐文化复现时能够得见，天坛神乐署也会定期进行中和韶乐的展演。中和韶乐的具体演奏方法在业界并没有统一标准，大致可分为一字一音的使用方法和有旋律性的演奏方法。

6.1　明清中和韶乐演奏风格

中和韶乐继承了历代的雅乐传统，始终保持着中正平和、庄严肃穆的演奏风格，其特征就是一字一音。或许早期的雅乐体系是有旋律的，但目前并未发现有曲谱流传于世。《周语·国语下》所说的“金石以动之，丝竹以行之”也仅是关于音乐概况的描述，具体的操作方法又岂能是十个字能说明的。中和韶乐在官方文献中尚未找到具体演奏方法，礼失求诸野，幸而在《直省释奠礼乐记》和《中和韶乐》等书中寻得操作方法，尽管祭孔与中和韶乐在音乐的某些环节上有所损益，但是具体到音乐的演奏上可以看出其演奏的方法和风格。

根据古籍记载，明确记录了每奏一字时，要以钟宣声，之后歌生唱一字，同时弹拨、吹管奏一音，最后以磬收韵，并未记载一字多音或者一音多字的情况，也没有板眼之说。即使明代对于中和韶乐的具体演奏方法记录得很模糊，但是在《阙里文献考》中仍有“大明时……每字先以编钟发其声，次以编磬收其韵”的记载，证明了每个字在钟磬框架中演奏，必定是一字一音体系。故此可以说中和韶乐的演奏是以一字一音为基础开展的。

6.2　明清中和韶乐演奏方法

明清宫廷中使用的乐器并无足鼓、鼗鼓等，舞蹈中亦无木铎、相鼓以相辅，又结合《御制律吕正义后编》可以勾勒出明清皇家所用中和韶乐的演奏方法：

（1）（乐凡○章）……每奏一章，麾生举升龙麾高唱曰：“乐奏，○○之章。”（欲勃然而起，上二字一读，下四字分排欲匀，长韵渐大，从容和雅，尾声悠长）。

（2）击柷三声以起乐。

（3）（章凡○句）每奏一句，击镈钟一声以宣齐声（明代则不设）。

（4）（句凡○字）每奏一字歌声未发先按谱击编钟一声以宣其声。

（5）歌生协律一字，排箫笛笙箫篪埙各按谱吹一声、琴按谱弹一声、瑟按谱弹两声（左右两手并鼓之）。

（6）歌声（每歌一字）将歇按谱击编磬一声以收其韵。

（7）击建鼓三声（每建鼓一声）拍搏拊二声以应之（三应凡六声），每鼓一声，搏拊左右各一声，乐阕时鼓连击两声，少听，再击一声，拊亦如之。

（8）每一章阕，栎敔六声以止乐（先三击其首而后戛其背）。

（9）麾生举降龙麾高唱：“乐止”（长韵渐细，欲飘然而去）。

7　结语

西周初期，周公制礼作乐，礼乐体系贯穿中国礼制社会三千余年，无论历代王朝兴衰荣辱，礼乐制度依然是每个王朝需要郑重面对的事情，因为它代表了王朝的正统性和合法性。

朱元璋在建立明朝之初就对礼乐制度进行大规模的制定，并且由天地分祀改为天地合祀。朱棣在北京建都，设天地坛、神乐观，规模形制均仿照南京样式，延续天地合祀的传统。到了明代嘉靖时期，朱厚熜对礼乐制度进行了大规模的改革，尤其是将天地合祀改为天地分祀，北京四郊设置天、地、日、月祭坛，就中和韶乐而言，乐章、乐谱、服饰、乐工等方方面面都有着大量的改变。但从史书记载和乐谱记载来看，乐律、乐调、乐器、乐谱逐渐失去了雅乐的特点，向俗乐化靠拢，体现出雅乐的衰落。

至清代顺治年间，爱新觉罗·福临并未对明代的礼乐制度进行大规模改革，从文物遗存和历史文献上来看，他采用“清承明制”的做法，这也体现了清代少数民族入主中原，为体现正统性，故礼乐方面不改前朝形制，依然表现出汉族儒家的礼乐制度形式。康熙年间，爱新觉罗·玄烨在平定内忧外患后，开始着手制礼作乐，摒弃了传承了几千年的十二律体制，创造了十四律，编纂了《律吕正义》，依据此理论制作了一整套中和韶乐音乐体系，并推广全国。乾隆年间，爱新觉罗·弘历对于礼乐有了进一步的完善，设立乐部，编纂《御制律吕正义后编》将乐谱和舞谱通过此书保留了下来，为后世研究清代雅乐提供了相当宝贵的资料文献。

从中国古代雅乐体系整体上看，明清时期相较于唐宋是衰落的，这与封建王朝的兴衰息息相关。从雅乐体系的小环境下着眼，清代比明代更加完善，尽管十四律被后世诟病，但乐律、乐调、乐谱、乐舞等多个方面的体系建立都是详细且完备的。

本文是对中和韶乐的音乐本体进行了系统性的梳理，尽管依然有许多方面存疑，但通过大量史料的交叉比对已经能够逐渐勾勒出中和韶乐在明清时期的表现形态以及流变过程。除理论研究之外，还将研究成果转化为实际应用，这对于明清中和韶乐遗产的保护将会有着更加清晰的认识；对于中轴线遗产当中的坛庙遗产礼乐部分有着理论和实践上的依据；对于雅乐本体在时间上的跨度，真正意义上地将其拓展至明代，而不仅仅停留在理论层面。

参考文献

[1]（清）张廷玉．明史·卷61·乐一·志第37[M]. 北京：中华书局，1974：1500.

[2]（清）张廷玉．明史·卷47·礼一·志第23[M]. 北京：中华书局，1974：1225.

[3]（清）赵尔巽．清史稿·卷一百一·乐八·志第七十六 [M]. 北京：中华书局，1976：2985.

[4]（清）张廷玉，等．文渊阁四库全书·第二九八册·史部五十六·明史·乐一·卷六十一 [M]. 台北：台湾商务印书馆，1986：298.

[5] 万依．宋代黄钟的改作及大晟黄钟的影响 [J]. 音乐研究，1993（01）：75-77.

[6]（清）张廷玉，等．文渊阁四库全书·第二九八册·史部五十六·明史·卷六十二·志三十八·乐二 [M]. 台北：台湾商务印书馆，1986：13.

[7]（清）赵尔巽．清史稿·卷九十四·乐八·志第六十九 [M]. 北京：中华书局，1976：3733.

[8]（明）张居正．大明会典．卷一百八十三·工部三·营造三·仪仗二 [M].

[9]（明）朱载堉．文渊阁四库全书·第二一三册·经部二零七·律吕全书·卷十九 [M]. 台北：台湾商务印书馆，1986：213-525.

[10] 王克芬．刘青弋．中国舞蹈通史·明清卷 [M]. 上海：上海音乐出版社，2012：154.

[11] 杨久盛．清代盛京宫廷乐舞研究 [M]. 辽宁：春风文艺出版社，2003：7.

滴灌施肥条件下月季品种‘绯扇’N、P、K养分吸收与生长研究①

北京市植物园，北京市花卉园艺工程技术研究中心，城乡生态环境北京实验室 / 崔娇鹏　孙　猛　安　晖　王　超　刘东焕

摘　要：采取滴灌施肥技术对地栽三年生嫁接苗月季品种‘绯扇’在不同施肥处理条件下的生长和生理指标进行测定，比较不同施肥处理下月季品种‘绯扇’对大量元素N、P、K的吸收和利用率，从而综合分析滴灌施肥对其生长的影响。结果发现：滴灌施肥与常规施肥比较，该品种在生长和生理影响方面的差异不显著，结合施肥吸收利用效率和施肥量的比较，初步认为单株‘绯扇’年施用肥料N为10.8g，P为1.64g，K为7.82g可满足其基本的生长需求，该结果为今后精准施肥措施的制定提供了初步的参考和借鉴。

关键词：月季‘绯扇’；滴灌施肥；生长

月季是非常重要的庭院观赏花卉之一，素有“花中皇后”的美誉。月季作为北京市的市花，在城市绿化和美化中应用广泛，用量惊人。长期以来，月季在施肥营养方面的研究多集中在切花生产领域，对于庭院月季品种的园林栽培定量的测定的研究较少，且绝大部分施肥试验针对的是盆栽条件，露地栽培则多体现在肥料施用的最优比例[1, 3, 7, 8]。因此，在施肥管理方面还多凭经验而为，缺少科学数据的支撑，亟待提升水肥的精细管理水平，从而更好地节约，科学施肥。

滴灌施肥是将施肥与滴灌结合起来的一项现代技术，是通过压力系统把肥料溶液以较小液滴量直接准确的施与植物根部的土壤表层的灌水施肥技术。具有节水省肥，省工省力，增产增效，提高品质的优点[2, 4]。

目前，滴灌施肥技术和研究主要集中在农业和林业领域，在园林栽培植物上应用的较少[2, 4, 6, 9-16]。本文对滴灌条件下月季品种‘绯扇’的施肥量进行定量分析对比，探讨滴灌条件下该品种生长所需的施肥量情况，为进一步的优化栽培和精细化管理提供一定的理论和实践依据。

1　研究区概况

1.1　自然条件

研究地处北京市顺义区河庄，为典型的温暖半湿润大陆性季风气候，夏季炎热多雨，冬季寒冷干燥。年平均气温 12 ~ 13 ℃，年平均降水量 550mm，年无霜期 180 ~ 200 天。

1.2　土壤条件

试验地土壤为壤土，土壤密度 1.56 ~ 1.63g/cm^3，土壤平均田间持水量为 29%（体积含水量），有机质含量 14.63g/kg，碱解氮含量 118.5mg/kg，有效磷含量 3.58mg/kg，有效钾含量 76.4mg/kg，土壤条件较好。

① 资助项目：北京城市园林植物智能水肥一体化技术研发（Z161100001116087）。

2 研究方法

2.1 实验设计

2017 年 3 月在北京顺义的河庄苗圃基地建立并安装了智能水肥一体化的智能控制系统和滴灌系统，月季试验栽培区分为灌溉区，施肥区和水肥耦合区，其中施肥区又分为常规施肥、基准施肥、基准 −30%、基准 +30%、基准 −60%、基准 +60% 共计 6 个不同处理的施肥小区，每个试验小区由 2 列保护行和 3 列测试行构成，株行距为 1.5m × 1m，采用的试验品种为大花杂交茶香月季品种‘绯扇’3 年生嫁接苗。每个试验小区的施肥随灌溉同时进行，每个小区灌溉量及其他管理措施均相同。

2.2 施肥方法

2018 年，施肥从初夏 6 月开始到秋季 10 月结束，按照不同季节和植物生长阶段分两种不同施肥量进行，其中夏季施肥 4 次，秋季施肥 7 次，共计 11 次，每次施肥间隔时间为 7d。按照施肥设计每次施肥量均等，全年不同施肥处理下单株施肥量详见表 1。

2018 年不同处理单株年度施肥对照表　　表 1

处理编号	施肥处理	每株施肥量（g）		
		N（g）	P（g）	K（g）
1	常规	58.33	8.84	35.68
2	基准	15.45	2.38	11.12
3	基准 +30%	20.04	3.11	14.42
4	基准 −30%	10.8	1.64	7.82
5	基准 +60%	24.69	3.84	17.76
6	基准 −60%	6.19	1.01	4.42

注：N 肥为尿素，P 肥为磷酸一铵，K 肥为白色氯化钾，均为可溶性肥料。

2.3 数据调查与处理

2.3.1 生长指标调查及营养含量测定

2018 年，在盛花期对不同施肥处理下植株的生长指标及开花指标进行测定，同时对标准木枝条、花朵和叶片等不同部位的器官进行营养测定。入冬修剪防寒前，对标准木整株进行生物量和营养元素的测定。其中，生长指标每个处理选取 30 个样本株，测定结果取平均值作为最后指标的结果。生物量选取不同处理事先选定的标准木进行测定，每个处理标准木为 3 株，即 3 次重复。

2.3.2 生理指标测定

2018 年，随机选取每个测试小区生长良好的植株进行叶绿素含量和光合指标的测定，每个试验小区选取 3 株，重复三次。其中，叶绿素含量测定采用 80% 丙酮提取法 [5]；光合指标通过 CIRASIII 光合仪进行测定。

2.3.3 数据处理

试验数据均使用 Excel 2013 和 Spss 22 软件处理，并进行单因素方差分析（ANOVA）。

3 结果与分析

3.1 不同施肥处理‘绯扇’生物量及生长情况的差异比较分析

根据试验测定结果发现：品种‘绯扇’在不同施肥处理条件下，施肥 4 处理生物量总量最高，其中根系、叶和花的生物量在 6 个处理中均高于其他处理。同时，生物量的结果与生长指标的测定结果基本一致。其中，株高、花径和花瓣数量不同处理间差异不显著，但花冠直径和花朵数量不同处理间存在差异，其中处理 4 显著优于其他 5 种处理。具体结果见表 2、表 3。

2018 年‘绯扇’标准木单株不同部位的生物量　表 2

处理编号	施肥处理	根（g）	枝（g）	叶（g）	花（g）	合计（g）
1	常规	69.84	69.88	27.07	6.69	103.6
2	基准	43.83	80.86	41.56	8.44	174.69
3	基准 +30%	62.45	82.95	34.74	4.05	184.19
4	基准 −30%	75.31	106.15	52	9.29	242.75
5	基准 +60%	56.17	118.4	44.07	7.13	225.77
6	基准 −60%	56.57	60.39	38.02	5.12	160.1

2018 年标准木不同施肥处理的生长指标测定　　表 3

处理编号	施肥处理	株高（cm）	南北冠幅（cm）	东西冠幅（cm）	花朵数（朵）	花径（cm）	花瓣
1	常规	62.67±18.5	64.33±8.5abc	62.33±5.51a	17±4a	8.01±0.69	21.72±3
2	基准	58±3.46	54.33±11.72c	59.67±18.77b	15±0a	9.39±0.34	25.11±6
3	基准 +30%	56.07±13.84	52.4±8.14c	69.6±5.57a	10±2b	9.18±1.67	24.89±5
4	基准 −30%	69.33±15.41	82.67±3.74a	67.43±10.6a	20±2a	9.19±1.01	26.00±4
5	基准 +60%	67.53±10.29	78.33±11.49ab	80.3±7.71a	16±5a	8.27±0.54	25.11±2
6	基准 −60%	49±5.29	57±20.88bc	64.33±6.66a	14±8a	8.71±0.81	21.44±5

3.2 不同施肥处理‘绯扇’N、P、K营养元素的吸收及利用差异分析

通过对营养含量的测定，结合单株施肥量，计算单株标准木N、P、K元素的吸收量和利用率。结果表明：处理4和处理5在营养元素吸收量上要优于其他4种处理，而在营养利用率方面，处理4和处理6要高于其他4种处理。结合施肥肥料用量，综合评价发现：处理4在这6个处理中比较经济且效果突出。具体结果见表4和图1。

‘绯扇’单株不同施肥区各器官N、P、K的含量　　表4

处理编号	N（g）					P（g）					K（g）				
	根	枝	叶	花	总量∑	根	枝	叶	花	总量∑	根	枝	叶	花	总量∑
1	1.03	2.26	1.73	0.15	5.17	0.18	0.20	0.11	0.02	0.51	0.22	1.03	0.61	0.11	1.97
2	0.66	2.94	2.54	0.20	6.34	0.12	0.27	0.17	0.02	0.58	0.13	1.16	0.91	0.13	2.33
3	1.04	2.85	2.02	0.10	6.01	0.19	0.29	0.15	0.01	0.64	0.16	1.18	0.71	0.06	2.11
4	1.20	2.99	2.91	0.21	7.31	0.22	0.34	0.23	0.03	0.82	0.25	1.63	1.15	0.15	3.18
5	0.97	4.25	2.29	0.15	7.66	0.20	0.40	0.19	0.02	0.81	0.16	1.66	0.87	0.11	2.80
6	0.83	2.15	1.90	0.12	5.00	0.15	0.20	0.16	0.01	0.52	0.16	0.79	0.67	0.07	1.69

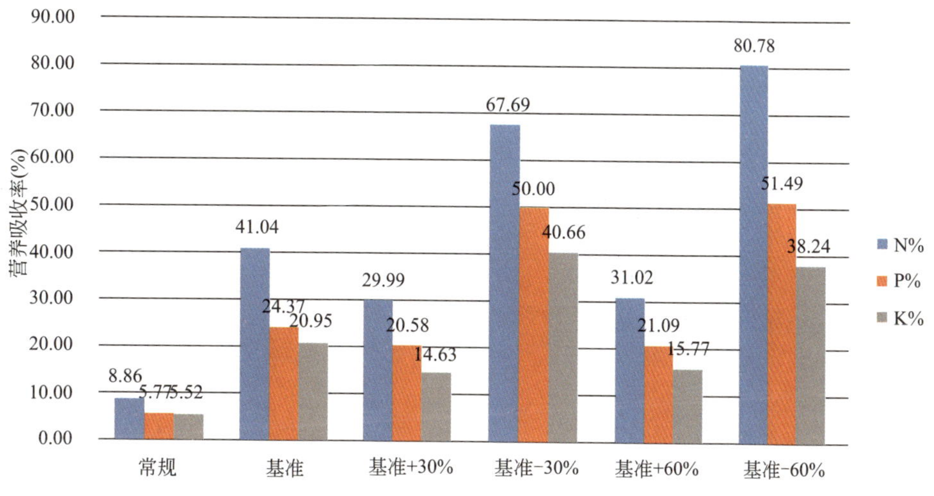

图1　不同施肥处理不同营养的吸收效率比较

3.3 ‘绯扇’不同施肥条件下的叶绿素含量和光合速率

叶绿素是植物进行光合作用的主要色素，光合速率是衡量植物光合能力的重要指标之一。

通过不同施肥处理下的叶绿素含量和光合速率数据，可以发现：与常规施肥相比，滴灌施肥处理对‘绯扇’的叶绿素含量和光合速率没有产生显著影响。即当置信区间为0.05时，p=0.586>0.05，叶绿素含量组间差异不显著；而光合速率处理3与其他5种处理有显著差异外，其他组间差异不显著，其p=0.007<0.01，具体测定结果见表5、表6。

‘绯扇’不同施肥处理的叶绿素含量测定　　表5

处理编号	施肥处理	a+b 叶绿素含量（mg/g）
1	常规	0.45±0.13
2	基准	0.56±0.15
3	基准+30%	0.39±0.15
4	基准−30%	0.37±0.11
5	基准+60%	0.39±0.19
6	基准−60%	0.38±0.1

‘绯扇’不同施肥处理的光合速率测定　　表6

处理编号	施肥处理	光合速率（μmol·m²/s）
1	常规	12.68±1.91a
2	基准	10.76±0.83a

续表

处理编号	施肥处理	光合速率（μmol · m²/s）
3	基准 +30%	7.98±1.64b
4	基准 −30%	11.75±2.22a
5	基准 +60%	10.48±1.41a
6	基准 −60%	12.2±2.36a

4 问题与讨论

未来发展节约型园林是大势所趋，精准施肥是高效利用的一个重要栽培措施。本研究在尝试滴灌施肥技术在月季栽培上的应用途径和效果方面初步发现：滴灌施肥对月季‘绯扇’生长、生理方面的效果和常规施肥的效果相比较并没有明显的差异，但却能够在相同的栽培养护效果下更加节水节肥。在目前的实验设计条件下，基准 −30% 的施肥量即可满足该品种的常规生长发育需要。然而，由于试验地土壤的均一性不是很一致，也相对较为肥沃，这为数据测试的结果带来一定的影响；此外，地栽实验需要多年多点重复才能更加客观，苗龄和植株大小等因素也会对实验结果产生影响，需要进一步重复来确定本品种不同生长阶段的实际需肥量。滴灌施肥是非常适宜盆栽控制生长条件下进行栽培的技术，是否适宜在群落配置复杂的园林绿地中使用仍值得商榷。此外，滴灌施肥需要一定的设备投入和维护，对于后期养护中设备损耗折旧的成本、特定肥料施用的成本都应该纳入总体的成本核算中，最终得出更加科学可靠的结论，以指导实践和应用。

参考文献

[1] 熊运海 . 切花月季营养生理特性研究进展 [J]. 渝西学院学报（自然科学版），2003，2（1）：51-54.

[2] 贺勇，等 . 地面滴灌对 107 杨幼林生长和水肥利用的影响 [J]. 东北林业大学学报，2015，43（11）：37-41.

[3] 孙娅婷，等 . 控释复肥对盆栽月季土壤养分和生长发育的影响研究 [J]. 水土保持学报，2007，21（3）：65-68.

[4] 贺勇，等 . 滴灌施肥条件下 107 杨幼林 N、P、K 养分吸收量与施肥量研究 [J]. 林业科学研究，2015，28（3）：426-430.

[5] 赵世杰 . 植物生理学实验指导 [M]. 北京：中国农业科学技术出版社，1998.

[6] 李鹏初 . 滴灌 · 施肥系统在园林苗木培育中的应用 [J]. 广东园林，2008（04）：22-24.

[7] 程洪森，徐宁，马策 . 北方设施切花月季水肥耦合对切花产量的影响 [J]. 中国园艺文摘，2014，30（05）：29-31.

[8] 桂敏，张开正，苏艳，施自明，卢珍红，熊俊芬，瞿素萍 . 不同肥料和栽培基质对盆栽月季生长开花的影响 [J]. 山西农业科学，2019，47（09）：1592-1597.

[9] WANG A，GALLARDO M，ZHAO W，et al. Yield，nitrogen uptake and nitrogen leaching of tunnel greenhouse grown cucumber in a shallow groundwater region[J]. Agricultural Water Management，2019，217：73-80.

[10] YAN X L，JIA L M，DAI T F. Effects of water and nitrogen coupling under drip irrigation on tree growth and soil nitrogen content of Populus ×euramericana cv. Guariento.[J]. Ying Yong Sheng Tai Xue Bao = The Journal of Applied Ecology，2018，29（7）：2195-2202.

[11] 阙宁磊，顾小小 . 节水灌溉设备及自动控制系统在果树水肥一体化中的集成应用 [J]. 上海农业科技，2017（06）：101-103.

[12] 杨清霖，杨向德，石元值，马立锋 . 茶园滴灌与水肥一体化技术研究 [J/OL]. 茶叶学报，2019（01）：32-37[2019-09-30].http：//kns.cnki.net/kcms/detail/35.1330.S.20190617.1059.012.html.

[13] 冯志文，万书勤，康跃虎，等 . 滴灌施肥条件下减量施肥对马铃薯田土壤养分积累及产量的影响 [J]. 节水灌溉，2019（08）：28-33+38.

[14] 严富来 . 滴灌施肥条件下宁夏扬黄灌区春玉米水肥耦合效应研究 [D]. 杨凌：西北农林科技大学，2019.

[15] 窦威 . 滴灌技术在柑橘种植上的应用探讨 [J]. 南方农业，2019，13（12）：9-10.

[16] 薛冯定 . 大田棉花滴灌施肥水肥耦合效应研究 [D]. 杨凌：西北农林科技大学，2013.

自育一串红良种高抗逆性的生物学基础初步分析

北京市园林绿化科学研究院，绿化植物育种北京市重点实验室 / 崔荣峰　辛海波　赵正楠　苑　超　董爱香

摘　要：近些年，北京市园林绿化科学研究院花卉所一串红课题组承担了北京市园林绿化局、公园管理中心等多项一串红育种的研究课题，并圆满完成了各项任务指标。课题组先后培育了以‘奥运圣火’‘世纪红’为代表的一串红新品系，近几年又陆续获得了‘奥运圣火’一串红系列多花色新品种‘奥圣’系列和‘奥碧’系列共计13个新品种，在国内行业内具有一定的影响力。本研究针对以上自育新品系的抗高温等优异抗逆性表现，及其可能的生理学和组织学等生物学基础进行了初步的探索和研究，并对细胞组织差异对抗逆性的影响和目标差异物质成分所涉及的分子代谢通路进行了初步分析。

关键词：一串红；自育良种；高抗逆性；抗高温；生物学基础

1　材料与方法

1.1　试验材料

试验所用材料为本课题组 13 个自育一串红良种‘奥圣’和‘奥碧’系列,加上之前选育的基础亲本良种 3 个:‘奥运圣火’‘奇迹’和‘世纪红’，选取之前作为杂交亲本的国外品种 4 个:‘沙漠’‘展望红’‘超威紫’和‘塞兹勒酒红’作为对照一同进行检测。以上所采用一串红良种和国外品种均为自育并保存的自交系[1-4]。所有试验材料均种植于北京市园林绿化科学研究院温室和苗圃示范地中。

1.2　试验方法

主要进行了一串红不同品种不同部位组织切片分析和不同品种物质含量测定等方面的工作。

1.2.1　一串红组织切片方法

（1）实验器材

脱水机、包埋机、石蜡切片机、组织摊片机、烤箱、载玻片及盖玻片、正置光学显微镜、成像系统。

（2）实验试剂

无水乙醇、二甲苯、盐酸、中性树胶等均为国药集团化学试剂有限公司所产，石蜡为莱卡公司所产，番红固绿染色试剂自配。

（3）组织切片实验步骤

1）石蜡切片脱蜡至水：依次将切片放入二甲苯Ⅰ 20min—二甲苯Ⅱ 20min—无水乙醇Ⅰ 10min—无水乙醇Ⅱ 10min—95% 酒精 5min—90% 酒精 5min—80% 酒精 5min—70% 酒精 5min—蒸馏水洗 1 ~ 2 次。

2）番红染色：切片入 1% 番红染液染色 1 ~ 2h。用自来水洗去多余染料。

3）脱色：切片入 50%、70%、80% 梯度酒精脱色各 1min。

4）固绿染色：切片入 0.5% 固绿染液中染色 30 ~ 60s。无水乙醇Ⅰ中脱色 30s，无水乙醇Ⅱ中脱色 1min。

5）切片于 60℃烤箱烤干后于二甲苯透明 5min，中性树胶封片。

6）显微镜镜检，图像采集分析。

1.2.2　一串红物质含量测定方法

本项目拟通过质谱手段对一串红不同品种组织中天然产物进行质谱解析鉴定。小分子类化合物经高分辨质谱分析采集数据（MS1，MS2），最后通过相关软件解析这些质谱图就可以得到样品中化合物定性鉴定信息。

（1）实验仪器和试剂

乙腈、甲醇、甲酸、EPED-E1-10TJ等均为色谱纯，赛默飞世尔科技（中国）有限公司产；聚丙烯离心管、电子天平、微量冷冻离心机、涡旋振荡器、多管涡旋混合仪、超声波清洗器、质谱仪为赛默飞世尔科技（中国）有限公司。

（2）样品采集和处理

1）一串红‘奥运圣火’的茎、叶、花、花柄各1管，混合成1个样本，样品编号为F123。

2）一串红“对照”的茎、叶、花、花柄各1管，混合成1个样本，样品编号为F124。

3）将一串红的茎、叶、花、花柄各1管，混合成1个样本，加入1mL体积比为8 ：2的甲醇与水的混合液，涡旋匀浆2min，4℃条件下离心10min，离心力20000xg；上清液用0.22μm滤膜过滤，取滤液上机分析。

（3）检测方法步骤

质谱条件：

1）离子源：电喷雾电离源（ESI）扫描方式：正负离子切换扫描。

2）检测方式：Full mass/dd-MS2。

3）分辨率：70000；17500（dd-MS2）扫描范围：100.0 ~ 1500.0m/z。

4）电喷雾电压：3.8kV毛细管温度：300℃。

5）碰撞气：高纯氩气（纯度≥ 99.999%）鞘气：氮气（纯度≥ 99.999%），40Arb。

6）辅助气：氮气（纯度≥ 99.999%），350℃数据采集时间：30min。

色谱条件：

1）色谱柱：XB-C18，250mm × 4.6mm，粒度5μm，Welch。

2）流速：1.20mL/min。

3）水相：0.1%甲酸水溶液有机相；0.1%甲酸乙腈洗针液；甲醇柱温箱温度；35℃自动进样器温度；10.0℃进样针高度：2.00mm。

4）自动进样器清洗设置：Both。

5）自动进样器洗针体积：200.00μL。

6）自动进样器进针清洗时浸泡时间：3.00ms；自动进样器进样体积：5.00μL。

色谱梯度见表1。

色谱梯度　　表1

时间（min）	水相比例（%）	有机相比例（%）
0	98	2
1	98	2
5	80	20
10	50	50
15	20	80
20	5	95
25	5	95
26	98	2
30	98	2

（4）数据分析

高分辨液质采集的数据通过CD2.1（Thermo Fisher）完成数据初步整理后进行数据库检索比对（mzCloud，mzVault，ChemSpider）。

2　结果与分析

2.1　一串红不同品种不同部位组织切片结果分析

通过对16个不同花色的自育一串红新品种‘奥圣’系列和‘奥碧’系列的茎节间组织进行大量的组织切片分析，初步研究结果表明：经过前期室内高温处理过的盛花期不同品种一串红的茎节间组织的纵切和横切存在一定组织结构上的差异，主要表现在以下几点：

（1）自育品种‘奥运圣火’‘世纪红’‘奇迹’和大多数‘奥圣’系列的细胞壁厚度和维管束细胞排列紧密性比其他品种存在明显增强（图1、图2）。

（2）对照组的国外品种除‘超威紫’之外，细胞壁厚度和维管束细胞排列紧密性要低于绝大多数自育品种。

（3）分析认为不同品种的细胞壁厚度和维管束细胞排列紧密性和苗期的耐高温测试中表现普遍很好的品种存在一定正相关。可能植株的生长势和组织的机械强度对不同品种在极限高温测试中的表现影响很大。‘奥圣’系列一串红与其他品种相比其细胞排列更规则致密，甚至部分区域的细胞壁显著增厚，结果整株上的表现为株型紧凑，茎秆粗壮，叶片厚实平整，这可能也是导致该品种抗性优良的组织结构基础。考虑到同一品种个体差异性和不同品种生长期差异性，还需要增大样品量和多个时期的连续观察进行统计和分析进行确认。

通过对自育的16个‘奥圣’系列和‘奥碧’系列新品种的叶片叶肉组织和主叶脉的横切分析结果表明：自育品种和对照国外品种的叶片组织没有明显差异，部分国外品种叶片的厚度和叶片栅栏组织的厚度比‘奥运圣火’要小，国外品种‘沙漠’的叶片的厚度也偏小，但抗热表现较好，

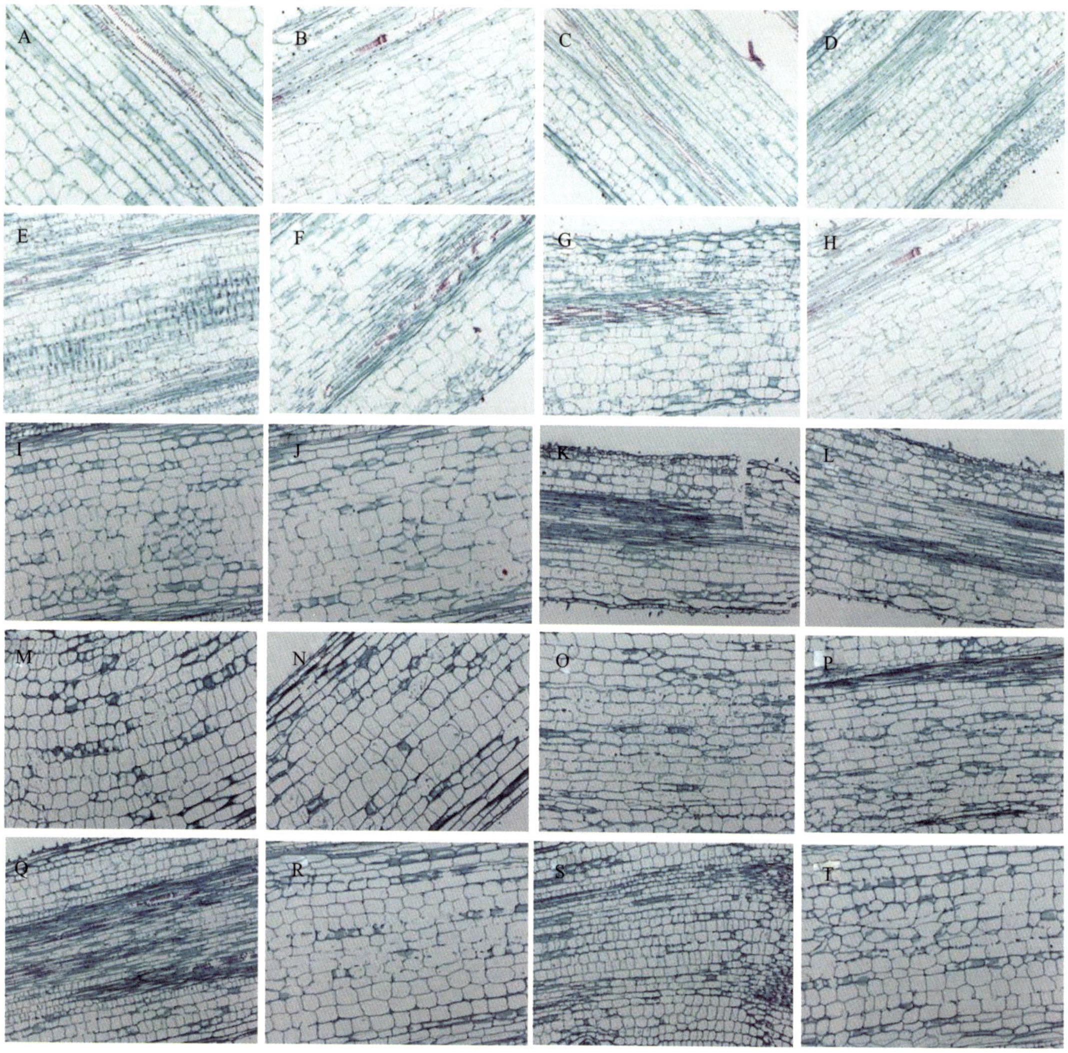

图 1　一串红不同品种茎的组织纵切分析

（注：对应一串红品种分别为：A—‘沙漠’；B—‘展望红’；C—‘超威紫’；D—‘塞兹勒酒红’；E—‘奥运圣火’；F—‘世纪红’；G—‘奇迹’；H ~ T—‘奥圣’系列 1 ~ 13）

可能叶片的组织结构对品种的抗热性没有明显相关性。在实际测试评测中，不同品种叶片萎蔫程度确实与叶片包括厚度在内的差异存在一定相关性，造成误差过大的原因可能与组织切片取材时期存在较大差异有关（图 3）。

通过对自育的 16 个不同花色的‘奥圣’系列和‘奥碧’系列新品种雌雄蕊部位进行切片分析发现，高温等逆境对一串红的雌雄孢子发育存在不同程度的影响，例如‘奥运圣火’品种对高温的耐受性高也表现在雄孢子发育对高温的耐受要优于对照品种（图 4）。但高温对授粉前后雌孢子和胚胎发育的影响目前没有获取试验证据，需要后续更加深入的分析探究。

综上所述，‘奥圣’系列一串红自育品种的茎部包括叶片的细胞排列更规则致密，部分区域的细胞壁显著增厚，表现在整株上的结果是株型紧凑，茎秆粗壮，叶片厚实平整，这可能也是导致该品种抗性优良的结构基础。雌雄孢子的差异可能是不同品种对高温耐受性的表现而不是原因。

2.2　一串红不同品种所含物质含量测定结果

通过对具有优异的抗高温等抗逆性表现的一串红‘奥运圣火’系列 16 个自育品种和对照国外品种‘沙漠’‘展望红’‘超威紫’和‘塞兹勒酒红’等所含物质进行了一系列测定和多组比对分析，样本中非靶鉴定总离子流图谱显示，测定的准确性高，差异显著（图 5）。

对一串红‘奥运圣火’品种和‘奇迹’对照所含物质含量进行重复测定，结果显示：两个样本混合鉴定结果共匹配约 500 个化合物，其中 200 个化合物综合评分大于 70 分。一串红‘奥运圣火’样本（F123）匹配约 400 个化合物，一串红“对照”样本（F124）匹配约 500 个化合物。对质谱鉴定到的分析物进行质谱结构解析（mzCloud 评分 80 分

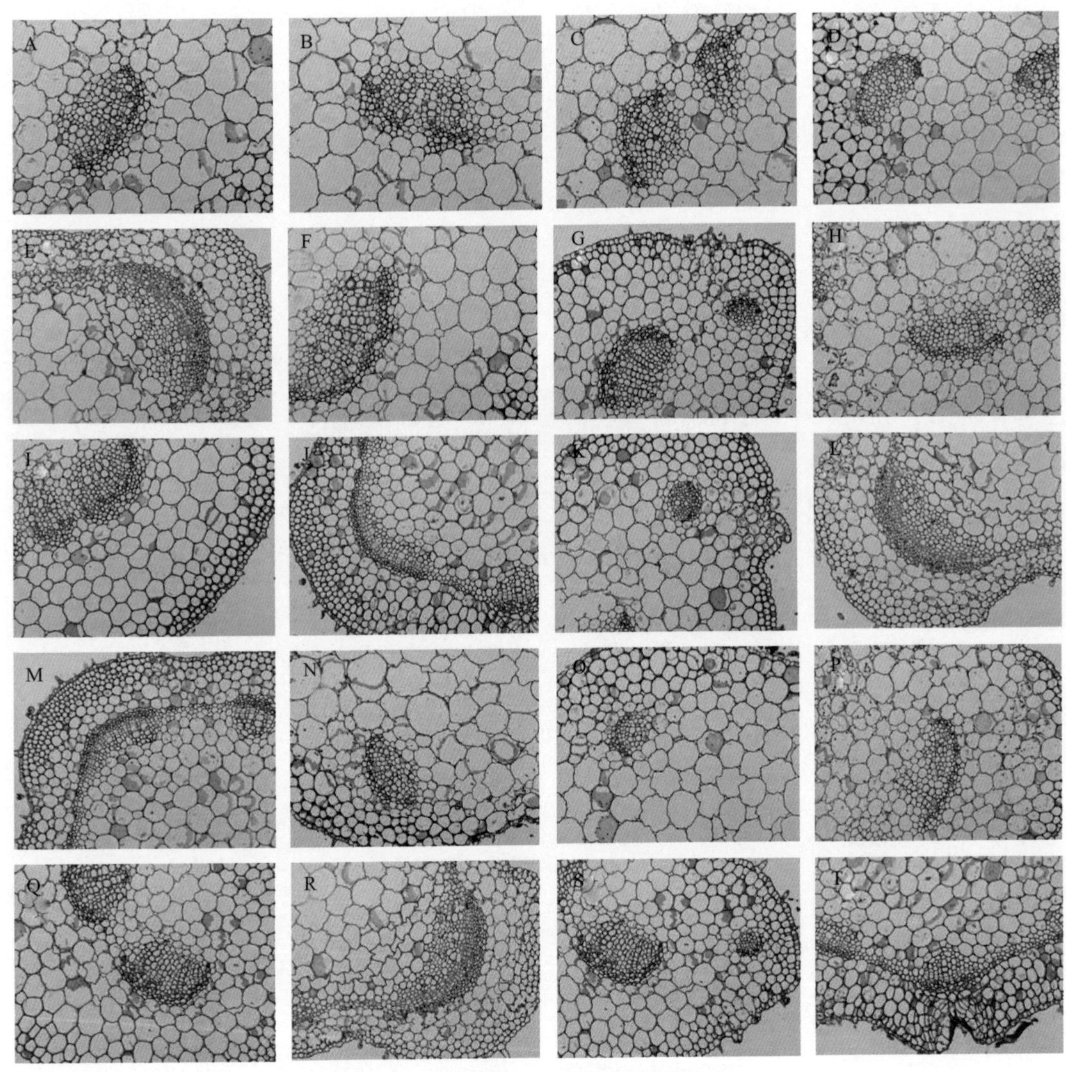

图 2　一串红不同品种茎的组织横切分析
（注：对应一串红品种分别为：A—‘沙漠’；B—‘展望红’；C—‘超威紫’；D—‘塞兹勒酒红’；E—‘奥运圣火’；F—‘世纪红’；G—‘奇迹’；H ~ T—‘奥圣’系列 1 ~ 13）

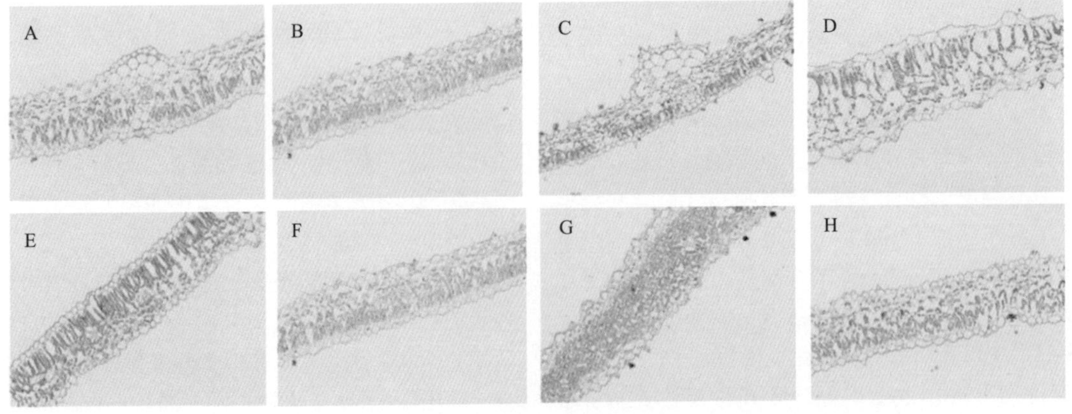

图 3　一串红不同品种叶片组织横切分析（一）
（注：对应一串红品种分别为：A—‘沙漠’；B—‘展望红’；C—‘超威紫’；D—‘塞兹勒酒红’；E—‘奥运圣火’；F—‘世纪红’；G—‘奇迹’；H ~ T—‘奥圣’系列 1 ~ 13）

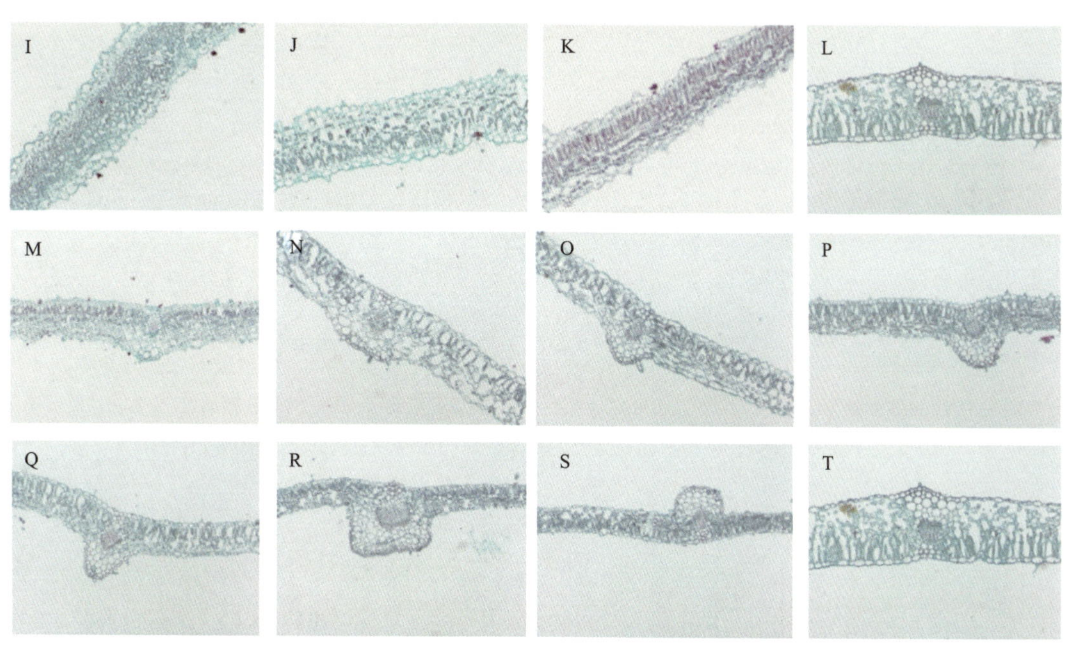

图 3　一串红不同品种叶片组织横切分析（二）
（注：对应一串红品种分别为：A—‘沙漠’；B—‘展望红’；C—‘超威紫’；D—‘塞兹勒酒红’；E—‘奥运圣火’；F—‘世纪红’；G—‘奇迹’；H ~ T—‘奥圣’系列 1 ~ 13）

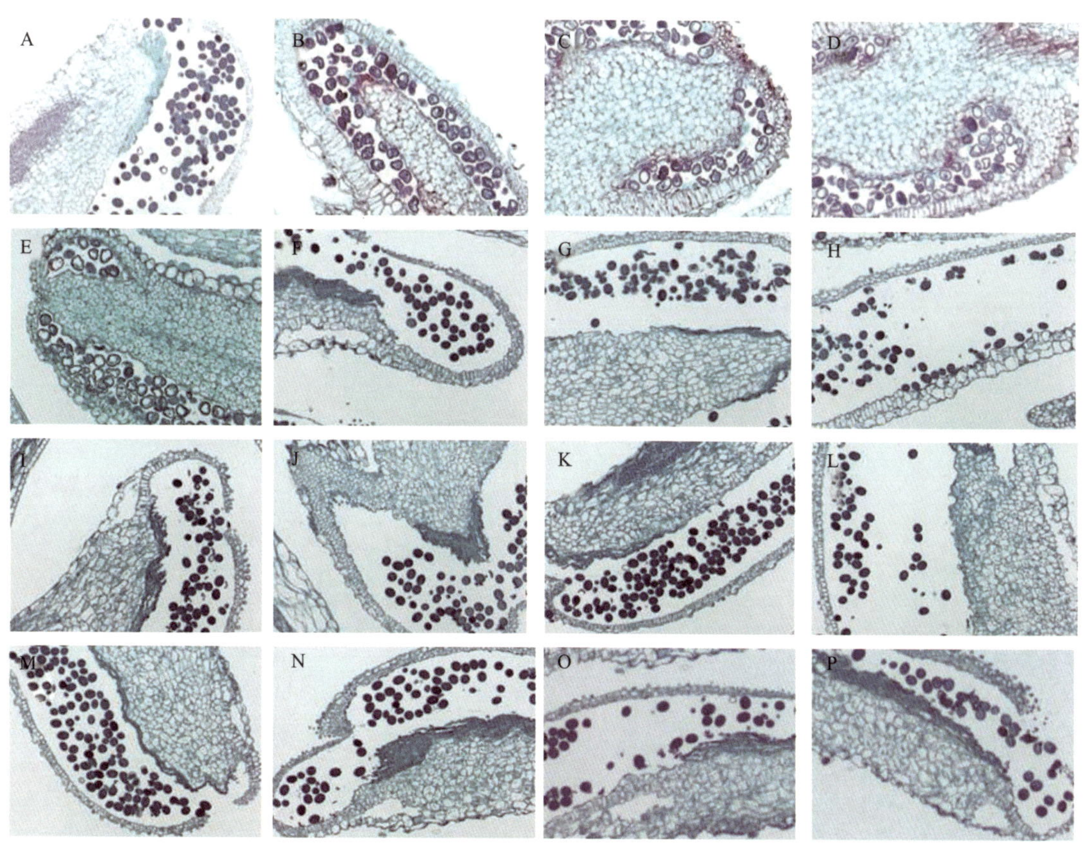

图 4　一串红不同品种花药组织分析（一）
（注：对应一串红品种分别为：A—‘沙漠’；B—‘展望红’；C—‘超威紫’；D—‘塞兹勒酒红’；E—‘奥运圣火’；F—‘世纪红’；G—‘奇迹’；H ~ T—‘奥圣’系列 1 ~ 13）

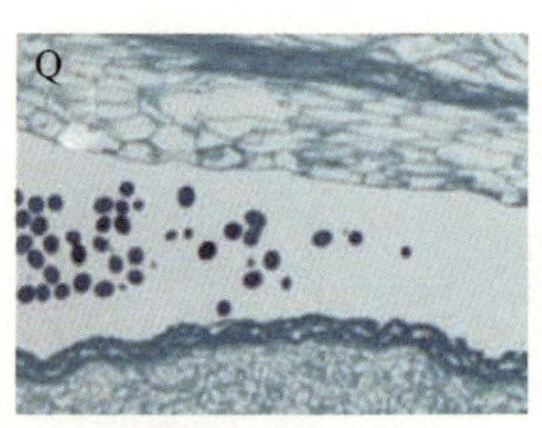

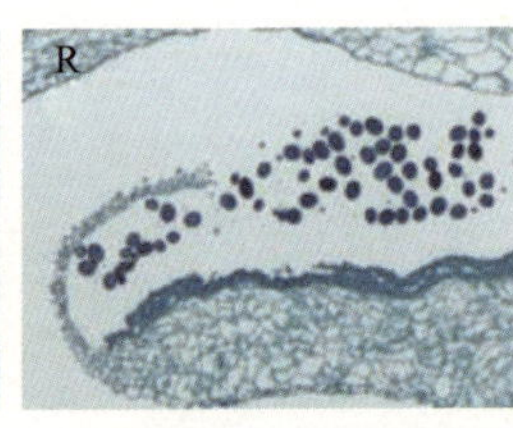

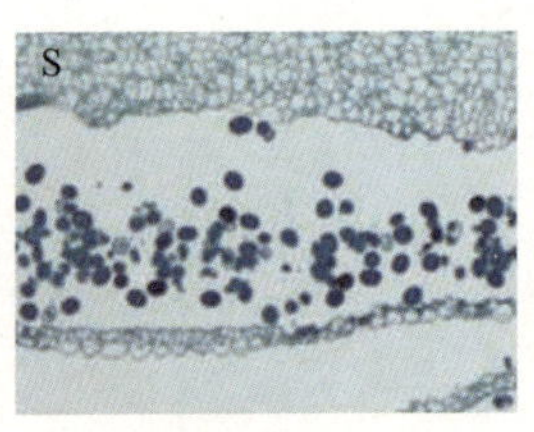

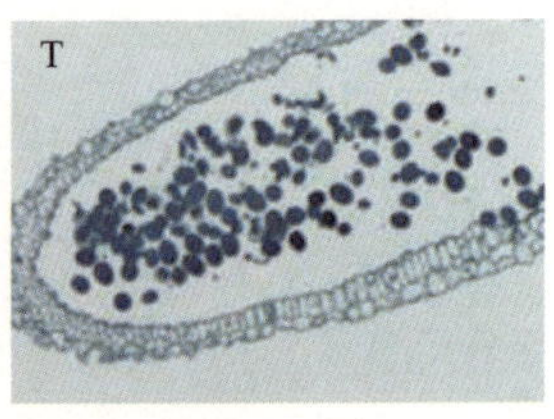

图4　一串红不同品种花药组织分析（二）
（注：对应一串红品种分别为：A—‘沙漠’；B—‘展望红’；C—‘超威紫’；D—‘塞兹勒酒红’；E—‘奥运圣火’；F—‘世纪红’；G—‘奇迹’；H ~ T—‘奥圣’系列 1 ~ 13）

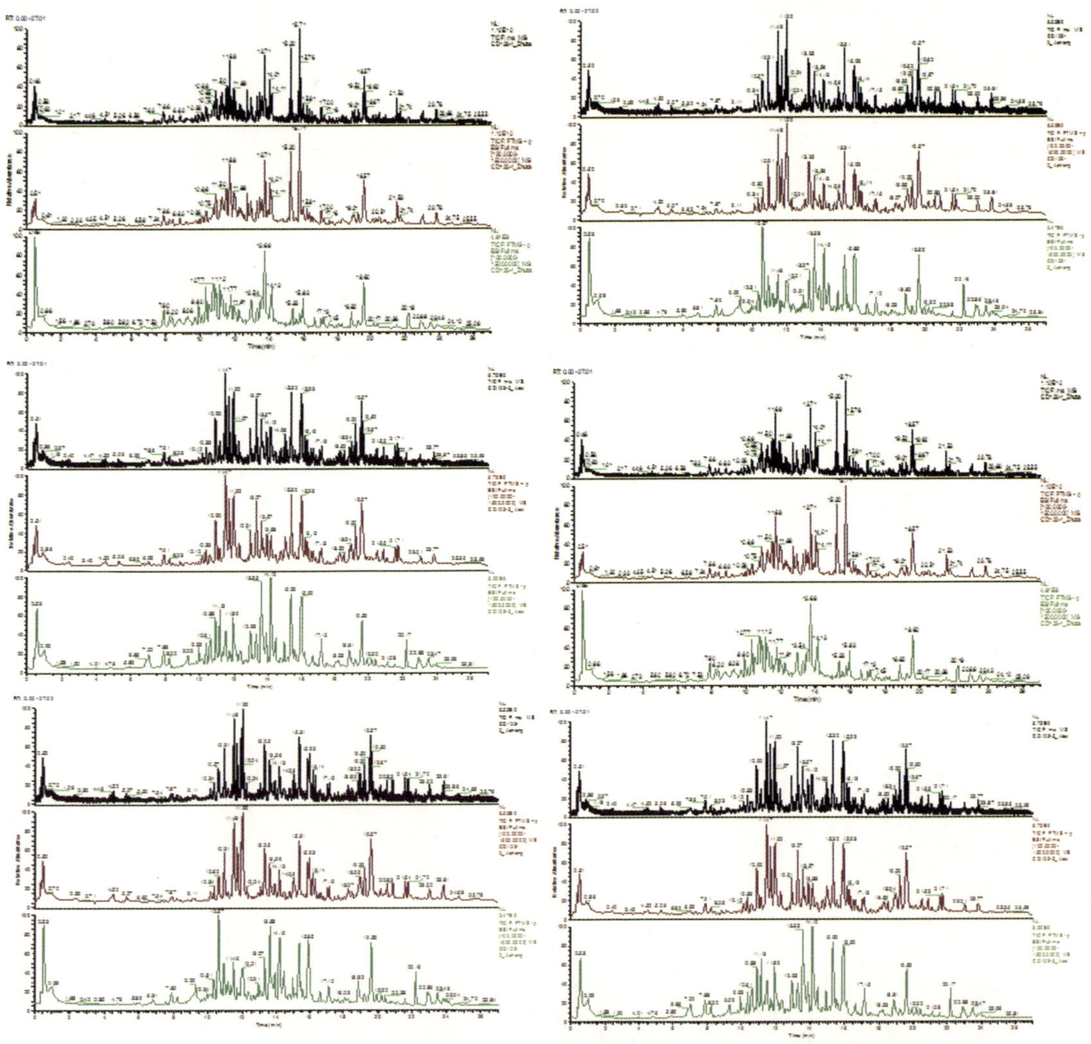

图5　一串红‘奥运圣火’系列部分样本中非靶鉴定总离子流图谱（部分）
（注：图中黑色为正离子模式总离子流图，红色为负离子模式总离子流图，从上到下依次为‘奥运圣火’和‘奇迹’等样品检测及次重复检测）

以上的10个化合物），数据库匹配评分低于80分的暂不提供结构解析。Venn差异化合物显示：一串红‘奥运圣火’样本特有的差异化合物有14个，‘奇迹’对照样本有59个，二者共有的约300个。对‘奥运圣火’系列多个自育品种和部分国外品种（‘奥运圣火’‘奇迹’‘展望红’‘奥圣一号’‘超威紫’）的物质测定研究结果显示：国内外一串红品种中共匹配到1592个化合物，其中509个化合物综合评分大于70分，具体包括：‘超威紫’中鉴定到1202个、‘展望红’中鉴定到1126个、‘奥圣一号’中鉴定到1176个。

通过对‘奥运圣火’系列多个自育品种和部分国外品种（‘奥运圣火’‘奇迹’‘展望红’‘奥圣一号’‘超威紫’）的物质测定结果分组进行大量比对和筛选，结合室内和田间对这些品种的抗高温表现测定结果进行关联分析，重点差异化合物进行搜索和查询发现了很重要的线索，需要进一步的验证试验进行深入分析。初步分析结果表明：‘奥运圣火’系列多个自育品种因父本来源广泛，差异化合物差异数量较大，不同花色的相近亲本来源的品种差异很小，甚至忽略不计，例如，奥运圣火’和‘奥圣一号’。针对抗高温表现好的品种例如‘奥运圣火’和‘超威紫’，以及耐高温表现比较差的品种例如‘奇迹’和‘展望红’，差异化合物差异数量较大，其中就可能涵盖了一些品种的抗高温表现程度显著相关联的化合物（图6）。

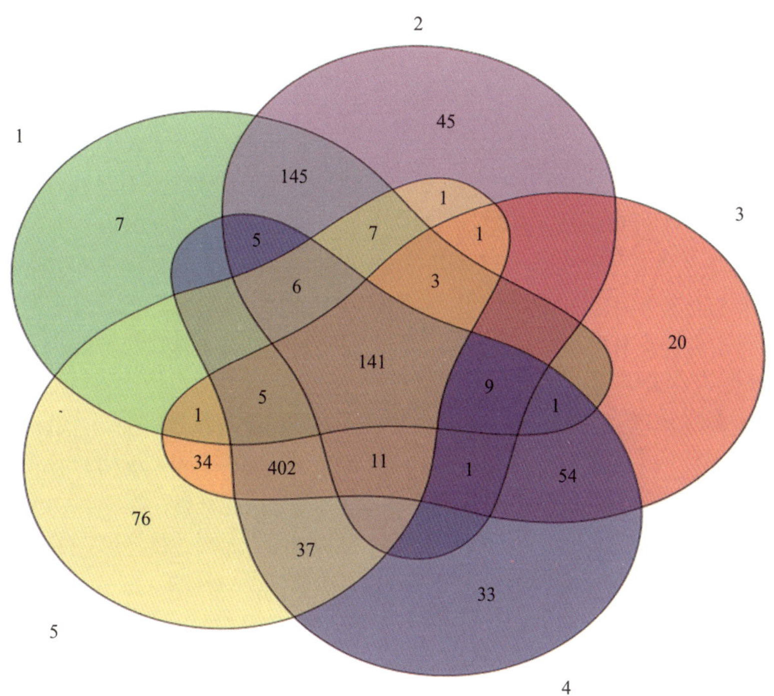

图6　一串红‘奥运圣火’系列和国外部分品种的差异化合物结果

对以上差异化合物进行进一步分析，发现了很多在植物多种逆境中的作用物质。一串红‘奥运圣火’样本特有的差异化合物，例如没食子酸盐（gallate），在细胞内类囊体清除过程中起主要作用；棉子糖家族低聚糖（raffinose family oligosaccharides，RFOs）可作为脱水保护剂，还能发挥稳定膜结构的作用，参与的代谢途径在植物碳同化物的贮存与运输、生物和非生物逆境响应、种子的脱水效应等生命过程中均发挥了重要作用；还有一串红‘奥运圣火’样本含量显著高于‘奇迹’对照的精胺（spermine Spm），可以保护细胞膜和清除ROS。

目前筛选出的这些与品种的抗高温表现程度显著相关联的化合物，如酸丙酯等在细胞内类囊体清除过程中起主要作用，同时也是冷敏感位点，减弱对强光的敏感性等[5]。很多属于低聚糖类是植物中重要的碳水化合物存在形式，在细胞内可溶性强，可作为脱水保护剂，还能发挥稳定膜结构的作用，参与的代谢途径在植物碳同化物的贮存与运输、生物和非生物逆境响应、种子的脱水效应等生命过程中均发挥了重要作用[6]。另外一串红‘奥运圣火’样本中的精胺含量显著高于对照样本，可能跟精胺可以保护细胞膜和清除ROS等作用有关，在植物多种逆境中的作用都有类似报道[7, 8]。季铵类化合物在一些植物如柑橘中逆境处理可以促进GB的积累而其通过调节渗透平衡和清除ROS的功能提高植株的抗性[9, 10]。这些接下来需要一一进行验证或排除，寻找一串红‘奥运圣火’高抗逆性的生理基础和可能涉及的细胞信号通路。

3 结语

前期的育种过程中主要探讨了一串红生长势和抗性的联系，即植株生长健壮或者品种株型紧凑长势好对包括高温等逆境的抗性也强，但一直缺乏直接的证据。本研究结果表明：'奥圣'系列一串红自育品种的茎部包括叶片的细胞排列更规则致密，部分区域的细胞壁显著增厚，表现在整株上的结果就是株型紧凑，茎秆粗壮，叶片厚实平整，这可能也是导致该品种抗性优良的结构基础。以此为线索接下来继续进行更细致严格的分析，获取'奥运圣火'一串红高抗逆性的结构基础。

通过对'奥运圣火'系列多个自育品种和部分国外品种的物质测定结果分组进行大量比对和筛选，结合室内和田间对这些品种的抗高温表现测定结果进行关联分析，重点差异化合物进行搜索和查询发现了很重要的线索。初步分析结果表明：'奥运圣火'系列多个自育品种因父本来源广泛，差异化合物差异数量较大，不同花色的相近亲本来源的品种差异很小，甚至忽略不计。针对抗高温表现好的品种例如'奥运圣火'和'超威紫'，以及耐高温表现比较差的品种例如'奇迹'和'展望红'，差异化合物差异数量较大，其中就可能涵盖了一些品种的抗高温表现程度显著相关联的化合物。目前筛选和需要进一步验证的对这些品种的抗高温表现程度显著相关联的化合物，如酸丙酯、多数低聚糖类和季铵类化合物等。这些接下来需要一一进行验证或排除，寻找一串红'奥运圣火'系列自育品种高抗逆性的生理基础和可能涉及的细胞信号通路。

参考文献

[1] 董爱香. 一串红新品种选育研究 [C]// 2008 北京奥运园林绿化的理论与实践，2009：264-268.

[2] 董爱香. 多种一串红品种（系）主要观赏性状比较 [J]. 北京园林，2012，28（2）：32-34.

[3] 赵正楠，李子敬，辛海波，等. 不同花色一串红品种观赏性状的相关性及聚类分析 [J]. 西北农林科技大学学报（自然科学版），2018，46（1）：111-118.

[4] 董爱香，王涛，徐进，等. 用 SRAP 分子标记分析一串红品种资源的亲缘关系 [J]. 北京林业大学学报，2012，34（5）：134-138.

[5] 刘辉，张国平，沈国正，等. 一串红生长和开花特性对高温反应的品种间差异研究 [J]，中国农学通报 2010，26（5）：184-188.

[6] 贾开志，陈贵林. 高温胁迫下不同茄子品种幼苗耐热性研究 [J]，生态学杂志，2005，24（4）：398-401.

[7] 傅巧娟，李春楠，陈一. 我国一串红的研究进展 [J]. 北方园艺，2013（4）：192-197.

[8] 李春楠，付巧娟，陈一. 一串红引种筛选试验 [J]，浙江农业学报，2013，25（6）：1284-1287.

[9] 傅巧娟，李春楠，陈一，等. 我国主栽一串红资源的表型多样性分析 [J]. 植物遗传资源学报，2015，16（2）：294-299.

[10] 刘晓青，李华勇，苏家乐，等. 17 个红色系一串红品种在南京地区的栽培表现 [J]. 江苏农业科学，2012，40（12）：199-200.

千岁兰的育幼与花粉保存机制的研究

北京市植物园管理处，北京市海淀区香山卧佛寺路 / 成雅京　孙皓明　刘东燕　付怀军　高晓宇

摘　要：本课题针对千岁兰开展栽培试验，对种子重量，消毒药剂，生长适温，栽培基质等进行了试验，总结出千岁兰生长最佳基质配比为少量缓释肥、1份进口泥炭、5份赤玉土、1份草木灰。分别对保存于室温、25℃恒温箱、4℃冰箱、-20℃冰箱的花粉进行萌发效果比较，同-80℃低温保存10个月的花粉进行萌发比较，得出保存最佳方式为-20℃低温保存。对千岁兰传粉滴和花粉的成熟过程进行观测，总结出千岁兰最佳授粉时期。

关键词：千岁兰；育幼；花粉保存

1　课题研究对象

千岁兰（图 1），拉丁学名 *Welwitschia mirabilis*，又称为百岁叶、百岁兰、千岁叶，是裸子植物门买麻藤纲（或称盖子植物纲），千岁兰目，千岁兰科中唯一的一种植物 [1]。

千岁兰仅生长在非洲西南沿海纳米比亚及安哥拉的沙漠中。千岁兰是远古时代留下来的植物活化石，因为生长缓慢，分布范围窄小，所以极为珍贵。

千岁兰在我国的研究较少，只有南京中山植物园做过盆栽的种植研究 [2]，因为材料有限，我国其他植物园只有少量盆栽种植，对于地栽展示研究方面还是空白。

北京市植物园温室从 1998 年开始引种种植千岁兰，现有千岁兰 13 株，全部为盆栽，积累了丰富的种植经验。温室技术人员到南非 Kirstenbosch 植物园和纳米比亚千岁兰原产地进行了实地考察，对千岁兰有了更加深入的认识。

千岁兰作为植物进化过程中的一个环节，既保留了孢子植物的部分原始特征，又具有种子植物的进化特性，因此在植物系统演化上处于重要的位置 [3]。

图 1　千岁兰

2　千岁兰的育幼

2.1　千岁兰的播种

2.1.1　不同重量的千岁兰种子萌发率比较

（1）材料与方法

在查到的文献中没有对千岁兰种子重量与萌发率的研

究，种子饱满、健康是能够萌发的一般要求，但是具体多重的种子才能有高的萌发率，这是本研究要解决的问题。

第一组试验：来自纳米比亚的千岁兰种子 51 粒，挑选其中较大的种子 11 粒单独称重，其他 40 粒随机分成 4 组，每组 10 粒进行称重（表 1）。

2020 年 6 月 12 日进行播种，播种方式：点播。使用杀菌剂浇灌消毒土壤，使用日本种子消毒剂 1000 倍液浸泡种子 2h，进行消毒。

盆土的配制：中粒赤玉土：草炭土 1 ：1，上覆土为小粒赤玉土。

播种后的管理：适当遮阳，保持湿度。

苗期管理：适当遮阳，纯净水喷雾保湿，定期浇水，调整方向。

特殊处理：浇水方式为纯水和 1000 倍多菌灵杀菌剂交替使用。

第二组试验：来自纳米比亚的千岁兰种子 51 粒，单独称重（表 2）。

2020 年 8 月 27 日进行播种，播种方式：点播。使用杀菌剂浇灌消毒土壤，使用日本种子消毒剂 1000 倍液浸泡种子 2h，进行消毒。

盆土的配制：中粒赤玉土：草炭土 1 ：1，上覆土为小粒赤玉土。

播种后的管理：适当遮阳，保持湿度。

苗期管理：适当遮阳，纯净水喷雾保湿，定期浇水，调整方向。

特殊处理：浇水方式为纯水和 1000 倍多菌灵杀菌剂交替使用。

（2）结果与分析

数据统计日期截至 2020 年 7 月 7 日。

不同重量的千岁兰种子萌发情况（一）　　表 1

编号	重量（g）	萌发数量（粒）	萌发率（%）
1	0.0950	0	45
2	0.0705	0	
3	0.1049	0	
4	0.0678	0	
5	0.1415	1	
6	0.1229	1	
7	0.1382	1	
8	0.1505	1	
9	0.0923	0	
10	0.0969	1	
11	0.0770	0	
1 组（10 粒）	0.9525	2	20
2 组（10 粒）	1.0239	4	40
3 组（10 粒）	1.0713	6	60
4 组（10 粒）	1.1118	5	50

不同重量的千岁兰种子萌发情况（二）　　表 2

编号	重量（g）	萌发	编号	重量（g）	萌发
1	0.1085	√	27	0.0948	√
2	0.1301		28	0.1008	√
3	0.1230	√	29	0.0906	
4	0.1080		30	0.1031	
5	0.1212	√	31	0.0683	
6	0.0701		32	0.1342	√
7	0.1106	√	33	0.0736	
8	0.1248	√	34	0.1542	
9	0.0769		35	0.1173	√
10	0.0610		36	0.1275	√
11	0.0736		37	0.1172	√
12	0.1310	√	38	0.1027	
13	0.1112	√	39	0.1220	√
14	0.1053	√	40	0.1149	√
15	0.1238	√	41	0.0945	
16	0.1406	√	42	0.1163	√
17	0.1162	√	43	0.1111	√
18	0.1254	√	44	0.1010	
19	0.1037	√	45	0.0835	√
20	0.1583	√	46	0.1176	√
21	0.1053	√	47	0.1070	√
22	0.0447		48	0.1312	√
23	0.1183	√	49	0.0831	
24	0.1036		50	0.0855	
25	0.1117	√	51	0.1098	√
26	0.1078	√			

注：萌发率：33/51 × 100%=65%

（3）小结与讨论

从单一称重的种子萌发结果可以看出，单一种子重量在 0.0948g 以上的种子萌发率较高，第一组试验 8 粒种子中有 5 粒萌发，萌发率为 62%，在分组的萌发试验中，萌发率明显随着种子重量的增加而增加，虽然第 4 组重 1.1118g 的种子萌发率 50% 没有第三组重 1.0713g 的种子萌发率 60% 高，但是仍旧高于其他组，其平均单粒种子的重量在 0.1g 以上。在第二组实验中，其中发芽的 33 粒种子有 32 粒重量高于 0.1g，仅有 1 粒重量为 0.0948g。

在所有发芽的种子中，只有一粒的重量低于0.09g，为0.0835g，其他发芽的种子中最小重量为0.0948g，由实验结果可以得出结论，种子单粒重在0.0948g以上为好，挑选种子的时候可以作为参考。

2.1.2　不同杀菌剂处理千岁兰种子的萌发率比较

（1）材料与方法

千岁兰种子50粒，来自纳米比亚，将种子经过高锰酸钾、多菌灵、温水浸泡、纯水浸泡及不经过处理的对照组，进行点播。

盆土的配制：大粒赤玉土垫底，中粒赤玉土：草炭土6∶4，上覆盖小粒赤玉土。

土壤消毒方法：微波炉消毒，中高火3min，2次。

苗期管理：灌药多菌灵。

（2）结果与分析

根据数据显示，经过高锰酸钾1000倍液浸泡的种子萌发率为90%，多菌灵1000倍液浸泡的种子萌发率为60%，温水浸泡的种子萌发率为90%，纯水浸泡的种子萌发率为20%，不经过处理的种子萌发率为40%（表3）。

不同杀菌剂处理种子后萌发情况统计　　表3

编号	药品名称	品牌	处理方法	播种数量（粒）	萌发数量（粒）	萌发率（%）
1	高锰酸钾		1000倍液浸种10min	10	9	90
2	多菌灵	国光50%可湿性粉剂	1000倍液浸种24h	10	6	60
3	温水40℃		浸种24h	10	9	90
4	纯水		浸种24h	10	2	20
5	原籽直播			10	4	40

（3）小结与讨论

经过高锰酸钾、多菌灵、温水浸泡的种子萌发率高，这个结果可以指导今后的播种工作，在播种时应该使用方便取得的杀菌剂对种子进行消毒处理，以增加萌发率。

2.2　千岁兰的栽培

2.2.1　光照和温度对千岁兰生长的影响

适宜的光照和温度可以促进千岁兰幼苗的生长。北京市植物园生产温室栽培的千岁兰分为两种种植条件：第一种是阳光板温室，设为1组，冬季最低温度5℃；第二种是半坡面塑料薄膜温室，设为2组，冬季最低温度10℃。经过2年的种植，观察结果见表4。

不同光照、温度条件下千岁兰生长状况　　表4

编号	最高温度	最低温度	生长状况	11月清晨光照值
1	7、8月35℃	1、2月5℃	叶色偏淡	202μmol/（m^2·s）
2	7、8月38℃	1、2月10℃	叶色浓绿	304μmol/（m^2·s）

结果表明，在第二种种植条件下，温度较高，光照好，千岁兰叶色明显好。

2.2.2　换盆对千岁兰生长的影响

在千岁兰生长的过程中由于其直根性的特点，种植者担心千岁兰损失，一般采取套盆培养方式，或者不给千岁兰换盆，这会直接影响千岁兰的生长，表5中3株千岁兰为同一批播种，株龄为7岁，1号千岁兰播种后一直没有移栽，2号和3号2018年进行了换盆，截至2020年11月，对3株千岁兰进行了测量，结果见表5。

千岁兰换盆种植生长效果　　表5

编号	年龄	叶长（cm）	叶宽（cm）	茎长（cm）	茎宽（cm）
1	7年	38	5	4.5	3.5
2	7年	77	11.5	8.5	6.5
3	7年	52	10	7.5	5.5

由表5中数据可以清晰地看出，换盆种植的千岁兰从叶长、叶宽、茎长、茎宽的数据上明显高于没有换盆的植物，换盆明显能促进植株的生长。

2.2.3　栽培基质对千岁兰生长的影响

栽植基质不同配比直接影响千岁兰的生长。我们用实践中发现的两种基质配比进行了种植比较（表6）。

不同基质配比对千岁兰生长的影响　　表6

编号	处理方法	生长状况
1	少量缓释肥、1份进口泥炭、5份赤玉土、1份草木灰	叶色浓绿，生长健壮
2	2份草炭，1份轻石，1份珍珠岩	叶色偏淡，没有明显生长

栽植试验表明，千岁兰生长最佳基质配比为少量缓释肥（花多多颗粒肥）、1份进口泥炭、5份赤玉土、1份草木灰。

3 千岁兰的开花生物学观测

3.1 千岁兰雌球花成熟观测

千岁兰是雌雄异株植物，在种植过程中经常出现雌雄球花不同时成熟，只有雌球花或只有雄球花的情况，这为千岁兰的繁殖带来了困难，本研究对于千岁兰雌株传粉滴出现过程的观察旨在摸索最佳授粉时间。

裸子植物在长期环境变迁和生态适应的过程中，为了获得更高的有性生殖适应性，其在雌雄球花的发育及胚珠和花粉的形态与结构方面逐渐分化形成了各种复杂的风媒传粉适应综合特征。与被子植物柱头直接接受花粉有所不同，裸子植物花粉需要经过传粉滴媒介到达胚珠。因此，裸子植物胚珠传粉滴的形成对风媒传粉的顺利完成起到至关重要的作用。国际上，已有多个实验室开展这方面的研究并取得了丰富的成果，在我国也有少量相关研究报道。传粉滴可以增加胚珠接收花粉的面积，保持花粉活力，并负责将花粉从胚珠外部运输进胚珠内部。空气中的花粉粒首先落在珠孔顶端的传粉滴上，随后伴随传粉滴的收缩进入胚珠[3]。

3.1.1 千岁兰传粉滴持续期观察

千岁兰传粉滴的观测于 2018 年 4 ～ 7 月在北京市植物园生产温室内进行，对温室内栽培的一株株龄 25 年的雌株开出的 18 个雌球花展开观测，同时任选一个雌球花单独观察，每日 12：00、14：00 分别进行观察，以珠孔上肉眼可见传粉滴为标准计为有，以传粉滴逐渐消失肉眼不可见记为无。

（1）单日千岁兰单花球传粉滴出现的观察

2018 年 4 月 25 日 10：30 ～ 16：30 每半小时观测花球的传粉滴数量，以单个花球为观察单位，以珠孔上肉眼可见传粉滴为标准计数，记录 18 个雌花球传粉滴出现的数量，当天室内温度为 14.7 ～ 39℃（图 2）。

观测当天 18 个雌花球中有 5 个花球没有传粉滴出现，

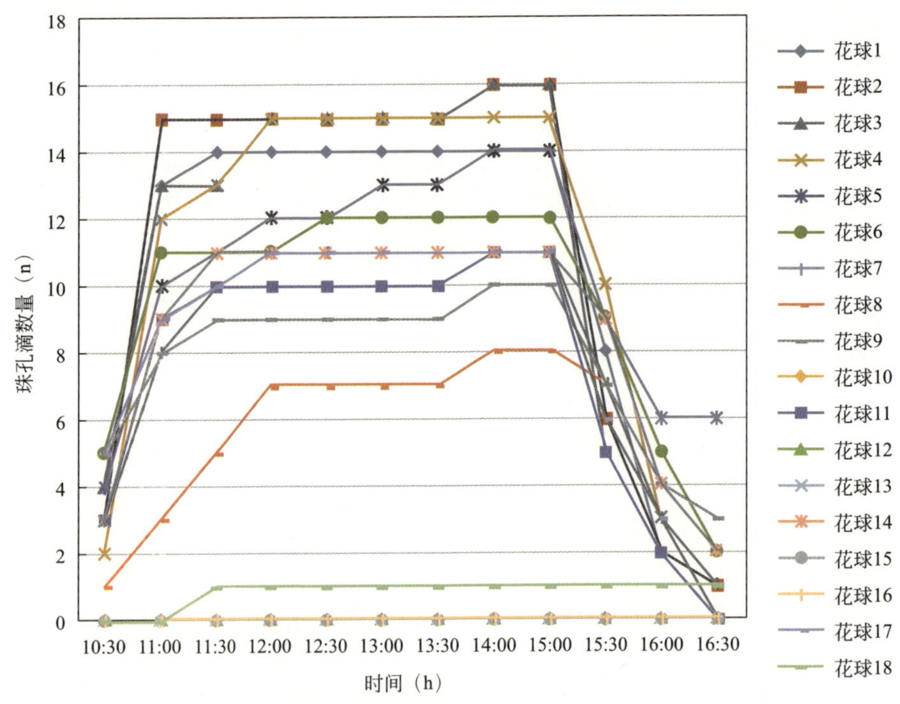

图 2 4 月 25 日 18 个雌花球传粉滴在 10：30 ～ 16：30 出现的数量

在图中没有显示趋势。图 2 显示了其余 13 个雌花球 10：30 ～ 16：30 传粉滴出现的数量。千岁兰雌花球传粉滴数量从 10:30 开始逐渐增加，在 14:00 传粉滴数值达到最高，15：00 后传粉滴数量逐渐减少。

（2）千岁兰传粉滴观察

所有雌花球的传粉滴出现期为 2018 年 4 月 13 日 ～ 7 月 4 日，共 82 天。

选择其中一个雌花球单独观测，单花球传粉滴出现时间为 4 月 15 日 ~ 6 月 7 日，共 53 天。

3.1.2 结论与讨论

温室种植的千岁兰传粉滴出现的时间较 Wofgang Wetschnig 预期的 8 个星期略长[4]，为 82 天，这可能是因为温室的种植条件比野外稳定，进而延长了适合植物授粉的时间。传粉滴出现的峰值较野外预测得早，11：30 就进入高峰期，11：30 ～ 15：00 之间为授粉最佳时段。在实际工作中为了保证授粉的效果，我们通常根据结果推断温

室条件下到传粉滴出现就可以开始授粉，在 11：30 ~ 15：00 之间传粉滴数量增加，需要增加授粉次数。

3.2 千岁兰雄花花粉成熟观测

我们在千岁兰雄花球花粉成熟期间对其进行观测，花粉出现的日期为2020年3月19日 ~ 7月13日，共计116天。每日主要观测时间为 7：30 ~ 9：00，14：00 ~ 16：30，小孢子囊开裂，肉眼可见黄色的花粉记为有花粉，根据记录千岁兰的花粉有多点出现的时间点有 8：00，8：13，8：30，9：00，14：00，15：30，16：00，17：00，由此可以看出花粉的成熟没有固定的时间。

4 千岁兰花粉保存机制研究

4.1 不同时期采集的千岁兰花粉活性对比

2020 年 5 月 9 日 8：30 采集一个未开的小孢子囊，用 20% 蔗糖溶液培养，其余当天采集的花粉用 20% 蔗糖溶液培养，30℃恒温箱保存。未开小孢子囊中花粉与采收的花粉的萌发率对比见表 7。

小孢子囊打开前后花粉萌发率比较　　表 7

编号	采收状态	培养液	萌发数 / 总数	萌发率
1	小孢子囊未开	20% 蔗糖	380/2871	13%
2	小孢子囊打开	20% 蔗糖	29/316	9%

根据数据可以看出，没有打开的小孢子囊内花粉的萌发率高于打开的小孢子囊，即小孢子囊没有打开时能够保证所有花粉的成熟度是一致的，相对于打开的小孢子囊我们更容易判断花粉的成熟度，而小孢子囊打开后，因为不能确定花粉的新鲜程度，所以萌发率不容易控制。

4.2 不同保存温度对千岁兰花粉活性的影响

4.2.1 不同保存温度花粉萌发试验

将采集到的花粉放置在 1.5mL 容量的离心管中，分别保存于室温、−20℃、4℃、25℃恒温箱中，保存 10 天。用 10% 蔗糖溶液于 30℃恒温箱进行培养，24 小时后测花粉萌发率，结果见表 8。

不同保存温度花粉萌发试验　　表 8

编号	保存方法	培养液	萌发率（%）
1	常温	10% 蔗糖	58.15
2	−20℃	10% 蔗糖	69
3	4℃	10% 蔗糖	54.22
4	25℃	10% 蔗糖	48.68

由表 8 中数据可以发现，−20℃低温保存条件下花粉的萌发力最好，可以达到 69%。低温保存是最方便的保存方法。

4.2.2 −80℃保存花粉萌发试验

将 2019 年 5 月 25 日从泰国采集到的花粉放置在 1.5mL 容量的离心管中，保存于 −80℃，2020 年 3 月 27 日取出，用 10% 蔗糖溶液于 30℃恒温箱进行培养，显微镜中取 3 个视野拍照计数，24 小时后检测花粉萌发率，结果见表 9。

−80℃保存花粉萌发试验　　表 9

保存方法	培养液	萌发率（%）	平均萌发率（%）
−80℃	10% 蔗糖	32.7	32
	10% 蔗糖	26.4	
	10% 蔗糖	37	

由表中数据可以发现，−80℃低温保存条件下，保存 10 个月的花粉平均萌发率可以达到 32%。−80℃低温保存是最方便的保存方法。

4.3 不同培养液对千岁兰花粉活性的影响

4.3.1 材料与方法

配制溶液：

1 号：10% 蔗糖。

2 号：10% 蔗糖 +0.01g/L 硼酸。

3 号：10% 蔗糖 +0.02g/L 硼酸。

4 号：10% 蔗糖 +0.1g/L 硼酸。

5 号：10% 蔗糖 +0.1g/L 硼酸 +0.1g/L 氯化钙。

花粉使用 2020 年 4 月 4 日北京市植物园生产温室采集的花粉，在 30℃恒温培养箱中培养 24h 后进行萌发率计算（表 10）。

不同培养液对花粉活性的影响　　表 10

花粉采集日期	溶液编号	萌发率（%）
4 月 4 日	1	38.49
	2	48.1
	3	50.35
	4	47.49
	5	49.86

4.3.2 小结与讨论

10% 的蔗糖溶液分别加入不同浓度的硼酸和氯化钙对于花粉的萌发没有明显的影响，影响花粉萌发的关键在于蔗糖的浓度，更多不同浓度硼酸和氯化钙对于花粉萌发的影响有待于进一步研究。

5 结论与展望

种子单粒重在 0.0948g 以上为好，挑选种子的时候可以作为参考。

经过高锰酸钾、多菌灵、温水浸泡的种子萌发率高，在播种时应该使用方便取得的杀菌剂对种子进行消毒处理，以增加萌发率。

冬季最低温度不低于 10℃，光照好的温室适合种植千岁兰。

换盆种植的千岁兰从叶长、叶宽、茎长、茎宽的数据上明显高于没有换盆的植物，换盆明显能促进植株的生长。

千岁兰生长最佳基质配比为少量缓释肥、1 份进口泥炭、5 份赤玉土、1 份草木灰。

温室种植的千岁兰传粉滴出现的时间较 Wofgang Wetschnig 预期的 8 个星期略长，共为 82 天，这可能是因为温室的种植条件比野外稳定，进而延长了适合植物授粉的时间。传粉滴出现的峰值较野外预测的早，11：30 就进入高峰期，11：30 ~ 15：00 之间为授粉最佳时段。在实际工作中为了保证授粉的效果，课题组通常根据结果推断温室条件下到传粉滴出现就可以开始授粉，在 11：30 ~ 15：00 传粉滴数量增加，需要增加授粉次数。

经过课题组成员观察，在北京市植物园温室内的千岁兰花粉成熟没有固定的时间。

没有打开的小孢子囊内花粉的萌发率高于打开的小孢子囊，即小孢子囊没有打开时能够保证所有花粉的成熟度是一致的，相对于打开的小孢子囊我们更容易判断花粉的成熟度，而打开后的花粉，因为不能确定花粉的新鲜程度，所以萌发率不容易控制。

−20℃低温保存条件下，花粉的萌发力最好，可以达到 69%。−80℃保存 10 个月的花粉仍然能够萌发，证明低温保存有助于花粉萌发。

10% 的蔗糖溶液分别加入不同浓度的硼酸和氯化钙对于花粉的萌发没有明显的影响，影响花粉萌发的关键在于蔗糖的浓度。

参考文献

[1] Bornman C H，Elsworthy J A，Butler V，et al. Weluitschia mirabilis：observations on general habit，seed，seeding，and leaf characteristics，1972.

[2] 宋正达，朱洪武，陈梅香 . 百岁兰栽培技术 [J]. 安徽农业科学，2014，42（12）：3510，3515.

[3] 王莉，程芳梅，陆彦，等 . 裸子植物传粉滴研究进展 [J]. 植物学报，2015，50（6）：802-812.

[4] Wetsching W，Depisch B. Pollination biology of Weluistschia marabilis Hook. f.（Weluitschiaceae，Gnetopsida）[J].Phyton; annales rei botanicae，1999，39（1）：167-183.

园林类专业园企校产教融合办学模式研究[①]

北京市园林学校 / 于红立　徐　荣　乔　程　包永霞　史文悦

摘　要：产教融合是当前职业院校特别是中职学校创新发展的必由之路。北京市园林学校在与北京市属公园、行业龙头企业多年校企合作基础上，探索构建"园企校三位一体，共建共育共享"产教融合运行机制和"双轨三段三级"产教融合管理模式；构建技术融合型和资本融合型的产教融合办学模式并加以实施；创新园企校融合的人才培养模式和产教融合应用型课程体系。该研究成果对中职园林类专业高质量、有特色的发展具有积极的推动作用。

关键词：园林类专业；产教融合；办学模式

2011 年，教育部等九部门在《教育部等九部门关于加快发展面向农村的职业教育的意见》中提出"促进产教深度合作"的要求[1],这一概念逐渐演化为"产教融合"。《国务院关于加快发展现代职业教育的决定》（国发 [2014]19 号）要求各级部门"研究制定促进校企合作办学有关法规和激励政策，深化产教融合"[2]。《国务院办公厅关于深化产教融合的若干意见》（国办发 [2017]95 号），指出深化产教融合，促进教育链、人才链与产业链、创新链有机衔接，是当前推进人力资源供给侧结构性改革的迫切要求，对新形势下全面提高教育质量、扩大就业创业、推进经济转型升级、培育经济发展新动能具有重要意义[3]。为贯彻落实党的十九大精神，深化产教融合，全面提升人力资源质量，经国务院同意，提出 30 条意见。随着我国经济建设的高度发展，职业教育提到了前所未有的高度。产教之间的深度融合不仅有助于职业教育的健康发展，更有利于产业发展的不断升级和转型[4]。

北京市园林学校隶属于北京市公园管理中心，有 70 年的办学历史，开设农林牧渔大类、土木建筑大类、旅游大类专业若干个，其中园林技术专业和园林绿化专业，统称为园林类专业。园林类专业与颐和园、北京植物园等 11 家市属公园和北京市花木有限公司等园林行业龙头企事业单位有着长期稳定的合作关系。学校在与公园和企业长期稳定的合作过程中，对产教融合进行深入研究与实践，形成具有中职园林类专业特色、符合首都园林行业人才培养需求的产教融合办学模式。

1　研究成果

1.1　建立健全园企校产教融合运行机制和管理模式

1.1.1　建立园林类专业园企校产教融合办学指导委员会

成立由学校、公园、企业组成的园企校产教融合办学指导委员会。该委员会由主任委员、副主任委员各两名，

① 课题项目：国家林业和草原局职业教育研究中心、全国林业职业教育教学指导委员会，林业职业教育立项课题："园林类专业园企校融合办学模式研究"，课题编号：LYZJ2018LX014。

以及若干委员组成，有效融合行业、公园、企业和教育界等资源，从专业、技术、学术、经费等方面为学校发展、专业建设提供强大的支持。其工作宗旨是以职业教育发展规划为依据，促进校企合作、产教融合发展，合作开发产教融合项目，推动校企共建、资源共享，保障人才培养目标的实现。

1.1.2　建立健全园林类专业园企校产教融合运行机制

构建"园企校三位一体（学校、公园、企业），共建共育共享"产教融合运行机制（图 1）。运行机制由技术研发体系和经营管理体系，以及信息交流平台和成果培育平台构成。通过技术研发体系和经营管理体系实现产教融合的技术融合和资本融合办学模式；通过信息交流平台，学校与公园、企业进行信息沟通、合作商讨、问题解决等；通过成果培育平台，实施各种产教融合的形式，园企校三方共同对职业人才、教科研成果、生产成果等进行培养培育，并应用于社会和行业。

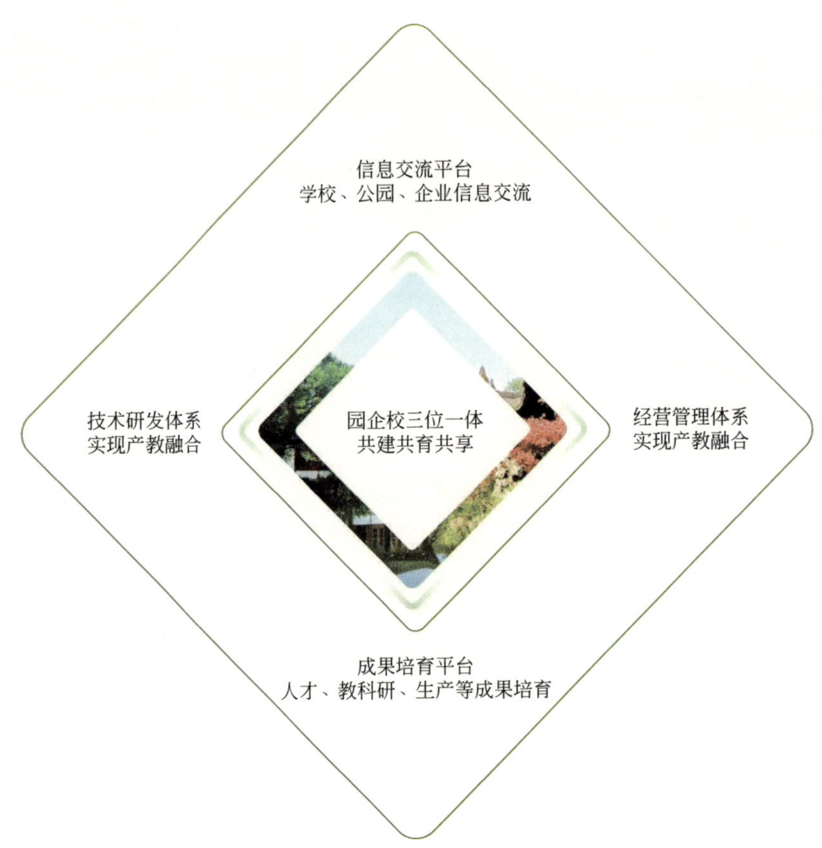

图 1　园林类专业园企校产教融合运行机制构成

1.1.3　建立健全园林类专业园企校产教融合管理模式

构建"双轨三段三级"园企校产教融合管理模式。"双轨三段三级"是指校企双轨、三阶段实施、三级别管理。

（1）双轨并行

学校与公园、企业双主体，共同开展产教融合。公园、企业担负起为行业和社会培养人才的责任，发挥自身优势，为学校提供教学资源和机会，从而达到学生、学校、企业、社会多方受惠的效果。

（2）三段实施

产教融合实施分为三大阶段：准备阶段—实施阶段—总结阶段（图 2）。

准备阶段：学校根据教学和人才培养的需要，筛选合作单位并签订协议；准备教学文件、管理文件；公园、企业制定计划，做好人、财、物等各方准备。

实施阶段：教师和学生参与到产教合作项目中，开展研究、生产、教学；公园、企业投资或派技术人员参与项目或技术指导，共同发现问题、解决问题，完成项目。

总结阶段：校企共同总结项目成果、需要改进之处，为今后进一步合作提供经验和参考。

（3）三级管理

三级管理是指学校和企业各有三级管理机构（图 3）。

第一级：园企校产教融合办学指导委员会。做好顶层设计，统筹规划、部署、协调产教融合工作。

第二级：校教学科室和企业技术生产部门。负责组织

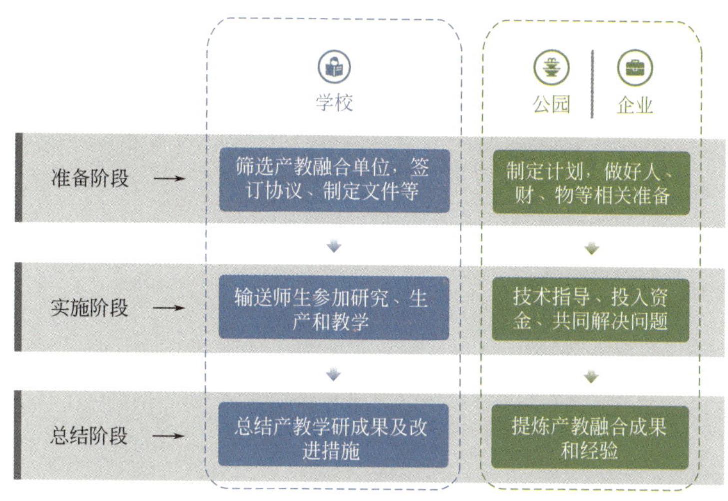

图 2　三阶段实施

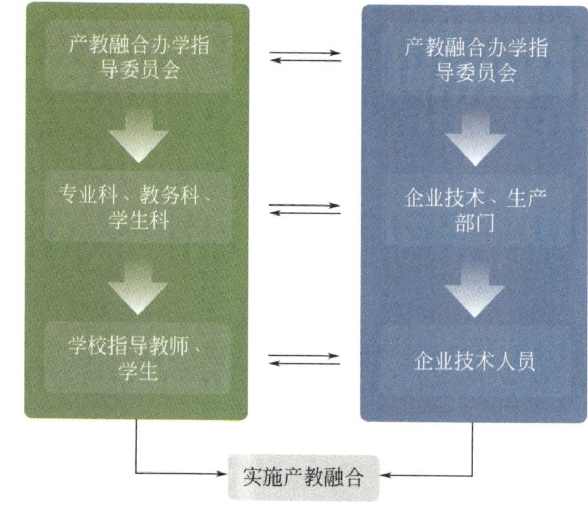

图 3　三级别管理

产教融合工作落实。包括制定各种文件、召开动员会和培训师生、解决重大问题等，并行使监督、检查、协调的权利。

第三级：教师、学生和企业技术人员。负责产教融合的实施。

1.2　构建技术融合型与资本融合型的办学模式

北京市园林学校在多年校企深度合作的基础上，与市属公园和行业龙头企事业单位全方位多角度地开展产、教、学、研合作。在实施职业教育过程中通过共同育人、合作研究、共建基地、共享资源等方式实行产教融合，建立校企主导、行业指导、学校和公园企业双主体实施的合作模式。

1.2.1　构建技术融合型产教融合办学模式

技术是教育创新的工具，也是服务产业内驱力。技术创新成为推动专业建设水平提升的关键要素。教育技术创新是技术与教育互相动态塑造的过程，是技术与教育协同发展、创造性结合的结果[5]。

（1）共建研发中心，合作开展技术研发

学校选派师生与北京市花木有限公司和北京市大东流苗圃，联合在生产研发中心开展技术研发和生产。企业提供苗木资源、场地、设备，学校师生和企业技术人员共同组成研发和生产团队，开展草本花卉生产、应用等科研生产和教学。在此过程中，学生既是实习生又是员工，获得行业最新知识技能，了解真实工作岗位；教师可以提升专业发展和技术服务能力，锻炼和培养创新精神和技术研发能力；与此同时，将企业真实的技术研究和生产项目转化为教学任务，使教学内容更加丰富，更加贴近生产实际情况；企业获得研究成果并在生产中应用，从而提高生产效率，为生产企业带来实际效益，实现了校企双赢。

（2）建立园艺工作室，承接园林项目

学校与上市企业北京绿京华生态园林股份有限公司、北京植物园建立以技能培养为核心的园艺工作室，营造真实的生产性实训环境，功能融合教学、实训、技术服务于一体，注重对学生职业技能的培养。聘请行业专家、大师和技术骨干和学校专业教师共同组建工作室运行管理机构。工作室对外承接园林设计、园林施工、绿地养护、园林植物应用、园林培训等项目。师生在完成真实项目的过程中，实现教学和生产服务。

（3）建设校外实训基地，开展全方位深度合作

学校与北京市公园管理中心下属的颐和园、北海公园、天坛公园、北京植物园、中国园林博物馆等市属公园，与园林行业龙头企事业单位北京市花木有限公司、北京绿京华生态园林股份有限公司、北京园艺有限公司等共建实习实训基地。公园企业提供基地、设备，学校提供人力和技术，在基地开展课题研究、技术攻关、行业活动、技术指导等活动。这可以为企业输出技能型人才，完成生产、养护、施工任务，同时师生将学到的理论知识转化为实际专业技能和先进的管理经验。

1.2.2　构建资本融合型产教融合办学模式

资本融合型产教融合办学模式是企业的资本与学校的其他生产要素组合，解决的是学校办学资金不足的问题。这种模式可以通过企业投入创造良好的教育环境和设施，以达到提高人才培养质量的目的[6]。

（1）共建种苗生产基地，合作开展优良种苗选育

提高生产效率是产教融合的企业动力。学校与北京绿京华生态园林股份有限公司共同建设优良品种选育基地。学校提供试验场地和专业人才，绿京华提供试验材料、设施和实验经费，双方整合自身资源，优势互补，针对北京园林绿化中存在的实际问题，双方共同开展横向课题研究。研发成果为绿地养护提供科学技术支撑，可降低企业的养护成本，提高企业的生产效率，实现校企双赢。

（2）合作经营园艺中心，实现校企双赢

学校选派师生到北京园艺有限公司参与生产、经营，学生同时具有员工身份，边工作边学习，以工助学。师生完成园艺公司鲜切花保鲜与养护，绿植与多肉植物日常养护工作，以及店内鲜切花、盆栽作品、饮料、食品等销售与经营工作。与园艺中心员工共同完成“花艺沙龙”“园艺讲座”“儿童花艺制作”等一系列活动。在参与经营企业的过程中，师生真正了解花店业务范围、运作模式、行业标准、岗位职责，吸收了专业的新知识、新技能、新工艺、新方法，同时企业也解决了专业人力资源不足、技术和管理等问题。

（3）投资共建实训基地，开展生产与教学

学校投资购置先进的园林机械设备，在北京金都园林绿化有限责任公司和北京市花木有限公司共建园林植物育苗和园林绿地养护生产线，形成“四个合一”：教室与基地合一、学生与学徒合一、教师与师傅合一、育人与创收合一。企业参与实训基地教学和技术指导，能使学生在企业真实的工作环境和真实的工作任务中，熟练操作园林设施设备，掌握行业先进技术和工艺。同时，企业增添了行业先进的机械设备，用于生产和教学。

1.3 创新园林类专业园企校产教融合的人才培养模式和课程体系

职业院校的产教融合，必须通过特色鲜明的专业人才培养模式的建构来实现[7]。

1.3.1 创新园林类专业园企校产教融合的人才培养模式

园林类专业深入行业企业调研，分析职业能力，提炼典型职业活动，研究行业标准和操作规范。学校教师与行业企业专家一起多次研讨、论证，将典型职业活动直接转化为课程或者整合为课程，构建产教融合应用型课程体系，根据行业发展的需求，探索出适合园林行业特点和学生成长特色的人才培养模式——“园企校双主体，能力三递进”的人才培养模式（图 4）。突出对首都园林行业急需的一线园林工程施工人才和园林工程管理人才的培养，注重强化培养学生的专业综合素质和实践应用能力。

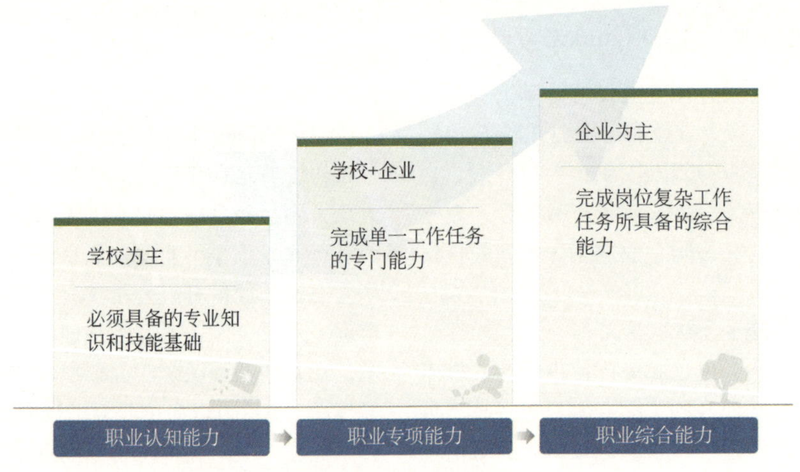

图 4　人才培养模式

1.3.2 构建园林类专业园企校产教融合应用型课程体系

与企业共同构建“园企校产教融合应用型”课程体系：根据实用、够用的原则，补充行业新知识、新工艺、岗位经验性知识和隐性知识；注重对学生职业道德和素养的培养，针对学生特点和园林行业工作特点，提炼该专业核心素养，为学生将来可持续发展做准备；提炼园林岗位技能，使之与课程的技术技能相融合，将真实项目带入课程。围绕园林设计、园林施工、园林工程管理三大方向，开发专业技能课程模块；围绕学生思政培养，开发体现职业素养和人文素养的素养课程模块；围绕学生实践能力培养，开发体现以培养园林国手为目标的产业类应用课程模块。产教融合应用型课程体系：公共基础平台—专业技能平台—专业素养平台—专业应用平台。

2 特色与创新

2.1 实现专业教学与园林产业的真正“融合”

该研究从产教融合模式、运行机制、管理模式、人才培养等几方面着手研究，既能解决学生教学和实习问题，将训练型、消耗型的教学和实习转变为生产型、盈利型的教学和实习，同时又能兼顾企业的经济和社会效益，从而实现真正的融合，即产业与教学融合。

2.2 构建适合园林行业特点的产教融合模式

结合首都生态文明建设需要和园林专业实践性强的特点，发挥与市属公园校企合作的优势、与园林行业龙头企事业单位校企合作的优势，探索中职园林类专业与公园、

企业三位一体的深层次的产教融合模式与运行管理机制，从而丰富了产教融合办学的理论体系。

3 结论

通过研究园林类专业园企校产教融合，促进了学校与公园和企业共同培养技术技能人才，构建了以就业为导向，以学生职业能力为核心，以培养学生综合素质为主线，由学校、公园、企业共建共育共享的产教融合办学模式。今后，在此研究基础上，继续针对拓展合作形式、深化合作内涵等方面开展研究，例如构建由学校、企业（行业）、职业技能鉴定机构等多方参与的新型学徒制改革，实现“学生—学徒—准员工—员工”的人才培养模式，与企业探索建立园林工程师学院，创新复合型技术技能人才培养培训模式，与企业共同深化技术技能平台合作，开发菜单式培训包为行业从业人员开展多元化技术技能培训，实现资源和成果共享。

参考文献

[1] 教育部等九部门关于加快发展面向农村的职业教育的意见（教职成〔2011〕13 号）[Z]. 2011-10-25.

[2] 国务院关于加快发展现代职业教育的决定（国发〔2014〕19 号）[Z]. 2014-05-29.

[3] 国务院办公厅关于深化产教融合的若干意见（国办发〔2017〕95 号）[Z]. 2017-12-19.

[4] 杨永刚 . 职业教育与产业深度融合的路径与发展趋势 [J]. 哈尔滨职业技术学院学报，2018（01）：8-10.

[5] 张云，郭炳宇 . 拥抱行业：跨入深度产教融合 2.0 时代 [J]. 中国高等教育，2017（22）：46-48.

[6] 陈年友等 . 产教融合的内涵与实现途径 [J]. 中国高校科技，2014（8）：40-42.

[7] 李洪渠等 . 以产教融合为核心的我国职业教育人才培养研究的现状与趋势——基于 CNKI2014-2017 年期刊文献的分析 [J]. 职教论坛，2017（30）：5-9.

‘佛手’丁香和‘布氏’丁香杂交新品种选育初报①

北京市植物园，北京市花卉园艺工程技术研究中心，城乡生态环境北京实验室 / 孟　昕　代兴华　盖　枫　樊金龙

摘　要：2010年本课题组在北京植物园以‘佛手’丁香为母本，‘布氏’丁香为父本进行杂交，F1后代幼苗开花后在花色、花型上出现分化，重瓣丁香比例达到39%。我们从中选育出适应性强、观赏性好的6株重瓣单株，经5年以上观测，通过扦插等繁殖方法固定，性状独特、一致、稳定，可以进行园林推广。

关键词：丁香;新品种;杂交

丁香（*Syringa*）为木犀科丁香属灌木或小乔木，本属约19种（不包括自然杂交种），原产我国，主要分布于西南及黄河流域以北各省区，故我国素有丁香之国之称[1]。丁香为著名庭院观赏花卉，花可提取香料，深受世界人民喜爱，欧美等国在原有单瓣紫花为主的原种收集工作基础上，大力开展各类育种工作，历经百余年，在丁香国际品种登录上的园艺品种已达两千余种[2]。我国丁香育种处于起步阶段，中国科学院植物研究所培育的‘香雪’，‘四季蓝’，‘罗兰紫’等品种，黑龙江省森林植物园培育的‘瑜霞’，江山园林培养的‘金色时代’等优秀品种，在我国市场上得到了良好的推广和应用。

丁香为异花授粉植物，遗传基础较为复杂，后代常发生性状分离，因此有性杂交育种是培育良种的有效途径[3]。杂交时，可以选择在亲缘关系较近的同一种间或组间进行，选择两个亲本间的目标特征以获得色彩变化、花序轴增大、花瓣大小、植物矮化等不同特征表现优于双亲的F1代。

重瓣丁香因其花序紧密，花型各异，色彩多变等特点深受世界人民喜爱，目前市场所推广的重瓣品种多为欧美的杂交种，在北京地区生长势较弱，越夏能力差。笔者选用适宜北京地区生长的‘佛手’丁香为母本、‘布氏’丁香为父本进行杂交试验，以期在F1代初步筛选出一些具有特殊颜色、优良性状的重瓣早花品种，为丁香的新品种应用打下基础。

1　材料与方法

1.1　亲本选择

‘佛手’丁香（*Syringa oblata* ‘*Alba-plena*’）为欧洲丁香的园艺变种，树形高大，高度可达5 ~ 6m，叶片心形，达10cm × 9cm，花序紧密，15cm × 8cm，每花序着花约80朵，花白色，重瓣台阁型，无瓣化，形似莲花，花瓣平展不反卷扭曲，花冠裂片近圆形，花冠管筒状1.0cm × 0.1cm，花

①　基金项目：北京市公园管理中心科技课题“丁香新品种选育、快繁及栽培应用研究”（zx2018020）。

药黄色近喉部，通常 2 ~ 3 粒，香气较浓郁，花期 4 月中旬至下旬，花粉可育，6 月上中旬结实，小枝灰色，新梢生长量 15 ~ 30cm，生长旺盛，适应性强，越冬和越夏能力表现佳。

‘布氏’丁香（*Syringa* x *hyacinthiflora*‘Pocahontas’）为加拿大育种家 Frank L.Skinner 于 1935 年培育，将朝阳丁香（*Syringaoblata* subsp.*dilatata*）和生长较慢的美丽的 *dilatata* 进行杂交选育得来。‘布氏’丁香叶片呈三角状，达 9.5cm × 8cm，基部近截形，先端渐尖，花序紧密度一般，13cm × 8cm，每花序着花约 100 朵，花单瓣，1.2cm × 1.3 cm，花冠管筒状 1.1cm × 0.1cm，初花深紫色，后期花褪色为蓝紫色，花冠裂片近圆形，0.5cm × 0.45cm，花药黄色近喉。本种于 2001 年日本 Kasturo Arakawa Hokaido 苗圃植株引种栽培，在北京表现良好，经扦插扩繁后，子代均能维持母本表现。花芽 3 月下旬萌动，4 月中旬初开，4 月下旬盛花，一直到 5 月上旬花败，花粉可育，6 月上中旬结实。初花深紫色，后期花变为蓝紫色。生长旺盛，小枝灰黑色，新梢生长量 10 ~ 30cm，适应性强，越冬和越夏能力表现佳。

‘布氏’丁香和‘佛手’丁香均为欧丁香系同一组别，亲缘关系和花期相近，故选为父母本进行杂交，从而选育性状分离的优良重瓣丁香品种。

1.2 杂交方法

杂交采用常规方法，经过去雄套袋、花粉采集和贮藏、授粉等过程，杂交处理于 2010 年 4 月 19 日在北京植物园进行。

1.2.1 去雄

选择圃地生长健壮的成年‘佛手’丁香植株作为母本，授粉前去除雄蕊、花序轴顶端未成熟的花蕾和已经开放的花朵，每组花序留中段花 20 朵，共 15 组，套袋防止花粉污染并悬挂牌提示。

1.2.2 花粉采集

同样选择圃地生长健壮的成年‘布氏’丁香含苞待放的花朵为父本，用镊子去除花瓣，筛选收集黄色的成熟花药，同时去除绿色未成熟的花药。花药置放在室内阴凉干燥的纸盒内，第二天收集到离心管内，密封盖好，标注种类和时间，可在 4℃冰箱进行保存。

1.2.3 杂交授粉

去雄后的母本第二天可见柱头膨大发亮并分泌黏液，授粉时间为上午十点左右。将花粉轻轻地均匀涂抹在花柱上，通常要重复授粉 2 ~ 3 次，授粉后封袋记录。

1.2.4 种子采集

杂交两周后进行检查，授粉后的雌蕊子房开始膨大，这时可更换纸袋为纱网带，防止果实掉落。杂交授粉 50 天后，可对绿色的蒴果进行初步统计，10 月将果实进行采收，统计坐果率和千粒重。

1.3 成苗观测

2011 年进行播种，秋季进行上盆，2013 年将经过优胜劣汰的 F1 代丁香定植到试验地中，进行生物学观测与统计分析，对重瓣丁香进行筛选、扦插繁殖。

1.4 选育地情况

选育地位于北京市植物园，地理坐标东经 E116°12′11.95″，北纬 N39°59′53.34″，海拔 112.07m，属暖温带半湿润大陆性季风气候，夏季炎热多雨，冬季寒冷干燥，全年无霜期 180 ~ 200 天，年平均气温 10 ~ 12℃，年平均降水量为 600mm 左右，多集中在 7 ~ 8 月份。园土多为砂质土，保水能力差，pH 值偏碱性在 7.0 左右，选育圃地经营养土和基质进行了改良。

2 杂交后代表现

2.1 杂交结实率统计

杂交收种情况见图 1 和表 1，杂交授粉后的 F1 代种子子房迅速膨大结实，花后 50 天时，统计座果率，高达 94.67%，绿色果实健康膨大饱满，少畸形；10 月对种子进行采收，这时种子由于经历夏季高温高湿，出现部分败育和褐化的现象。通常一粒丁香蒴果内含有 2 粒正常发育的种子，经统计，共得到 F1 代种子 520 粒。

图 1 ‘佛手’×‘布氏’丁香杂交种子

‘佛手’×‘布氏’丁香杂交结果　　表 1

类别	杂交数量	坐果量	坐果率	种子数量	重量
‘佛手’x‘布氏’	300 个	284 个	94.67%	520 粒	4.165g

2.2 F1 代表现

播种丁香于 2013 年春季在圃地进行定植，共定植数量 165 株杂交丁香，2014 年 15 株品种开始初花，2015 年开花率达到 70% 以上，整体表现良好，新梢生长量旺盛。在花型、花色、花朵直径、花瓣裂片形状、花序轴紧密度等表现出极大的多样性。花色出现深紫色、紫色、蓝紫色、粉色、白色等变化，花型出现重瓣台阁型、雄蕊瓣化、单瓣、单瓣扭曲等变化，花瓣直径、形状等性状也有改变。F1 代中，除了出现数量较少的与‘布氏’丁香和‘佛手’丁香完全相同性状的单株，其余均出现了中间状态（图 2）。截至 2019 年底，正常死亡 23 株，无花 7 株，F1 代中重瓣丁香 64 株，占 39%，9% 的丁香完全保持了父母本的性状。单瓣品种中，4 株白花单瓣，其中 2 株在花期叶色出现金色扭曲（‘B-1-2’ & ‘B-2-2’）现象，但花后叶色变为正常绿色；紫色单瓣品种中，出现类似华北紫丁香 / 波峰丁香等的品种，新品种特异性不明显，较为特殊的是‘A-6-3’（紫红色、花瓣小、花药在喉部突出）、‘D-3-3’（紫色、花瓣深度匙型）和‘H-1-2’（蓝紫色、匙型，花瓣扭曲）3 株（图 3）。

重瓣丁香在花型和花色上变异较大，根据 RHS 色卡对盛花期的重瓣丁香花色及其他性状进行统计，详情见表 2。重瓣品种中，瓣化现象明显，与父母本产生了较大的变异，除了 3 株复瓣品种外，都产生瓣化现象，完全瓣化品种的比例高达 64%。颜色方面，出现了以‘A-5-1’为代表的颜色为‘布氏’丁香的重瓣类型，也出现了颜色更浅的粉紫色重瓣‘B-6-3’、深紫色重瓣‘F-4-3’和白粉色重瓣‘F-4-1’等优秀品种。

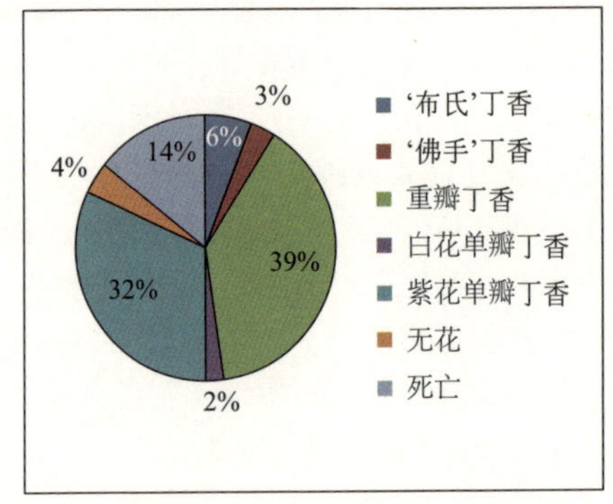

图 2　F1 代丁香性状表现型统计（截至 2019 年）

图 3　F1 代单瓣丁香品种‘B-1-2’、‘A-6-3’、‘D-3-3’、‘H-1-2’

2.3 F1 代重瓣丁香观测结果（表 2）

‘佛手’ x ‘布氏’ 丁香杂交 F1 代重瓣杂交结果　　**表 2**

品种名称	花蕾颜色	花瓣颜色	花冠管 (mm)	花序轴	花序长 (cm)	花瓣形状	花冠裂片状态	花药瓣化	花瓣直径 (mm)
‘A−1−1’	82b	N82d	6	圆锥形	9	紫色重瓣	水平	轻微瓣化	16
‘A−1−3’	77c	80d	10	圆锥形	15	紫色重瓣	水平	完全瓣化	17
‘A−2−3’	80c	84c	8	紧实圆锥形	10	紫罗兰色重瓣	斜展	完全瓣化	15
‘A−4−1’	80b	84c	7	圆锥形	13	紫罗兰色重瓣	水平	轻微瓣化	17
‘A−4−2’	80b	84c	8	紧实圆锥形	16	紫罗兰色重瓣	水平	完全瓣化	19
‘A−4−3’	80c	84c	8	紧实圆锥形	13	紫罗兰色重瓣	水平	完全瓣化	17
‘A−5−1’	77b	77c	11	圆锥形	17	紫色重瓣	水平	完全瓣化	24
‘B−2−1’	81c	N81d	12	圆锥形	15	紫色重瓣	水平	部分瓣化	20
‘B−3−2’	81b	N82b	12	圆锥形	10	紫色重瓣	水平	完全瓣化	20
‘B−4−3’	71a	N82d	10	圆锥形	18	紫花 5 瓣	水平	无	17
‘B−6−3’	71b	75a	15	紧实圆锥形	15	粉紫色重瓣	水平	完全瓣化	20
‘C−1−1’	80b	84c	10	紧实圆锥形	14	紫罗兰色重瓣	水平	完全瓣化	20

续表

品种名称	花蕾颜色	花瓣颜色	花冠管(mm)	花序轴	花序长(cm)	花瓣形状	花冠裂片状态	花药瓣化	花瓣直径(mm)
‘C-4-3’	80b	84c	10	圆锥形	17	紫罗兰色重瓣	水平	轻微瓣化	18
‘C-5-1’	70a	N74b	10	疏松圆锥形	16	玫粉色复瓣	曲折	无	28
‘D-2-1’	71b	68a	12	紧实圆锥形	16	紫粉色重瓣	曲折	完全瓣化	23
‘D-2-2’	77b	77c	11	紧实圆锥形	19	紫色重瓣	水平	完全瓣化	19
‘D-4-3’	71b	75c	10	圆锥形	17	粉紫重瓣	水平	部分瓣化	23
‘E-1-2’	81a	80a	9	圆锥形	15	深紫重瓣	水平	部分瓣化	18
‘E-4-1’	77b	76c	10	疏松圆锥形	15	粉紫色重瓣	水平	完全瓣化	13
‘E-4-2’	64b	70c	10	圆锥形	17	粉紫色重瓣	水平	完全瓣化	17
‘E-4-3’	80a	N81d	6	圆锥形	14	紫色重瓣	水平	完全瓣化	15
‘E-5-2’	81a	80a	11	圆锥形	16	深紫重瓣	水平	完全瓣化	17
‘F-1-3’	87b	N82c	12	疏松圆锥形	11	深紫重瓣	水平	部分瓣化	15
‘F-2-1’	77b	77c	10	圆锥形	17	紫色重瓣	水平	完全瓣化	23
‘F-2-3’	77b	77c	10	圆锥形	15	紫色重瓣	水平	完全瓣化	17
‘F-3-3’	78c	76b	10	紧实圆锥形	12	紫花复瓣	水平	完全瓣化	15
‘F-4-1’	68b	73c	11	圆锥形	15	白粉色重瓣	曲折	完全瓣化	17
‘F-4-2’	78c	76b	10	圆锥形	16	紫花复瓣	水平	完全瓣化	17
‘F-4-3’	83d	77d	10	紧实圆锥形	10	深紫色重瓣	曲折	完全瓣化	15
‘F-5-2’	77b	77d	12	紧实圆锥形	17	粉紫色重瓣	曲折	部分瓣化	16
‘F-5-3’	85a	85d	11	圆锥形	14	淡紫色重瓣	曲折	完全瓣化	15
‘G-1-1’	77b	77d	10	圆锥形	11	粉紫色复瓣	水平	无	16
‘G-2-1’	80b	N81d	11	圆锥形	15	紫色重瓣	水平	轻微瓣化	17
‘G-3-3’	77b	77d	10	圆锥形	15	深紫重瓣	水平	完全瓣化	17
‘G-4-2’	77b	80b	12	疏松圆锥形	15	深紫重瓣	水平	部分瓣化	17
‘G-4-3’	77c	84c	10	紧实圆锥形	13	紫罗兰色重瓣	水平	完全瓣化	15
‘G-5-3’	77b	N78d	10	紧实圆锥形	16	紫色重瓣	曲折	完全瓣化	18
‘H-1-3’	77b	N78d	10	疏松圆锥形	7	粉紫重瓣	水平	完全瓣化	15
‘H-2-1’	70a	N74b	10	疏松圆锥形	15	紫色重瓣	水平	完全瓣化	17
‘H-3-1’	81b	N81d	11	圆锥形	16	紫色重瓣	水平	完全瓣化	17
‘H-3-2’	80a	77d	11	紧实圆锥形	17	亮紫色重瓣	水平	轻微瓣化	17
‘H-4-1’	81a	N81b	11	紧实圆锥形	18	深紫重瓣	水平	完全瓣化	18
‘H-4-2’	80a	N78d	10	紧实圆锥形	17	紫色重瓣	水平	轻微瓣化	17
‘H-5-1’	81b	80d	10	圆锥形	16	紫色重瓣	曲折	轻微瓣化	17
‘H-5-2’	71b	75a	15	紧实圆锥形	17	淡紫色重瓣	水平	轻微瓣化	17
‘H-6-1’	64B	N74d	10	紧实圆锥形	18	紫色重瓣	曲折	完全瓣化	27
‘H-6-2’	81b	N81b	10	疏松圆锥形	10	深紫重瓣	曲折	轻微瓣化	28
‘I-1-3’	81a	N81b	17	疏松圆锥形	15	深紫重瓣	水平	完全瓣化	20
‘I-2-1’	77b	77c	11	圆锥形	15	紫色重瓣	水平	轻微瓣化	20
‘I-2-2’	81c	N81d	12	圆锥形	16	紫色重瓣	水平	部分瓣化	19
‘I-3-1’	64b	70c	11	圆锥形	17	粉紫色重瓣	水平	轻微瓣化	16
‘I-3-2’	81c	N81d	14	圆锥形	18	紫色重瓣	水平	完全瓣化	19
‘I-3-3’	81c	N81d	12	圆锥形	17	紫色重瓣	水平	完全瓣化	19
‘I-4-1’	70c	73c	13	疏松圆锥形	16	紫色重瓣	曲折	部分瓣化	18
‘I-4-2’	81a	N81b	11	圆锥形	16	深紫重瓣	水平	完全瓣化	19
‘I-4-3’	81a	N81b	11	疏松圆锥形	17	深紫重瓣	水平	完全瓣化	19

续表

品种名称	花蕾颜色	花瓣颜色	花冠管(mm)	花序轴	花序长(cm)	花瓣形状	花冠裂片状态	花药瓣化	花瓣直径(mm)
‘I-5-1’	78b	79d	10	圆锥形	19	粉紫重瓣	水平	完全瓣化	18
‘I-5-3’	81a	N81b	11	圆锥形	19	深紫重瓣	水平	完全瓣化	19
‘I-6-2’	71b	68a	14	圆锥形	16	紫粉色重瓣	曲折	完全瓣化	15
‘I-6-3’	77b	N78d	10	圆锥形	18	粉紫重瓣	水平	完全瓣化	19
‘J-1-2’	77b	N78d	10	圆锥形	15	粉紫色重瓣	水平	完全瓣化	25
‘J-1-3’	81a	N81b	11	圆锥形	15	深紫重瓣	水平	完全瓣化	25
‘J-2-3’	81a	N81b	12	圆锥形	18	深紫重瓣	水平	部分瓣化	19
‘J-3-1’	77b	77d	10	圆锥形	18	粉紫色重瓣	水平	完全瓣化	22

2.4 重瓣丁香扦插扩繁

初步筛选后的重瓣类型 20 株进行单株连续观测，并于 2015 年 5 月 11 日进行软枝扦插，将插条顶端保留 1 对叶片，大叶剪半，蘸入 IBA4000ppm 粉剂进行全光雾插，9 月 8 日统计扦插结果并上盆，扦插数据见表 3。除了‘J-3-1’的生根率为 25%，其余品种生根率都在 50% 以上，且所有丁香都可通过扦插获得生根苗。2017 年盆栽初花重瓣特性稳定，但整体花朵直径、花序长度均变小，花色变淡，养护管理后次年开花恢复正常，性状稳定、独特。2019 年定植到圃地后表现良好，2020 年盛花。

F1 代重瓣丁香扦插繁殖　　表 3

品种名称	扦插数量	生根数量	平均根长（cm）	生根率(%)
‘A-4-2’	7	6	7	85.71
‘A-5-1’	6	6	4	100.00
‘B-4-3’	7	7	4	100.00
‘B-6-3’	11	11	8	100.00
‘D-4-3’	4	3	5	75.00
‘F-2-1’	9	9	5	100.00
‘F-4-1’	5	3	5	60.00
‘F-4-2’	10	6	4	60.00
‘F-4-3’	12	5	5	41.67
‘F-5-2’	8	8	7	100.00
‘G-3-3’	9	7	5	77.78
‘G-4-2’	10	10	5	100.00
‘G-5-3’	29	26	8	89.66
‘H-6-1’	18	14	5	77.78
‘H-6-2’	11	6	3	54.55
‘I-2-1’	11	11	7	100.00
‘I-6-2’	10	10	5	100.00
‘J-1-2’	9	5	5	55.56
‘J-3-1’	8	2	4	25.00

3 6 种优秀重瓣杂交新品种介绍

3.1 ‘A-5-1’

主要识别特征：紫色重瓣。落叶灌木，叶三角状，基部截形，先端渐尖，长达 11.5cm，宽 8cm，叶柄长 2.5cm。花序紧密圆锥状，长 15cm，宽 10cm；花蕾红紫色（RHS 77B），花冠管紫色（RHS 77C），长 1.4cm，花冠裂片椭圆形先端尖，紫色（RHS 77C），重瓣，2 轮，外轮长 2.2cm，雄蕊完全瓣化，花期 4 月中下旬，一般不结实（图 4）。

3.2 ‘B-4-3’

主要识别特征：粉紫色单瓣，花瓣多为 5 ~ 6 瓣型，少部分雄蕊瓣化。落叶灌木，叶三角状，基部截形，先端渐尖，长达 11cm，宽 8cm，叶柄长 2.5cm。花序圆锥状，长 17cm，宽 10cm；花蕾红紫色（RHS 70C），花冠管紫色（RHS 73B），长 1.4cm，花冠裂片椭圆匙型，红紫色（RHS 77C），单瓣为主，多为 5 ~ 6 瓣，外轮长 1.7cm，雄蕊少部分瓣化，花药黄色，花期 4 月中下旬，一般不结实（图 5）。

3.3 ‘B-6-3’

主要识别特征：粉紫色重瓣，与‘A-5-1’相比，花色偏粉，后期会褪色。落叶灌木，叶三角状，基部截形，先端渐尖，长达 12cm，宽 9cm，叶柄长 2.5cm。花序紧密圆锥状，长 20cm，宽 10cm；花蕾红紫色（RHS 71B），花冠管粉紫色（RHS 74D），长 1.4cm，花冠裂片椭圆形先端尖，紫色（RHS 75C），重瓣，2 轮，外轮长 2.0cm，雄蕊完全瓣化，花期 4 月中下旬，一般不结实（图 6）。

3.4 ‘F-4-1’

主要识别特征：白粉色大花重瓣。落叶灌木，叶三角状，基部心形，先端渐尖，长达 12cm，宽 9cm，叶柄长 2.5cm。花序圆锥状，长 17cm，宽 11cm；花蕾粉红色（RHS 68B），花冠管粉色（RHS 68D），长 1.6cm，花冠裂片深裂

长椭圆形先端尖，白粉色（RHS 73C），重瓣，2 轮，外轮长 2.5cm，雄蕊完全瓣化，花期 4 月中下旬，一般不结实（图 7）。

3.5 ‘F-4-3’

主要识别特征：深紫色复瓣，后期褪色为粉紫色。落叶灌木，叶三角状，基部截形，先端渐尖，长达 12cm，宽 9cm，叶柄长 2.5cm。花序圆锥状，长 15cm，宽 11cm；花蕾深紫色（RHS 83D），花冠管紫色（RHS 78A），长 1.4cm，花冠裂片椭圆形，初花期深紫色（RHS 78B），盛花期后逐渐褪色为粉紫色（RHS 77D），重瓣，2 轮，外轮长 1.7cm，雄蕊部分瓣化，花药黄色喉部，花期 4 月中下旬，一般不结实（图 8）。

3.6 ‘H-6-1’

主要识别特征：粉紫色重瓣，花瓣扭曲。落叶灌木，叶三角状，基部心形，先端渐尖，长达 11cm，宽 9cm，叶柄长 2.5cm。花序紧密圆锥状，长 18cm，宽 11cm；花蕾红紫色（RHS 64B），花冠管粉紫色（RHS 70C），长 1.3cm，花冠裂片长椭圆形波状扭曲，粉紫色（RHS 74D），重瓣，2 轮，外轮长 2.7cm，雄蕊完全瓣化，花期 4 月中下旬，一般不结实（图 9）。

图 6 ‘B-6-3’

图 7 ‘F-4-1’

图 4 ‘A-5-1’

图 8 ‘F-4-3’

图 5 ‘B-4-3’

图 9 ‘H-6-1’

4 结论和讨论

长花冠管组的欧丁香系品种丁香，因其早花、花序美丽、气味芳香，是育种亲本选择的重要来源，同时，同一组系的杂交亲和性很高。丁香花期从4月上旬到5月下旬，不同花期的丁香杂交育种会有一定困难[4]，同为欧丁香系的‘布氏’丁香和‘佛手’丁香的杂交组合，可获得正常的健康的种子，有利于提高杂交结实率，避免亲本材料浪费。

F1代重瓣丁香群体表现出明显不同于父母本雄蕊瓣化现象，后代中出现单瓣、复瓣和重瓣的中间变异型分布，验证了丁香重瓣性来源于雄蕊瓣化。F1代的花色变异较广泛，大部分在父母本花色之间变异，因此在丁香花色育种中选择与‘布氏’丁香和‘佛手’丁香花色相差较远的亲本，有利于培育出花色变异的品种。

本研究选育出‘A-5-1’‘B-4-3’‘B-6-3’‘F-4-1’‘F-4-3’‘H-6-1’ 6个优良品种，经多年观测，性状优良、稳定，在观赏性、适应性、生长势上均表现优异，与其他品种相比也有其独特的优势，在北京有广阔的应用前景。一般认为，丁香的繁殖方式以当年生半木质化的嫩枝扦插最佳[5]，本实验中这6种丁香嫩枝扦插均可成活，因此可在北方园林中进行栽培推广应用。

参考文献

[1] 陈进勇．丁香属（*Syringa* L.）的分类学修订 [D]. 北京：中国科学院植物研究所，2006.

[2] E. Z. Kochieva，N. N. Ryzhova，O. I. Molkanova，et al. The Genus Syringa：Molecular Markers of Species and Cultivars[J]. 2004，40（1）. 30-32.

[3] 薛闯，焦宏彬，等．丁香属（Syringa）植物育种研究进展 [J]. 天津农业科学，2015，21（10）.

[4] 吴国良，杨志红，刘群龙．丁香开花授粉生物学特性研究 [J]. 北京林业大学学报，1998，20（2）：118-120.

[5] 白明霞．丁香优良品种繁育特性 [J]. 北方园艺，1999，124（1）：21.

阿苯达唑对 3 种金丝猴毛首线虫驱虫效果试验

北京动物园　圈养野生动物技术北京市重点实验室，中国科学院动物研究所 / 贾　婷　赵素芬　罗　静　刘连贵　韩姝伊　孙冬婷　冯胜勇　夏茂华　黄菁晶　张轶卓　何宏轩　张成林

摘　要： 为了调查阿苯达唑对金丝猴毛首线虫驱虫效果，采用形态学及rDNA ITS序列分析，结果显示：北京动物园圈养的川、黔、滇3种金丝猴均感染毛首线虫，阿苯达唑对金丝猴毛首线虫具有良好的驱虫效果，尤其对川金丝猴和黔金丝猴的驱虫效果理想，除川金丝猴在驱虫后第10天每克粪便虫卵数（eggs per gram of feces，EPG）波动较大外，这2种金丝猴在检测期粪便内虫卵始终维持在较低水平；对于滇金丝猴，虽有驱虫效果，但在给药后第10～30天，EPG波动较大，驱虫效果不如川、黔2种金丝猴理想，这可能与受试的滇金丝猴年龄跨度大密切相关。

关键词： 阿苯达唑；川金丝猴；黔金丝猴；滇金丝猴；驱虫效果

毛首线虫（*Trichurus Sp.*），也称鞭虫，属毛首目（Trichurata），毛首科（Trichuridae），毛首属（*Trichuris*）线虫[1]。在全球分布，能感染多种动物，是常见且危害严重的胃肠道寄生虫[2]。临床上，圈养灵长类动物对胃肠道寄生虫敏感，尤其以毛首线虫感染率高[3]。金丝猴对毛首线虫极为敏感，感染率高达 80% 以上，还可引起发病与死亡[4]。轻度感染时，动物出现间歇性腹泻、贫血；严重感染时，动物出现精神沉郁、食欲减退、体温升高、剧烈腹泻、排血色水样粪便并附有黏液，消瘦、贫血，甚至引起动物死亡[5-8]。金丝猴又名仰鼻猴，是国家一级重点保护动物，现存 5 个种，其中川金丝猴（*R. roxellana*）、黔金丝猴（*R. brelichi*）和滇金丝猴（*R. bieti*）3 种为我国特有种。金丝猴的人工饲养始于 1955 年北京动物园，在我国已有 60 年的饲养展出历史[9-11]。目前，北京动物园也是全国唯一一家同时饲养川、黔、滇 3 种金丝猴且 3 种金丝猴均能进行繁殖的单位。为保障动物健康，北京动物园兽医工作者每年春、秋进行寄生虫普查，结果显示，金丝猴粪便中存在大量寄生虫虫卵，对虫卵结构进行分析，发现以毛首线虫卵为主。虽然北京动物园未出现毛首线虫致死金丝猴病例，但病原长期存在于动物体内，不仅会对动物机体造成损伤，虫卵随粪便排出体外，也会污染动物饲养环境，感染其他动物。为此，本研究开展关于北京动物园饲养的 3 种金丝猴毛首线虫驱虫实验研究，探索毛首线虫在金丝猴体内的消长规律，以期为金丝猴饲养管理提供科学资料。

1　材料与方法

1.1　试验材料

本试验选择 3 只川金丝猴、4 只黔金丝猴和 4 只滇金丝猴，其资料信息详见表 1。11 只受试动物均饲养于北京动物园金丝猴馆内，其饲养环境及食物结构基本一致。试验过程中，动物自由采食和饮水，食物为北京动物园金丝猴饲养标准餐，饮水为清洁凉开水。

实验金丝猴信息表　　表 1

动物名称	实验编号	性别	年龄（岁）
川金丝猴 *R. roxellana*	*R. roxellana*–1	♀	3
	R. roxellana–2	♀	4
	R. roxellana–3	♂	14
黔金丝猴 *R. brelichi*	*R. brelichi*–1	♀	4
	R. brelichi–2	♂	7
	R. brelichi–3	♀	13
	R. brelichi–4	♂	13
滇金丝猴 *R. bieti*	*R. bieti*–1	♀	4
	R. bieti–2	♂	8
	R. bieti–3	♀	19
	R. bieti–4	♂	21

1.2 试验方法

1.2.1 试验药物及给药方法

阿苯达唑（国药准字 H12020496，中美天津史克制药有限公司）。兽医根据经验及前期测量数据评估动物体重，按照 10 mg/kg 体重剂量将阿苯达唑拌入主食内，由饲养员逐只投喂给动物，确保用药剂量，连续投喂 3 天。

1.2.2 毛首线虫虫卵检查

本研究分别于投喂阿苯达唑前 3 天，投喂后 3、6、9、15、20、25、30 天，采集受试动物新鲜粪便，称取 1.0 g，用饱和食盐水漂浮法漂浮虫卵，在光学显微镜（Olympus BX51 显微成像系统，日本）下观察，用麦克马斯特氏法（McMaster' s method）进行虫卵计数，计算每克粪便虫卵数（eggs per gram of feces，EPG）[12]、虫卵转阴率及平均虫卵数，分析金丝猴体内毛首线虫的消长规律。

$$\text{虫卵转阴率（\%）}=\frac{\text{驱虫后虫卵转阴动物个体数量}}{\text{受试动物个体数量}}\times 100\%$$

$$\text{平均虫卵数}=\frac{\text{每只受试动物的 EPG 之和}}{\text{受试动物个体数}}$$

1.2.3 PCR 检测

称取粪便样品中心无污染处 0.5g，按照粪便 DNA 提取试剂盒（D5625–01; OmegaBio-Tek, Inc., Norcross, USA）说明书提取 DNA。采用巢式 PCR 扩增毛首线虫核糖体 DNA 内转录间隔 I（rDNA ITS1）基因片段。第一轮扩增体系 25μL：2 × Tap 酶混合溶液（B639295，Life Biotech，India Delhi）12.5 μL，正反向引物（表 2）各 1 μL，ddH_2O 9.5 μL，模版 DNA 1 μL。第一轮扩增反应程序：Stage 1：95 ℃ 10min；Stage 2：95 ℃ 30s，55 ℃ 30s，72℃ 90s（35 个循环），最后 72℃延伸 10 min。第二轮扩增体系 25 μL，包含 2 × Tap 酶混合溶液 12.5 μL，正反向引物（表 2）各 1μL，ddH_2O 9.5μL，模版 DNA1μL，模板为第一轮扩增产物。第二轮扩增反应程序：Stage 1：95 ℃ 10min；Stage 2：95 ℃ 30s，50 ℃ 30s，72 ℃ 60s（35 个循环），最后 72℃延伸 10min。两轮扩增产物大小分别为 1088bp 和 895bp[13]。用 1.5% 琼脂糖凝胶电泳检测第二轮扩增产物，4S Green 核酸凝胶染液染色，在凝胶成像仪中观察。电泳检测阳性，且与目标条带大小一致者，送至生工生物工程（上海）有限公司进行测序。所有样品均重复检测 3 次。

扩增毛首线虫内转录间隔区引物名称及序列信息　　表 2

	引物名称	序列信息
第一轮 External primer	External_Trichuris1417F	AGGGACCAGCGACACTTTC
	ExternalITS1_Trichuris–2505R	GAGTGTCACGTCGTTCTTCAAC
第二轮 Internal primer	Internal_Trichuris–1567F	GTTCTCGTGACTGGGAC
	InternalITS1_Trichuris2462R	CTACGAGCCAAGTGATCC

1.2.4 系统发育分析

通过 NCBI 数据库中的 Blast 模块进行序列比对，确定毛首线虫所属类群，选取 GenBank 中川金丝猴毛首线虫（MN447324.1 *Trichuris sp.-Rhinopithecus roxellana*）、黑叶猴毛首线虫（MN447321.1 *Trichuris sp.-Trachypithecus francoisi*）、人毛首线虫（KJ588071.1 *Trichuris sp.-Homo sapiens*、GQ352553.1*Trichuris trichiura-Homo sapiens*、GQ301555.1 *Trichuris trichiura-Homo sapiens*、JN181860.1 *Trichuris trichiura-Homo sapiens*）、食蟹猴毛首线虫（MK192054.1 *Trichuris trichiura-Macaca fascicularis*）、黑白疣猴毛首线虫（KJ588077.1 *Trichuris trichiura*-black-and-white colobus）、长臂猿毛首线虫（GM991955.1*Trichuris colobae-Nomascus gabriellae*）、叶猴毛首线虫（KT186232.1 *Trichuris sp.* -leaf-monkeys）、日本猕猴毛首线虫（KP336476.1 *Trichuris trichiura*-Macaca fuscata）已有序列和本研究测得的序列，共同构建系统发育树。选择 *Trichuris sp.-Sundamys muelleri*（MN428391.1）序列作为系统发育树的外群。在 Jukes-Cantor 方法中使用邻近连接算法在 MEGA 6.0 中进行系统发育分析，使用 1000 次重复的 bootstrap 进行分支可靠性分析[14]。

2 结果

2.1 圈养金丝猴毛首线虫形态学鉴定

采用饱和盐水漂浮法和离心沉淀法富集3种金丝猴粪便中的寄生虫虫卵，在光学显微镜下观察，3种金丝猴粪便内虫卵均呈棕黄色，外形为腰鼓状，卵壳厚，两端有卵塞，依据形态判定为毛首线虫虫卵（图1）。

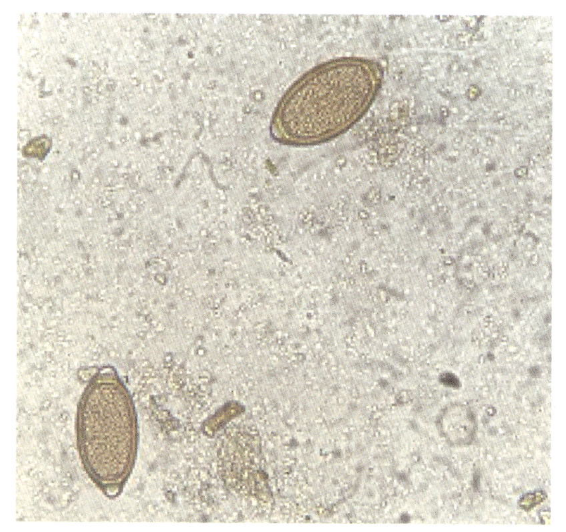

图1 毛首线虫虫卵

2.2 圈养金丝猴毛首线虫分子生物学鉴定

提取金丝猴粪便基因组，使用巢式PCR法扩增毛首线虫ITS1基因片段，使用1%的琼脂糖凝胶进行电泳检测，目的条带测序，测序结果在NCBI进行blast分析，并构建系统进化树进行分析，结果表明北京动物园川（序列编码：12、29）、滇（序列编码：6、23、25、33、42）、黔（序列编码：35）3种金丝猴粪便中检测到的毛首线虫与秦岭川金丝猴毛首线虫聚为同一分支，属于毛首线虫属（图2）。

2.3 圈养金丝猴体内毛首线虫驱虫效果观察

统计检测期内11只受试动物的转阴率及平均虫卵数，结果显示，给药后第6天平均虫卵数降到最低水平，转阴率达到64%，其后24天内，转阴率及平均虫卵数虽有上下波动，但均未到达驱虫前水平（表3），可见，阿苯达唑对金丝猴毛首线虫有明显的驱虫效果。

进一步对比阿苯达唑对3种金丝猴驱虫效果，川金丝猴和黔金丝猴的驱虫效果较好，除川金丝猴在驱虫后第10天EPG波动较大外，这2种金丝猴在检测期粪便内虫卵始终维持在较低水平（图3A和图3B）；滇金丝猴样品虽在给药后第3天和第6天EPG迅速降低，但在给药后第10～30天，EPG高水平范围波动，虽有驱虫效果，但不如前2种金丝猴理想（图3C）。

进一步分析11只受试金丝猴体内毛首线虫消长规律，结果显示：投药前后3只川金丝猴和4只黔金丝猴体内毛首线虫EPG虽然在投药后存在反弹和波动现象，但阿苯达唑对这2种7只金丝猴的驱虫效果均较为理想；分析4只滇金丝猴内体毛首线虫消长规律，发现*R. bieti*-1和*R. bieti*-2体内毛首线虫消长规律与川、黔2种金丝猴体内毛首线虫EPG变化规律相似，而*R. bieti*-3和*R. bieti*-4体内毛首线虫虽在投药后第6天迅速下降，但随着时间推移，

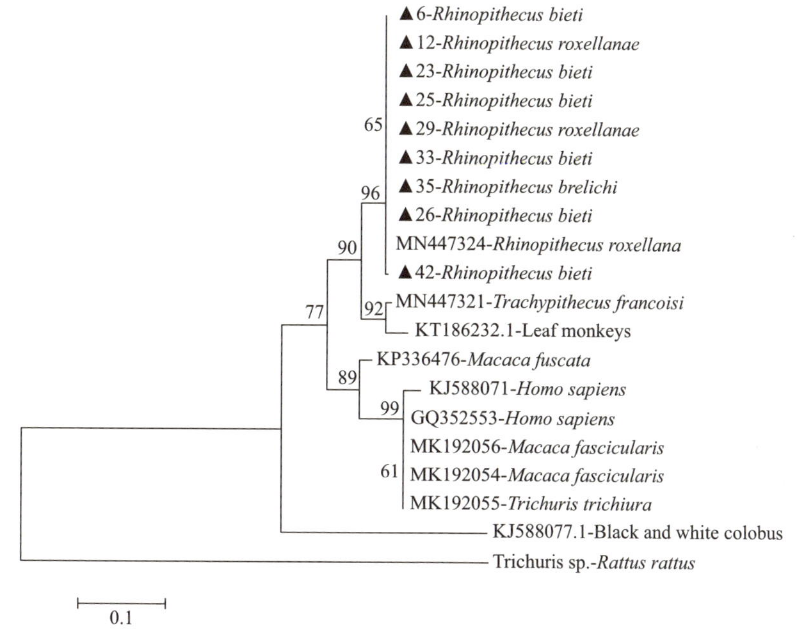

图2 圈养金丝猴毛首线虫系统进化分析

（注：▲示试验动物，其中序列编码12、29表示川金丝猴，序列编码6、23、25、33、42表示滇金丝猴，序列编码35表示黔金丝猴）

其 EPG 迅速上升，在给药后 15 ~ 20 天，达到甚至高于 2 只动物在投药前毛首线虫本底水平，之后二者 EPG 虽有下降，至投药后第 30 天，EPG 仍维持在 3950 和 6200（图 4）。

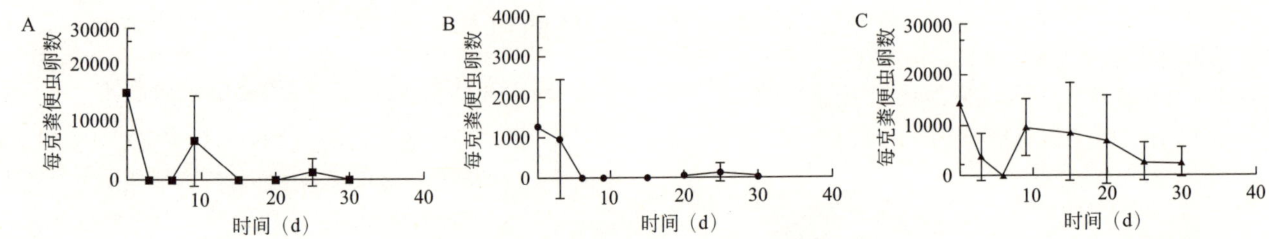

图 3　驱虫前后金丝猴 EPG 随时间变化图
（注：A、B、C 分别表示驱虫前后川、黔、滇 3 种金丝猴样品内虫卵变化）

阿苯达唑对圈养金丝猴体内毛首线虫转阴率及平均虫卵数的影响　　**表 3**

时间	试验动物数（只）	转阴动物数（只）	转阴率（%）	平均虫卵数（个）
投药前 3 天	11	1	9	10364
投药后 3 天	11	2	18	1668
投药后 6 天	11	7	64	64
投药后 9 天	11	3	27	5777
投药后 15 天	11	6	55	3155
投药后 20 天	11	7	64	2636
投药后 25 天	11	5	45	1491
投药后 30 天	11	6	55	959

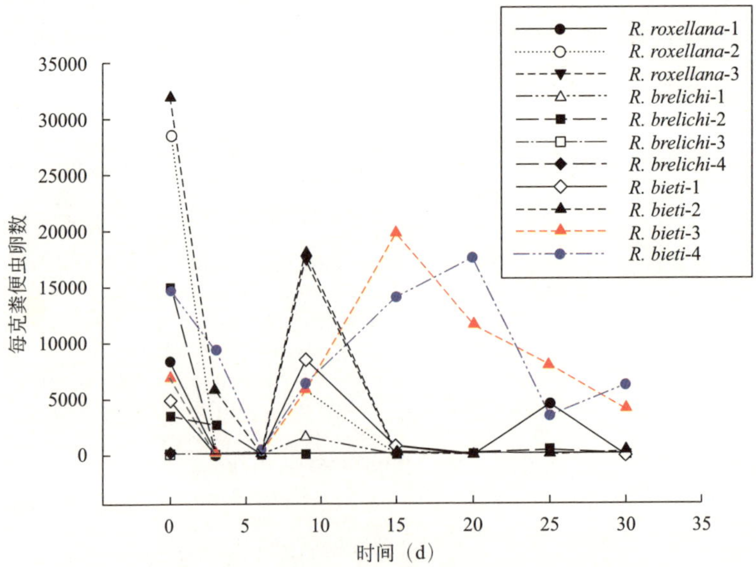

图 4　投药前后 11 只受试金丝猴体内毛首线虫消长曲线

3　讨论

圈养川金丝猴感染毛首线虫的概率极高，且存在重复感染的现象[8]。根据北京动物园寄生虫普查结果，圈养川、黔、滇 3 种金丝猴粪便样品中存在大量毛首线虫虫卵，虽然每年定期进行驱虫，但仍然存在大量虫卵。目前尚未有直接因感染毛首线虫致死的报道[15]，一旦发生混合感染，金丝猴也会发生死亡，如安徽省某动物园曾发生一例川金

丝猴金黄色葡萄球菌与毛首线虫混合感染致死的病例 [8]，临床上毛首线虫仍然是危害圈养川金丝猴种群健康的重要病原 [16]。目前对圈养川金丝猴毛首线虫的研究报道相对较多，但由于圈养金丝猴种群数量相对较少，尤其我国同时圈养川、黔、滇 3 种金丝猴的单位仅有北京动物园，对比分析这 3 种金丝猴毛首线虫感染及治疗的报道甚少。因此开展本研究，以期为临床用药和饲养管理提供科学数据。

形态学鉴定是毛首线虫属重要的定种方法 [17, 18]，但在形态相似近缘种鉴定时，常出现混淆甚至错误，造成寄生虫同种异名和异种同名现象，利用形态学鉴定方法结合 rDNA ITS 序列分析可为毛首线虫属物种分类体系提供依据 [19]。本研究结合形态学及毛首线虫 ITS1 序列进行分析，结果显示北京动物园圈养川、黔、滇 3 种金丝猴感染的毛首线虫与秦岭川金丝猴毛首线虫聚为同一分支，属毛首线虫属。据 Xie 等报道，研究团队通过比对分析毛首线虫属 ITS 和 cox 1 基因序列，发现白颊长臂猿、阿拉伯狒狒、长尾猴、东非狒狒、北方豚尾猴和人毛首线虫聚类为一个亚群，川金丝猴和滇金丝猴毛首线虫独立于上述灵长类，形成一个新亚群，这提示金丝猴可能存在着不同的毛首线虫物种 [20]。

根据北京动物园兽医工作者临床经验，3 种金丝猴存在毛首线虫反复感染的现象。本研究给 3 种金丝猴投喂经典毛首线虫驱杀药物阿苯达唑，结果显示阿苯达唑对金丝猴毛首线虫具有良好的驱虫效果，尤其是对川金丝猴和黔金丝猴的驱虫效果理想，除川金丝猴在驱虫后第 10 天 EPG 波动较大外，这 2 种金丝猴在检测期粪便内虫卵始终维持在较低水平。可见，临床上阿苯达唑可有效驱除 3 种金丝猴体内毛首线虫虫卵。然而，毛首线虫的发育不需要中间宿主，在普通环境中 3 周左右就可以发育成为侵袭性幼虫，高温高湿环境下发育速度更快 [21]。金丝猴时而地面取食，环境中的虫卵若未能及时清除，很容易在驱虫后 28 天左右就发生重复感染。驱虫后采用火焰消毒可控制环境中的虫卵 [4]，但是为提高动物福利、优化游客观览体验，北京动物园饲养和园艺工作者在金丝猴馆舍内种植大量绿植，圈舍内不宜进行火焰消毒。本研究虽未在驱虫后 30 天的检测期出现所有个体重复感染事件，但部分个体虫卵数存在波动，这种驱虫效果波动可能与环境中存在虫卵密切相关，可见使用阿苯达唑驱虫后 1 个月可以维持动物体内虫体寄生量在一个较低水平。王荣琼等建议金丝猴群每月投服 1 次驱虫药 [6]，而顾永熙等建议金丝猴毛首线虫的驱虫时间间隔应为 2.5 个月 [1]。未来北京动物园继续观察毛首线虫消长规律，优化药物驱虫程序，开展长效驱虫研究势在必行。

对于滇金丝猴，虽在给药后第 3 天和第 6 天 EPG 迅速降低，但在给药后第 10 ~ 30 天，EPG 波动较大，虽有驱虫效果，但不如川、黔 2 种金丝猴理想。进一步分析阿苯达唑对滇金丝猴毛首线虫驱杀效果的差异，可能与受试的 4 只滇金丝猴年龄跨度大有关，尤其是 *R. bieti*-3 和 *R. bieti*-4 分别为 19 岁和 21 岁，投喂阿苯达唑后，由于药物作用在短时间内驱杀毛首线虫，高龄动物由于年龄增长而致全身器官功能减退和组织细胞退行性改变等生理病理的变化 [22]，机体抵抗力相对较弱，局部药物浓度下降后，寄生虫会逐渐繁殖，重新定植。针对高龄动物需要更换其他驱虫药物，或者在驱虫的同时，应适当补充免疫营养素，增强机体抵抗力，可以间接提高驱虫药的驱虫效果，还可以缓解寄生虫引起的机体应激，修复寄生虫分泌引起的机体损伤 [23]。因此，高龄金丝猴驱虫方案及效果有待进一步研究。

参考文献

[1] 顾永熙，夏述忠，曹杰，等．金丝猴毛尾线虫驱虫药物筛选及驱虫程序实验 [J]. 中国兽医杂志，2002，38（11）：12-13.

[2] 赵波，李梅，王强，等．甲苯咪唑和芬苯达唑对灵长类动物毛首线虫的驱虫效果观察 [J]. 四川动物，2016，35（2）：249-251.

[3] Li M，Zhao B，Li B，et al. Prevalence of gastrointestinal parasites in captive non-human primates of twenty-four zoological gardens in China[J]. Journal of Medical Primatology，2015，44（3）：168-173.

[4] 黄淑芳，胡新波，于学伟，等．圈养条件下川金丝猴毛尾线虫感染控制方法的研究 [J]. 野生动物学报，2014，35（2）：160-166.

[5] 顾永熙，曹杰．金丝猴鞭形毛首线虫驱虫药物筛选及驱虫程序实验 [J]. 中国兽医杂志，2004，40（3）：12-13.

[6] 王荣琼，刘永张，赵永琳，等．圈养金丝猴鞭刑毛首线虫的消长观察 [J]. 中国兽医杂志，2011，47（12）：32-33.

[7] 杨光友，张志和．野生动物寄生虫病学 [M]. 北京：科学出版社，2013：545.

[8] 张志忠，王根红，易刚，等．川金丝猴黄色葡萄球菌与毛首鞭形线虫混合感染的诊治研究 [J]. 现代农业科技，2017，15：235-238.

[9] 李梅，杨光友．我国金丝猴寄生虫种类及其疾病研究概况 [J]. 动物医学进展，2015，36（6）：155-158.

[10] 于泽英．川金丝猴圈养种群现状分析 [J]. 动物学杂志，2004，39（4）：45-49.

[11] 赵素芬，张成林，于泽英，等．圈养川金丝猴生命表和种群动态研究 [J]. 四川动物，2016，35（5）：672-676.

[12] 汪明．兽医寄生虫学 [M]. 北京：中国农业出版社，2003：139.

[13] Ria R Ghai，Noah D Simons，Colin A Chapman，et al. Hidden population structure and cross-species transmission of whipworms（Trichuris sp. ）in humans and non-human primates in Uganda[J]. PLoS Neglected Tropical Disease，2014，8（10）：e3256.

[14] Tamura K，Stecher G，Peterson D，Filipski A，Kumar S. MEGA6：molecular evolutionary genetics analysis version 6. 0. Mol. Biol. Evol.，2013，30：2725-2729.

[15] 潘广林．秦岭地区野生动物寄生虫种类的调查研究 [D]. 杨凌：西北农林科技大学，2012：17-18.

[16] 刘均达，冯永其，徐静，等．较高剂量甲苯咪唑对半散放川金丝猴毛首线虫驱杀效果的初探 [J]. 上海畜牧兽医通讯，2016，6：24-26.

[17] 孔繁瑶，尹佩云．北京动物园野生动物的几种寄生线虫 [J]. 畜牧兽医学报，1958，3（1）：19-24.

[18] 朱朝君，童新华，吴登虎，等．川金丝猴毛首线虫新种记录 [J]. 四川畜牧兽医学院学报，2000，14（3）：25-31.

[19] 斯键，童新华．两种毛首线虫核糖体 DNA 内转录间隔Ⅱ（rDNA ITS2）序列研究 [J]. 中国人兽共患病学报，2009，25（8）：779-783.

[20] Xie Y，Zhao B，Hoberg EP，et al. Genetic characterisation and phylogenetic status of whipworms（*Trichuris* spp. ）from captive non-human primates in China，determined by nuclear and mitochondrial sequencing[J]. Parasit & Vectors，2018，11（1）：516.

[21] 吕向辉，陈旭旭，袁美群，等．圈养川金丝猴、猕猴肠道寄生虫感染及其形态观察 [J]. 经济动物学报，2010，14（2）：92-95.

[22] 于红美．靶控输注舒芬太尼复合依托咪酯对高龄患者气管插管反应的影响 [D]. 广州：南方医科大学，2013：1.

[23] 刘勇，刘自逵，朱中平，黄建平．影响猪场驱虫效果的三大因素 [J]. 猪病防控，2017，7：53-54.

黑鹳种群管理技术探究①

圈养野生动物技术北京市重点实验室，北京动物园管理处，保定动物园 / 由玉岩　金继英　卢　岩　刘学锋　张成林

摘　要：动物园是野生动物的保护机构，不仅可以作为野外种群的备份，就地或易地保护种群的发展，还可有效补充野外种群数量，使动物园中圈养野生动物种群成为有活力的、可持续发展的种群。近年来，中国野外黑鹳数量下降，因此逐渐发展圈养种群规模已十分必要，本研究针对黑鹳饲养种群管理技术进行摸索和验证。通过种群管理技术体系探究，现已基本实现黑鹳圈养种群的复壮。

关键词：黑鹳；饲养；繁育；种群管理

黑鹳（*Ciconia nigra*），鹳形目（Ciconiiformes）鹳科（Ciconiidae）鸟类，曾广布欧亚和非洲大陆。近年来，黑鹳赖以生存的湿地不断退化和萎缩，分布区日渐狭窄。黑鹳在比利时、荷兰、芬兰等重要繁殖地已经绝迹，其他国家也呈现种群下降趋势。目前全世界黑鹳数量为 2000 多只，已被 CITES 列为濒危物种，被人们称为“鸟类中的大熊猫”。我国黑鹳大约 1000 多只，主要繁殖地在东北、西北和华北等地，越冬在长江以南地区[1-10]。黑鹳的圈养历史可追溯到 20 世纪 80 年代[11]。1994 年，济南动物园人工孵化、人工育雏成功。但真正意义的黑鹳种群管理起始于 2011 年，中国动物园协会将黑鹳列入水鸟类群管理组 CSB（二级项目），收集资料、建立国内圈养黑鹳种群谱系。根据中国动物园协会统计数据显示，截至 2016 年圈养黑鹳 119 只，种群有效配对仅 12 对（2010-2016 年有繁殖）。因以自然繁育为主，存在种群内遗传关系不清、幼雏性别不清、配对难度大等现实问题。

根据《国家中长期科学和技术发展规划纲要（2006 ~ 2020 年）》《中国生物多样性保护战略与行动计划（2011 ~ 2030 年）》《全国城市生态保护与建设规划（2015 ~ 2020 年）》及《北京市“十三五”时期环境保护和生态建设规划》京政发 [2016]60 号等文件要求，黑鹳的保护是必然方向，圈养繁育、疾病防控研究将成为野外种群保护的技术支持，同时易地或就地保护种群也会成为野外种群恢复的重要基础。加强对黑鹳种群及栖息地的保护不仅对该物种的生存和繁衍具有重要意义，而且对生态环境恢复、创建生态文明具有明显的推动作用。野外黑鹳是评估生态环境的重要指标，它的存在标志着水系的清洁、环境的优美、生物多样性系统的完备。

随着科学技术的发展和社会进步及对生态文明的重视，黑鹳栖息地的生态保护是必然方向，圈养繁育、疾病防控研究也将成为野外种群保护的技术基础。而鉴于黑鹳现有种群情况和饲养繁育的技术难点，加强对圈养黑鹳的

① 本文已收入于《黑鹳饲养管理指南》，农业出版社，2020。

种群管理技术体系的探究已势在必行。本研究针对种群管理的必要技术和方法开展研究，旨在提高圈养黑鹳的种群复壮，为其保护奠定重要技术基础。

1 材料与方法

1.1 数据与样本采集

调查黑鹳现有圈养种群情况，补充现有谱系。采集保定动物园和石家庄动物园黑鹳样本进行性别鉴定。

1.2 基因组 DNA 提取

采用成品试剂盒进行血液总 DNA 的提取。

1.3 DNA 质量、浓度的测定及其稀释

利用超微量分光光度计测定提取 DNA 的质量和浓度，并稀释至 10 ng/μL（±3 ng/μL）4 ℃保存待用。

1.4 性别鉴定引物设计及筛选

针对黑鹳基因 CHD 和 EE0.6 位点合成性别引物（表 1），试剂组成（表 2）。

针对 CHD 和 EE0.6 位点作为性别鉴定引物　　表 1

引物名称	序列	基因
CHD 1F/ CHD 1R	TATCGTCAGTTTCCTTTTCAGGT/ CCTTTTATTGATCCATCAAGCCT	CHD
AWS0 5/ NRD 4	CACCCTGGATTGGACAACCTATTTC/ TCAGAGCACTCTTTCCAGGAA	EE0.6
SINT-F/ SINT-R	TAGGCTGCAGAATACAGCAT/ TTGTGCAGTTCTAGTCCATA	

性别鉴定试剂组成　　表 2

成分	数量
DNA 模板	1.0μL
Forward primer（10ng/μL）	0.2μL
Reverse primer（10ng/μL）	0.2μL
Easy Mix	5.0μL
ddH20	3.6μL
总计	10.0μL

1.5 饲养管理技术摸索

以保定动物园、太原动物园、北京动物园的黑鹳为研究对象，开展黑鹳饲养管理技术摸索。

2 数据分析

根据圈养黑鹳种群情况，对圈养情况进行调查，统计历史性别、出生时间、死亡时间、年龄、引入、输出、繁殖等详细信息。对部分未知性别黑鹳进行性别鉴定，对全国圈养黑鹳谱系进行完善。登录和编辑使用国际物种信息系统 ISIS（International Species Information System）开发的 SPARKS（Single Population Analysis & Records Keeping System）v1.6 软件完成。使用 PMx v1.0 软件进行种群的统计学和遗传学分析，对种群数量以及年龄和性别结构进行分析，明确当前种群发展趋势，计算基因多样性、潜在奠基者数量、奠基者基因等量值、平均亲缘关系系数、世代长度、有效种群数量，以及有效种群数量与种群数量的比值，对奠基者后代数量进行统计。

2019 年圈养黑鹳单位分布　　表 3

序号	机构	雄性	雌性	未知性别	总数
1	保定动物园	27	34	11	72
2	石家庄动物园	1	1	12	14
3	太原动物园	1	2	8	11
4	天津动物园	1	0	5	6
5	大同动物园	0	0	5	5
6	齐齐哈尔龙沙动植物园	1	1	3	5
7	扬州动物园	1	1	2	4
8	成都动物园	1	2	1	4
9	兰州动物园	2	1	1	4
10	合肥野生动物园	1	0	3	4
11	南阳人民公园	0	0	4	4
12	其他机构	7	7	21	35
	总数	43	49	76	168

基因分型结果用 GeneMapper 软件读取，以 Cervus 3.0 分析各位点等位基因数（NA）、观测杂合（Ho）度、期望杂合度（He）和多态信息量（PIC）等信息。

3 结果

黑鹳种群情况分析

截至 2019 年 12 月 31 日，共记录 32 家饲养单位，饲养了 228 只黑鹳（58 只雄性，58 只雌性，112 只未知性别，以上数据含死亡个体）（表 3），现存 168 只（43 只雄性，49 只雌性，76 只未知性别），分别饲养于 29 家饲养单位。

2005 年，圈养黑鹳种群数量呈增长趋势（表 4），2014 年后增长速度加快。2018 年转移 3 只，均为野外救护，为原产地机构在当地救护的失散、伤病个体。2019 年仅保定动物园和齐齐哈尔龙沙动植物园 2 家单位累计繁殖 15 只黑鹳，当年死亡数 10 只（表 5）。

种群增长情况　　表 4

参数	数值
内禀增长率	0.023
年增长率	1.023
世代长度（年）	10.0
净生殖率	1.264

2019 年圈养黑鹳种群变化情况　　表 5

内容	总数	雄性	雌性	未知性别
现存种群个体总数（只）	168	43	49	76
出生个体数量（只）	15	0	0	15
死亡个体数量（只）	10	5	4	1
转移数量（捕获）（只）	3	0	0	3

通过谱系资料调查（截至 2019 年 12 月 31 日）的黑鹳更新谱系。将黑鹳谱系数据输入到谱系分析（PMx）软件中进行分析（表 6、表 7）。

种群统计学分析　　表 6

分析类别	统计分析结果
种群大小（只）	168
最老的活体（年）	27.5
年增长率	1.02
内禀增长率	0.02
净生殖率	1.26
世代时间（年）	10.0

种群遗传学分析　　表 7

分析类别	统计分析结果
建立者（只）	24
潜在建立者（只）	46
存活动物（只）	168
存活后代（只）	112
祖先已知（%）	99
明确的祖先（%）	99
基因多样性	0.94
种群平均亲缘关系值	0.06
基因价值	0.94
建立者基因等量值	8.10
建立者基因保存量	20.88
潜在基因多样性	0.99
平均近交系数	0.04
有效种群数量 / 实际种群数量	0.12

按照目前的种群状况（表 8），到 100 年仅能维持基因多样性 76.5%，仅可以保持 20 年 90% 以上基因多样性。基因多样性呈急剧下降趋势。

通过软件预测，如果每年引进一只与现有种群没有亲缘关系的野外个体作为建立者，那么，100 年后黑鹳种群数量可达到 300 只，其基因多样性可保持 94.7%，并可在 146 年内维持基因多样性在 90% 以上。

黑鹳种群发展情况预测　　表 8

分析类别	统计分析结果
当前有效种群数量	24.7
有效种群数量 / 实际种群数量	0.15
当前遗传多样性	0.9383
最大数量（只）	300
每次增加新建立者（只）	1
开始添加建立者的年份	0
事件间隔年数（年）	1
停止添加建立者的年份	100
每只建立者基因等量值	0.20
每只建立者的数量	1

4 讨论

4.1 黑鹳种群现状

通过对现有圈养黑鹳种群的调研，发现未知性别数量占种群总数的45.24%。目前的圈养种群年龄结构基本呈现稳定的金字塔形，说明是一个比较稳定的种群。由于45.24%的个体性别未知，性别比例不能表达真实情况。2017年，圈养野生动物技术北京市重点实验室以分子生物学手段对保定动物园全部黑鹳个体进行了性别确认，使国内黑鹳种群未知性别比例由70%多降为36%。其他单位，只要不是配对个体，大部分仍以未知性别状态存在。

通过调研，我们还发现黑鹳种群发展潜力很大，但由于饲养繁育技术手段落后，使得该种群的发展十分缓慢。早期种群扩大基本依靠野外救护。目前数据显示，黑鹳圈养种群可追溯到1987年出生的个体，1994年开始有圈养出生，2012年开始，圈养出生数量超过野外来源数量，从2015年之后野外来源基本维持不变，目前的圈养种群增长主要依靠圈养出生。

从不同年龄配比来看，黑鹳11岁之后，死亡率有明显的上升，雌性16岁达到20%，雄性16岁、雌20岁均高于20%，27岁后雄性死亡率达100%。黑鹳16岁时仍有50%存活率，之后急剧下降，21岁存活率为30%多，雄性28岁时降至0%。

黑鹳除8 ~ 10月死亡较少外，其余各个月份基本都有发生，其中6月和11月明显较多。种群基因多样性为94%，平均近交系数0.04。建立者贡献量和后代数量很不均衡。现有圈养黑鹳种群基因多样性随着种群数量增长基本能维持稳定，这与每年都有野生个体进入种群有关。而研究结果表明，大量的潜在建立者的贡献值很低甚至为0。因此，建议将这部分个体纳入繁育种群之中。而这一项工作则需要饲养繁育技术的深入研究。目前，我们已经开展了相关技术体系的研发，并在饲养繁育技术关键点上取得了良好的进展[12]。

4.2 黑鹳的保护建议

人为干扰是野外黑鹳及其栖息地面临的最大威胁。黑鹳数量减少、栖息地环境恶化，本质都是由于不符合生态规律的人为活动引起的[13]。

对于已开发为旅游区的保护区，首先要控制水源污染。合理控制游客人数，禁止游客捕鱼，减少乱扔垃圾污染水源，施工中避免破坏水资源。这样，才能使黑鹳栖息地质量提高，湿地基质、化学、物理、生物指标趋于稳定。其次，要加强保护区内人群活动的管理。取缔非法经济生产活动，合理规划资源年度利用计划，分解部门指标，统一发放相关证件。湿地在进行大型工程建设时，一定要考虑到黑鹳及其栖息地的保护，保持一定的水域面积，使生产建设符合生态规律，并严格按规律执行[14]。最后，对黑鹳活动频繁的区域，进行重点保护，建立封禁区，禁止游客入内，阻止人为干扰。例如，2014年起，北京房山拒马河流域已开建23处黑鹳保护小区，凡是划入保护小区范围的水域、浅滩全部实行封禁管理。封禁区分为觅含保护区、繁殖保护区和停歇地保护区三大类型[15]。

参考文献

[1] 陈利红．山西灵丘唐河黑鹳越冬生态学研究 [D]. 哈尔滨：东北林业大学，2016.

[2] 高武．北京地区黑鹳的困惑 [J]. 大自然，2009（2）：8-10.

[3] 冯理．纳帕海黑鹳越冬生态观察 [D]. 昆明：西南林学院，2008.

[4] 郭建荣，吴丽荣，王建萍，等．山西芦芽山自然保护区黑鹳的繁殖及保护［J］. 四川动物，2002（1）：41-42.

[5] 陈武，谢淑敏，谢高基，等．PCR技术在鸟类性别鉴定上的应用 [J]. 中国兽医科学，2006（6）：485-488.

[6] 李剑平，武明录，孙砚峰．冶河湿地黑鹳种群动态及保护对策 [J]. 河北林业科技，2011（2）：74+77.

[7] 李霞，邓茂林．甘肃张掖黑河湿地黑鹳种群数量调查 [J]. 甘肃科技，2015, 31（9）：139-140.

[8] 刘焕金，苏化龙，冯敬义，等．山西省黑鹳的数量分布 [J]. 生态学报，1985（2）：193-194.

[9] 刘焕金，苏化龙，申守义．山西省黑鹳的生态和生物学研究［M］. 北京：科学出版社，1990.

[10] 李杨．北京拒马河流域黑鹳的保护生物学基础研究 [D]. 北京：北京林业大学，2016.

[11] 白晓洁，王文锋，刘淑华，等．黑鹳人工笼养繁殖的研究 [J]. 动物学杂志，1998（3）：29-31.

[12] 金继英，由玉岩．黑鹳饲养管理指南 [M]. 北京：中国农业出版社，2020.

[13] 卢欣，刘焕金，苏化龙．人类经济活动对黑鹳的影响 [J]. 资源开发与保护，1989（2）：36-37.

[14] 张志明，纪建伟，史洋，等．北京地区黑鹳救助及受伤原因初探 [J]. 四川动物，2013，32（6）：944-946.

[15] 汪青雄，杨超，肖红，等．黑鹳研究概况及保护对策 [J]. 陕西林业科技，2017（6）：74-77.

北京地区西府海棠枝干粗皮病的鉴定

北京市颐和园管理处 / 王　爽　张　莹　经秀勇
北京市农林科学院 / 刘　梅　燕继晔

摘　要：近年来，西府海棠有一种新的枝干病害发生并迅速蔓延，不同树龄的植株上均有发现。该病害在枝干上表现出典型的瘤突，随着病瘤的不断增多及开裂，最后发展成为粗皮症状。本研究通过分离纯化、柯赫氏法则验证其致病性，获得致病菌株并对致病菌株进行形态学和分子鉴定。通过多基因系统发育分析明确病原菌的遗传进化，同时进行形态学比较研究，结合表型与基因型，证实北京海棠粗皮病的病原菌为：栎近茎点霉*Nothophoma quercina*。

关键词：西府海棠；枝干溃疡；近茎点霉属；多基因系统发育分析

我国是苹果属植物分布中心和观赏海棠国际登录权威。西府海棠（*Malus × micromalus*）为我国传统名花，早在春秋战国时期就有其应用记载，因其春可观花、夏可观叶、秋可观果、冬可观树形，季相分明，富于变化，常地栽装点园林，在我国园林造景中占有重要地位。在西府海棠养护中以枝干病害的防控较为困难,被称为“海棠癌症”。如腐烂病、轮纹病均为弱寄生菌，主要为害枝干皮层，病菌从枯桩、剪锯口、伤口和枯芽等地方传播侵入，引起病发,化学药剂难以清除,容易造成枝干枯死,导致树冠缺失、树形受损。近年来，西府海棠有一种新的枝干病害发生并迅速蔓延，不同树龄的植株上均有发现。该病害引起溃疡，在枝干上表现出典型的瘤突，随着溃疡扩展及病瘤开裂，最后发展成为粗皮症状，暂命名为枝干粗皮病。因其病瘤和粗皮症状与葡萄座腔菌属真菌引起的枝干轮纹病有相似之处，一直被误认为是轮纹病，防治效果不佳。该病害在北京市园林绿地种植的西府海棠上时有发生，影响植株健康生长和景观效果，急需鉴定病原并提供针对性的治理策略。西府海棠同时也是优良的标准苹果砧木，以及盆栽和切花良材，种植比较广泛，为苹果属五大栽培种之一，因而加强西府海棠枝干病害的病原学研究与防控有利于提高苹果属植物整体健康水平和应用效果。基于此，本研究采集北京市区部分西府海棠枝干粗皮病样并对其进行分离鉴定，采用多基因系统发育分析结合形态学鉴定的方法进行研究，为生产中此类病害的识别与防治提供理论依据。

1　材料与方法

1.1　材料

供试菌株及接种材料：采集西府海棠病枝，采用常规组织分离法进行病原菌分离，选取健康无伤的西府海棠枝条作为接种材料。

马铃薯葡萄糖琼脂（potato dextrose agar，PDA）培养基：马铃薯 200 g、葡萄糖 20 g、琼脂 20 g、水 1 L。水 - 琼脂培养基（Water-agar medium，WA）培养基：琼脂 20g、水 1L。

主要试剂及仪器：CATB，美国 sigma 公司；Taq DNA 聚合酶，PCR 缓冲液，dNTP 等，宝生物工程（大连）有限公司；C1000 PCR 仪、电泳系统、GelDocTMXR 凝胶成像仪，美国 Bio-Rad 公司。荧光显微镜，Axio Imager Z2。

1.2 方法

菌株的分离纯化：采用常规组织分离法对具有典型症状的枝条进行分离，首先在病健交界处剪取 4 mm × 4 mm 的小块，之后用 75% 的酒精表面消毒 1min，无菌水清洗 3 次，再用 1% 的次氯酸钠浸泡 1min，无菌水漂洗 3 次。用灭菌的滤纸吸干水分或吹干后放置在 PDA 平板上，25℃培养箱中进行培养（12 h 黑暗 /12 h 光照），进行下一步的单孢纯化。采用单孢分离法进行菌种纯化，具体操作如下：在超净工作台内刮取少量已产孢的菌丝放在装有无菌水的小管里，迅速摇晃均匀，并吸取少量混合液至载玻片上，盖上盖玻片，置于 10 倍光学显微镜下观察，每一个视野内包括 5 ~ 10 个孢子为最佳的孢子悬浮液浓度。用移液枪吸取 100 μL 左右孢悬液，用涂布棒将其均匀涂布于 WA 平板上，置于 25℃培养箱中培养。待其萌发后，在 40 倍光学显微镜下观察至视野内只有 1 个已萌发的孢子为止，利用接种针将视野内的带有萌发孢子的小块培养基切下，并挑取至新的 PDA 平板上，获得纯化菌株。培养 5 ~ 7d 后，在菌落边缘切取小块菌饼转接至含有 PDA 的 2 mL 冻存管内，置于 4℃下低温保存。

病原菌的致病性测定：将单孢纯化后的菌株于 PDA 平板 28 ℃培养 7 d 后打取直径 4 mm 的菌丝块。将健康无伤的西府海棠枝条经表面消毒后，用打孔器打直径 4 mm 深 1 mm 的伤口后将菌丝块接种于伤口处，用保鲜膜（Parafilm，BEMIS，USA）包裹，以接种空白 PDA 培养基块为对照。在 25℃黑暗保湿（*RH* 70% ~ 90%）条件下培养，观察枝条的发病情况，以伤口周边表面凸起出现病瘤视为发病，而对照没有症状。对发病的枝条重新进行组织分离和单孢纯化，获得该菌株的纯培养物。

病原菌的形态学观察：挑取少量菌丝至载玻片上，制成临时玻片，在电子显微镜下观察病原菌分生孢子、分生孢子梗和产孢细胞等显微形态，在 20 倍、40 倍和 63 倍明场以及微分干涉（DIC）下进行拍摄和测量。

病原菌的分子鉴定：采用 CTAB 法提取病原菌基因组 DNA，分别扩增 LSU、ITS、*tub*2、*rpb*2 部分基因序列，PCR 产物送生工生物工程（上海）股份有限公司进行测序。测序结果在 DNAMAN 软件中拼接后，提交到 GenBank 数据库中进行比对，下载相关属的序列，合并 4 个基因序列，采用 Clustal X 对序列进行比对分析，并利用 PAUP 4.0 以最大简约法构建系统进化树。

2 结果与分析

2.1 西府海棠粗皮菌病原菌的致病性

将灭菌后的组织接种于 PDA 平板上，每皿 3 块组织，在 25°C 光照 12h 的条件下培养 7d，单孢分离获得疑似病原菌的纯培养物。致性病测定中，分离到的菌株均在 14d 后使西府海棠枝干发病，表现出明显的溃疡、病瘤症状，接种症状与林间西府海棠粗皮菌相同。对照无发病症状，如图 1 所示。对发病的枝条进行组织分离，获得的病原菌与原接种菌株一致，根据柯赫氏法则证明接种菌即为西府

图 1　病原菌致病性测定

（*a*）对照；（*b*）接种病原菌菌丝块发病；（*c*）分离获得与原接种菌株一致病原菌

海棠粗皮菌的病原菌。

病原菌在PDA上的菌落为绿橄榄色至橄榄色，气生菌丝体为纯白色、絮状至绒毛状。培养15d后，培养基上可见数量丰富、黑色、单生、球状、椭圆形至近卵形的分生孢子器，直径为50 ~ 175μm（n=50）。分生孢子无隔膜，透明至棕色，椭圆形至钝圆形，大小为4.5 ~ 7.0×2.5 ~ 4.0μm（n=50）（图2）。

图2　西府海棠枝干粗皮病症状与病原菌形态特征

（*a*）西府海棠枝干粗皮病症状；（*b*）病原菌菌落形态；（*c*）分生孢子梗的显微形态（比例尺10μm）；（*d*）分生孢子器显微形态（比例尺20μm）；（*e*）分生孢子的显微形态（比例尺10μm）

2.2 西府海棠粗皮菌病原菌的分子鉴定

在分子鉴定方面，选择了两个形态特征相似的代表性菌株，通过PCR扩增出4个系统发育标记（LSU、ITS、*tub*2和*rpb*2）。对扩增产物进行测序，并登录GenBank，登录号为KY887674、KY887675、KY887672、KY887673、KY887678、KY887679、KY887676和KY887677。应用最大简约法和贝叶斯推理系统构建发育树进行系统发育分析（PAUP v. 4.0b10，MrBayes v. 3.1.2），如图3所示，菌株JZB380007和JZB380009分别与*Nothophoma quercina*（CBS 633.92）相关序列具有100%同源性，贝叶斯后验概率支持为1.00。相关序列均从GenBank中获得，贝叶斯后验概率≥0.95（PP）显示为增粗的黑色分支。根据形态学和分子生物学数据，这些菌株被鉴定为*Nothophoma quercina*。

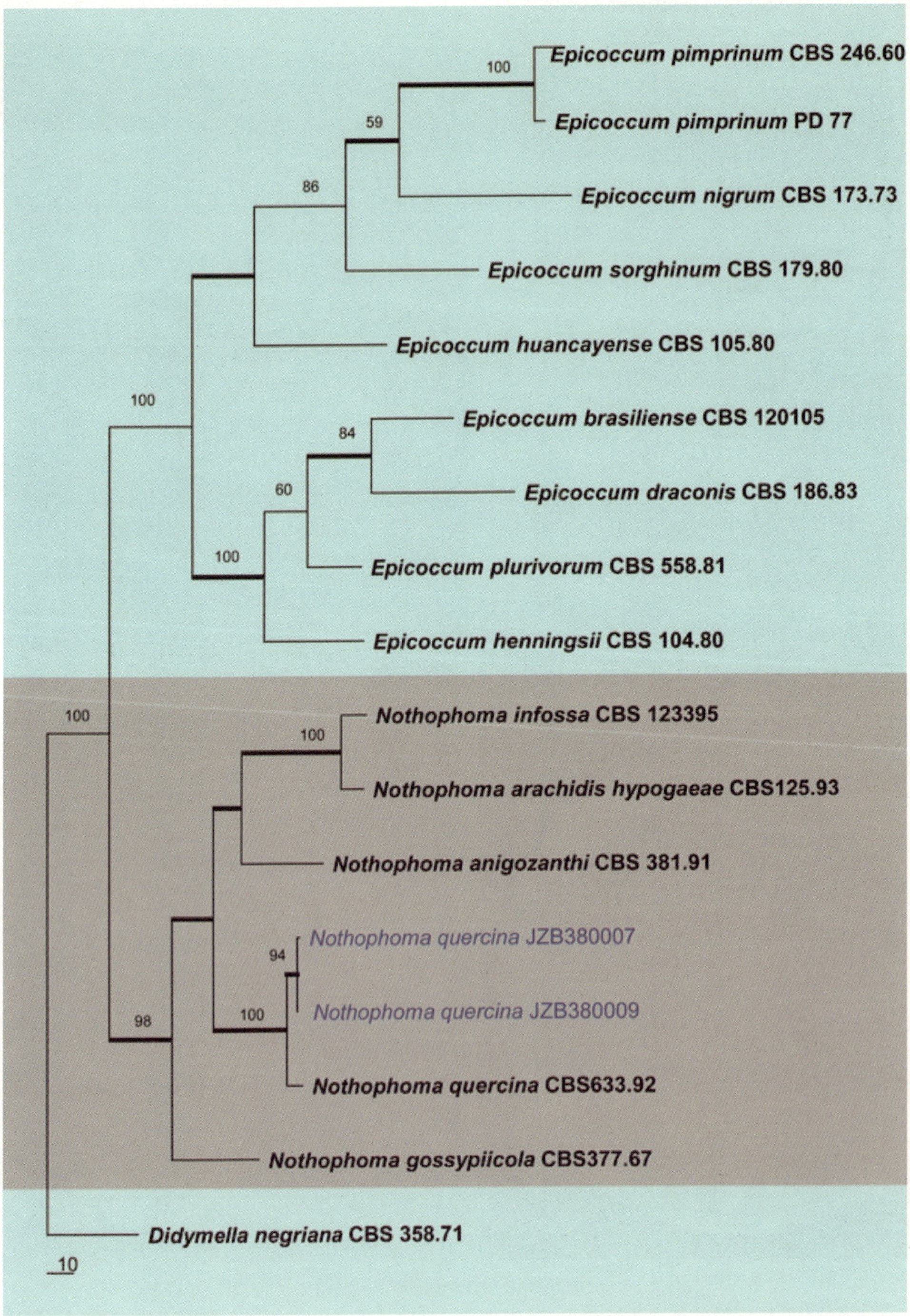

图3　基于LSU、ITS、RPB2和序列数据的最大简约分析生成的系统发育树

3 结论与讨论

本研究确定了西府海棠一种枝干新病害（粗皮病）的病原。经形态学鉴定和多基因系统发育分析，结合致病性测定，认为引起北京地区海棠粗皮病的病原菌为栎近茎点霉（*Nothophoma quercina*）。该病原菌分类地位是真菌界 Fungi，子囊菌门（Ascomycota），座囊菌纲（Dothideomycetes），格孢腔菌目（Pleosporales），亚隔孢壳科（Didymellaceae），近茎点霉属（*Nothophoma*）。亚隔孢壳科是 2009 年建立的，近茎点霉属是 2015 年建立的 [1]。目前菌物分类学正处于快速发展的阶段，全球已描述物种有 15 万种（http：//www.speciesfungorum.org/），描述率尚不及 6%，为各个主要真核生物类群中最低。每年有大量的新分类单元被发现，也伴随着许多分类地位的修订，因此在菌物学及植物病理学等菌物相关学科中应及时关注最新的研究进展，使用正确的菌物学名和分类阶元。一些国内外实时更新的菌物数据库可供菌物相关工作者查询最新的名称变化情况，如 Index Fungorum（http：//www.indexfungorum. org/）、MycoBank（https：// www. mycobank.org/）和中国科学院微生物研究所菌物标本馆信息网站（https：//nmdc.cn/fungarium/）等 [2]。除了上述数据库，希望在今后的工作中能建设园林植物病原菌物的数据库，为园林植物病理学工作者提供最新且准确的数据和信息，规范园林植物病原菌物名称的使用，高效推进有害生物的防控预警，促进政策制定、学术交流和科学普及等相关工作的开展。

由于建立的时间尚短，亚隔孢壳科中物种与寄主的相关性并不完全明晰，对近茎点霉属及相关属的系统演化尚未全面了解，这是近茎点霉属过去被分类学家和植物病理学家所忽略的主要原因。根据文献检索结果，2015 年之前 *Nothophoma quercina* 仅作为樱桃叶斑病、柞树白粉病的腐生菌或内生菌被报道；自 2016 年韩国报道 *Nothophoma quercina* 可导致木瓜梢枯病以来，该病原菌的寄主范围和发生地区逐年扩大。2017 年在中国沈阳引起黄檗叶斑病，2018 年报道北京西府海棠粗皮病 [3]，2019 年突尼斯巴旦木枝枯病、北京大叶黄杨叶枯病和樱桃枝枯病 [4]，2020 年成都青木叶枯病、青岛红叶石楠芽枯病，等等。从已报道的文献来看，*Nothophoma* 是种子和土壤传播的内生菌、腐生菌或病原菌，主要引起植物的叶斑病和茎溃疡病。此外，2018 年曾在一名肺炎患者的呼吸道分泌物中的人类临床样本和一名人类支气管冲洗样本中分离出 *Nothophoma gossypiicola*。有关病原菌的寄主范围、侵染机制和防治措施等还有待继续深入研究。本研究证实，除了危害枝干、叶，*Nothophoma quercina* 还能危害果实，需要引起林果业重视。海棠是一种难得的既观花又观果的园林树种，尽管目前实际应用中多重于春季观花，而忽视秋冬观果海棠的开发，但随着未来观果海棠的进一步开发利用，对果实病害侵染情况的调查也有待引起相关人员的注意。在生产中也应注意预防该病原菌跨寄主传播，避免给园林绿化造成损失。

一般而言，许多病原物在环境中都有少量存在，只有微生态失去平衡后，其数量才会增多，引起植物发病。因此，保持植物微生态平衡具有“扶正祛邪”的作用。植物微生态学作为一门独立学科虽然只有近 30 年的历史，但由于材料易取，研究方法简便，研究周期短，因而发展较快。在微生物区系、生防菌的筛选利用及其作用机理、内生共生基因工程菌的构建、微生态调控等方面取得了不少的进展，并且具有生物防治效果的微生态制剂在农业生产上推广应用已取得规模效益。

就生防菌作用的对象而言，目前，学术界普遍关注对农作物、果树以及蔬菜病害生防菌的筛选研究，鲜有对观赏树木、花卉植物病害生防菌资源的筛选工作。目前认为生防菌不能有效控制病害的一个重要原因就是缺少正确的筛选方法，从而不能筛选合适的控制植物病害的生防菌。当细菌从植物或者土壤中分离后，下一步实验室筛选方法的选择会导致筛选出不同生防机制的目标菌。因此，我们在筛选生防菌时，必须对试验的目标、病原菌的类型、环境因素、生防菌的生防机制、生防菌生产问题等因素进行综合考虑，选择合适的筛选方法，这样才能筛选出高效、合适的生防菌。随着园林绿化生态效益优势的逐渐显现，开展树木病害生防菌的筛选工作，将有力地促进林木健康，更好地维护环境的可持续发展。园林绿化科研人员应高度重视林业有害生物的生物防治工作，为“双碳”目标的实现贡献科技力量。

参考文献

[1] 陈倩 . 亚隔孢壳科的系统演化及分类学研究 [D]. 北京：中国农业大学学位论文，2015.

[2] 王科，刘芳，蔡磊 . 中国农业植物病原菌物常见种属名录 [J]. 菌物学报，2022，41（3）：361-386.

[3] Liu M.，Wang S.，Zhang W.，Manawasinghe I.S.，Zhou Y.，Xing Q. K.，Li X. H.，Yan J. Y. First report of *Nothophoma quercina* causing trunk canker on crabapple（Malus micromalus）in China[J]. Plant Disease，2018，102（7）：1462.

[4] Chethana KWT，Jayawardene RS，Zhang W，Zhou YY，Liu M，Hyde KD，Li XH，Wang J，Zhang KC，Yan JY. Molecular characterization and pathogenicity of fungal taxa associated with cherry leaf spot disease[J]. Mycosphere，2019，10（1）：490-530.

中国古典艺术与园林文化的渗透和融合

中国园林博物馆 / 黄亦工　陈进勇　刘　冰

摘　要： 中国古典艺术博大精深，承载着中国人独特的哲学思想与审美趣味。园林是有生命的艺术，与古典诗词歌赋、书法、山水画、戏曲等相互渗透和融合，文因景成，景借文传，园文相映。园林中的楹联、匾额、碑刻等书法作品与园同脉，为园增色。中国园林还以画入园，因画成景，水墨丹青，亦画亦园。园林还与戏曲艺术同音共律，流韵绵长。这些艺术的综合融汇，构成了中国园林博大精深的文化内涵。

关键词： 园林文化；诗词；书法；山水画；戏曲

中国古典园林作为古人最具代表性的居住场所，"以泉石竹树养心，借诗酒琴书怡性"，道出了古人对园林环境的寄托与期许，诗情画意的园林环境成为园主人和造园家们的共同追求，体现了古典艺术的核心思想与审美观念。

1　文因景成，景借文传

"诗以山川为境，山川亦以诗为境"，道出了园林与诗词之间千丝万缕的联系。中国古典园林是一门综合的艺术，自唐代始，诗、画、园林便成了不可分割的整体。古典园林环境优美，正是文人雅集、吟诗写作的最佳选择。园林讲究诗意，诗文描绘园景，互相借鉴，相得益彰，正如陈从周先生所说，"文因景成，景借文传"。

1.1　象法天地

自然之景，不仅是诗词画作的灵感源泉，也是园林造景的模拟对象。古典诗词中不乏对山川、河流的重要描写，以表现对自然景观的向往与喜爱之情，同时，在园林景观的营造中也处处体现着以自然为核心的审美观念，诗、词、园林都经历了从最初的直接模仿逐步演进到对自然核心理念的再现，"曲""深""境"体现了诗、词、园林在创作思路、创作技法、创作理念上的共通之处。

园重曲，径通幽，文似看山不喜平。"曲"体现在诗词的结构与园林建构和审美的相通性上。"曲"让整个园子若隐若现，给观赏者以"山重水复疑无路，柳暗花明又一村"的感觉。园林中欲显而先隐，欲露而先藏与诗文中欲扬先抑如出一辙。如同在中国古典诗词之中，诗文亦采用欲扬先抑的手法，产生曲径通幽的诱人魅力。

"深"体现在园林和诗词共同重视空间感的生成，起承转合，前呼后应。"庭院深深深几许？杨柳堆烟，帘幕无重数。"古典园林之"深"在于空间的捉摸不透，叠影重重，如诗文一样韵律和谐而富于变化，运用山、水、植物、建筑等景观要素，通过不断变化与前呼后应的空间层次，利用视觉上的错觉、光影的作用，在迂回曲折中形成不可捉摸却又相互联结的空间序列，营造出庭院深深、回首蓦然的意境。

诗文言空灵，造园忌堆砌。中国园林能将有形之景生不尽之"境"，反之又生无限之景，情景之间迷离难分，

水乳相融。中国古典园林中的“境”在于雅致趣味的追求，在于意境的塑造，在于文化精神与元素的留存。“虽由人作、宛自天开”始终是中国古典园林追求的至高境界。

1.2 得意忘象

“得意而忘象”，古代常以诗词为园林景致及自然景观命名。景名常比兴他物，内容含蓄，更以一物代一景，以小见大。并非直截了当地点出赏景主题，而是以实带虚，多言指他物，旁敲侧击，含蓄而富有诗意。正如扬名中外的杭州西湖十景皆是运用诗词文字命名组成，景名中不仅有山水相依，更有文字相辅点缀，从而使纯粹的自然景色更加生动形象，更添象外之旨。

苏州园林中的文人园林或言志，或写景，或叙事，或抒情，例如“拙政园”“沧浪亭”“烟雨楼”“狮子林”“留园”“怡园”等，诗词题名的园名表现园林的主题思想及造园追求[1]。造园者不仅运用诗文点明全园主题，同时也是园主人寄托思想的载体。

园林成就了众多千古名篇，中国古典名园是历代诗人吟咏的对象，很多园主还撰文或请著名文人代笔，专门描写该园的历史沿革、营建过程、景观命名的由来、艺术特色等，形成园记，留下众多优美的文学作品。

2 名著纪游，情景相生

古典小说是中国古典文化的优良载体，其中对于园林的描写是了解传统园林的重要途径之一，它使得园林文化能更好地传承下来。园林与小说之间的渗透和影响是相互的，园林为小说提供了创作的对象，同时诗化了小说中的环境，也在小说中增添了园林独特的人文色彩。小说中的园林环境也是人物塑造、事件冲突、情节推动的重要烘托。

2.1 以景入文

中国古代文学作品中的园林景观，不仅体现了中国文人对人与自然关系、日常生活环境的理解和认识，还展现了中国园林景观的艺术精华。这些园林景观不仅是文学作品中人物的生存活动空间，还是作者认知中的人类生存空间。

全面地、完整地描写园林艺术的当推《红楼梦》，其产生时期正值中国园林艺术的集大成时期，小说中那座“天上人间诸景备”的大观园，不仅寄托了作者的理想世界，也为作品在思想、情节和结构上提供了广阔的空间，更是小说中众多人物展现风采的舞台[2]。

2.2 移情入境

园林与文学都是人们在生活中提炼和积累起来的。正如“一切景语皆情语”，对场景的描绘始终包含着作者心中的感情因素，“托物言志”“借景抒情”，园林中丰富的内容及随着季节变化的景致，成为文学中重要的情感载体，其次，不同园景的描写可以暗示不同的氛围，小说的主题意蕴亦可以通过对园林环境、园内生活等的描写显现出来。

2.3 园文相映

一部小说可以比作一座园林，苑园内一处处楼台庭院各自成为独立完整的小单位，各自有它的格局，就如小说中章节重点之间的错综相间。造园与作文一样，都讲究结构布局的安排，随着古典文学与造园理念的互通互鉴，文学作品与建园理念相辅相成，互相促进。

3 碑刻楹联，翰墨题铭

中国独特的书法艺术以其极高艺术和文化价值，对园林的精神旨趣及山水景观的生发映衬带来了整体的艺术效果，在园林审美中产生了深刻的影响。中国历代书法家的书法墨迹，以楹联、匾额、碑刻等形式留存于园林中，使历代名园成为中国书法艺术的宝库。

3.1 写意营构

书法以汉字为依托，当书写者运用书写来表现某种情感寄托时，汉字就完成了“形”的升华，具备了作为书法艺术的独立性。而造园者同样在营造空间的同时注入情感，赋予景象以某种精神寄托，而通过对“形”的概括和凝练，追求情与境的结合。

在整体意象上，汉字书法因不同的字体生成“静态”与“动态”两种形态，“楷书居静以治动，草书居动以治静”。园林亦是如此，造园家苦心经营的“点画”——山、石、水、木、建筑是静态的，却因为增加了起伏变化的线条而生动活泼[3]。

书法中有藏锋和露锋之说：藏锋给人以含蓄之感，欲右先左，欲下先上；露锋则锋芒毕露。书法家在创作时格外注重藏露的结合，力求藏得巧妙，露得恰当；园林中的景要做到藏露有致，从视觉景观和空间层次的处理各方面来揭示出藏与露的关系。

书法讲究线条的力度、速度以及情感的表达，“如锥画沙”“如屋漏痕”等书写方式体现了书家对线条过程感的追求。园林中，节奏与韵律主要通过游线变化体现，引导人的运动方向，控制视觉感受的变化，从而让人产生或幽远舒缓或精悍急促的心理感受，类同于书法中疾与涩的关系，体现出艺术的辩证法和审美趣味。

书法上，“凡落笔结字，上皆覆下，下以承上，使其形势递相映带，无使势背”，通过笔画或字与字之间的照应，产生出前后呼应的美感。在园林中，游人或因地形的高低错落产生俯视与仰视的视线效果，或因空廊、漏窗等若隐若现地体会园内外景物间的呼应与渗透，感受借景、对景等手法，体验园林相互顾盼、协调贯势的关系。

3.2 翰墨入景

碑刻是传统园林中的点缀，也是书法艺术的重要载体。中国书法最早进入园林的是寺庙名胜，以庙碑或塔铭的形式留下历代书法家的真迹。伴随着中国园林的发展，皇家和私家园林中也都以碑志塔铭、造像题记等形式留下了众多的书法作品。秦始皇登泰山时，就令丞相、小篆名家李斯刻石记功，成为我国小篆书法难得的珍品。

在名胜古迹、自然园林中，将书法作品刻于石上，点明该处风景的特点，或抒怀咏志，或烘染气氛。这种题铭大多字体较大，字数较少，多为二至四字，言简意赅，意味深远；构图多为不规则形，将石面稍稍加工，文字刻后施以色彩，在自然景观中起画龙点睛的作用。

古典园林中的匾额、楹联也是以书法字体为载体表现的，除了在文字上尽量写景抒情、宣政阐理之外，也十分注重综合美术的应用，如字体、刀法、材料（木、石、竹）、形状（板、弧板）等、色泽（黑漆金字、蓝底白字等）、布局的位置等。园林中还有各式法帖，大多以“书条石”的形式镶嵌在私家园林中曲折长廊的粉墙上、厅堂壁面间，黑白辉映，以美化墙体。书条石以留园、怡园和狮子林最为丰富，有“留园法帖”“怡园法帖”之专称。

3.3 字形造景

随着书法艺术与园林艺术的进一步互通互鉴，书法技艺与造园手法也完成了进一步的交融，古典园林中出现了直接利用书法汉字作为形体形象来造景的案例，或取其形，或取其意，或形意合一，利用书法作为景物成为营造景观、抒发胸臆的重要手段。

此外，还有以文字作园林建筑物的平面型，如圆明园“澹泊宁静”景点的主体建筑外形是汉字“田”字形状，所以称为田字殿，俗称田字房，皇帝每年都要在这儿举行犁田仪式；“万方安和”景点则取自“卍”字。清华园中久负盛名的古建筑工字厅，早年称作“工字殿”，因为前后两个大殿中间以短廊相接，俯视如同一个“工”字。

4 水墨丹青，亦画亦园

中国古代山水画与中国古典园林具有共同的文化背景，二者在创作元素、创作手法甚至创作理论等方面具有极大的同一性和互动性，通过不同的表达方式诠释了中国的传统自然美学观。

4.1 以画入园

画坛宗师董其昌曾说：“公之园可画，而余家之画可园”。中国园林常根据画意立意造园，又把园景幻作图画，形成画中有景，景中有画的绝美意境。园林的造型布局原则，与画论的“经营位置、空间构图”等山水布局艺术原则一致。中国历代能工巧匠将中国画所描写的意境融入于园林的布局与造景之中，使得“以画入园，因画成景”的园林画境成为我国古典造园艺术的传统范式。

山水画创作讲求立意在先、讲求章法。在山水画理论中，张彦远指出“意在笔先”，立意构思是创作过程中的关键一环，画家在作画之前将立意的内容在头脑中呈现，通过经营位置的章法将立意物化。园林建造也讲究立意，从初创草图到臻于完善，将传统山水画的艺术特征等精髓吸纳其中，并用于园林的规划建造[4]。

中国画的传统技法中，有虚实相生的表现手法，画面中也十分强调这种虚实关系。董其昌在《画禅室随笔》中云：“虚实者，各段中用笔之详略也。有详处，必要有略处。虚实互用。疏则不深邃，密则不风韵。但审虚实，以意取之，画子奇也。”古典园林同样采用“实者虚之，虚者实之”的艺术表现手法。就山水而言，山为实、水为虚，山环水抱之势意味着虚实的相互结合。

中国园林中的掇山叠石从很多方面来看都有中国山水画的影子，古人造园常以经典山水名画为“蓝本”，因其入画、成画，因画成景、生景，总体布局依照“远取其势，近取其质”的画理。《园冶》中谈及掇山，要求其“深意画图，余情沟壑”，也就是掇山要如绘画般饱含深意，也同亲历自然丘壑般寓托于情。例如网师园“看松读画轩”中的“读画”，便是读其近景即冬季的《白雪松石图》。

树木草卉是园林必不可少的要素，山水画中的植物疏密相间、大小有致、高低错落、偃仰向背，造型追求“古、雅、奇、趣”，其灵感源于自然且高于自然。而中国古典园林植物配置追求自然野趣，不拘一格，讲究树无行次，宜稀不宜密，且善于用少量树木营造出丛林密布的气象，重视树木的线条美在环境中的运用。扬州个园的春山、夏山、秋山、冬山四个景区如山水画的长卷呈现在画幅里。四季假山需要通过植物烘托仪容，春山通过竹造景，夏山植物以广玉兰、紫薇和古柏为主，秋山以秋色落叶树种为主，冬山以蜡梅呈现。

4.2 点染园景

绘画也常常在园林中作为造景元素，中国园林以画境构图，在园林中举目入画常见的有堂幅、条幅、屏条等。作为造景元素用在园林建筑中的主要是苏式彩画，它由图案和绘画两部分组成，较早地吸收了西洋画法，表现在运

用透视原理且相互交错形成灵活的画面。

明代江南丝绸织锦业发达，苏式彩画取材于各式锦纹。清代，官修工程中的苏式彩画内容日渐丰富，博古器物、山水花鸟、人物故事无所不有，甚至西洋楼阁也杂出其间，其中以北京颐和园长廊的苏式彩画最具代表性。常见的绘画内容包括各种人物故事、山水、花鸟、虫鱼等，另外还有一些装饰画，如折枝黑叶花、异兽、流云、博古、竹叶、梅花等。画题多加寓意，比喻美好、吉祥。

4.3 园意入画

山水画和古典园林之间有着互动关系，两者在千百年的发展中互相影响、互相渗透、互相补充，古典园林深受山水画的影响，同时，它也向山水画传递园林的文化内涵。二者的发展相辅相成、互为补充、相互印证，能够在创作思想、艺术手法等方面对彼此形成有益的影响。

园林是关于自然的艺术，园林中的风景常常成为画家作品的主题，历代留下了诸多园林主题的绘画，名画与名园相互辉映，同时也为消失了的园林留下了重要的研究资料。现存最早的山水画实物是隋代展子虔所绘的《游春图》，图幅章法布置极具特色，右上部分绘有崇山峻岭，山峦起伏，数峰叠起；右下部绘有土坡，低坡丛树，山路逶迤，既为崇山峻岭的下段延伸，又作为铺垫，使全图具有稳重感[5]。

5 同音共律，流韵绵长

我国传统文化注重人和自然的协调，所以在人们怡情操琴之时，也很讲究周围环境的自然、宁静和美丽，园林艺术所创造的风景环境也很自然地成为和曲高歌、戏曲表现的理想场所。而乐声所渲染的氛围，与园林一样，可以营造出一个清新脱俗、自然野趣、幽雅闲适的出世境界，这使得琴境与园林之境在审美体验上完全一致，二者的结合，无疑是既相辅相成，又相得益彰。

5.1 曲尽春藏

“似多幽趣，更入深情。两三间曲尽春藏，一二处堪为暑避。”——《园冶》中国传统音乐“起承转合”的说法是对音乐结构规律的精练而深刻的概括，这种理念与中国古典园林中的“起承转合、收放开合”有异曲同工之妙。

5.2 赏乐之处

中国传统戏曲表演的场所，大多附属在主体建筑之中，如宗祠、会馆、宅院等。我国园林中有多种形式的舞台，随着戏曲艺术不断发展和完善，其形式从最开始的“划地为场”，到后来的神庙、城市街道上的露台，最后发展成弹琴听曲的戏台和戏楼。

皇家园林中的戏曲舞台尤为突出。建于清光绪十七年（1891 年）的德和园大戏楼位于颐和园“德和园”内，是中国现存最大的古戏楼。戏楼高 21m，分上中下 3 层舞台，每层舞台之间均有天井通连，可表现升仙、下凡、入地诸情节。清代末期，京剧艺术勃兴，著名演员如谭鑫培、杨小楼等曾在此为慈禧演戏。

5.3 丝竹传意

戏台，既是园中景，又有景中人，是园林美与戏曲美的集中体现。“三五步，行遍天下；六七人，雄会万师。”演剧如此，造园亦然。临水听曲盛行于江南，园与曲起了不可分割的关系，水殿风来，余音绕梁。苏州拙政园的卅六鸳鸯馆、网师园的濯缨水阁等都是一个很好的舞台，跨过水面在四周欣赏，能增强昆曲婉转悠扬的效果[6]。在中国戏曲的语境中，戏台是一个内涵独特而外延丰富的身份，它见证了南国雅乐与中原礼乐，见证了南曲北渡与北曲南传，亦见证了市井繁华与士人雅兴。

6 结语

中国古典园林充分体现了诗歌的婉约，充满了诗情画意。园林所表达的诗情画意不是孤立的，它来自生活，来自现实，来自自然，园林文化与传统文化的交融，使人徜徉在中国古典园林的诗词古韵中，感受因地制宜、巧于借景、峰回路转、小中见大的造园艺术手法，会更深地体会到古代造园手法的独具匠心，以及中国园林不愧为世界园林的艺术瑰宝。

参考文献

[1] 曹林娣 . 景因文而构园赖文以传——苏州园林与中国古典文学 [J]. 苏州大学学报（哲学社会科学版），1992（3）：65-67，56.

[2] 袁圆 . 从《红楼梦》大观园看中国古代园林的文学书写 [J]. 沈阳农业大学学报（社会科学版），2017，19（2）：247-250.

[3] 戴秋思，张兴国 . 达其性情，形其哀乐——解读中国传统园林与书法之线条情感审美通感 [J]. 中国园林，2012（2）：109-113.

[4] 张俊玲，韩梦琪，李文 . 明清山水画中的园林美学观 [J]. 山西建筑 2015，41（7）：196-198.

[5] 罗瑜斌，刘管平 . 山水画与中国古典园林的起源和发展 [J]. 风景园林，2006（1）：53-58.

[6] 贾梦雪，张莉，郭明友 . 浅析苏州园林中的戏曲环境设计 [J]. 浙江园林，2018（2）：17-20.

野生动物物种遗传信息识别方法的探究

圈养野生动物技术北京市重点实验室，北京动物园管理处 / 由玉岩　柏　超　孙冬婷　卢　岩　张成林

摘　要： 北京动物园现有动物400余种，在饲养过程中，发现个别圈养物种存在严重的杂交问题，急需进行物种识别与鉴定。本研究根据物种间COI序列的多态性，设计捕获探针捕获目标物种的COI基因，应用靶向测序基因型分型（GBTS）技术，研制成COI基因捕获试剂盒，并获得400余种动物物种DNA条形码，实现对哺乳动物物种的鉴别的目的。通过该研究的开展有效评估物种信息，合理选取正确野生动物物种进行繁育，降低珍稀濒危物种杂种风险，有效针对珍稀濒危野生动物进行保种。

关键词： COI序列；DNA条形码；物种鉴定；GBTS技术

长期以来，生物分类学家一直在寻找能够迅速区分不同物种的方法 [1-4]。自林奈对生物物种进行系统分类以来，生物学家利用各种各样的性状，如颜色、外形、行为、解剖学特征等传统分类学方法鉴定物种 [5]，然而，这些特征往往对形态近似的物种鉴定较难，且可能出现错误。

近些年来，学者们开始利用 DNA 中携带的遗传信息来完成这个任务。DNA 指纹技术是一种利用短的 DNA 片段对物种进行识别和鉴定的新的分子生物学技术 [6]，是生物学近期研究的热点之一。DNA 指纹技术利用标准的、有足够变异的、易扩增且相对较短的 DNA 片段在物种种内的特异性和种间的多样性而创建的一种新的生物身份识别系统，它可以对物种进行快速的自动鉴定 [7, 8]。DNA 是生物的遗传信息载体，遗传物种的不同，决定了生物的多样性，同时也决定了物种识别的唯一性 [9]。可以说，DNA 指纹技术的关键就是对一个或一些相关基因进行大范围的扫描，进而来鉴定某个未知的物种或者发现新的物种。

DNA 指纹技术是分类学中辅助物种鉴定的新技术，它代表了生物分类学研究的一个新方向，因此它在野生动物保护方面将发挥重要的作用。此外，在生态、环境、食品等诸多领域都将发挥重要作用 [10-14]。

COI 基因是线粒体基因编码的 3 种细胞色素氧化酶亚基之一，它是其中分子量最大、功能结构最为保守的基因。COI 基因具有多变异、易被通用引物扩增、序列本身又很少存在插入和缺失等特点，因此 COI 基因被选为 DNA 分类的标记基因（DNA 条形码），该段编码基因的长度一般在 658bp 左右，其除可以用于 DNA 分类外，还可以用于物种的系统发育关系和分子进化的研究。根据不同物种间 COI 序列的多态性，设计捕获探针，用于捕获目标物种的 COI 基因，然后用二代测序高通量检测的方法获得 COI 基因的 DNA 序列。以往获得 COI 基因序列，一般采用一代测序的方法，该方法有灵活、方便、可以快速得到结果的优点；但同时也存在批量样本操作繁琐，一代测序部分结果不稳定造成无法得到准确 COI 基因序列的风险。应用靶向测序基因型分型（genotyping by target sequencing，GBTS）技术，根据评估分析选择的序列设计合成液相探针，并对探针进行捕获效率测试，最终形成 COI 基因捕获试剂盒，实现批量进行哺乳动物鉴别的目的。本研究可以兼顾

一代测序的优点，同时避免一代测序中存在的风险，将捕获探针开发成哺乳动物物 COI 基因捕获试剂盒，用于大量哺乳动物物种 DNA 条形码研究，实现对哺乳动物物种的鉴别。

北京动物园现有动物 400 余种，在饲养过程中，我们发现个别圈养物种存在严重的杂交问题，急需进行物种识别与鉴定。因此，对现有圈养野生动物进行基因的鉴定已经势在必行。通过该研究的开展可以有效评估物种信息，合理选取正确野生动物物种进行繁育，降低珍稀濒危物种杂种风险，有效针对珍稀濒危野生动物进行保种。建库之后，可提供野生动物物种鉴定服务，为检验检疫方面提供重要技术支持；可为北京市野生动物经营利用情况的监管提供重要技术支持；可有效协助遏制非法盗猎的野生动物及其产品流入市场。

1 材料与方法

1.1 数据检索及样本采集

从 NCBI 检索获得 787 条 COI 及线粒体序列数据信息，根据 COI 基因序列的聚类分析，共计获得 479 个目标区域，以 GBTS 技术设计捕获液相探针 7421 根，随后对设计合成的探针匹配相应实际组成哺乳动物 COI 基因捕获试剂盒，用于后续哺乳类和鸟类动物 COI 基因的捕获测序工作。通过对现有序列进行比对分析，对序列信息进行逐条比对及剪切，构建数据库，录入数据 787 条，共计 396 个哺乳动物及鸟类物种。

对北京动物园圈养动物采集的血液或组织样本，以及历史存留样本进行整理，共计获得 151 份样本。

1.2 DNA 提取

通过对 151 份样本进行基因组提取，最终成功获取基因组的 80 条基因序列，共计 76 个物种的样品进行建库，用以新研制试剂盒的物种鉴定，用以验证试剂盒的稳定性及可信性。同时核算实际应用过程中的鉴定成本。

1.3 试验技术依据

靶向测序基因型分型技术对不同物种进行基因型检测，从而获得每个个体的 DNA 指纹数据。针对不同物种建设 DNA 指纹互相关联的数据库。根据 DNA 互补原理，在每个待测位点设计 1 ~ 4 条覆盖目标 SNP 的探针，这些用生物素（biotin）标记的探针在液态体系中可以与基因组目标区域杂交形成双链，利用链霉亲和素包衣的磁珠将携带有生物素的分子吸附，经过洗脱、扩增、建库和测序最终还原目标 SNP 的基因型状态。利用 GenoBaits 技术，多个区段的检测可以在单管中同时完成，大大增加了检测通量（图 1）。

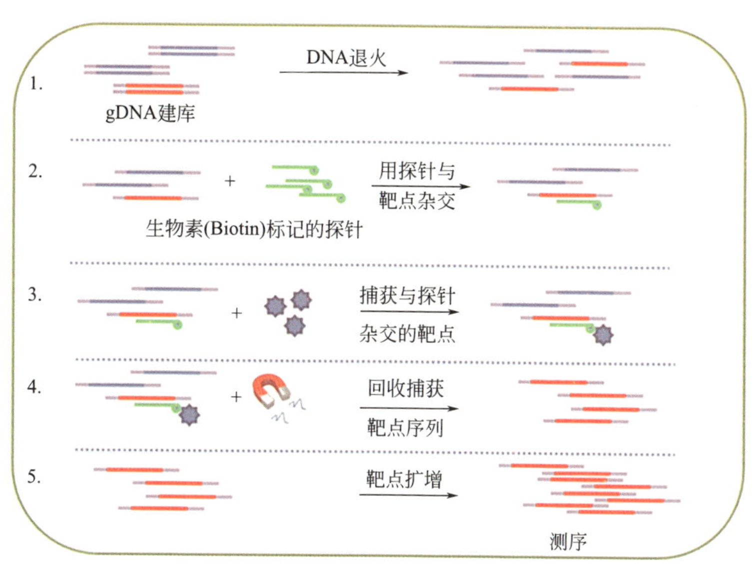

图 1 GenoBaits 的工作原理和流程图

根据 300 多种物种的 COI 基因序列，以及少部分从线粒体全基因数据中提取的 COI 基因进行序列聚类，目的是找到每一个分类中最具有代表性的 COI 序列，并以最终聚类得到的序列进行探针设计。使用 Angiosperms353 方法进行序列聚类，设置遗传距离为 0.05 即序列相似度为 95%，覆盖深度 2X；以此参数进行聚类，最终得到的代表性序列，对目标序列捕获的概率大幅提升，最终鉴定结果的准确性更高。

1.4 探针设计和挑选原则

1.4.1 探针设计原则

用 GenoBaits Probe Designer 软件对获得的序列进行液相捕获探针设计，探针长度设置为 110bp，GC 含量>30%，每个 SNP 位点设计由 2 条捕获探针覆盖。

1.4.2 探针挑选原则

选取探针含量在 30% ~ 80% 之间。选取同源性区域个数< 10。选取探针区域不包含 SSR、N 区域。最终挑选出的捕获探针序列利用芯片原位合成技术合成带有生物素修饰的核苷酸探针序列。

1.5 引物合成及开发测试

1.5.1 样品 DNA 质检

将测试样品 DNA，用 Qubit Fluorometric Quantitation（Thermo Fisher）对 DNA 浓度进行测定，用 1% 琼脂糖凝胶电泳检测 DNA 的完整性。检测合格的样品放入 4℃冰箱，保存、备用。

1.5.2 样品 DNA 测序文库构建

取 12μL 质检合格的 DNA 放置于 0.2μL PCR 管中，将管置于超声波破碎仪中对 DNA 进行随机物理破碎，片段破碎至 200 ~ 400bp。然后向管中加入 4μL GenoBaits End Repair Buffer 和 2.7μL GenoBaits End Repair Enzyme，补水至 20μL，放入 ABI 9700 PCR 仪中 37℃温育 20 分钟，完成破碎片段的末端修复和加 A 过程。

从 PCR 仪中取出小管加入 2μL GenoBaits Ultra DNA ligase、8μL GenoBaits Ultra DNA Ligase Buffer 和 2μL GenoBaits Adapter，补水至 40μL，然后放置于 ABI9700 PCR 仪上 22℃反应 30 分钟，完成测序接头的连接。向连接产物中加入 48μL 的 Beackman AMPure XP Beads 对连接产物进行纯化，纯化后按照 065+02 倍磁珠进行片段筛选，保留插入片段在 200 ~ 300bp 的连接产物。

向上一步的 PCR 管中加入 5μL 带有 Barcode 序列的测序接头、1μL P5 接头、10μL GenoBaits PCR Master Mix，并用纯水补至 20μL；用 ABI 9700 PCR 仪进行扩增，扩增程序为：95℃预变性 5min，95℃变性 30 秒，60℃退火 30 秒，72℃延伸 30 秒；重复 2 ~ 4 步，共 8 个循环；72℃延伸 5 分钟。不同的 Barcode 用于区分不同的样品。

向第二轮 PCR 产物中加入 24μL Beckmen AMPure XP Beads，用移液器上下吸打均匀后，将 0.2μL 的 PCR 管置于磁力架上至溶液澄清，弃去上清并用 75% 乙醇洗涤磁珠一次，用 pH 值为 8.0 的 Tris-HCl 将文库 DNA 洗脱下来。

1.5.3 样品 DNA 杂交捕获

取 500ng 已完成构建的样品 DNA 测序文库，加入 5μL GenoBaits Block Ⅰ 和 2μL GenoBaits Block Ⅱ，置于 Eppendorf Concentrator plus 真空浓缩仪上，在≤ 70℃的温度下蒸干至干粉。向干粉管中加入 8.5μL GenoBaits 2x Hyb Buffer、2.7μL GenoBaits Hyb Buffer Enhancer、2.8μL Nuclease-Free Water，用移液器吸打混匀后放置于 ABI 9700 PCR 仪上 95℃温育 10 分钟，然后取出 PCR 管加入 3μL 已经合成的探针，旋涡震荡混匀后放置于 ABI 9700 PCR 仪上 65℃温育 2 小时，完成探针杂交反应。

向上一步杂交完成的反应体系中加入 100μL GenoBaits DNA Probe Beads，上下吸打 10 次，放入 ABI 9700 PCR 仪上 65℃温育 45 分钟，使磁珠与探针结合。用 100μL GenoBaits Wash Buffer Ⅰ、150μL GenoBaits Wash Buffer Ⅱ分别对结合探针后的磁珠进行 65℃热洗，然后再用 100μL GenoBaits Wash Buffer Ⅰ、150μL GenoBaits Wash Buffer Ⅱ和 150μL GenoBaits Wash Buffer Ⅲ分别对磁珠进行常温洗涤。洗涤完成的磁珠用 20μL Nuclease-Free Water 进行重悬。

取 13μL 重悬后的 DNA（带磁珠）加入到新的 0.2mL PCR 管中，然后加入 15μL GenoBaits PCR Master Mix、2μL GenoBaits Primer Mix 配置 post-PCR 体系，用 ABI 9700 PCR 仪进行文库扩增，扩增程序为：95℃预变性 5 分钟，95℃变性 30 秒，60℃退火 30 秒，72℃延伸 30 秒；重复 2 ~ 4 步，共 15 个循环；72℃延伸 5 分钟。

向 post-PCR 产物中加入 45μL Beckmen AMPure XP Beads 并用移液器上下吸打均匀，然后将 0.2mL PCR 管置于磁力架上至溶液澄清，弃去上清并用 75% 乙醇洗涤磁珠两次，用 pH 为 8.0 的 Tris-HCl 将文库 DNA 洗脱下来。完成测试样品的杂交捕获工作。

1.5.4 样品 DNA 杂交捕获文库的质检与测序

用 Qubit Fluorometric Quantitation（thermo fisher）对文库的 DNA 浓度进行测定，然后用琼脂糖凝胶电泳检测文库 DNA 的片段大小是否介于 300 ~ 400bp。构建 DNA 文库用 Illumina Hiseq X ten 测序仪进行测序。

2 数据分析

一代测序，使用 CAP3 软件默认值，对同一样品的上下游序列进行拼接。从 NCBI 下载测序物种的 COI 基因序列，同拼接好的序列进行比对，确认比对结果准确性。拼接好的序列两两 blast 比对，绘制聚类热图。使用拼接好的序列构建进化树。使用 muscle 软件对 80 个物种 COI 的测序结果进行对序列比对，并去除掉相同的碱基。与 GENBANK 数据进行比较，明确物种的可信度。

二代测序得到的原始测序序列（sequenced reads）或者 raw reads，里面含有带接头的、低质量的 reads。对于二代测序技术，测序错误率分布具有下面两个主要原因：①由于测序过程中化学试剂的消耗，导致测序错误率会

随着测序序列（sequenced reads）长度的增加而升高。② PCR 过程中随机引物和 DNA 模版的不完全结合可能导致前几个碱基测序错误率较高。

为了保证信息分析质量，必须对 raw reads 过滤，得到 clean reads，使用 clean reads 进行后续分析。使用软件 fastp（version 0.20.0，参数：-n 10 -q 20 -u 40）对 raw reads 进行过滤，数据处理的步骤如下：

（1）去除接头序列（adapter）。

（2）当测序 read 中含有 N 的含量超过该条 read 长度比例的 10% 时，需要去除此对 paired reads。

（3）当测序 read 中含有低质量（Q ≤ 20）碱基数超过该条 read 长度比例的 40% 时，需要去除此对 paired reads。

得到检测数据后，将测序结果进行全长组装后，再次进行分析，可以采用聚类的方式，也可采用 Blast 的方式，最终找到与测序结果亲缘关系最近的序列，进而确定目标样本所属物种情况。

3 结果

3.1 DNA 质量检测

用于探针验证实验的 150 个样本 DNA 检测情况见图 2。样本均基于历史库存样本，样本类型包含血液、血凝块、血浆、组织、毛发、羽毛。因此，在 DNA 提取过程中，具有不同的含量和降解率。因此，仅采用 80 个样本进行检测，因检测过程中样本的自身原因和测序原因，最终用于验证试验的为 76 个样本。

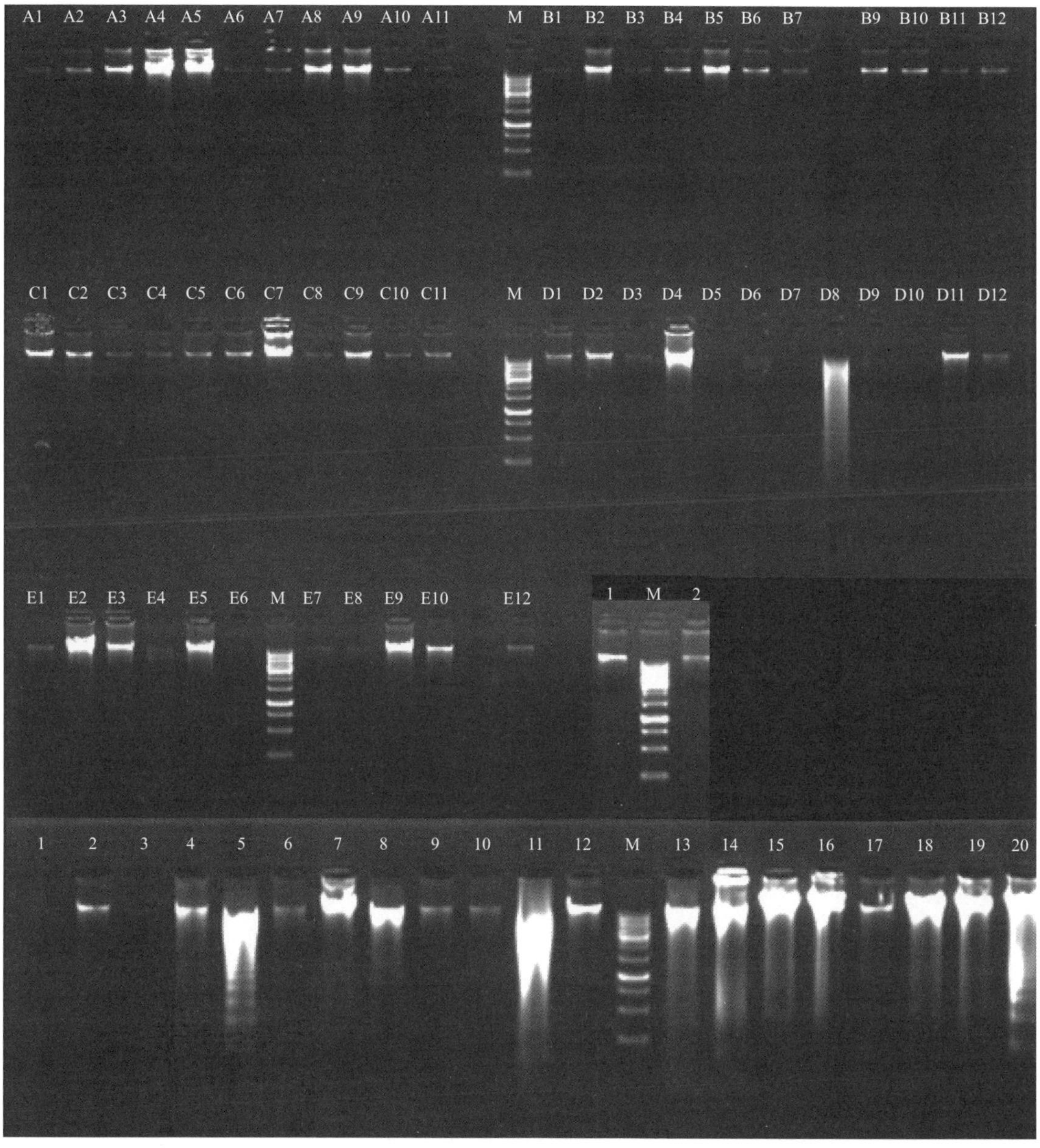

图 2　DNA 质量检测结果

3.2 一代测序

根据各物种的拉丁名，从 NCBI 下载该物种的 COI 序列。目前有 6 个样品还未得到确切的 COI 序列，样品编号分别是 11、17、20、24、29、77。

对拼接序列两两进行 blast 比对。比对参数 -r 2 -q -3 -W 11 -A 40。使用两两比对的打分值取 log 10 绘制聚类热图。对于无法得到比对结果的样品，给定一个下限的 log 10（score）为 2.5，聚类热图见图 3。

3.3 探针筛选

物种配对分析通过对检测物种的验证试验，结果表明，检测样品与库内样本数据匹配度达到 100%（表 1，表 2）。

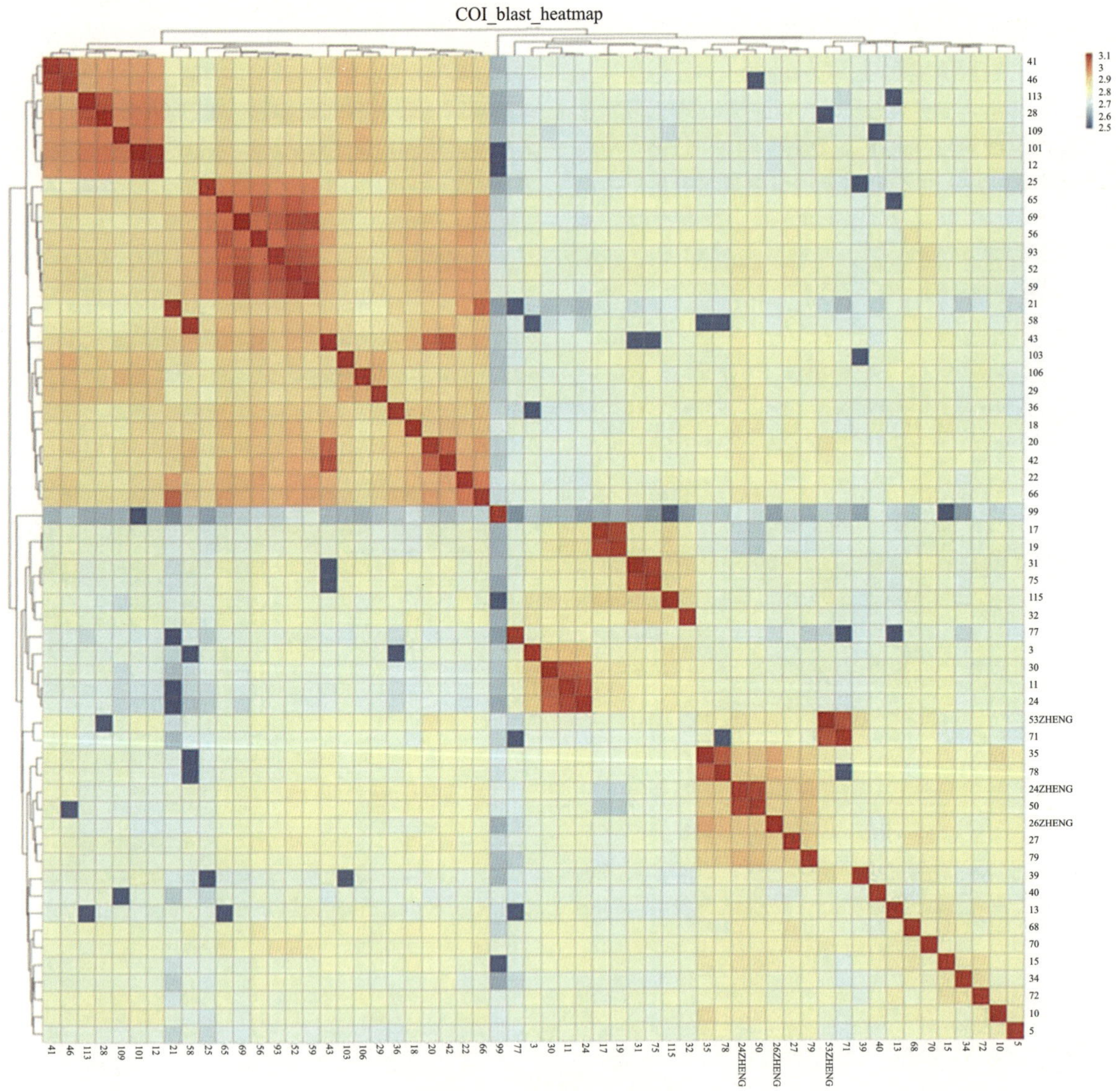

COI_blast_heatmap

图 3　不同物种的聚类热图

目标物种与数据库匹配结果（例 1，目标物种：赤鹿）　表 1

序列 id	读取数量	覆盖率	物种名
169	284530	1	赤鹿
125	38917	0.990933	黑鹿
122	20175	0.987694	北山羊

续表

序列 id	读取数量	覆盖率	物种名
352	3768	0.660645	蓝孔雀
152	3689	0.601684	野牛
98	3047	0.975389	兔狲
66	1666	0.718264	狞猫
119	697	0.715674	盘羊
212	484	0.654145	豚鹿
380	334	0.814839	蓑羽鹤
48	240	0.856587	黑猩猩
176	230	0.693653	黄麂鹿，麂鹿
310	42	0.906917	虎皮鹦鹉

目标物种与数据库匹配结果（例 2，目标物种：黔金丝猴） 表 2

序列 id	读取数量	覆盖率	物种名
38	2701845	1	黔金丝猴
152	3043	0.601036	野牛
98	2618	0.679404	兔狲
169	2587	0.960492	赤鹿
119	582	0.745466	盘羊
125	512	0.942358	黑麂
48	331	0.89682	黑猩猩
380	234	0.818065	蓑羽鹤
118	111	0.631477	岩羊指名亚种
310	43	0.928895	虎皮鹦鹉

4 讨论

4.1 一代测序

我们选取了 150 余份样品进行检测与验证，但在 DNA 提取过程中，我们发现，部分历史样品因保存不当，DNA 很难提取出来，致使最终获得基因组的物种仅 76 个。样本包含 EDTA 抗凝血，EDTA 离心血凝块，各类组织，血浆，皮毛，羽毛等类型。其中血浆样品均未提出，部分 EDTA 抗凝血，EDTA 离心血凝块、组织未提出。多数与样品本身及存放条件有关。部分提出 DNA 但扩增效果不佳，存在套峰情况。因此，样本的处理方式和保存方法可影响实验的成败。在未来样本储存过程中，也将进行标准化的处理和保存方式，目前在建的样本库正在逐步实现此目的。

4.2 二代测序

通过液相探针测序技术，本研究获得了探针 7429 条，并针对不同物种进行验证实验。目前对于哺乳动物和鸟类可以得到较好的物种鉴定结果。通过鉴定结果我们发现，物种在数据库中的检测结果相对稳定，但也需要进一步大规模不同类型样本材料提取 DNA 进行物种鉴定的验证工作。以期获得更为精确的数据库信息和鉴定结果。

参考文献

[1] 陈仕江，鲁增辉，廖玉凤，等 . 7 种中药材斑蝥 COI 基因序列的分子系统学研究 [J]. 西南农业学报，2013，26（5）：1809-1813.

[2] 孙超，刘志鸿，杨爱国，等 . 基于线粒体 COI 和 16S rRNA 基因研究 3 个地理群体黑龙江河蓝蛤的遗传多样性 [J]. 海洋科学，2015，39（1）：39-45.

[3] 刘春芳，李翠，张振，等 . 中国沿海不同地区泥蚶（Tegillarca granosa）的遗传多样性分析 [J]. 海洋与湖沼，2015，46（2）：365-371.

[4] 石林春，陈俊，刘冬，等 . 基于 COI 条形码的中药材蛇蜕及其易混伪品的 DNA 分子鉴定 [J]. 世界科学技术 - 中医药现代化，2014，116（2）：284-287.

[5] 胡鑫，樊阳程 . 植物学王子林奈的学术与人生　评《林奈传》[J]. 科学文化评论，2020，17（5）：107-115.

[6] 郎红梅 . DNA 杂交与 DNA 指纹技术 [J]. 生物学通报，2006（11）：21-22.

[7] 邢露智 . DNA 指纹技术研究及应用进展 [J]. 大家健康，2017，11（8）：18-19.

[8] 宋君，雷绍荣，郭灵安，等 . DNA 指纹技术在食品掺假、产地溯源检验中的应用 [J]. 安徽农业科学，2012，40（6）：3226-3228+3233.

[9] 伍湘萍 . 在案件侦破中 DNA 指纹技术的应用 [J]. 黑龙江科技信息，2015（22）：119.

[10] 卢振寰 . DNA 指纹技术在亲子鉴定中的应用 [J]. 法制与社会，2014（9）：189-190.

[11] 李长有 . DNA 指纹技术的研究进展及应用 [J]. 吉林师范大学学报（自然科学版），2004（2）：56-58.

[12] 齐雪梅，李培军，刘宛，等 . DNA 指纹技术在污染土壤生态毒理诊断中的应用 [J]. 生态学杂志，2005（11）：101-106.

[13] 赵兴波，李宁，吴常信 . 线粒体 DNA 指纹技术的研究及其应用 [J]. 高技术通讯，2004，14（5）：94-98.

[14] 刘作易 . DNA 指纹技术的发展及其在真菌分类上的应用 [J]. 山地农业生物学报，2000（6）：460-469.

室内球兰常见虫害及防控①

北京市植物园管理处，北京市花卉园艺工程技术研究中心，城乡生态环境北京实验室 / 杨 涓 李 鹏

摘 要：本文以提高北方地区温室及家庭球兰种植水平为目的，介绍了球兰室内常见的盔蚧、粉蚧、蚜虫、蚂蚁、白粉虱和蛞蝓等害虫的简单形态、危害特点及发生规律，总结了适用于不同环境的防控技术，对温室及家庭养护球兰有一定借鉴意义。

关键词：蚧壳虫；蚜虫；蚂蚁；白粉虱；蛞蝓；家庭养护

球兰一般生长在高温高湿的环境，在温室下进行家庭养护时，常会发生虫害。且在清除球兰幼嫩部位的虫害时，极易伤及植株，给防治带来一定难度。针对球兰常发生的虫害，生产上以无公害药品防治为主，在注重防治害虫效果的同时，还应尽量降低药剂对其天敌和环境的影响；家庭则以物理防治为主，可定期去除带虫的叶和枝条，让植物在保湿的前提下，加强通风。

1 蚧壳虫

蚧壳虫是温室及家庭栽培植物上常见的主要害虫种类之一，北方地区约200余种室内盆栽花卉深受其害[1]。蚧壳虫常危害球兰的叶片和茎，特别是叶背、嫩枝等处，会以刺吸式口器深入植株的组织吸取营养，严重时对球兰生长影响极大，致使苗株逐渐衰退、黄化，且易感染病害而致死。

1.1 盔蚧

盔蚧为蚧科 *Coccidae* 盔蚧属 *Saissetia* 昆虫的统称。发生在球兰上的盔蚧体长约3mm，雌虫被褐色至深褐色半球形蜡质层，喷施防治较困难。

1.1.1 危害特点及发生规律

盔蚧北京一年发生2 ~ 3代，常孤雌生殖，3 ~ 4月、8月及球兰花期多发生在枝条、花葶上（图1）刺吸为害。在北京，其室外不能越冬，温室内则无明显越冬现象。每头雌成虫产卵130 ~ 300粒，4月下旬、7月下旬和12月下旬分别是各代若虫孵化盛期。初孵若虫多栖于嫩枝和叶被，雌虫多固定于枝条上，分叉处较多[2]。盔蚧为害会形成退绿点，影响植物美观，阻碍球兰正常生长，使其生长不良、长势弱，重者枯死。其排泄的蜜露、黏液，常导致煤污病发生，影响植物的光合作用、阻滞呼吸。高温高湿、通风不良或日光不足的环境有利于盔蚧发生。

① 本文已发表于《陕西农业科学》，2021，67（12）：93-97。

主要见于粉色球兰（*Hoya* 'Pinkie'）、尖叶球兰（*H. acuta*）、阿日诺提阿娜球兰（*H. arnottiana*）、锡巴球兰（*H. cembra*）、白玫瑰红球兰（*H. leucorhoda*）等球兰上。

图 1　危害球兰枝条的盔蚧（2020.4.20 拍摄）

1.1.2　防治方法

（1）使用工具祛除虫体；加强对球兰带虫枝条地修剪。

（2）药剂防治。选用强内吸性、渗透性药剂，30% 蚧必治 EC600 ~ 800 倍液防治有较好的效果，可在蚧壳虫孵化高峰期叶面喷施 2 次[3]，一般间隔期为 5 ~ 7d。春天越冬若虫转移期进行化学防治为佳，此期若虫尚未分泌厚的蜡层，药杀效果好。建议于室温 28 ~ 32℃时操作，此温度下药液传导快，盔蚧在该温度下蜡质层会变软、利于药液渗透虫体、易中毒，杀虫效果较好[4]。也可在栽培土中埋入无臭、低毒、药效持久的 3% 呋虫胺颗粒剂（河北博嘉农业有限公司），每盆 2 ~ 3 粒。

（3）家庭防治。可用 2g 洗衣粉，加水 500g 或者取肥皂和水按 1 : 50 的比例溶解后，对植株上的虫体进行喷施。

1.2　粉蚧

粉蚧为粉蚧科 Pseudococcidae 昆虫，全球分布，适应各种环境。该科昆虫因体外被有白色或乳黄色蜡质覆盖物，如白粉披身，通称粉蚧[5]。武三安 2009 年统计在我国有害粉蚧有 19 属 40 种[6]。

1.2.1　为害特点及发生规律

粉蚧为刺吸性害虫，多发生在球兰花序、根部、枝条、叶片上（图 2），也常群集在球兰单花花梗处，植株枝条过密易于发生。粉蚧可造成受害植物的叶片发黄脱落、枝梢枯萎、长势衰退，严重时会造成植株死亡。粉蚧在盆体的角落、盆底也较常见，防治难度较大。夏季高温、高湿天气为其高发期，5 月 ~ 8 月其为害最严重。温度对粉蚧繁殖有很大影响。随着温度升高，粉蚧的世代发育历期会缩短。在 26℃时，粉蚧的世代存活率最高[5]。温度过高或过低，都会抑制粉蚧种群增长。药剂处理粉蚧的最佳时期为若虫孵化盛期。

图 2　粉蚧在球兰枝条及叶背为害（2020.3.21 拍摄）

主要见于褐边球兰（*H. fuscomarginata*）、护耳草（*H. fungii*）、迷你钟花球兰（*H. × minibelle*）、沿海球兰（*H. litoralis*）、丹尼斯球兰（*H. denisii*）、宽叶球兰（*H. latifolia*）、卡明球兰（*H. cumingiana*）等球兰上。

1.2.2　防治方法

（1）利用毛笔、含酒精的湿纸巾擦去虫体。

（2）清除落叶杂草，修剪球兰残枝死枝，摘除受害部位，可减少虫害发生。

（3）药剂防治。选择阿维菌素、苏云金杆菌、印楝素、苦参碱等生物源农药，生物源农药虽不能使受试害虫立即死亡，但施药后粉蚧几乎不再危害寄主植株，对寄主植株起到了一定的保护作用。其中，速效性较好的阿维菌素 EC4000 倍液用药 5d 防效可达到 90% 及以上。持久性较好的 8000IU/ml 苏云金杆菌 SC800 倍液用药 10d，防效可达到 90% 及以上。0.5% 苦参碱 AS700 倍液在防治 5 ~ 7d 均表现出较好的防治效果，防效可达到 90% 及以上[7]；或选用 20% 啶虫脒、2.5% 氯氰菊酯防治[8]。也可在栽培土中埋入 3% 呋虫胺颗粒剂，每盆 2 ~ 3 粒。

（4）生物防治。温室内可释放异色瓢虫以及草蛉。

2 蚜虫

蚜虫吸食植株的汁液，使细胞受到破坏，生长失去平衡。其具有暴发快、繁殖快、发生严重、虫口基数大等特点，如果早期不进行干预，严重可导致叶片失绿、畸形，对植物影响较大。由于蚜虫多为群聚，量大，且易见于植株幼嫩部位，有一定防治难度。

2.1 为害特点及发生规律

在北京，危害球兰的蚜虫体色柠檬黄至金黄，触角黑色，足黄色，腿节、胫节及跗节黑色，腹管黑色，与取食萝藦、地稍瓜等乡土萝藦科植物的夹竹桃蚜 *Aphis nerii* 形态极为相似。多发生在新叶、花序上，特别是花梗基部（图 3）、总花梗与单花梗结合处，在叶脉上也可见聚集（图 4）。蚜虫会排出含有糖分的排泄物，滴落在下部叶片上，高温多湿、通风不良时会引起煤污病发生（图 5），影响植物正常的光合作用。蚜虫严重时还可造成球兰叶片变形、扭曲。

主要见于褐边球兰（*H. fuscomarginata*）、护耳草（*H. fungii*）、迷你钟花球兰（*H.* × *minibelle*）、杂交球兰（*H. rigida* × *H. acuta*）等球兰上。

2.2 防治方法

（1）人工喷水去除虫体，操作时需注意水压控制，以防伤害球兰幼嫩部位。虫害严重时则摘除受害部位。

（2）药剂防治。吡虫啉 1000 倍液或溴氰菊酯 1000 ~ 1500 倍液，每周 1 次，连续喷施 3 次，有较好的防治效果 [9]；也可施用 0.3% 印楝素稀释 500 倍 [10]，或在土中埋入 3% 呋虫胺颗粒剂，每盆 2 ~ 3 粒。

（3）家庭防治。可用 2g 洗衣粉，加水 500g，或者取肥皂和水按 1∶50 的比例溶解后，对植株上的虫体进行喷施。也可用 70% 的酒精直接喷洒蚜虫。或者取烟草末或烟丝 20g，加水 500g 浸泡 24h 后过滤，滤液加入 2% 的肥皂水 500g，喷于虫体上。

图 3　蚜虫聚于花梗处

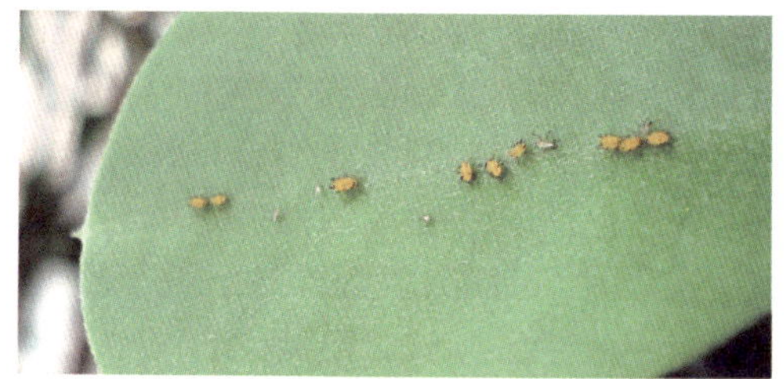

图 4　蚜虫聚于叶脉处

图 5　煤污病（2020.4.16）

3 蚂蚁

温室内，有些蚂蚁与粉蚧是共生关系。粉蚧分泌富含碳水化合物和多种氨基酸的排泄物，称为“蜜露”。蚂蚁会用触角拍打粉蚧加速其分泌蜜露，进而取食、采集。同时，蚂蚁会驱赶天敌，使粉蚧免受寄生者和捕食者的侵害。但是蚂蚁对蜜露需求的季节性不同，因此粉蚧和蚂蚁之间的相互关系变化范围很大 [11]。粉蚧通常靠蚂蚁的协助才能转移到另一植株上[12]。据观察，当玉米耕葵粉蚧（*Trionymus agrestis*）所处环境遇到不利因素时，蚂蚁可以搬运其至安全适宜的环境，以保存其种群数量 [13]。除了协助扩散，Malsch 提出在不良的环境下，拟毛蚁属（*Pseudolasius*）的蚂蚁会给根粉蚧的成虫和卵提供庇护所 [14]。

3.1 为害特点及发生规律

北方温室内蚂蚁有多种，一年四季均有发生，冬季相对较少，多见于球兰花序及根部，往往伴随粉蚧出现（图 6）。蚂蚁是一类杂食性昆虫，除蜜露外，植物的种子、花粉、果实都可成为蚂蚁的食物来源 [11]。蚂蚁在球兰盆土中筑巢、体型较小、活动迅速，当人们给球兰换土时，蚂蚁会将卵转移到安全的地方（图 7），增加了防治难度。

主要见于迷你钟花球兰（*H.* × *minibelle*）、粉色球兰

图 6　蚂蚁与粉蚧在花梗处

图 7　蚂蚁将卵转移到安全的地方

（*H.*‘Pinkie’）、沿海球兰（*H. litoralis*）、青铜器球兰（*H. caudata*）、尖叶球兰（*H. acuta*）等球兰上。

3.2　防治方法

（1）换土可有效防治蚂蚁。

（2）药剂防治。蚂蚁防治以饵剂为主，饵剂对施药人的危害小，对环境的污染最小。常用的饵剂有赵师傅杀蚁饵剂（主要成分呋虫胺，含量 0.1%，辽宁省东峰日用品有限公司），颗粒状，可撒于蚂蚁出没的地方，灭杀多种蚂蚁，用量为 1.25g ~ 2.5g/m^2。拜灭易杀虫饵剂（主要成分吡虫啉，含量 0.03%，拜耳（中国）有限责任公司）可点状施用，可点于蚂蚁行走的蚁道、角落、地面、蚁穴附近，需清理干净食物残渣。用量每米 1 个药点，每个药点米粒大小、直径约 5mm（0.2g/ 药点）。还可以用捷力威杀虫喷射剂（主要成分溴氰菊酯，含量 2.5%，温州德润日用品有限公司），喷洒在不易擦洗掉的角落、缝隙处，使用剂量：10mL/m^2，用后注意洗手。在栽培土中埋入 3% 呋虫胺颗粒剂，每盆 2 ~ 3 粒，也有一定效果。

（3）家庭防治。取烟草末或烟丝 20g，加水 500g 浸泡 24h 后过滤，滤液加入 2% 的肥皂水 500g，喷于虫体，也可不加肥皂水直接喷于盆土及盆底周围，可杀死土壤中的蚂蚁。将去皮大蒜压成小块，等距离放于表土，对蚂蚁有明显趋避作用 [15]。

4　白粉虱

白粉虱属半翅目粉虱科（Aleyrodidae），成虫体长约 2mm，停息时双翅合拢成屋脊状，翅面覆有白色蜡粉，故又名小白蛾子。白粉虱等粉虱类害虫成虫和若虫均吸食植物汁液，还可传播植物病毒造成更严重的危害，目前已成为园林、园艺、温室栽培及家庭栽培上最重要的害虫之一 [16]。

4.1　危害特点及发生规律

白粉虱常在球兰及盆土周围飞舞，成虫、若虫均在叶背集群危害，引起叶片变黄、萎蔫。若虫会分泌大量蜜露，严重者可污染叶片，导致煤污病的发生。

白粉虱体型微小，在北方室内繁殖能力强，1 年可发生 10 余代，世代重叠严重，无滞育和休眠现象，且具有一定飞行能力，易产生抗药性，防治难度较大。常见于白玫瑰红球兰（*H. leucorhoda*）、凹叶球兰（*H. obovata*）等球兰。

4.2　防治方法

（1）清除虫源、培育无虫苗。

（2）温室防治。悬挂黄色粘虫板，对成虫进行诱杀，也可在温室出入口和通风口处设置避虫帘，覆以 300 目白色冷纱或挂两层银灰色塑料条，预防白粉虱飞入 [17]。

（3）药剂防治。在白粉虱的发生初盛期使用 1% 呋虫胺颗粒剂或 10% 氟啶虫酰胺 3000 倍液 [18]。也可选用 25% 扑虱灵乳油 2000 倍、10% 吡虫啉可湿性粉剂 1200 倍、22% 氟啶虫胺腈 1500 倍、22.4% 螺虫乙酯 1500 倍复配 25% 烯啶虫胺 1250 倍等 [17-19]。喷药时间清晨为佳，此时白粉虱翅膀沾有露水，不便飞翔。等，尤其喜食幼嫩

（4）家庭防治。2g 洗衣粉，加水 500g，对植株上的虫体喷雾。由于韭菜、芫荽、芹菜对温室白粉虱有趋避作用 [20]，故家庭中可以适量栽植，以保护易受害植物。

（5）生物防治。释放丽蚜小蜂等天敌。

5　蛞蝓

蛞蝓为腹足纲，柄眼目，阿勇蛞蝓科（Arionidae）、蛞蝓科（Limacidae）和嗜黏液蛞蝓科（Philomycidae）等动物的统称。蛞蝓食性杂，几乎分布于全世界，可危害多种花卉。在温室及室内环境十分有利于其生长、繁殖。蛞蝓多取食植物的叶、花、果实、幼芽、茎、块茎、根多汁的部位 [21]。

5.1 危害特点及发生规律

蛞蝓取食球兰叶片成孔洞或者缺刻（图 8），影响植物的观赏价值。且球兰被啃食的伤口，易遭到病害侵染。蛞蝓爬过的地方会留下黏液，导致球兰的气孔堵塞、降低叶片的透气性和呼吸能力。蛞蝓多发生在温暖潮湿的环境中，习性隐蔽、怕光，昼伏夜出（图 9），阳光直射 2 ~ 3h 即脱水死亡。蛞蝓晚上从土壤、花盆底部爬出，22：00 ~ 23：00 为活动高峰，危害球兰的叶片，清晨之前又陆续潜入土中或隐蔽处，不易发现。蛞蝓常产卵于湿度大、隐蔽性强的土壤缝隙中，以成虫体或幼体在球兰根部湿土下越冬，耐饥力强，在食物缺乏或不良条件下能存活较长时间。蛞蝓一年当中有两个危害高峰，春季 4 ~ 6 月秋季 9 ~ 10 月 [22]。在气温 11.5 ~ 18.5℃，土壤含水量为 20% ~ 30% 时，对其生长发育最为有利 [21]。

图 8　球兰叶片上的蛞蝓危害状

图 9　晚上出来活动的蛞蝓

5.2 防治方法

（1）家庭防治。家庭宜采用物理方法，可将菜叶放在球兰盆栽附近，吸引蛞蝓取食，或在夜间及清晨用手电筒照亮翻找。也可在蛞蝓经常出没的地方撒草木灰、生石灰。盆栽可由地面摆放改为高台摆放。

（2）温室防治。增光控水，浇水时见干见湿，以降低盆内基质的湿度。搞好环境卫生，定期清除杂草、换盆土、铺设地膜，可破坏蛞蝓的栖息环境，明显减轻蛞蝓危害。栽培前对基质进行高温处理，混掺杀虫剂 [23]，推荐同时使用 6% 四聚乙醛（密达）颗粒剂和 10% 茶枯精粉（螺枯威）粉剂 [24]。

（3）药剂防治。用 6% 四聚乙醛颗粒剂 300g、白糖 100g、粉碎后的豆饼粉 400g，加水适量拌成颗粒状毒饵，傍晚前后撒于蛞蝓经常出没的地方，1 周后再撒 1 次。或当清晨蛞蝓未潜入土中时，用 80.3% 四聚乙醛可湿性粉剂 170 倍液或 10% 食盐水进行喷雾防治，隔 10 ~ 15d 再进行第二次防治 [25]。还可使用蜗利特颗粒剂（四聚乙醛，有效成分含量 6%，菏泽龙歌植保技术有限公司）拌细沙撒施于蛞蝓活动处，使用量 0.6 ~ 0.9g/m^2，有很好的杀灭效果，施药处不宜浇水、践踏，安全间隔期 7d，每季最多使用 2 次。在栽培土中埋入 2 ~ 3 粒 3% 呋虫胺颗粒剂也有一定效果。

6 结语

了解、总结害虫的为害特点及发生规律对于防治有着重要意义。如蚧壳虫的打药时间可安排在若虫孵化高峰、室温 28 ~ 32℃时操作，人工剥除结合打药效果更佳。蚜虫多发生在新叶、花梗基部、总花梗与单花梗结合处、叶脉等隐秘处，喷施药剂配合助剂使用，可事半功倍。蚂蚁有筑巢及分食特性，彻底灭蚁宜采用毁巢及释放毒饵的方法。白粉虱因早晨翅膀沾有露水飞翔不便，喷药时间宜清晨。蛞蝓夜间活动，施药及诱集时间傍晚为佳。

室内虫害应防小防早，从源头杜绝，不生虫、低成本、少维护是温室虫害防治的“法宝”。进入温室的苗木、插条要仔细检查、检测，选取健康植株，对有虫害的苗木、插条要及时采取处理措施，避免将有虫苗木、插条带进温室。栽培植物前，基质可先用杀虫剂、杀菌剂处理。温室附近，需定期除草，防止虫害滋生。以上措施均有助减少后期防治工作。防治药剂宜采用动物源、植物源、矿物源等无公害药剂。家庭防治应以物理防治为主，在防治害虫的同时又能保护环境，符合生态、健康的理念。

目前，国内外对球兰虫害研究、报道不多，知网检索后，只有少量栽培文章提及。《球兰》《球兰：资源与栽培》*The World Of Hoyas* 等专著中的介绍也较为笼统 [9、26、27]。

因此球兰植保方面工作还有较大的可开拓空间。本研究仅对北方室内常见的球兰害虫及防治进行了梳理，工作仍处于初期阶段，还需进一步深入。

参考文献

[1] 张玉晶 . 蚧壳虫对北方地区室内盆栽花卉的危害及防治 [J]. 黑龙江农业科学，2015（7）：196.

[2] 徐公天，杨志华 . 中国园林害虫 [M]. 北京：中国林业出版社，2007.

[3] 刘跃华，漆信同，赵燕萍 . 30% 蚧必治 EC 防治杏桑白蚧药效试验 [M]. 李杏资源研究与利用进展（三）. 北京：中国林业出版社，2004，205-207.

[4] 王玉英 . 蚧壳虫的防治技术 [J]. 吉林林业科技，2009（6）：48-49.

[5] 徐盼 . 康氏粉蚧生物学和生态学特性研究 [D]. 杭州：浙江农林大学，2013.

[6] 武三安．宁夏粉蚧昆虫研究 [J]．昆虫分类学报，2009，31（1）：12-28.

[7] 周文靖 . 四种生物源农药对康氏粉蚧的防效比较研究 [D]. 佳木斯：佳木斯大学，2019.

[8] 罗杰，黄公令，周慧平，肖铁光 . 五种药剂防治扶桑绵粉蚧对天敌跳小蜂的影响 [J]. 作物研究，2013，27（增刊 1）：65-66.

[9] 杨庆华，黄卫昌 . 球兰 [M]. 上海：上海科学技术出版社，2017.

[10] 赵应，姜培跃 . 4 种生物农药对高粱蚜虫的田间防控研究 [J]. 植物医生，2019（1）：20-22.

[11] 邹旭婷 . 三种蚜虫与双齿多刺蚁共生关系的行为学研究 [D]. 福建：福建农林大学，2018.

[12] G. Rohrbach，等 . 菠萝凋萎病与粉蚧及蚂蚁的关系 [J]. 肖倩莼，译 . 世界热带农业信息，1989（6）：27-29.

[13] 杜永华 . 玉米耕葵粉蚧与蚂蚁的共生关系调查 [J]. 河北农业，2014（5）：34-35.

[14] Malsch A K F，Kaufmann E，Heckroth H P，etc. Continuous transfer of subterranean mealybugs（Hemiptera，Pseudococcidae）by Pseudolasius spp.（Hymenoptera，Formicidae）during colony fission?[J]. Insectes Sociaux，2001，48（4）：333-341.

[15] 方化 . 厨房里也有防虫高手 [J]. 健康文摘，2018（6）：32-33.

[16] 刘银泉，刘树生 . 烟粉虱的分类地位及在中国的分布 [J]. 生物安全学报，2012，21（4）：247-255.

[17] 吴艳华 . 保护地温室白粉虱防治技术 [J]. 现代农业，2020（4）：46-47.

[18] 陈金翠，侯德佳，王泽华，宫亚军，魏书军 . 7 种药剂对温室白粉虱不同虫态的防治效果 [J]. 植物保护，2017，43（4）：228-232.

[19] 李丽娜，蔬菜白粉虱的发生与防治 [J]. 现代农村科技，2020（6）：31.

[20] 母欣，刘媛媛，杨伟男，孔祥鑫，金永玲 . 温室白粉虱对不同蔬菜品种的寄主选择性 [J]. 湖北农业科学，2020，59（4）：76-80.

[21] 于君花 . 蛞蝓的危害特点与防治方法 [J]. 现代农村科技，2009（9）：22.

[22] 于永文，刘长高，韩玉斗 . 我国蛞蝓防治研究进展 [J]. 辽宁农业科学，2017（3）：62-66.

[23] 佀彦粉 . 北方温室花卉生产中蜗牛和蛞蝓的防治技术 [J]. 北方园艺，2012（16）：124-125.

[24] 蔡波，金秋，陈施明，李春喜，林明光，史学群 . 4 种药剂对海南兰花蜗牛和蛞蝓的防治效果 [J]. 安徽农业大学学报，2016，43（3）：462-466.

[25] 吕林涛，朱富春 . 食用菌蛞蝓发生规律与综合防控对策 [J]. 科学种养，2018（4）：40-41.

[26] 黄尔峰，等 . 球兰：资源与栽培 [M]. 辽宁：辽宁科学技术出版社，2016.

[27] Dale K，Ann W. The world of hoyas[M]. Fresno，California，USA：Hill-n-Dale Publishing，2007.

园林植物在动物运动场环境丰容中的应用
——以北京动物园猩猩馆为例①②

北京动物园 / 郭金辉　王　争　李艳辉　崔雅芳

摘　要：为了有效改善圈养野生动物活动空间生态环境条件，促进其行为多样性并减少异常行为发生，本研究通过应用具有可供采食、气味影响、蜜源吸引、掩体隐蔽和景观营造五方面功能性的园林植物，调整了北京动物园黑猩猩运动场现状植物并补充新选择植物为圈养动物行为选择多样性创造匹配条件，提高了动物运动场空间利用的丰富性和复杂性，达到通过实际丰容物动态调整来改善和提高圈养野生动物福利的预期。结果表明，在丰容后，园林植物在功能作用发挥上，对圈养黑猩猩行为改善提供了支持和帮助，出现了以前未有的营巢行为，且探究行为、采食行为等学习行为明显增多。园林植物作为环境丰容应用的新素材，可以与设施丰容相契合，充分地提升圈养动物运动场空间利用率和使用质量，以满足圈养野生动物活动环境需求和生活福利需求。

关键词：园林植物；灵长类动物 ；环境丰容；动物行为

“环境丰容”的重要性最早被灵长类研究专家 Robert Yerkes（1925 年）所认识到 [1]。从那时开始，“环境丰容”理念逐渐被更多的动物研究专家以及从事相关动物行业工作的人员所认同，并且在实践中不断被发展和创新。在国内，1995 年北京动物园首次提出“环境丰容”概念，园内这项工作首先在猩猩馆展开 [2]。环境丰容作为一种动态的工作程序，能够使圈养野生动物生存和生活所需的环境条件得以满足，也为其表达更多典型自然行为或者本性行为提供机会 [3]。园林植物作为环境丰容的重要组成也逐渐被应用到丰容工作当中。

作为对北京动物园猩猩馆丰容工作的延续和拓展，本次试验主要针对室外运动场进行园林植物环境丰容应用，首次将园林植物功能性与 3 只共同圈养黑猩猩（*Pan troglodytes*）的行为需求相结合，来设计丰容区域及科学利用园林植物。试验在对丰容前后黑猩猩不同行为表现进行观察的基础上，结合与园林植物生长状况进行效果综合评价，以期在有限的室外空间增加园林植物多样性，同时基于“五项自由”的动物福利评估（FAWC，2012）理念，将改善室外运动场环境丰容一起纳入提高圈养黑猩猩福利工作当中。

1　试验对象基本情况及室外运动场现状

1.1　试验对象基本情况（见表 1）

试验对象基本情况　　表 1

序号	动物名称	呼名	性别	出生年份
1	黑猩猩	菲菲	♂	1986
2	黑猩猩	安耐特	♀	1986
3	黑猩猩	阿诺克	♀	1986

① 基金项目：北京市公园管理中心课题（ZX2019017）。

② 本文已发表于《安徽农业科学》，2022，50（12）：110-113。

1.2　室外运动场现状

本次试验地点定在猩猩馆中部室外运动场，每年使用期为 4 月下旬至 10 月下旬。使用面积约 740m^2，由建筑外侧仿山石墙体、电栅栏及防护电草环绕闭合组成。运动场内设施丰容配有栖架 2 组、仿单杠立架 1 组、仿真树桩 3 个，并配有 4 个不同类型取食器和 1 个取水口；园林植物主要为乔木、灌木以及一、二年生和多年生地被植物。

2　环境丰容中园林植物的选择和应用方法

园林植物作为动物展区内体现自然景观或模仿栖息地环境的重要元素构成，可以有效改善圈养动物生活环境舒适度，增加环境复杂性。动物所处圈养环境的不断变化，可以丰富动物行为表达，还可以产生新的刺激或压力来提升圈养动物的适应能力和学习能力。这对促进圈养动物更多行为表达发挥重要作用，也是提高动物福利水平的有效途径之一[4]。

2.1　园林植物一般性筛选原则与丰容应用选择标准

2.1.1　一般性筛选原则

本次试验结合所用黑猩猩室外运动场现状、环境丰容新增需求及促进动物行为需要，遵循以下 4 个一般性筛选原则：一是乡土植物种类占比达一半以上；二是着重考虑植物功能性和景观性双重因子予以应用；三是尝试栽植近似黑猩猩自然栖息地植物形态的园林植物；四是优先选用易于养护、耐受力或自我修复力较强的植物。

2.1.2　丰容应用选择标准

主要从两方面对园林植物进一步选择，一方面是功能性，即能发挥五类功能性作用中至少一种功能的园林植物（表 2）；二是适用性，即综合考量园林植物的丰容适用性（表 3）。其中动物接触度指动物对园林植物的损伤程度，高、中、低三个等次分别指损伤乔、灌木类植物个体 1/2（不含）以上、1/4 ~ 1/2、1/4（不含）以下，损伤草坪、地被类数量或面积 1/2（不含）以上、1/4 ~ 1/2、1/4（不含）以下；生长状况指对园林植物自身生长状况、自我修复能力、对景观影响程度、对动物活动空间侵占程度及对动物行为影响价值等进行综合观察所得出的结果。结合以上原则与标准，最终通过综合评价选择出功能性匹配、损伤程度低且生长状况好的园林植物作为丰容首选。

园林植物功能性选择标准　　表 2

序号	类别	对圈养野生动物产生的作用
1	可供采食	丰富采食行为及营养补充
2	气味影响	气味吸引、探究行为或植物阻隔
3	蜜源吸引	丰富探究行为、采食行为
4	掩体隐蔽	分隔、回避、防护
5	景观营造	动物活动空间环境改善和提升

园林植物丰容适用性选择标准　　表 3

序号	类别	分级等次		
1	动物接触度	高	中	低
2	生长状况	好	一般	较差

2.2　环境丰容中园林植物的应用方法

2.2.1　自然与人工交替选择应用法

借鉴“宫胁法”植物演替理念[5]，对园林植物优势种类进行本底调查，并结合动物行为表现和活动轨迹，将运动场内经过自然选择保留下来的优势种类进一步筛选，在此基础上再结合人工方法，如补充栽植等，达到以动物行为需求为目的，与环境丰容相匹配，满足运动场生长条件的园林植物，使园林植物与圈养动物达到一个较为理想的平衡的生态关系。这种方法使运动场自然资源得以保留并发挥作用，在实现生态化展示风格的同时[6]，缩短丰容物种类选择时间，提高丰容应用效果，节约丰容物材料，也避免因现状环境变化过大造成的动物不适应等问题。

2.2.2　植物应用空间分隔法

通过植物环境改善、植物分区调整、人为饲喂方式变换以及设施丰容更新等方法提高运动场空间利用率，可以有效丰富圈养动物行为，其本质是运动场活动空间使用质量的提高。越来越多的科学研究显示，为促进动物行为表现有时改变有限空间丰容内容的复杂性要比改变空间大小更为有用[7]。本试验也尝试利用功能性园林植物进行科学空间分布设计和功能性分隔，以发挥不同功能性作用来调节、提高运动场空间利用率和使用质量，丰富圈养野生动物的行为选择性。

3　园林植物对圈养黑猩猩行为变化影响分析

对象动物行为多样性常被动物园用作评价动物健康程度和福利程度的标准[8]。黑猩猩行为是复杂多变的，通过直接观察法可以观测到黑猩猩的一些活动和其目的。从积极寻找和探索目的物到做出对目的物的最终反应为止，科学地说，即是动物欲求行为（appetitive behavior）到完成行为（consummatory behavior）全过程[9]。由于圈养条件

限制，黑猩猩行为不能得以充分表达，但是参照现有人类对黑猩猩在栖息地的自然行为史记录，并结合以往黑猩猩行为研究成果[10]，依然可以发现园林植物能有效地改善圈养黑猩猩的行为表现，弥补人工饲养与野生状态之间的行为差异，同时降低人为因素对其行为表现的干扰。本次试验尝试运用对黑猩猩运动场现状植物进行调整和补充新选择植物的方法，为丰富黑猩猩行为表达提供帮助。

3.1 园林植物整体应用对黑猩猩行为的影响

本次试验在园林植物整体应用效果上，使黑猩猩积极行为和一般行为有所上升，异常行为显著下降。其主要表现在几个方面：一是据更多观察发现，野外生存的黑猩猩具有每天在其栖息地摘取或折断阔叶植物叶片筑巢的习性，运动场芭蕉的种植为其提供了条件，使黑猩猩表达出玩耍甚至营巢这种复杂行为。虽然芭蕉被逐渐破坏直至死亡，但其发挥的作用不容小觑。二是探究行为的丰富。可供采食类园林植物让黑猩猩消耗更多时间和精力去探究这些植物，甚至表现出后续的摘取行为和进食行为，使黑猩猩除找寻饲养人员固定投喂的食物外，也对园林植物产生了兴趣。其中探究行为刺激表现，一方面改善和增加圈养黑猩猩学习能力，另一方面增加了黑猩猩食物摄取种类和营养来源。三是促进黑猩猩积极行为和一般行为的发生频次和时间长度，使黑猩猩的异常行为减少或消失，也为黑猩猩认知与探索新事物提供了更多选择和机会。这说明，在有限圈养空间内优化园林植物选择、结合动物行为需求进行补充调整、提高园林植物多样性程度，可以使黑猩猩行为表现更加丰富。

3.2 不同功能性园林植物对圈养黑猩猩行为的影响

3.2.1 可供采食类

可供采食类园林植物为圈养条件下缺少环境刺激的动物提供复杂的采食环境[11]，同时还引导动物对食物的感知认识和适口性选择，促进动物的探究行为和采食行为。同时多样的食物种类也可作为圈养动物的一种潜在营养来源，帮助改善身体健康状况[12]。

本次试验中刺槐在盛花期对黑猩猩行为表现影响最为明显。黑猩猩会沿树干攀登至可承载其体重的刺槐主枝附近，采食周边花朵。山楂、无花果、番薯三种不同类型和高度的植物新植于栖架周边，黑猩猩会在栽植后 1 ～ 3 天出现试探性采摘行为（以叶片为主），并逐渐增加采食次数，在 1 ～ 2 周内食用大部分叶片，并待植物重新萌发后继续采食。这些采摘活动一般出现在黑猩猩取食完人工饲喂食物之后。随着园林植物被采食，如何恢复被采食植物的生长发育、缩短恢复时间以及如何让植物更好恢复呢？一方面，植物应对动物取食有两种基本方式——规避或耐受。当取食无法避免时，植物通常会通过被取食后提高生长和繁殖速度等策略来适应动物所带来的伤害。动物对植物取食的强度或者是否超出植物恢复生长的阈值，决定着植物是否能通过生长补偿使自身生长得以正常恢复[13]；另一方面，在动物能量学和动物营养学范畴下，研究黑猩猩采食植物中，哪些是最常吃和吃得最多的植物，哪些是含有不可缺少的稀有元素的植物，并且通过筛选、种植及调整，丰富采食植物种类，也可以降低圈养黑猩猩因过度采食而对这类植物造成的损伤，以增加植物自我修复和生长补偿时间[14]。

3.2.2 气味影响类

气味影响类园林植物，可以利用植物枝叶、花朵、果实或种子的特有气味吸引动物前来采食；或利用植物某些刺激性（非伤害性）味道阻隔动物，作为如壕沟、电草等防护设施的缓冲区，减少动物直接触碰的概率；或利用植物自身分泌的杀菌素或驱虫成分，减少运动场内植物病虫害，降低环境丰容维护成本；或利用动物寻找自然界“天然药物”的习性，治疗其自身疾病[15]。

本次试验只选取薄荷作为此类功能性园林植物研究对象，其叶具有特殊芳香气味，且有杀菌和驱虫能力。2019 年栽植薄荷于南侧栖架内侧，2020 年和 2021 年薄荷安全越冬，生长势旺盛。黑猩猩只在刚栽植时表现出探究行为，以后未产生过多兴趣，甚至出现躲避行为，可能是因为黑猩猩对薄荷刺激性气味感到不适。后期于电草和栅栏阻隔区域附近栽植薄荷，利用黑猩猩对它的厌恶性起到阻隔作用，以减少黑猩猩对这些物理防护措施的身体触碰。受试验场地及试验时间限制，本次试验未研究药用植物和具有药用价值的园林植物丰容对黑猩猩行为的影响，可待今后开展相关的专项研究。

3.2.3 蜜源吸引类

蜜源吸引类园林植物可用于圈养动物的食物营养补充和景观营造，发挥其生态价值和景观价值。据相关资料显示，植物的花朵也是黑猩猩重要的食物来源之一，所以本试验在现状刺槐以外，又栽植了荆条、锦带花和绣线菊，其长势良好，在提升景观的同时，更重要的是促进黑猩猩表现出比较明显的探究行为和采食行为。这说明，运用多种蜜源植物进行环境丰容提高了园林植物对黑猩猩的吸引力，在丰富黑猩猩食物多样性的同时，既延长了黑猩猩采食行为中对采食植物的选择与判别过程，又进一步激发了其探究行为表现。

3.2.4 掩体隐蔽类

掩体隐蔽类园林植物为动物提供隐蔽空间创造条件，减少了引起它们不安的因素，增加了动物安全感，同时丰富了游客参观体验内容，满足了部分游客“猎奇”的参观心理[7]。

试验中选用卫矛、狼尾草、斑叶芒、细叶芒等常绿灌木或观赏草类，其枝条较为柔软，高度 60 ~ 90cm，组合成片栽植。其作用效果表现为，一是对投喂点进行阻隔，有效减少黑猩猩间获取食物时的争抢行为；二是当处于主导地位的黑猩猩发怒、恐吓或攻击时，为弱势黑猩猩提供临时躲避场所；三是在黑猩猩受到游客干扰时，为它们提供回避保护区域，降低游客喧嚣或视线压力给其带来的环境不适。

3.2.5 景观营造类

动物室外运动场景观营造不同于以游人为服务主体的公园景观营造，服务的核心是动物。园林植物应用首先要充分考虑满足动物福利需求后，多维度考虑调整有限活动空间和较为单一的区域生境，在条件允许时尽可能模拟适宜动物生存的生境，并考虑与周围景观的协调性和统一性。

本试验中所有园林植物均作为景观营造类参与其中，既有群落层次划分与动物行为相关，同时与外界游客形成“兼顾”，其景观整体性发挥了不可忽视的作用。在园林植物设计营造的功能性、特殊性及生态性作用下[16]，优化后的运动场环境使黑猩猩行为表达明显增多。通过聚焦扫描观察，可以发现黑猩猩在运动场活动轨迹呈多样化选择趋势，尤其景观营造初期这种趋势上升较为明显，然后逐渐下降，后期又再次上升。这说明随着园林植物丰容物的持续动态调整或生长变化，黑猩猩会形成较为平稳的行为趋势波动曲线，与植物之间建立起较为平稳且相对密切的动植物关系。

试验最终筛选确定出 29 种适用于黑猩猩运动场丰容的园林植物（表 4、表 5），它们有效发挥了功能性和适应性作用，提高了圈养环境的多样性和复杂性，为促进动物行为表达，尤其是学习能力的提升提供了帮助。

试验用园林植物种类及应用效果（现状生长类） 表 4

序号	植物名称	拉丁学名	科属	功能作用	动物接触度	生长状况	是否推荐
1	槐	*Styphnolobium japonicum*	豆科槐属	采食及景观	低	好	是
2	刺槐	*Robinia pseudoacacia*	豆科刺槐属	采食及景观	低	好	是
3	枸杞	*Lycium chinense*	茄科枸杞属	采食及景观	低	好	是
4	蛇莓	*Duchesnea indica*	蔷薇科蛇莓属	采食及景观	低	好	是
5	朝天委陵菜	*Potentilla supina*	蔷薇科委陵菜属	景观	低	好	是
6	早开堇菜	*Viola prionantha*	堇菜科堇菜属	景观	低	好	是
7	蔊菜	*Rorippa indica*	十字花科蔊菜属	景观	低	好	是
8	荠	*Capsella bursa-pastoris*	十字花科荠菜属	景观	低	好	是
9	鸡矢藤	*Paederia foetida*	茜草科鸡矢藤属	景观	低	较差	否
10	茜草	*Rubia cordifolia*	茜草科茜草属	景观	低	较差	否
11	藜	*Chenopodium album*	藜科藜属	景观	低	较差	否
12	附地菜	*Trigonotis peduncularis*	紫草科附地菜属	景观	低	好	是
13	葎草	*Humulus scandens*	桑科葎草属	景观	低	较差	否
14	泥胡菜	*Hemisteptia lyrata*	菊科泥胡菜属	景观	低	好	是
15	蒌蒿	*Artemisia selengensis*	菊科蒿属	景观	低	好	是
16	长萼栝楼	*Trichosanthes laceribractea*	葫芦科栝楼属	景观	低	较差	否
17	稗	*Echinochloa crus-galli*	禾本科稗属	景观	低	较差	否
18	平车前	*Plantago depressa*	车前科车前属	景观	低	好	是
19	鸭跖草	*Commelina communis*	鸭跖草科鸭跖草属	景观	低	好	是

注：本表格中所用园林植物中文名称、拉丁名称及科属均引自《中国植物图像库》(PPBC)。

试验用园林植物种类及应用效果（人工栽植类） 表 5

序号	植物名称	拉丁学名	科属	功能作用	动物接触度	生长状况	是否推荐应用
1	山楂	*Crataegus pinnatifida*	蔷薇科山楂属	采食及景观	高	较差	否
2	无花果	*Ficus carica*	桑科榕属	采食及景观	高	较差	否
3	番薯	*Ipomoea batatas*	旋花科虎掌藤属	采食及景观	中	一般	是
4	薄荷	*Mentha canadensis*	唇形科薄荷属	气味及景观	低	好	是
5	‘红王子’锦带	*Weigela florida* ‘Red Prince’	忍冬科锦带花属	蜜源及景观	低	好	是
6	荆条	*Vitex negundo* var. *heterophylla*	唇形科牡荆属	蜜源及景观	低	好	是
7	金山绣线菊	*Spiraea* × *bumalda* ‘Goalden Mound’	蔷薇科绣线菊属	蜜源及景观	低	好	是
8	千屈菜	*Lythrum salicaria*	千屈菜科千屈菜属	蜜源及景观	低	较差	否
9	卫矛	*Euonymus alatus*	卫矛科卫矛属	掩体及景观	低	好	是
10	狼尾草	*Pennisetum alopecuroides*	禾本科狼尾草属	掩体及景观	低	好	是
11	斑叶芒	*Miscanthus sinensis* ‘Variegatus’	禾本科芒属	掩体及景观	低	好	是
12	细叶芒	*Miscanthus sinensis* ‘Gracillimus’	禾本科芒属	掩体及景观	低	好	是
13	蜡梅	*Chimonanthus praecox*	蜡梅科蜡梅属	景观	低	较差	否
14	芭蕉	*Musa basjoo*	芭蕉科芭蕉属	景观	高	较差	否
15	紫花地丁	*Viola philippica*	堇菜科堇菜属	景观	低	好	是
16	紫叶矾根	*Heuchera micrantha* ‘Palace Purple’	虎耳草科矾根属	景观	低	较差	否
17	马蔺	*Iris lactea*	鸢尾科鸢尾属	景观	低	好	是
18	扶芳藤	*Euonymus fortunei*	卫矛科卫矛属	景观	低	好	是
19	麦冬	*Ophiopogon japonicus*	天门冬科沿阶草属	景观	低	好	是
20	荚果蕨	*Matteuccia struthiopteris*	球子蕨科荚果蕨属	景观	低	较差	否
21	菲白竹	*Pleioblastus fortunei*	禾本科苦竹属	景观	低	好	是
22	蓝羊茅	*Festuca glauca*	禾本科羊茅属	景观	低	好	是
23	丝带草	*Phalaris arundinacea* var. *picta*	禾本科虉草属	景观	低	好	是

注：本表格中所用园林植物中文名称、拉丁名称及科属均引自《中国植物图像库》(PPBC)。

4 结语

园林植物能够对圈养灵长类动物行为多样性产生一定的正向影响，使其积极行为逐渐增多，异常行为显著减少。即便由于个体行为差异和性格特异性的存在，使得每种园林植物功能性发挥对不同动物个体的行为影响也不尽相同，但总的作用是向好的。

在选择应用园林植物时，首先要把“动物行为需求”放在首位，为其充分表达自然本性和学习行为创造条件；其次考虑不同个体差异性，以此为参照开展相应的丰容工作，这样才不会因环境不良压力或逆向刺激，引起动物本身的不适[17]；最后无论采取何种形式的园林植物丰容，都要贴合圈养环境条件，尊重动物生活习性，并充分考虑游客的客观影响，这样才能全面完整地应用好园林植物，体现应用的最佳效果。同时园林植物根据动物不同需求合理分布运动场空间，让有限空间在竖向和横向层面的内容更加丰富化、复杂化，使得动物有更多的行为选择，提高运动场空间利用率。

综上所述，随着专业人员对环境丰容应用研究的深入、公众对动物保护意识的增强以及动物福利工作认识的加深，不断提升野生动物圈养生态环境条件、营造舒适生活空间成为大家的共识。园林植物作为重要的生态环境因素，为圈养动物生活环境改善提供了必不可少的支撑，也为动物室外运动场丰容增添了新的设计素材，开辟了新的研究方向。以此为依托，圈养野生动物的生活福利会越来越好。

参考文献

[1] Mellen J , Macphee M S.Philosophy of environmental enrichment：Past, present, and future[J].Zoo Biology, 2001, 20 (3)：211-226.

[2] 张铁卓、何绍纯 . 动物园环境丰容操作手册 [M]. 北京：中国农业出版社，2019（6）：2.

[3] 田秀华，张丽烟，王晨 . 动物园环境丰容技术及其效果评估方法 [J]. 野生动物 Chinese Journal of wildlife, 2007, 28（3）：64-68.

[4] 何鑫，刘定震 . 圈养灵长动物丰容方法研究 [J]. 生物学通报，2013，48（11）：1-3.

[5] 何硕 . 浅谈“宫胁法”在近自然林建设中的应用 [J]. 花卉，2019（2）：213-214.

[6] 张恩权 . 应用分配通道提高动物园场地利用率 [J]. 野生动物学报，2021，42（2）：512-516.

[7] 张恩权，李晓阳，古远 . 动物园野生动物行为管理 [M]. 北京：中国建筑工业出版社，2018：50-53.

[8]（英）G. 霍西（Geoff Hosey），等 . 动物园动物：行为、管理及福利（原书第二版）[M]. 田秀华，等译 . 北京：科学出版社，2017.

[9] 尚玉昌 . 动物行为学（第二版）[M]. 北京：北京大学出版社，2014.

[10] 李华，潘文婧，刘东强，宋庆发，张立，袁志强 . 环境丰容对圈养黑猩猩行为的影响 [J]. 北京师范大学学报（自然科学版），2005，41（4）：410-414.

[11] 蒋志刚 . 动物行为原理与物种保护方法 [M]. 北京：科学出版社，2004.

[12] Ruth C.Newberry.Environmental enrichment：Increasing the biological relevance of captive environments[J].Applied Animal Behaviour Science，1995（44）：229-243.

[13]（荷）艾迪·范德马雷尔（Eddy van der Maarel），（美）珍妮特·富兰克林（Janet Franklin）编，植被生态学（原著第二版）[M]. 杨明玉，欧晓昆，译 . 北京：科学出版社，2017.

[14] 尚玉昌 . 行为生态学（第二版）[M]. 北京：北京大学出版社，2018.

[15] 李光武 . 被忽视的气态疗法——芳香疗法，气味疗法及氧气疗法 [J]. 恋爱婚姻家庭（养生），2015（04）：59-61.

[16] 徐翊军 . 沉浸式植物景观在动物展区内的应用——以南京市红山森林动物园猫科馆为例 [J]. 园林，2020（6）：64-69.

[17] 何鑫，王福云 . 动物性格及对提高动物福利的影响 [J]. 野生动物学报，2019，40（1）：229 -232.

曾经的“人民公园”的园林历史文化

中国园林博物馆 / 白　旭　陈进勇　吕　洁

摘　要：文章对17座历史上曾经出现过的人民公园的历史文化进行了系统梳理。其中13座是更名而建，后又易为他名，“人民公园”的名称仅出现于中间的一个阶段，包括保定、邢台、呼和浩特、太原、济南等地。3座为新建后改建，进行了更名，包括唐山、德州陵县、漳州长泰县。还有一座，即浙江临安人民公园已然消逝。分析出人民公园的名称变更具有很强的政治性和社会性，反映对历史文化、地域文化的认识，以及对历史的传承和认同。

关键词：人民公园；园林；历史；文化

公园是供公众游览、观赏、休憩、开展户外科普、文体及健身等活动，向全社会开放，有较完善的设施及良好生态环境的城市绿地。其类型多样，命名也各具特色，大多反映出时代的特征。“人民公园”的命名就体现了人民当家作主的性质，基本是在新中国成立后更名或新建的公园，与“人民路”“人民剧院”等类似[1]，均具有时代和纪念意义。人民公园有的是在原有园林、公园的基础上加以改建更名而成，有的是辟地选址新建而成[2]，也有一些人民公园随着历史的变迁易为他名，或者消失，这些起起伏伏的历史反映了“人民公园”名称的复杂历史背景。为此，本文对各地人民公园的历史进行了系统查证，现梳理出17座历史上曾经出现过的人民公园。

1　多次更名的人民公园

人民公园数量众多，其中有不少是更名而建的，后又易为他名，人民公园的名称仅出现于中间的一个阶段。

1.1　保定人民公园（现为保定市动物园）

公园位于保定市旧城南关。1921年曹锟在保定城南偏西兴建起规模宏大、占地600余亩的花园，两岸占地各约300余亩，汇集了南北园林之精华。据《清苑县志》载：“前直鲁豫巡阅史曹公锟创造跨河为园，远挹山色，府枕河流，且极轩馆林泉之胜，足供游览”。竣工后，曹锟撰写了“保定城南公园碑记”，在公园南岸兴建了一座园中园“乐寿园”作为曹锟府邸，同时跨府兴建了两座木桥。1926年，曹锟离开保定去了河南。在《保定人民公园记》碑文中记载：“曹公移即以去，继吕变乱兵，辙不转期而沦为废园”。1928年，重修废园，将城南公园易名为中山公园，修葺两座木桥。

1936年，宋哲元重修公园，中山公园改名为“人民公园”，取“与民同乐”之意。1937年“七七事变”后，日本兵占领保定，在园内驻兵、建神社、做种马场。日本投降后，公园曾作为河北省农事试验场。在日本占领与国民党驻兵时期，公园遭到较大程度损毁。

1952年府河北岸部分重建，6月24日开园，定名为“保定市人民公园”。1995年人民公园改名为保定市动物园[3]。

公园第二次被命名为“人民公园”，存续了50余年，体现了公园为民服务的宗旨。

1.2 邢台人民公园（现为邢台历史文化公园）

公园位于邢台市区中心，占地约6万m^2。最初为纳凉园苗圃，始建于1953年。1959年，在古城墙向北拐弯处、城墙顶端修建仿古六角亭、温室和花房。1962年，饲养小动物和禽类。1963年，将顺德府武庙内“天目人心”牌坊移入。1964年，修建假山和喷泉，并改称纳凉公园。1965年，又改称为“人民公园”，并向游客开放。

人民公园由游乐游艺区、动物展区、花卉展区组成。2005年园内动物整体搬迁，拆除了旧的游乐项目，进行纪念碑园建设以及城墙以南和以东环境改造，改建为邢台历史文化公园，并对外开放。

公园内现主要有城墙、“天目人心”牌坊（图1）、文化墙浮雕、邢台解放纪念碑等，成为集纪念、休闲、娱乐为一体的城市公园。园内的古城墙残段原属于古城的东南角，保留了古城风貌的遗踪。文化墙浮雕重点反映了中国历史上在邢台所发生的“帝尧封禅”“沙丘密谋”“巨鹿大战”等12个重大历史事件，真实地反映了邢台历史发展的脉络，以图文并茂的形式展示了邢台悠久的历史文化。人民公园存续40年之久。

图1 邢台人民公园（历史文化公园）“天目人心”牌坊

1.3 呼和浩特人民公园（现为青城公园）

公园位于呼和浩特市区中山西路，据《归绥县志》记载，龙泉公园建于1931年，占地面积1.33hm^2，此处原有一座山岗名为“卧龙岗”，岗下有一涌泉，水流淙淙不断，甘甜清澈，泉名为老龙潭，又名龙泉。1950年进行扩建重修，更名为人民公园，1952年9月11日正式对游人开放。1953年增建动物园，1955年修建人工湖。1997年6月，为突出内蒙古自治区首府特点，更名为青城公园。2003年9月12日免费开放。

公园总面积为46.5hm^2，其中水面面积为10.3hm^2，自然式与规则式景观相结合，成为文化休闲综合性公园。纪念区矗立着高达19m的人民英雄纪念碑（图2），南北两侧为毛泽东主席书写的汉字碑文“烈士们永垂不朽”，东西两侧为蒙古文。1950～1997年“人民公园”名称存续47年，给当地市民留下了一段回忆。

图2 呼和浩特人民公园（青城公园）人民英雄纪念碑

1.4 太原人民公园（现为文瀛公园）

公园位于太原市中心区的海子边东街，俗称海子边公园。原是明代太原城中的雨水汇集而成的两片积水，清朝康熙年间取名“文瀛湖”，清末光绪年间，冀宁道连甲将文瀛湖清理了一遍，并在北湖的东南面修建了一个小亭，取名“影翠亭”，在湖的四周安设了木栅栏，在湖里放了两只小船，初具公园的雏形。光绪三十一年（1905年），于北湖北岸建2层楼房，作为土产陈列馆，命名为“劝工陈列所”。楼前是一片广场，被称为“太原公会”，是群众集会的场所。辛亥革命后，正式称为文瀛公园，园中劝业楼始建于1905年，1912年为纪念孙中山先生的三晋之行而更名。1928年北伐战争胜利后，公园更名为“中山公园”，先后修建了许多景致和活动场地。1937年太原沦陷后，日伪将公园改名为“新民公园”，园内破坏不堪。1945年抗战胜利，公园更名为“民众乐园”。

太原解放后，恢复和扩建了这个历经沧桑、荒芜破败的老公园。当时园址仅有4.67万m^2，扩大为6万m^2，清理了垃圾，疏浚了湖底，围湖砌起了砖栏杆，栽植了多种花木，设立了80条座椅，购置游船6只，初步恢复公园面貌，命名为“人民公园”，这是新中国成立后太原市第一个公共游览之地。1950年，山西省第一届各界人民代表会议在公园内的人民大礼堂召开，共商建立新山西的大计，决定为纪念在太原解放战役中牺牲了的革命先烈，在人民公园内修建人民革命烈士纪念碑。纪念碑周围遍植鲜花翠

柏，正面国徽下是毛泽东主席题词“死难烈士万岁”。

1952年在湖西岸征购民房63间，改建成动物兽舍13间，又新建5间，还新建了一座小猴山，将博物馆饲养的动物迁入公园内，又新购回一部分动物。人民公园内的动物在不断增加，到1957年已经发展到72种267只，但公园面积有限，又处在闹市区，不宜在此发展，遂将这些动物迁入新建的太原动物园中，原有兽舍全部拆除。1954年开工兴建了半壁长廊共10间，长达321m，长廊墙壁上嵌有钟繇、褚遂良、苏东坡、黄庭坚、傅山等历代著名书法家真迹的《崇德庐贴》石刻，供书法爱好者鉴赏。

为了发展省城少年儿童事业，1982年3月人民公园改为儿童公园，先后投资220万元，集资92万元，进行公园改造并添置了各种游艺设备。2009年复名为文瀛公园，面积达11.9hm^2。公园名称多次变更，人民公园存续时间33年。

1.5 济南人民公园（现为济南中山公园）

公园位于济南市经三路，占地面积3.11hm^2。其前身是1904年济南开辟商埠时创建的商埠公园，为济南第一座公园，后称济南公园。1925年因孙中山先生逝世而更名为中山公园。1929年后改称“五三公园”，1951年更名为人民公园。1986年11月为纪念孙中山诞辰120周年之际恢复中山公园的名称。

公园占地面积3hm^2，中区以假山水池为主体，临池建流音水榭、揖风亭等，云洞岭依池而建（图3），岭上建朝华亭。1951～1986年，“人民公园”的名称沿用了35年。

1.6 烟台人民公园（现为烟台儿童公园）

据《烟台市志》记载，公园于1953年始建，原称南大道公园，1955年建成以动物园为主的综合性公园，占地4.37hm^2，1968年在公园西部建起展览馆，公园面积减少。1971年改称烟台人民公园。1977年园内动物迁入南山公园。1978年改建为烟台儿童公园，园内设有少年宫、花卉展览区和儿童游乐场。1971～1978年，人民公园存续时间7年。

1.7 太仓人民公园（现为弇山园）

又名太仓公园，前身是“憩园”，民国初期，由江苏太仓人陆佐霖、陈大衡和李液丰设计改建而成的憩游山庄。新中国成立后辟为人民公园，旧园面积约4hm^2，按照典型的江南园林而建，中间曲折的水面将空间分成4个景区，包括墨妙亭在内的一些园林建筑散布其中，现名弇山园[4]。

1.8 南通人民公园（现为南通博物苑）

1905年，张謇在江苏省南通市濠河之滨创立我国第一座博物馆——南通博物苑，占地35亩，苑中广植花草树木，养殖珍禽鸟兽，与室内展品呼应，另有各种园林设施点缀其间，营造成一种高雅精致而又轻松闲适的氛围。1951年南通博物苑园林部分划为人民公园，总面积3.87hm^2，建藤东水榭、国秀亭、假山、荷花池等园林设施。1956年增辟动物角，同年在南边兴建儿童乐园区。1975至1977年兴建河心亭、九曲桥、水榭茶楼。至1987年公园总面积为7.13hm^2。1999年并入南通博物苑，实现馆园一体[5]。1951～1999年，人民公园存续48年之久。

国秀亭为木质凉亭，位于国秀坛内，因早期在坛中间种植各种牡丹而命名，与假山相配置。河心亭（波影亭）位于濠河中，重檐木结构，九曲桥以河心亭为中心，两端与岸相连，与映波楼为一组建筑（图4）。藤东水榭也位于濠河边，为单层歇山式建筑，适宜赏景。

1.9 小榄人民公园（现为凤山公园）

位于广东省中山市小榄镇文化路北侧，1945年绅商梁应焯等在此筹建公园，1946年建成开放，面积6875m^2，取名榄山公园。1949年改造后辟为人民公园。公园占地4.5万m^2，西北部建有凤液池、水帘洞、孙中山雕像、凤凰台、凤凰阁等亭台楼阁以及革命烈士纪念碑（图5），东部有起凤阁、艺术馆等，具有浓郁的岭南园林特色。2010年改称凤山公园。“人民公园”存续61年之久。

图3　济南人民公园（济南中山公园）云洞岭

图4　南通人民公园（南通博物苑）九曲桥与河心亭

图5　小榄人民公园（凤山公园）革命烈士纪念碑

1.10　汕头人民公园（现为汕头中山公园）

公园于1921年便酝酿建设，一开始被命名“中央公园”，但直至1925年仍因经费问题未能建成，1925年国民革命军东征军第二次收复潮梅后，召开市民大会，决定将中央公园改名为中山公园，以纪念孙中山先生。

1926年9月15日，驻军汕头的何应钦和汕头师长范其务联合举行中山公园奠基仪式。在此之前，二人联合向社会各界发动募捐，共筹得善款数千元，作为园内建筑园门和木桥之用。1927年冬，已转任潮梅区财政处长的范其务为支持中山公园建设，专门拨出毫洋一万元作为经费。接着汕头师长黄开山又着手继续建设公园内的各项工程，并由工务局主持公园的全面设计与施工。1928年建成开放。

1951年将忠烈祠改为儿童文化宫，平整了公园广场，作为全市大型集会与体育活动的场所。1954年新建儿童游乐园和动物园，竖立工农兵塑像。1955年新建了文化走廊、阅览室和游泳池，维修扩建大型游戏场、游艇场等，拥有3000座位的大型游戏场，是当时全市大型会议的唯一大会场。“文化大革命”期间，中山公园改名为人民公园，正面牌坊上的中山公园天下为公八个浮雕金字被砸碎，改为“为人民服务”门匾，四柱相应增镶革命化对联。如今，恢复为中山公园名称。

1.11　湛江人民公园（现为湛江寸金桥公园）

1899年，法国强租广州湾（湛江旧称）后，文章河东属法租界。第二次世界大战期间，法国无余力顾及远东，日本趁机于1943年2月19日正式占领广州湾，日本战败投降后，直到1945年8月18日，法国政府才将广州湾交还我国。此时，寸金桥一带久经战火民不聊生，四野荒凉。1959年，湛江市政府和人民为纪念抗法斗争六十一周年，扩建了寸金桥，并在西桥头立了纪念碑，碑志中记载了抗法斗争事迹始末。郭沫若题诗：“一寸山河一寸金”。

寸金桥两侧为寸金桥公园，建于1958年，原名“西山公园”“人民公园”。在1982年纪念抗法斗争八十四周年时，湛江市人民代表大会决定将“人民公园”改为“寸金桥公园”。

1.12　自贡市人民公园（现为自贡彩灯公园）

自贡彩灯公园位于四川省自贡市中心，占地面积10.3hm^2，其中水上面积0.75hm^2，是一个集园林、游乐为一体的综合性文化公园，是自贡灯会举办的主要场地。

彩灯公园始建于1930年，名为“滏溪公园”，1941年更名为“慧生公园”，1950年更名为“自贡市人民公园”。1988年经自贡市委市政府批准划归自贡市灯贸委领导，更名为“自贡彩灯公园”。

1.13　颐和园

颐和园在1914年时曾作为末代皇帝溥仪的私产售票开放，1924年溥仪出宫，颐和园被当时的国民政府接收，辟为公园。1949年4月10日颐和园对外开放，政府对这座以水面为主体的大型山水园林进行了保护和整修，成为北京城的重要公共空间，承载着休闲、娱乐、教育、社交等功能。1949年9月29日《大公报》社会民情栏目刊载了题为“颐和园换新装，只有站在人民一边才美丽，颐和园过去是官僚豪奴的享乐地，今后要成人民的大公园”的文章。1966年颐和园东宫门匾额悬挂了富有时代特征的“人民公园”。

2　新建后更名的人民公园

有些人民公园新建一段时间后，改建后进行了更名。

2.1　唐山市人民公园（现为大钊公园）

唐山市人民公园始建于1954年，由原开滦煤矿义地改建而成，占地面积7.53hm^2，是唐山市第一个公园。1976年唐山大地震使得园内建筑设施和花卉树木大部分毁坏。震后，公园恢复建设期间，为了弘扬李大钊精神，资政育人、振兴唐山，唐山市委市政府决定将人民公园更名为大钊公园。

1986年底，大钊公园按照新的规划方案改建，面积扩大为14.77hm^2[6]，园区建设以纪念李大钊为主题格调，在西部开辟了纪念区，山顶上以李大钊雕像为中心，四周松柏环绕。还设置了少儿活动、老年活动、安静休息三个功能不同的分区，成为综合性的文化、娱乐场所，1989年9月30日正式对游人开放。人民公园的名称存续22年。

2.2　德州陵县人民公园（现为颜真卿公园）

公园位于山东省德州市陵县城区公园南路以北，始建

于 1981 年，名为德州陵县人民公园，是为了纪念陵县著名政治家、书法家颜真卿而建造，有文博苑、唐城墙遗址、植物园和花卉温室、儿童乐园、旱冰场，文博苑内有东方朔画赞碑、碑亭、颜公祠等建筑文物。唐城墙遗址是唐代颜真卿任职平阳郡，为抵御安史之乱用泥土堆成的城墙。2014 年公园改建更新后，将人民公园更名为颜真卿公园，以弘扬颜真卿文化为公园的主题，符合公园文脉传承发展要求。“人民公园”名称存续 33 年。

2.3 长泰人民公园（现为长泰陶然园）

据《长泰县志》，宋代起，长泰县署、射圃、龙津溪边等处及城郊广植榕树、樟树，在县署的空地种植桃、李、荔枝等果树，在县署后的罗侯山种植桂树、松树等。时至春日，县署一带桃李争艳，树木蓊郁。城南的登科山（来青山）、水晶山也广植树木，浓荫一片。民国时期，县城没有辟建公园。

1955 年，在福建漳州长泰县城中心建长泰人民公园，占地 17 亩，公园以石埕池为中心点，栽花种树，开辟游览通道，修筑假山亭榭，设置石桌、石椅等，成为人民休闲的好去处。1984 年，人民公园改为陶然园，增修设施，建筑门亭，面积扩大到 34 亩。如今，陶然园绿树浓荫，景色宜人。人民公园存续时间 29 年。

3 消逝的人民公园

还有个别的人民公园由于历史原因消逝，不复存在，如临安人民公园。据《临安县城乡建设志》记载：1954 年 4 月“临安天桥东棋盘地一带建造临安人民公园。1956 年 2 月，临安镇各机关、学校、厂矿单位分包附近的人民公园。1962 年 3 月，临安县人民公园改为他用”。可见，浙江临安人民公园存在仅 8 年之久。

4 人民公园名称变更分析

梳理人民公园的名称变更，可以看出人民公园具有很强的政治性。颐和园在 1966 年“文化大革命”期间改名为“人民公园”，与当时“破四旧”的思想有关，颐和园被看作封建社会遗留下来的皇家园林，更名为人民公园体现了人民当家作主的时代特征。唐山、湛江、自贡等地人民公园的名称变更均通过了市委、市政府或人大的决定，可见人民公园在政治上的重要性。

人民公园名称的变更有着很强的社会性。烟台人民公园在 1978 年改建为儿童公园。太原文瀛公园在太原解放后更名为人民公园后，1982 年也改为儿童公园，反映了改革开放初期，社会上追求经济效益，以园养园的政策有关。后又复名文瀛公园则反映了对历史文化的回归。

人民公园名称的变更反映着对历史文化的认识。唐山市大钊公园、德州市颜真卿公园均由原人民公园更名而成，反映的即是对当地人文历史文化的认同。2005 年至 2007 年邢台人民公园进行了重新设计和改造，并改名为邢台历史文化公园，展现邢襄文化内涵。

人民公园名称的变更反映着对地域文化的认识。呼和浩特人民公园和中山小榄人民公园分别更名为青城公园和凤山公园，反映了对当地地域文化的认同，呼和浩特的蒙古语意为“青色的城”，中山小榄人民公园则建于凤山之上。湛江人民公园更名为寸金桥公园也是如此。

南通博物苑经过人民公园的变更，后又更名为南通博物苑，则体现了对历史的传承和认同，与太原文瀛公园类似。

参考文献

[1] 卢迎华．人民公园 [J]. 广西城市建设，2013（1）：31-34.

[2] 吕洁．人民公园的历史文化与景观 [M]. 中国园林博物馆学刊，北京：中国建筑工业出版社，2019：44-48.

[3] 陈进勇．中山公园和人民公园的历史渊源 [J]. 广东园林 2021，43（1）：31-35.

[4] 邬洪．“弇山园”的解读与传承——太仓市人民公园改造设计 [J]. 林业科技开发，2012，26（3）：129-133.

[5] 沈钢，江幼玲．中国近代第一所博物馆南通博物苑 [J]. 民主，2009（5）：39-41.

[6] 洪金祥．大钊公园景观赏析 [J]. 中国园林，1994，10（3）：13-15.

120个有髯鸢尾品种的园林应用综合评价

北京市植物园管理处 / 朱　莹　宋　华　刘恒星　王雪芹　邓　莲

摘　要：为建立科学合理的园林应用评价体系，为有髯鸢尾品种在北京地区的推广应用提供科学依据，运用层次分析法（AHP）和K-means聚类分析法对120个有髯鸢尾品种进行园林应用综合评价。评价模型由单花观赏特性、整体观赏特性和适应性3个评价准则及相关的14个评价因子构成。评价结果分为4个等级，Ⅰ级30个品种，适宜在北京地区大规模推广应用；Ⅱ级24个品种，可在北京地区适度推广应用；Ⅲ级35个品种，可在特定环境或者特定要求下小范围应用；Ⅳ级31个品种，不宜在北京园林中推广应用。

关键词：有髯鸢尾；层次分析法；园林应用；评价

有髯鸢尾（Bearded Iris）是对垂瓣上有须毛状附属物的鸢尾属（*Iris*）植物的统称，现多指鸢尾属须毛状附属物亚属之间的杂交品种群。有髯鸢尾是近代观赏花卉中发展最迅速、花朵变化最惊人、品种增加也最多的一类鸢尾[1]。有髯鸢尾品种繁多，花色丰富，花型奇特，具有较高的观赏价值。在北京地区，有髯鸢尾花期为4月中旬至5月中旬，正值“五一”节日期间，较好地弥补了这一时期开花植物较少的问题。有髯鸢尾不同品种的适应性有一定差异，有的品种适应性强，抗寒冷和干旱瘠薄，在北京地区具有良好的应用前景，但也有一些品种适应性较差，不能满足园林绿化的要求。目前，北京地区有髯鸢尾品种均从国外引种，由于对不同品种的观赏特性及适应性都不甚了解，因而增加了园林中新品种应用的风险。为此，对北京植物园从国外引进的120个有髯鸢尾品种进行观赏特性和适应性的观测和记录，并应用层次分析法（AHP）对其进行综合评价，运用K-means聚类分析法对评价值进行等级划分，建立系统科学的有髯鸢尾品种园林应用评价体系，为有髯鸢尾品种在北京地区园林推广应用提供理论依据。

1　材料与方法

1.1　试验地概况

试验地位于北京市海淀区门头村苗圃（东经116° 22′ 28″、北纬39° 97′ 81″），海拔60.9m，属暖温带半湿润半干旱大陆性季风气候，年平均气温为11.6℃，年平均降水量为600mm，大部分集中于7、8月份。

1.2　试验材料

120个有髯鸢尾品种于2012年秋天从捷克布拉格植物园引进，分别为高生品种33个，中生品种82个，矮生品种5个。每个品种5株，先盆栽缓苗，2014年春天种植于试验地，采用高垄种植。2015年开始进行观测。常规养护管理。

1.3　评价方法

参考国际上对有髯鸢尾品种及园林应用的评价标准[2-3]，结合有髯鸢尾在北京地区露地栽植的观赏特性及适应性，邀请园林专家现场打分，并运用层次分析法[4]确

定评价指标，建立评价模型。采用1～9比率标度法[4]比较指标的相对重要性，量化各项指标，计算各因素权重。

制定评价标准，根据对有髯鸢尾品种为期3年的观察记录，按照评价标准进行打分，并计算它们在北京地区园林中应用的综合评价分值，进行评价等级划分。

1.3.1　评价体系模型的构建

结合专家打分，构建了4个层次的有髯鸢尾品种园林应用价值的综合评价结构模型（图1）。该模型包含目标层（A）、准则层（B）、因子层（C）和最底层（D）。目标层A为有髯鸢尾品种园林应用价值的综合评价；准则层B为影响有髯鸢尾品种园林应用的主要因子，分别为单花观赏特性（B1）、整体观赏特性（B2）及适应性（B3）；因子层C为14个具体评价指标，是隶属于主要性状（B）的主要评价因子，由花期迟早、花繁密度、抗病虫害能力等14个指标组成；最底层D为待评价的120个有髯鸢尾品种。

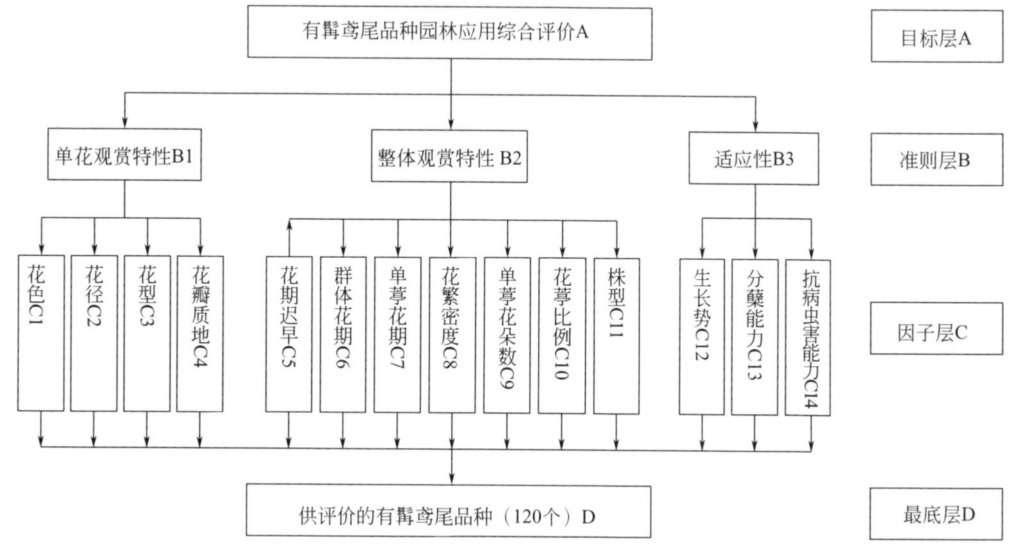

图1　有髯鸢尾品种园林应用的综合评价模型

1.3.2　权重的计算

采用1～9标度法，邀请专家分别对准则层、因子层间各因子的相对重要度进行两两比较以构造判断矩阵，计算准则层权重、因子层权重（表1）及总排序权值（表2），并进行一致性检验（$CR < 0.1000$，说明该矩阵具有满意的一致性）。

判断矩阵及一致性检验　　**表1**

层次模型	判断矩阵								权重值	一致性检验
A−B*i*	A	B1	B2	B3					—	λ_{max}=3.0537 CR=0.0517 < 0.1000
	单花观赏特性 B1	1	1/2	1/2					0.1976	
	整体观赏特性 B2	2/1	1	2/1					0.4905	
	适应性 B3	2/1	1/2	1					0.3119	
B1−C*i*	B1	C1	C2	C3	C4				—	λ_{max}=4.0409 CR=0.0153 < 0.1000
	花色 C1	1	2/1	1/2	1/5				0.1338	
	花径 C2	1/2	1	1/3	1/5				0.0855	
	花型 C3	2/1	3/1	1	1/2				0.2580	
	花瓣质地 C4	5/1	5/1	2/1	1				0.5227	
B2−C*i*	B2	C5	C6	C7	C8	C9	C10	C11	—	λ_{max}=7.6212 CR=0.0761 < 0.1000
	花期迟早 C5	1	1/4	1/2	1/4	1/2	1/3	2/1	0.0648	
	群体花期 C6	4/1	1	4/1	2/1	4/1	2/1	4/1	0.2988	
	单葶花期 C7	2/1	1/4	1	1/5	1/2	1/4	2/1	0.0741	
	花繁密度 C8	4/1	1/2	5/1	1	4/1	1/2	3/1	0.2063	
	单葶花朵数 C9	2/1	1/4	2/1	1/4	1	1/3	1/2	0.0761	
	花葶比例 C10	3/1	1/2	4/1	2/1	3/1	1	2/1	0.2081	
	株型 C11	1/2	1/4	1/2	1/3	2/1	1/2	1	0.0718	

续表

层次模型	判断矩阵								权重值	一致性检验
B3−C*i*	B3	C12	C13	C14					—	λ_{max}=3.0183 *CR*=0.0176＜0.1000
	生长势 C12	1	1/2	1/4					0.1373	
	分蘖能力 C13	2/1	1	1/3					0.2395	
	抗病虫害能力 C14	4/1	3/1	1					0.6232	

各评价指标层的权重及总排序权值 **表 2**

目标层 A	准则层 B	准则层权重	因子层 C	因子层权重	总排序权值
有髯鸢尾园林应用综合评价	单花观赏特性 B1	0.1976	花色 C1	0.1338	0.0264
			花径 C2	0.0855	0.0169
			花型 C3	0.2580	0.0510
			花瓣质地 C4	0.5227	0.1033
	整体观赏特性 B2	0.4905	花期迟早 C5	0.0648	0.0318
			群体花期 C6	0.2988	0.1466
			单葶花期 C7	0.0741	0.0363
			花繁密度 C8	0.2063	0.1012
			单葶花朵数 C9	0.0761	0.0373
			花葶比例 C10	0.2081	0.1021
			株型 C11	0.0718	0.0352
	适应性 B3	0.3119	生长势 C12	0.1373	0.0428
			分蘖能力 C13	0.2395	0.0747
			抗病虫害能力 C14	0.6232	0.1944

1.3.3 各评价指标性状的记录及评价标准的制定

以 120 个有髯鸢尾品种为调查对象，自 2015 年开始，连续 3 年进行物候、观赏特性及适应性的观察、记录及测定。

开花期间记录花期、单葶花朵数量及分蘖数。5% 花朵初开至 95% 花朵凋谢的间隔日期为群体花期。单葶花期为 1 个花葶上第一朵花开放到最后一朵花凋谢的时间。单葶花朵数为每个花葶上的花朵数量。花径用直尺测量。单葶花期、单葶花朵数、分蘖数和花径取 3 次重复。花繁密度、花色、花型、花瓣质地、花葶比例、株型、生长势及抗病虫害能力用目测的方式进行。

根据连续 3 年对有髯鸢尾品种的观察记录数据，并结合专家意见，制定因子层各评价指标的评分标准。本标准采取 5 分制，将因子层 5 个评价指标性状分别划分为 5 个等级，并赋予相应的分值（表 3）。

有髯鸢尾品种园林应用的评价指标及评分标准 **表 3**

准则层	因子层	分值				
		5 分	4 分	3 分	2 分	1 分
单花观赏特性	花色	色彩明亮、纯净；复色品种对比明显；髯毛颜色有特点	色彩较明亮、纯净；复色品种对比较明显；髯毛颜色较有特点	色彩明亮度、纯净度一般；复色品种对比一般	色彩明亮度、纯净度较差；复色品种对比较弱	色彩晦暗、浑浊；复色品种对比不明显
	花径（cm）	高生 ≥ 16.5，中生 ≥ 14.5，矮生≥ 10	高生 15.5 ~ 16.4，中生 13 ~ 14.4，矮生 9 ~ 9.9	高生 14.5 ~ 15.4，中生 11.5 ~ 12.9，矮生 8 ~ 8.9	高生 13.0 ~ 14.4，中生 9 ~ 11.4，矮生 7 ~ 7.9	高生＜ 13，中生＜ 9，矮生＜ 7
	花型	匀称；旗瓣直立；垂瓣宽大舒展	较匀称；旗瓣较直立；垂瓣宽大较舒展	匀称性和旗瓣直立性一般；垂瓣稍下垂	匀称性和旗瓣直立性差；垂瓣下垂明显	不匀称；旗瓣不直立；垂瓣下垂
	花瓣质地	厚实、硬度大	较厚实、硬度较大	较薄，稍有起皱、下垂、水渍状现象	薄，有起皱、下垂、水渍状现象	极薄，起皱、下垂、水渍状现象严重

续表

准则层	因子层	分值				
		5 分	4 分	3 分	2 分	1 分
整体观赏特性	花期迟早	“五一”节日期间	“五一”节日后	“五一”节日前	—	—
	群体花期（d）	≥ 20	16 ~ 19	12 ~ 15	8 ~ 11	≤ 8
	单葶花期（d）	高生≥ 12，矮、中生≥ 11	高生 10 ~ 11，矮、中生 9 ~ 10	高生 8 ~ 9，矮、中生 7 ~ 8	高生 6 ~ 7，矮、中生 5 ~ 6	高生< 6，矮、中生< 5
	花繁密度	繁密	较繁密	一般	稀疏	极稀疏
	单葶花朵数（朵）	高生≥ 7，矮、中生≥ 5	高生 6，矮、中生 4	高生 5，矮、中生 3	高生 4，矮、中生 2	高生≤ 3，矮、中生 1
	花葶比例	粗壮，比例适当；无倒伏	较粗壮，比例较适当；无倒伏	较细弱，比例较不适当；无倒伏	细弱，比例不适当；有倒伏	极细弱，比例不适当；倒伏严重
	株型	整齐、协调	较整齐、协调	不太整齐、协调	散乱，稍有倒伏	散乱，倒伏严重
适应性	生长势	强	较强	一般	较差	差
	分蘖能力	单株分蘖数≥ 6	5 ≤单株分蘖数< 6	4 ≤单株分蘖数< 5	3 ≤ 单株分蘖数< 4	1 ≤ 单株分蘖数< 3
	抗病虫害能力	强	较强	一般	较弱	弱

1.3.4　综合评价值的计算及分级

将每个品种的 14 个评价指标得分值分别与各指标的权重相乘后求和，即得出各品种的综合评分值。用 K-means 聚类分析对综合评分制进行聚类分析，并运用最小距离法划分为 4 个等级。

1.4　数据分析

用 yaahp V 10.0 进行模型构建、权重计算和一致性检验，用 Excel2007 进行综合评价分值的计算，用 SPSS 21.0 进行统计分析。

2　结果与分析

2.1　综合评价体系及指标层排序

如表 1 所示，准则层 3 个评价因子的权重值 B1（单花观赏特性）、B2（整体观赏特性）和 B3（适应性）分别为 0.1976、0.4905 和 0.3119，其中 B2 所占权重最大，其次为 B3。说明有髯鸢尾在园林应用中，整体观赏特性为最重要的因子，其次为适应性。在总权重值中（表 2），抗病虫害能力 C14 的权重值最高，为 0.1944，其次排在前几位的顺序为群体花期 C6 ＞花瓣质地 C4 ＞花葶比例 C10 ＞花繁密度 C8 ＞分蘖能力 C13，总权重值在 0.0747 ~ 0.1466 之间。其余评价因子的总权重值在 0.0169 ~ 0.510 之间。

北京地区夏天高温高湿易导致有髯鸢尾病虫害的发生，严重时能导致植株直接死亡，因此相对于其他性状指标，抗病虫害能力是有髯鸢尾在北京地区能否大量应用的关键因素。在有髯鸢尾的园林应用中，影响观赏性的因素主要有花期长短、花繁密度、花瓣质地及花葶比例等。有髯鸢尾花朵较大，花瓣质地应厚实、硬度大，才能保持很好的花型，不出现起皱、破裂、下垂、水渍状及边缘极薄等缩短花期、降低观赏质量的现象；花葶应直立、健壮，才能充分支撑花朵的重量，不使花葶出现倒伏现象；花葶高度与株高的比例要恰当，才使花朵能充分显现出来，不藏在叶丛里。有髯鸢尾品种不能用种子繁殖，分株繁殖是简便易行又能保持品种优良性状的常用手段，因此分蘖能力的强弱也是园林应用中应该考虑的一个重要因子。其余因子如花型、花色等权重较小。综上所述，在本评价体系中，抗病虫害能力是主要因素，群体花期、花瓣质地和花繁密度等 5 个因子为次要因素，而生长势、花径、株型等 8 个因子为一般评价因素。

2.2　有髯鸢尾的综合得分值及评价等级

根据表 3 的赋分标准，对 120 个鸢尾品种的 14 个指标进行逐一打分，进而依据所得的 14 项评价指标的总排序权值计算出各品种的综合评价值（表 4）。结果显示，120 个品种得分差距较大，最高分为 4.8732 分，最低分仅为 1.9631 分。聚类分析表明，120 个鸢尾品种可分为 Ⅰ级、Ⅱ级、Ⅲ级和Ⅳ级。Ⅰ级包括‘Prince of Burgundy’‘Ledovel’及‘Flourish’等 30 个品种，占总数的 25.0%。这些品种具有抗病虫害能力强、花期长、花瓣质地厚实、花葶比例适当、着花量大、分蘖能力强等优势，在北京地区具有很强的适应性和较高的观赏性，特别适宜大规模推广应用。Ⅱ级包括‘Anagram’‘Fiedday’及‘Jewel Tone’等 24 个品种，占总数的20.0%。这些品种在部分或个别性状上有一定缺陷，综合品质较Ⅰ级品种稍差，但整体性状良好，在北京地区具有一定的推广应用价值，可在适度范围内推广应用。Ⅲ级包括‘Erect’‘LedovaSocha’及‘Vamp’等35个品种，这些品种在多个性状上存在缺陷，适应性或者观赏性大为降低，很难满足园林应用的要求，可在北京地区特定环境或者特定要求下小范围应用，不宜进行大面积推广。Ⅳ级包括‘Jarni Sen’‘Snow Fleck’及‘Live Music’等31个品种，这些品种在多个性状上存在严重缺陷，适应性和观赏性不能满足园林应用的要求，不宜在北京地区推广应用，但可作为种质资源进行收集保存或者在特定环境下应用，如‘Jarni Sen’的花色为少有的浅粉色，可作为培育粉红色品种的种质资源；又如‘Oriental Baby’的株型极为矮小，花色较为艳丽，适宜栽植于岩石园内。

有髯鸢尾品种园林应用综合评分值及其等级 表4

序号	品种名称	株型	评分值	等级	序号	品种名称	株型	评分值	等级
1	*I.* ‘Prince of Burgundy’	中生	4.8732	Ⅰ	31	*I.* ‘Anagram’	中生	4.2858	Ⅱ
2	*I.* ‘Ledovel’	高生	4.827	Ⅰ	32	*I.* ‘Fiedday’	高生	4.2764	Ⅱ
3	*I.* ‘Flourish’	中生	4.82	Ⅰ	33	*I.* ‘Jewel Tone’	高生	4.2726	Ⅱ
4	*I.* ‘BilyNezmar’	中生	4.7754	Ⅰ	34	*I.* ‘Katie-Koo’	中生	4.2649	Ⅱ
5	*I.* ‘Chartres’	中生	4.7097	Ⅰ	35	*I.* ‘Shooting Sparks’	中生	4.2628	Ⅱ
6	*I.* ‘Red Zinger’	中生	4.7013	Ⅰ	36	*I.* ‘Bramer Station’	中生	4.2517	Ⅱ
7	*I.* ‘Solent Breeze’	中生	4.6724	Ⅰ	37	*I.* ‘Such’	中生	4.2465	Ⅱ
8	*I.* ‘Everything Plus’	高生	4.6615	Ⅰ	38	*I.* ‘Carrie Kolb’	高生	4.2028	Ⅱ
9	*I.* ‘Welch's Reward’	中生	4.6588	Ⅰ	39	*I.* ‘DressdenCandleglow’	中生	4.1517	Ⅱ
10	*I.* ‘Maui Moonlight’	中生	4.635	Ⅰ	40	*I.* ‘Blueberry Mist’	高生	4.1173	Ⅱ
11	*I.* ‘Snowmound’	高生	4.6293	Ⅰ	41	*I.* ‘Dilly Dilly’	中生	4.0978	Ⅱ
12	*I.* ‘Lang Port Phoenix’	中生	4.6249	Ⅰ	42	*I.* ‘Fantast’	高生	4.0252	Ⅱ
13	*I.* ‘Susan Gillespie’	中生	4.615	Ⅰ	43	*I.* ‘Maroon Caper’	中生	4.006	Ⅱ
14	*I.* ‘Black Beard’	高生	4.6012	Ⅰ	44	*I.* ‘Gay Head’	高生	3.9979	Ⅱ
15	*I.* ‘Zua’	中生	4.596	Ⅰ	45	*I.* ‘Scintilla’	中生	3.986	Ⅱ
16	*I.* ‘Artic Fancy’	中生	4.575	Ⅰ	46	*I.* ‘Tamino’	中生	3.9618	Ⅱ
17	*I.* ‘Lady of Marieta’	矮生	4.5626	Ⅰ	47	*I.* ‘Sapphire’	中生	3.9545	Ⅱ
18	*I.* ‘Oressian’	高生	4.5411	Ⅰ	48	*I.* ‘Aida’	高生	3.9408	Ⅱ
19	*I.* ‘Avanelle’	中生	4.5254	Ⅰ	49	*I.* ‘Walhalla’	中生	3.9314	Ⅱ
20	*I.* ‘Clara Garland’	中生	4.5081	Ⅰ	50	*I.* ‘Golden Bow’	中生	3.8754	Ⅱ
21	*I.* ‘RTX JedovateZluty’	高生	4.5	Ⅰ	51	*I.* ‘Pink Elf’	中生	3.8687	Ⅱ
22	*I.* ‘Sweetie’	中生	4.4935	Ⅰ	52	*I.* ‘Blue Asterisk’	中生	3.818	Ⅱ
23	*I.* ‘Raspberry Acres’	中生	4.4917	Ⅰ	53	*I.* ‘Con Brio’	中生	3.8117	Ⅱ
24	*I.* ‘New Snow’	中生	4.4916	Ⅰ	54	*I.* ‘Chartreus Ruffles’	中生	3.7531	Ⅱ
25	*I.* ‘Olympiad’	高生	4.4889	Ⅰ	55	*I.* ‘Erect’	中生	3.7183	Ⅲ
26	*I.* ‘Ohio Der’	中生	4.485	Ⅰ	56	*I.* ‘LedovaSocha’	高生	3.7163	Ⅲ
27	*I.* ‘Frosted Cream’	中生	4.4596	Ⅰ	57	*I.* ‘Vamp’	中生	3.715	Ⅲ
28	*I.* ‘Mara’	中生	4.4148	Ⅰ	58	*I.* ‘Desert Echo’	高生	3.7076	Ⅲ
29	*I.* ‘Mary Constance’	中生	4.3976	Ⅰ	59	*I.* ‘Breakers’	高生	3.6642	Ⅲ
30	*I.* ‘Morwenna’	高生	4.3836	Ⅰ	60	*I.* ‘Dorothea’	中生	3.6627	Ⅲ

续表

序号	品种名称	株型	评分值	等级	序号	品种名称	株型	评分值	等级
61	*I.* 'Bold Print'	中生	3.6447	Ⅲ	91	*I.* 'Snow Fleck'	中生	3.0065	Ⅳ
62	*I.* 'Cutie'	中生	3.6309	Ⅲ	92	*I.* 'Live Music'	高生	3.0059	Ⅳ
63	*I.* 'Kontiki'	中生	3.6208	Ⅲ	93	*I.* 'Irma Melrose'	高生	2.9949	Ⅳ
64	*I.* 'Chiltern Gold'	中生	3.6106	Ⅲ	94	*I.* 'Oops'	矮生	2.9698	Ⅳ
65	*I.* 'Houpte'	高生	3.6061	Ⅲ	95	*I.* 'Gypsy Woman'	高生	2.9539	Ⅳ
66	*I.* 'Dark Side'	高生	3.5735	Ⅲ	96	*I.* 'Lime Ripples'	中生	2.9236	Ⅳ
67	*I.* 'Red Orchid'	中生	3.5344	Ⅲ	97	*I.* 'Pacer'	中生	2.9171	Ⅳ
68	*I.* 'Autumn Leaves'	高生	3.5244	Ⅲ	98	*I.* 'Exotic Star'	高生	2.9058	Ⅳ
69	*I.* 'Abelard'	中生	3.5221	Ⅲ	99	*I.* 'Oriental Baby'	矮生	2.881	Ⅳ
70	*I.* 'Piona'	中生	3.5135	Ⅲ	100	*I.* 'Bonnieblue'	中生	2.8083	Ⅳ
71	*I.* 'Interim'	中生	3.5075	Ⅲ	101	*I.* 'King George'	中生	2.7968	Ⅳ
72	*I.* 'Jump Start'	中生	3.4853	Ⅲ	102	*I.* 'Lime Grove'	中生	2.7952	Ⅳ
73	*I.* 'Midnight Expres'	高生	3.4816	Ⅲ	103	*I.* 'Andalusian Blue'	中生	2.772	Ⅳ
74	*I.* 'Cranbery Ice'	高生	3.428	Ⅲ	104	*I.* 'Alaska'	中生	2.7638	Ⅳ
75	*I.* 'Jarmila'	高生	3.42	Ⅲ	105	*I.* 'Silent Strings'	中生	2.7504	Ⅳ
76	*I.* 'Whitchee'	中生	3.4061	Ⅲ	106	*I.* 'Blue Reflection'	高生	2.7071	Ⅳ
77	*I.* 'Nezmar'	中生	3.3848	Ⅲ	107	*I.* 'Findelkind'	中生	2.7013	Ⅳ
78	*I.* 'AzAp'	中生	3.381	Ⅲ	108	*I.* 'Marine Wave'	中生	2.6447	Ⅳ
79	*I.* 'Helge'	中生	3.3757	Ⅲ	109	*I.* 'Natascha'	中生	2.6144	Ⅳ
80	*I.* 'Ingeborg'	中生	3.3746	Ⅲ	110	*I.* 'Black Forest'	中生	2.6045	Ⅳ
81	*I.* 'Sunbeam'	中生	3.3324	Ⅲ	111	*I.* 'Jean Hoffmeister'	高生	2.5983	Ⅳ
82	*I.* 'Sea Patrol'	中生	3.2505	Ⅲ	112	*I.* 'Clique'	中生	2.5979	Ⅳ
83	*I.* 'Fritjof'	中生	3.2353	Ⅲ	113	*I.* 'Posh'	中生	2.5973	Ⅳ
84	*I.* 'Apache Warrior'	中生	3.2255	Ⅲ	114	*I.* 'Miter Melody'	高生	2.4414	Ⅳ
85	*I.* 'Little Cottage'	中生	3.2217	Ⅲ	115	*I.* 'DiskoJevel'	矮生	2.4284	Ⅳ
86	*I.* 'Jobs Pta'	高生	3.2154	Ⅲ	116	*I.* 'Black Hawk'	中生	2.3074	Ⅳ
87	*I.* 'Galaxy'	中生	3.2013	Ⅲ	117	*I.* 'Gentius'	中生	2.1204	Ⅳ
88	*I.* 'Early Edition'	中生	3.0903	Ⅲ	118	*I.* 'Light Cavalry'	中生	2.013	Ⅳ
89	*I.* 'Solo'	中生	3.0674	Ⅲ	119	*I.* 'Autumn Queen'	中生	1.9747	Ⅳ
90	*I.* 'Jarni Sen'	高生	3.0482	Ⅳ	120	*I.* 'Lemon Pop'	中生	1.9631	Ⅳ

3 讨论

层次分析法是一种定性和定量相结合的、系统性、层次化的多目标决策分析方法，其核心是将决策者的经验判断定量化，增强了决策依据的准确性，在目标结构较为复杂且缺乏统计数据的情况下更为实用[4]。层次分析法既包含了主观的逻辑判断和分析，又发挥了定量分析的优势，用构造两两比较的判断矩阵来确定不同性状对综合性状的影响权重，消除了由偶然因素造成的认识上的差异，使加权值更客观合理[5]。近年来，层次分析法广泛应用于城市景观评价[6-7]、野生植物资源评价[8-9]及观赏品种综合评价[10-13]等诸多领域，为生产实践中的筛选评价提供了一种客观可靠的分析方法。

本研究在多年的栽培观测下，广泛征求专家的意见，再参考国际上对有髯鸢尾品种的综合评价标准，结合北京地区园林绿化的具体需求，构建了北京地区有髯鸢尾品种综合评价模型。3 个准则层指标的权重为整体观赏特性 B2> 适应性 B3> 单花观赏特性 B1。观赏性权重高符合人们对园林植物品种观赏性状的较高要求，这与叶康[14]对芍药品种、邱胤晖等[15]对三角梅品种、王玲玲等[16]对桂花品种的评价结果一致。在因子层 C 的 14 个评价指标中，抗病虫害能力 C14 总排序权值最高（0.1944），这与王清萍等[17]对山东栽培高型有髯鸢尾的评价结果一致。这也说明抗病虫害能力是有髯鸢尾在北京地区园林应用综合评价中的主要因素。据笔者观察，有髯鸢尾抗寒性较强，在北京地区露地栽植可以顺利越冬，但夏天的高温高湿易导致病虫害的发生，尤其根部积水极易导致根腐病的发生，因此有髯鸢尾在园林应用中要注意栽植地的选择，宜栽植于地势较高的地方。同时，要筛选抗病虫害能力强的品种，使其更好地在园林中推广应用。

K-means 聚类分析可有效地对评估品种进行合理的聚类分析[18]，本研究将供试的 120 个品种的得分结果用 K-means 聚类分析法分为 4 个等级，可对应为园林应用中的优、良、中和差 4 个等级。表现优秀的Ⅰ级品种 30 个，观赏性好，适应性强，在北京地区可广泛用于花境、岩石园或者专类园中。表现良好的Ⅱ级品种 24 个，观赏性和适应性较Ⅰ级品种稍差，但综合性状尚为良好，也可根据品种特性在适度范围内用于花境、岩石园或者专类园中。表现中等的Ⅲ级品种 35 个，适应性或者观赏性大为降低，只能在特定环境或者特定要求下小范围应用。表现较差的Ⅳ级品种 31 个，适应性和观赏性不能满足园林应用的要求，仅推荐作为种质资源进行收集保存或特定环境下应用。得分结果与 120 个品种在实际栽培中的表现高度相符。这充分表明，在北京地区，本研究构建的有髯鸢尾品种园林应用综合评价体系选用的评价因子综合考量了各品种的观赏特性和适应性，基本能反映有髯鸢尾品种的品质特性及园林应用中对优秀品种的要求，评价方法具有一定的可信度和较佳的适合度，可在北京地区用于对有髯鸢尾品种进行园林应用的评价和优选。

4 结语

综合评价模型可供北京地区有髯鸢尾品种园林应用的评价和优选。14 个评价指标中，抗病虫害能力是有髯鸢尾品种在园林应用综合评价中的主要因素，群体花期、花瓣质地、花繁密度、花葶比例和分蘖能力 5 个因子为次要因素。'Ledovel''Prince of Burgundy'及'Flourish'等 30 个品种适宜在北京地区大规模推广应用，'Anagram''Fiedday'及'Jewel Tone'等 24 个品种可适度推广应用。

参考文献

[1] 郭翎 . 鸢尾［M］. 上海：上海科学技术出版社，2001.

[2] 胡永红，肖月娥 . 湿生鸢尾——品种赏析、栽培及应用 [M]. 北京：科学出版社，2012.

[3] The Iris Society of Australia Handbook for Judges[M].[S.I.]：The Iris Society of Australia，2010：5-29.

[4] 曹茂林 . 层次分析法确定评价指标权重及 Excel 计算 [J]. 江苏科技信息，2012（2）：39-40.

[5] 王青，戴思兰，何晶，等 . 灰色关联法和层次分析法在盆栽多头小菊株系选择中的应用 [J]. 中国农业科学，2012（17）：3653 － 3660.

[6] 王嘉楠，储显，刘慧，等 . 城市花境景观特征及其公众评价 [J]. 中国园林，2020，36（3）：126-129.

[7] 张哲，李霞，潘会堂，等 . 用 AHP 法和人体生理、心理指标评价深圳公园绿地植物景观 [J]. 北京林业大学学报（社会科学版），2011，10（4）：30-37.

[8] 刘永金，叶自慧，李许文，等 . 深圳市野生观赏地被植物资源调查与评价 [J]. 中国园林，2013（11）：115-119.

[9] 王业社，陈立军，杨贤均，等 . 湖南云山野生地被植物资源及其综合评价分析 [J]. 草业学报，2015（7）：30-40.

[10] 冷寒冰 .20 个观赏竹品种引种价值综合评价研究 [J]. 竹子学报，2017，36（2）：21-28.

[11] 李振芳，张新叶，陈慧玲，等 . 紫薇品种性状综合评价选择体系 [J]. 东北林业大学学报，2017，45（3）：39-43.

[12] 倪建中，李许文，刘文，等 . 广州地区引种杜鹃花品种园林开发综合评价 [J]. 热带作物学报，2017，38（8）：1404-1410.

[13] 朱德宁，韩宇，房伟民，等 . 多花型园林小菊品质评价与品种筛选 [J]. 南京农业大学学报，2018，41（2）：266-274.

[14] 叶康 . 上海地区栽培芍药园林应用价值的综合评价 [J]. 江苏农业科学，2019，47（22）：155-158.

[15] 邱胤晖，赵金星，邱志浩，等 . 三角梅优质品种资源综合评价 [J]. 热带作物学报，2017，38（6）：1035-1041.

[16] 王玲玲，张仪东，王杰 . 临沂市桂花品种园林应用价值综合评价 [J]. 浙江农业科学，2020，61（4）：720-722.

[17] 王清萍，张志国，贺坤 . 高型有髯鸢尾品种综合评价 [J]. 北方园艺，2006（6）：109-111.

[18] 蔡美萍，袁媛，陈清西 . 83 个夏鹃品种园林应用综合评价 [J]. 南方农业学报，2018，49（8）：1588-1595.

裱糊作在北海漪澜堂建筑群修缮工程中的应用

北海公园管理处规划建设科 / 董　玮

摘　要：裱糊作是指用纸张或丝绸等材料，以裱糊的方式装饰传统木构建筑内的顶棚和墙壁，以及封护门窗缝隙的工艺。我国北方传统建筑的内檐装修，大都采用这种裱糊装饰方法，尤以清代盛行。清代雍正十二年颁布的《工程做法则例》中被列为裱糊作，与“木作”“油作”等并列于古建传统工艺的范围。文章通过对漪澜堂建筑群修缮工程中裱糊施工过程的梳理，为建筑群的开放与展示提供了前提，也为北海公园后续文物保护工程提供了有力依据。

关键词：漪澜堂；裱糊；应用

1　概述

北海漪澜堂建筑群位于北海琼岛北侧，南临白塔，北望太液池，正北是大西天、阐福寺、小西天、静心斋等建筑群。漪澜堂建筑群始建于乾隆十六年（1751 年），至乾隆三十四年（1769 年）形成如今的格局，后续在同治、光绪时期进行了修整，一直作为皇家园林游憩、燕寝及文化生活场所使用。民国时期进行了修缮，作为餐馆营业使用。新中国成立后，短期内作为展览场所使用。1956 年，仿膳饭庄迁至漪澜堂，在近 60 年的时间内，漪澜堂建筑群作为餐馆经营使用，直至 2016 年才进行腾退工作，将使用权交还北海公园管理处。漪澜堂建筑群是北海乃至北京城市建设史的重要佐证，也是构建琼华岛景区的重要景观，是北海历史与文化及景观不可或缺的重要组成，是乾隆时期杰出造园思想的重要见证，是北海戏曲观演的重要场所，也是近代重要历史事件的见证地，是皇家园居文化与餐饮文化的实物佐证。

根据《活计档 · 记事录》《活计档》《各作成做活计清档》《清代匠作则例》等有关“裱糊作”的文献记载，可将裱糊作在古建修缮中涵盖的内容分为对顶棚、墙壁、贴落、门窗、隔扇及室内陈设装饰的糊饰。在北海漪澜堂建筑群修缮工程中裱糊作应用的主要内容为恢复建筑群内檐顶棚、墙壁及门窗的裱糊做法。

2　前期勘察及方案确定

漪澜堂建筑群共有包括中所漪澜堂院落、西所道宁斋院落、东所晴栏花韵院落、延楼、北坡建筑群以及东西跨院在内的 6 个建筑组群，共计 38 座建筑，占地约 10000m^2（图 1）。

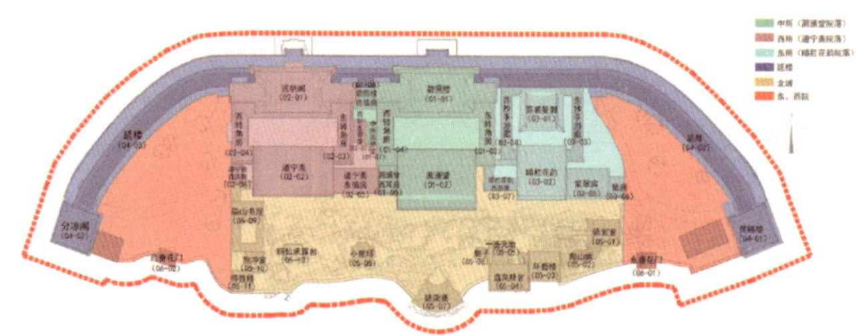

图 1　漪澜堂建筑群各建筑组群及文物建筑位置示意图

腾退后的漪澜堂建筑群整体布局仍较为清晰，但在近60年的仿膳占用时期，仿膳对建筑群的拆改、加建造成原有的格局发生了变化和缺失，且为满足餐饮服务的需要，彩画、内檐隔断、天花吊顶、地面、墙面以及匾额楹联等均进行了调整和改变，致使各殿座室内顶棚、墙壁均未发现清代残留的裱糊基纸及面纸（图2）。

图2　晴栏花韵室内原状

方案经参考相关史料文献，并征求专家意见，决定恢复碧照楼二层内檐、漪澜堂内檐、中所东西转角房内檐、道宁斋内檐、西所东西转角房内檐、晴栏花韵内檐、紫翠房内檐、值房内檐、嵌岩室内檐、盘岚精舍内檐、延南薰内檐、得性楼内檐、抱冲室内檐、东西值房内檐裱糊做法。

3　材料的选取

3.1　基纸

基纸是裱糊作最基本的纸张材料。工程选用了安徽潜山生产的使用传统手工技术制作的桑皮纸为基纸（图3）。这是一种以桑皮、构皮或楮皮纤维为原料的手工纸张，其抗张强度、耐折度、撕裂度等指标极为理想，属于耐久的纸张材料。由于受新冠肺炎疫情影响未能到生产厂家进行实地考察，所以在使用前将纸样送到了国家图书馆古籍保护实验室进行检测，检测结果显示纸样的纤维为98%构树皮，抗张强度、撕裂度均符合要求（图4、图5）。

图3　基纸生产过程

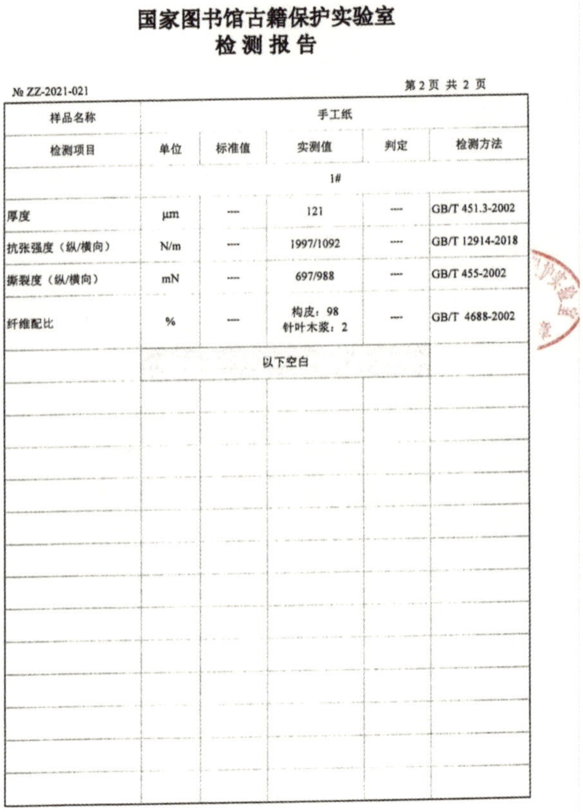

国家图书馆古籍保护实验室
检 测 报 告

№ ZZ-2021-021　　　　第2页 共 2 页

样品名称	手工纸				
检测项目	单位	标准值	实测值	判定	检测方法
	1#				
厚度	μm	----	121	----	GB/T 451.3-2002
抗张强度（纵/横向）	N/m	----	1997/1092	----	GB/T 12914-2018
撕裂度（纵/横向）	mN	----	697/988	----	GB/T 455-2002
纤维配比	%	----	构皮：98 针叶木浆：2	----	GB/T 4688-2002
	以下空白				

图4　基纸检测报告

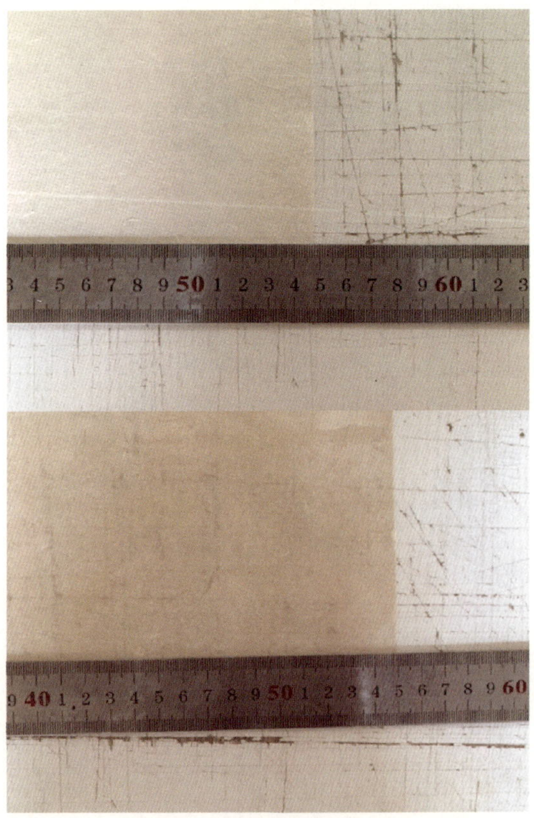

图5　基纸膨胀前后对比

3.2 面纸

经参考故宫、颐和园等皇家宫苑同时代建筑所使用的银花纸花纹，最后选用小万字纹银花纸作为中所及东西所建筑裱糊面纸，大万字纹银花纸作为西坡和北坡建筑裱糊面纸（图 6 ~图 8）。

图 6　小万字纹银花纸

图 7　大万字纹银花纸

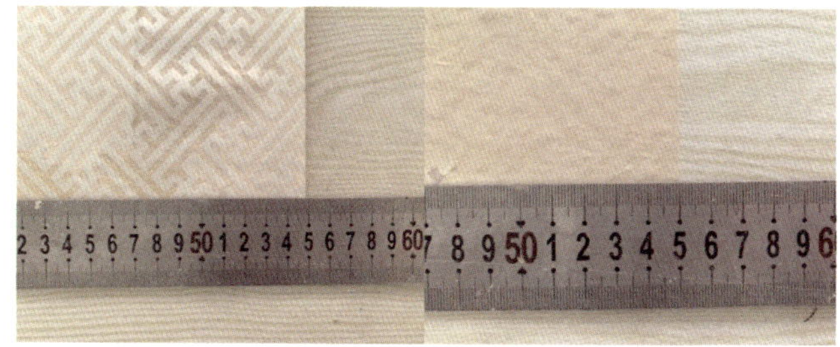

图 8　小万字纹银花纸膨胀前后对比

3.3 胶粘剂

胶粘剂使用小麦淀粉浆糊。在传统工艺中裱糊大多使用面粉制糊，它的主要成分是面粉，这为害虫提供了淀粉、蛋白质等营养，极易发生虫害，当害虫和霉菌同时作用于棚壁时，不仅会使棚壁加速损坏，而且还会污染室内环境。为了达到棚壁耐久延年的目的，在制作小麦淀粉浆糊时加入黄柏和花椒，制成防虫的中药浆糊，这是在众多防虫中药中最常用的两种药材，不但效果好，而且对人体和文物建筑都没有危害，也有效避免了采用化学药剂造成害虫产生天然抗性、交叉抗性的发生。使用方法是在合纸、梅花盘布等工序中使用中药浆糊，随着工序的推进，中药浆糊的药剂浓度逐渐降低，直至粘贴面纸的浆糊中不再加入中药。

4 施工过程

4.1 基层处理

裱糊施工前需要对基层进行处理，方法如下：

（1）顶棚：拆除现代装修后新做白樘箅子，将表面清理干净，用石膏腻子嵌补细小裂缝，将外露钉子钉入木构件内并点上防锈漆，用石膏腻子找补，打磨平整。

（2）墙壁：拆除现代装修后处理基层，护板墙、栈板墙重做两麻一布七灰地仗，砖墙做内檐抹灰，刮三遍防水腻子找平。

（3）大木梁架：拆除现代装修后处理基层，重做一麻五灰或单皮灰地仗找平。

4.2 顶棚裱糊

顶棚的裱糊为“六纸一布”，主要分为以下几步：

（1）合纸：即把两层桑皮纸纹理交错，用适宜浓度的糨糊裱糊在一起，反复排实，使其纵横强度均衡，并大幅度提高传统手工桑皮纸张的抗张强度的方法（图 9）。

图 9　合纸

（2）白樘箅子做传统工艺“梅花盘布”（扒蹬儿补蹬儿）（图 10）：即先测量出白樘箅子小格的尺寸，裁剪扒蹬纸时四边要比小格的实际尺寸多出一定的量，把糨糊涂刷在上面，将刷好的纸贴在白樘箅子上，四边翻卷三折，粘贴到木格侧面、背面、内侧面，用鬃刷排实晾干。待扒蹬纸干实后再用与剩余空档大小适宜的同等材料的纸张把空档裱糊上。

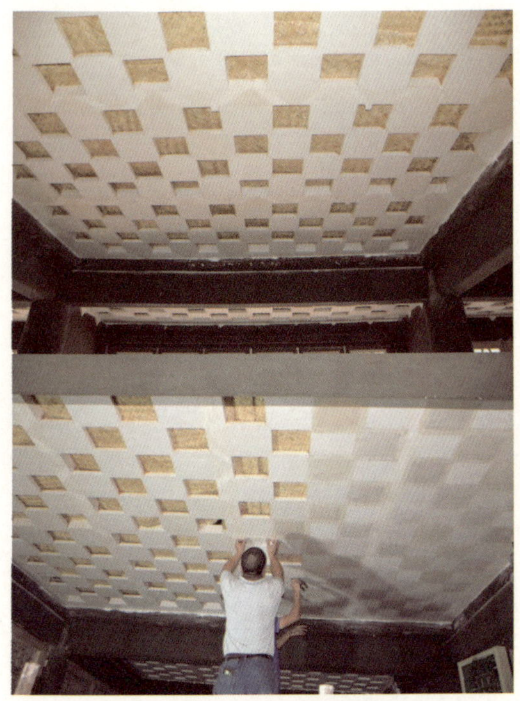
图 10 “梅花盘布”（扒蹬儿补蹬儿）

（3）粘贴托纸棉布：即把一层桑皮纸与一层苎麻布用糨糊裱糊在一起，进行粘贴。

（4）粘贴合纸：即在棉布上在粘贴一道预先合好的双层桑皮纸（图 11）。

图 11 基纸裱糊完成

（5）粘贴银花纸：银花纸从门口抬头向里看花纹是正向的，整体效果横平竖直（图 12）。

图 12 面纸裱糊完成

4.3 墙壁、大木构件及门窗裱糊

墙壁、大木构件及门窗的裱糊为“五纸”，步骤为先粘贴合好的双层桑皮纸打底，干燥后再粘贴一道合好双层桑皮纸，最后粘贴银花纸，并在门窗上加装软硬博缝布板。

墙壁裱糊施工采用了“样板先行”的施工做法，位置为远帆阁二层，在对样板进行验收时发现整体观感十分不理想，经过对故宫乾隆花园现存清代裱糊实地考察，并请故宫专家纪立芳老师到场指导后，分析得出主要有两方面原因：第一，通常内檐面纸裱糊完成后，会在表面继续裱糊大幅字画、贴落等作为装饰，这样一来墙面被大面积遮挡，表露部分对整体效果的影响较小，而本次施工不包含字画、贴落等施工内容，所以面纸裱糊完成后的效果就显得尤为重要；第二，由于基纸与银花纸尺寸不同，基纸尺寸为 138cm × 69cm，银花纸尺寸为 41cm × 54.7cm，墙壁裱糊需要的纸张数量较多，尺寸的不同造成每层搭口无法均匀错开，影响了整体效果。最后在严格按照各项工艺要求的基础上，即底纸搭口控制在 5mm 以内、银花纸搭口控制在 3mm 以内，搭口需顺平顺，采用将基纸裁成与面纸同宽，每层搭口均匀错开 50% 的方式重新制作了样板，得到参建各方以及纪立芳老师的认可，工程裱糊均参照此样板标准进行后续施工。

4.4 基纸的功能

裱糊所用的基纸每层纸张都具有不同的功能，“梅花盘布”解决纸张与白樘箅子结合的牢度问题,用“棚沟”“撒鱼鳞”等方式解决基层凸凹问题，从而使面纸平整如一。在夏季潮湿时，纸张可以吸收一定量的室内空气中的水分；干燥时，又能够释放纸张自身所含的水分，这样不仅可以保证其表面平整，而且使其具有抗张强度。

4.5 裱糊完成后效果

裱糊不仅使室内干净美观，同时还起到了防潮、防尘、保温的作用（图 13 ~ 图 15）。

图 13　远帆阁一层裱糊完成

图 14　道宁斋裱糊完成

图 15　漪澜堂裱糊完成

5　结语

北海公园迄今已有 856 年的建园史，是“一池三山”的造园典范，而拥有独特建筑格局的漪澜堂建筑群更是北海古建筑群中的精品。仿膳长达 60 年占用期间的加建、改建，严重制约了漪澜堂建筑群本体的保护及其历史价值艺术价值的利用与展现，漪澜堂建筑群整体修缮工作对消除文物本体病害，恢复其历史格局意义重大，而在工程中如此大规模的恢复内檐裱糊，在北海公园近几十年的文物保护工程中尚属首次，这不仅为漪澜堂建筑群恢复室内清代原状陈列奠定了基础，更提升了北海公园对外展示的完整性。

参考文献

[1] 王敏英 . 古建筑内檐棚壁糊饰技术及相关技术问题 [J]. 古建园林技术，2012（3）：25-29.

[2] 马越，纪立芳 . 故宫养心殿燕喜堂裱糊纸调查研究 [J]. 文物保护与考古科学，2021，33（6）：61-68.

[3] 北海景山公园管理处 . 北海景山公园志 [M]. 北京：中国林业出版社，2000.

[4] 沈子怡，周华 . 清宫裱作的初步研究 [J]. 文物鉴定与鉴赏，2020（14）：46-49.

圈养条件下大熊猫结膜囊菌群结构调查

北京动物园管理处，圈养野生动物技术北京市重点实验室 / 夏茂华　李祥翔　普天春　卢　岩　王运盛　张成林

摘　要：大熊猫结膜囊菌群结构的研究对于认识大熊猫结膜囊细菌的正常分布以及致病菌的预防和眼部感染的治疗具有极其重要意义。本研究通过对圈养大熊猫结膜囊菌群进行16S rDNA与高通量测序，研究发现：在11只大熊猫的18个结膜囊样本中，共鉴定到了1201个OUT，可分类为11个门，42个目，455个属，大熊猫结膜囊菌群中占主要优势的为假单胞菌、大肠埃希氏菌、赖氏菌。由于圈养大熊猫结膜囊菌群中的优势菌有较强的致病性，在今后的大熊猫饲养管理中应当加强对其眼部的观察，同时制定相应疾病的治疗预案。

关键词：大熊猫；结膜囊菌群；高通量测序

结膜为一连接眼睑与眼球间的透明薄黏膜，起始于上、下睑的睑缘后缘，覆盖于眼睑内面，然后翻转覆盖在眼球前部的巩膜表面，与角膜缘结膜上皮和角膜上皮相续。如果以睑裂为口、角膜为底，结膜正好成一个囊，即结膜囊 [1]。

细菌在自然界中广泛存在，结膜囊是一个与外界相通的腔隙并长期暴露于自然界中，所以大熊猫出生不久就与细菌共生，其共生环境随大熊猫生活环境、年龄的变化而不断变化。正常结膜囊可以分离出细菌，一般多为正常菌群或条件致病菌。正常菌群一般情况下对大熊猫无害。有的菌长期存在，有的菌暂时寄居。正常菌群当大熊猫的免疫力降低或者有外源性因素参与，比如说手术、外伤等，可使结膜囊菌种增加，细菌定居繁殖，附着于眼表组织，侵入致病 [2-4]。

目前对大熊猫结膜囊菌群结构的研究尚未开展。圈养大熊猫尤其是老年大熊猫的眼科疾病发病率较高，但感染性眼科疾病的原因尚不明确。只有对大熊猫结膜囊的菌群结构进行准确的调查分析，才能为大熊猫眼科疾病的诊疗打好基础。

本文旨在通过高通量测序技术对圈养大熊猫结膜囊菌群结构进行多样性分析，以期今后对大熊猫眼部疾病手术，如为角膜移植、白内障晶体摘除联合人工晶体植入等工作提供理论依据和实践指导。

1　材料与方法

1.1　材料

试验共采集了 11 只大熊猫的 18 份结膜囊菌群样本。采集时用 75% 的酒精将待取样的大熊猫的眼睑及睑缘消毒后，再在结膜囊内用无菌棉拭子来回涂擦数次，置于无菌试管中密封。采样后适量滴注抗菌眼药水于结膜囊内，由液氮保存进行后续试验。

1.2　DNA 的提取和 PCR 反应

利用 E.Z.N.A.® Stool DNA 试剂盒（Omega，USA）提取微生物总 DNA，并通过琼脂糖凝胶电泳检测 DNA 提取质量，同时采用紫外分光光度计对 DNA 进行定量。PCR 反应采用引物 341F（5’ -CCTACGGGNGGCWGCAG-3’）；805R（5’ -GACTACHVGGGTATCTAATCC-3’）靶向扩增 16SrDNA 的 V3-V4 片段，PCR 反应体系为 Phusion® Hot

start flex2 x MasterMi x12.5μL，模板 DNA 50ng，上下游引物各 2.5μL，超纯水加至 25μL，反应条件为 35 个循环：95℃预变 30s，98℃变性 10s，54℃退火 30s，72℃延伸 45s，最后 72℃延伸 10min。

1.3 产物纯化及文库构建

PCR 产物由 AMPureXT beads（Beckman Coulter Genomics，USA）纯化，Qubit（Invitrogen，USA）定量。扩增子文库的大小和数量分别在 Agilent 2100 生物分析仪（Agilent，USA）和 Illumina（Kapa Biosciences，USA）的文库定量试剂盒上进行评估。

1.4 高通量测序和数据分析

全部样本上机测序完成后，我们得到原始的下机数据，利用 Overlap 将双端数据进行拼接，并进行质控、嵌合体过滤，获得高质量的干净数据（clean data）。DADA2 通过“去重复”等步骤，进而获得单碱基精度的代表序列，然后使用 ASVs（扩增子序列变异）的概念构建类 OUT（操作分类单位）表，获得最终的 Feature 特征表以及特征序列，进一步进行多样性分析、物种分类注释和差异分析等。

2 结果与分析

2.1 大熊猫结膜囊样本菌群样品测序有效数据统计

通过 16S rDNA 与高通量测序技术，分析了 11 只大熊猫的 18 个结膜囊样本的菌群结构，发现了结膜囊微环境菌群多样性，测定了各种菌在结膜囊中的相对含量。在 11 只大熊猫的 18 个结膜囊样本中，共鉴定到了 1201 个 OUT，分类为 11 个门，42 个目，455 个属。第 2 ~ 6 列为样本相关信息，依次为序列数、碱基数、平均长度、最短序列长度、最长序列长度（表 1）。

11 只大熊猫的 18 个结膜囊样本测序详情 表 1

Sample\Info	sample	Seq_num	Base_num	Mean_length	Min_length	Max_length
9qxingyingzhuang_1	left	41601	17457041	419.6303214	201	506
8meihuan_l	left	36530	15278522	418.2458801	203	488
7yunlin_l	left	36089	15094743	418.2643742	256	453
6qingqing_l	left	37351	15668398	419.4907231	212	507
14wenli_l	left	44653	18696165	418.6989676	217	503
13shuqing_l	left	47208	19813711	419.7108753	200	516
11dajiao_l	left	36325	15283016	420.7299656	206	539
10chengshuang_l	left	70014	29519032	421.6161339	206	524
5wenli_r	right	42632	17902235	419.9248217	352	494
4yuanlin_r	right	36470	15314717	419.9264327	201	530
3meihuan_r	right	45633	19210286	420.9735498	258	504
2xingbin_r	right	42801	17999737	420.544777	201	494
1shuqin_r	right	42476	17883478	421.0254732	214	486
18dajiao_r	right	38761	16274659	419.8720105	400	440
17chengji_r	right	40852	17128390	419.2791051	241	528
16chengshuang_r	right	44726	18802382	420.3904217	207	478
15qingqing_r	right	42602	17830477	418.5361485	359	431
12xingrong_r	right	44664	18825222	421.4853573	201	478

2.2 大熊猫结膜囊样本菌群构成情况

在所有样本在属水平上的菌群构成研究中，我们发现大熊猫结膜囊的菌群微生物非常丰富，主要包括：Pseudomonase（假单胞菌）、*Hydrotalea*（大肠埃希氏菌）、*Methylobacterium*（甲基杆菌属）、*Leifsonia*（雷夫松氏菌）、*Lactaobacillus*（乳杆菌）、*Staphylococcus*（葡萄球菌）、*Corynebacterium*（棒状杆菌），*Streptococcus*（链球菌）、*Flectobacillus*（弯曲杆菌）、*Acinetobacter*（不动杆菌）、*Pediococcus*（片球菌）、*Lactococcus*（乳球菌）等（图 1）。可以看出，大熊猫结膜囊内存在大量的杆菌和球菌，还有很多致病菌，这些微生物都是导致炎症疾病的一些直接因素。

在对大熊猫的左眼和右眼样本进行均值处理（图 2）、

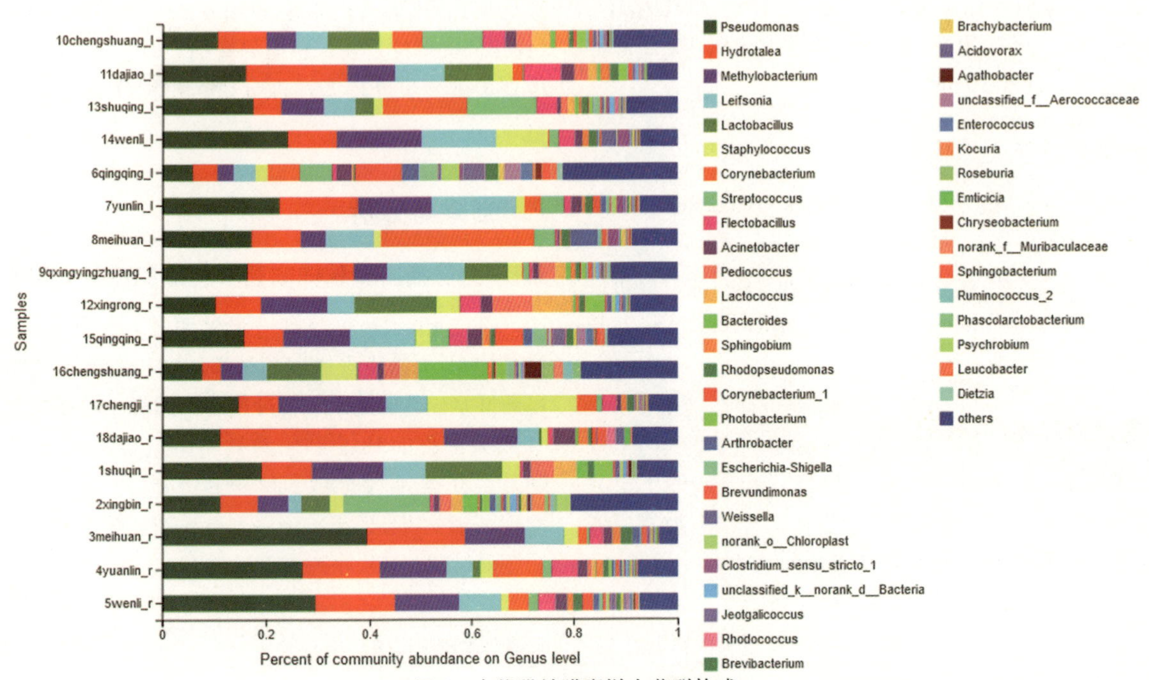

图 1　大熊猫结膜囊样本菌群构成

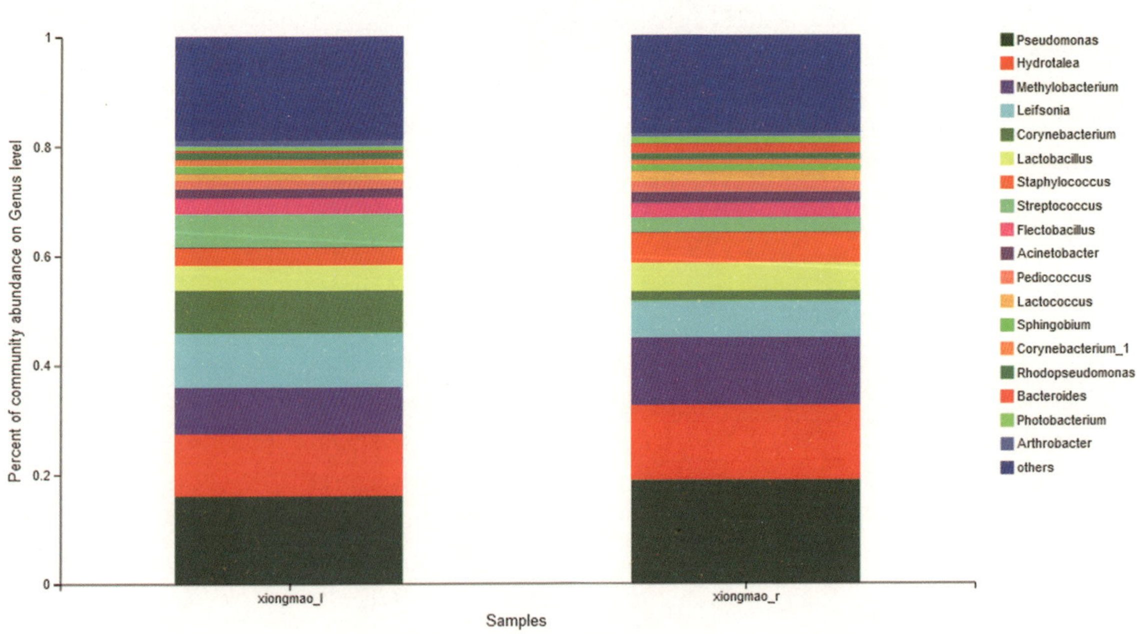

图 2　左右眼样本进行均值处理

热图分析（图 3）以及 Beta 多样性分析（图 4）后，我们发现圈养大熊猫结膜囊细菌菌群的主要优势菌有：*Pseudomonas*（假单胞菌）、*Hydrotalea*（大肠埃希氏菌）、*Methylobacterium*（甲基杆菌属）、*Leifsonia*（赖氏菌属）、*Corynebacterium*（棒状杆菌）、*Lactobacillus*（乳酸菌）、*Staphylococcus*（葡萄球菌）、*Streptococcus*（链球菌）、*Flectobacillus*（弯杆菌属）、*Acinetobacter*（不动杆菌）、*Pediococcus*（片球菌）、*Lactococcus*（乳球菌），等等。左右眼菌群组成上没有明显的区别，说明微生物的寄生位置没有明显的特异性。但是这些微生物具有一定程度的致病性，需要得到足够的重视。左右眼的结膜囊微生物菌群没有差异。

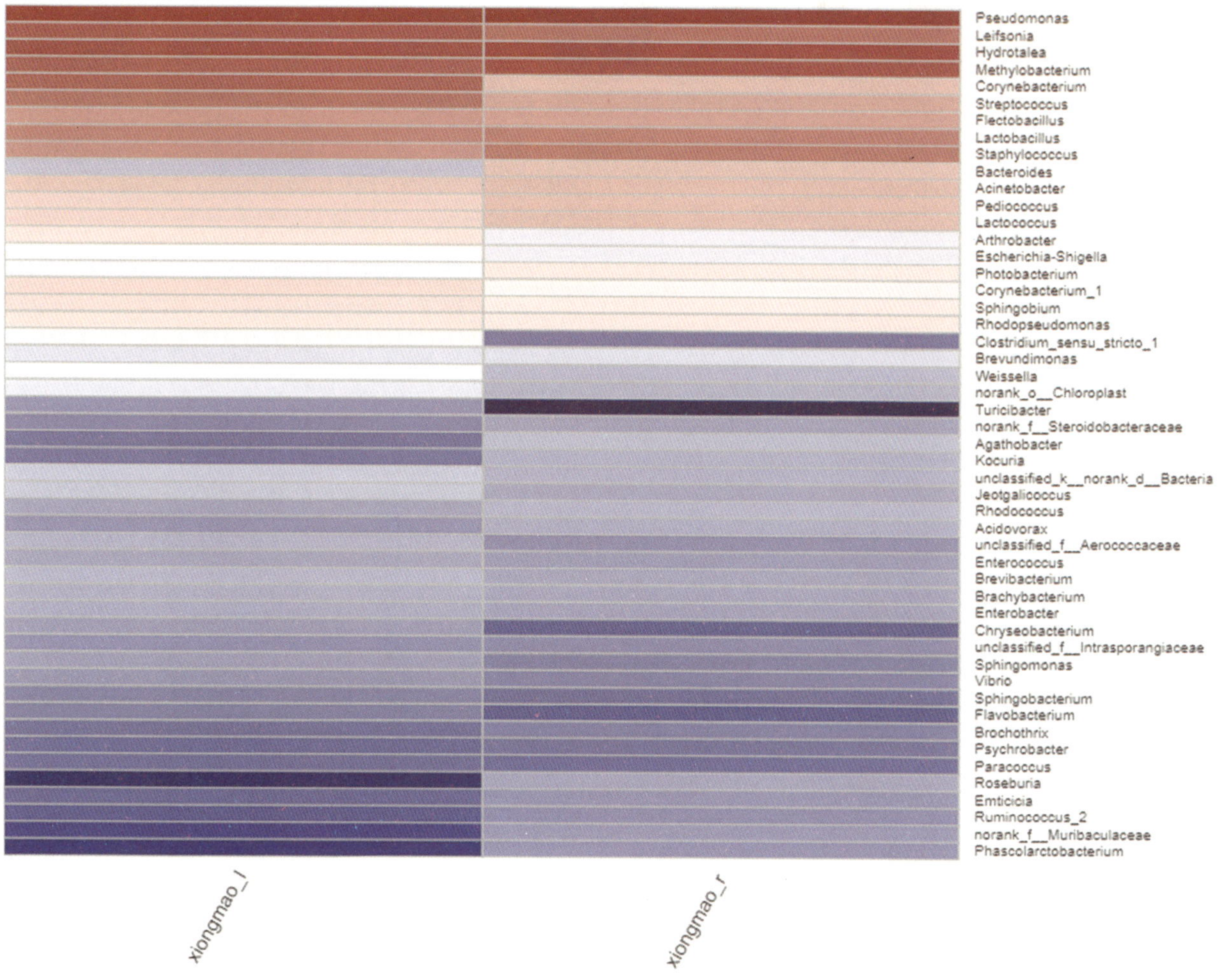

图 3　热图展示

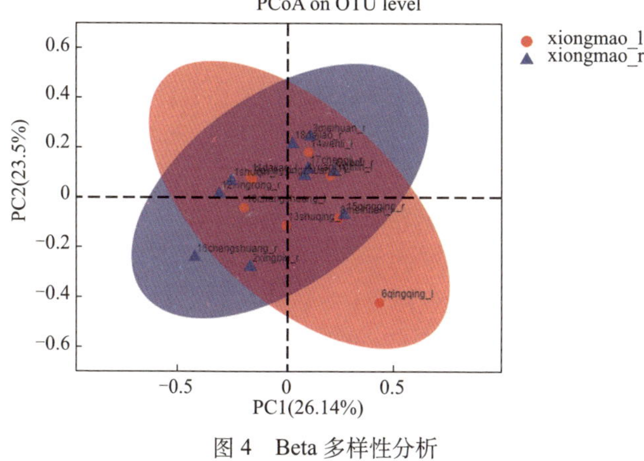

图 4　Beta 多样性分析

3　讨论

结膜囊菌群是指共生于结膜囊内并与其他菌群保持动态平衡的多种需氧菌群和厌氧菌群。这些菌群总是随着个体、环境因素的变化而变化。一旦这种平衡被破坏，正常细菌就可导致眼部感染[5]。尽管从1898年有文献记载以来，人们已经做了大量工作，但持续监测结膜囊菌群变化对预防眼部感染仍然具有极为重要作用。由于影响结膜囊正常菌群的因素繁多，对于结膜囊菌群检测的方法，现阶段以16S rDNA+ 高通量测序最为普遍[6, 7]。

细菌核糖体 RNA（rRNA）序列，特别是 16S rRNA 是细菌进化和生态学当前最重要的研究对象，包括细菌之间亲缘关系的鉴定、微环境细菌多样性的探索和各种细菌等级分类群的相对丰度的量化。16S rDNA 序列是编码原核生物 16S rRNA 的基因，长度约 1500bp，由多个可变区（variable region）和多个与之相间的保守区（conserved region）组成。保守区为所有细菌共有，在不同细菌中无明显差异，可作为聚合酶链反应（polymerase chain reaction，PCR）引物的结合点；而可变区在不同的细菌中具有细菌属或者特异性。细菌 16S rDNA 序列含有 9 个高度可变区（V1-V9）可用于细菌的种类鉴定和进化分析。没有哪个可变区能区分所有的细菌，不同区域保守度也存在一定程度的差异，因此多样性的分析结果与扩增区域的选择密切相关。16S rDNA 已成为细菌鉴定与分类研究中较为理想的靶序列。研究者从引物长度、引物覆盖度、扩增长度的选择等方面对引物的选择进行了分析，发现设计简并性通用引物可以提高对微环境样本 DNA 扩增的覆盖度，但即使这样，仍不能覆盖所有的菌群。目前，引物的选择很大程度上是根据经验，没有统一的标准可遵循，V3-V5 区域引物应用较多。此外，引物对的选择还要考虑测序平台的长度，Miseq 测序仪的测序长度为 250 ~ 300bp，通用引物 515F/806R。为尽可能多地获得结膜囊微环境中物种丰度，本研究选用引物 319F/806R 对 V3-V4 进行了 PCR 扩增和高通量测序。将序列对比到 RDP（ribosomal database project）数据库，对扩增的所有细菌进行物种分类。

本研究采用高通量测序技术对 11 只大熊猫的 18 份结膜囊样品的群落结构进行了测序分析，分析研究表明，*Pseudomonas*（假单胞菌）、*Hydrotalea*（大肠埃希氏菌）、*Methylobacterium*（甲基杆菌属）、*Leifsonia*（赖氏菌属）、*Corynebacterium*（棒状杆菌）、*Lactobacillus*（乳酸菌）、*Staphylococcus*（葡萄球菌）、*Streptococcus*（链球菌）、*Flectobacillus*（弯杆菌属）、*Acinetobacter*（不动杆菌）、*Pediococcus*（片球菌）、*Lactococcus*（乳球菌）属于优势菌群，其中 *Pseudomonas*（假单胞菌）、*Leifsonia*（赖氏菌属）、*Hydrotalea*（大肠埃希氏菌）、*Methylobacterium*（甲基杆菌属）所占比例最高。

假单胞菌为直或稍弯的革兰氏阴性杆菌，广泛分布于自然界，如土壤、水、食物和空气中，有荚膜、鞭毛和菌毛[8-9]。与疾病感染有关的主要有铜绿假单胞菌（*P.aruginosa*）、类鼻疽假单胞菌（*P.pseudomallei*）、荧光假单胞菌（*P.fluorescens*）等[10-14]。铜绿假单胞菌是常见条件致病菌，特别是医院感染；类鼻疽假单胞菌可引起局部地区（东南亚）人和动物的类鼻疽病；输入荧光假单胞菌污染血液或血制品，可导致败血症或休克。作为一种机会致病菌，当角膜上皮遭到损害，机体免疫功能低下时，假单胞菌可直接侵入角膜，引起假单胞菌性角膜炎[15-17]。这种疾病通常发生在封闭环境或体质虚弱的动物中。根据现有资料，如果动物没有得到及时治疗，假单胞菌极易造成角膜溃疡。假单胞菌性角膜溃疡是一种破坏速度极快的角膜细菌性疾病，以大范围的角膜溃疡形成及基质溶解为特征，最终导致角膜溃疡穿孔和患眼失明。角膜上皮缺损是假单胞菌性角膜溃疡的重要前驱因素。从绿脓杆菌对鼠角膜上皮的粘附研究中发现，绿脓杆菌不能粘附于完整的角膜上皮，只有受损角膜上皮才能为绿脓杆菌提供粘附位点[18-19]。一些绿脓杆菌性角膜溃疡患者在感染之前并无临床可证实的角膜上皮缺损，但一些细小的不易察觉的角膜上皮损伤使细菌易粘附于角膜，最终导致角膜溃疡。

赖氏菌（*Leifsonia* sp.）是一类聚磷类细菌，属于放线菌门。放线菌形态与真菌相似，可产生真菌样的菌丝体，又称真菌类似微生物，广泛分布于陆地和海洋生态系统，在土壤、堆肥、腐烂植物中均可生长。部分放线菌以正常菌群的形式存在于人和动物的口腔黏膜和眼结膜中[20]。放线菌科中的奴卡菌属与链霉菌属最常引起人类放线菌病。人类放线菌感染的最常见途径为经呼吸道吸入和皮肤伤口感染。角膜是眼部最常见的感染部位，此外放线菌还可导致结膜炎、泪囊炎以及内源性葡萄膜炎、眼内炎。作为条件致病菌，放线菌很难侵入完整的角膜上皮，与真菌性角膜感染相似，角膜擦伤是最主要的发病诱因。与真菌相比，奴卡菌侵袭力相对较弱，故角膜感染后较少侵入深部基质，且因局部免疫识别功能受抑制，较少形成溃疡免疫环。早期病变局限于上皮下，中晚期于浅或中基质层向外周扩展，形成基底干燥、灰白、粗颗粒状、表面相对质硬的溃疡，中晚期前房反应较重，常伴有虹膜炎和前房积脓[21-22]。

大肠埃希氏菌广泛存在于环境中，一旦附着在水线设备、料槽、地面等表面，形成生物被膜后难以被杀灭和清除，严重威胁动物的健康。大肠埃希氏菌病是由致病性大肠杆菌引起的最常见细菌性疾病之一。公认的致病性大肠杆菌毒力特征包括黏附素、菌毛、毒素、铁清除系统、侵袭素和质粒等。致病性大肠杆菌能够引起动物局部或全身性感染，表现为各种疾病体征，包括急性致命性败血症、亚急性心包炎、周围肝炎、蜂窝织炎和输卵管炎等，也可引起眼炎，严重时可导致动物死亡。

近年来，高通量测序技术在结膜囊菌群中的应用已不少见，主要集中在：①正常结膜囊细菌的研究；②结膜囊正常菌群与眼部细菌性感染的关系；③白内障结膜囊菌群变化的研究；④糖尿病结膜囊菌群变化的研究。值得注意的是，此类研究仅限于人类，圈养动物方面的研究还未涉及。同时，经过与相关资料的比较分析后发现，人类结膜囊菌群与大熊猫结膜囊菌群差异极大：①正常人结膜囊细菌中检出的细菌主要为革兰氏阳性球菌，其中表皮葡萄球菌最为常见；②白内障患者结膜囊菌群主要由革兰阳性球菌和革兰阴性杆菌构成，阳性球菌中以表皮葡萄球菌和金葡萄球菌为主，其中表皮葡萄球菌为主要菌种；阴性杆菌主要有嗜麦芽窄食单胞菌和产碱杆菌属。另外结膜囊一般只存在 1 种细菌，少数存在 2 种或 2 种以上，多是球菌与杆菌或 2 种球菌共存；③糖尿病患者凝阴性葡萄球菌最常见，均以表皮葡萄球菌为主；④感染性眼病中，表皮葡萄球菌、金葡菌在结膜炎、角膜炎和眼内炎的培养阳性结果中占较大比例，它们在正常眼及结膜炎、角膜炎和眼内炎中检出率随时间动态变化。革兰氏阴性杆菌中大肠埃希

菌和铜绿假单胞菌在结膜炎、角膜炎和眼内炎细菌培养阳性结果中占的比例较大。

综上所述，在针对圈养大熊猫结膜囊菌群的研究发现，圈养大熊猫结膜囊菌群与人类有极大的不同，表现在：①人类结膜囊菌群中的皮葡萄球菌、金葡萄球菌、芽窄食单胞菌和产碱杆菌属在大熊猫结膜囊中不占主要优势；②大熊猫结膜囊菌群占主要优势的为假单胞菌、大肠埃希氏菌、赖氏菌。而此类菌群多见于人类眼科疾病，主要为眼炎、角膜溃疡、结膜炎等疾病。

4 结语

16S rDNA 高通量测序技术能够发现结膜囊微环境菌群多样性和各种菌在结膜囊中的相对含量，较传统依赖培养的方法具有明显的优势。在 11 只大熊猫的 18 个结膜囊样本中，共鉴定到了 1201 个 OUT，将其分为 11 个门，42 个目，455 个属，细菌丰度大，菌群差异明显。大熊猫结膜囊菌群占主要优势的为假单胞菌、大肠埃希氏菌、赖氏菌。而此类菌群多见于人类眼科疾病，主要包括眼炎、角膜溃疡、结膜炎等疾病。由于圈养大熊猫结膜囊菌群中占优势菌有较强的致病性，在今后的大熊猫饲养管理中，应当加强眼部症状的观察，同时制定相应的疾病发生的预案。

参考文献

[1] 曾树森，吴晓梅．正常结膜囊细菌的研究 [J]. 国际眼科杂志，2006，6（4）：854-856.

[2] 吴强，管建花，宋蓓雯，等．正常眼和白内障手术前后结膜囊细菌菌谱及抗生素应用的对比研究 [J]. 眼外伤职业眼病杂志，2008，30（11）：836-840.

[3] 王皓．吉林市正常老年人群结膜囊细菌分布及术前用药的研究 [J]. 吉林医药学院学报，2008，29（2）：80-82.

[4] 刘梦阳，孙士营，曾庆延．结膜囊正常菌群与眼部细菌性感染的关系 [J]. 中国感染与化疗杂志，2007，7（1）：48-52.

[5] 张悦，刘治容，陈辉，等．羌族中老年人干眼症与正常眼结膜囊细菌状况对照研究 [J]. 四川大学学报（医学版），2011，42（6）：811-814.

[6] 张小平，叶剑．近 13 年中国人结膜囊细菌培养结果文献回顾与相关调查因素的 Meta 分析 [J]. 中国实用眼科杂志，2005，23（4）：428-431.

[7] 李玉婵，张悦．正常人群结膜囊带菌情况及影响因素的研究概况 [J]. 现代临床医学，2010，36（6）：407-409.

[8] 刘晴，董燕玲，黄钰森．角膜溃疡患者与正常人结膜囊分离金黄色葡萄球菌差异基因表达分析 [J]. 中华实验眼科杂志，2019，37（9）：701-706.

[9] 马翀，齐长明，吕艳丽，等．北京地区犬结膜囊正常菌群的调查研究 [C]. 中国畜牧兽医学会 2003 年学术年会论文集（小动物医学分册），2003.

[10] 文华．用聚合酶链反应（PCR）法病因诊断慢性结膜炎的研究 [D]. 延边：延边大学，2011.

[11] 石明华．预防内眼术后眼内感染的临床研究 [D]. 南通：南通大学，2006.

[12] 窦懿行，陈丽，李冰，等．糖尿病和非糖尿病白内障患者结膜囊菌群及耐药性的比较 [J]. 国际眼科杂志，2018，18（11）：2042-2045.

[13] 王岚，李妍，孙子雯，等．铜绿假单胞菌性角膜炎发病机制的研究进展 [J]. 国际眼科杂志，2020，20（11）：1916-1919.

[14] 朱彬彬．NETs 的形成对铜绿假单胞菌性角膜炎进展和预后影响的研究 [D]. 杭州：浙江大学，2018.

[15] 帅彤，赵姣，曾雅兰，等．白内障术前两种不同浓度碘伏液冲洗结膜囊的临床观察 [J]. 临床眼科杂志，2014，22（1）：66-68.

[16] 孙荔，张劲松．白内障术前滴用氧氟沙星滴眼液对结膜囊细菌培养的影响 [J]. 国际眼科杂志，2011，11（11）：1873-1875.

[17] 胡钦瑞，葛轶睿，黄振平．白内障术前应用聚维酮碘冲洗结膜囊效果的 Meta 分析 [J]. 医学研究生学报，2011，24（12）：1276-1279.

[18] 陈思遐，沈自燕，冯旰珠．铜绿假单胞菌毒力因子的研究进展 [J]. 国际呼吸杂志，2018，38（18）：1410-1413.

[19] 陈双红，陈锐勇，徐雄利，等．铜绿假单胞菌群体感应效应系统细菌毒力调节的研究进展 [J]. 海军医学杂志，2016，37（2）：179-181.

[20] 聂鑫鑫，朱敏，李美玉，等．TREM-1 在细菌性化脓性角膜炎中的作用及其分子机制 [J]. 中山大学学报（医学科学版），2012，33（3）：305-310.

[21] 胡建章，许建斌，黄定国，等．Th1/Th2 细胞因子在小鼠真菌性角膜炎中的表达 [J]. 中国实用眼科杂志，2010，28（8）：919-922.

[22] 肖书毓，俞莹，陶津华．BALB/c 小鼠单纯疱疹病毒性角膜炎复发感染模型的建立及鉴定 [J]. 中华实验眼科杂志，2021，39（2）：107-112.

基于层次分析法和灰色关联法选育国庆小菊新品种[①]

北京市植物园管理处，北京市花卉园艺工程技术研究中心，城乡生态环境北京实验室，北京林业大学园林学院/张蒙蒙　刘芳野　徐　俊　黄　河　张　蕾　牛雅静

摘　要： 有性杂交是菊花育种中最快、最有效的技术。小菊是国庆节期间用于景观布置、烘托节日氛围的重要花卉。为丰富国庆节期间开花的小菊品种类型，以国庆节期间达盛花期、花色鲜亮、重瓣性高或为桂瓣为育种目标，以3182个小菊株系为试验材料，选配杂交亲本，进行有性杂交。共选配12对杂交组合，授粉554个头状花序，采集5464粒种子，培育出秋季开花的2239个株系，其中71个株系国庆节期间达盛花期。选取15个表型性状作为评价因子，依据层次分析法结合灰色关联法对71个国庆节开花的株系进行综合评价，筛选出16个符合育种目标的优良株系，可以培育为国庆小菊优良新品种。本研究结果表明，层次分析法和灰色关联法与有性杂交相结合选育国庆小菊新品种是极为有效的方法。

关键词： 国庆节；盛花期；新品种；有性杂交；综合评价

菊花（*Chrysanthemum* × *morifolium*）是中国传统名花，在世界花卉市场上也占有重要的地位。国庆节是举国欢庆的重要节日，花坛、花境等烘托节日氛围的景观布置必不可少。菊花开花期恰逢秋季，在国庆节布展中占有举足轻重的地位，近年来的用量也越来越大。小菊是菊花的重要栽培类型之一，具有开花繁密、花色艳丽、花期较长等优点，且栽培管理相对简单，在国庆节期间多用于花坛、花境等的布置。国庆节期间达盛花期的国庆小菊已成为新型热门花卉。

陈俊愉等最早将菊花与毛华菊、小红菊、野菊、甘菊和紫花野菊等野生、半野生菊属植物杂交，获得植株低矮、抗寒、抗旱的地被菊类型。基于此，研究者培育了北京小菊、北京夏菊、盆栽小菊、地被菊等一系列小菊新品种。近年来国庆小菊的育种成效也很显著。北京市花木有限公司连年推出国庆期间开花的小菊，并在天安门广场和长安街沿线的花卉布置中大量应用。陈发棣等经辐射诱变、实生选育等方法选育出国庆盆栽小菊系列。张蒙蒙等通过品种间杂交，经连续多年选育，筛选出东篱系列早花小菊。但目前国庆小菊品种中鲜亮的黄色和红色品种仍较少，花型也相对单一。

新品种的评价是育种工作的关键环节。在新品种的筛选和评价中，常将多个数学方法结合使用。灰色关联法（grey relational analysis，GRA）要求的数据量小，可避免出现量化结果与定性分析结果不相符的现象，但其在性状指标权重的确定上具有较强的主观性。层次分析法（analytic hierarchy process，AHP）可将复杂问题分解为多层次和多因素，便于权重的计算，但需为各指标赋值，不能充分利用原始资料信息。层次分析和灰色关联分析相结合能使其优缺点互补，是切实有效的综合评价体系。该方法在菊花优良株型筛选、早花小菊筛选、日中性小菊筛选以及地被菊的综合评价中均得到应用，效果显著。除菊花外，该方法在苹果汁品质评价、观赏辣椒果实外观品质评价、半夏

① 北京市植物园科技课题（BZ201903）。

种质资源差异性评价、蛋白质营养学评价等的广泛应用也验证了其在性状评价方面的有效性。

为丰富国庆小菊的品种类型，满足国庆节期间的用花需求，本研究以选育国庆小菊为育种目标，通过有性杂交试验从开花期、花色和花型三个方面改良小菊的性状，采用层次分析和灰色关联分析相结合的方法，从杂交后代中筛选优良的小菊新品种。

1 材料与方法

1.1 试验材料

2018 年引入 7 个乒乓球类小菊品种、4 个桂瓣类小菊品种和 3 个复色类小菊品种。从引入品种和已有品种上采集自然杂交种子 6702 粒，播种后获得 3182 株开花植株。以开花植株为试验材料，从中筛选优良亲本，进行有性杂交试验。

1.2 试验方法

1.2.1 有性杂交方法

2019 年秋季在北京市植物园试验基地进行有性杂交试验。母本头状花序管状花散粉前，剪去中间管状花和外轮舌状花的花瓣，露出柱头，套袋。待柱头呈“Y”字形时进行授粉。用细软的毛笔从父本上采集花粉，涂抹于柱头上，挂牌套袋。在晴天的 12：00-14：00 进行授粉，一周之内每个头状花序连续授粉 3 ~ 5 次。授粉后加强水肥管理，60d 左右采收头状花序，净种，置于干燥通风处保存。

1.2.2 栽培管理方法

2020 年 4 月将保存的种子点播于 128 孔穴盘中，出苗后将实生苗分栽至 81 孔穴盘中，同时打顶。5 月底将杂交亲本与 F_1 代进行扦插繁殖，7 月初将扦插苗定植于 21cm×19cm（口径 × 高度）的花盆中，按照 40cm×40cm 的株行距摆放。统一进行水肥管理，秋季自然开花。

1.2.3 性状观测与记录方法

2020 年秋季观测记录杂交 F_1 代的 15 个主要观赏性状（表 1）。参考 NY/T2228-2012《植物品种特异性、一致性和稳定性测试指南——菊花》，每个株系观测 3 个单株以上，取平均值。

15 个形态性状的观测方法和赋值　　　表 1

编号	观测性状	观测方法及定性多态性状的赋值
P1	生长习性	目测：直立（1）；半直立（2）；半球状（3）；平展（4）；蔓生（5）
P2	分枝紧凑度	盛花期目测：分枝稀疏（1）；较为零散，从顶端可见少量叶片（3）；圆整紧凑，从顶端看不到枝叶（5）
P3	株高	茎基部至花序最高点的距离（cm）
P4	冠幅	从顶面测量其开展的直径（cm）
P5	茎秆硬度	目测：细弱（1）；较有韧性（3）；不易折断（5）
P6	抗倒伏性	目测：倒伏（1）；直立但茎秆较弱（3）；直立且植株坚挺（5）
P7	盛花期	10 月 25 日后（1）；10 月 20 ~ 25 日（2）；10 月 7 ~ 20 日（3）；10 月 1 ~ 7 日（4）；9 月 30 日前（5）
P8	着花整齐度	目测：花期不一致（1）；60% 植株同时达盛花期（3）；80% 植株同时达盛花期（5）
P9	重瓣性	目测：无舌状小花（1）；单瓣（2）；半重瓣（3）；重瓣后期露心（4）；重瓣后期不露心（5）
P10	花朵繁密度	盛花期目测：头状花序分布稀疏或不均匀间隙明显（1）；头状花序分布中等有间隙（3）；头状花序分布密集无较大间隙（5）
P11	花梗长	顶叶到总苞基部的长度（cm）
P12	花径	测顶端头状花序（cm）
P13	头状花序类型	漏斗状（1）；管瓣（2）；匙瓣（3）；内曲（4）；平瓣（5）；桂瓣（6）
P14	头状花序舌状小花数量	舌状小花总数
P15	花朵饱满度	目测：不饱满（1）；中等（2）；饱满（3）

1.3 杂交后代评价方法

采用层次分析法和灰色关联法相结合的方法从杂交 F_1 代中筛选优良国庆小菊株系。

1.3.1 层次分析法确定各指标权重

根据 15 个性状间的相互关系构建多层次分析模型（表 2）。目标层（A）：优良的国庆小菊株系；约束层（C）：影响国庆小菊观赏价值的 2 个主要因素：植株性状和花部性状；指标层（P）：包括观测记录的 15 个具体的评价指标。

国庆小菊评价因子的分层结构模型　　　表 2

目标层 A	约束层 C	指标层 P
优良国庆小菊株系	C1 植株性状	P1 生长习性，P2 分枝紧凑度，P3 株高，P4 冠幅，P5 茎秆硬度，P6 抗倒伏性，P7 盛花期
	C2 花部性状	P8 着花整齐度，P9 重瓣性，P10 花朵繁密度，P11 花梗长，P12 花径，P13 头状花序类型，P14 头状花序舌状小花数量，P15 花朵饱满度

构造判断矩阵，计算最大特征根和特征向量。各判断矩阵的特征向量即低层指标相对于上一级指标的权重（表3）。

判断矩阵及一致性检验　　表3

A−Ci

A	C1	C2	权重 W_i
C1	1	3	0.7500
C2	1/3	1	0.2500

注：λ_{max}=2.000，CI=0.000，RI=0.000，CR=null=0.000 < 0.1。

C1−Pi

C1	P1	P2	P3	P4	P5	P6	P7	权重 W_i
P1	1	2	3	3	4	2	1/5	0.15775
P2	1/2	1	2	2	3	1	1/6	0.09815
P3	1/3	1/2	1	1	2	1/3	1/7	0.05589
P4	1/3	1/2	1	1	2	1/3	1/7	0.05589
P5	1/4	1/3	1/2	1/2	1	1/3	1/8	0.03360
P6	1/2	1	3	3	3	1	1/6	0.11448
P7	5	6	7	7	8	6	1	0.48124

注：λ_{max}=7.210，CI=0.035，RI=1.360，CR=0.026 < 0.1。

C2−Pi

C2	P8	P9	P10	P11	P12	P13	P14	P15	权重 W_i
P8	1	3	1/5	4	2	4	3	2	0.23142
P9	1/3	1	1/7	2	1/2	2	1	1/2	0.10560
P10	5	7	1	7	6	7	7	6	0.23142
P11	1/4	1/2	1/7	1	1/3	1	1/2	1/3	0.10679
P12	1/2	2	1/6	3	1	4	1/3	1	0.06319
P13	1/4	1/2	1/7	1	1/4	1	1/2	1/3	0.12091
P14	1/3	1	1/7	2	3	2	1	1/2	0.09455
P15	1/2	2	1/6	3	1	3	2	1	0.04612

注：λ_{max}=8.497，CI=0.071，RI=1.410，CR=0.050 < 0.1。

1.3.2　利用灰色关联分析计算加权灰色关联度

根据选择目标和实际观测值，构造“理想品种”X_0。以“理想品种”为参考序列，以观测株系为比较序列，计算关联系数。将层次分析法计算出的15个性状的权重值代入公式中，计算各株系的加权灰色关联度。

2　结果与分析

2.1　杂交亲本的选配

为满足国庆节用花需求，以国庆节达盛花期、花色为鲜亮的黄色或红色、花型为重瓣或桂瓣类型为育种目标，从现有资源中选配杂交亲本。组配的原则为：父母本来源不同、父母本花期相遇、母本重瓣性高或为桂瓣类型、父本花粉量大、父母本花色鲜亮、综合性状优良。基于此，共组配12对杂交组合，亲本相关性状见表4。

有性杂交亲本配组及主要观赏性状描述表　表4

杂交组合序号	亲本编号	亲本类型	盛花期	舌状小花内侧主要颜色	头状花序类型
1	2001004	母本	10.12−10.26	黄色	桂瓣
	2001007	父本	10.3−10.29	粉色	重瓣后期露心
2	2001004	母本	10.12−10.26	黄色	桂瓣
	2001008	父本	9.27−40.25	红色	半重瓣
3	2001004	母本	10.12−10.26	黄色	桂瓣
	2001009	父本	9.24−10.7	粉色	单瓣
4	2001004	母本	10.12−10.26	黄色	桂瓣
	2001010	父本	10.2−10.25	黄色	半重瓣
5	1905035	母本	10.4−10.26	红色	半重瓣
	1902055	父本	10.1−10.25	粉色	半重瓣
6	1925047	母本	9.25−10.15	红色	半重瓣
	1917099	父本	9.23−10.14	白色	单瓣
7	1902184	母本	9.22−10.19	橙色	半重瓣
	1909072	父本	9.21−10.3	粉色	单瓣
8	1916037	母本	9.28−10.21	粉色	半重瓣
	1903024	父本	9.25−10.12	黄色	单瓣
9	1909025	母本	10.7−10.28	粉色	半重瓣
	1909072	父本	9.21−10.3	粉色	单瓣
10	1907029	母本	10.5−10.29	白色	单瓣
	2003016	父本	10.2−10.28	红色	桂瓣
11	1907029	母本	10.5−10.29	白色	单瓣
	1920063	父本	10.5−10.26	橙色	桂瓣
12	1907029	母本	10.5−10.29	白色	单瓣
	2003017	父本	9.28−10.25	红色	桂瓣

2.2　有性杂交结果

2019年秋季共授粉554个头状花序，采集5464粒种子（表5）。不同杂交组合的平均结实数相差较大。其中组合10和组合11的平均结实数较高，分别为27.9粒和26.6粒。其次为组合9，平均结实数为14.2粒。其余组合的平均结实数均小于10粒，组合6的平均结实数最低，仅为0.09。2020年秋季共获得2239个开花植株。成苗率最高的为组合3，达80.80%，最低的为组合12，成苗率为0。其余组合成苗率为14.13%～55.79%。

小菊有性杂交结果统计分析　　表 5

杂交组合序号	杂交头状花序数（个）	采集种子数（个）	平均结实数（粒／花序）	获得植株数（个）	成苗率（%）
1	55	198	3.6	65	32.83
2	43	337	7.8	140	41.54
3	65	427	6.6	345	80.80
4	37	283	7.6	125	44.17
5	15	3	0.2	1	33.33
6	46	4	0.09	1	25.00
7	75	268	3.6	38	14.18
8	65	527	8.1	294	55.79
9	41	583	14.2	83	14.24
10	48	1342	27.9	453	33.76
11	56	1488	26.6	694	46.64
12	8	4	0.5	0	0
总计	554	5464	9.9	2239	40.98

注：平均结实数 = 收获种子数／杂交花朵数；成苗率 =F_1 代成苗数量／收获种子数。

2.3 杂交后代的评价与筛选

采用层次分析法结合灰色关联法对杂交后代进行评价，筛选优良后代。根据低层指标相对于上一级指标的权重值（表 6）计算约束层（C）对目标层（A）的权重值，发现植株性状的权重值（0.7500）大于花部性状（0.2500）。选取的 15 个指标中，盛花期的权重值最大，为 0.3610，其次为株型，权重值为 0.1183。其余性状的权重值排序依次为：抗倒伏性、植株紧凑度、着花整齐度、花朵繁密度、株高、冠幅、头状花序舌状花主要类型、花梗长、重瓣性、茎秆硬度、头状花序舌状小花数量、花径、花朵饱满度。

国庆小菊指标层 P 对目标层 A 的权重值　　表 6

约束层 C 对目标层 A 的权重		指标层 P		指标层 P 对约束层 C 的权重	指标层 P 对目标层 A 的权重	排序
C1	0.7500	P1	株型	0.1578	0.1183	2
		P2	植株紧凑度	0.0982	0.0736	4
		P3	株高	0.0559	0.0419	7
		P4	冠幅	0.0559	0.0419	8
		P5	茎秆硬度	0.0336	0.0252	12
		P6	抗倒伏性	0.1145	0.0859	3
		P7	盛花期	0.4812	0.3610	1
C2	0.2500	P8	着花整齐度	0.2314	0.0579	5
		P9	重瓣性	0.1056	0.0264	11
		P10	花朵繁密度	0.2314	0.0579	6
		P11	花梗长	0.1068	0.0267	10
		P12	花径	0.0632	0.0158	14
		P13	头状花序舌状花主要类型	0.1209	0.0302	9
		P14	头状花序舌状小花数量	0.0946	0.0236	13
		P15	花朵饱满度	0.0461	0.0115	15

采用肉眼观测法从开花植株中筛选出在国庆节期间达盛花期、花色鲜亮的株系，共 71 个。以 71 个株系为试验材料，依据加权灰色关联度值对其进行排序，将所有杂交后代分为 3 个等级（表 7）：$r > 0.930$ 的株系为第 I 等级，共 16 个株系，花型重瓣性高或为桂瓣类型，花色鲜亮，整体效果好，适合国庆节应用，也是进一步丰富国庆小菊的良好育种材料。$0.910 \leqslant r \leqslant 0.930$ 的株系为第 II 等级，共 39 个株系，重瓣性较低，株型性状相对较差，部分性状优良。$r < 0.910$ 的株系为第 III 等级，共 16 个株系，重瓣性低，综合性状较差。综合以上分析，从杂交后代中筛选出 16 个可在国庆节开花、综合性状优良的国庆小菊株系，达到预期目标（见图 1）。

国庆小菊株系综合评价等级划分　　表 7

等级	灰色关联度	株系数量	性状特征
I	r>0.930	16	重瓣性高或为桂瓣，株型饱满，整体效果好，符合育种目标
II	0.910≤r≤0.930	39	部分性状优良，重瓣性较低，或株型较差，存在一定缺陷，可作为中间育种材料，进一步进行改良
III	r <0.910	16	不符合育种目标，综合性状较差，不再对其进行改良研究

图 1　选育出的 16 个国庆小菊株系单株表现

3　讨论

3.1　小菊在国庆节期间花卉景观布置中的重要性

菊花是中国传统名花，有着悠久的栽培历史和丰富的文化内涵，北京、开封、湘潭、太原、南通、中山、德州、潍坊、保定、芜湖、丽江、张家港、界首、彰化、耒阳等城市均将菊花作为市花。菊花开花期又正值秋季，且花色丰富，花型多种多样，栽培方式多样，仅用菊花便能布置出丰富多彩的景观，非常适合烘托节日氛围。因此，菊花在国庆节期间的用量非常大。以北京为例，北京地区每年国庆的花卉布置中，菊花的使用量占到近 50%。其中由于栽培管理相对简单，且株型圆整丰满，适宜用于大面积景观的布置，小菊的用量最大。如 2014 年国庆节期间，天安门广场中心花坛的小菊用量便达 2 万株（新华网 2014 年报道）。小菊已然成为国庆期间花卉景观布置中不可缺少的元素。除开花期外，花色和花型也是最吸引眼球的重要观赏性状。亟须选育盛花期正值国庆节的小菊新品种，从花色和花型方面丰富小菊品种资源，满足国庆节用花需求。以此为育种目标，本研究选配 12 对杂交组合，授粉 554 个头状花序，采集 5464 粒种子，培育出秋季开花的 2239 个株系，从中筛选出 16 个国庆盆栽小菊优良株系，有望培育成新品种。

3.2　有性杂交仍然是菊花育种的重要手段

菊花遗传背景复杂，基因型高度杂合，种下变异丰富，为新品种的选择提供了基础。虽然研究者利用基因工程育种技术获得了开花期提前的植株，但目前这些品种仍无法应用到生产中，有性杂交技术仍然是培育小菊新品种最有效和最快速的方法。而且盆栽小菊单株头状花序数量多，更易获得花粉，自然授粉和人工授粉均较易，杂交结实率更高，更易获得杂交后代。本研究中通过有性杂交获得了大量的杂交后代，组合 10 和组合 11 的平均结实数分别达到每个花序 27.9 粒和 26.6 粒。研究者利用有性杂交技术也培育出大量开花期改良的小菊新品种，这些研究结果说明有性杂交技术在小菊开花期育种中是可行的，可以获得开花期提前的新品种。本研究同时也发现，不同杂交组合间的平均结实数差别较大，杂交亲本的选配是影响有性杂交结果的重要因素。需通过分析亲本配合力、遗传距离等选配合适的杂交亲本，提高育种效率。

参考文献

[1] Anderson N.O.Chrysanthemum（*Dendranthema* × *grandiflora*Tzvelv.）[M].Berlin：Springer，2007：389-437.

[2] Augustinová L，Doležalová J，Matiska P，et al.Testing the winter hardiness of selected chrysanthemum cultivars of Multiflora type[J].Horticultural Science，2016，43（4）：203-210.

[3] 王青，戴思兰，何晶，等．灰色关联法和层次分析法在盆栽多头小菊株系选择中的应用 [J]. 中国农业科学，2012，45（17）：3653-3660.

[4] 王彭伟，陈俊愉．地被菊新品种选育研究 [J]. 园艺学报，1990，017（003）：223-228.

[5] Chen JY，Wang SQ，Wang XC，et al.Thirty years' studies on breeding ground-cover chrysanthemum new cultivars[J].Acta Horticulturae，1995（404）：30-36.

[6] Chen JY.Studies on the origin of Chinese florist' s chrysanthemum[J].ActaHorticulturae，1985，167：349-361.

[7] 陈俊愉．"北京夏菊"神州盛开 [J]. 农业科技与信息（现代园林），2007（003）：48-48.

[8] 沈瑶，王晗璇，侯海娴，等．引进盆栽小菊品种观赏价值及园林应用的综合评价 [J/OL]. 广西植物：1-10[2021-07-06].http：//kns.cnki.net/kcms/detail/45.1134.Q.20200807.1130.008.html.

[9] 张贝．地被菊系列品种群综合评价 [D]. 沈阳：沈阳农业大学，2017.

[10] 李仁娜，屈永建．地被菊灰色关联度观赏性评价 [J]. 陕西农业科学，2017，63（09）：56-9.

[11] 高尚，李丽芳，陈菊，等．北京地区盆栽小菊育种新探索 [J]. 北京园林，2015（002）：36-42.

[12] 陈发棣，房伟民，赵宏波，等．菊花新品种——国庆盆栽小菊系列 [J]. 园艺学报，2005，32（2）：377.

[13] 张蒙蒙，戴思兰，王青，等．小菊新品种‘东篱红云’和‘东篱月光’[J]. 园艺学报，2018，45（12）：2459-2460.

[14] Deng，J.L.Introduction to grey system theory[J].The Journal of Grey System，1989，1（1）：1-24.

[15] Saaty T L .How to makc a decision：the analytic hierarchy process[J].European Journal of Operational Research，1990，48（1）：9-26.

[16] Zhang M，Huang H，Wang Q，et al.Cross breeding new cultivars of early-flowering multiflora chrysanthemum based on mathematical analysis[J].Horticultural Science，2018，53（4）：421-426.

[17] 赵小刚．日中性小菊新品种选育及小菊开花期遗传分析[D]. 北京：北京林业大学，2019.

[18] 邓健康，刘璇，吴昕烨，等．基于层次分析和灰色关联度法的苹果（等外果）汁品质评价 [J]. 中国食品学报，2017，17（004）：197-208.

[19] 王佳敏，刘敏，郭咏梅，等 .AHP 法和灰色关联法在观赏辣椒果实外观品质评价中的应用 [J]. 山西农业大学学报：自然科学版，2019，39（01）：79-84.

[20] 查钦，周茂嫦，黄晓旭，等．基于 AHP 与灰色关联度法综合评价不同半夏种质资源的差异性 [J]. 中国实验方剂学杂志，2020，26（05）：116-124.

[21] 肖轲，苏东林，李志坚，等．基于改进 AHP 和灰色关联度分析法用于稻米蛋白质营养学评价 [J]. 食品与机械，2019，35（11）：58-63.

[22] Cockshull K E.Chrysanthemum morifolium[M].A.Halevy. CRC handbook of flowering.Boca Raton：CRC Press.1985，2：236-257.

[23] Ochiai M，Liao Y，Shimazu T，et al.Varietal differences in flowering and plant growth under night-break treatment with LEDs in 12 Chrysanthemum cultivars[J].Environmental Control in Biology，2015，53：17-22.

[24] Zhang F，Chen S，Chen F，et al.SRAP-based mapping and QTL detection for inflorescence-related traits in chrysanthemum（*Dendranthema morifolium*）[J].Molecular Breeding，2011，27（1）：11-23.

[25] Yang Y，Gao J.A zinc finger protein regulates flowering time and abiotic stress tolerance in Chrysanthemum by modulating gibberellin biosynthesis[J].Plant Cell，2014，26（5）：2038.

[26] Oda A，Higuchi Y，Hisamatsu T.Photoperiod-insensitive floral transition in chrysanthemum induced by constitutive expression of chimeric repressor *CsLHY-SRDX* [J].Plant Science，2017，259：86.

[27] Silva JAT-da，Shinoyamab H，Aidac R，et al.Chrysanthemum biotechnology：Quo vadis? [J].Critical Reviews in Plant Sciences，2013，32：21-52.

颐和园两梅展冬季切枝花期调控研究

北京市颐和园管理处 / 张　莹　王　爽　韩　凌　黄　鑫　张　淼

摘　要： 明清时期北京冬季观赏四季鲜花已经非常普遍。清宫花卉催花技术已相当成熟，可谓“巧夺天工、预支月令”[1]。我们古为今用，针对梅花、迎春、 连翘、桃花切花采后催花开花衰老进程进行研究，确定瓶插寿命，明确最适采收时期，将其切枝花期提前至正月，满足颐和园春节用花需求。时至今日，切花春节市场具有很大的开发价值。能供应春节用花的切枝品种，其花期一般都晚于春节，一方面我们可进一步研究切枝催花技术，在保证开花品质的前提下，使其花期提前至正月；另一方面可通过瓶插液保鲜处理，延长切花的观赏寿命。

关键词： 摧花技术；春节用花；切枝花期调控

据《帝京景物略》记载 :“草桥惟冬花支尽三季之种，坏土窖藏之，蕴火炕之，十月中旬，牡丹已进御矣”。《燕京岁时记》中释解“唐花”如下 :“凡卖花者，谓熏治之花为唐。……师腊月即卖牡丹、梅花、绯桃、探春诸花，皆贮暖室，以火烘之，所谓唐花，又名堂花也。”关于“催花”法，清陈　子解释得更加详细，“以纸糊密室，凿地作坎，缏竹置花其上，粪土以牛溲、马尿、硫黄尽培溉之功。然后置沸汤于坎中，少候汤气熏蒸，则扇之以微风，花得盎然融淑之气，不数朝而自放矣。”作为清宫中的花师也熟练掌握此项栽培技术，据康熙年间的高士奇《金退食笔记》记述南花园于暖室烘出芍药、牡丹诸花，每岁元赐宴之时，安放乾清宫，陈列筵前，以为胜于剪彩[1]。可见清时随时为皇宫进献花卉陈设的南花园建造有“燻花房”，专门培植“熏花”随时呈进宫中，元夕节，康熙皇帝在乾清宫赐宴群臣，筵席前摆放牡丹、芍药等各类花卉增添节日气氛[1]。

颐和园占地 290.13hm^2（2000 年统计），水面约占 3/4，是一座在自然山水环境基础上经人工精心改造而成的大型皇家园林[2]。万寿山和昆明湖构成了园林的主体框架，全园 100 余处景观，分为临朝理政、生活居住和山水风景三大区域，历史上是著名的“三山五园”皇家园林群体的构景中心。新中国成立后，颐和园的山水、建筑、花木、文物受到充分的重视和保护，并被冠以“博物馆式的皇家园林”的称誉[2]。如今，颐和园绿化面积近 58 万 m^2，40 万株树木绿叶婆娑郁郁葱葱。

颐和园的植物是组成园林文化遗产的重要部分之一，根据园艺队 2019 年绿化普查数据，颐和园现有梅花 119 株，迎春 3274 株，连翘 629 株，桃花 1861 株，大部分需要进行冬季修剪，为我们的试验提供了充分的材料。我们选择冬季针对梅花、迎春、连翘、桃花进行采后催花和保鲜，将其花期提前至正月。以丰富颐和园两梅展插花展示中的植物材料，结合春节切枝市场供应不稳定因素，对梅花、迎春、连翘、桃花冬季切枝采后催花及保鲜技术进行系统性研究，以满足颐和园两梅展的切花需求。目前生产上广泛采用传统的温度、光照、激素处理等调控措施来促成催花、延长花期，且报道较多、效果最好的是元旦、春节催花，从而达到花期提前的目的。

1 冬季切枝采后摧花试验

1.1 材料与设备

1.1.1 冬季枝条选取

本试验于2019年12月17日至2020年1月20日在颐和园园艺队养虫室的光照培养箱中进行。此时，正是颐和园植物冬季修剪的时间，采集颐和园耕织图景区冬季修剪下来的梅花、连翘、迎春、桃花（表1）花芽饱满、无伤无病虫害。试材在采切时，花蕾饱满程度和花枝长度尽可能一致。花枝从植株上采切下来后，10支一捆，各50枝，用湿纱布包裹枝条基部后用小塑料袋套住保湿，然后用报纸裹紧枝条，将花枝整捆放入黑色聚乙烯塑料袋，尽快运至实验室，浸基复水1h。

梅花、迎春、连翘、桃花采收时间状态表　表1

编号	品种	采收时间（月日）	采收状态
A	迎春	12.18	迎春枝长60cm、蕾茎5～6mm
B	连翘	12.18	连翘枝长70cm、蕾茎4～5mm
C	杏梅	12.26	梅花枝长60cm、蕾茎3～4mm
D	桃花	1.3	桃花枝长50cm、蕾茎3～4mm

1.1.2 光照培养箱环境条件

室内光照培养箱（宁波江南仪器厂，RXM-808B智能人工气候箱），温度设置20℃，湿度设置65%，光照设置白天和夜间各12h，白天1500～2000lx，夜间0lx。

1.1.3 瓶插液的选择

瓶插液，又称保持液，指在切花瓶插观赏期所使用的提高切花瓶插质量，延长瓶插寿命的保鲜剂[3]。一般含有水、蔗糖、杀菌剂、有机酸、植物生长调节剂等物质。瓶插液的主要作用有抑制微生物繁殖，为切花在瓶插期间补充养分，抑制乙烯的产生，防止切花花茎堵塞，减少切花在瓶插期间蒸腾失水等。

鲜切花保鲜剂的主要成分有以下五大类物质，即：水、糖、杀菌剂、植物生长调节剂和有机酸[3]。经过文献检索，本试验选择了纯净水CK、蔗糖3%、氯化钙5%、水杨酸2%和可利鲜（一种商品保鲜剂）作为瓶插液进行试验。

1.2 方法

1.2.1 切花采后催花开花、衰老进程的研究

经过复水处理的花枝在水中剪去基部2cm左右，用清水瓶插，放入光照培养箱中进行催花，温度设置15℃，光照设置白天和夜间各12h，白天1500～2000lx，夜间0lx，相对湿度50%～70%。通过观察记录采后催花瓶插过程中花蕾的发育、花朵开放进程及瓶插寿命，掌握切花的衰老过程[4]。

自瓶插之日起，每天观察记录花朵的开放程度，用游标卡尺准确测量花径。将花枝采后催花期间花蕾继续发育、开放，直至衰老萎蔫脱落的过程分成若干个连续的时期[4]。描述各个时期的形态特征，确定不同的开花级别，并进行拍照记录。试验设5个重复，每个重复观测10个花蕾。瓶插寿命为自瓶插之日起至剩余花蕾数占总花蕾数30%的天数，瓶插之日记为第0天。

盛花天数：从花蕾开花率达到50%时起，至剩余花蕾开花率降至50%的天数。

花径：用游标卡尺准确测量花朵开花达到5级（盛开期）时，外层花瓣的最大直径。每个花枝随机取5朵，取平均值。

1.2.2 切花采后催花瓶插液的研究

试验设置2个不同的瓶插液处理，处理a：3%蔗糖，处理b：2%水杨酸，处理c：5%氯化钙，处理d：可利鲜（一种保鲜剂）、对照处理CK：纯净水。每日进行形态观察，形态指标包括开花率、完全开花率、瓶插寿命，每4天更换一次瓶插液，每个处理5个重复，每个重复1枝花。

开花率（%）= 开放的花蕾数 / 初始总花蕾数 ×100%。

完全开花率（%）= 开花级别能达到5级的花蕾数 / 初始总花蕾数 ×100%。

瓶插寿命（d）为从瓶插日起至剩余开花数占总花蕾30%时的瓶插天数。

催花时间（d）为从瓶插日起至开放花蕾数占总花蕾10%时的瓶插天数。

2 结果与分析

2.1 杏梅采后摧花研究

2.1.1 杏梅采后催花开花、衰老进程的研究

通过对杏梅采后催花的开花过程进行观察，发现切枝在20℃条件下瓶插，花蕾继续膨大，花瓣逐渐从花萼中伸出，瓶插第5天，花瓣现色部分占整个花蕾的1/2左右，瓶插第8天，花蕾开始松软，外层花瓣开始松动，花蕾顶部花瓣绽开一个小口，可以从开口处看见内部折叠的花瓣。随着花蕾的发育，瓶插12天后，花瓣开始展开，外层花瓣先打开，随后内部花瓣逐渐增大、打开，达到盛开状态。保持盛开状态2～3天之后开始出现萎蔫、脱落等衰老现象。花枝在瓶插第17天仍能保持30%以上的开花率，在瓶插第18天，开花率下降至30%以下，失去了观赏价值。通过采后催花开花衰老进程的研究，可倒推采收时间，已成功供应颐和园两梅展的切枝用花。

根据杏梅切花催花期间花蕾生长发育至开放衰老过程

中外部形态的变化，参考文献中开花进程的划分，将其开放过程分为6个阶段（图1）：

（1）紧蕾期（1级）：花萼微裂，在花蕾顶端形成一绽口，从开口处可见深红色花瓣，花蕾坚硬，花萼紧包整个花蕾。

（2）现色期（2级）：花萼开裂，现色部分占花蕾的1/2左右。花蕾稍坚硬。花萼仍紧包花蕾，花蕾现色部分颜色较深，花朵具有观赏价值。

（3）松蕾期（3级）：现色部分占花蕾的2/3左右。花蕾松软，外层花瓣稍松动。花蕾顶部可以看见内部折叠的花瓣，花蕾现色部分颜色较现色期有所变浅。

（4）初开期（4级）：花蕾内部花瓣伸长长出，花蕊清晰可见，多层花瓣松动，外层花瓣向斜上方展开，花瓣颜色较花蕾期略浅。

（5）盛开期（5级）：花瓣完全张开达到最大花径，外部花瓣平展或稍斜下伸，内部花瓣完全平展，花丝呈辐射状，花朵展现本品种的花型特色。

（6）衰老期（6级）：花瓣出现萎蔫、脱落等现象，花丝向中心聚合，且出现萎蔫现象，花朵失去观赏价值。

图1 杏梅开花进程

2.1.2 不同瓶插液对杏梅催花的影响

在瓶插初期，各个处理和对照开花率均为0%，此时，花蕾处于持续膨大阶段，尚未开放[5]。自瓶插第12天起，各处理的开花率开始上升，保持盛花状态（开花率>50%）约2～3天后，开花率快速下降，失去观赏价值。瓶插寿命、开花率和完全开花率是评价切花品质的重要指标。瓶插寿命表示了切花可供观赏的时间，开花率和完全开花率则显示了开花的多度及饱满程度。结合表2、表3可以看出，处理a、b、c、d的瓶插寿命略高于对照，但差异不显著（$p<0.01$）。由此可见，3%蔗糖、2%水杨酸、5%氯化钙、可利鲜能略微提高杏梅采后催花瓶插过程中的观赏品质，但对延长瓶插寿命效果、提高开花率效果不大。

不同瓶插液对杏梅采后催花过程中花径影响　表2

瓶插液	紧蕾期	现色期	松蕾期	初开期	盛开期
a	3.81	5.10	5.50	6.95	8.01
b	3.42	5.26	5.62	7.03	7.89
c	3.95	4.97	5.31	6.68	7.75
d	3.58	5.21	5.66	7.01	7.67
Ck	3.49	5.19	5.53	6.74	7.56

注：表中数值为平均值，单位mm。

不同瓶插液对杏梅采后催花过程中瓶插寿命、开花率及完全开花率的影响　表3

瓶插液	瓶插寿命（d）	开花率（%）	完全开花率（%）
a	17.8 A	92.63 A	78.59 A
b	17.5 A	90.83 A	76.62 A
c	17.1 A	89.15 A	75.36 A
d	17.2 A	88.41 A	75.41 A
Ck	17.0 A	88.74 A	75.10 A

注：表中同一列标记的字母相同，表示在1%水平上不存在显著性差异。

2.2 迎春采后催花研究

2.2.1 迎春采后催花开花、衰老进程的研究

通过对迎春采后催花的开花过程进行观察，发现切枝在20℃条件下瓶插，花蕾继续膨大，花瓣逐渐从花萼中伸出，瓶插第4天，花瓣现色部分占整个花蕾的1/2左右，瓶插第5天，花蕾开始松软，外层花瓣开始松动，花蕾顶部花瓣绽开一个小口，可以从开口处看见内部折叠的花瓣。随着花蕾的发育，瓶插6天后，花瓣开始展开，外层花瓣先打开，随后内部花瓣逐渐增大、打开，达到盛开状态。保持盛开状态6天之后，开始出现萎蔫、脱落等衰老现象。花枝在瓶插第17天仍能保持30%以上的开花率，在瓶插第18天，开花率下降至30%以下，失去了观赏价值。

根据杏梅切花催花期间，花蕾生长发育至开放衰老过程中外部形态的变化，参考文献中开花进程的划分，将其开放过程分为6个阶段（图2）：

（1）紧蕾期（1级）：花萼微裂，在花蕾顶端形成一绽口，从开口处可见黄色花瓣，花蕾坚硬，花萼紧包整个花蕾。

（2）现色期（2级）：花萼开裂，现色部分占花蕾的1/2左右。花蕾稍坚硬。花萼仍紧包花蕾，花朵具有观赏价值。

（3）松蕾期（3级）：现色部分占花蕾的2/3左右。花蕾松软，花瓣稍松动。

（4）初开期（4级）：花蕾内部花瓣伸长长出，花瓣向斜上方展开。

（5）盛开期（5级）：花瓣完全张开达到最大花径，花瓣平展或稍斜下伸。

（6）衰老期（6级）：花瓣出现萎蔫、脱落等现象，花朵失去观赏价值。

图2 迎春开花进程

2.2.2　不同瓶插液对迎春催花的影响

在瓶插初期，各个处理和对照开花率均为 0%，此时，花蕾处于持续膨大阶段，尚未开放。自瓶插第 6 天起，各处理的开花率开始上升，保持盛花状态（开花率 >50%）约 6 天后，开花率快速下降，失去观赏价值。结合表 4、表 5 可以看出，处理 a、b、c、d 的瓶插寿命略高于对照，但差异不显著（$p<0.01$）。

不同瓶插液对迎春采后催花过程中花径影响　表 4

瓶插液	紧蕾期	现色期	松蕾期	初开期	盛开期
a	5.31	11.81	15.44	17.33	20.61
b	5.42	14.13	15.36	17.51	20.72
c	5.14	13.54	14.80	16.20	19.53
d	5.66	14.63	15.31	16.86	20.35
Ck	5.45	13.22	14.10	15.95	19.91

注：表中数值为平均值，单位 mm。

不同瓶插液对迎春采后催花过程中瓶插寿命、开花率及完全开花率的影响　表 5

瓶插液	瓶插寿命（d）	开花率（%）	完全开花率（%）
a	18.6 A	99.63 A	89.55 A
b	18.3 A	98.89 A	88.36 A
c	18.5 A	99.11 A	88.02 A
d	18.2 A	98.46 A	87.89 A
Ck	18.0 A	99.82 A	87.43 A

注：表中同一列标记的字母相同，表示在 1%水平上不存在显著性差异。

2.3　连翘采后催花研究

2.3.1　连翘采后催花开花、衰老进程的研究

通过对迎春采后催花的开花过程进行观察，发现切枝在 20℃条件下瓶插，花蕾继续膨大，花瓣逐渐从花萼中伸出，瓶插第 7 天，花瓣现色部分占整个花蕾的 1/2 左右，瓶插第 8 天，花蕾开始松软，外层花瓣开始松动，花蕾顶部花瓣绽开一个小口，可以从开口处看见内部折叠的花瓣。随着花蕾的发育，瓶插 9 天后，花瓣开始展开，外层花瓣先打开，随后内部花瓣逐渐增大、打开，达到盛开状态。保持盛开状态 7 天之后，开始出现萎蔫、脱落等衰老现象。花枝在瓶插第 19 天仍能保持 30% 以上的开花率，在瓶插第 20 天，开花率下降至 30% 以下，失去了观赏价值。

根据连翘切花催花期间，花蕾生长发育至开放衰老过程中外部形态的变化[6]，参考文献中开花进程的划分，将其开放过程分为 6 个阶段（图 3）：

（1）紧蕾期（1 级）：花萼微裂，在花蕾顶端形成一绽口，从开口处可见黄绿色花瓣，花蕾坚硬，花萼紧包整个花蕾。

（2）现色期（2 级）：花萼开裂，现色部分占花蕾的 1/2 左右。花蕾稍坚硬。花萼仍紧包花蕾，花蕾现色部分颜色较深，花朵具有观赏价值。

（3）松蕾期（3 级）：现色部分占花蕾的 2/3 左右。花蕾松软，花瓣稍松动。

（4）初开期（4 级）：花蕾内部花瓣伸长长出，花瓣松动，向斜上方展开。

（5）盛开期（5 级）：花瓣完全张开达到最大花径，花瓣平展或稍斜下伸。

（6）衰老期（6 级）：花瓣出现萎蔫、脱落等现象，花朵失去观赏价值。

图 3　连翘开花进程

2.3.2　不同瓶插液对连翘催花的影响

在瓶插初期，各个处理和对照开花率均为 0%，此时，花蕾处于持续膨大阶段，尚未开放。自瓶插第 9 天起，各处理的开花率开始上升，保持盛花状态（开花率 >50%）约 7 天后，开花率快速下降，失去观赏价值。结合表 6、表 7 可以看出，处理 a、b、c、d 的瓶插寿命略高于对照，但差异不显著（$p<0.01$）。由此可见，3% 蔗糖、2% 水杨酸、5% 氯化钙、可利鲜能略微提高迎春采后催花瓶插过程中的观赏品质，但对延长瓶插寿命效果、提高开花率效果不大。

不同瓶插液对连翘采后催花过程中花径影响　表 6

瓶插液	紧蕾期	现色期	松蕾期	初开期	盛开期
a	4.98	9.62	13.19	18.96	22.13
b	4.68	9.83	11.90	19.11	21.28
c	4.74	9.10	12.36	18.12	20.66
d	4.83	9.85	12.51	18.30	20.80
Ck	4.56	9.15	11.89	17.56	20.31

注：表中数值为平均值，单位 mm。

不同瓶插液对连翘采后催花过程中瓶插寿命、开花率及完全开花率的影响　表 7

瓶插液	瓶插寿命（d）	开花率（%）	完全开花率（%）
a	20.7 A	96.73 A	85.45 A
b	20.6 A	95.82 A	85.39 A
c	20.3 A	96.01 A	84.35 A
d	20.4 A	95.76 A	84.78 A
Ck	20.0 A	95.02 A	84.25 A

注：表中同一列标记的字母相同，表示在 1%水平上不存在显著性差异。

2.4 山桃采后催花研究

2.4.1 山桃采后催花开花、衰老进程的研究

通过对山桃采后催花的开花过程进行观察，发现切枝在20℃条件下瓶插，花蕾继续膨大，花瓣逐渐从花萼中伸出，瓶插第4天，花瓣现色部分占整个花蕾的1/2左右，瓶插第6天，花蕾开始松软，外层花瓣开始松动，花蕾顶部花瓣绽开一个小口，可以从开口处看见内部折叠的花瓣。随着花蕾的发育，瓶插7天后，花瓣开始展开，外层花瓣先打开，随后内部花瓣逐渐增大、打开，达到盛开状态。保持盛开状态3～4天之后，开始出现萎蔫、脱落等衰老现象。花枝在瓶插第11天仍能保持30%以上的开花率，在瓶插第12天，开花率下降至30%以下，失去了观赏价值。

根据杏梅切花催花期间，花蕾生长发育至开放衰老过程中外部形态的变化，参考文献中开花进程的划分，将其开放过程分为6个阶段（图4）：

（1）紧蕾期（1级）：花萼微裂，在花蕾顶端形成一绽口，从开口处可见粉色花瓣，花蕾坚硬，花萼紧包整个花蕾。

（2）现色期（2级）：花萼开裂，现色部分占花蕾的1/2左右。花蕾稍坚硬。花萼仍紧包花蕾，花蕾现色部分颜色较深，花朵具有观赏价值。

（3）松蕾期（3级）：现色部分占花蕾的2/3左右。花蕾松软，花瓣稍松动。

（4）初开期（4级）：花蕾内部花瓣伸长长出，花蕊清晰可见，花瓣松动，向斜上方展开，花瓣颜色较花蕾期略浅。

（5）盛开期（5级）：花瓣完全张开达到最大花径，花瓣平展或稍斜下伸，花丝呈辐射状，花朵展现本品种的花型特色。

（6）衰老期（6级）：花瓣出现萎蔫、脱落等现象，花丝向中心聚合，且出现萎蔫现象，花朵失去观赏价值。

1级　2级　3级　4级　5级　6级

图4　山桃开花进程

2.4.2 不同瓶插液对山桃催花的影响

在瓶插初期，各个处理和对照开花率均为0%，此时，花蕾处于持续膨大阶段，尚未开放[7]。自瓶插第7天起，各处理的开花率开始上升，保持盛花状态（开花率>50%）约3～4天后，开花率快速下降，失去观赏价值。结合表8、表9可以看出，处理a、b、c、d的瓶插寿命略高于对照，但差异不显著（$p<0.01$）。由此可见，3%蔗糖、2%水杨酸能略微提高杏梅采后催花瓶插过程中的观赏品质，但对延长瓶插寿命效果、提高开花率效果不大。

不同瓶插液对山桃采后催花过程中花径影响　表8

瓶插液	紧蕾期	现色期	松蕾期	初开期	盛开期	瓶插寿命
a	3.54	4.08	6.96	8.98	10.64	11d
b	3.62	4.11	5.82	6.71	10.60	11d
c	3.59	4.35	6.81	7.55	10.39	11d
d	3.32	4.49	6.75	8.18	9.91	11d
Ck	3.11	4.39	6.81	8.06	9.62	10d

注：表中数值为平均值，单位mm。

不同瓶插液对山桃采后催花过程中瓶插寿命、开花率及完全开花率的影响　表9

瓶插液	瓶插寿命（d）	开花率（%）	完全开花率（%）
a	12.8 A	82.67 A	71.43 A
b	12.5 A	81.43 A	71.74 A
c	12.7 A	80.85 A	70.87 A
d	12.6 A	81.60 A	70.91 A
Ck	12.4 A	81.40 A	70.43 A

注：表中同一列标记的字母相同，表示在1%水平上不存在显著性差异。

3 结论与讨论

3.1 结论

针对冬季梅花、迎春、连翘、桃花切枝催花开花衰老进程进行了研究（图5），倒推冬季切枝最佳采集时间，并成功应用于颐和园两梅展插花展示，满足了生产需求。3%蔗糖、2%水杨酸能略微提高采后催花瓶插过程中的观赏品质，但对延长瓶插寿命效果、提高开花率效果不大。

图5　采后催花开花衰老进程研究

3.2 讨论

在试验过程中发现，采用化学方法蔗糖3%、氯化钙5%、水杨酸2%和可利鲜（一种商品保鲜剂）作为瓶插液进行试验与对照CK的瓶插寿命、开花率和完全开花率不存在显著性差异，且在试验后期使用水杨酸2%和可利鲜

（一种商品保鲜剂）瓶插液的切枝有烂根的现象，在以后的研究中可尝试使用深水切枝、修剪等物理方法进行保鲜和复壮。

参考文献

[1] 贾慧果 . 明清宫牡丹及牡丹文化略考 [M]. 北京：故宫出版社 .

[2] 北京市地方志编纂委员会 . 北京志·世界文化遗产卷·颐和园志 [M]. 北京：北京出版社，2004.

[3] 周涛，赵兰勇 . 鲜切花瓶插保鲜实验 [D]. 山东省林业学校，西北园艺，1999.

[4] 马海燕 . 切花菊蕾期采后催花液及贮藏技术的研究 [D]. 河南农业大学，2012.

[5] 周琦 . 梅花切花采后催花及保鲜技术研究 [D]. 浙江林学院，2009.

[6] 王少平，杜旭明，王珊 . 连翘切枝催花及保鲜效果研究 [J]. 河南科技学院学报（自然科学版），2005（01）：47-49.

[7] 饶卫华，敖礼林 . 桃花的储藏保鲜 [J]. 科学种养，2016（05）：60.

北京市公园管理中心 2020 ~ 2021 年
科技进步三等奖

不同环境条件下川金丝猴的皮质醇和 Klotho 激素水平变化①

圈养野生动物技术北京市重点实验室，北京动物园管理处，中国林业科学研究院森林生态环境与自然保护研究所，神农架国家公园，国家林业和草原局生物多样性保护重点实验室 / 王 伟 程铭昊 赵思棋 蒋 军 由玉岩 孙冬婷 黄天鹏 吴 锋 刘连贵 张于光 刘学锋

摘 要： 川金丝猴（*Rhinopithecus roxellana*）的压力激素变化受环境、季节、食物等众多因素的影响。本研究选取来自神农架国家公园大龙潭野外补食群（WG）、神农架姊妹峰笼养群（ZCG）和北京动物园笼养群（BCG）的川金丝猴为研究对象，随机采集金丝猴种群的粪便样品，分析了皮质醇激素水平和Klotho激素水平及其季节变化。结果显示，WG种群的皮质醇激素水平总体低于两个笼养群，WG种群在春季的皮质醇激素水平显著（p<0.01）低于秋季，BCG在夏季时皮质醇水平显著（p<0.01）高于其它季节，ZCG种群在各季节无显著差异；WG种群的Klotho水平在春季显著（p<0.05）低于夏季和冬季，ZCG种群的Klotho水平在春季显著（p<0.05）高于夏季，而BCG种群变化趋势虽然与ZCG种群相似，但ZCG和BCG种群间在相同季节均无显著差异。研究表明，皮质醇和Klotho激素无显著相关性，不同性别的个体间激素水平没有显著差异。因此，皮质醇和Klotho激素主要受环境条件和季节影响，研究为改进川金丝猴的繁殖和管理措施提供了科学依据。

关键词： 川金丝猴；压力激素；皮质醇；Klotho；季节变化

随着技术的发展，利用生理激素对野生动物进行监测已经成为野生动物管理的重要手段。研究皮质醇（Cortisol）等类固醇激素参与动物的应激反应，对于了解动物对环境变化的响应具有重要意义。因为粪便样品等容易收集且对野生动物无伤害，成为研究野生动物生理状态的首选指标[1-4]。当动物受到不良刺激时，皮质醇激素释放量会增加，因此可以利用该激素的变化监测动物对环境变化的响应[5]。动物皮质醇激素的研究涉及鱼类、麋鹿、东北虎，以及猩猩、狒狒、短尾猴、滇金丝猴等灵长类动物，探讨不同环境压力、季节、食物和社群结构等对皮质醇激素的影响[6-12]。Zhang 等[13]研究表明，社会结构的变化对川金丝猴个体皮质醇水平没有显著影响；杨亮亮[14]研究发现川金丝猴野外补食群全年皮质醇水平与等级关系呈负相关，不同个体的皮质醇激素水平会随季节波动。

Klotho（kl）基因是一种与衰老有关的新基因，kl 基因缺失的小鼠会加速衰老，生长受到阻滞，身体机能下降[15]。分泌型 klotho 对氧化应激具有重要的调节作用，并对抑制衰老相关的炎症反应和内质膜应激等发挥作用[16]。目前 klotho 的相关研究均围绕其在心血管、肾脏、神经性损伤、癌症等临床医学疾病中发挥的作用[17]。孙敏等[18]以小鼠为实验对象探究了 klotho 蛋白对于肾脏的保护作用。毛琦等[19]研究发现 klotho 蛋白可以很好地改善细胞衰老状况。目前，尚未见到利用该蛋白对野生动物进行健康监测的研究报道。

川金丝猴是我国特有的国家 I 级重点保护野生动物，主要分布在四川、陕西、湖北、甘肃等地[20]。本研究试图以川金丝猴野外补食群和笼养群为对象，分析不同环境压力和季节的川金丝猴皮质醇和 Klotho 激素水平变化，以及激素水平与个体性别的关系，以期获得环境压力和季节变化对川金丝猴压力的影响，为科学制定川金丝猴的保护管理策略提供依据。

① 基金资助：北京市公园管理中心课题（ZX20170）；湖北省重点研发计划项目（2020BCA081）。

1 研究方法

1.1 研究对象

研究对象包括神农架国家公园的大龙潭川金丝猴野外补食群（Wild Group，WG）、神农架姊妹峰的笼养群（Zimenfeng Captive Group，ZCG）和北京动物园笼养群（Beijing Zoo Captive Group，BCG）。大龙潭川金丝猴野外补食群可以自由采集野外食物，除偶尔有人为食物补充外，无其他人为干扰；姊妹峰和北京动物园的笼养群均为人工繁育种群，姊妹峰的笼养群为饲养 1 ～ 2 代；北京动物园为饲养多代。笼养群投喂的食物种类基本一致。

1.2 样本采集

分别于 2018 年秋季（9 月）、冬季（12 月）、2019 年春季（3 月）和夏季（6 月）采集川金丝猴粪便样本，尽量选择在晴天的下午 1 ～ 3 时采集。采集样品时，尽量采集新鲜粪便样本，尽量标记粪便来源个体的性别、年龄组别（成年、亚成年、幼体）、采样时间等。在每个地点，每批次至少采集 5 个个体以上，样本放入采样袋后在 -20℃冰箱保存 [21]。共采集来自 3 个种群的川金丝猴粪便样本 238 个（表 1）。

不同季节和不同种群采集到的川金丝猴粪便样本数量　　表 1

采样季节	野外补食群	姊妹峰笼养群	北京动物园笼养群	样本数量
春季	12	21	25	58
夏季	17	16	14	47
秋季	37	12	26	75
冬季	12	16	30	58

1.3 样本预处理和测定

1.3.1 皮质醇预处理

取粪样 2g，55℃烘干研磨，去除毛、草等杂质后，称取干粉 0.1g 置于 10mL 的 80% 酒精中，60℃水浴 20min，取上清液 6mL。再加 5mL 的 80% 酒精进行二次浸提，60℃水浴 20min，再取上清液 4mL 混合得到 10mL 上清液。在坩埚中 55℃烘干后，再加入 1mL 甲醇溶解，待检测 [22]。

1.3.2 Klotho 预处理

选取干燥粪便 50mg 以上，将粪便用 PBS 稀释（粪便与 PBS 比例为 1 ∶ 9），超声粉碎后于 5000g 转速离心 10min，取上清液，待检测。

1.3.3 激素测定

样本测定使用皮质醇（Cortisol）和猴蛋白（Klotho）ELISA 检测试剂盒（购自北京方程 BIOFINE 公司）。具体方法：将标准品稀释好 5 个梯度，各个梯度每孔加样量均为 50μL，分别设置空白孔、标准品孔和待测样品孔，待测样品每份重复 3 次。在待测样品孔中先加样品稀释液 40μL，然后再加待测样品 10μL。之后用封板膜封板后置于 37℃下温育 30min。将 30 倍浓缩洗涤液用蒸馏水 30 倍稀释后备用；揭去封板膜，弃去液体，甩干，每孔加满洗涤液，静置 30s 后弃去，重复 5 次，甩干。向每孔加入酶标试剂 50μL，空白孔除外。再次封板后置 37℃温育 30min。重复上述洗涤过程。每孔先加入显色剂 A50μL，再加入显色剂 B50μL，轻轻震荡混匀，37℃避光显色 15min。每孔加终止液 50μL，终止反应。使用空白孔调零，450nm 波长依序测量各孔的吸光度（OD 值）。测定应在加终止液后 15min 以内进行。最终以标准物的浓度为纵坐标，OD 值为横坐标，计算出标准曲线的多项式二次回归方程，将样品的 OD 值代入方程式，计算出样品浓度，再根据相应的稀释倍数，计算出样品的实际浓度（ng/g）。

1.4 数据处理

研究数据使用 SPSS 17.0 统计软件处理，以“Mean ± SD”表示，组间比较采用 one-way ANOVA 检验，$P<0.05$ 为差异显著，$P<0.01$ 为差异极显著。

2 结果

2.1 川金丝猴皮质醇激素水平的季节变化和环境差异

从图 1 可以看出，WG 和 ZCG 的皮质醇激素水平具有基本一致的季节变化规律，春季激素水平开始升高，秋季达到最大值，随后下降。WG 种群在春季的皮质醇激素水平极显著（$p<0.01$）低于秋季，而 BCG 在夏季时皮质醇水平极显著（$p<0.01$）高于其他季节，ZCG 种群在秋季时皮质醇水平最高，但与其他季节相比无显著差异。

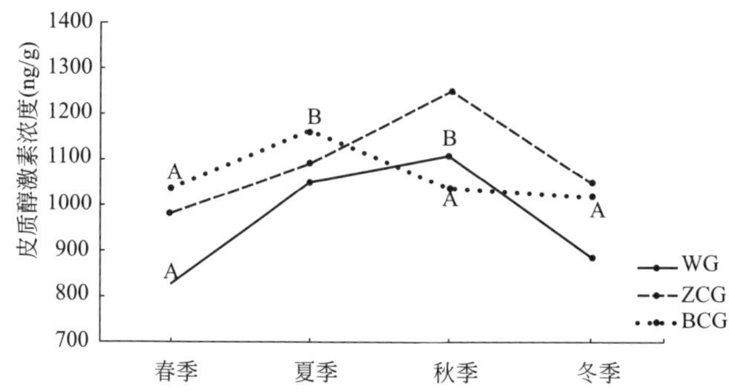

图 1　不同环境条件下川金丝猴皮质醇激素浓度的季节变化
（注：同一线上不同大写字母表示在 $p<0.01$ 水平下差异显著）

不同环境条件下川金丝猴的皮质醇激素水平存在明显差异。WG 种群的皮质醇激素水平总体低于两个笼养群。春季时，BCG 种群的皮质醇激素水平显著高于 WG 种群($p<0.05$)，秋季时 BCG 种群显著低于 ZCG 种群（$p<0.05$），而夏季和冬季时三个种群间皮质醇激素水平无显著差异（图 2）。

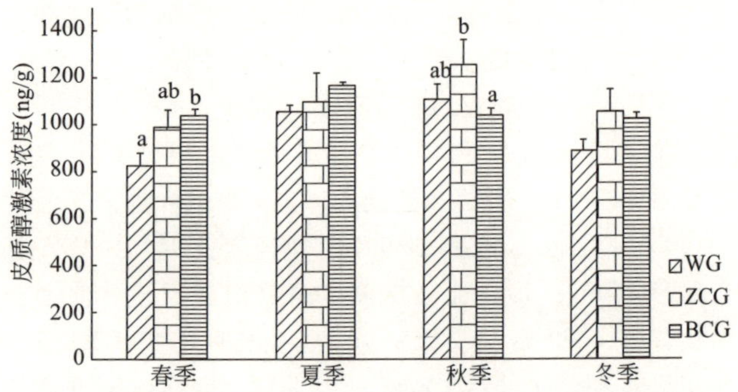

图 2　不同季节下川金丝猴皮质醇激素浓度的环境差异
（注：同一季节中不同小写字母表示在 $p<0.05$ 水平下差异显著）

2.2　川金丝猴 Klotho 激素水平的季节变化和环境差异

WG 种群的 Klotho 水平在春季显著低于夏季和冬季（$P<0.05$），ZCG 种群的 Klotho 水平在春季显著高于夏季（$P<0.05$），而 BCG 种群变化趋势虽然与 ZCG 种群相似，但是 BCG 的总体水平高于 ZCG 种群，而且 BCG 的 Klotho 水平无显著季节差异（图 3）。春季时，WG 种群的 Klotho 激素水平极显著低于 ZCG 和 BCG 种群（$p<0.01$），而 ZCG 和 BCG 种群间在相同季节均无显著差异（图 4）。

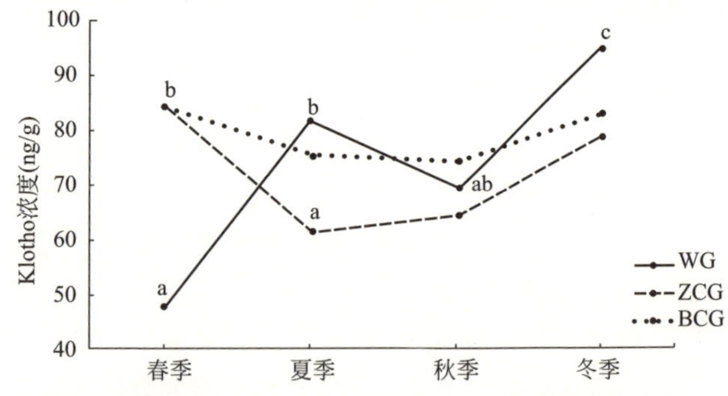

图 3　不同环境条件下川金丝猴 Klotho 激素浓度的季节变化
（注：同一线上不同小写字母表示在 $p<0.05$ 水平下差异显著）

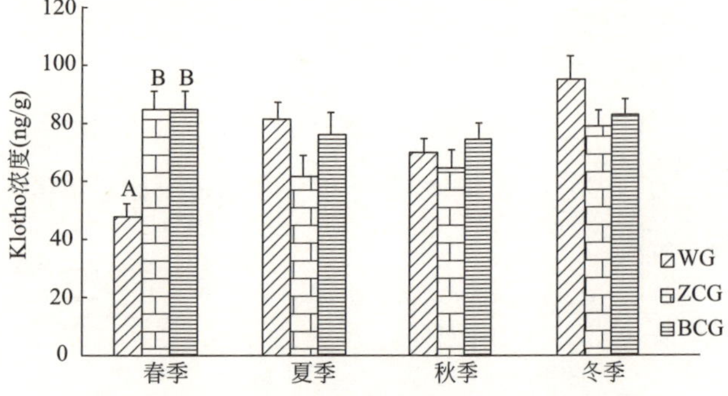

图 4　不同季节下川金丝猴 Klotho 浓度的环境差异
（注：同一季节中不同大写字母表示在 $p<0.01$ 水平下差异显著）

2.3　皮质醇激素和 Klotho 激素水平相关性分析

对不同环境条件下川金丝猴个体的皮质醇激素和 Klotho 激素相关性进行分析，发现激素间无显著相关性。从全年的分析来看 BCG 种群的皮质醇激素水平在 800 ~ 1400ng/g，而 WG 种群和 ZCG 种群的皮质醇浓度变化十分明显，但是 Klotho 的水平在不同群体间的变化相似（图 5）。

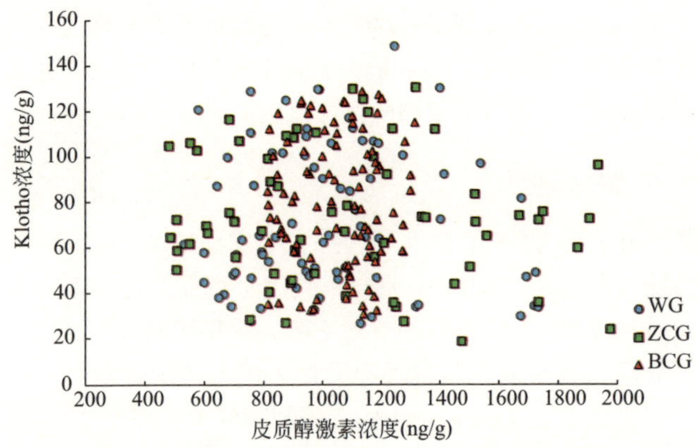

图 5　全年不同种群的川金丝猴 Cortisol 和 Klotho 激素相关性

2.4　不同性别川金丝猴压力激素水平差异

选取来自 ZCG 种群和 BCG 种群的 160 个粪便样本进行压力激素相关性分析。结果表明，雌性与雄性个体之间没有显著差异（图 6）。

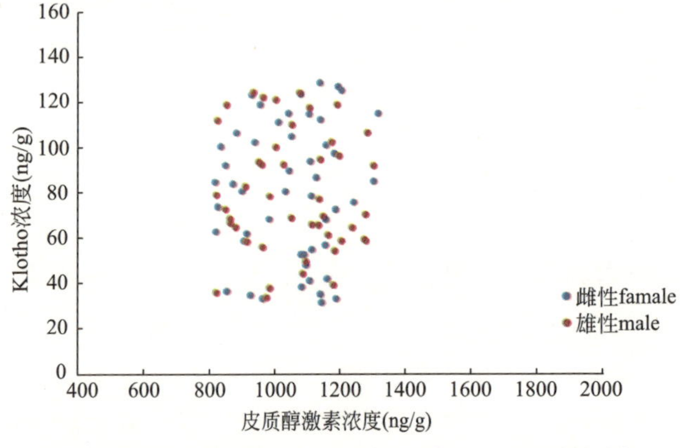

图 6　川金丝猴笼养群不同性别压力激素水平相关性分析

3　讨论

皮质醇激素和 Klotho 激素都是哺乳动物用于应对外部变化及自身调控所必须的激素。皮质醇激素是受到刺激时，动物体释放的用于调控自身代谢的激素。Klotho 激素则是一种与抗衰老相关的激素，还与各种疾病的发生相关 [23]，其水平高低可表征身体健康状况。对这两种压力激素进行研究，可以对动物的身体状况和幸福感进行评估，例

如 Macdonald 等[1] 研究了雄性大熊猫不同环境下睾酮和皮质醇的水平差异，王毅花等[4] 对黑颈鹤性激素的时间动态进行了研究，胡新波等[2] 探究了笼舍丰容对圈养金丝猴粪便中的皮质醇含量的影响，郭维佳[3] 对川金丝猴的性激素与繁殖策略之间的相关性进行了研究。

研究发现，北京动物园笼养群的皮质醇激素水平变化与当地温度变化规律一致，夏季皮质醇激素水平显著高于其他时期。由于北京地区夏季持续高温，最高温度可达38℃，持续高温带来的慢性热刺激，可促进下丘脑促肾上腺皮质激素释放，并最终导致皮质醇激素过度分泌，这与谢爱纯等[24] 在香猪上的研究结果一致。神农架野外补食群的皮质醇激素水平在秋季显著高于春季和冬季。神农架姊妹峰笼养群的川金丝猴皮质醇激素水平在秋季最高，但与其他季节相比无显著差异。可能是由于神农架地区秋季气温骤降明显，急性冷应激条件下，动物交感－肾上腺轴容易激活，使糖皮质激素分泌增加以调节机体适应性和体内平衡，因此秋季激素水平升高。同时秋季也是川金丝猴的繁殖期，处于繁殖期的个体因繁殖压力也会造成皮质醇激素水平升高。

对不同环境的个体分析发现，春季川金丝猴野外补食群的皮质醇激素和 Klotho 激素水平显著低于 2 个笼养群。皮质醇激素水平低可能与春季气温回升、食物增多有关，生活在野外的川金丝猴生存压力减小。而春季的 Klotho 激素水平较低可能是因为冬季运动量减少及身体健康程度下降，随着气温回升，川金丝猴活动量增加，自夏季之后 klotho 的水平开始逐渐增加。

对来自不同环境的川金丝猴个体粪便样本分析还发现，笼养群的皮质醇激素水平的变化幅度比野外补食群更小。生活在动物园的川金丝猴可能因为环境相对稳定、食物资源丰富，因此皮质醇激素水平也比较稳定。而野外种群需要适应不断变化的环境条件，容易受到不良环境的刺激，因此激素水平变化明显。

本研究探明了川金丝猴野外种群和笼养群的压力激素随季节变化的差异，同时首次检测川金丝猴粪便中的 Klotho 激素，并尝试分析两种激素之间和激素与动物个体的年龄、性别间的相关性，这对金丝猴的保护管理和饲养繁育具有重要的参考意义。

参考文献

[1] MACDONALD E，CZEKALA N，WANG P Y，et al.Urinary testosterone and cortisol metabolites in male giant pandas *Ailuropoda melanoleuca* in relation to breeding，housing，and season[J].Acta Zoologica Sinica，2006，52（2）：242-249.

[2] 胡新波，何鑫，黄淑芳，等 . 环境丰容对笼养川金丝猴日常行为以及粪便皮质醇水平的影响 [J]. 兽类学报，2015，35（3）：304-311.

[3] 郭维佳 . 秦岭野生川金丝猴（*Rhinopithecus roxellana*）性激素与行为调节繁殖策略的研究 [D]. 西安：西北大学，2019.

[4] 王毅花，陈丽霞，马天，等 . 笼养黑颈鹤粪便性激素水平的时间动态 [J]. 动物学杂志，2020，55（3）：363-370.

[5] CHRISTINE L，OLIVER P.Conservation implications of a lack of relationship between baseline glucocorticoids and fitness in a wild passerine[J].Ecological Applications，2016，26（8）：2730-2743.

[6] WASSER S K，THOMAS R，NAIR P P，et al.Effects of dietary fibre on faecal steroid measurements in baboons（*Papio cynocephalus cynocephalus*）[J].Journal of reproduction and fertility，1993，97（2）：569-574.

[7] NIZEYI J B，CZEKALA N，MONFORT S L，et al.Detecting adreno-cortical activity in gorillas：a comparison of faecal glucocorticoid measures using RIA versus EIA[J].International journal of animal and veterinary advances，2011，3（2）：103-115.

[8] 曾小琴 . 人为干扰下滇金丝猴（*Rhinopithecus bieti*）皮质醇激素变化与行为适应策略研究 [D]. 南充：西华师范大学，2018.

[9] 吴琼，吴建平，刘丹，等 . 圈养雄性东北虎春季粪便中皮质醇激素含量的变化及其指示作用 [J]. 经济动物学报，2014，18（2）：86-90+95.

[10] 李佩，陈见，余登航，等 . 运输密度和时间对黑尾近红鲌皮质醇、乳酸、糖元含量的影响 [J]. 水生生物学报，2020，44（2）：415-422.

[11] 张树苗，李夷平，陈颀，等 . 北京南海子麋鹿苑春季麋鹿粪样皮质醇激素变化及其指示作用 [J]. 野生动物学报，2021，42（2）：522-527.

[12] 吴明阳，陈仕望，孙丙华，等 . 季节和等级顺位对雄性黄山短尾猴粪样皮质醇水平的影响 [J]. 兽类学报，2021，41（4）：398-405.

[13] ZHANG X L，HE X，LIU D Z，et al.Behavior and adrenal activity in a group of zoo golden snub-nosed monkeys（*Rhinopithecus roxellana*）following social structure change[J].Chinese Science Bulletin，2013，58（18）：2220-2229.

[14] 杨亮亮 . 川金丝猴生理生态参数的非损伤测定及其指示作用 [D]. 北京：北京林业大学，2015.

[15] KURO-O M，MATSUMURA Y，AIZAWA H，et al.Mutation of the mouse klotho gene leads to a syndrome resembling ageing[J].Nature，1997，390（6655）：45-51.

[16] 常雅琦，文敏，赵华，等. Klotho 蛋白对氧化应激的影响及

可能机制 [J]. 动物营养学报，2018，30（9）：3459-3465.

[17] AISHANI S，JEROME G，CHRISTOS K，et al.Klotho and the treatment of human malignancies[J].Cancers，2020，12（6）：1665-1687.

[18] 孙敏，樊恒，乐健伟，等 .Klotho 蛋白对脓毒症急性肾损伤小鼠的肾脏保护作用及其机制研究 [J]. 中华危重病急救医学，2019（2）：160-164.

[19] 毛琦，邓梦杨，李禄丰，等 .Klotho 激活自噬对氧化低密度脂蛋白介导的人冠状动脉内皮细胞衰老的影响 [J]. 解放军医学杂志，2020，45（6）：587-595.

[20] 赵海涛，王晓卫，黎大勇，等 . 九寨沟自然保护区川金丝猴的分布及种群数量 [J]. 生态学报，2016，36（7）：1797-1802.

[21] 黄英，胡德夫，刘树强，等 . 川金丝猴粪样内 3 种类固醇激素保存时效分析 [J]. 动物学杂志，2010，45（6）：64-70.

[22] NUGRAHA T P，HEISTERMANN M，AGIL M，et al. Validation of a field-friendly extraction and storage method to monitor fecal steroid metabolites in wild orangutans[J]. Primates，2017，58（2）：285-294.

[23] 孙昕，陈林，董晓慧，等 .Klotho 蛋白与疾病的研究进展 [J]. 中国药理学通报，2014，30（2）：153-155.

[24] 谢爱纯，陈文超，艾晓杰，等 . 温度刺激对香猪甲状腺激素和皮质醇水平的影响 [J]. 西南农业大学学报（自然科学版），2004（4）：487-489.

黄栌内生泛菌 CCBC3-3-1 的全基因组序列分析①

北京市园林绿化科学研究院 / 周江鸿　夏　菲　车少臣

摘　要：黄栌内生泛菌CCBC3-3-1对黄栌枯萎病菌表现出了较强的拮抗作用，为了从基因组层面阐明其拮抗机理，本研究利用PacBio高通量测序平台对CCBC3-3-1的全基因组序列进行了分析。结果表明，CCBC3-3-1基因组由1条环状双链染色体和3个环状质粒组成，染色体长5008525bp，3个质粒的长度分别为25471bp、29467bp和96304bp，基因组总长度为5.16Mb；其基因组中有5013个编码基因，每个基因的平均长度为899bp，编码基因总长4.51Mb，占基因组全长的87.39%。编码基因在GO数据库注释的基因数目有13193个，与生物过程相关的基因有24类6829个；与细胞组分相关的基因有10类3647个；与分子功能相关的基因有13类2717个。

关键词：黄栌；枯萎病菌；内生泛菌；拮抗作用；全基因组测序

泛菌属（*Pantoea*）细菌广泛分布于植物表面和体内，既包括一些重要的植物病原菌，也包括一些具有生防潜力的有益种，目前已有 3 个泛菌菌株被开发成生防菌剂，在加拿大、新西兰和美国的梨和苹果火疫病（*Erwinia amylovora*）的防治上获得应用，分别为 *P. agglomerans* En325 菌株、*P. agglomerans* P10c 菌株和 *P. vagans* C9-1 菌株 [1]。从甘薯块根和芽中分离出的分散泛菌（*P. dispersa*）的 4 个菌株都对甘薯黑斑病菌（*Ceratocytis fimbriata*）有强烈的抑制作用，不仅能抑制菌丝生长和孢子萌发，并且还会改变菌丝形态、造成菌丝细胞死亡 [2]。

DNA 是生命体所有遗传信息的储存库，现代生命科学的研究热点之一就是解读这些遗传信息、探寻生命过程的奥秘、定向改良生物资源的遗传性状，而要解读这些遗传信息，首先就要完成 DNA 序列的测定。DNA 序列测定就是对 DNA 序列信息中 4 种碱基的排列顺序识别的过程，在具体的实现过程中也就是需要将 DNA 中 4 种不同的化学信号转变成计算机可以识别和处理的数字信号和电信号。从 1977 年 Sanger 等人建立“第一代测序技测序技术”开始，DNA 测序技术已经有了 40 多年的发展历程，目前第三代测序技术已得到广泛应用，人类对于生命过程的探索已深入到了全基因组水平，越来越多的微生物也完成了全基组序列分析，大量基因的功能被注释，使得在 DNA 水平上对微生物菌株进行遗传改良成为可能 [3-5]。本研究利用第三代测序平台 PacBio RS 的单分子实时（SMRT）测序技术对黄栌内生泛菌 CCBC3-3-1 菌株进行了全基因组测序，对其基因组成分进行分析，并进行功能注释，以期明确 CCBC3-3-1 抑菌物质合成的相关基因，为进一步对其进行遗传改良打下基础。

1　材料与方法

1.1　基因组 DNA 的提取

取 LB 液体培养基中 30℃过夜培养的 CCBC3-3-1 菌液 1mL，置于 1.5mL 离心管中，13000g 离心 2min，弃上清液，

①　基金项目：北京市公园管理中心课题“黄栌内生泛菌对枯萎病菌的拮抗机理研究”。

按照磁珠法细菌基因组 DNA 抽提试剂盒（B518725）（生工生物工程（上海）股份有限公司）说明书的操作步骤提取 CCBC3-3-1 的基因 DNA。

1.2 文库构建及检测

经电泳检测合格的 DNA 样品用 Covaris g-TUBE 打断成构建文库所需大小的目的片段，经 DNA 损伤修复及末端修复后，使用 DNA 黏合酶将发卡型接头连接在 DNA 片段两端，使用 AMpure PB 磁珠对 DNA 片段进行纯化选择，纯化后的片段经 buffer 回溶后，使用 BluePipin 片段筛选特定大小的片段，再使用 AMpure PB 磁珠对 DNA 片段进行纯化，构建 10Kb SMRT Bell 文库[6]。构建好的文库经 Qubit 浓度定量，并利用 Agilent 2100 检测插入片段大小，随后用 PacBio 平台进行测序，测序工作委托北京奥维森基因科技有限公司完成。

1.3 生物信息学数据分析

（1）原始下机数据处理

测序得到的原始数据会存在一定比例的低质量数据，为了保证后续信息分析结果的准确可靠，首先要对原始数据进行过滤处理，过滤掉质量值低的 reads，保留高质量 reads，过滤后的数据称为 Clean Data。

（2）样品组装

使用 SMRT Link v5.1.0 软件（https：//www.pacb.com/support/software-downloa ds/）对 reads 进行基因组组装[7, 8]，得到能反映样品基因组基本情况的序列文件；把 reads 比对到组装好的基因组序列上，统计 mapping 到最长序列的测序深度的分布情况，对组装结果进行评价；最后把原始数据比对到初步的组装序列上，利用 arrow 软件进行组装结果的优化，把存在组装错误的区域校正过来。将得到的优化后的组装结果进行比对分析，并采用二代数据进行矫正，筛分染色体与质粒序列，并将染色体序列组装成为一个环状基因组，即最终的 0gap 完成图序列；将组装的质粒序列与质粒数据库进行比对，对比对结果进行分析。

（3）基因组组分分析

使用 GeneMarkS（Version 4.17）（http：//topaz.gatech.edu/GeneMark/）软件对新测序的基因组进行编码基因预测，绘制基因长度统计图。通过 RepeatMasker（Version open-4.0.5）软件进行散在重复序列预测，通过 TRF（Tandem Repeats Finder，Version 4.07b）软件搜寻 DNA 序列中的串联重复序列。通过 tRNAscan-SE 软件（Version 1.3.1）对 tRNA 进行预测；用 rRNAmmer 软件（Version 1.2）预测 rRNA。对于 sRNA，首先进行 Rfam database 的比对注释，接着用 cmsearch 程序（Version 1.1rc4）（参数默认）确定最终的 sRNA[9–14]。

（4）基因功能分析

针对编码基因序列进行不同数据库的功能注释，包括常用的 GO、KEGG、COG、NR 数据库。首先将预测基因的蛋白序列与各功能数据库进行 Diamond 比对（evalue ≤ 1e-5）；然后对比对结果进行过滤，对于每一条序列的比对结果，选取 score 最高的比对结果（默认 identity ≥ 40%，coverage ≥ 40%）进行注释[15-18]。

（5）基因组可视化分析

针对测序样品的组装基因组序列，结合编码基因的预测结果，使用 Circos 软件[19]对样品基因组进行展示。

2 结果与分析

2.1 下机原始数据统计

黄栌内生泛菌 CCBC3-3-1 的基因组 DNA 经过 PacBio SMRT 平台的测定，共获得了 431656 条 Reads，包含碱基 3.33Gb；序列长度在 3000 ~ 15000bp，平均长度为 7706bp，N50 Read 长度为 8706bp；测序质量得分在 0.70 ~ 0.92 之间，平均得分 0.87（表 1）。

CCBC3-3-1 测序原始数据统计　　表 1

Mean Concordance	Number of Reads	Number of Bases (bp)	Mean Read Length (bp)	N50 Read Length (bp)
0.87	431656	3.33×10^9	7706	8707

2.2 测序数据的拼接

从各样品质控后的有效数据出发，使用 SMRT Link v5.1.0 软件对 reads 进行基因组组装，得到 10 个 Polished Contigs，总长度为 5.3Mb，最大和 N50 Contig 长度都为 5.03Mb（表 2），测序深度在 600× 左右。

CCBC3-3-1 测序数据拼接片段长度　　表 2

Polished Contigs	Max Contig Length (bp)	N50 Contig Length (bp)	Sum of Contig Lengths (bp)
10	5031092	5031092	5304497

拼接结果表明 CCBC3-3-1 基因组由 1 条环状双链染色体和 3 个环状质粒组成，染色体长 5008525bp，3 个质粒的长度分别为 25471bp、29467bp 和 96304bp，基因组总长度为 5.16Mb。染色体的 G+C 含量为 52.94%，3 个质粒的 G+C 含量分别为 46.7%、42.67% 和 49.95%，平均为 48.08%（表 3）。

CCBC3-3-1 测序数据拼接结果　　表 3

	编号	长度 (bp)	G+C 含量 (%)	是否为环状	GeneBank 登录号
染色体	Chr1	5008525	52.94	是	CP034363
质粒	Plas1	25471	46.74	是	CP034364
质粒	Plas2	29467	42.67	是	CP034365
质粒	Plas3	96304	49.95	是	CP034366
合计长度	5.16Mb				
G+C 平均含量	48.08%				

将组装的质粒序列与质粒数据库进行比对，对 total score 值排前 5 的比对结果进行统计，Plas1 与 *Pantoea* sp.PSNIH2 plasmid pPSP-b98 的一致性达到 96.13%，与 *Pantoea agglomerans* strain C410P1 plasmid unnamed1 的一致性达到 91.48%，与 *Erwinia amylovora* ACW56400 plasmid EaACW_pEI7 和 pEM65 的一致性均达到 87.77%，与 *Klebsiella pneumoniae* strain KPNIH50 plasmid pKPN-bb08 的一致性为 83.76%（表 4）。

CCBC3-3-1 质粒序列比对结果　　表 4

ID	Identity (%)	descroption
Plas1	96.13	*Pantoea* sp.PSNIH2 plasmid pPSP-b98, complete sequence
Plas1	91.48	*Pantoeaagglomerans* strain C410P1 plasmid unnamed1, complete sequence
Plas1	87.77	*Erwinia amylovora* ACW56400 plasmid EaACW_pEI70, complete sequence
Plas1	87.77	*Erwinia amylovora* plasmid pEM65, complete sequence
Plas1	83.76	*Klebsiella pneumoniae* strain KPNIH50 plasmid pKPN-bb08, complete sequence
Plas2	91.53	*Escherichia coli* strain 09/22a plasmid pEBG1, complete sequence
Plas2	87.14	*Escherichia coli* plasmid pNGX2-QnrS1, complete sequence
Plas2	86.16	*Escherichia coli* strain D9 plasmid C, complete genome
Plas2	86.13	*Escherichia coli* strain ECONIH4 plasmid pECO-5e72, complete sequence
Plas2	86.13	*Escherichia coli* strain ABWA45 plasmid pABWA45_4, complete sequence
Plas3	84.92	*Salmonella enterica* subsp.enterica serovar Pomona str.ATCC 10729 plasmid pATCC10729_02, complete sequence
Plas3	84.62	*Escherichia coli* strain CFSAN004176 plasmid pCFSAN004176P_03, complete sequence

续表

ID	Identity (%)	descroption
Plas3	84.36	*Escherichia coli* strain O177：H21 plasmid unnamed3, complete sequence
Plas3	83.80	*Escherichia coli* strain 266917_2 plasmid p266917_2_02, complete sequence
Plas3	82.29	*Pantoea* sp.PSNIH1 plasmid pPSP-26e, complete sequence

Plas2 与 *Escherichia coli* strain 09/22a plasmid pEBG1、plasmid pNGX2-QnrS1、strain D9 plasmid C、strain ECONIH4 plasmid pECO-5e72 和 strain ABWA45 plasmid pABWA45_4 的一致性分别为 91.53%、87.14%、86.16%、86.13% 和 86.13%（表 4）。

Plas3 与 *Salmonella enterica* subsp.enterica serovar Pomona str.ATCC 10729 plasmid pATCC10729_02 的一致性为 84.92%，与 *Escherichia coli* strain CFSAN004176 plasmid pCFSAN004176P_03 的一致性为 84.62%，与 *Escherichia coli* strain O177：H21 plasmid unnamed3 的一致性为 84.36%，与 *Escherichia coli* strain 266917_2 plasmid p266917_2_02 的一致性为 83.80%，与 *Pantoea* sp.PSNIH2 plasmid pPSP-b98 的一致性为 82.29%（表 4）。

2.3 基因组组分分析

2.3.1 编码基因

黄栌内生泛菌 CCBC3-3-1 基因组中有 5013 个编码基因，每个基因的平均长度为 899bp，编码基因总长 4.51Mb，占基因组全长的 87.39%，编码基因中 G+C 含量为 53.82%。间隔区总长度为 0.65 Mb，占基因组全长的 12.61%，间隔区 G+C 含量为 45.73%（表 5）。

CCBC3-3-1 编码基因预测结果　　表 5

基因数目	编码区总长度 (Mb)	编码区 GC 含量 (%)	编码区所占比例(%)	基因平均长度 (bp)	间隔区长度 (Mb)	间隔区 GC 含量 (%)	间隔区所占比例 (%)
5013	4.51	53.82	87.39	899	0.65	45.73	12.61

编码基因长度主要分布在 100 ~ 1100bp，总数为 3502 个，占全部基因的 69.86%，其中长度在 200 ~ 300bp 的有 399 个，300 ~ 400bp 的有 340 个，400 ~ 500bp 的有 403 个，500 ~ 600bp 的有 327 个，600 ~ 700bp 的有 334 个，700 ~ 800bp 的有 399 个，800 ~ 900bp 的有 300 个，900 ~ 1000bp 的有 364 个，1000 ~ 1100bp 的有 307 个（图 1）。

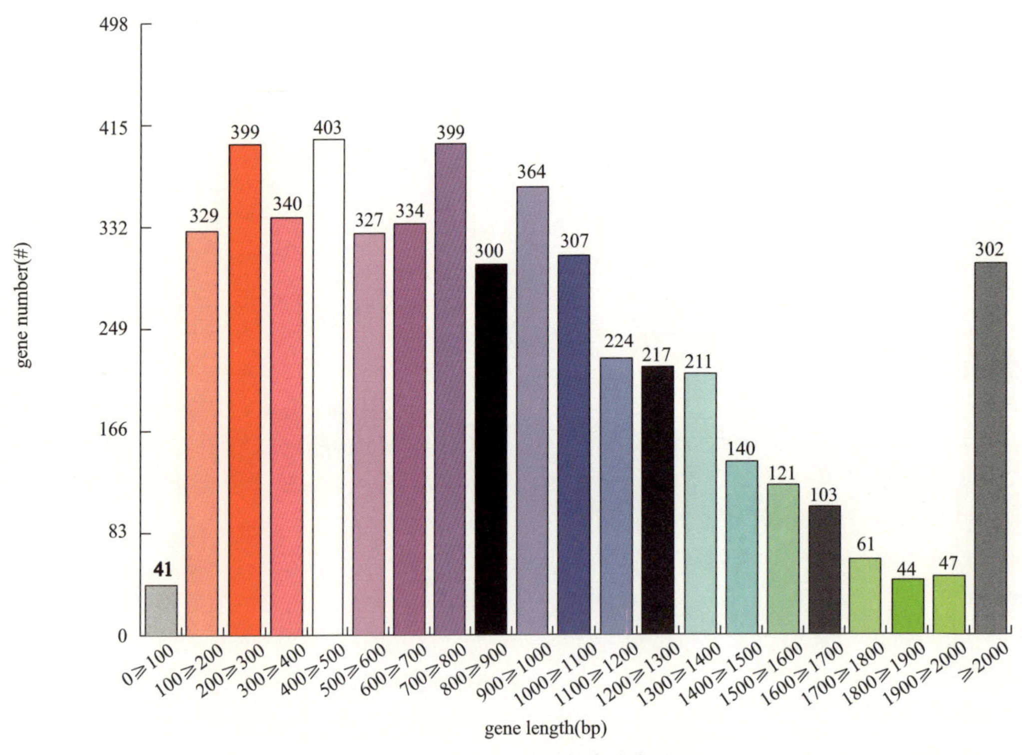

图 1　CCBC3-3-1 基因长度分布图

2.3.2　重复序列

CCBC3-3-1 基因组中有 151 条散在重复序列，总长 12216bp，平均长度为 81bp，占全基因组的 24%；其中长末端重复序列（LTR）有 79 条，平均长度 85bp；DNA 转座子有 13 个，平均长度 69bp；长散在重复序列有 39 条，平均长度 93bp；短散在重复序列有 17 条，平均长度 67bp（表 6）。

CCBC3-3-1 散在重复序列预测结果　　表 6

	LTR 长末端重复序列	DNA 转座子	LINE 长散在重复序列	SINE 短散在重复序列	未知	合计
数目	79	13	39	17	3	151
总长度	6742	894	3402	1085	294	12216
基因组中所占比例（%）	0.13	0.02	0.07	0.02	0.01	0.24
平均长度（bp）	85	69	93	67	98	总平均 81

含有 239 条串联重复序列，总长 19708bp，占全基因组的 0.38%；其中长度在 3 ~ 303bp 的串联重复序列（TR）131 条，总长度为 12724bp，占全基因组的 0.25%；长度在 10 ~ 57bp 的小卫星 DNA 98 条，总长度为 6437bp，占全基因组的 0.13%；长度在 3 ~ 6bp 的微卫星 DNA 10 条，总长度为 547bp，占全基因组的 0.01%（表 7）。

CCBC3-3-1 串联重复序列预测结果　　表 7

	TR 串联重复序列	小卫星 DNA	微卫星 DNA	合计
数目	131	98	10	239
长度（bp）	3 ~ 303	10 ~ 57	3 ~ 6	—
总长度（bp）	12724	6437	547	19708
所占比例（%）	0.25	0.13	0.01	0.38

2.4　基因功能分析

2.4.1　GO 数据库注释

GO 的全称是 Gene Ontology，是一套国际标准化基因功能描述的分类系统。GO 分为三大类：① 细胞组分（cellular component）：用于描述亚细胞结构、位置和大分子复合物，如核仁、端粒和识别起始的复合物；② 分子功能（molecular function）：用于描述基因、基因产物个体的功能，如与碳水化合物结合或 ATP 水解酶活性等；③ 生物过程（biological process）：用来描述基因编码的产物所参与的生物过程，如有丝分裂或嘌呤代谢等。

CCBC3-3-1 编码基因在 GO 数据库中注释的基因数目总共有 13193 个，与生物过程相关的基因种类和数量都是最多的，有 24 类 6829 个，其中数量最多的是 metabolic process 类基因，为 1713 个；其次是 cellular process 类基因，为 1673 个；其余数量较多的有 localization 类基因 718 个，establishment of localization 类 693 个，biological

regulation 类 563 个，regulation of biological process 类 546 个，cellular component organization or biogenesis 类 159 个。与细胞组分相关的基因有 13 类 2717 个，其中数量最多的是 cell 和 cell part 类，均有 1077 个；其次为 organelle 类，有 185 个；macromolecular complex 类有 175 个。与分子功能相关的基因有 10 类 3647 个，其中 catalytic activity 类和 binding 类最多，分别有 1572 个和 1375 个；其次是 transporter activity 类和 nucleic acid binding transcription factor activity 类，分别有 244 个和 220 个（图 2）。

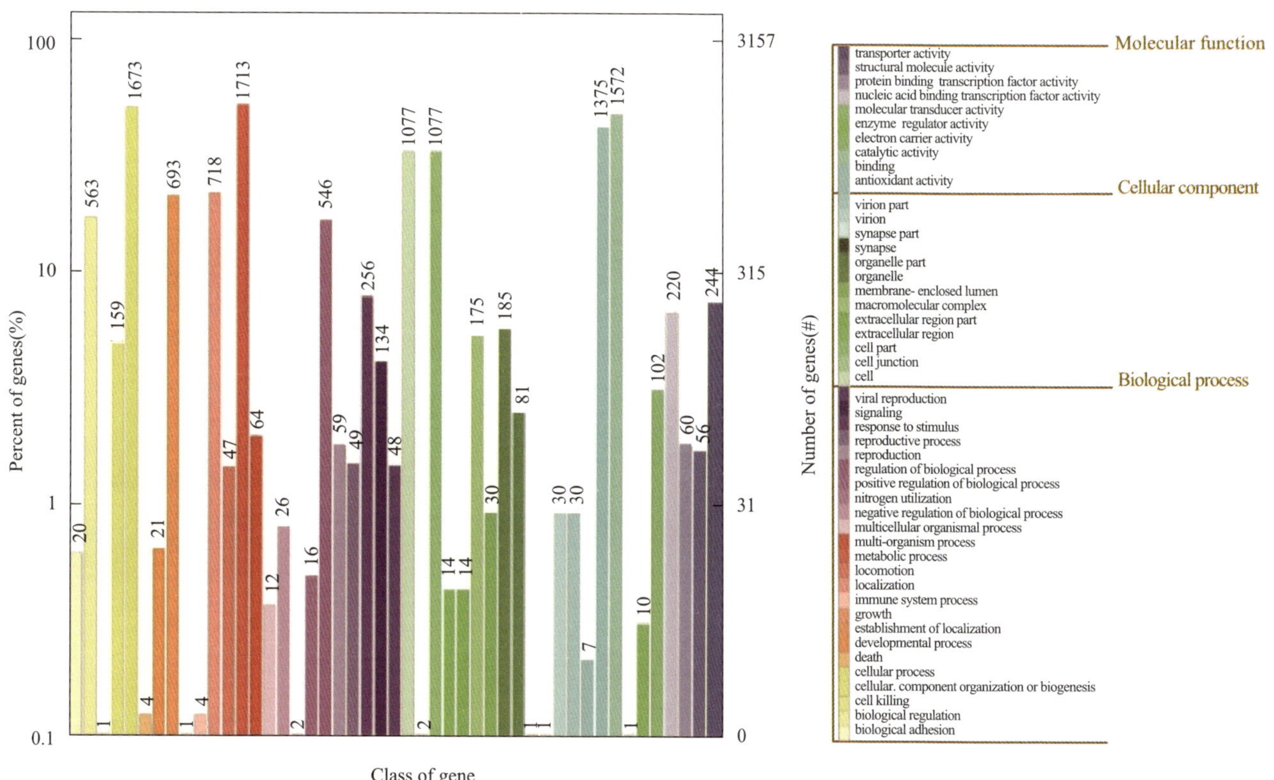

图 2　CCBC3-3-1 编码基因在 GO 数据库中注释到的基因个数

2.4.2　KEGG 数据库注释

KEGG 全称为 Kyoto Encyclopedia of Genes and Genomes，是系统分析基因产物和化合物在细胞中的代谢途径以及这些基因产物功能的数据库。

CCBC3-3-1 编码基因在 KEGG 数据库中注释的基因数目总共有 2368 个，与代谢相关的基因有 1246 个，其中外源物质代谢相关基因 49 个，核苷酸代谢基因 122 个，萜类和多酮类物质代谢基因 35 个，维生素代谢基因 176 个，脂类代谢基因 61 个，多糖合成和代谢相关基因 52 个，能量代谢相关基因 153 个，糖代谢基因 278 个，氨基酸代谢基因 213 个，其他次生代谢物合成基因 43 个。与环境信息传递相关的基因有 434 个，其中信号传导基因 143 个，跨膜运输相关基因 291 个（图 3）。

2.4.3　COG 数据库注释

COG 全称是 Cluster of Orthologous Groups of proteins，由 NCBI 创建并维护的蛋白数据库，根据细菌、藻类和真核生物完整基因组的编码蛋白系统进化关系分类构建而成。通过比对可以将某个蛋白序列注释到某一个 COG 中，每一簇 COG 由直系同源序列构成，从而可以推测该序列的功能。

CCBC3-3-1 编码基因在 COG 数据库中注释结果见图 4，注释的基因数目总共有 4240 个，其中 Amino acid transport and metabolism 类基因最多，有 432 个；其次为 Carbohydrate transport and metabolism 类和 General function prediction only 类，分别为 371 个和 367 个；Transcription 类基因 313 个，Inorganic ion transport and metabolism 类基因 272 个，Cell wall/membrane/envelope biogenesis 类基因 258 个，Translation，ribosomal structure and biogenesis 类基因 251 个，功能未知基因 220 个，Coenzyme transport and metabolism 类基因 213 个，Signal transduction mechanisms 类基因 201 个，Secondary metabolites biosynthesis，transport and catabolism 类基因 94 个。

2.4.4　NR 数据库注释

NR 全称为 Non-Redundant Protein Database，是一个非

Cellular Processes
Transport and catabolism
Cellular community-prokaryotes
Cell motility
Cell growth and death
Environmental Information Processing
Signal transduction
Membrane transport
Genetic Information Processing
Translation
Transcription
Replication and repair
Folding, sorting and degradation
Human Diseases
Neurodegenerative diseases
Infectious diseases
Immune diseases
Endocrine and metabolic diseases
Drug resistance
Cardiovascular diseases
Cancers
Metabolism
Xenobiotics biodegradation and metabolism
Necleotide metabolism
Metabolism of terpenoids and polyketides
Metabolism of other amino acids
Metabolism of cofactors and vitamins
Lipid metabolism
Glycan biosynthesis and metabolism
Energy metabolism
Carbohydrate metabolism
Biosynthesis of other secondary metabolism
Amiho acid metabolism
Organismal Systems
Nervous system
Immune system
Excretory system
Environmental adaptation
Enpdocrine system
Digestive system
Aging

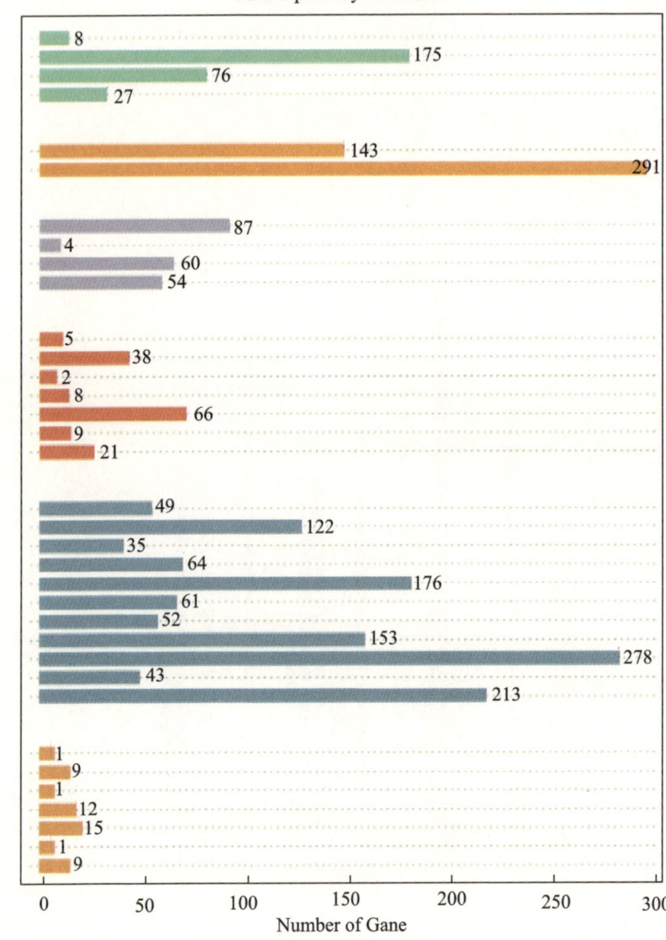

图 3　CCBC3-3-1 编码基因在 KEGG 数据库中注释到的基因个数

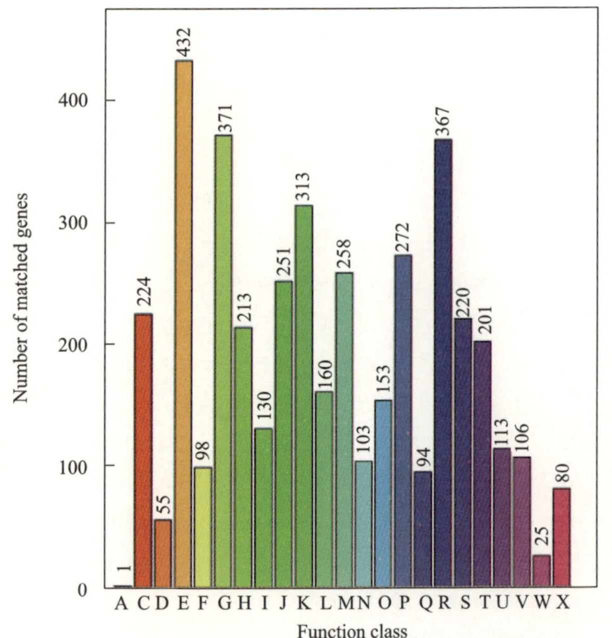

A: RNA processing and modification (1)
C: Energy production and conversion (224)
D: Cell cycle control, cell division, chromosome partitioning (55)
E: Amino acid transport and metabolism (432)
F: Nucleotide transport and metabolism (98)
G: Carbohydrate transport and metabolism (371)
H: Coenzyme transport and metabolism (213)
I: Lipid transport and metabolism (130)
J: Translation, ribosomal structure and biogenesis (251)
K: Transcription (313)
L: Replication, recombination and repair (160)
M: Cell wall/membrane/envelope biogenesis (258)
N: Cell motility (103)
O: Posttranslational modification, protein turnover, chaperones (153)
P: Inorganic ion transport and metabolism (272)
Q: Secondary metabolites biosynthesis, transport and catabolism (94)
R: General function prediction only (367)
S: Function unknown (220)
T: Signal transduction mechanisms (201)
U: Intracellular trafficking, secretion, and vesicular transport (113)
V: Defense mechanisms (106)
W: Extracellular structures (25)
X: Mobilome: prophages, transposons (80)

图 4　CCBC3-3-1 编码基因在 COG 数据库中注释到的基因个数

冗余的蛋白质数据库，由 NCBI 创建并维护，其特点在于内容比较全面，同时注释结果中会包含有物种信息，可作物种分类用。根据基因注释到的物种情况，统计注释到的物种及基因数目。

CCBC3-3-1 编码基因在 NR 数据库中注释结果见图 5，注释的基因数目总共有 4579 个，*Erwinia billingiae* 中注释到 1153 个基因，*Erwinia typographi* 中注释到 553 个基因，*Erwinia* 中注释到 541 个基因，*Erwinia mallotivora* 中注释到 339 个基因，*Pantoea* 中注释到 475 个基因，*Pantoea agglomerans* 中注释到 73 个基因，*Pantoea ananatis* 中注释到 32 个基因。

2.5 全基因组图谱

CCBC3-3-1 染色体 Chr1 全基因组图谱，由 8 个圈图组成，最外圈是基因组序列位置坐标，其他 7 个圈，由外到里分别是编码基因、基因功能 COG 数据库注释结果、KEGG 数据库注释结果、GO 数据库的注释结果、ncRNA、基因组 GC 含量（向内的红色部分表示该区域 GC 含量低于全基因组平均 GC 含量，向外的绿色部分与之相反，且峰值越高表示与平均 GC 含量差值越大）、基因组 GC skew 值（具体算法为 G-C/G+C，用来衡量 G 和 C 的相对含量，如果 G>C 则 GC skew 的值为正值，用向内的粉色部分表示；G<C 则为负值，该区域 G 的含量低于 C 的含量，用向外的浅绿色部分表示）（图 6）。

CCBC3-3-1 质粒 Plas1、Plas2 和 Plas3 全基因组图谱，由 4 个圈图组成，由外到里，分别是 COG 功能注释分类基因（箭头顺时针表示正链编码）、基因组序列位置坐标、基因组 GC 含量（向内的红色部分表示该区域 GC 含量低于全基因组平均 GC 含量，向外的绿色部分与之相反，且峰值越高表示与平均 GC 含量差值越大）、基因组 GC skew 值（具体算法为 G-C/G+C，向内的粉色部分表示该区域 G 的含量低于 C 的含量，向外的浅绿色部分与之相反）（图 7）。

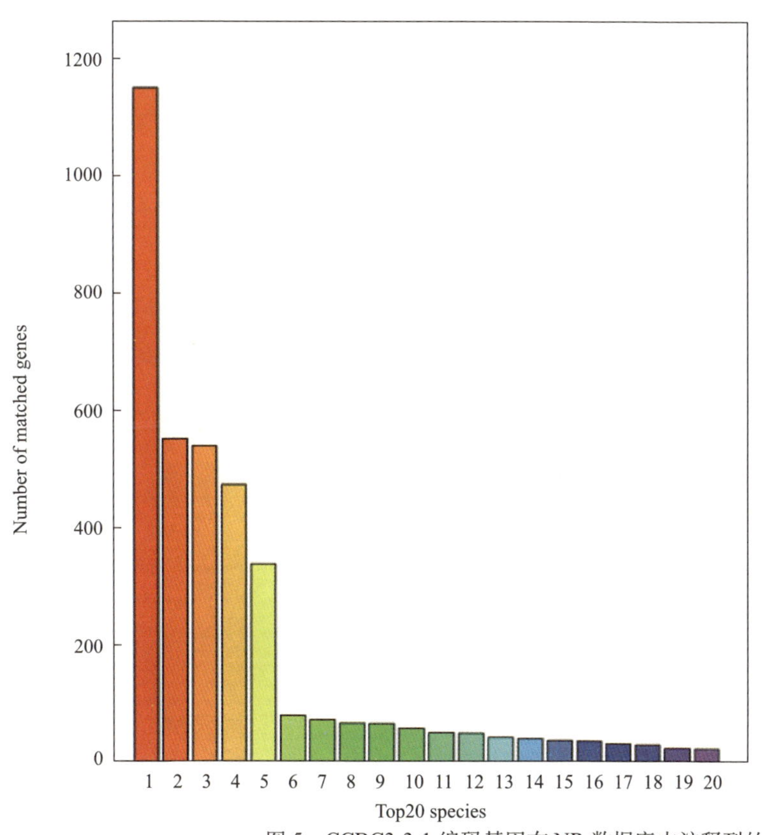

图 5 CCBC3-3-1 编码基因在 NR 数据库中注释到的基因个数

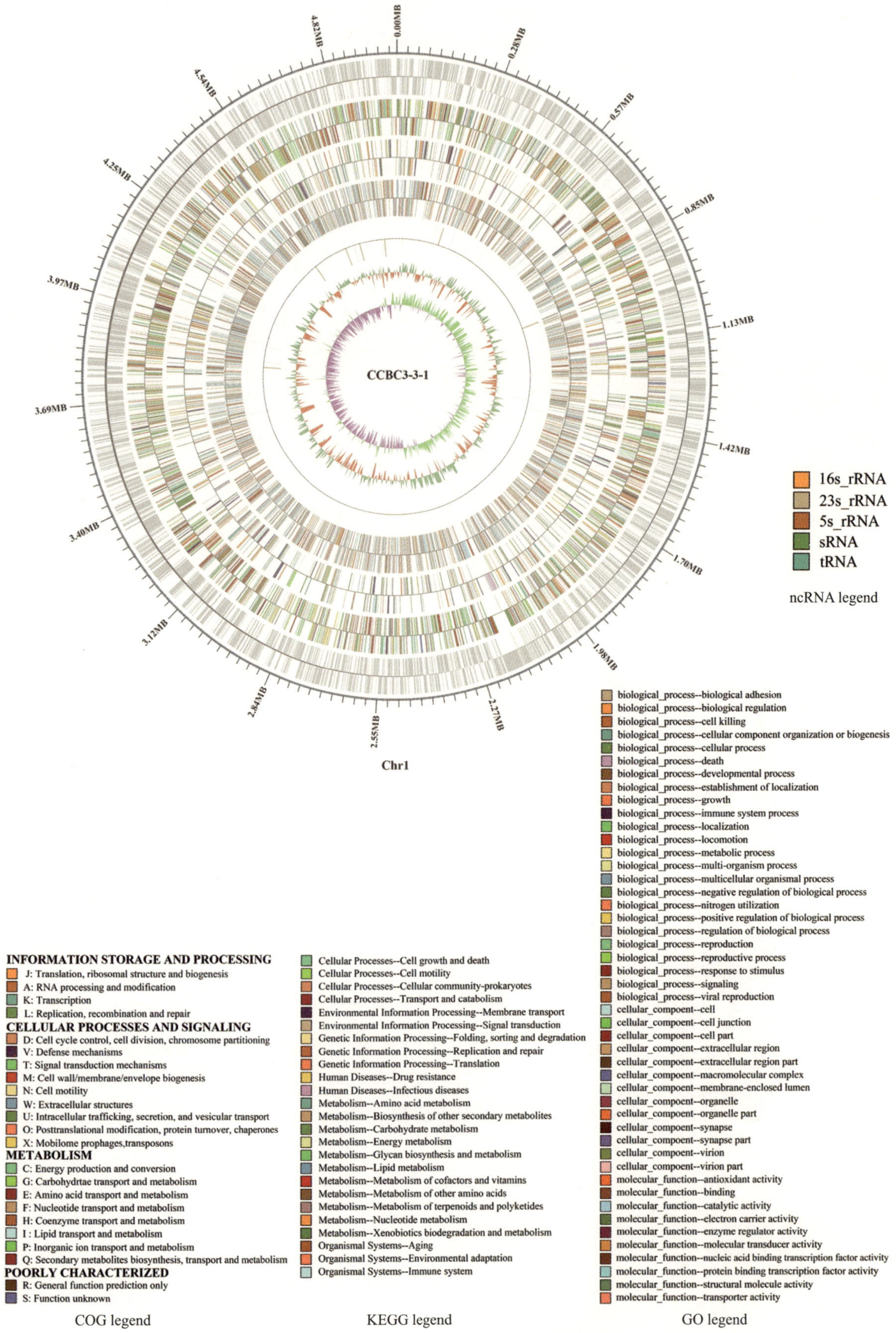

0.00MB 0.28MB 0.57MB 0.85MB 1.13MB 1.42MB 1.70MB 1.98MB 2.27MB 2.55MB 2.84MB 3.12MB 3.40MB 3.69MB 3.97MB 4.25MB 4.54MB 4.82MB

CCBC3-3-1

Chr1

- 16s_rRNA
- 23s_rRNA
- 5s_rRNA
- sRNA
- tRNA

ncRNA legend

INFORMATION STORAGE AND PROCESSING
- J: Translation, ribosomal structure and biogenesis
- A: RNA processing and modification
- K: Transcription
- L: Replication, recombination and repair

CELLULAR PROCESSES AND SIGNALING
- D: Cell cycle control, cell division, chromosome partitioning
- V: Defense mechanisms
- T: Signal transduction mechanisms
- M: Cell wall/membrane/envelope biogenesis
- N: Cell motility
- W: Extracellular structures
- U: Intracellular trafficking, secretion, and vesicular transport
- O: Posttranslational modification, protein turnover, chaperones
- X: Mobilome prophages,transposons

METABOLISM
- C: Energy production and conversion
- G: Carbohydrtae transport and metabolism
- E: Amino acid transport and metabolism
- F: Nucleotide transport and metabolism
- H: Coenzyme transport and metabolism
- I: Lipid transport and metabolism
- P: Inorganic ion transport and metabolism
- Q: Secondary metabolites biosynthesis, transport and metabolism

POORLY CHARACTERIZED
- R: General function prediction only
- S: Function unknown

COG legend

- Cellular Processes--Cell growth and death
- Cellular Processes--Cell motility
- Cellular Processes--Cellular community-prokaryotes
- Cellular Processes--Transport and catabolism
- Environmental Information Processing--Membrane transport
- Environmental Information Processing--Signal transduction
- Genetic Information Processing--Folding, sorting and degradation
- Genetic Information Processing--Replication and repair
- Genetic Information Processing--Translation
- Human Diseases--Drug resistance
- Human Diseases--Infectious diseases
- Metabolism--Amino acid metabolism
- Metabolism--Biosynthesis of other secondary metabolites
- Metabolism--Carbohydrate metabolism
- Metabolism--Energy metabolism
- Metabolism--Glycan biosynthesis and metabolism
- Metabolism--Lipid metabolism
- Metabolism--Metabolism of cofactors and vitamins
- Metabolism--Metabolism of other amino acids
- Metabolism--Metabolism of terpenoids and polyketides
- Metabolism--Nucleotide metabolism
- Metabolism--Xenobiotics biodegradation and metabolism
- Organismal Systems--Aging
- Organismal Systems--Environmental adaptation
- Organismal Systems--Immune system

KEGG legend

- biological_process--biological adhesion
- biological_process--biological regulation
- biological_process--cell killing
- biological_process--cellular component organization or biogenesis
- biological_process--cellular process
- biological_process--death
- biological_process--developmental process
- biological_process--establishment of localization
- biological_process--growth
- biological_process--immune system process
- biological_process--localization
- biological_process--locomotion
- biological_process--metabolic process
- biological_process--multi-organism process
- biological_process--multicellular organismal process
- biological_process--negative regulation of biological process
- biological_process--nitrogen utilization
- biological_process--positive regulation of biological process
- biological_process--regulation of biological process
- biological_process--reproduction
- biological_process--reproductive process
- biological_process--response to stimulus
- biological_process--signaling
- biological_process--viral reproduction
- cellular_compoent--cell
- cellular_compoent--cell junction
- cellular_compoent--cell part
- cellular_compoent--extracellular region
- cellular_compoent--extracellular region part
- cellular_compoent--macromolecular complex
- cellular_compoent--membrane-enclosed lumen
- cellular_compoent--organelle
- cellular_compoent--organelle part
- cellular_compoent--synapse
- cellular_compoent--synapse part
- cellular_compoent--virion
- cellular_compoent--virion part
- molecular_function--antioxidant activity
- molecular_function--binding
- molecular_function--catalytic activity
- molecular_function--electron carrier activity
- molecular_function--enzyme regulator activity
- molecular_function--molecular transducer activity
- molecular_function--nucleic acid binding transcription factor activity
- molecular_function--protein binding transcription factor activity
- molecular_function--structural molecule activity
- molecular_function--transporter activity

GO legend

图 6　CCBC3-3-1 染色体 Chr1 全基因组图谱

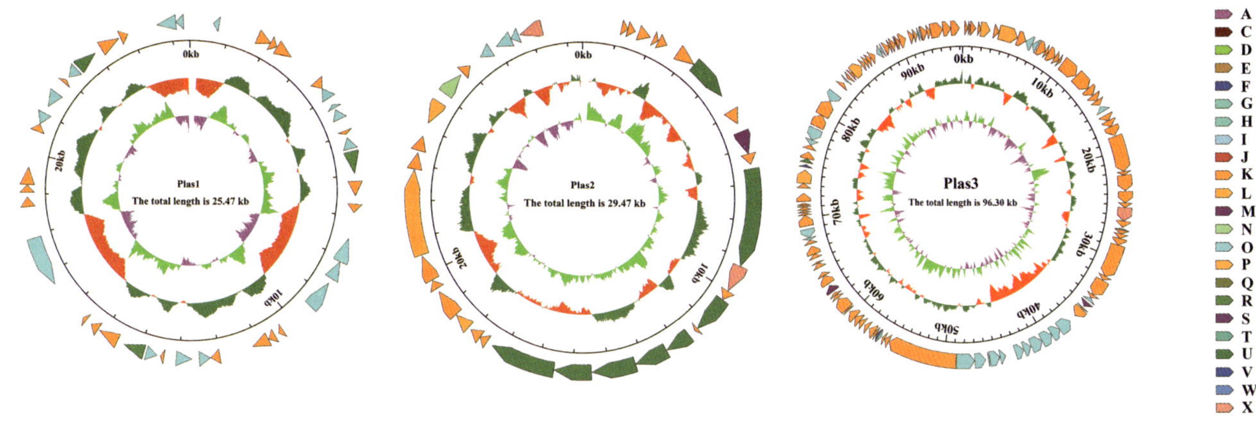

图 7　CCBC3-3-1 质粒全基因组图谱

3　结论与讨论

物种的全基因组研究对于揭示其代谢调控的规律和生命活动的奥秘意义重大，但是物种全基因组数据极为庞大和复杂，对其认识和解读需要巨大的工作量和扎实的生物学、遗传学、生物化学、数学、统计学、计算机技术等多学科知识的储备，研究者往往有自己的局限性，因此，对全基因组数据的解读不可能短时期内完成。最典型的例子是，人类全基因组测序完成已有多年，对其信息的深度解读到现在都没有完成，到目前，仍有大量优秀的科学家和科研团队在努力研究，并不断有新的发现，可以预计，在未来数十年内，人类全基因组方面的研究仍会是热点。另一方面，目前对全基因组数据的解读只能依据数据库中相当有限的一些参照信息来进行，因此，能准确解读的信息有限。本研究对黄栌内生泛菌 CCBC3-3-1 菌株进行了全基因组测序研究，并对序列信息进行了解读，但是，限于研究者本身能力的限制和研究时间的限制，仍有大量的信息没有进行深入的分析，这将是本课题组今后努力的方向之一。

质粒（Plasmid）是一种小型双链 DNA 分子，其特点是不在染色体 DNA 上，但能够自我复制。质粒的存在非常广泛，通常存在于细菌及酵母菌细胞内，在高等植物的线粒体和叶绿体内也有发现。多数质粒的构型是环状，近几年陆续还发现了一些非环状的质粒，如 Borrelia hermsii 和 Streptomyces coelicoler 细胞内存在线状质粒。同一物种细胞体内质粒的种类和数量不等，有时甚至差别很大，一个细胞内可能存在多种质粒，而数量差别更大，一个细胞内质粒的数量（即套数，copy number）可以是一种，也可以是数千种之多。不同质粒的大小也可能差别很大，较小的质粒只有几千 bp，而大的质粒则可达到数十万 bp。与核基因不同，质粒还可以在不同细胞间横向传递，是不同物种之间基因交流的重要方式，其进化学意义重大。质粒对于生物适应变化的环境具有重要的意义，因为质粒可能携带多种基因，如耐药基因、毒力基因、特殊代谢产物基因等，这些基因往往赋予了细胞特殊的功能，因此质粒是需要特别关注的 [20]。

本研究对基因功能的分析是基于数据库中其他物种的研究资料进行的，多是“预测性”的结论。这一预测的理论基础是基因的密码子具有通用性，序列相同的基因片段在不同的生物内可能发挥相同或相近的功能，这种“预测”通常具有准确性。但也不能完全排除生物个体的差异，相似序列在不同生物体内的作用可能不同。因此，对于某些重要的功能基因，还要通过实验的方法进行验证。

对生防菌株的全基因组序列进行测定和分析，可以准确地定位优良基因，从分子水平解读其拮抗机理，为深层次探索其调控机理和代谢规律奠定基础。其次，对基因结构特征的深入研究可以为进一步利用基因工程的手段加以应用和改良这些优良基因提供理论依据。除此之外，通过对基因组序列的研究，可以发现潜在的致病基因，并对其进行定向调控，防患于未然，从而更加合理、更加安全的使用微生物资源。

参考文献

[1] Smits T.H.M., Brion.D., Blom J., Ishimaru C.A., Stockwell V.O.Pantocin A, a peptide-derived antibiotic involved in biological control by plant-associated *Pantoea* species[J]. Archives of Microbiology, 2019, https：//doi.org/10.1007/s00203-019-01647-7.

[2] Jiang L.M., Jeong J.C., Lee J.S., Park J.M., Yang J.W., Lee M.H., Choi S.H., Kim C.Y., Kim D.H., Kim S.W., Lee J.Y.Potential of *Pantoea dispersa* as an effective biocontrol agent for black rot in sweet potato[J].Scientific Reports, 2019, 9：16354.https：//doi.org/10.1038/s41598-019-52804-3.

[3] Sanger, F., Nicklen, S., Coulson, A.R.DNA sequencing with

chain-terminating inhibitors[J].Proceedings of the National Academy of Sciences of the United States of America，1977，74（12）：5463-5467.

[4] Metzker，M.L.Sequencing technologies—the next generation[J].Nature Reviews Genetics，2010，11（1）：31.

[5] Rhoads A.，Au K.F. PacBio sequencing and its applications[J]. Genomics，Proteomics & Bioinformatics，2015，13（5）：278-289.

[6] McCarthy，A.Third generation DNA sequencing：pacific biosciences' single molecule real time technology[J]. Chemistry & Biology，2010，17（7）：675-676.

[7] Ardui S，Ameur A，Vermeesch J R，et al.Single molecule real-time（SMRT）sequencing comes of age：applications and utilities for medical diagnostics[J].Nucleic Acids Research，2018.

[8] Reiner J，Pisani L，Qiao W，et al.Cytogenomic identification and long-read single molecule real-time（SMRT）sequencing of aBardet–Biedl Syndrome 9（BBS9）deletion[J].Npj Genomic Medicine，2018，3（1）.

[9] Besemer J，Lomsadze A，Borodovsky M. GeneMarkS：a self-training method for prediction of gene starts in microbial genomes.Implications for finding sequence motifs in regulatory regions[J].Nucleic Acids Research，2001，29(12)：2607-2618.

[10] Stanke M Diekhans M，Baertsch R，et al. Using native and syntenically mapped cDNA alignments to improve de novo gene finding[J].Bioinformatics，2008，24（5）：637-644.

[11] Saha S，Bridges S，Magbanua Z V，et al.Empirical comparison of ab initio repeat finding programs[J].Nucleic acids research，2008，36（7）：2284-2294.

[12] Benson G.Tandem repeats finder：a program to analyze DNA sequences[J].Nucleic acids research，1999，27（2）：573.

[13] Lowe T M，Eddy S R.tRNAscan-SE：a program for improved detection of transfer RNA genes in genomic sequence[J]. Nucleic acids research，1997，25（5）：0955-964.

[14] Lagesen K，Hallin P，Rødland E A，et al. RNAmmer：consistent and rapid annotation of ribosomal RNA genes[J]. Nucleic acids research，2007，35（9）：3100-3108.

[15] Ashburner M，Ball C A，Blake J A，et al. Gene Ontology：tool for the unification of biology[J].Nature genetics，2000，25（1）：25-29.

[16] Kanehisa M，Goto S，Kawashima S，et al. The KEGG resource for deciphering the genome[J].Nucleic acids research，2004，32（suppl 1）：D277-D280.

[17] Kanehisa M，Goto S，Hattori M，et al. From genomics to chemical genomics：new developments in KEGG[J].Nucleic acids research，2006，34（suppl 1）：D354-D357.

[18] Galperin MY，Makarova KS，Wolf YI，et al. Expanded microbial genome coverage and improved protein family annotation in the COG database[J].Nucleic Acids Research，2015，43（Database issue）：261-9.

[19] Krzywinski，M.et al. Circos：an Information Aesthetic for Comparative Genomics[J].Genome Res（2009）19：1639-1645.

[20] 李建宏. 优良植物根际促生菌 *Bacillus mycoides* Gnyt1 特性研究及全基因组测序分析 [D]. 兰州：甘肃农业大学，2017.

新中国成立前卧佛寺及周边植物的调查与记录初探

北京市植物园，北京市花卉园艺工程技术研究中心，城乡生态环境北京实验室 / 周达康　陈红岩　王金革

摘　要： 通过大量历史资料的查询与考证，本文汇总了中华人民共和国成立前西方人以及我国学者对卧佛寺等周边地区的植物调查和记录，档案包括照片、信札、论文、名录、游记、日记等。共涉及有植物学专业背景的调查者7人，摄影师或旅行者约16人，明确记录各种植物83种。

关键词： 中华人民共和国成立前；樱桃沟；老照片；博物学家

卧佛寺位于北京植物园内，建于唐贞观年间，原名兜率寺，清代雍正十二年（1734 年）重修后改名为十方普觉寺。由于寺内横卧一尊巨大的释迦牟尼佛涅槃铜像，因此又得名“卧佛寺”，2001 年列入全国重点文物保护单位名单。从卧佛寺向西沿小路步行，途经集秀园、观音阁、万松亭、隆教寺等地，最终抵达樱桃沟——一条位于寿安山西麓的自然溪谷。卧佛寺及周边区域不仅有着悠久的文化积淀，而且植物资源非常丰富。

16 世纪初，“天朝大国”被西方殖民者“发现”了，他们开始在这里谋求他们有用的东西。从 17 世纪初到中华人民共和国成立前，特别是鸦片战争之后，大量的西方人来华进行生物学调查和收集，法国传教士可能是最早在北京收集植物种苗和标本的人。北京近郊西山地区丰富的植物多样性吸引了中外调查者们的关注，其中 A.V.Bunge、A.David、S.W.Williams、F.N.Meyer 等人极为突出，在潭柘寺、翠微山、大悲寺、戒台寺、碧云寺等地采集了大量标本，包括极多新类群[1-2]。卧佛寺作为西山著名寺院之一，却鲜有涉足，目前仅发现第 12 届东正教传道团医生 A.A.Tatarinov、协和医学院（北京协和医院前身）药物学部的 N.H.Cowdry 和他同事 R.G.Mills①、A.B.D.Fortuyn②、B.E.Read 以及 J.C.Liu（刘汝强）等人有明确的采集记录，而 Tatarinov 的记录仅为 E.Bretschneider 在其专注中提及，并无具体说明，Fortuyn、Read 和 Liu 的记录引自 Liu 文章中的采集信息（表 1）[3-5]。

除了专业的生物学家，敕建的卧佛寺也吸引着西方的探险者，由于为皇家寺庙，很少有外人能进入到寺内，更别说记录下只言片语。笔者在查找文献过程中无意间发现了一篇 1842 年 5 月 31 日的书信[8]，也许这是已知最早的外国人描写卧佛寺的文章之一，其内容极其丰富，不仅用学名记载了寺中的植物，而且在作者与住持交谈中可以发

① R. G. Mills 为协和医学院教授、病理学系主任。

② A. B. D. Fortuyn 为协和医学院解剖系教授，与北京人头盖骨化石之谜有关[8]。

中华人民共和国成立前明确在卧佛寺及附近的植物记录 表 1

记录人	调查时间	出处
未知	1842 年 5 月	Walravens H.H.[6]
A.A.Tatarinov	1840 年 1 月～ 1850 年 7 月 9 日	Bretschneider
N.H.Cowdry	1919 年 4 月；1919 年 4 月 1 日；1919 年 4 月 27 ～ 28 日；1919 年 5 月 1919 年 5 ～ 6 月；1919 年 7 月；1919 年 4 月 27 ～ 28 日；1920 年 9 月 29 日	Rehder，Liu &Keng[7]
R.G.Mills	1923 年 7 月 25 日；1923 年 10 月 3 日	Rehder
A.B.D.Fortuyn	1926 年 6 月；1926 年 6 月 13 日；1926 年 8 月 9 日；1926 年 8 月 12 ～ 13 日； 1926 年 8 月 16 ～ 17 日；1926 年夏	Liu
B.E.Read	1925 年 9 月；1926 年 5 月 3 日；1926 年 5 月 8 日	Liu
J.C.Liu	1927 年 5 月 1 日；1927 年 5 月 3 日	Liu

现一些卧佛寺曾经的辉煌。纵使作者已经无从考证①，但书信中他提到了寺门外的古柏（*Platycladus orientalis*）大道、住持禅房外的绿竹还有寺内种植的牡丹（*Paeonia suffruticosa*）和玉兰（*Magnolia*），以及寺院周边的荷花（Lotus）②。

1919 ～ 1920 年，协和医学院的 Cowdry 曾多次到卧佛寺附近进行药物学调查，采集了大量的标本。在其去世后，刘汝强汇总了在协和医学院保存的“The Cowdry Collection③，完成 *Enumeration of Plants Collected by the late Mr.Nathaniel Harrington Cowdry in Chihli Province (And Chefoo)* 一文作为纪念，共收录 157 科 609 属 1212 种，其中产地明确在卧佛寺或周边的植物有藻类 1 种、苔类 2 种、蕨类 7 种、种子植物 60 种及变种（表 2）。但协和医学院馆藏的“The Cowdry Collection”并不是 Cowdry 采集的所有标本，有部分标本保存在美国阿诺德树木园，其中就有 1920 年 9 月 27 日采自卧佛寺附近的杭子梢（*Campylotropis macrocarpa*）[9]。1934 年，耿以礼建立了隐子草属（*Cleistogenes*），并根据 Cowdry 1920 年 9 月 29 日采自卧佛寺附近干燥山坡上的标本，发表了一新种——丛生隐子草（*C.caespitosa*）。

“The Cowdry Collection”中明确采集自卧佛寺和周边的植物种类 表 2

编号	文中拉丁名	采集时间（年／月／日）	采集人及采集号	地点描述
1	*Chara schweinitzii*	1920/9/27	C.1043	lotus pond
2	*Riccia fluitans*	1920/9/8	—	lotus pond
3	*R. frostii*	—	—	lotus pond
4	*Adiantum flabellatum*	1926/8/17	F.52	Wofossu wall
5	*Asplenium sarelii* var. *pekinense*	1919/4/1	C.1	
6	*Cheilanthes argentea*	—	C.3	
7	*Cyclophorus petiolosus*	1919/7/	C.279	
8	*C. adnascens*	—	C.4	
9	*Pellaea geraniaefolia*	—	C.2	
10	*Selaginella involvens*	—	—	
11	*Pinus tabulaeformis*	1919/4/	C.?	
12	*P. thunbergii*	—	—	
13	*Arthraxon ciliaris*	1920/9/27	C.1001，C.1002	
14	*Molinia serotina*	1919/4/	C.217	
15	*Themeda triandra*	1919/4/	C.216	
16	*Commelina communis*	1926/8/9	F.38	
17	*Allium tenuissimum*	1926/8/13	F.43	
18	*Scilla chinensis*	1926/8/16	F.50	
19	*Iris dichotoma*	—	F.46	
20	*I. ensata*	—	L.357	
21	*Populus tomentosa*	1920/9/26	C.1040	
22	*Juglans regia*	1927/5/3	L.345	
23	*Ulmus pumila*	1920/9/26	C.1014	
24	*Broussonetia papyrifera*	1927/5/3	L.349	
25	*Pilea pumila*	—	C.1023	side of stream

① 原文备注中指出，作者应该为俄罗斯考察队中具有植物学基础的的医生或艺术家。

② 古柏原文中为“*Thuiao rientalis*”，侧柏学名现在一般使用 *Platycladus orientalis*；牡丹，原文中为“*Pionia mu-tan*”，现学名一般使用 *Paeonia suffruticosa*；玉兰，原文中为“Magnolie”，木兰属现学名一般使用 *Magnolia*。

③ The Cowdry Collection 除了 H. N. Cowdry 采集的标本以外，还包括 B. E. Read、G. D. Wilder、A. B. D. Fortuyn 和 J.C. Liu 等人的标本。

续表

编号	文中拉丁名	采集时间（年／月／日）	采集人及采集号	地点描述
26	*Dianthus chinensis*	—	F.31	
27	*Stellaria aquatica*	1920/9/26	C.1031	side of spring stream
28	*Anemone chinensis*	1919/4/28	C.?	
29	*A. chinensis*	—	L.208	
30	*Clematis heracleifolia*	1920/9/27	C.1009	temple
31	*C. heracleifolia* var. *davidiana*	1926/8/12	F.41	
32	*Capsella bursa-pastoris*	1919/5/	C.366	wofossu ground
		—	R.64	
33	*Agrimonia eupatoria*	1926/8/12	F.42	
34	*Prunus serrulata*	1927/5/1	L.351	
35	*Sanguisorba officinalis*	1926/8/12	F.40	
36	*Astragalus scaberrimus*	1919/5/	C.58	
37	*Caragana chamlagu*	1919/5–6/	C.169	
38	*Cassia mimosoides*	1920/9/26	C.741	
39	*C. mimosoides* var. *nomame*	1926/8/17	F.53	
40	*Oxytropis hirta*	—	F.11	
41	*Polygala tenuifolia*	1926/6/13	F.13	
42	*Phyllanthus simplex*	1920/9/26	C.1025	rocky bed of dry ravines
43	*Cotinus coggygria*	1927/5/3	L.350	
44	*Rhamnus parvifolia*	1919/4/	C.177=R.50	dry ravines
45	*Orewia parviflora*	1927/5/3	L.353	
46	*Begonia sinensis*	1920/9/26	C.1024	shade of rocks
47	*Trapa natans*	1920/9/26	C.?	wofossu ponds
48	*Diospyrus kaki*	1920/9/26	C.1006	
49	*D. lotus*	1925/9/	R.178	
		1927/5/3	R.354	
50	*Syringa oblata*	1920/9/27	C.1010	temple ground
51	*Swertia chinensis*	1920/9/27	C.?	ravines
52	*Calystegia dahurica*	1926/8/13	F.47	
53	*Cuscuta lupuliformis*	—	—	

续表

编号	文中拉丁名	采集时间（年／月／日）	采集人及采集号	地点描述
54	*Trigonotis peduncularis*	1926/6/	F.6	
55	*Elsholtzia cristata*	1920/9/26	C.1026	near stream
56	*Salvia miltiorrhiza*	1926/6/	F.10	
57	*Scutellaria macrantha*	1926/6/	F.18	
58	*Scopolia* sp.	1920/9/26	C.1049	
59	*Mazus stachydifolius*	1926/6/	F.15C	
60	*Veronica anagallis*	1926/6/	F.8	
61	*Catalpa bungei*	1926/5/8	R.191	
62	*Patrinia rupestris*	1926/8/7	F.32	hills at north
63	*Antennaria steetziana*	1926/summer	F.9	
64	*Centaurea monanthos*	1919/4/	C.108	hill side
65	*Chrysanthemum morifolium*	1920/9/26	C.1027	
66	*Gerbera anandria*	—	—	
67	*Inula britannica*	1926/8/9	F.33	
68	*Myripnois dioica*	1919/4/27	C.182	
69	*Saussurea affinis*	1927/5/3	L.348	
70	*Senecio campestris*	1919/4/	C.123	temple ground

注：C：Cowdry F：Fortuyn L：Liu R：Read–：无记录。

1923 年 7 月 25 日，Cowdry 已经回国，Mills 作为他的同事，来到卧佛寺时，正值寺中的七叶树（*Aesculus chinensis*）开花，还有一株紫藤属（*Wistaria* sp.）植物已经开始结实，他便采集了这两种植物并制成标本。当年的 10 月 3 日，他再次来到卧佛寺采集了紫藤属标本。当著名植物分类学家 A.Rehder 仔细观察这些标本后发现，它们叶背既不是光滑无毛的，也不是长有光亮小柔毛的，而是具有灰白色的长绒毛，这与他当时所掌握的中国紫藤属很多标本都不一样，根据这个非常明显的特点，他认为这应该是一个紫藤属的新种，并且命名为 *Wistaria villosa*，种加词 villosa 的意思是“具有长绒毛的”。他还怀疑这个就是法国传教士 Domenic Parennin 在 18 世纪初写给法兰西科学院 Du Halde 神父的信中提到的，开美丽紫罗兰色花朵的藤本植物——“teng lo”①[10]！在 Rehder 确定新种的时候，除了参考 Mills 的标本以外，还看到了 F.N.Meyer、H.H.Chung、J.Hers、A.N.Steward 等人从北京、天津、河南、陕西、江西等地采集的标本。通过综合考虑，他确定 Mills 1923 年 7 月 25

① 信原文中拼写为“tem lo”，Grosier J. P. 1819 年写作“ten-lo-hoa”[11]，Bretschneider 1881 年写作“teng lo hua”[12]，Rehder 文中写作“teng lo”。

日采自北京卧佛寺的标本为模式标本。“teng lo”这个名字显然是中文“藤萝”的音译，所以这个种在我国的正式中文名称就是藤萝。

Rehder 在研究藤萝的同时，指出它跟紫藤（*W. sinensis*）的最主要区别是紫藤老叶两面毛很少，而且特别说明阿诺德树木园标本馆庞大的中国植物收藏中没有一份来自我国北方的紫藤标本，也就是说他认为野生紫藤只分布于我国南方。他还指出藤萝与白花藤萝（*W. venusta*）的最主要区别是白花藤萝为黄色绒毛。基于以上判断，Rehder 把 Bunge（产自北京是石景山区八大处翠微山）、N.Turczaninow（产自中国北部）、Rehder & Wilson（产自北京市门头沟区樱桃沟村）等人已经定名的紫藤属植物修订为藤萝，*Flora of China* 也跟 Rehder 的观点相似 [13-15]。

如今，卧佛寺内既有七叶树古树，也有藤萝古藤，很有可能 Mills 当年就是从它们身上折取的枝条。Rehder 不曾想到，在他发表藤萝近 70 年后，另外一个植物学家，澳大利亚人 P.Valder，跟随他文章的脚步，查看了标本，去了邱园，来到了卧佛寺，来考证藤萝和紫藤的关系。Valder 最终认为，藤萝和紫藤非常相似，叶片特征不足以区分两种，有必要检视 Rehder 当年发表藤萝的文章里所列出的其他标本，以确定藤萝这个种的正确性 [16]①。

除了文献记载，一些西方摄影师或旅行者拍摄的卧佛寺老照片同样记录了几百年来的植物变迁，目前笔者收集卧佛寺及周边的老照片已达百余张，涉及拍摄者约 16 人，其中最早的照片是 John Thompson 在 1868 ～ 1872 年拍摄的（图 1）[17-18]，根据与现在同场景的比对，图片中的植物确定为银杏（*Ginkgo biloba*）和侧柏；S.D.Gamble 的照片（1917—1932 年）[19] 对于卧佛寺及附近植物记载的最为详细，可以辨识的有芍药（*Paeonia lactiflora*）、山楂（*Crataegus pinnatifida*）、玉簪（*Hosta* sp.）、油松（*Pinus tabuliformis*）、侧柏、槐（*Sophora japonica*）、银杏（*Ginkgo biloba*）、狗尾草（*Setaria* sp.）等植物，不确定的有柿（*Diospyros kaki*）、香椿（*Toona sinensis*）、马蔺（*Iris lactea* var. *chinensis*）、迎春（*Jasminum nudiflorum*）、栾树（*Koelreuteria paniculata*）、杏（*Prunus armeniaca*）、梧桐（*Firmiana simplex*）等。在笔者收集到的老照片中只有一张

图 1　John Thompson 1868—1872 年拍摄的卧佛寺照片

① Valder 考证藤萝的过程中，认为 Meyer 所说的“Ying tau ko”在河北省秦皇岛市附近，但据照片判断，应为北京市门头沟区妙峰山镇樱桃沟村。

明确记载了七叶树（*Aesculus chinensis*），而且拍摄者和时间均不祥，估计为 20 世纪 20 年代，图中可以看到两株七叶树正在盛开，其中一株较大的今天已经消失，较小的作为古树还在卧佛寺中生长。汇总中华人民共和国成立前照片，可辨认的或尚存活在卧佛寺及周边的植物有 11 种或类（表 3）。

中华人民共和国成立前照片记录的卧佛寺及周边植物　表 3

名称	记录时间（年）	记录人
侧柏（*Platycladus orientalis*）	1868—1872	John Thompson
	1900—1910	Firmin Laribe
	1912—1915	John Van Antwerp MacMurray
	1920s	The Zalewski Album
	1912	未知
	1917—1932	Sidney David Gamble
	1925—1926	Benjamin March
	1933—1946	Hedda Morrison
银杏（*Ginkgo biloba*）	1868—1872	John Thompson
	1917—1932	Sidney David Gamble
	1933—1946	Hedda Morrison
七叶树（*Aesculus chinensis*）	1925—1926	Benjamin March
	未知（猜测拍摄时间为 1920s）	未知
蜡梅（*Chimonanthus praecox*）	1925—1926	Benjamin March
油松（*Pinus tabuliformis*）	1912	未知
	1913	Ralph G.Gold
	1917—1932	Sidney David Gamble
	1920s	The Zalewski Album
芍药（*Paeonia lactiflora*）	1917—1932	Sidney David Gamble
玉簪（*Hosta* sp.）	1917—1932	Sidney David Gamble
狗尾草（*Setaria* sp.）	1917—1932	Sidney David Gamble
山楂（*Crataegus pinnatifida*）	1917—1932	Sidney David Gamble
槐（*Sophora japonica*）	1900—1910	Firmin Laribe
	1901	Enrique Stanko Vráz
	1902—1905	A.J.van Citters
	1910	Charles Freer
	1917—1932	Sidney David Gamble
	1925—1926	Benjamin March
	1927	Herbert C.White
	1933—1946	Hedda Morrison
楸（*Catalpa bungei*）	1913	Ralph G.Gold
	1920s	The Zalewski Album

我国古代文献中也有很多记载了卧佛寺及附近的植物，北京植物园同仁已经做了大量工作[20]，故本文并未涉及。笔者把主要目光投向于 17 世纪至中华人民共和国成立前东西方科学家、旅行者所做工作，形成上文。作为北京植物园的职工，发掘卧佛寺这一国家级文物保护单位内在的文化、科技价值是我们工作的重点之一，随着文献、标本查阅的深入，相信会有越来越多有关植物会以不同形式出现，有待我们去梳理、总结。同时也希望广大读者能够提供相关线索和帮助，与我们一起丰富卧佛寺及周边植物那鲜为人知的岁月。

致谢

本文由诸多前辈和好友协助完成，国信招标张岱先生、北京植物园由远晖女士协助翻译了德文书信，其译文彰了显深厚的语言和文学功底；北京植物园郭翎女士提供了相关文献资料；耶鲁大学图书馆 M.Smalley 女士和 J.R.Duffy 先生、普林斯顿大学马德手稿图书馆 C.Cleeto 先生、华盛顿史密森学会弗里尔美术馆档案部主任 D.Hogge 先生提供了珍贵的卧佛寺老照片；北京植物园陈红岩女士协助鉴定老照片中的植物。笔者在此一并致谢！

参考文献

[1] 罗桂环 . 近代西方识华生物史著 [M]. 济南：山东教育出版社，2005.

[2] 毕海燕，李安仁，赵德林 .Bunge 在北京发现的植物新种及其模式产地考 [G] // 周光召 . 自然科学与博物馆研究（第一卷）. 北京：高等教育出版社，2005：86-90.

[3] Bretschneider E.History of European botanical discoveries in China Ⅰ [M].London：Sampson Low，1898.

[4] Rehder A.Enumeration of the ligneous plants of northern China Ⅲ [J].Journal of The Arnold Arboretum，1926，7（3）：151-227.

[5] 刘汝强 .Enumeration of Plants Collected by the late Mr.Nathaniel Harrington Cowdry in Chihli Province（And Chefoo）[J].Bulletin of the Peking Society of Natural History 2（1）：47-194.

[6] Anon.Briefe aus Peking.[G] // Walravens H H.Russland über die Mongolei nach China Berichte aus dem frühen 19 Jahrhundert. Wiesbaden：Harrassowitz，2002：134-138.

[7] 耿以礼 .A new generic name *Cleistogenes* in the grasses of Eurasia [J].Sinensia 5（1-2），1934，147-157.

[8] Boaz NT，Ciochon RL.Dragon Bone Hill：An Ice Age Saga of Homo erectus [M].Oxford：Oxford University，2007.

[9] Rehder A.Enumeration of the ligneous plants of northern China [J].Journal of The Arnold Arboretum，1923，4（3）：117-192.

[10] Hauld P.Lettres Edifiantes et Curieuses，Ecrites des Missions

Etrangères, par quelques Missionaires de la Compagnie de Jesus Tome XXVI Ancienne edition [M].Paris：P.G.Le Mercier, 1743：142.

[11] Grosier M.De la Chine ou Description générale de cet empire, rédigéed' après les mémoires de la mission de Pé-Kin Tom 3, 3rd éd.[M].Paris：Pillet Ainé, 1819：65.

[12] Bretschneider E.Early European Researches Into the Flora of China [M].Pittsburgh：American Presbyterian Mission, 1881：32.

[13] Bunge A L.Enumeratio Plantarum, anno 1831, quas in China Boreali Collegit [J]. Mémoires présentés à L'académie Impériale des Sciences de St.Pétersbourg 2, 1832：75-147.

[14] Turczaninow N.Enumeratio Plantarum quas in China Boreali Collegitet Mecum Benevole Communicavit cl. Medicus Missionis Rossicae [J].Bulletin de la Société Impériale des Naturalistes de Moscou 7, 1837：148-158.

[15] Flora of China Editorial Committee.Flora of China Vol.10 [M].Beijing：Science Press, 2010.

[16] Valder P.Wisterias A Comprehensive Guide [M].Oregon：Timber Press, 1995.

[17] Thompson J.Through China with a camera [M].Westminster：Archibald Constable & Co., Ltd., 1898：264-265.

[18] Wikimedia Commons[DB/OL].https：//commons.wikimedia.org/wiki/File：Buddhist_temple, _Yuen_Ming_Yuen, _by_John_Thomson_Wellcome_L0056079.jpg

[19] Duke University Libraries Digital Collection [DB/OL]. Durham, North Carolina：Duke University.http：//library.duke.edu/digitalcollections/gamble/.

[20]《北京植物园志》编纂委员会 . 北京植物园志 [M]. 北京：中国林业出版社, 2003：47-48, 147.

总状绿绒蒿平原地区栽培开花技术

北京市植物园，北京市花卉园艺工程技术研究中心，城乡生态环境北京实验室 / 王雪芹　刘恒星　曹　颖

摘　要：总状绿绒蒿分布于海拔3000m以上的高原，通常未在平原地区栽培过。本文以云南地区引种的总状绿绒蒿为研究对象，在北京植物园繁育基地进行了播种、栽培养护、花期调控等试验。试验结果表明，15℃恒温和10/20℃变温条件下种子萌发率最高。室内环境下100μmol/（m^2·s）的光强条件、600ppm的肥水浓度可以促进其营养生长和叶绿素的形成；冷库春化14～20周后，夜间最低温度不高于20℃时，总状绿绒蒿在北方气候条件下能够露地完成植株的生长开花，实现绿绒蒿平原地区栽培开花。

关键词：总状绿绒蒿；平原地区；栽培；开花

总状绿绒蒿（*Meconopsis racemosa*）是生长在海拔3000m 以上的高山花卉，花独特惊艳，被誉为“高原美人”“东方的女神”。绿绒蒿以其“坚强不屈、不惧困难”的品格闻名于世，具有高寒地区植物独有的魅力。绿绒蒿喜潮湿冷凉的气候条件，生长适应性极差，尚未在低海拔、四季分明的北方栽培成功。我国有绿绒蒿属植物 38 种，集中分布于西南部。

绿绒蒿属植物在英国，因气候条件适宜，栽种较广泛，每年该植物的展览会吸引大量游人前来观赏。绿绒蒿协会在全世界已经有 240 个成员。美国长木花园地区的气候条件与中国北方相似，该地区 2011 年开始进行绿绒蒿的栽种和展示，他们称绿绒蒿为“攀登喜马拉雅蓝罂粟的神话”。每年其展示都引起轰动，引来无数的游客观赏。在国内，目前对绿绒蒿的研究集中在其资源分布调查、分类、种子萌发、生理指标以及药用价值等方面。而绿绒蒿在土壤、温度、湿度、光照、海拔等方面的栽培要求高，人工栽培尤其是平原地区的栽培几乎是空白。本研究摸索总状绿绒蒿在平原地区的栽培条件，总结露地开花的栽培措施，填补国内研究的空白，使得美丽的高山花卉能够持续应用于园林绿化，丰富园林景观。

总状绿绒蒿为一年生草本植物，高 20 ～ 50cm，全株被黄褐色坚硬而平展的硬刺。花生于上部茎生叶腋内，萼片长圆状卵形，外面被刺毛；花瓣 5 ～ 8，倒卵状长圆形，天蓝色或蓝紫色。总状绿绒蒿在海拔 3000 ～ 4600m 草坡和林地广泛分布。

1　材料与方法

1.1　材料

供试的种子是 2017 年采于云南中甸纳帕海地区，海拔 3268m，北纬 27°52′49″，东经 99°38′10″。

供试的植株为云南中甸地区采集种子播种后的成年植株。

1.2　方法

1.2.1　总状绿绒蒿在平原地区的种子萌发

挑选颗粒饱满、成熟度高的总状绿绒蒿种子 100 粒，用蒸馏水浸泡 24h 测定种子吸水率，每隔 2h 将种子取出，

用滤纸吸干后称重，记录吸水后的重量，若连续 2 次重量没有变化，则计算吸水率。以上步骤重复 3 次取平均值。

浸泡后的种子在 10℃、15℃、20℃、25℃、30℃的恒温以及 20/10℃和 25/15℃的变温条件下进行种子萌发试验，每组 50 粒种子，重复 3 次，将种子洗净、消毒，置于 3 层滤纸的培养皿中，按照实验设置的条件放于培养箱中。

1.2.2　不同光照强度、施肥对总状绿绒蒿营养生长的影响

因总状绿绒蒿是强光性植物，喜光照，受平原地区温度条件限制，试验在室内进行。室内的生长温度控制在 10 ～ 25℃。因室内的光照条件远低于室外，而平原地区室外与高原的光照条件相比又低许多，为研究室内的光线能否满足总状绿绒蒿正常的生长，本试验设置了不同梯度的室内光线，且选用不同施肥浓度来测定肥力对总状绿绒蒿生长的影响。

在光强分别 100μmol/（m^2·s）、60μmol/（m^2·s）、30μmol/（m^2·s）的条件下，分别施用 0ppm、300ppm、600ppm、900ppm 的肥水 2 个月后，测定总状绿绒蒿盆苗的生长量指标。每种处理重复 5 次，并记录光强 1、光强 2、光强 3，施肥 1、施肥 2、施肥 3、施肥 4。测量记录总状绿绒蒿植株的叶长、叶宽、叶片、叶鲜重、根鲜重、叶干重和根干重指标。

1.2.3　总状绿绒蒿露地栽培花期调控

经一年营养培育的总状绿绒蒿于 11 月放入冷库春化处理，14 ～ 20 周花期调控后分批次取出进行露地栽培，并记录植株现蕾期时间、开花时间、开花时长、花朵数量和单朵花期等。

2　结果与分析

2.1　总状绿绒蒿种子萌发

总状绿绒蒿自然分布于海拔 3000m 以上的山地，有试验证明，30℃和 40℃的蒸馏水浸泡 24h 可提高总状绿绒蒿的萌发率，0℃以上的温度种子可以萌发。受高原气候的影响，海拔对总状绿绒蒿植株性状和花的特性有明显影响，但未见海拔对种子萌发影响的相关报道。本研究对总状绿绒蒿进行了吸水率和萌发率试验。

2.1.1　种子吸水率

总状绿绒蒿种子长圆形，长 1 ～ 2mm，种皮具窗格状网纹，近黑色。

总状绿绒蒿种子吸水率表　　表 1

浸泡时间（h）	0	1	3	5	7	15	19	21	24
种子重量（g）	0.2	0.26	0.27	0.28	0.29	0.31	0.33	0.34	0.34

根据表 1 的测定数据，总状绿绒蒿种子的吸水率（%）=（0.34−0.2）/0.2=70%。总状绿绒蒿种子吸水速度第 1 个小时最快，后期吸水速度趋缓，20h 后基本不变。经过浸泡的种子可以提高萌发率 10%。

2.1.2　种子萌发率

从表 2 的结果可知：萌发温度影响总状绿绒蒿启动时间，20℃及以上种子萌发天数缩短，20℃以下萌发天数延长。萌发温度对发芽率和发芽势具有极显著影响。高温会抑制种子的萌发，如在 25℃条件下，种子萌发率明显下降，而 15℃恒温和 20/10℃变温最利于种子的萌发，萌发率最高。

总状绿绒蒿种子不同温度萌发记录分析　　表 2

温度（℃）	10	15	20	25	30	20/10	25/15
发芽启动时间（d）	10	8	6	6	无萌发	9	8
发芽率	0.835ab	0.93a	0.8ab	0.45c	0d	0.88a	0.7b
发芽势	0.717a	0.683b	0.6ab	0.367c	0d	0.717a	0.55b

从发芽势的分析可得出：低温有利于提高种子的发芽势，在 10℃恒温条件下，种子萌发启动时间虽然延长，但发芽势与在变温 20/10℃条件下一致。综上所述，20/10℃变温条件最利于总状绿绒蒿种子的萌发。

2.2　不同光照、肥力对总状绿绒蒿生物量和叶绿素含量的影响

2.2.1　不同光强、肥力条件对叶长、叶宽的影响

由表 3 可知：光照 1 条件下，不同肥力处理的植物叶片，叶长、叶宽生长表现极显著差异，其中 300ppm、600ppm 的叶长、叶宽表现最佳，ck 条件下植株生长量最小，900ppm 施肥条件下生长量高于 ck，低于 300ppm 和 600ppm 施肥条件，说明高光强条件下 300 ～ 600ppm 的施肥浓度有利于植株生长。光照 2 的条件下生长的植株，不同浓度的施肥处理，叶长和叶宽均高于不施肥的对照处理，说明中等强度的光强条件下 300 ～ 900ppm 施肥有利于植株生长；光照 3 的条件下生长的植株，不同的施肥浓度间叶长、叶宽没有明显差异。综上所述，中度以上的光强条件下，适宜浓度的施肥有利于植株叶片的生长。

2.2.2　不同光强、肥力条件对叶鲜重和叶干重的影响

不同光强、肥力条件对叶鲜重和叶干重的影响表现不一致。光照 1 条件下，不同施肥处理植物叶鲜重和叶干重表现极显著差异，施肥 ck 和 900ppm 浓度的施肥叶鲜重和叶干重均较低，经过 900ppm 处理叶干重高于 ck，施肥有

利于叶片中，但浓度过高吸收反而抑制干物质的积累。结果说明高光强条件下600ppm的施肥浓度最利于植株生长；在光照2条件下，900ppm施肥浓度对叶鲜重和叶干重的影响有显著差异；而光照3弱光条件下，任何施肥浓度都没有明显差异。综上所述，高光强条件下600ppm施肥有利于植株叶片的生长。

不同处理对总状绿绒蒿叶片及生物量影响结果分析　　表3

处理	叶长	叶宽	叶鲜重	根鲜重	叶干重	根干重
光照1 施肥1	13.1267e±0.93217	3.6733cd±0.78749	14.2000e±5.80000	5.1500e±1.60234	1.3710cde±0.55355	0.7820de±0.27200
光照1 施肥2	22.2000a±1.09234	5.7067a±0.57143	34.9500b±6.42787	8.5000d±0.70000	3.2780b±0.59087	1.0167cd±0.09018
光照1 施肥3	22.2333a±1.71818	5.7400a±0.93787	45.9000a±5.60000	13.6667b±0.05774	5.2267a±0.53501	2.1667b±0.12503
光照1 施肥4	16.2267cd±0.33486	4.4733bcd±0.13013	13.6000e±1.10000	10.2500c±1.18216	1.7300cd±0.18083	2.4933b±0.69759
光照2 施肥1	15.2067d±2.18049	4.4733bcd±0.71002	9.2833e±0.86048	3.3333f±0.32532	0.9333e±0.11676	0.5533def±0.06351
光照2 施肥2	18.7667b±1.86090	4.5000bcd±0.92455	13.7667e±1.04083	15.5667a±0.64291	1.4133cde±0.15631	3.0700a±0.22517
光照2 施肥3	16.4867bcd±0.49652	4.6467bc±0.20429	15.1367de±1.43382	7.9333d±1.68622	1.4533cde±0.15308	2.4033b±0.61978
光照2 施肥4	18.0133bc±0.16289	4.8533ab±0.18583	23.0000c±1.27671	9.0500cd±0.75000	3.6900b±0.34699	1.4133c±0.10693
光照3 施肥1	18.5000bc±0.69311	3.5067d±0.53003	11.9500e±2.50450	1.7500g±0.21794	1.2300de±0.21000	0.2553ef±0.05500
光照3 施肥2	17.6733bc±0.78137	3.5133d±0.43466	10.7500e±1.35000	3.5000f±0.36056	1.1133de±0.13503	0.3733ef±0.05686
光照3 施肥3	17.9467bc±0.94707	4.3733bcd±0.25007	20.9333cd±4.34319	0.9000g±0.10000	1.9333c±0.12503	0.1300f±0.01732
光照3 施肥4	17.4867bc±1.21364	4.4067bcd±0.08327	14.2000e±1.90788	1.2000g±0.10000	1.3733cde±0.11060	0.1333f±0.02082

注：1. 光照1施肥1——100μmol/（m^2·s）光强+复合肥0；光照1施肥2——100μmol/（m^2·s）光强+复合肥300ppm；光照1施肥3——100μmol/（m^2·s）光强+复合肥600ppm；光照1施肥4，在100μmol/（m^2·s）光强下，复合肥900ppm；光照2施肥1，在60μmol/（m^2·s）光强下，复合肥0；光照2肥2，在60μmol/（m^2·s）光强下，复合肥300ppm；光照2施肥3，在60μmol/（m^2·s）光强下，复合肥600ppm；光照2施肥4，在60μmol/（m^2·s）光强下，复合肥900ppm；光照3施肥1，在30μmol/（m^2·s）光强下，复合肥0ppm；光照3施肥2，在30μmol/（m^2·s）光强下，复合肥300ppm；光照3施肥3，在30μmol/（m^2·s）光强下，复合肥600ppm；光照3施肥4，在30μmol/（m^2·s）光强下，复合肥900ppm。

2.2.3　不同光强、肥力条件对根鲜重和根干重的影响

不同光强、肥力条件对根鲜重和根干重的影响表现略有差异。光照1条件下，施肥600～900ppm根系生长良好；光照2条件下300～600ppm施肥浓度的根鲜重和干重差异显著；光照3条件下，不同施肥浓度表现出不规则变化，但整体根部生长不良。综上所述，根系生长受光照条件影响规律与叶片生长影响不太一致，大致是由于根系在土中，生长量受施肥的影响比叶片的生长略滞后。综上所述，中等以上的光强条件下，300～900ppm的施肥浓度均有利于根系的生长。

2.2.4　不同光照、肥力对总状绿绒蒿叶绿素含量的影响

叶绿体色素在光合植物作用中担任着光能的吸收和转化角色，由此保证植物光合作用的正常进行。通过叶绿素含量的测定，可以判定植物的光合作用能力和健康情况。植物叶片呈色与叶片细胞内色素的种类、含量及分布有关。高等植物叶片中的叶绿素包括叶绿素a、叶绿素b和类胡萝卜素等。

1. 不同光照强度对叶绿素含量的影响

图1结果可以看出：在60μmol/(m^2·s)和30μmol/(m^2·s)光照下，无论哪种施肥浓度，叶绿素a和叶绿素b的含量均高于在100μmol/（m^2·s）光照下。试验结果表明，弱光促进植物叶绿素的合成，更利于叶绿素的形成。这与其他植物的研究结果一致。有试验将叶片处在最优光和弱光条件下进行对比，结果发现在成熟的老叶中，弱光中叶绿

素的含量远高于最优光时的含量。Nyitrai 等也认为，在弱光下植物能合成较多的叶绿素。王辉等在光照强度对烤烟光和特性及其生长和品质影响的研究中也发现，随着光强降低，单位叶面积叶绿素 a 和叶绿素 b 含量将增加。弱光下，叶绿素 b 含量升高且叶绿素 a/b 比值降低是植物利用弱光能力强的判断标准。这是植物对弱光的适应反应，叶绿素的增加有利于植物捕获较多的光能，而弥补外界光照的不足。

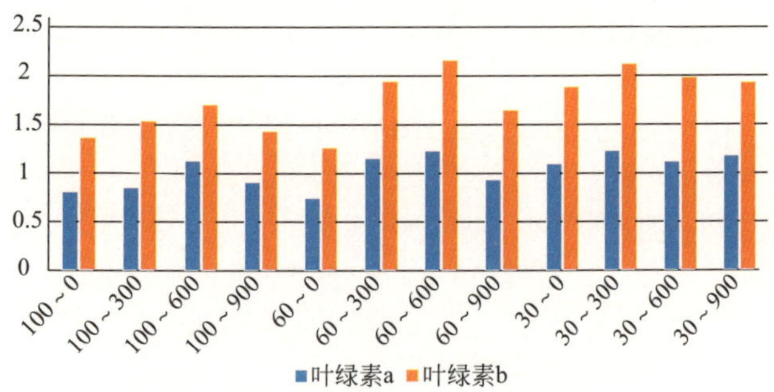

图 1　不同光照强度对叶绿素含量的影响

2．不同施肥浓度对叶绿素含量的影响

图 2 结果可以看出，施肥可以明显提高总状绿绒蒿叶片中叶绿素 a 和叶绿素 b 的含量，叶绿素的含量随着肥料浓度的增加而先升高，随后稍有下降 . 在 60μmol/（m^2・s）光强 600ppm 复合肥施用条件下叶绿素 a 和叶绿素 b 的含量均为最高。说明施肥有利于提高总状绿绒蒿的叶绿素含量，但当施肥数量超过 600ppm，对叶绿素含量变化影响不大。

综上所述，植物普遍长势表现为光照 1> 光照 2> 光照 3，施肥 3> 施肥 2> 施肥 4> 施肥 1。结果说明：光照越强，越有利于 300 ～ 600ppm，特别是 600ppm 肥料的吸收，有利于植株生长。

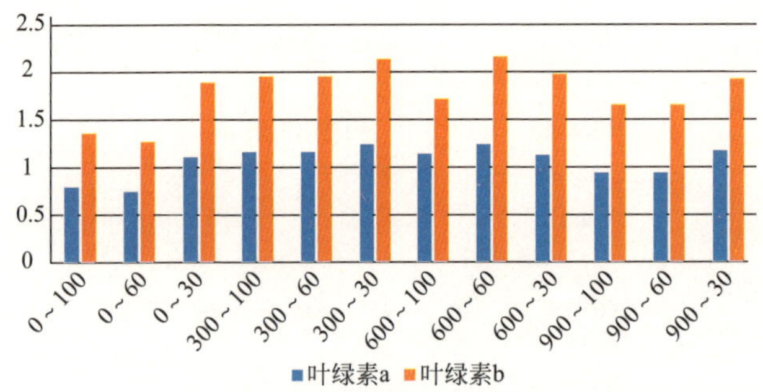

图 2　不同施肥浓度对叶绿素含量的影响

2.3　总状绿绒蒿露地栽培花期调控

春化时间和生长环境对总状绿绒蒿的生长及开花都有明显影响，北京春季时间短，适宜绿绒蒿生长的时间更短。因此，通过对比不同批次的花期调控和室内外环境，探索总状绿绒蒿露地栽培的最适宜时期。

不同春化时间对总状绿绒蒿开花的影响　　　**表 4**

批次	根系状态	春化时间（周）	现蕾时间（d）	开花时间（d）	开花时长（d）	单朵花平均天（d）	单株花朵（个）	成苗率（%）	开花率（%）	生长条件
第一	均匀	14	35	52	43	6 ～ 7	19.3	65	15	室内
第一	差异较大	14	66	86.3	38.4	3 ～ 4	20.5	66.7	33.3	室外全光
第二	差异较大	16	53.7	75.2	35	3 ～ 4	19	43.3	23.3	室外全光
第三	均匀	18	43.1	58.6	39	3 ～ 4	21	60	33.3	室外全光
第四	均匀	20	33	52	23	3 ～ 4	19	57	36.7	室外全光
第四	均匀	20	30	49	25	3 ～ 5	26	80	75	室外树阴

2.3.1　春化时间对总状绿绒蒿开花的影响

总状绿绒蒿春化 14 周之前，由于露地气温过低，植株萌发生长困难，需要在室内完成生长和开花。春化 20 周后的批次，由于室外天气逐渐变热，导致开花期缩短，甚至植株直接死亡。

14 ～ 20 周春化时间的 4 个批次，每批次总状绿绒蒿总体花期长度基本保持不变，随着春化时间的加长，现蕾时间和开花时间均有所延长；春化时长超过 16 周后，现蕾时间和开花时间均有所缩短。

通过花期调控，总状绿绒蒿整体的花期可以延长 40d 左右，14 ～ 20 周的春化时间适宜总状绿绒蒿的生长和开花。

2.3.2　生长条件对总状绿绒蒿开花的影响

总状绿绒蒿同一批次室内和室外相比较，室外生长期较长，现蕾和开花均晚于室内栽培，现蕾期晚 25d 左右，花期晚 35d 左右。室外植株品质提高，植株节间明显缩短，植株强壮。但单朵花的开放时间有所下降，平均单朵花比室内开放时间少 3d 左右，植株花色更加艳丽。

总状绿绒蒿室外全光条件和室外树荫下相比较，植株生长旺盛、舒展，成活率和开花率均得到显著的提高，树荫条件下更加适宜室外全光条件。

3 讨论与分析

平原地区总状绿绒蒿种子在20/10℃，12h光照、12h黑暗的条件下，发芽率和发芽势最高，萌发状态最佳，其萌发温度低于高海拔地区5℃左右。因两地试验均在培养箱中进行，实验室外播种萌发状况的对比分析还有待试验证明。

室内环境100μmol/（m^2·s）的光照可以满足总状绿绒蒿的营养生长需要，室外环境盆苗摆放在阔叶树下的北面和东面，北京平原地区4月中旬前树叶没有长大，对光线的遮蔽效果不明显。室外春季全光的条件不适宜总状绿绒蒿的生长，全光条件下较高的温度和较小的湿度，导致植株萌发时间平均延后10～15d，虽然进行了人工遮阴和叶面喷淋，但植株生长仍然受到较大影响。

北京的平原地区，6月上旬夜间气温基本还在20℃以下，即使白天的温度高于30℃，但通过树阴和白天的喷水降温基本可以保持总状绿绒蒿正常的生长和开花；当夜温高于20℃，绿绒蒿就需要挪入凉爽的室内栽培，否则会很快萎蔫甚至死亡。

希望通过本研究能够引起人们对高山花卉的引种驯化栽培工作的重视，将更多美丽的高山花卉应用于园林绿化中，以期提升我国野生观赏花卉园林应用水平，更好地解决目前国内园林绿化普遍存在的景观同质化、材料单一化等问题。

参考文献

[1] 张连友．绿绒蒿花儿的另一个境界[J]. 森林与人类，2016（4）：2-5.

[2] 印开蒲．荒野丽人绿绒蒿[J]. 森林与人类，2016（4）：34-40.

[3] 中国植物志编辑委员会．中国植物志[M]. 北京：科学出版社，2004.

[4] 屈燕，区智．绿绒蒿属植物国内外研究进展[J]. 北方园艺，2012（02）：191-194.

[5] 喻舞阳，杨紫玲，李佶芸，等．绿绒蒿属植物的园林应用及研究进展[J]. 四川林业科技，2020（1）：115-121.

[6] 廖捷敏，覃丽娜，彭瀚，等．不同温度对全缘叶绿绒蒿种子萌发及抗氧化物酶活性的影响[J]. 贵州农业科学，2016，44（6）14-17.

[7] 区燕，区智，尤小婷，等．不同实验条件对总状绿绒蒿居群种子萌发特性的影响[J]. 种子，2015，34（2）.

[8] 吴云，张霓雯，等．海拔对全缘叶绿绒蒿植株性状和花特征的表型选择分析[J]. 西北植物学报，2016，36（7）：1443-1449.

[9] 王盖，区智，屈燕．不同温度对总状绿绒蒿幼苗生理特性的影响[J]. 西南农业学报，2016，29（8）.

[10] 高志英，张兆沛，樊蕾，等．光照强度和氮素水平对玉米生长发育、光和生理及干物质积累的影响[J]. 云南农业大学学报，2020，(35) 2：187-195.

[11] 杜丽敏，陈培，邢文婷，等．不同施肥和光照处理对树葡萄生长特性的影响[J]. 广东农业科学，2019，46（3）：45-50.

[12] 罗秀芹，韦卓文，杨龙，等．木薯组培苗中叶绿素和类胡萝卜素含量分析[J]. 湖北农业科学，2020：136-140.

[13] 王辉，刘国顺，云菲，等．弱光下水杨酸对烤烟光合特性与叶绿素荧光的影响[J]. 农业科学与技术（英文版），2014（1）：33-38.

[14] 王雪芹，刘恒星，曹颖，等．一种绿绒蒿平原地区栽培方法[J].2021.

月季杂交育种材料的观测与筛选

北京市园林绿化科学研究院 / 华 莹 周 燕 吉乃喆

摘 要：月季作为北京等多个城市的市花，在城市园林绿化中具有不可或缺的应用价值。月季为蔷薇科蔷薇属植物，经过反复的自然杂交和人工杂交，形成了千姿百态的现代月季。通过对引种月季地栽后在观赏性和抗逆性方面的性状观测以及部分品种的杂交F1代优株回反交筛选，挑选出表现优异的新品种，通过新品种的应用科研设计更多杂交组合，来增加杂交的多样性，以期为进一步的新品种选育提供重要依据。

关键词：月季；引种；观测；回交；筛选

月季作为北京市市花，具有栽植应用范围广、花期长、品种多、色彩丰富、耐粗放管理等优点，是北京城市绿化中重要的植物品种。随着人民群众精神生活水平的不断提高，也对园林行业提出了更高的要求[1-3]，为了更好地开发月季资源，加强育种工作，增加月季杂交多样性，优选杂交中间材料及开发新品种，选取15个引种月季材料进行观赏性和抗逆性方面的性状观测和分析，利用‘桔红色火焰’×‘月月粉’杂交后代中，表现优良植株与‘桔红色火焰’‘月月粉’进行回反交并进行观测，旨在为杂交亲本的选择提供依据，以培育出品质精良的新型月季品种。

1 材料与方法

1.1 试验材料

‘桔红色火焰’×‘月月粉’杂交后代中的优株：桔月3号、桔月4号、桔月5号、桔月13号、桔月15号、桔月19号、桔月272号、桔无刺，及‘桔红色火焰’‘月月粉’(图1)。

2017年秋季引种，三年生地栽月季，15个品种，每个品种3株。栽植于北京市城区冷棚内，滴灌浇水，株行距50cm（图2）。

a—桔月3号；b—桔月4号；c—桔月5号；d—桔月13号；e—桔月15号；f—桔月19号；g—桔月272号；h—桔无刺；i—‘桔红色火焰’；j—‘月月粉’

图1 杂交后代优株及回交亲本

1.2 试验方法

利用‘桔红色火焰’×‘月月粉’杂交后代中，选取8个表现优良植株与‘桔红色火焰’‘月月粉’进行回反交，观测结实情况及性状表现。

选取的15个品种花粉活力和结实率比较高，亲和力强，

以此为基础[4]，对植株的观赏性和抗逆性进行观测，记录地栽月季在株高、花量、花色、叶型、刺量和抗逆性方面的性状表现。观测时间为 2018 ～ 2020 年。

a—‘Alice Hamilton’；b—‘Camelia Rose37’；c—‘PAPA’；d：‘Pink pet’；e—‘Rcymosa’；f—‘RroxburGhii’；g—‘R x odorata’；h—‘UnermudLiche’；i—‘红魔’；j—‘金粉莲’；k—‘纽曼姐妹’；l—‘娜希玛’；m—‘万众瞩目’；n—‘一季粉’；o—‘紫色天际线’

图 2 引种月季

2 数据整理

2.1 ‘桔红色火焰’×‘月月粉’杂交优株与‘桔红色火焰’‘月月粉’的回反交（表 1）

部分回交组合试验 表 1

母本♀	父本♂	杂交数量（株）	果实数（个）	种子数（粒）	出苗数（株）	第二年成活苗（株）
‘桔红色火焰’	桔月 3 号	10	10	80	78	58
‘桔红色火焰’	桔月 4 号	10	6	27	7	4
‘桔红色火焰’	桔月 5 号	10	6	31	12	2
‘桔红色火焰’	桔月 13 号	10	9	50	27	1
‘桔红色火焰’	桔月 15 号	5	4	40	22	14
‘桔红色火焰’	桔月 19 号	10	5	80	75	59
‘桔红色火焰’	桔月 272 号	11	7	50	19	0
‘桔红色火焰’	桔无刺	10	9	76	84	59
‘桔红色火焰’	‘桔月’	6	3	19	10	10
‘桔红色火焰’	‘月月粉’	3	1	6	4	0
桔月 3 号	‘桔红色火焰’	5	5	80	37	30
桔月 5 号	‘桔红色火焰’	5	0	0	0	0
桔月 13 号	‘桔红色火焰’	10	0	0	0	0
桔月 15 号	‘桔红色火焰’	11	2	18	1	1
桔月 19 号	‘桔红色火焰’	10	1	7	0	0
桔月 272 号	‘桔红色火焰’	10	6	80	152	75
‘月月粉’	桔月 15 号	10	3	9	2	2

续表

从几年的杂交情况看，优良植株与‘月月粉’的回交及反交效果不理想。优良植株与‘桔红色火焰’的回交、反交及‘桔红色火焰’自交都得到了后代（表 2），试验结果显示，‘桔红色火焰’的自交后代花色均为桔红色，优良植株回交的结果，花色大多偏向‘桔红色火焰’，植株均为灌丛状（图 3a ～ r）。但无刺植株回交的后代，花色多偏向‘月月粉’，且为单瓣花（图 3s ～ t）。

a ～ r—回交后代花图片；s ～ t—无刺植株回交的后代；u ～ b1—‘桔红色火焰’自交后代花图片；c1—‘桔红色火焰’花图片；d1—‘月月粉’花图片

图 3 ‘桔红色火焰’杂交后代优良植株及自交后代

2.2 引种月季材料观测

试验调查 15 个月季材料（表 3）。观测到的月季类型中有藤本 5 个品种，灌丛 4 个品种，壮花 2 个品种，丰花 2 个品种，香水月季 1 个，野生种 1 个。花朵直径从 3.0cm 至 12.5cm，存在显著差异。花朵为单瓣、重瓣，达到千重瓣的只有‘Pink pet’和‘娜希玛’两个品种，分别为 83 瓣和 78 瓣，而且这两个品种花朵直径差异显著，‘Pink pet’花朵直径为 4cm，而‘娜希玛’花朵直径达到 11cm。15 个品种中粉色系 12 个，红色系 2 个，紫色 1 个。

‘桔红色火焰’×[‘桔红色火焰’×‘月月粉’]回交结果 表2

编号	名称	出苗数（株）	苗高（cm）	花				叶片（cm）	刺	备注
				数量（朵）	情况	直径（cm）	花瓣数（片）			
1-1	‘J11’－桔月5号	无	—	—	—	—	—	—	—	
2-1	‘J11’－桔月4号	4	43	1	花期	4.2	12	5.6×4.2	少	
3-1	‘J11’－桔月272号	6	36	—	—	—	—	6×4.5	5	
3-2	‘J11’－桔月272号	9	42	—	—	—	—	6.1×4.4	5	
3-3	‘J11’－桔月272号	4	38	1	花期	5.2	12	5.5×4.5	少	
4-1	‘J11’－桔月15号	8	42	1	残花	5.7	10	5×4	4	
5-1	‘J11’－桔月19号	13	38	1	花蕾	—	—	4×3.4	4	
5-2	‘J11’－桔月19号	11	29	2	残花	7	—	3.2×2.8	6	
5-3	‘J11’－桔月19号	9	34	1	花蕾	—	—	3.3×2.6	3	
5-4	‘J11’－桔月19号	11	31	—	—	—	—	4.1×3.4	4	4月26日测残花直径5.4cm
5-5	‘J11’－桔月19号	12	32	2	花蕾	—	—	4×3.6	4	
5-6	‘J11’－桔月19号	7	33	3	花蕾	—	—	4.3×3.4	多	
5-7	‘J11’－桔月19号	6	36	2	花蕾	—	—	4.6×3.4	4	
6-1	‘J11’－桔无刺	12	46	1	花蕾	—	—	3.7×2.8	6	
6-2	‘J11’－桔无刺	15	45	1	残花	6.5	8	4.7×2.9	4	
6-3	‘J11’－桔无刺	7	30	—	—	—	—	4.4×3.6	6	
6-4	‘J11’－桔无刺	13	36	2	1花期 1花蕾	4.8	5	3.4×2.7	3	开花株无刺
6-5	‘J11’－桔无刺	3	53	1	花蕾	—	—	5.2×2.9	4	
6-6	‘J11’－桔无刺	8	40	2	花期	4.2	6～7	4×2.8	4	
6-7	‘J11’－桔无刺	9	37	—	—	—	—	3.8×2.8	4	
6-8	‘J11’－桔无刺	13	33	—	—	—	—	3.2×2.6	4	
6-9	‘J11’－桔无刺	8	41	2	花蕾	—	—	4.2×2.9	3	
	桔月272号－‘J11’	18	35	2	1花期 1花蕾	6.7	22	4.6×4.2	3	

注：数据为2020年4月底在温室测量，高度、叶、刺测量数据不限定开花株，均为随机抽测。

部分引种月季品种性状观测 表3

序号	品种名称	株高（cm）	刺量	叶形	花量（单枝花量）	花朵直径（cm）	花瓣（片）	花色	备注
1	‘Alice Hamilton’	98	少	卵形	3～5	6	23	粉	丰花
2	‘Camelia Rose37’	155	中	披针形	1～3	7	24	粉	灌丛
3	‘PaPa’	140	中	细卵形	1～2	12.5	25	红	藤本
4	‘Pink pet’	70	少	披针形	2～5	4	83	粉	灌丛
5	‘Rcymosa’	120	多	卵形	3	6	29	粉	灌丛
6	‘RroxburGhii’	170	中	卵形	1	8.5	5	紫色	野生种
7	‘Rxodorata’	75	少	披针形	1	4	12	粉红	香水
8	‘UnermudLiche’	80	中	披针形	3～5	6	26	粉白	丰花

续表

序号	品种名称	株高（cm）	刺量	叶形	花量（单枝花量）	花朵直径（cm）	花瓣（片）	花色	备注
9	‘红魔’	60	少	卵形	1 ~ 3	6	27	红	壮花
10	‘金粉莲’	120	多	卵形	1 ~ 4	6.5	51	粉红	藤本
11	‘纽曼姐妹’	150	多	细卵形	1 ~ 4	7.5	45	粉色黄白芯	藤本
12	‘娜希玛’	150	多	圆卵形	1 ~ 3	11	78	粉	藤本
13	‘万众瞩目’	68	多	细卵形	3 ~ 5	9	17	粉色变白	壮花
14	‘一季粉’	170	少	圆卵形	1 ~ 3	12	16	粉	藤本
15	‘紫色天际线’	160	少	披针形	1 ~ 5	4	26	粉紫	灌丛

3 数据分析

3.1 ‘桔红色火焰’×‘月月粉’杂交优株回反交试验分析

从试验结果看，杂交优株与‘桔红色火焰’的回、反交花色虽然较为单一，但也呈现出桔红花色亮丽的特色。杂交后代多为灌丛状，分枝生长快，绿化覆盖面积大，长势健壮等优势也比较突出。在半荫蔽状态下长势放缓，分枝减少，但花色仍比较明亮，未出现较强烈褪色现象。而且具有一定的病虫害抗性，生长期间未出现比较严重的病虫害，可作为育种中间材料，丰富杂交组合的设计。部分品种呈现的品种特性和抗逆性，具备新品种选育的基础。

3.2 引种月季的观测分析

现代月季在不同的观赏需求和育种技术的进步下，仍在不断增加新的品种，对已有的品种资源进行科学分类与合理评价是研究月季亲本杂交选择的前提与基础。现代月季育种的目标一方面注重观赏性状[5]，如花色、花型、株型及花香等，另一方面注重其抗逆性。目前我国月季在城市园林绿化美化中的大量应用以壮花、丰花、藤本系列为主。通过观测结果显示，此次观测到的引种月季类型有藤本、灌丛、壮花、丰花类。各品种各具特点，不足之处是所观测品种粉色系达到12个品种，花型虽然多样，但色彩丰富度不够，其次部分品种对病虫害抗性表现不佳，但亦与冷棚种植、通风与露地栽植相比欠佳相关。

藤本系列表现最好的是‘PaPa’和‘纽曼姐妹’，在植株、花色、花型、抗逆性等方面都比较好。‘一季粉’抗逆性方面表现比较好。‘金粉莲’和‘娜希玛’在花色、花型上表现较好，但在株型和抗逆性方面都不尽如人意。灌丛月季系列生长势都比较好，表现最好的是‘紫色天际线’，枝条直立性比较好，花虽小但花量大，抗逆性方面表现也比较好。‘Pink pet’的表现也不错，花朵小但千重瓣，抗逆性方面也比较好，不足之处是枝条直立性一般。壮花月季的两个品种株型、花型、抗逆性方面都表现的比较好，‘红魔’不仅长势健壮，而且植株基本无刺。‘万众瞩目’的花色比较有特点。丰花月季的两个品种优势是花量大，但抗逆性表现一般。香水月季‘Rxodorata’抗逆性表现一般。野生种‘RroxburGhii’花量偏少而且是单瓣。对以上15个品种的性状观测结果显示，无论是作为中间材料的选取还是新品种的选育，都可根据育种要求综合评估，合理选择，为适地适花，选育出适合北京地区栽培的月季新品种奠定基础。

参考文献

[1] Guo X，Yu C，Luo L，Wan H，Zhen N，Xu T，Tan J，Pan H，Zhang Q. Transcriptome of the floraltransition in Rosachinensis ‘OldBlush’[J]. BMC Genomics，2017，18（1）：199.

[2] Qi W，Chen X，Fang P，Shi S，Li J，Liu X，Cao X，Zhao N，Hao H，Li Y，Han Y，Zhang Z.Genomic and transcriptomic sequencing of Rosa hybrida provides microsatellite markers for breeding，flower trait improvement and taxonomy studies[J].BMC Plant Biol，2018，18（1）：119.

[3] GaoSM，Yang MH，Zhang F，Fan LJ，Zhou Y.The strong competitive role of 2n pollen in several polyploidy hybridizations in Rosa hybrida[J]. BMC Plant Biology，2019，19（1）：127.

[4] 张非亚，杜运鹏，袁晓娜，刘瑞峰，贾桂霞 . 月季远缘和品种间杂交亲本的选择［J］. 东北林业大学学报，2015，43（4）：24-30.

[5] 丁榕，崔金腾，袁园，周田田，赵和文 . 月季遗传多样性和杂交亲本的选择 [J]. 北京农学院学报，2015，30（2）：72-77.

包头市 5 座公园的使用后评价分析

中国园林博物馆 / 陈进勇　吕　洁　冯玉兰

摘　要： 为研究游客对包头市公园的游览需求，选择阿尔丁植物园、奥林匹克公园、劳动公园、人民公园和赛罕塔拉公园进行游客问卷调查和使用后评价，结果表明，5座公园的受访游客以散步、散心和休闲为主要目的，看重的是公园的可达性、自然景观和活动空间，游客出行以步行为主，时间在30min以内，游览时间大多为1～2h。5座公园的满意度，以赛罕塔拉公园较好，其次为劳动公园，奥林匹克公园、阿尔丁植物园和人民公园稍差。游客建议主要集中在运动场地等方面，是公园今后优化提升的方向。

关键词： 包头；公园；使用后评价

包头市位于内蒙古自治区西部，有"草原钢城""稀土之都"休闲之都等美誉，草原风情和工业文明交相辉映。建成区绿化覆盖率达到 41%，构建了"公园棋布、森林围城、组团隔离、绿网相连"的城市构架，先后获得联合国人居奖、中国人居环境范例奖、国家森林城市、国家园林城市等荣誉。

随着人们对美好生活的追求，对公园的发展也提出了更高的要求，只有专业认可、百姓喜欢的公园才是真正的好公园。使用后评价在大学校园、城市公园、居住小区公共空间的评价等领域已经取得一定的成果[1]，为此，在前期实地调研基础上，参考相关研究成果[2]，设计出调查问卷，发放给公众进行调查，研究游客的评价和反馈意见，以期为今后的发展提供依据和参考。

1　研究方法

本文选择包头市城区 5 座公园，通过现场调研和问卷调查等方法，对游客数据进行统计分析和使用后评价（POE）分析，从而为后续完善提供科学依据。

1.1　公园概况

5 座公园分别为阿尔丁植物园、奥林匹克公园、劳动公园、人民公园和赛罕塔拉公园，它们的建设年代、类型和规模各异，具有一定的代表性。

阿尔丁植物园前身是包头市第三苗圃，始建于 1956 年，2002 年改为植物园，占地面积约 100hm^2，分为东西两园，建成了松柏园、秋韵园、市树园、丁香园、蔷薇园、忍冬园、春花园、槐香园、彩叶园、海棠园、药草园、芍药园、草花园、水生园、盆景园等十余个植物专类园。

奥林匹克公园占地 340hm^2，分为山地、水上、林下、开放四大类型，布置植物景观区、山景区、湖区、运动区、林下拓展区等 10 个功能分区，是一座以群众文体活动、市民休闲健身为主题的大型综合性体育公园[3]。

劳动公园始建于 1958 年，占地面积 53.8hm^2，包括观赏园艺区、林下活动区、松涛云海区、儿童活动区、户外活动区和劳模主题文化景观区等，属市级综合性文化休息公园[4]。

人民公园始建于 1953 年，是包头市最早建设的公园，

占地面积 11.29hm^2，分为儿童活动区、中心景观区、林下活动区、文化活动区、绿化观赏区等，绿化覆盖率达到 98%，集文化、观赏、休憩、娱乐、健身为一体 [5]。

赛罕塔拉公园南北狭长，约 4.1km，东西宽约 2.2km，总面积 770hm^2，其中林地 150hm^2，草地 500hm^2，有“城市绿地”的美誉。1994 年包头市人大做出了建设赛罕塔拉公园的决定，园区分为 8 个大的景观区，即门前景区、民族文化博览区、综合开发区、休闲度假区、生态科普示范区、民族体育竞技区、天然湿地保护区和草原风光展示区，成为国家唯一的“城中草原” [6]。

1.2 调查分析方法

调查问卷设计 45 道题，从游客基本信息、游园信息以及对公园景观、基础设施、文娱设施、服务管理等方面的评价进行调查。于 2019 年 10 月不同日期和时间对 5 座公园的游客进行随机访问，共收回有效问卷 487 份。

将数据录入 Excel 表格中，用 SPSS 17.0 软件进行分析，采用克朗巴哈信度法对问卷中的数据进行信度检验，得到 Cronbachα 值为 0.944，大于 0.7（α 值≥ 0.7，属于高信度），说明本次研究使用的数据具有良好的内在信度。

基于 SPSS 17.0 软件，采用描述统计方法统计受访游客的基本情况和使用特征等项目的占比。然后，采用卡方检验进行差异性检验，并进行 Spearman 等级相关性分析。

对公园景观、基础设施、文娱设施和服务管理等项目的满意度评价，采用李克特 5 点量表（1= 非常不满意，5= 非常满意）进行评价，然后计算平均值、标准差和变异系数。并将单项因子与综合评价进行 ANOVA 方差分析，并计算相关性。

采用主成分分析法计算的巴雷特球型检验近似卡方值为 7030.781，df 351（Sig.0.000），KMO 检定值为 0.945，适合进行因子分析。前 4 个成分方差贡献率 60%，但各因子贡献值差异不大，在 0.505 ～ 0.711，说明各分项对综合评价的贡献值差异不明显。

2 结果分析

2.1 游客属性和游览特征分析

2.1.1 游客属性分析

5 座公园的受访游客中，阿尔丁植物园、人民公园和赛罕塔拉公园以本地为主，占比 42% ～ 54%；奥林匹克公园和劳动公园以外地为主，占比 45% ～ 47%（表 1）。受访者性别上，男性与女性比例相近。年龄结构上，人民公园和赛罕塔拉公园以 18 ～ 29 岁为主，占比分别为 51% 和 59%，其他 3 个公园各阶段年龄比较分散。游客职业上，以学生比例较高，达 28% ～ 59%，其他较低。文化程度上，以本科占比较高，48% ～ 70%，其次为高中专学历。

五座公园的受访游客基本情况占比（%） 表 1

项目	类别	阿尔丁植物园	奥林匹克公园	劳动公园	人民公园	赛罕塔拉公园
居住地	本地	42	33	36	53	54
	外地	33	45	47	34	36
	外地户籍居住	24	22	17	12	10
性别	男	56	54	46	55	50
	女	44	46	54	45	50
年龄	18 岁以下	19	13	16	12	6
	18 ～ 29 岁	40	38	28	51	59
	30 ～ 45 岁	21	24	22	20	15
	46 ～ 59 岁	12	16	21	11	11
	60 岁以上	8	9	14	6	9
职业	政府机关	2	6	5	2	4
	事业单位	15	18	18	12	8
	企业	6	12	16	16	8
	自由职业	12	9	7	9	4
	外来务工	8	8	4	3	3
	无业	8	5	6	8	2
	学生	37	32	28	45	59
	退休	12	9	16	5	10
文化程度	高中专以下	31	42	42	36	24
	本科	60	48	49	57	70
	研究生	9	10	9	7	6

2.1.2 游客需求和游览特征分析

在受访游客出行方面，对 5 座公园的游览目的比较相似（表 2），占比最高的为散步，占 58% ～ 79%；其次为散心和休闲，占比 25% ～ 57%；赏花、观光和唱歌、跳舞、聚会等活动类较低；交友在不同公园有所差异。游客普遍看重公园的可达性、自然景观和活动空间，在 5 座公园的占比 30% ～ 58%；个性方面，游憩设施在阿尔丁植物园、奥林匹克公园和劳动公园的占比较高，达 38% ～ 54%；安静在阿尔丁植物园、奥林匹克公园和人民公园占比 31% ～ 52%；卫生、服务和健身设施类偏低。在游览季节上，各公园的游人偏好有所不同，奥林匹克公园和赛罕塔拉公园以夏季和秋季为主，占比 51% ～ 59%；人民公园以夏季为主，占比 55%；阿尔丁植物园和劳动公园则无偏好。在游览时间上，除劳动公园以无偏好为主外，其他公园以周末和节假日占比最高。在游览频次上，各公园的游客游览频次比较分散而均匀。

游客出行方式上，各公园的受访游客均以步行到达为主，占比49%～82%；其次为自行车和公共交通，其他方式占比较低。出行时间从10～30min为主，占比55%～71%，30分钟以上占比偏低。在公园停留时间大多为1～2h，占比42%～53%，仅人民公园1h以内的占比高达54%，停留2h以上的占比较低。

5座公园的受访游客游览出行情况占比（%） 表2

项目	类别	阿尔丁植物园	奥林匹克公园	劳动公园	人民公园	赛罕塔拉公园
游览目的	散步	69	74	79	58	71
	唱歌	22	6	22	11	13
	跳舞	14	7	14	14	12
	跑步	10	7	14	23	20
	健身	12	23	10	23	15
	散心	42	30	37	42	29
	交友	40	42	15	22	21
	休闲	41	57	25	34	31
	赏花	23	23	19	12	19
	聚会	26	14	10	3	7
	文娱活动	8	13	8	6	10
	旅游观光	18	19	6	15	21
	其他	2	4	8	12	3
偏好因素	可达性	45	57	58	32	45
	自然景观	39	30	38	38	63
	服务设施	7	17	14	15	21
	健身设施	18	26	18	18	24
	游憩设施	50	54	38	23	25
	活动空间	42	30	33	40	36
	人文气息	38	32	29	15	29
	环境质量	15	16	17	26	16
	卫生	8	7	9	17	9
	安全	18	17	20	18	12
	安静	31	36	27	52	23
	其他	9	12	10	8	3
游览季节	春季	15	19	10	29	23
	夏季	24	59	24	55	51
	秋季	27	59	15	29	57
	冬季	26	20	15	18	16
	无偏好	46	13	59	28	18

续表

项目	类别	阿尔丁植物园	奥林匹克公园	劳动公园	人民公园	赛罕塔拉公园
游览时间	工作日	5	1	0	5	4
	周末	45	51	23	48	37
	节假日	48	58	32	34	51
	无偏好	34	25	54	26	24
游览频次	第一次	10	20	5	11	7
	每年1次	21	9	16	3	17
	每年3～4次	18	9	24	20	33
	每月1次	7	9	8	20	13
	每月3～4次	18	24	13	28	18
	每周3～4次	17	27	11	14	3
	几乎每天	10	2	23	5	8
交通方式	步行	52	49	82	63	57
	自行车	29	41	44	40	57
	电动车	13	10	2	3	24
	公共交通	38	21	33	35	25
	自驾车	19	16	8	9	13
	出租车	12	0	5	2	10
出行时间	10min以内	27	14	26	20	11
	10～30min	56	71	58	55	66
	30～60min	8	6	11	23	17
	1h以上	9	9	5	2	6
停留时间	1h	28	38	30	54	31
	1～2h	52	52	53	42	50
	2～4h	15	9	17	3	17
	4h以上	5	1	0	2	2

2.1.3 相关性分析

对受访者的顺序数据进行Spearman相关性分析，有的存在显著的相关性（表3），总体上看，游客年龄越大，游览公园频次越高，停留时间也越长；外地的人口文化程度偏高，游览频次偏低；文化程度越高，出行时间和停留时间越长，呈正相关关系。

受访游客属性与游览特征Spearman相关性分析 表3

	年龄	居住地	文化程度	出行时间	停留时间	游览频次
年龄	1	0.003	0.017	−0.026	0.156**	0.306**
居住地	0.003	1	0.229**	0.014	0.063	−0.235**

续表

	年龄	居住地	文化程度	出行时间	停留时间	游览频次
文化程度	0.017	0.229**	1	0.192**	0.131**	−0.067
出行时间	−0.026	0.014	0.192**	1	0.157**	−0.026
停留时间	0.156**	0.063	0.131**	0.157**	1	0.125**
游览频次	0.306**	−0.235**	−0.067	−0.026	0.125**	1

注：** 在置信度为 0.01 时，相关性极显著。

2.2 满意度评价

受访游客对奥林匹克公园、劳动公园和赛罕塔拉公园的满意度评价大体趋同，人民公园有多个指标的变异系数在26%～27%，略大于25%；阿尔丁植物园的厕所、健身、游乐、餐饮、文化、商业等设施的变异系数在32%～38%，这些分项评价偏低，也存在分异。

2.2.1 景观满意度评价

景观满意度的6个指标中（表4），除了人民公园的水体和山体景观平均得分低于4分外，其他指标均高于4分。5座公园中，以赛罕塔拉公园的景观得分较高。

2.2.2 基础设施满意度评价

基础设施的8个指标中（表4），除了阿尔丁植物园的厕所设置和卫生、人民公园的厕所卫生平均得分低于4分以外，其他指标均高于4分。5座公园中，仍以赛罕塔拉公园的基础设施得分较高。

2.2.3 文娱设施满意度评价

文娱设施的7个指标中（表4），阿尔丁植物园和人民公园的健身、游乐、餐饮、文化、商业设施的平均得分均低于4分，其他指标均高于4分。5座公园中，还是以赛罕塔拉公园的文娱设施得分较高。

2.2.4 服务管理评价

服务管理方面的5个指标中（表4），只有阿尔丁植物园的牌示平均得分3.99，略低于4分，其他指标均高于4分。5座公园中，仍以赛罕塔拉公园的服务管理得分较高。

2.2.5 综合评价

5座公园的综合评价以赛罕塔拉公园较好，得分4.7，阿尔丁植物园和人民公园稍差，得分4.2，奥林匹克公园和劳动公园居中（表4），与各分项的评价基本一致。对各单项的满意度与综合评价的相关性进行ANOVA方差分析，均达到显著水平，说明综合评价与各单项评价的相关性较好，趋势一致。

受访游客对5座公园的满意度评价 表4

项目	类别	阿尔丁植物园	奥林匹克公园	劳动公园	人民公园	赛罕塔拉公园
景观	公园景观	4.36±0.69	4.22±0.62	4.62±0.66	4.57±0.87	4.64±0.62
	植物种类	4.36±0.68	4.51±0.61	4.59±0.66	4.51±0.89	4.64±0.66
	植物搭配	4.35±0.79	4.25±0.72	4.58±0.72	4.34±0.94	4.64±0.66
	水体景观	4.29±0.82	4±0.86	4.42±0.90	3.82±1.04	4.43±0.87
	山体地形	4.28±0.82	4.17±0.91	4.46±0.82	3.74±0.99	4.47±0.89
	建筑景观	4.50±0.69	4.17±0.66	4.39±0.82	4.23±0.91	4.47±0.67
基础设施	厕所设置	3.75±1.26	4.25±0.67	4.17±0.85	4.11±0.99	4.38±0.71
	厕所卫生	3.64±1.26	4.43±0.70	4.11±0.92	3.88±0.96	4.24±0.87
	垃圾箱	4.20±0.77	4.16±0.78	4.12±0.81	4.14±0.83	4.40±0.77
	座椅数量	4.28±0.83	4±0.89	4.15±0.84	4.05±0.87	4.43±0.76
	座椅设置	4.17±0.81	4.22±0.74	4.17±0.87	4±0.90	4.42±0.79
	遮阳避雨设置	4.15±0.79	4.13±0.75	4.29±0.79	4.15±0.96	4.46±0.69
	无障碍设施	4.04±0.91	4.20±0.76	4.25±0.81	4.05±1.02	4.38±0.79
	道路系统	4.15±0.71	4.12±0.81	4.2±0.94	4.18±0.81	4.54±0.73
文娱设施	休闲空间数量	4.27±0.76	4.32±0.68	4.38±0.76	4.42±0.75	4.62±0.63
	休闲空间设置	4.07±0.84	4.51±0.63	4.46±0.71	4.25±0.81	4.69±0.51
	健身设施	3.58±1.28	4.10±0.74	4.19±0.89	3.97±0.90	4.47±0.79
	游乐设施	3.54±1.29	4.20±0.72	4.18±0.85	3.91±0.91	4.56±0.67

续表

项目	类别	阿尔丁植物园	奥林匹克公园	劳动公园	人民公园	赛罕塔拉公园
文娱设施	餐饮设施	3.35±1.26	4.06±0.82	4.16±0.86	3.85±1.02	4.53±0.75
	文化设施	3.60±1.22	4.13±0.94	4.24±0.87	3.95±1.02	4.64±0.66
	商业设施	3.61±1.16	4.04±0.85	4.28±0.82	3.95±1.03	4.56±0.75
服务管理	公园牌示	3.99±0.89	4.13±0.81	4.34±0.81	4.23±0.82	4.58±0.75
	公园秩序	4.11±0.75	4.19±0.72	4.17±0.90	4.06±1.00	4.54±0.76
	公园管理	4.15±0.72	4.37±0.81	4.22±0.87	4.08±0.94	4.6±0.75
	交通可达性	4.18±0.86	4.11±0.70	4.30±0.81	4.26±0.87	4.57±0.72
	停车场设置	4.07±0.89	4.23±0.78	4.22±0.90	4.09±1.07	4.59±0.75
综合评价		4.16±0.65	4.18±0.58	4.4±0.70	4.18±0.85	4.70±0.55

2.3 游客建议

受访游客反映较为集中的意见主要有运动场地，5座公园占比在35%～55%（表5）；开阔空间的诉求在赛罕塔拉公园为34%；儿童游乐场的建议在阿尔丁植物园和奥林匹克公园占比分别为50%和52%；游船在奥林匹克公园诉求为59%；植物景观和停车场的需求在人民公园的占比分别为46%和45%;游客对林下广场、餐饮、文化场馆、牌示、安全设施等方面的需求相对较低。

受访游客对5座公园的建议占比（%）　　表5

	阿尔丁植物园	奥林匹克公园	劳动公园	人民公园	赛罕塔拉公园
运动场地	45	49	55	35	45
开阔空间	14	9	21	17	34
林下广场	15	14	14	9	16
林荫路	31	28	27	25	18
儿童游乐场	50	52	23	22	19
游船	32	59	28	14	26
座椅	27	12	16	23	30
厕所	12	12	26	29	14
餐饮	11	9	18	12	15
文化场馆	9	17	7	11	11
植物景观	24	29	20	46	19
花展	25	22	18	26	13
牌示	11	4	10	15	10
园灯	35	17	21	22	10
停车场	11	19	25	45	7
安全设施	8	4	9	17	10
其他	3	3	3	6	1

3 结论和讨论

5座公园由于性质、规模和特色等不同，同时受调研季节和时间影响，受访游客类型和出行特征有所差异。人民公园、赛罕塔拉公园和阿尔丁植物园以年轻人员为主体，主要是大学在校学生，这可能与10月的秋游季节有关；奥林匹克公园和劳动公园的受访游客群体比较分散。游客出行目的以散步、散心、休闲为主，主要看重公园的可达性、自然景观和活动空间，部分为游憩设施和安静。游览季节以夏季为主，除劳动公园外，以周末和节假日出行为主，游览频次相对均匀，以步行到达为主，出行时间在30min以内，停留时间大多在1～2h，与可达性一致。

5座公园的综合评价以赛罕塔拉公园较好，其次为劳动公园，奥林匹克公园、阿尔丁植物园和人民公园稍差，单项评价表明其区别主要集中在水体和山体景观、厕所、健身、游乐、餐饮、文化和商业等设施。分析原因，人民公园建成时间较早，面积不大，缺乏山水景观，各种配套游览设施老化，没有及时改善，因而得分较低，这种情况与漯河市人民公园类似[7]。阿尔丁植物园也存在配套设施不足的问题，这与武汉市公园存在的问题类似[8]。赛罕塔拉公园面积最大，山水、建筑和植物等元素齐备，尤其是广袤的草地为其增色不少，其得分最高可能与受访游客大多为在校大学生有一定关系。因此受访游客调查要注意随机性和代表性。

对比受访游客的评价和建议，主要集中在运动场地；对人民公园植物景观的诉求占46%，应该通过植物调整、景观提升和加强养护管理来解决。阿尔丁植物园的儿童游乐场诉求占50%，这与植物园的性质不符，需要在周边建儿童游乐场以满足群众诉求；类似的，奥林匹克公园的儿童游乐场和游船诉求也超过52%，也需要结合公园的

定位和规划进行统筹考虑；此外人民公园的停车场建议占45%，这是老旧公园普遍存在的公园，公园本身往往难以解决，也应纳入区域的规划建设。厕所、餐饮、文化场馆等设施虽然评价得分较低，但需求比例并不高，是应该引起重视但还不紧迫的问题。

参考文献

[1] 吴隽宇．广东增城绿道系统使用后评价（POE）研究 [J]. 中国园林，2011（4）：39-43.

[2] 卢飞红，尹海伟，孔繁花．城市绿道的使用特征与满意度研究——以南京环紫金山绿道为例 [J]. 中国园林，2015(9)：50-54.

[3] 王子杰．包头市奥林匹克公园建设现状分析 [J]. 现代园艺，2016（12）：61-62.

[4] 张佳音．浅析包头市开放式公园管理中存在的问题与解决对策——以包头市劳动公园为例 [J]．内蒙古农业科技，2011（5）：123，134.

[5] 中国园林博物馆．时代公园的印记——中山公园和人民公园的历史变迁 [M]. 北京：中国建筑工业出版社．

[6] 王珏．城中草原赛罕塔拉 [J]．内蒙古林业，2020（10）：40-41.

[7] 郭文豪，杨毅．基于POE评价方法的城市公共空间研究——以漯河市人民公园为例 [J]．城市建筑，2021，18（2）：183-186.

[8] 胡金龙，周志翔，张晓来．武汉市城市公园使用后评价（POE）研究 [J]．浙江农业学报，2013，25（1）：83-88.

北海阅古楼《三希堂法帖》石刻保护初探

北海公园管理处 / 岳　明

摘　要：北海阅古楼《三希堂法帖》石刻是我国现存最完整的历代书法集成石刻，其书法、刻法均极其精美，被称为“双绝”。这是一座集我国历代著名书法之大成的杰出建筑，在我国文化艺术史上占有非常重要的地位。自清乾隆时期三希堂法帖石刻就历经了多次整修，后道光年间又重新剔刻一遍，并在每方石刻的周边加刻了花纹。虽民国至新中国成立后历经了多次保护与修复，但仍旧缺少对石刻本体系统全面的认知和信息采集与记录，更缺少对病害诱因的长期监测。本文从研究性保护理念出发，以历史文献研究和现状评估勘察为基础，从了解、分析其保护历程、病态原因入手提出相应的解决措施。同时，利用科技手段赋能文物保护工作，通过多源信息技术全面获取高精度现状信息，为后续科学系统的研究及进一步消除病害提供充足依据。本文在研究性保护的基础上实施相关保护措施，已达到对石刻文物更好的保护目的，同时也为同类石刻文物的保护与展示利用工程提供必要的借鉴和参考。

关键词：阅古楼《三希堂法帖》；石刻；文物；保护

1　概况

阅古楼位于北京市西城区北海公园琼华岛西麓坡下，始建于清乾隆十八年（1753年），因存贮刊刻《御刻三希堂[①]石渠宝笈法帖》而建，包括阅古楼、烟云尽态亭、水池及叠石假山等，是一座风格独特的园林建筑。现石刻集中陈列于阅古楼二层供学者观摩、研究，为中国古代书法集成的石刻珍品。

阅古楼面西北，南邻琳光殿，北依亩鉴室，依山而建，前部弧形为两层，后面直形部分为一层，院内看都是两层，两层均有内围廊，共25间，左右围抱相合，占地面积约620m^2，是中国历史上最大规模汇集历代书法艺术的博物馆之一（图1）。其庋藏的《三希堂法帖》石刻由国内技艺高超的工匠刻制，不仅准确再现了不同时期书法艺术的特色，是清代石刻技艺与艺术水平的有力佐证，也是我国石刻艺术难得的精品，其书法刻法均极其精美，也被赞誉为“双绝”。对于《三希堂法帖》石刻而言，其历经清末、民国、新中国不同时期的营修与保护，是我国石刻艺术保护理念与历程的重要见证。同时，周总理也曾于305医院养病期间多次莅临指导，更是国家领导人关心遗产保护事业的重要实证。

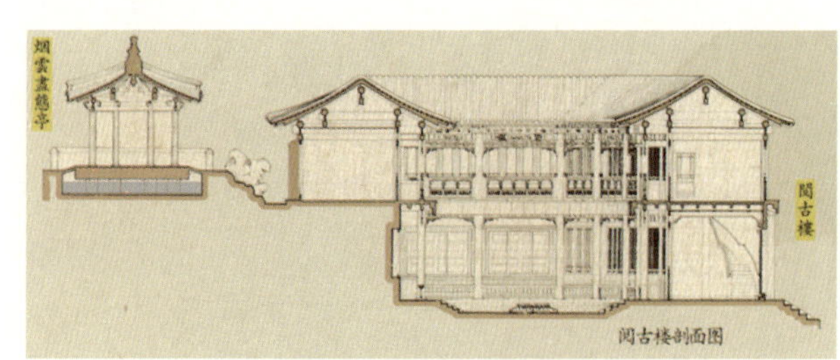

图1　阅古楼剖面图

① 乾隆十一年（1746年），高宗弘历将晋代书法家王羲之的《快雪时晴帖》、王献之的《中秋帖》、王恂的《伯远帖》，收藏在紫禁城内养心殿西暖阁中，并取三部法帖为希世之宝意，将西室命名为“三希堂”。

2 刊刻历史

乾隆十二年（1747年），高宗为编刻《三希堂法帖》颁发特谕①："书为游艺之一，前代名迹流传，今人兴怀珍慕，是以好古者恒钩抚镌刻，以垂诸矣祀，宋淳化阁帖其最著矣，厥后大观淳熙皆有续刻，其他名家摹本至不可弥数。我朝秘府初不以广购博收为尚，而法书真迹积久颇富，朕曾命儒臣详慎审定，编为《石渠宝笈》一书。因思文人学士得佳迹数种，即钩摹入石矜为珍玩，今取群玉之秘寿之贞，珉足为墨宝大观，以公天下。著梁诗正、汪由敦、蒋溥复加校勘，择其尤者编次抚勒，以昭书学之渊源，以示临池之模范。"

此次户部尚书梁诗正、军机大臣汪由敦、吏部侍郎蒋溥等负责从《石渠宝笈》所收魏晋以来名人书法墨迹中，"择其优者，编次抚勒"，共收集魏、晋至明末的135位书法家的楷、行、草书作品340件，另有新题跋200多件、印章1600多方，共9万多字，编成32册。刻石事务由和硕和亲王弘昼、和硕果亲王弘瞻、多罗慎郡王允禧总理，内阁学士董邦达、户部郎中戴临担任写签较对，镌刻上石由四名内府高手宋璋、扣住、二格、焦林担任。每方墨刻长95cm，宽30cm，厚10cm，总计495方，按照千字文顺序在石刻右下角进行标记，镶砌于阅古楼上下层东面廊步，上、下层廊内各分为11间，上层每间镶嵌21方，共镶嵌231方；下层每间镶嵌24方，共镶嵌264方，成为中国古代书法集成的石刻珍品。

石刻参照《石渠宝笈》分32册，拓本装为4函，第一册首页为乾隆御笔记述为何编录《石渠宝笈》的缘由一文，书体为行楷，较之乾隆常见书体更显乾隆的书法功底。第一册法帖主要收录了三国魏钟繇的《荐季直表》、东晋王羲之的《快雪时晴帖》《魏太尉钟繇千字文》《行穰帖》《瞻近帖》，每帖后面还有乾隆、董其昌等帝王名家的读帖感受；第二册主要收录有王羲之的《袁生帖》《二谢帖》《孝女曹娥碑》，王献之的《中秋帖》《送梨帖》《保母帖》，王珣的《伯远帖》，每帖后面亦有包括柳公权、张怀瓘、苏轼、米芾、赵孟頫、文徵明、董其昌、乾隆等帝王名家的读帖感受等。第二函的8册主要以苏轼父子兄弟、米芾父子、蔡襄、蔡京、黄庭坚等宋代名家法帖为主。

3 保护历程

乾隆十八年（1753年）四月初一日和八月初六日的内务府奏案中记载："永安寺西佛殿后添建佛殿三间、北边围楼一座计二十五间，……""又估外续添围楼嵌安三希堂墨刻石四百九十五块"。自乾隆朝刊刻营建后，三希堂法帖石刻历经多次整修。

乾隆三十年（1765年）奏案："阅古楼镶砌墨刻石内闪动五十五块，应照旧归安。"

道光十九年（1839年），清内务府御书处将《三希堂法帖》石刻内，除较大的三寸、四寸字外，其余一寸、二寸字及印章共9万多字重新剔刻一遍，并在每方石刻的周边加刻花纹。

1913年（民国2年）5月7日，国务院致内务总长函：闻北海三希堂法帖石刻亦倾塌，事关名胜亟应保存，希照旧安置妥帖并随时保护。5月10日，内务部指令警察厅：查北海石刻，派古物保存所事务员调查三希堂法帖石刻倾塌情形。5月20日，内务部致函国务院：派本部礼司佥事李固基等9员，前往北海调查石刻倾塌情形，以便酌量修复。5月28日，李固基等人至北海办事处调查三希堂、快雪堂石刻损坏情形，并议定修复工程做法。三希堂、快雪堂需砌补石刻17块。至此，内务部与北海办事处共同合作对阅古楼及快雪堂处坍塌的石刻给予修复。

1917年（民国6年）秋，时任北洋政府国务院秘书兼陆军部秘书的张伯英获准入内拓印②，其长子张寿慈将《御刻三希堂石渠宝笈法帖》拓印了数份，然后将所有拓片精心装裱制作了数套且一套为4函32册(每函分装8册)的《御刻三希堂石渠宝笈法帖》原拓本，分赠给了数位至交好友。

1918年（民国7年），对诗书画都非常精通，懂得文物保护意义的徐世昌任北洋政府大总统，上任便禁止任何人再去阅古楼拓印。

1936年（民国25年）7月3日，拓印三希堂、快雪堂石刻开工。三希堂共拓100份，快雪堂共拓200份。

1946年（民国35年），北海公园与美国新闻处平津分处达成协议，每周在儿童体育场放映新闻电影，同时开放阅古楼展出《三希堂法帖》石刻，向社会征订拓印

① 弘历《刻三希堂法帖特谕》。

② 即使用最柔软的工具，拓印也会给碑帖和金石文物带来磨损。比如初期碑帖拓印，称为"肥本"，此时的拓本与碑文几乎无异。而次数多了之后，碑文字口变窄，拓本就成了"瘦本"，与碑文原貌距离会越来越大。因此，阅古楼虽向书家有限开放，但什么人能拓，什么人不能拓；什么时间能拓，什么时间不能拓，从清廷到民国政府都有严格的审批制度。因此，张氏父子的原拓本也可能成为《御刻三希堂石渠宝笈法帖》最后的全套原碑拓本。目前无论是张伯英的后人，还是当时得其获赠的友人之后，由张氏父子拓制的全32册《御刻三希堂石渠宝笈法帖》碑帖原拓本都已散佚了。因此，扬州张先生一家保存至今的这套全套原拓本就尤为珍稀了。

法帖。

1962年4月19日，文化部以(62)文物光字第548号文，向北京市文化局提出《关于北海阅古楼三希堂法帖石刻的保护意见》。市园林局接抄件后，立即与市文化局共同研究并采取了加强保护措施。

1963年12月中旬，阅古楼大修工程开工，此次修缮以保护古建筑和《三希堂石渠宝笈法帖》石刻为主，同时考虑到方便参观，添配门窗，改装楼梯，安装照明。石刻方面包括刷洗、粘补，挪移位置重新排列。将原来只能走一个人的螺旋木楼梯，改为能并行三人的铜盘混凝土楼梯两座。建筑是按原样修复，窗扇上加玻璃屉，改善并增加楼梯，楼上靠山一面原来的推扇遗迹改为围护墙，上层围廊内原镶嵌石刻法帖的砖墙改为橱窗。使之更加便于管理，更加安全，楼下原镶嵌石刻法帖的砖墙改为橱窗。《三希堂石渠宝笈法帖》石刻由原来镶嵌在上下两层围廊移到楼上室内，按间排列，每间以隔壁相隔，将石刻镶嵌于每间的内墙及两边的木框隔墙上，13面内墙中有10面各镶有15方石刻，2面（两拐角间）各镶有30方，1面镶有10方（因此墙中间有一小门），总计13间的13面内墙上共镶嵌石刻220方；隔墙共有14道，每道墙两面均镶有20方石刻，除东北面最后一道墙两面共镶15方石刻外，总计共镶嵌石刻275方。各道隔墙做防潮处理，使之更加便于管理，更加安全。

此项修缮工程由北京市建筑设计院设计，北京市园林修建工程处（现园林古建工程公司）施工，石刻拆、洗、粘、修、安装是由北京建筑艺术雕塑工厂完成的。

1966年“文化大革命”开始时，公园内的一些文物被当作“四旧”，红卫兵勒令砸毁或摘掉。公园职工担着风险设法保护，将阅古楼上的匾额、楹联摘下收藏起来，《三希堂法帖》石刻封闭后在外面办阶级教育图片展览。

1971年7月30日，公园向北京市公用局园林组请示：“关于恢复永安寺等建筑匾联事：……将阅古楼‘三希堂法帖’石刻予以封闭保护，改为图片展览。今拟将永安寺两端石狮，重点建筑物上没有迷信色彩的牌匾及‘三希堂法帖’石刻恢复，恳请核示”。

1975年，周恩来总理在305医院养病期间，曾三次来北海公园，第一次来向北海公园管理处借了五册阅古楼内《三希堂法帖》装裱拓片。再来时对公园领导说：“《三希堂法帖》装订的好，保存的不好，有的丢了页，有的一页一页的碎了，也有前后顺序颠倒的，故宫装订的不好（指故宫保存的《三希堂法帖》），保存的好，我让秘书拿到故宫给你们裱糊好，请你们保存好。”当周恩来总理还回这套法帖时，不仅重新裱糊好，而且把损坏和颠倒的张页重新排列整齐。6月14日周恩来总理第三次来北海走到阅古楼前，本想进去看看，但因当时锁着门无法进入。周恩来总理说：“应把阅古楼的匾额挂起来。”回去后仍不放心，特请邓颖超转告时任国家文物局局长王冶秋，要他前去看看北海阅古楼《三希堂法帖》石刻的情况。王冶秋立即派罗哲文和北京市文物局负责人与北海公园管理处领导一起查勘了阅古楼《三希堂法帖》的情况。遵照周恩来总理的指示，将阅古楼的匾额挂好，并加强了对《三希堂法帖》石刻的保护措施。

1986年12月，为加强石刻管理，公园采取以下保护措施：①北海阅古楼“三希堂法帖”和快雪堂“快雪时晴帖”的石刻，任何单位和个人一律不能自行捶拓；②未经批准随意捶拓者罚款；③加强宣传；④加强管理。

1988年，为了更好地保护石刻，防止游人摸、画、刻、拓，公园在石刻上加设铝合金框的玻璃护罩。

2019年，阅古楼石质文物展示提供工程开工，此次将拆除铝合金保护框，对石刻木框及柜体进行加固和更新，而且加装了全新的展柜，并配置超低反玻璃，增设微环境监测设备和恒湿除湿设备。

4 保护现状

通过历史文献梳理不难发现，自1753年石刻入藏阅古楼至1829年道光皇帝命人对石刻进行剔刻，此间历经70余年，剔刻应是缘于部分字迹在反复拓印和风化后出现模糊的问题。至民国期间已出现部分石刻开裂等情况。

此后又经历1960年代集中拆挪至二层室内，《三希堂法帖》石刻残损情况进一步加剧，虽然增加了玻璃罩进行保护，但仍然没有解决残损病害加剧的问题。自1988年增加保护罩至今30余年未进行整修，石刻及其保护和展示措施已出现不同程度的问题（图2～图6）：

（1）石刻整体保存良好，但几乎达到95%以上普遍存在不同程度人为刻画情况，65块存在自然纹理变色，9块局部表层风化，1块表层严重风化，13块表层孔洞状风化，23块存在边角局部断裂，3块严重断裂，161块局部破损，5块机械裂缝，104块浅表裂隙，6块存在局部水锈，24块被人为污染，27块采用水泥或白灰进行修补，早期修复断裂的水泥局部脱落。

（2）固定石刻的木展墙横板已普遍开裂，油饰龟裂褪色，勾缝灰脱落，少量石刻歪闪。

（3）铝合金玻璃罩变形严重，难以启闭，玻璃反射严重。

（4）玻璃罩内仅设置温湿度计，无除湿和照明设备。

（5）展厅地面青砖磨损、开裂严重，地板油饰剥落；墙面与吊顶抹灰局部霉变、剥落。

（6）隔扇槛窗变形严重，且缝隙较大，已无法阻挡风沙侵蚀。

图 2　石刻破损情况

图 3　石刻开裂情况

图 5　石刻与木框脱离、歪闪

图 4　石刻酥碱

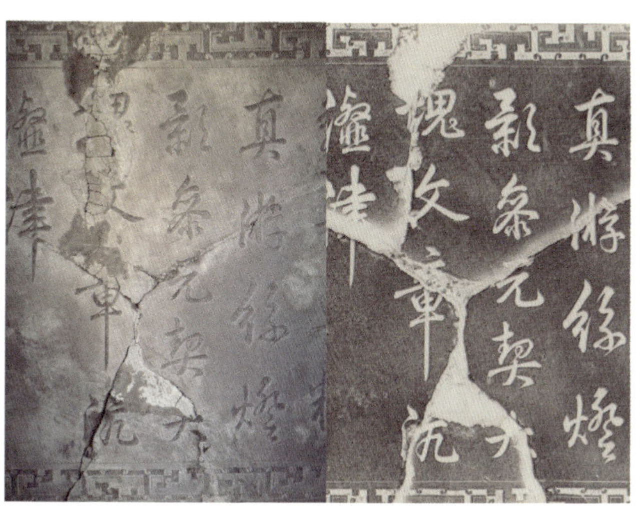

图 6　对比拓样发现石刻破损日趋严重

5 病因分析

综合现场石刻本体及周边保护措施情况可知，石刻本体病害主要为局部破损和浅表性裂隙，以及少部分病害为石材酥碱和表层孔洞状风化。残损的主要表现为石刻局部呈现出大小不同的片状、块状剥落。而浅表性裂隙相对细小且沿着石材纹理开裂，裂隙呈现出里小外大的特征。

石质文物的病害特征离不开石材本身的特性。《三希堂法帖》所用石料为青白石①，属于沉积岩。经过X光波普仪器探测发现主要矿物成分为白云石和少量石英，材质为碳酸钙及黏土、氧化硅、氧化镁等。白云石粒径较小[1]，所以质地细腻，易于雕刻。沉积岩沉积时的层状特征是导致局部剥落与浅表性裂隙等病害的内在可能性。

近代阅古楼整修开工于1963年，对石刻进行了修补和挪位。部分石刻镶嵌在上下两层围廊内，后移至楼上室内。1988年又加设了玻璃防护罩。在此之前石刻的状态皆是镶嵌于砖墙之上，长期存放于在围廊中。因此，长久的风化与温度的周期性变化是造成石刻病害的主要外部因素。在温差较大的阳面会在石材表面产生热应力，导致片状剥落和裂隙的产生。自然风化和溶蚀会导致裂隙逐渐加深与加宽。

表层孔洞状风化为石质文物表面溶解风化，呈现出大小不一的孔洞。酥碱表现为石质文物表面呈现出酥粉剥落的现象。主要是由温湿度变化、酸雨侵蚀、冻融循环等等原因引起。

因为大理岩的孔隙率很小[2]，受冻融循环和盐分结晶的影响较小。所以在阅古楼的石刻中，有酥碱和孔洞状风化的石刻不多。但是部分石刻长期存放于围廊中，受风雨侵蚀，挪入室内，空气潮湿，因而还是会有部分孔洞状风化和酥化的现象。

另外，受限于材料认识的不足，很多早期修复断裂的部位采用了水泥修补，目前也出现了开裂的情况。基本丧失了保护作用，甚至加剧了病害观感。与此同时，水泥修补也会给石材带来大量的可溶盐，不利于石刻的长期保存。

6 保护方案

为达到修复和完善保护措施，增强石刻本体安全，同时提升展览环境，在石刻本体局部整修加固的同时，加固与修复木质展墙；更新展柜、地面的保护，墙面、天棚和门窗的整修，以及对室内照明灯光进行提升；同时，增设恒湿机、空调柜机和微环境监测等科技保护设施；此外，增加导览设施，实现有效保护石刻文物并增加文物展出率的目标。

根据国家文物局对文物保护与展出的相关法律与法规要求，本着最小干预、“四原”原则，同时遵循设计与施工过程中不损害文物建筑本体的基本原则，对阅古楼二层进行石刻文物保护措施的整修与完善，以及提升展览环境。

以整修和完善石刻文物保护措施，改善安全环境为基本目标，加固展墙和更新保护罩，增加除湿和微环境监测设备等，实现对文物的预防性保护；在此基础上，按照文物展览的需求，整修墙壁与吊顶、保护地面，提升照明和导览设备，丰富展览手段，实现全面系统展览的目标。消除残损病害为首要任务，整修加固木柜，更新保护罩，增加科技保护手段；提升展览环境与设施，具体包括：

（1）石刻检修：对于早期修复石刻的水泥，如粘接强度已不高、失效，或开裂的，优先予以清除，并采用传统水硬性石灰材料重新粘补。对于石质文物的空鼓、片状剥落、小型岩块的加固和剥落块体的回贴，主要采用粘结的方法。采用传统水硬性石灰材料，将已经开裂的岩片粘结住，防止脱落，同时可以封闭裂隙，防止注射材料流失。根据修复加固的类型，采用不同黏度、不同粒径的石灰材料，以满足粘结和灌浆的不同要求。

（2）清洗：主要采用清洗的方式，包括手工清扫除尘、高压蒸汽清洗、激光清洗等。优先选用手工物理清洗、高压蒸汽等物理方法，尽可能减少化学溶剂的使用。 清洁工作从去除表面的松散性沉积开始（用软毛刷、水喷雾器和软刷子、水喷雾器），使用去离子水配合物理方法去除；对于小面积且较难以清除的积尘积垢，使用棉签蘸取去离子水除尘；对于大面积且深入孔隙较深的积尘，可采用贴纸法将灰尘吸附拉拔出来，之后再进行擦拭去污等进一步清洗除尘，整体的清洁工作应尽量使用手工进行精细机械清洁。

（3）水泥剔除：对于早期修复的水泥材料，如粘接强度已不高、失效，或开裂的，优先予以清除；如粘接效果较好，修复效果较为协调的，可予以保留。

（4）木展墙整修：局部加固开裂严重的木展框，重新油饰，修补勾缝灰。

（5）更新保护罩：拆除铝合金玻璃罩，采用传统木装修颜色恢复展柜，配合全封闭式，玻璃可自动开启。

---

① 大理石一种，呈青白色。

（6）增加科技保护手段：展柜内增加除湿设备和微环境监测设备，提升石刻保护环境。

（7）整修墙面与吊顶：修补墙面和吊顶抹灰，喷涂乳胶漆。

（8）整修槛窗：沿隔扇窗增设软博风和展墙解决透风问题，增加展览手段。

（9）灯具的提升：采用低能耗 LED 灯具结合展柜和吊顶以及展墙重新布设，满足石刻观赏需求。

（10）完善导览系统：沿参观流线增设导览指示牌和说明牌。

（11）三希堂法帖石刻在保护措施得到改善的同时，展览设施得到提升；阅古楼石刻将以更加安全的状态，更加科学的保护系统与完备的导览系统展现中国古代书法的精髓，实现传统书法及石刻艺术的复兴。

7 结语

自 1753 年三希堂法帖石刻入藏阅古楼至今已有 260 多年的历史，历经清乾隆、道光朝、民国和新中国成立后的数次修缮后依然在艺术领域与历史领域熠熠生辉，无可替代。

道光朝在反复拓印和风化模糊后进行剔刻，民国期间已出现部分石刻开裂，1960 年代集中拆挪至二层室内，采取了一系列保护措施。今日看来，石刻的保护仍有进步与提升的空间。整体保存良好，但是依然有人为刻画痕迹、局部破损和浅表裂隙的病害存在，部分有空洞状风化和酥碱的情况。三希堂法帖石刻使用了青白石，产生这些变化主要是温湿度变化、酸雨侵蚀、冻融循环等等原因引起。针对这些原因，本次保护提出了一系列针对措施：对石材进行检修、清洗、失效水泥剔除、整体整修、更新防护罩、增加科技保护手段等等。

对三希堂法帖石刻的保护是一个长期且需要不断更新与维护的过程。采用科学、合理的保护程序并且对石刻的材质、环境和病害有深入的了解就显得尤为重要。与此同时，修复所用的材料的局限性、安全性、时效性也要有一个通盘的预估。

2019 年，北海公园完成了北海阅古楼《三希堂发帖》石刻保护及展示环境提升项目，解决了文中上述关于保护环境的一系列问题。同时加装的恒湿系统让石刻文物能够在夏季多雨的季节得到很好的保护。新制的铝合金展柜设计精美，加装的超低反玻璃透光率可以到达 92% 以上，增设的灯光和导览系统让游人参观游览得到更好的体验。

图 7　石刻保护装置

我们能做的其实还有很多。希望在各界专家、学者与大众的努力下，让三希堂法帖能够更“健康”地存在下去。

参考文献

[1] 张中俭，杨曦光，叶富建，等 . 北京房山大理岩的岩石学微观特征及风化机理讨论 [J]. 工程地质学报，2015，23(02)：279-286.

[2] 张中俭，杨曦光，叶富建，等 . 北京房山大理岩的岩石学微观特征及风化机理讨论 [J]. 工程地质学报，2015，23(02)：279-286.

明清官式古建筑墙地面保养勾缝工艺与造价研究[①]

北京市天坛公园管理处 / 车建勇　陈洪磊　吴晶巍

摘　要：古建筑保养是古建筑得以“延年益寿”的保障，明清官式古建筑墙地面勾缝技术经历了由被动修补到主动保养的发展过程，涉及墙地面分类、材料、病害情况、工艺流程及造价消耗量分析等内容，本文通过文献收集、实例测算、构建模型等多方面实测及数据分析，对明清官式古建筑墙地面保养勾缝工艺与造价研究进行简要阐述，以供读者参考。

关键词：明清官式古建筑；墙地面；保养勾缝工艺；造价研究

古建筑修缮经历被动修补、主动集中修缮，随着人们对修缮认识的增加以及保护的强化，今后需要的是主动的、有研究、有内涵的修缮以及有计划的岁修保养。在古建筑修缮、修复、岁修保养过程中传承传统技艺，需要精细化的工艺研究，需要合理的造价支持，在天坛古建筑的修缮工程中，涉及古建保养维护的项目比较多，其中对于古建筑屋面瓦件的保养工艺和造价内容比较全面，而对于古建筑墙地面保养勾缝相关内容关注较少，仍需要对部分工艺内容与造价进行深入的研究。

1　明清官式古建墙地面分类

1.1　墙面

中国古建筑以木构为主，尤其是明清官式古建筑，木构架起到承重及骨架作用，在木构架承重的古建筑中的墙体并不承重，仅起到围护闭合、分隔室内外空间的作用，在结构上对木柱也有横向限制作用，古而有“墙倒屋不塌”的说法；此外古建筑中还有完全砖瓦石的各种无木构建筑物。总体来说，古建筑墙体做法多样，明清官式古建筑墙体按工艺做法可分为：干摆墙、丝缝墙、淌白墙、带刀缝墙、糙砌墙、干背山虎皮墙、虎皮石墙、方正石墙、毛石砌筑墙、琉璃砖墙、木栈墙板、木隔墙板、木护墙板、抹灰面墙等。

1.2　地面

中国古建筑墁地按工艺做法可分为：砖石细墁、砖石糙墁、卵石路，其中砖石细墁又有室内的细墁和室外细墁之分，两种砖缝的尺寸有所区别。

2　明清官式古建筑砖石类墙地面病害及保护策略

2.1　明清官式古建墙地面主要材料

青砖：中国烧制砖的历史可以至少被追溯到距今5000 ～ 5300 年前。“秦砖汉瓦”说明我国秦汉时期的砖瓦

① 本文已发表于《建筑细部》，2020 年第 21 期。

工艺已经非常成熟。发展到明清时期制砖工艺已经非常成熟，相应的，砖按照使用功能分类诸多，明清古建筑中最常见的青砖有各式方砖、各式城样、大停泥砖、小停泥砖、地趴砖、蓝四丁砖。

琉璃砖：琉璃面砖基本仿照青砖尺寸烧制而成，满足室内外使用，因外覆琉璃釉面，比青砖更耐久。

石质构件：明清古建筑墙地面中石质构件主要集中在外廊地面、台明台阶、墙体上的部位及功能性构件。

木质构件：可利用松木、硬木等木材经加工使用于墙面及楼面。

其他材料：灰类及组合材料等可作为墙地面材料的粘结剂和填充剂，以及起到稳固结合作用的其他材料如白灰、青灰、土、桐油、麻刀等。

2.2 明清古建筑墙地面病害现状、病害成因及保养勾缝的必要性

对于上述材料，青砖、琉璃砖、石质构件由于大多使用在室外，因此病害较为多见，以病害严重情况由大到小排序为：青砖、石质构件、琉璃砖。青砖的病害多为砖体酥碱、砖体龟裂、砖体风化、砖缝粉化等；成因主要为加工工艺、雨水冲刷、雪水侵浸、冬季冻融、地下毛细水的浸润。古建筑墙地面缝隙出现脱缝等情形的，要及时进行日常性保养勾缝，以阻断水的侵入，降低水的侵入，砖体的损坏程度就会降低。

2.3 明清官式古建筑砖石类墙地面的修缮保养历史

古建筑保养是古建筑得以延年益寿的保障，小的毛病不去除日久就会出现大的毛病，“千里之堤，溃于蚁穴”，归根结底是保养不及时、处置不当造成的。我国古代至现代，重要的水利工程一直依靠岁修制度为保障。以都江堰为例，在建堰之初即已初步形成岁修，汉代进一步完善岁修制度，至宋代则制定了施行至今的岁修制度。明代，工部下设营缮司负责建造、修缮；清代，工部负责城池、坛庙、官署的建造及修缮，内务府营造司负责宫苑的建造及修缮。《总管内务府呈为慈宁宫等处新渗漏及门扇槛框油饰爆裂处清单》记载了慈宁宫的日常修缮。《大清会典　内务府》中规定：“宫殿岁修工程，均限保固三年。……新筑地基，成砌石砖墙垣者，保固十年。不动地基，照依旧式成筑者，保固五年”。传统上保养性的宫殿岁修工程三年一小修，五年一大修。每年择日对屋面、地面进行除草，通过岁修保养达到古建筑的良好状态。《清代匠作则例》中多个则例中记录了“墙拘抿青灰、砖缝用灰拘抿刷浆见新、地面拘抿油灰、地面拘抿水灰缝”。可见古建筑得以“延年”是依靠保养维护的，屋顶除草夹垄、局部揭瓦、地面除草拘抿缝隙、墙面串缝等都是常规有效的修缮方法。

3 明清官式古建筑砖石类墙地面保养勾缝材料分析及工艺研究

3.1 明清官式古建筑砖石类墙地面保养勾缝材料

明清官式古建筑砖石类墙地面保养勾缝常用材料包括：生石灰块、土、青灰块、麻刀、生桐油、烟子、白矾、江米、白面、砖面、烟子、水、其他材料等。由白灰单种或者白灰与其他几种材料组合形成了古建筑所用灰浆——“九浆十八灰”，其中水是古建的胶，其他是必要的筋骨，各自有不同的功用。在古建筑修缮和保养施工中要完全按照原材料、原工艺，因此灰浆要保证是纯古建传统材料，保养勾缝前的灌浆需要用白灰浆或桃花浆，根据不同情况勾缝使用的组合灰浆有老浆灰、各色素灰、麻刀灰、月白灰、油灰等。

3.2 明清官式古建筑砖石类墙地面科学化研究数据分析（部分灰浆成分分析）

本研究采用 X 射线荧光法（XRF）进行样品的化学成分及含量的定量分析，用 X 射线衍射（XRD）进行主要物相鉴定；利用傅里叶变换红外光谱法（FTIR）分析灰浆中是否含有传统灰浆中常见的淀粉及其他有机添加物，并利用碘 - 碘化钾滴定试验进行补充验证；利用拉曼光谱通过样品的特征峰来确认样品中的物种；利用热重 - 差热分析（TG-DSC）测定灰浆中的组分；利用数码照相机、光学显微镜、扫描电镜（SEM）分析灰浆表面宏观和微观形貌（图 1）。本文对特定古建筑墙地面缝隙灰成分和表观形貌开展了系列的分析，得出如下结论：古建筑墙地面缝隙灰块含少量杂质、结构密实、表面存在孔洞，孔洞可能是由于表面风化造成。缝隙灰由大量白色胶结材料和少量矿物组成；晶体颗粒为大量片状和少量针状，晶体颗粒小且不规则，成分信息为方解石、石英和黏土，其中方解石作为胶结材料，石英作为骨料均与白灰相关，黏土中的矿物成分有长石类（钙长石、钾长石、钠长石）和白云母，部分样本含糯米添加剂。

3.3 明清官式古建筑砖石类墙地面保养勾缝工艺

古建筑墙地面保养勾缝工艺主要是确定原缝隙材料，对于缝隙损害情况进行分析，对部分缝隙进行清理达到勾缝灰与原灰浆结合的要求。处理后扫净浮土，并用水充分洇湿，砖缝凹进较多者，应先用灰进行“串缝”处理，根据原砖缝宽度确定砖缝清理的深度：对于丝缝墙来说深度 2 ～ 3mm，对于糙砌砖墙面灰缝为 20mm 的清理深度可取 30 ～ 50mm，基本宽深比为 1 ：（1.5 ～ 2）。修缮时用铁镏子将勾缝灰塞入缝内，初次压实，待略干反复轧平轧实，用笤帚或毛刷清扫干净。夏季天气干燥要及时修缝压缝，春秋季节相对较好，两次修压间隔可略长。

(a) 数码照相机观察　(b) 偏光显微100倍观察

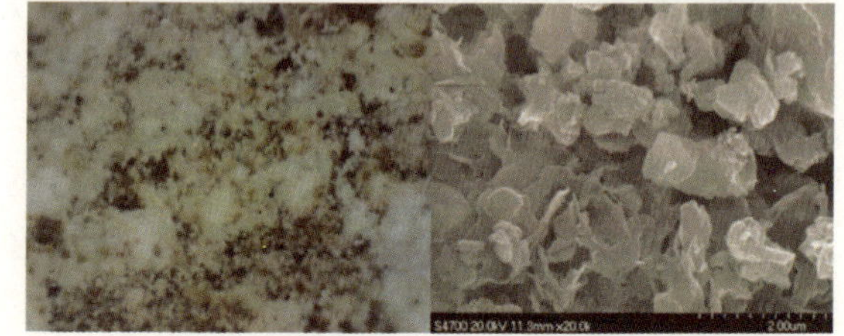
(c) 视频显微200倍观察　(d) SEM扫描电镜20000倍观察

图 1　灰浆的形貌观察

地面缝隙亏缝修缮比墙面多一道灌浆工序，地面缝隙亏缝大多是由于砖肋间不实或者雨水冲刷造成砖间灰流失，保养勾缝就不能仅对缝隙进行拘抿，需要从根本上解决问题，采用白灰浆或桃花浆对地面砖进行灌浆处理，浆需过筛，先稀浆通路，后略稠浆充实，最终用稀浆灌实，待下部灰浆充实稳固后，调勾缝灰进行勾缝，拘抿工序基本与墙面相同。

墙面与地面勾缝均需提前充分洇湿，勾缝时才不会将勾缝灰中的水分快速吸走使得勾缝灰失去和易性从而失去强度。

4　明清官式古建筑砖石类墙地面保养勾缝人材机测算及消耗量分析

4.1　明清官式古建筑砖石类墙地面保养勾缝人材机测算

根据实物测算以室外细墁二城样地面砖为例，结果见表 1。

室外细墁二城样地面砖保养勾缝测算数据（人工为例）　表 1

工序内容	测算日期	测算面积（m^2）	操作人员（个）	开始时间	结束时间	所用时间（min）
搂缝	7 月 25 日	2.73	2	9：10	9：50	35
灌浆	7 月 25 日	3.37	3	9：20	11：40	140
勾缝	7 月 26 日	5.31	2	9：00	10：20	80

注：以上数据为单次测算数据，按照测算原则，对不同情况进行了不同的测算数据，最终根据加权平均得出各项所用时长。

4.2　明清官式古建筑砖石类墙地面保养勾缝主要消耗量分析

工序内容	工日（m^2）	勾缝油灰用量（m^3/m^2）	灌浆生石灰浆用量（m^3/m^2）
搂缝	0.0512	—	—
灌浆	0.2253	—	0.0500
勾缝	0.0603	0.0006	—

5　明清官式古建筑砖石类墙地面保养勾缝的建议

5.1　明清官式古建筑砖石类墙地面保养勾缝制度化建议

2015 国家文物局发布了《古建筑保养维护操作规程》，确定了古建筑日常性、季节性保养及维护操作内容和程序。通过本次墙地面保养勾缝的测算及现场实勘，体会到对于古建筑砖石类墙地面保养勾缝要形成操作层面以及资金保障层面上的制度，由于古建筑修缮保养的设计勘察无法百分之百预测工程量，在修缮保养工程量、措施、方法都不能完全确定的情况下，存在部分不可预见的内容，有些只有在进行完某一步后才会发现进一步的损害情况，因此需要尽早布局，提前做好资金保障，一旦古建筑墙地面发现非结构变形引起的缺缝及脱缝就应进行及时的保养勾缝，以免雨雪浸入墙面、地面最终导致冻融而破坏建筑结构本体，乃至影响古建筑的安全。

5.2　明清官式古建筑砖石类墙地面保养勾缝标准化问题及建议

通过对部分不宜进行测算的内容可进行模型构建，根据大量多次对不同样本的测算，包括对各操作队伍日常保养勾缝工序的了解，形成古建筑砖石类墙地面保养勾缝标准化建议，按照工序内容确定操作程序，对于地面类勾缝要严格控制灌浆，对于拘抿要严格控制压活及修活，形成程序标准化，这样才能实现消耗量标准内可控可用。

6　结语

本文通过实测发现古建筑保养类消耗量标准及工艺流程指导还待更全面的研究，尤其是结合大型坛庙、宫院、古代防御设施等大体量古建筑的保养工艺及人材机消耗量，形成完备的工艺标准及消耗量体系。才能使资金的估算、概算以及概算评审核等有据可询，科学有效地开展古建筑保养。

参考文献

[1]（清）工部 . 工程做法则例 .

[2] 梁思成 . 清式营造则例 [M]. 北京：中国建筑工业出版社，1980.

[3] 刘大可 . 中国古建筑瓦石营法 [M]. 第二版 . 北京：中国建筑工业出版社，2015.

[4] 王世襄 . 清代匠作则例 [M]. 郑州：大象出版社，2000.

[5] 张克贵 . 古建筑干摆外墙泛碱病害的盐碱 [J]. 古建园林技术，2010（106）.

[6] 郑建军 . 古建筑油灰浅释 [J]. 古建园林技术，2016（132）.

中国圈养褐马鸡种群和饲养管理现状调查①②

太原动物园，北京动物园 / 张丽霞　孙冬婷　胡　昕　朱向博　张　敬　晁青鲜　卫泽珍　张成林

摘　要：对我国现有褐马鸡（*Crossoptilon mantchuricum*）的种群和饲养管理现状进行调查，结果如下：截至2020年6月30日，中国圈养褐马鸡种群共有存活个体121只，饲养在全国7个单位。种群中28%个体的祖先得到确定，人工种群存在一定程度的近亲繁殖，种群未来发展具有较大潜力。种群中91%以上的个体饲养在太原动物园、山西庞泉沟国家级自然保护区、河北小五台山国家级自然保护区管理中心。建议今后加强各饲养单位间的合作，扩大圈养种群的数量；进一步明确种群中个体关系，避免近亲繁殖，提高种群遗传多样性。鼓励亲鸟养育，为再引入研究创造条件。

关键词：褐马鸡；种群；饲养管理；圈养；现状调查

褐马鸡（*Crossoptilon mantchuricum*），隶属于鸡形目（Galliformes）雉科（Phasianidae），是中国鸟类特有种[1]和国家一级重点保护鸟类[2]，也是世界著名的易危物种[1, 3]。该物种在历史上曾广泛分布于我国的华北、东北、西北、华南、华中、西南地区的14个省（自治区、直辖市）。由于种种原因，这种鸟类在我国的分布区面积已明显缩小，目前仅在山西、河北、北京和陕西的局部地区栖息，分布区约13000km^2。根据统计，我国野生褐马鸡的数量在17900只以上[4, 5]。虽然经过保护之后，我国野生褐马鸡的数量在大部分区域相对稳定或呈缓慢上升趋势，但在某些地区，由于当地村民对巢、卵的破坏以及对森林植被的乱砍滥伐，致使褐马鸡的种群数量呈下降趋势。分布区狭小、栖息地严重破碎化是褐马鸡生存所面临的最主要的问题。此外，野生种群数量稀少，一些亚种群的数量已出现下降趋势，也构成对褐马鸡的威胁[5]。

多年来我国学者对这一珍稀物种展开了褐马鸡历史[6, 7]、野外数量调查、种群分布[4, 5]、野外生境[8]、栖息地[9-11]、食性[12]、天敌[13]、繁殖生物学特性[14]、引入[15]和未来的保护对策[5, 16]以及圈养下人工饲养[17, 18]、繁殖[19, 20]、行为观察[21-26]、人工授精[27]、疾病[28, 29]等的研究，同时在血液羽毛组织和亲缘关系的测定、遗传多样性及保护[30-34]等方面也进行了相应的研究。

世界各地饲养的褐马鸡在1000只左右[35]。我国圈养褐马鸡的种群数量约占世界的10%以上。如何建立健康的人工种群是摆在我们面前的一项重要工作，而对全国褐马鸡饲养状况开展调查和评估，将对该物种人工种群今后的管理和健康发展起到积极作用。为此2019—2020年北京动物园与太原动物园合作，对我国圈养褐马鸡状况进行了调查，对种群现状进行了分析和评估，现将结果阐述如下。

① 基金项目：北京市公园管理中心科研项目（ZX2019016）。

② 本文已发表于《野生动物学报》，2021，42（4）：1123-1130。

1 方法

1.1 谱系和饲养状况调查

谱系调查通过QQ群、微信群、邮件、电话和查阅文献等方式，前后共收到130个饲养单位、机构和自然保护区、景区回复，包括9个以保护褐马鸡为主的国家级自然保护区[36, 37]。饲养状况调查问卷的设计，参考中国动物园协会《圈养鹤类健康调查问卷》，从褐马鸡饲养管理、营养、繁殖、疾病预防等方面列出31个题目，2019年4月对全国9个褐马鸡圈养单位发送了饲养调查问卷，2019年5月31日得到了全部回复，问卷回收率为100%。

1.2 数据处理

数据收集后，用Excel 2016、Sparks 1.66（单一物种种群管理软件）和PMx进行整理分析。

2 结果与分析

2.1 种群数量和饲养单位概况

2010年我国褐马鸡圈养种群数量为52只，饲养在全国7家单位中，以后的10年间其种群数量增加一倍以上，饲养单位数量为5～11家。截至2020年6月30日，共有121只褐马鸡饲养在全国的7个单位，包括4个省会动物园、1个森林公园以及2个自然保护区。圈养数量最多的是太原动物园，饲养只数为78只；山西庞泉沟国家级自然保护区和河北小五台山国家级自然保护区管理中心分别饲养了17只；其余个体零星饲养在3个动物园、1个森林公园中。我国褐马鸡圈养单位数量和饲养数量见表1。

2010～2020年我国褐马鸡圈养单位及饲养数量　表1

饲养单位	简称	褐马鸡数量（只）				
		2010年	2013年	2017年	2019年	2020年
北京动物园	北京动物园	14	5	1	2	2
北京绿野晴川野生动物园有限公司	北京绿野	2	2	0	0	0
上海动物园	上海动物园	2	4	5	2	4
上海野生动物园		1	0	0	0	0
保定市动物园	保定动物园	—	1	0	0	0
太原动物园	太原动物园	27	37	73	81	78
南京市红山森林动物园		1	0	0	0	0
太原森林公园	太原森林公园	—	—	1	1	1
天津动物园		5	0	0	0	0
石家庄市动物园	石家庄动物园	0	0	2	2	2
庞泉沟国家级自然保护区	庞泉沟保护区	—	—	18	12	17
河北小五台山国家级自然保护区管理中心	小五台山保护区	—	—	13	12	17
大同市大同公园管理处	大同公园	—	—	1	1	0
山西灵空山国家级自然保护区管理局	灵空山保护区	—	—	3	2	0
秦皇岛野生动物救护中心	秦皇岛救护中心	—	—	4	0	0
北京市野生动物救护中心	北京救护中心	—	—	2	0	0
饲养单位合计		7	5	11	9	7
饲养只数合计		52	49	123	115	121

注：—表示未调查。

2.2 种群现状

截至2020年6月30日，谱系共记录了310只个体，目前存活121只。其中雄性49只，雌性46只，未知性别26只。分析种群年龄结构可知，近10年来繁殖数量不稳定，种群中0～2岁、5～6岁个体数量少，但我国圈养褐马鸡种群中处于繁殖年龄的个体占大多数，种群未来发展仍具有较大潜力。

谱系的统计学结果显示，圈养下存活率随年龄增长而下降；现存活年龄最大的个体是1只雄性，19.2岁，雄性比雌性存活时间更长；雌雄性最早繁殖年龄均为1岁，雄性的世代长度为5.2岁，雌性为3.2岁，即雄性的繁殖间隔比雌性长。

遗传学统计结果显示，我国褐马鸡圈养种群建立者有11只，潜在建立者有12只，目前的种群保留野生个体84.8%的基因多样性，种群的平均亲缘关系值为0.1523，平均近亲繁殖系数为0.1579，说明目前种群中存在一定程度的近亲繁殖。

2.3 饲养管理现状

2.3.1 饲养管理概况

现有大多数单位的饲养员为兼职，既管养褐马鸡，同时也兼管其他事物或动物，如小五台山保护区为护林员兼管饲养。太原动物园有褐马鸡专职饲养员，工作年限2～18年，人均饲养数量为18只。

就饲养目的而言，褐马鸡在我国省会动物园以及公园主要以展出、繁殖为目的；在自然保护区、野生动物救护中心主要进行褐马鸡野外救护，常将野外救护的褐马鸡个体圈养；同时也均兼有科研保护和教育等目的。

从养殖方式来看，在动物园中，除太原动物园的部分个体呈 3 ～ 5 只小群饲养，其他单位均为成对或单只饲养。自然保护区的褐马鸡以成群饲养为主。现有圈养褐马鸡基本不与其他鸟类混养。

从动物个体标识来看，有 3 个动物园对褐马鸡圈养个体做脚环方式的标识，占现有饲养单位的 43%，尚没有用电子芯片标识的饲养单位。

2.3.2　笼舍及环境设施

我国省会动物园和公园的褐马鸡饲养笼舍大多分室内和室外部分，自然保护区的大网笼多在室外搭建。3 个自然保护区的褐马鸡笼舍，面积最大的位于河北小五台山自然保护区管理中心，笼舍总面积 1800m^2，高 15m；每只褐马鸡的平均饲养面积为 117m^2；其他 4 个省会动物园、2 个公园中，最小的饲养笼舍面积为 9m^2，高 2.5m，每只褐马鸡的平均饲养面积为 15m^2。

对饲养笼舍内部设施的调查结果显示，现有 7 个饲养单位笼舍地面部分或全部是自然土地面，有 6 个单位的笼舍内有植物、遮阴设施和躲避场所，仅 2 个单位的笼舍之间设有距地面约 1m 高、防止互相干扰的视觉隔离板。在有绿植的笼舍中，高 3.6m 以下的笼舍内一般种植小灌木和草坪草；5m 以上大笼舍有本地生乔木、灌木以及一些自然生长的野草。植物种类有云杉（*Picea asperata*）、华北落叶松（*Larix principis-rupprechtii*）、白桦（*Betula platyphylla*）、油松（*Pinus tabuliformis*）、小叶黄杨（*Buxus sinica* var. *parvifolia*）、沙棘（*Hippophae rhamnoides*）、苦苣菜（*Sonchus oleraceus*）以及自然生长的野草、人工种植的禾本科植物等。

2.3.3　食物供给

对各饲养单位所提供食物进行调查的结果表明，圈养褐马鸡的食物主要有以下 3 类：果蔬类，谷物类和人工配制或加工类食物。果蔬类主要有油菜、油麦菜、圆白菜、白菜、西红柿、胡萝卜、葱、蒜，西瓜、苹果、香蕉等。谷物类食物有谷子、玉米、高粱、大米、小米、麦子、麻子、绿豆等。人工配置或加工的食物主要有，自制或商品颗粒料、窝头，熟鸡蛋，熟胡萝卜。一些单位在不同时期还提供维生素、矿物质以及面包虫等昆虫类食物。调查结果显示，多数饲养单位使用或曾使用自制或商品颗粒饲料，仅 1 家自然保护区表示从没使用过颗粒饲料。为褐马鸡常年提供 6 种以上食物的饲养单位占 43%，有 57% 的单位在繁殖期总会或有时会添加一些维生素和矿物质添加剂，43% 的单位在整个繁殖周期内所提供的食物类型有一定变化，繁殖期会增加蛋白类食物，如面包虫等的饲喂。

2.3.4　繁殖

对圈养褐马鸡的繁殖状况统计显示，曾饲养褐马鸡的单位中约半数单位从未或很少进行褐马鸡繁殖。2013 年至今，成功繁殖的单位有 4 个，共繁殖了 135 只个体，各单位的繁殖数量分别是太原动物园 113 只，上海动物园 2 只，山西庞泉沟国家级自然保护区 6 只，河北小五台山国家级自然保护区管理中心 14 只。

饲养单位均能通过成年个体外观，如跗跖是否有较长的距，以及繁殖行为，如筑巢产卵行为来判断性别，太原动物园 2019 年用基因检测方法对亚成体进行亲缘关系测定，同时也鉴定了性别。

对繁殖行为的调查显示，各饲养单位观察到的繁殖期行为主要有：繁殖期雌雄对鸣、雄性争斗、雌雄之间的炫耀行为、交配和筑巢行为。有 1/3 的单位从未观察到繁殖行为，2/3 的饲养单位表示曾观察到以上的部分行为。

对卵孵化的调查显示，饲养单位中，从未孵化过褐马鸡卵的单位有 4 个。50% 曾孵化过褐马鸡卵的单位使用过义亲孵化，33% 的单位曾让亲鸟自然孵化，占半数以上的单位表示有时会使用孵卵机来孵褐马鸡卵，在人工孵化之前都会对卵进行消毒，出壳期除 1 个单位有时会进行人工辅助，其余单位均很少或从不进行人工辅助出壳。

对繁殖单位中雏鸟养育方式的调查显示，33% 的单位曾人工养育雏鸟，44% 的单位使用过亲鸟和义亲鸟养育雏鸟。繁殖成活的个体除 1 个自然保护区单位表示用于野外放归外，其他单位均将繁殖个体留在本单位或输出用于饲养机构之间的动物交换。

2.3.5　疾病与预防

对圈养褐马鸡疾病预防的调查结果显示，除 2 个单位外，约 78% 以上的饲养单位均每年进行 1 次以上的体检，每年注射禽流感和新城疫疫苗。大多数饲养单位均对新引进个体进行检疫。

调查显示，过去 2 年我国圈养褐马鸡发生最多的疾病有肝脏疾病、痛风、鸡白痢、腹泻以及打斗引起的伤亡。育雏期引起雏鸟伤亡的疾病主要有：鸡痘、寄生虫、消化道疾病如便血，2 月龄时肠胃感染、腹泻，以及雏鸟打斗引起的外伤。此外，营养、应激、饲养密度过大等原因容易引起雏鸟脚爪弯曲、变形和啄羽。

3　讨论

我国圈养褐马鸡数量较少，而且饲养和繁殖主要集中在 3 个单位。圈养单位中省会动物园及公园、自然保护区

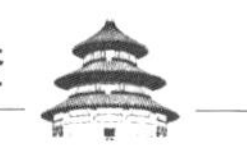

在该物种保护饲养中各有优势，动物园及公园在人员、笼舍饲养设施配置、营养供给，疾病预防等方面占优势，自然保护区在饲养面积、环境方面占优势。目前褐马鸡人工种群的管理在个体标识、扩大饲养面积和加强疾病预防治疗、提高个体存活率等方面有待于进一步提高管理水平。

根据我国褐马鸡圈养种群现状，对今后该物种人工种群的发展提出以下几点建议。

3.1 加强饲养单位之间的合作，逐步改变饲养繁殖个体过于集中的局面

针对褐马鸡圈养个体饲养繁殖相对集中的特点，有必要加强今后各饲养单位之间的个体交换，开展繁殖技术合作，逐步增加能自我维持的圈养种群数量和个数，作为未来圈养种群的必要储备。建议在褐马鸡自然分布区内均建立褐马鸡人工繁育基地，加强褐马鸡的人工繁育，进一步扩大圈养种群。

3.2 我国动物园及公园中，褐马鸡饲养面积需进一步改善提高

虽然圈养下马鸡类建议的最小笼舍面积为 30 ～ 50m^2，但马鸡类天生喜刨食，为保证笼舍中草和植物的存活和生长，实际的笼舍面积应该比推荐面积更大[38]。我国动物园褐马鸡饲养笼舍面积较小，平均每只饲养面积仅占 15m^2。较小的笼舍面积容易导致个体出现行为异常，如圈养下个体常互相啄食羽毛，而使尾羽残缺不全。据了解我国动物园的圈养个体的确有相互啄羽的情况，这有待于今后做进一步改进。

3.3 可开展的有益的探索性工作

野外褐马鸡全年的食物组成至少有 62 种[12]，本研究统计了 9 家单位日常饲喂褐马鸡的食物种类共 24 种，与野外褐马鸡食物种类数量相差甚远，因此建议有条件的单位，可以参照野外褐马鸡采食种类，适当增加圈养褐马鸡的食物种类。

目前，褐马鸡在我国自然保护区多为大网笼内群养方式，动物园多为单间笼舍成对饲养方式。据文献报道，圈养下实行大群饲养时，繁殖期公鸡间的争雄格斗，会影响母鸡产蛋，导致繁殖率很低，所以应将成年褐马鸡一雌一雄配对饲养[39]。而野外褐马鸡具有春夏配对繁殖，秋冬集群生活[24, 40]的生物学特性。圈养下是否可以秋冬集群，春夏分群，做到既尊重该物种的生物习性，又利于繁殖的饲养方式，有待今后做进一步尝试和探索。

由于地理屏障（黄河）和自然植被（太行山植被）的破坏，目前褐马鸡的分布区已被严重分割成 3 个区域，其中分布在山西境内的种群被称为中部种群，分布于河北省和北京市的种群被称为东部种群，分布于陕西境内的种群被称为西部种群[5]。本次调查结果和谱系信息显示，现有褐马鸡圈养种群最早来源于山西省和河北省境内，属于地理种群上的中部种群和东部种群，目前圈养种群尚没有来自陕西省境内的西部种群的个体，建议在今后合适的时期可以考虑在西部种群分布区内建立人工圈养种群。

圈养雉类很重要的一个目的是让优质个体回到其原栖息地，补充野外数量的不足。已开展的少数雉类再引入研究显示，由亲鸟养育长大的个体在野外存活率和繁殖率比人工养育长大的个体都高[41-43]。因此圈养褐马鸡再引入时应该优先选择亲鸟养育的后代。2000 年北京师范大学在山西五台山地区开展了褐马鸡再引入的研究，并取得了初步成功[15]。褐马鸡人工种群数量的增长，为今后继续开展该地理种群再引入的深入研究创造了条件。以再引入为目的对现有圈养环境及管理加以改进，鼓励亲鸟繁育后代，以便养育行为丰富、适应力强的优良后代，将能提高今后褐马鸡再引入的成功率。

致谢

感谢本次问卷调查参与人员，太原动物园卫泽珍，山西省动物学会刘学林，北京动物园张成林、崔多英、冯妍，上海动物园黄康宁、张志浩，大同市大同公园管理处姚树权，太原市森林公园张二青，山西庞泉沟国家级自然保护区杨向明，河北小五台山国家级自然保护区管理中心甄伟，山西灵空山国家级自然保护区管理局徐峰，陕西韩城褐马鸡国家级自然保护区强建国，北京野生动物救护中心史洋，石家庄市动物园段磊、王志永。中国动物园协会周军英协助调查问卷编制，北京师范大学张正旺教授为调查提供了帮助，在此表示衷心感谢！

参考文献

[1] IUCN（World Conservation Union）.The IUCN red list of threatened species.（2015-4）[2016-02-02].http：//www.iucnredlist.org.

[2] 国家林业和草原局，农业农村部 . 国家重点保护野生动物名录（2021 年 2 月 1 日修订）[J]. 野生动物学报，2021，42（2）：605-640.

[3] 郑光美，王岐山 . 中国濒危动物红皮书（鸟类）[M]. 北京：科学出版社，1997.

[4] 张龙胜 . 褐马鸡的分布现状 [J]. 野生动物，1999，20（2）：18.

[5] 张正旺，张国钢，宋杰 . 褐马鸡的种群现状与保护对策 [J]. 中国鸟类学研究，2000：49-55.

[6] 赖荣兴 . 关于褐马鸡的史略记载 [J]. 野生动物，1986（02）：9-10.

[7] 李世广，杨向明，周震宇 . 中国褐马鸡古考与现状 [J]. 科学之友，2012（2）：140-141.

[8] 庞新博，马建昭，刘文新 . 小五台山褐马鸡繁殖期生境选择主要变量的研究 [J]. 河北林业科技，2009，9（增刊）：27-29.

[9] 张国钢，郑光美，张正旺，等 . 山西芦芽山褐马鸡越冬栖息地选择的多尺度研究 [J]. 生态学报，2005，25（5）：952-956.

[10] 李宏群，廉振民 . 陕西黄龙山自然保护区褐马鸡繁殖早期栖息地选择 [J]. 湖南农业大学学报，2010，36（5）：552-555.

[11] 宋凯，宓春荣，赵玉泽，等 . 百花山国家级自然保护区褐马鸡栖息地利用分析 [J]. 动物学杂志，2016，51（3）：363-372.

[12] 程铁锁，何冰，王保星，等 . 陕西韩城黄龙山褐马鸡食性观察与分析 [J]. 防护林科技，2015，140（5）：92-93+95.

[13] 赵文丽 . 褐马鸡天敌的防治措施 [J]. 北京农业，2011（5）：88.

[14] 刘冰许，徐新杰 . 人工饲养褐马鸡的繁殖生物学研究 [J]. 四川动物，1995（04）：181-182.

[15] 张国钢，郑光美，张正旺 . 山西五台山地区褐马鸡的再引入 [J]. 动物学报，2004，50（1）：126-132.

[16] 李宏群，廉振民，刘晓莉 . 中国褐马鸡的研究现状及其保护措施 [J]. 延安大学学报（自然科学版），2009，28（2）：92-96.

[17] 谭玉洁，张文元，张春颖 . 褐马鸡的人工孵化和育雏 [J]. 野生动物，1996，3：22-25.

[18] 朱向博，张丽，赵润星，等 . 褐马鸡的人工饲养管理 [J]. 中国畜牧业，2018（15）：84-86.

[19] 刘冰许 . 褐马鸡的孵化试验 [J]. 湖北畜牧兽医，1992（2）：23-25.

[20] 忻富宁，郝敏 . 小五台山自然保护区褐马鸡的家鸡代孵及育雏初步研究 [J]. 绿色科技，2019（20）：36-38.

[21] 刘如笋 . 笼养褐马鸡繁殖行为的研究 [J]. 动物学研究，1986（03）：243-249.

[22] 尹祚华，刘如笋 . 笼养褐马鸡的繁殖行为与雏鸟生长发育 [J]. 动物学杂志，1992（04）：42-46.

[23] 张文博，隋金玲，齐磊，等 . 笼养褐马鸡繁殖期行为与其粪便中性激素的变化 [J]. 东北林业大学学报，2015，43（8）：101-104.

[24] 张国钢，张正旺，郑光美 . 山西五鹿山地区褐马鸡集群行为研究 [J]. 北京师范大学学报（自然科学版），2000，36（6）：817-820.

[25] 郝爱霞，邓文洪 . 笼养褐马鸡行为的 PAE 编码及行为谱特征 [J]. 北京师范大学学报（自然科版），2014，50（6）：614-619.

[26] 曹翰，张文博，孙丰硕，等 . 笼养褐马鸡繁殖期与非繁殖期行为观察与比较 [J]. 四川动物，2015，34（05）：756-758.

[27] 庞新博，刘文新，马建昭 . 小五台山褐马鸡人工授精的研究 [J]. 河北林业科技，2009，9（增刊）：3-5.

[28] 温江怡，高仁恒 . 褐马鸡的主要传染病及寄生虫研究 [J]. 山西师范大学学报，1990（2）：60-65.

[29] 王兵团，殷国荣，杨建一 . 健康和食羽症褐马鸡羽毛中某些元素和氨基酸含量分析 [J]. 畜牧兽医学报，1993（1）：93-96.

[30] 武玉珍，张峰，王孟本，等 . ICP 法和原子吸收光谱法测定褐马鸡羽毛中的 10 中元素 [J]. 光谱学与光谱分析，2008（3）：675-677.

[31] 武玉珍，王孟本，张峰 . 褐马鸡圈养种群的 mtDNA 控制区多态性 [J]. 生态学报，2010，30（11）：2958-2964.

[32] 武玉珍，冯睿芝，张峰 . 珍禽褐马鸡线粒体 DNA 控制区结构和亲缘关系 [J]. 生态学杂志，2013，32（12）：3243-3249.

[33] 武玉珍，冯睿芝，张峰 . 褐马鸡不同组织中十种矿物元素的分布研究 [J]. 山西大学学报（自然科学版），2014，37（2）：311-315.

[34] 武玉珍，李敏，李晓科，等 . 灵空山褐马鸡种群遗传多样性研究 [J]. 山西大学学报（自然科学版），2020，43（02）：428-434.

[35] McGowan P.J.K.，Garson P.J. Pheasant：Status Survery and Action Plan 1995-1999.IUCN，1995，Gland，Switzerland.

[36] 李一琳，丁长春 . 基于 GIS 和 MaxEnt 技术对濒危物种褐马鸡的保护空缺分析 [J]. 北京林业大学学报，2016，11（38）：34- 41.

[37] 张哲，李秀英，陈超，等 . 野生动物类型自然保护区现状及保护措施调查研究 [J]. 绿色科技，2018（12）：16-17+24.

[38] 约翰·科德，张敬 . 中国雉类及繁育技术 [M]. 北京：中国社会出版社，2016：27-28.

[39] 刘学英，尚磊 . 褐马鸡人工繁育的现状与展望 [J]. 中国家禽，2003，25（12）：44-46.

[40] 李宏群，廉振民 . 陕西黄龙山自然保护区褐马鸡冬季集群特征的研究 [J]. 西南大学学报（自然科学版），2011，33（6）：45-47.

[41] Buner F，Aebischer N J. Guidelines for re-establishing grey partridges through releasing.Game & Wildlife Conservation

Trust, Fordingbridge, 2008.

[42] J A Pérez, C Sánchez-García, C Díez, et al. Are parent-reared red-legged partridges (*Alectoris rufa*) better candidates for re-establishment purposes? .Pourltry Science, 2015, 94 : 2330-2338

[43] C Sánchez-García, M E Alonso, E J Tizado, et al. Anti-predator behaviour of adult red-legged partridge (*Alectoris rufa*) tutors improves the defensive responses of farm-reared broods.British Pourltry Science, 2016, 57 (3) : 306-16.

油松、白皮松古树林下野生地被种类调查及优势种分析[①②]

北京市香山公园管理处 / 王雪涵　葛雨萱　董　昆　孔维一

摘　要：对油松、白皮松古树林下野生地被植物种类进行调查，旨在为古树下植被生态恢复提供依据。通过对香山公园碧云寺、十三陵永陵两个区域的油松、白皮松古树林下野生地被植物种类进行调查，记录古树林下各样方内全部植物的种类、株高、植株数量、频次及覆盖面积，计算各植物种类的相对多度、相对盖度、相对频度和重要值，并依此对地被植物进行优势种分析。结果显示：香山公园碧云寺油松古树林下夏季地被优势种为求米草、青绿薹草、多花胡枝子和短尾铁线莲；白皮松古树林下夏季地被优势种为求米草和短尾铁线莲；十三陵永陵油松古树林下夏季地被优势种为多花胡枝子、荆条和求米草，白皮松古树林下夏季地被优势种为多花胡枝子、荆条、抱茎苦荬菜、青绿薹草和酸枣。不同区域及不同种类古树林下地被植物存在一定差异，但求米草、多花胡枝子和青绿薹草在香山和十三陵地区均为野生优势种，可考虑在古树地被植物恢复中应用。

关键词：地被植物；野生地被；古树林下；优势种；油松；白皮松

古树是城市园林的重要组成部分，具有极高的园林观赏价值和历史文化价值，同时也是研究树木生理、自然史的重要材料。香山公园拥有古树 5800 余株，占北京城区古树总量的近 1/4。近年来，随着游客量的增加，人为干扰对古树生长的立地环境造成了很大影响，古树下的原生地被植物遭到破坏，林下土壤板结，土壤透气性变差，严重影响了古树的健康生长。

地被植物在维持园林生物多样性、改善土壤环境、涵养水源、保持水土、提高土地利用率等方面具有十分重要的作用[1]。特别是在改善土壤环境方面，地被植物能够降低土壤容重，促进土壤养分循环，改良土壤孔隙度[2]。目前，我国很多城市和地区都已开展了当地地被植物资源的调查应用工作，孔令晶[3]对天津市 3 个公园的地被植物种类进行调查，综合分析地被植物的群落结构、重要值及物种多样性。钱瑭璜等[4]调查了深圳市 21 个城市公园的地被植物，并在此基础上，重点针对林下、林缘及新优地被植物的应用形式及效果进行研究。滕文军等[5]通过对北京市 28 种地被植物进行光合色素含量及光合特性测定，筛选出北京市耐荫地被植物。赵晓燕等[6]从北京城区 107 种野生地被植物中筛选出 16 种表现良好的地被种类，并对其关键养护技术进行总结。刘育俭等[7]对桧柏和侧柏古树群下野生地被植物的种类动态进行调查，对林下地被的补播技术进行总结，并对不同古柏林区内主要地被植物的土壤养分含量进行测定分析[8]。王瑛等[9]研究了地被植物恢复对广玉兰、银杏古树周边土壤性状的影响。综上，前人研究多集中在地被植物种类调查、形式应用、养护技术等方面，尚未对油松、白皮松古树下的野生地被植物进行具有针对性的调查和评价。

古树下野生地被植物是古树生态系统中的重要组成部分[7]。在古树林下使用乡土低矮地被，既可保护古树下土

① 基金项目：北京市公园管理中心园林科技新星项目“香山公园古树林下环境调查与共生地被筛选”（ylkjxx201806）。
② 本文已发表于《中国农学通报》，2021，37（15）:33-38。

地免受践踏，又有利于营造适合古树生长的区域环境。本研究对香山公园碧云寺、十三陵永陵的油松、白皮松古树下野生地被植物进行调查，统计林下地被植物种类并进行地域性差异分析，通过计算重要值对野生地被中的优势品种进行筛选，以期为香山公园古树林下地被植物应用提供参考。

1 研究区域

1.1 香山公园碧云寺

碧云寺内有古树 386 株，占全寺乔木 30% 以上 [10]。其中油松 31 株、白皮松 28 株，选择寺内西侧未开放的金刚宝座塔塔院区域开展调查，无人为干扰。

1.2 十三陵永陵

永陵园内有古树 755 株，其中油松 110 株、白皮松 19 株。永陵属于未开放园区，林下地被处于野生状态，无人为干扰。

2 研究方法

2.1 样方调查

2019 年 7 ～ 8 月，在香山公园碧云寺金刚宝座塔塔院区域选取古树油松 10 株、古树白皮松 10 株，在十三陵永陵东、西两侧选取古树油松 10 株、古树白皮松 10 株。因两地均为松柏混交林，树种分布不均匀，故样方选取以油松、白皮松树下近主干区域为主，选取以每株古树树体为圆心，半径 2m 内的林下范围作为一个样方，使用直接测量法调查记录各样方内全部植物的种类、株高、植株数量、频次及覆盖面积。本研究中仅针对高度在 1m 以下的植物开展调查记录 [11]。

2.2 数据处理方法

调查数据统计整理与分析，均采用 Microsoft Office Excel 2007 软件完成。

2.3 分析方法

根据重要值的大小判断植物在群落中的优势情况（重要值越大，说明该物种在群落层中的优势度越明显）[12]。重要值体现了物种在群落中的优势程度，可作为度量物种在群落中地位与作用的指标 [13]。重要值是以综合数值来表示群落中不同植物的相对重要性 [14]，计算方法如公式 1 ～公式 4 所示。

$$重要值(Iv)=\frac{相对多度(Dr)+相对频度(Fr)+相对盖度(Pr)}{3} \quad (1)$$

$$相对多度(Dr)=\frac{某物种的株数}{所有种的总株数}\times 100\% \quad (2)$$

$$相对频度(Fr)=\frac{某物种的频度}{所有种的频度总和}\times 100\% \quad (3)$$

$$相对盖度(Pr)=\frac{某物种的覆盖面积}{所有种的覆盖面积}\times 100\% \quad (4)$$

本研究选取重要值大于 0.100 的物种作为优势种。

3 结果与分析

3.1 地被植物调查情况

3.1.1 香山公园碧云寺夏季古树林下野生地被调查情况

2019 年夏季对香山公园碧云寺古树油松进行林下野生地被植物基本情况调查，共 8 科 11 属 11 种（表 1）。平均株高区间为 5.00 ～ 44.70cm。

香山公园碧云寺古树油松夏季地被调查结果　表 1

序号	地被种类	科名	属名	平均株高（cm）
1	多花胡枝子（*Lespedeza floribunda*）	豆科	胡枝子属	27.80
2	求米草（*Oplismenus undulatifolius*）	禾本科	求米草属	6.52
3	青绿薹草（*Carex leucochlora*）	莎草科	薹草属	17.60
4	短尾铁线莲（*Clematis brevicaudata*）	毛茛科	铁线莲属	21.52
5	铁苋菜（*Acalypha australis*）	大戟科	铁苋菜属	7.00
6	狗尾草（*Setaria viridis*）	马鞭草科	狗尾草属	23.00
7	地锦（*Parthenocissus tricuspidata*）	葡萄科	地锦属	5.00
8	野菊（*Chrysanthemum indicum*）	菊科	菊属	12.00
9	牛膝菊（*Galinsoga parviflora*）	菊科	牛膝菊属	9.70
10	马唐（*Digitaria sanguinalis*）	禾本科	马唐属	44.70
11	蒲公英（*Taraxacum mongolicum*）	菊科	蒲公英属	11.00

2019 年夏季对香山公园碧云寺古树白皮松进行林下野生地被植物基本情况调查，共 9 科 10 属 10 种（表 2）。平均株高区间为 5.25 ～ 50.00cm。

香山公园碧云寺古树白皮松夏季地被调查结果　表 2

序号	地被种类	科名	属名	平均株高（cm）
1	求米草（*Oplismenus undulatifolius*）	禾本科	求米草属	5.25
2	短尾铁线莲（*Clematis brevicaudata*）	毛茛科	铁线莲属	11.24
3	多花胡枝子（*Lespedeza floribunda*）	豆科	胡枝子属	17.21
4	萝藦（*Metaplexis japonica*）	萝科	萝属	7.10

续表

序号	地被种类	科名	属名	平均株高 (cm)
5	青绿薹草（*Carex leucochlora*）	莎草科	薹草属	16.70
6	野菊（*Chrysanthemum indicum*）	菊科	菊属	19.50
7	半夏（*Pinellia ternata*）	天南星科	半夏属	14.50
8	铁苋菜（*Acalypha australis*）	大戟科	铁苋菜属	11.95
9	天南星（*Arisaema heterophyllum*）	天南星科	天南星属	50.00
10	蛇莓（*Duchesnea indica*）	蔷薇科	蛇莓属	31.30

3.1.2 十三陵永陵夏季古树林下野生地被调查情况

2019 年夏季对十三陵永陵古树油松进行林下野生地被植物基本情况调查，共 7 科 8 属 8 种（表 3）。平均株高区间为 8.50 ~ 46.50cm。

十三陵永陵古树油松夏季地被调查结果　表 3

序号	地被种类	科名	属名	平均株高 (cm)
1	多花胡枝子（*Lespedeza floribunda*）	豆科	胡枝子属	11.10
2	青绿薹草（*Carex leucochlora*）	莎草科	薹草属	14.33
3	荆条（*Vitex negundo* var.*heterophylla*）	马鞭草科	牡荆属	22.05
4	野菊（*Chrysanthemum indicum*）	菊科	菊属	8.60
5	抱茎苦荬菜（*xeridium sonchifolium*）	菊科	小苦荬属	22.86
6	求米草（*Oplismenus undulatifolius*）	禾本科	求米草属	8.50
7	酸枣（*Ziziphus jujuba*）	鼠李科	枣属	24.90
8	雀舌草（*Stellaria uliginosa*）	石竹科	繁缕属	46.50

2019 年夏季对十三陵永陵古树白皮松进行林下野生地被植物基本情况调查，共 7 科 8 属 8 种（表 4）。平均株高区间为 8.00 ~ 20.87cm。

十三陵永陵古树白皮松夏季地被调查结果　表 4

序号	地被种类	科名	属名	平均株高 (cm)
1	多花胡枝子（*Lespedeza floribunda*）	豆科	胡枝子属	10.43
2	荆条（*Vitex negundo* var.*heterophylla*）	马鞭草科	牡荆属	24.10

续表

序号	地被种类	科名	属名	平均株高 (cm)
3	抱茎苦荬菜（*xeridium sonchifolium*）	菊科	小苦荬属	20.87
4	青绿薹草（*Carex leucochlora*）	莎草科	薹草属	12.65
5	酸枣（*Ziziphus jujuba* var.*spinosa*）	鼠李科	枣属	17.80
6	雀舌草（*Stellaria uliginosa*）	石竹科	繁缕属	29.00
7	野菊（*Chrysanthemum indicum*）	菊科	菊属	7.50
8	求米草（*Oplismenus undulatifolius*）	禾本科	求米草属	8.00

3.2 野生地被优势种分析

3.2.1 香山公园碧云寺夏季古树林下野生地被优势种分析

香山公园碧云寺古树油松夏季地被重要值排序如表 5 所示，根据重要值计算结果判定求米草、青绿薹草、多花胡枝子和短尾铁线莲为香山公园碧云寺古树油松夏季地被优势种，优势度表现为求米草 > 青绿薹草 > 多花胡枝子 > 短尾铁线莲。

香山公园碧云寺古树油松夏季地被重要值　表 5

序号	地被种类	*Dr*	*Pr*	*Fr*	*Iv*
1	求米草（*Oplismenus undulatifolius*）	0.317	0.165	0.167	0.216
2	青绿薹草（*Carex leucochlora*）	0.251	0.183	0.167	0.200
3	多花胡枝子（*Lespedeza floribunda*）	0.179	0.169	0.250	0.199
4	短尾铁线莲（*Clematis brevicaudata*）	0.151	0.140	0.139	0.143
5	铁苋菜（*Acalypha australis*）	0.060	0.040	0.083	0.061
6	狗尾草（*Setaria viridis*）	0.008	0.008	0.056	0.024
7	地锦（*Parthenocissus tricuspidata*）	0.004	0.025	0.028	0.019
8	野菊（*Chrysanthemum indicum*）	0.009	0.015	0.028	0.017
9	牛膝菊（*Galinsoga parviflora*）	0.017	0.005	0.028	0.017
10	马唐（*Digitaria sanguinalis*）	0.003	0.005	0.028	0.012
11	蒲公英（*Taraxacum mongolicum*）	0.002	0.002	0.028	0.011

香山公园碧云寺古树白皮松夏季地被重要值排序如表 6 所示，根据重要值计算结果判定求米草和短尾铁线莲为香山公园碧云寺古树白皮松夏季地被优势种，优势度表现为求米草 > 短尾铁线莲。

香山公园碧云寺古树白皮松夏季地被重要值　表 6

序号	地被种类	*Dr*	*Pr*	*Fr*	*Iv*
1	求米草(*Oplismenus undulatifolius*)	0.415	0.245	0.238	0.284
2	短尾铁线莲（*Clematis brevicaudata*)	0.199	0.257	0.190	0.260
3	萝藦（*Metaplexis japonica*)	0.068	0.029	0.143	0.080
4	多花胡枝子（*Lespedeza floribunda*)	0.045	0.086	0.058	0.063
5	青绿薹草（*Carex leucochlora*)	0.033	0.042	0.143	0.049
6	野菊（*Chrysanthemum indicum*)	0.047	0.014	0.071	0.044
7	半夏（*Pinellia ternata*)	0.041	0.018	0.071	0.036
8	铁苋菜（*Acalypha australis*)	0.042	0.015	0.048	0.035
9	天南星（*Arisaema heterophyllum*)	0.012	0.050	0.048	0.029
10	蛇莓（*Duchesnea indica*)	0.010	0.025	0.024	0.020

3.2.2　十三陵永陵夏季古树林下野生地被优势种分析

十三陵永陵古树油松夏季地被重要值排序如表 7 所示，根据重要值计算结果判定多花胡枝子、荆条和求米草为十三陵永陵古树油松夏季地被优势种，优势度表现为多花胡枝子 > 荆条 > 求米草。

十三陵永陵古树油松夏季地被重要值　表 7

序号	地被种类	*Dr*	*Pr*	*Fr*	*Iv*
1	多花胡枝子（*Lespedeza floribunda*)	0.246	0.136	0.222	0.201
2	荆条（*Vitex negundo* var. *heterophylla*)	0.043	0.033	0.167	0.196
3	求米草（*Oplismenus undulatifolius*)	0.121	0.050	0.056	0.114
4	抱茎苦荬菜（*xeridium sonchifolium*)	0.102	0.020	0.111	0.081
5	雀舌草（*Stellaria uliginosa*)	0.023	0.012	0.056	0.078
6	酸枣（*Ziziphus jujuba* var. *spinosa*)	0.039	0.050	0.056	0.076
7	青绿薹草（*Carex leucochlora*)	0.242	0.125	0.222	0.048
8	野菊（*Chrysanthemum indicum*)	0.191	0.040	0.111	0.030

十三陵永陵古树白皮松夏季地被重要值排序如表 8 所示，根据重要值计算结果，判定多花胡枝子、荆条、抱茎苦荬菜、青绿薹草和酸枣为十三陵永陵古树白皮松夏季地被优势种，优势度表现为多花胡枝子 > 荆条 > 抱茎苦荬菜 > 青绿薹草 > 酸枣。

十三陵永陵古树白皮松夏季地被重要值　表 8

序号	地被种类	*Dr*	*Pr*	*Fr*	*Iv*
1	多花胡枝子（*Lespedeza floribunda*)	0.244	0.163	0.235	0.214
2	荆条（*Vitex negundo* var. *heterophylla*)	0.101	0.075	0.176	0.117
3	抱茎苦荬菜（*xeridium sonchifolium*)	0.125	0.050	0.176	0.117
4	青绿薹草（*Carex leucochlora*)	0.104	0.100	0.118	0.107
5	酸枣（*Ziziphus jujuba* var. *spinosa*)	0.102	0.095	0.118	0.105
6	雀舌草（*Stellaria uliginosa*)	0.175	0.013	0.059	0.082
7	野菊（*Chrysanthemum indicum*)	0.084	0.038	0.059	0.060
8	求米草（*Oplismenus undulatifolius*)	0.052	0.013	0.059	0.041

4　结论

根据重要值计算结果，香山公园碧云寺古树油松林下夏季地被优势种为求米草、青绿薹草、多花胡枝子和短尾铁线莲，白皮松林下夏季地被优势种为求米草和短尾铁线莲；十三陵永陵油松古树林下夏季地被优势种为多花胡枝子、荆条和求米草，白皮松林下夏季地被优势种为多花胡枝子、荆条、抱茎苦荬菜、青绿薹草和酸枣。其中，短尾铁线莲属于藤本植物，缠绕能力强，不利于养护管理；荆条属小灌木，萌蘖能力强，高度最高可达 8m，虽可进行人工修剪，但养护成本较高，并会与古树争夺营养；酸枣作为灌木，高度可控性差，且枝条硬度大，不易修剪；抱茎苦荬菜的绿叶期较短，夏秋季景观效果较差。因此，本研究认为求米草、多花胡枝子和青绿薹草为适宜在古树油松和白皮松林下应用的地被植物种类。

5　讨论

野生地被植物种类受地域性影响较大，不同地区乃至不同树种下的野生植被均有不同。目前，关于古树下野生地被植物的针对性调查研究较少，仅有古柏树[7, 8]、古广玉兰和古银杏[9]的相关研究报道。本研究对香山公园碧云寺、十三陵永陵区域的油松、白皮松古树下野生地被植物的种类进行调查，为公园古树油松和白皮松的养护提供参考，同时也对丰富乡土地被的应用形式、节约公园养护成本、营造古树与地被植物协调共生的新景观提供了一定参考。

调查分析发现，香山和十三陵的地被植物种类存在一定差异。其中，多花胡枝子在香山和十三陵地区均为野生优势种，在十三陵永陵地区优势度较高的青绿薹草在香山公园碧云寺地区也有出现，说明被调查两地区域环境有相似性，地被植物存在重叠。而相同区域的油松、白皮松林下地被植物种类差异较小，说明地被植物种类受古树种类影响较小，故优势种筛选可从区域整体考虑。

为了进一步利用好野生地被植物，在调查结果的基础上，还需要针对目标地被植物开展生物学特性观察、繁殖实验、养护技术等系统研究。在应用时也要考虑景观的季节效果、绿色期长短、是否耐践踏等因素，遵循“适地适树适草”的原则，扬长避短，参考自然群落模式，合理进行搭配。

参考文献

[1] 田蜜 . 长沙市郊典型林分下地被与土壤养分特性研究 [D]. 长沙：中南林业科技大学，2010.

[2] 赵雪乔，袁小环 .12 种林下地被植物水土保持功能研究 [J]. 水土保持研究，2017，24（4）：66-69.

[3] 孔令晶 . 天津市 3 个公园绿地地被植物调查与分析 [D]. 天津：天津农学院，2017.

[4] 钱瑭璜，梁琼芳，许建新，等 . 深圳市公园绿地地被植物应用现状调查与分析 [J]. 草业科学，2018，35（10）：2403-2413.

[5] 滕文军，姜红岩，温海峰，等 . 北京市 28 种地被植物光合特性的研究 [J]. 草原与草坪，2019，39（3）：35-42.

[6] 赵晓燕，高大伟，周肖红 . 北京野生地被植物引种筛选及应用 [J]. 中国园林，2007（8）：10-16.

[7] 刘育俭，李红云，王艳，等 . 古树群下野生地被植物的种类动态与恢复 [C]// 中国风景园林学会 2011 年会论文集，2011：993-995.

[8] 刘育俭 . 天坛公园古柏林下地被植物土壤养分状况及适应性评价 [C]// 北京城市园林绿化与生态文明建设学术论坛论文集，2013：335-341.

[9] 王瑛，汤珧华，陈嫣嫣，等 . 地被植物恢复对古树周边土壤性状的影响 [J]. 上海建设科技，2008（6）：24-25，42.

[10] 薛晓飞，周虹 . 赏古树芳华享历史浓荫——论北京香山公园古树景观可持续利用 [J]. 中国园林，2014，6：79-84.

[11] 孔杨勇，夏宜平，张玲慧 . 杭州城市绿地中的地被植物应用现状调查 [J]. 中国园林，2004，5：57-60.

[12] 陈旭，刘可倚，彭科，等 . 四川白水河国家级自然保护区植物群落分布和优势种 [J]. 四川林业科技，2020，41(4)：137-141.

[13] 刘润红，常斌，荣春艳，等 . 漓江河岸带枫杨群落主要木本植物种群生态位 [J]. 应用生态学报，2018，29（12）：3917-3926.

[14] 邓绶林，刘文彰 . 地学辞典 [M]. 石家庄：河北教育出版社，1992.

不同虫态蠋蝽对黄栌胫跳甲幼虫的室内捕食反应①

北京市香山公园管理处 / 焦进卫
北京市西山试验林场 / 陈　倩　梁洪柱

摘　要：在天敌繁育室内研究不同虫态蠋蝽对黄栌胫跳甲幼虫的捕食反应，功能反应试验数据用 Holling方程分别进行模拟。结果表明：不同虫态蠋蝽的捕食量随黄栌胫跳甲幼虫密度的增加而增加，2～3 龄蠋蝽若虫对跳甲 1～3 龄幼虫的捕食量高于对 4～5 龄幼虫的捕食量，4～5 龄蠋蝽若虫和成虫对跳甲 4～5 龄幼虫的捕食量明显高于蠋蝽 2～3 龄若虫。不同虫态蠋蝽捕食黄栌胫跳甲幼虫的圆盘方程能客观反映蠋蝽捕食量随黄栌胫跳甲密度变化而变化的情况；各虫态蠋蝽对跳甲 1～2 龄幼虫的控制作用差异不大，而蠋蝽4～5 龄若虫和成虫对跳甲 4～5 龄幼虫的控制作用较 2～3 龄若虫更强。此研究可为野外释放蠋蝽防治跳甲提供依据，跳甲低龄幼虫期可释放 2～3 龄蠋蝽若虫，跳甲幼虫龄期较大时以释放 4～5 龄蠋蝽若虫或成虫为最佳。

关键词：蠋蝽；黄栌胫跳甲；捕食

黄栌胫跳甲（*Ophrida xanthospilota*），属鞘翅目（Coleoptera），叶甲科（Chrysomelidae），又称黄栌黄点胫跳甲或黄斑胫跳甲，是黄栌（*Cotinus coggygria*）的主要食叶害虫，危害期为每年 3 ～ 8 月，严重影响黄栌生长和景观质量，仅 4、5 龄幼虫时取食量就可超过整个取食量的 80%[1]。

蠋蝽（*Arma chinensis*），属半翅目（Hemiptera），蝽总科（Pentatomoidea），蝽科（Pentatomidae），益蝽亚科（Asopinae），蠋蝽属（*Arma*），又名蠋敌，是一种杂食性天敌昆虫。蠋蝽在我国从北至南 19 个省市均有分布，适生范围非常广。蠋蝽可以捕食鳞翅目、鞘翅目、膜翅目及半翅目等 40 多种农林害虫的成虫、幼虫、卵以及蛹 [2, 3]。蠋蝽具有分布广、适应能力强、捕食范围广、易繁殖、耐储存等特点，是一种优势天敌昆虫，该虫在室内已实现规模化生产 [4]，因此具有非常广阔的生物防治前景 [3, 5, 6]。

生物防治科技的核心内涵和基本特色是与生态环境保护的“相融性”，以及与可持续发展的“统一性”[7]，生物防治的应用不仅可以大大减少化学农药的使用，保护生态环境，形成良好的绿色防控，而且当天敌昆虫适应野外的生存条件并在野外建立种群后可达到持续控制害虫的效果，能够显著降低防治成本。

目前，对黄栌胫跳甲生物防治措施的应用研究较少，除在卵上发现有跳甲异赤眼蜂（*Asynacta ophriolae*）和卵跳小蜂属（*Ooencyrtus*）（暂未定种）外，未发现其他自然天敌 [8]。而人工释放天敌方面，也仅见邢雪松等 [9] 野外释放蠋蝽防治黄栌胫跳甲成虫，释放 12d 后防效达到 89.8%，但是蠋蝽其他虫态对跳甲的控制效果还未见报道。捕食功能反应是生物防治中研究捕食性天敌捕食能力的重要指标之一，是指每个捕食者的捕食率如何随猎物的密度变化而变化的一种反应 [10]。因此，笔者在室内研究不同虫态蠋蝽对不同密度黄栌胫跳甲幼虫的捕食功能反应，以期为野外防治跳甲选择蠋蝽的释放虫态，评价天敌昆虫对害虫的控制能力等提供科学依据。

① 本文已发表于《中国森林病虫》，2021，40（1）：6-10。

1 材料与方法

1.1 供试昆虫

黄栌胫跳甲 1 ～ 5 龄幼虫采自北京市香山公园，试验前喂食新鲜黄栌叶片补充营养；蠋蝽 2 ～ 5 龄若虫和成虫购自北京左山右水生物技术有限公司，试验前在室内利用新鲜柞蚕（*Antherea pernyi*）蛹补充营养。

1.2 试验条件

本试验在温度（25±1）℃、相对湿度 70%、光照强度 5000lx、光周期为 16h 光照 8h 黑暗的天敌繁育室内进行。

1.3 捕食功能反应

在直径 9cm、高 1.5cm 的培养皿内分别引入黄栌胫跳甲 1 ～ 5 龄幼虫，每个龄期幼虫分别设为每皿 5、10、15、20、25 头 5 种虫口密度，不同龄期不同黄栌胫跳甲密度的培养皿中各投入蠋蝽 2 ～ 5 龄若虫或成虫 1 头，每个处理过程重复 25 次，24h 后记录蠋蝽捕食黄栌胫跳甲的数量。试验过程中不提供任何水分或植物等附着物。

1.4 数据统计及分析

功能反应试验数据用 Holling 方程分别进行模拟[11, 12]。

$$N_a=T_t \cdot a \cdot N/(1+a \cdot T_h \cdot N)$$

式中，N 为猎物密度；N_a 为被捕食的猎物数量；T_t 为捕食者可利用发现猎物的时间（试验用总时间，本试验设为 24h，故 $T_t=1$）；T_h 为处置时间（即天敌捕食 1 头猎物所需时间），a 为瞬时攻击率。

2 结果与分析

2.1 蠋蝽对黄栌胫跳甲的捕食量

蝽各龄若虫、成虫对不同密度下黄栌胫跳甲 1 ～ 5 龄幼虫日捕食量分别见图 1 ～图 5。

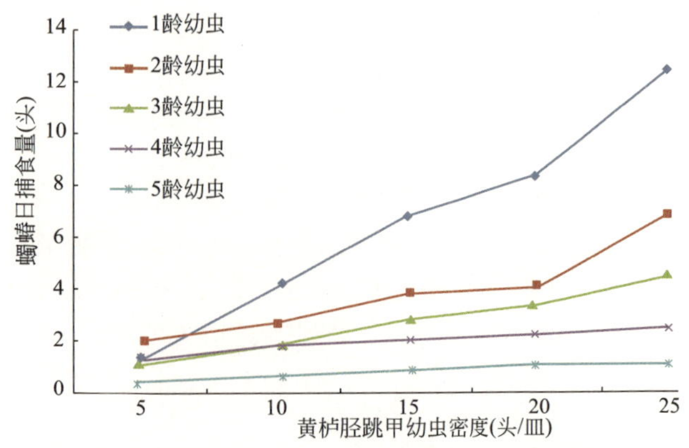

图 1　蠋蝽 2 龄若虫对不同龄期黄栌胫跳甲日捕食量

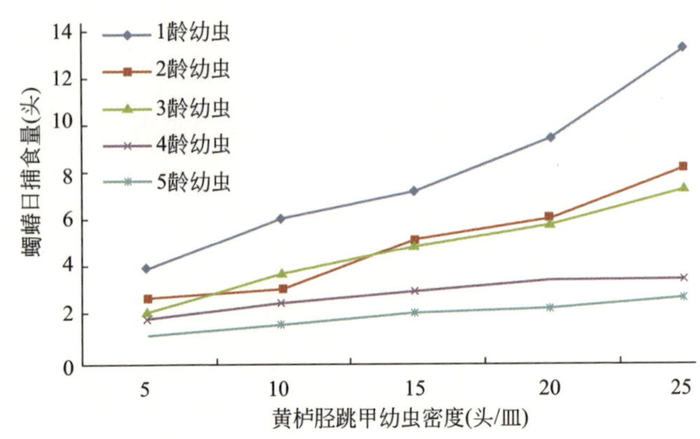

图 2　蠋蝽 3 龄若虫对不同龄期黄栌胫跳甲日捕食量

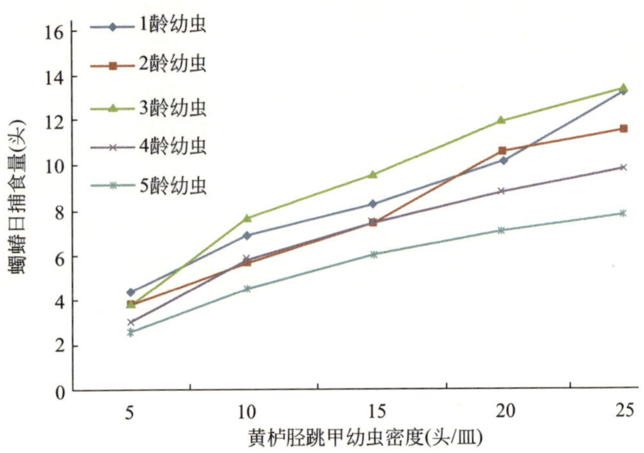

图 3　蠋蝽 4 龄若虫对不同龄期黄栌胫跳甲日捕食量

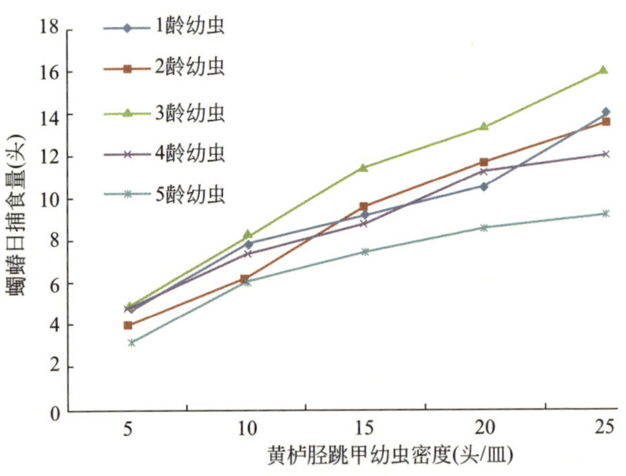

图 4　蠋蝽 5 龄若虫对不同龄期黄栌胫跳甲日捕食量

蠋蝽各龄若虫和成虫对各龄期黄栌胫跳甲幼虫的捕食量均随跳甲密度的增加而增加。总体来说蠋蝽 2、3 龄若虫对黄栌胫跳甲 1 龄幼虫的捕食量最高，其次是对 2 ～ 3 龄幼虫捕食量，对 4 ～ 5 龄幼虫的捕食量较低。自 3 龄若虫开始，蠋蝽对各龄黄栌胫跳甲幼虫的捕食量差距逐渐缩小，尤其对低龄跳甲幼虫的捕食量差异不大。

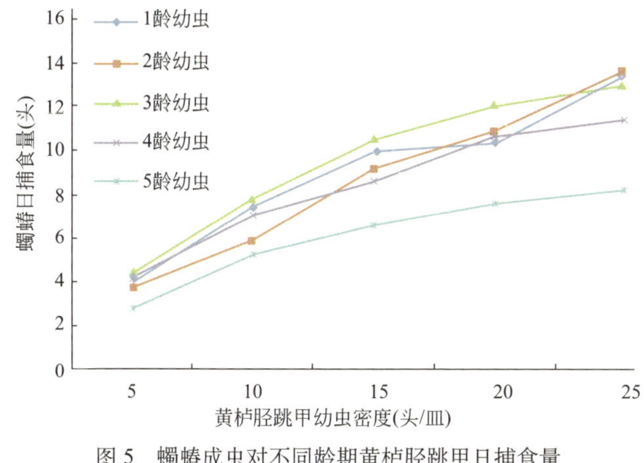

图 5　蠋蝽成虫对不同龄期黄栌胫跳甲日捕食量

2.2　蠋蝽对黄栌胫跳甲的捕食功能反应

对蠋蝽各龄若虫和成虫捕食不同龄期黄栌胫跳甲幼虫的数据进行拟合，得到蠋蝽若虫和成虫对黄栌胫跳甲幼虫捕食功能反应曲线的数量模型方程（表 1 ~ 表 5）。

蠋蝽各龄若虫、成虫捕食各龄跳甲的功能反应方程中 $1/N$ 与 $1/N_a$ 之间的相关系数均大于 $r_{0.01}$（0.917），表明二者极相关。用直线回归方程求得的理论值与实测值进行 x^2 检验的结果表明，蠋蝽各龄若虫、成虫的 x^2 值均小于相应自由度下的 $x^2_{0.05}$（9.49），说明 Holling 圆盘方程拟合结果较为理想，能够客观地反映蠋蝽各龄若虫、成虫的捕食量随各龄跳甲密度的变化而增减的情况。

蠋蝽 2 龄若虫对不同龄期黄栌胫跳甲的功能反应　　表 1

黄栌胫跳甲幼虫	圆盘方程	相关系数	瞬间攻击率 a	处置时间 T_h	捕食上限 $1/T_h$	控害效能 a/T_h	卡方值 x^2
1 龄	N_a=0.5300N/（1+0.0199N）	0.9941	0.5300	0.0375	26.6667	14.1333	2.1651
2 龄	N_a=0.4259N/（1+0.0388N）	0.9394	0.4259	0.0910	10.9878	4.6797	0.6043
3 龄	N_a=0.2345N/（1+0.0162N）	0.9963	0.2345	0.0689	14.5201	3.4050	0.0542
4 龄	N_a=0.3936N/（1+0.1259N）	0.9615	0.3936	0.3199	3.1263	1.2305	0.0031
5 龄	N_a=0.0978N/（1+0.0541N）	0.9701	0.0978	0.5532	1.8077	0.1768	0.0080

蠋蝽 3 龄若虫对不同龄期黄栌胫跳甲的功能反应　　表 2

黄栌胫跳甲幼虫	圆盘方程	相关系数	瞬间攻击率 a	处置时间 T_h	捕食上限 $1/T_h$	控害效能 a/T_h	卡方值 x^2
1 龄	N_a=0.7904N/（1+0.0312N）	0.9841	0.7904	0.0395	25.3009	19.9978	0.3501
2 龄	N_a=0.4268N/（1+0.0172N）	0.9806	0.4268	0.0403	24.8140	10.5906	0.4149
3 龄	N_a=0.4471N/（1+0.0255N）	0.9976	0.4471	0.0569	17.5609	7.8515	0.0366
4 龄	N_a=0.5860N/（1+0.1358N）	0.9853	0.5860	0.2317	4.3152	2.5287	0.0066
5 龄	N_a=0.3488N/（1+0.1054N）	0.9923	0.3488	0.3022	3.3093	1.1543	0.0142

蠋蝽 4 龄若虫对不同龄期黄栌胫跳甲的功能反应　　表 3

黄栌胫跳甲幼虫	圆盘方程	相关系数	瞬间攻击率 a	处置时间 T_h	捕食上限 $1/T_h$	控害效能 a/T_h	卡方值 x^2
1 龄	N_a=1.0159N/（1+0.0447N）	0.9922	1.0159	0.0404	24.7400	25.1339	0.3079
2 龄	N_a=0.7819N/（1+0.0153N）	0.9902	0.7819	0.0362	27.6290	21.6031	0.2054
3 龄	N_a=0.8854N/（1+0.0244N）	0.9857	0.8854	0.0276	36.2319	32.0797	0.0492
4 龄	N_a=0.7216N/（1+0.0317N）	0.9803	0.7216	0.0439	22.7706	16.4313	0.0591
5 龄	N_a=0.6188N/（1+0.0386N）	0.9858	0.6188	0.0624	16.0311	9.9200	0.0041

蠋蝽 5 龄若虫对不同龄期黄栌胫跳甲的功能反应 表 4

黄栌胫跳甲幼虫	圆盘方程	相关系数	瞬间攻击率 a	处置时间 T_h	捕食上限 $1/T_h$	控害效能 a/T_h	卡方值 x^2
1 龄	N_a=1.0827N/（1+0.0442N）	0.9841	1.0827	0.0408	24.4955	26.5213	0.2111
2 龄	N_a=0.8344N/（1+0.0220N）	0.9950	0.8344	0.0263	38.0137	31.7186	0.0806
3 龄	N_a=1.0868N/（1+0.0297N）	0.9942	1.0868	0.0273	36.5926	39.7688	0.0130
4 龄	N_a=1.2197N/（1+0.0627N）	0.9877	1.2197	0.0514	19.4530	23.7268	0.0629
5 龄	N_a=0.8191N/（1+0.0458N）	0.9647	0.8191	0.0559	17.8843	14.6490	0.0462

蠋蝽成虫对不同龄期黄栌胫跳甲的功能反应 表 5

黄栌胫跳甲幼虫	圆盘方程	相关系数	瞬间攻击率 a	处置时间 T_h	捕食上限 $1/T_h$	控害效能 a/T_h	卡方值 x^2
1 龄	N_a=0.9906N/（1+0.0359N）	0.9805	0.9906	0.0362	27.5900	27.3339	0.1200
2 龄	N_a=0.7856N/（1+0.0199N）	0.9959	0.7856	0.0253	39.4774	31.0134	0.0881
3 龄	N_a=1.0998N/（1+0.0415N）	0.9780	1.0998	0.0377	26.5012	29.1460	0.0180
4 龄	N_a=1.0590N/（1+0.0513N）	0.9780	1.0590	0.0484	20.6433	21.8612	0.0365
5 龄	N_a=0.7131N/（1+0.0429N）	0.9632	0.7131	0.0602	16.6224	11.8534	0.0570

3 结论与讨论

影响捕食者功能反应的因素有很多，比如捕食者的生理状态、猎物的大小和密度以及试验的环境条件 [13]。为尽量消除捕食者、猎物和环境对试验所造成的影响，本试验中，选取的蠋蝽不同龄期若虫、成虫和黄栌胫跳甲幼虫均为同一时间孵化（羽化），且体量大小近似。

从试验结果可以看出，蠋蝽各龄若虫和成虫对黄栌胫跳甲的捕食量随猎物密度的增加而增加。蠋蝽 2 ～ 3 龄若虫能够控制黄栌胫跳甲 1 ～ 2 幼虫，随着害虫龄期增加，体型变大，2 ～ 3 龄蠋蝽若虫对其控制能力变弱，导致捕食能力下降。相反，蠋蝽 3 龄以上若虫和成虫自身体型增大明显，对跳甲 4 ～ 5 龄幼虫的控制能力越来越强，以 5 龄若虫和成虫对跳甲 4 ～ 5 龄幼虫的控制作用最强，但是其对 1 ～ 2 龄害虫的捕食能力则相反，可能是在一定空间内，害虫个体太小并不利于大型蠋蝽搜寻。

蠋蝽各龄若虫和成虫捕食黄栌胫跳甲幼虫的功能反应均可用 Holling Ⅱ模型拟合，经 x^2 检验，表明模拟后的方程可用来描述蠋蝽各龄若虫、成虫对黄栌胫跳甲各龄幼虫的捕食功能反应情况。功能反应参数瞬间攻击率（a）与处理时间（T_h）充分反映了捕食者和猎物之间的结构关系，是判断捕食者对猎物控制作用大小的方法之一，蠋蝽 4、5 龄若虫和成虫对跳甲的瞬间攻击率（a）相较于其他龄期若虫较强，而且对猎物的处置时间也比低龄若虫要短。a/T_h 也可用来衡量捕食者对某种猎物的控制作用大小，a/T_h 值越大，表示天敌对害虫的控制能力越强，本试验结果显示，蠋蝽 5 龄若虫的 a/T_h 值最大，成虫次之，4 龄若虫居第三，说明三者对跳甲均有较强的捕食能力。野外释放蠋蝽防治黄栌胫跳甲时，在跳甲低龄幼虫期可释放 2 ～ 3 龄蠋蝽若虫，在跳甲 4 ～ 5 龄幼虫期的防治以选择蠋蝽 4 ～ 5 龄若虫和成虫为佳。

参考文献

[1] 关玲，刘寰，陶万强，等 . 北京地区黄栌胫跳甲生物学特性研究 [J]. 中国森林病虫，2013，32（4）：9-12.

[2] 邹德玉，徐维红，刘佰明，等 . 天敌昆虫蠋蝽的研究进展与展望 [J]. 环境昆虫学报，2016，38（4）：857-865.

[3] 张海平，潘明真，易忠经，等 . 短期饥饿处理对蠋蝽寿命、繁殖力及捕食量的影响 [J]. 中国生物防治学报，2017，33（2）：159-164.

[4] 郑庆伟 .“捕食性天敌昆虫资源挖掘与产业化应用”现场鉴评会在黔举行 [J]. 农药市场信息，2017，21（1）：64.

[5] 张健，周毓麟，孙守慧 . 利用人工饲料连代饲养蠋蝽若虫效果评价 [J]. 中国森林病虫，2017，36（4）：37-40.

[6] 高卓，王哲玮，张李香，等 . 蠋蝽人工繁殖技术及田间释放控制研究 [J]. 黑龙江大学工程学报，2012，3（1）：65-73.

[7] 包建中，古德祥 . 中国生物防治 [M]. 太原：山西科学技术出版社，1998.

[8] 杜万光 . 北京地区黄栌胫跳甲的危害情况与综合治理 [J]. 安徽农业科学，2015，43（20）：156-158.

[9] 邢雪松，周义，刘君，等 . 一种新型天敌昆虫蠋蝽在林业

上的应用 [J]. 北京园林，2018，34（3）：48-50.
[10] 田仲，管德义，刘剑，等 . 异色瓢虫密度对槐蚜捕食的干扰效应研究 [J]. 植物保护，2008，34（3）：51-53.
[11] 吴坤君，盛乘发，龚佩瑜 . 捕食性昆虫的功能反应方程及其参数的估算 [J]. 昆虫知识，2004，41（3）：267-269.
[12] 徐汝梅 . 昆虫种群生态学 [M]. 北京：北京师范大学出版社，1987.
[13] 梁洪柱，胡雅君，陈倩，等 . 异色瓢虫对槐蚜的捕食功能反应 [J]. 中国生物防治，2007，23（增刊）：103-106.

华北地区 4 个品种樱花温度抗逆性研究①②

北京市玉渊潭公园管理处，北京电子科技职业学院 / 胡　娜　陈　思　侯世星　刘东骏

摘　要： 为观测华北地区'河津樱''大寒樱''大渔樱''修善寺寒樱'等4个品种樱花的温度抗逆性，分别测定高温胁迫下叶片的叶绿素含量、脯氨酸含量，低温胁迫下枝条的超氧化物歧化酶含量、丙二醛含量，并结合田间观测综合分析，结果表明，4个品种中，在华北地区'河津樱'温度抗逆性强，'大寒樱'温度抗逆性弱。试验结果可为华北地区引种该品种樱花提供参考。

关键词： 温度抗逆性；生理指标；'河津樱'；'大寒樱'；'大渔樱'；'修善寺寒樱'

樱花是著名的木本观赏花卉，隶属蔷薇科（Rosaceae）、李亚科（Prunusoidea）、樱属（*Cerasus*），原产北半球温带环喜马拉雅山地区，在世界各地有广泛分布[1]。不同品种樱花对于温度的抗逆性不同，因此适宜种植的地区也不尽相同。了解不同品种樱花的温度适应性，选择适宜的立地环境进行栽植才能获得良好的园林景观效果。在有关研究中，叶超宏[2]对珠江三角地区适种的樱花进行了比较，筛选出了部分耐热性良好的樱花品种。马祥宾等[3]对鼋头渚10个樱属种（品种）进行了耐寒性生理指标测定，并进行了综合评价。郭学民等[4]对比了桃、杏和樱桃树的抗寒性，为果树抗寒品种的选育提供了参考。张生智等[5]对樱桃优良品种枝条的耐寒性进行了生理生化分析，发现不同品种抗寒性存在差异。

由原生种樱花寒绯樱（*Cerasus campanulata*）与原生种樱花大岛樱（*Cerasus spesiosa*）自然杂交或人工培育而得到的一系列品种樱花，如'河津樱''大寒樱''大渔樱''修善寺寒樱'等[6]，因花期早、花色艳丽、着花量大，近年来愈发受到游客的喜爱。这类樱花在我国华东地区广泛栽植，并且适应性良好，而华北地区相关报道较少。为研究这类樱花在华北地区的温度抗逆性，笔者测定上述 4 个品种在高温胁迫下（25 ~ 45℃）叶片的叶绿素含量、脯氨酸含量，低温胁迫下（–20 ~ 0℃）枝条的超氧化物歧化酶含量、丙二醛含量，并结合田间观测进行综合分析，以期为其在华北地区的栽植提供参考。

1　材料与方法

1.1　试验地与试验材料

试验于 2018 年 11 月 ~ 2020 年 8 月在北京市玉渊潭公园进行。玉渊潭公园地处北京市海淀区西三环内（东经

① 基金项目：北京市公园管理中心"园林科技新星"项目"钟花樱品系引种研究"（ylkjxx2018008）。北京电子科技职业学院院内一般课题（2020Z098-KXY）。

② 本文已发表于《中国农学通报》，2021，37（3）。

116° 18′、北纬39° 55′），自1973年种植樱花以来已有40余年的历史，是国内北方地区著名的樱花园。玉渊潭公园属温带季风性气候，平均海拔32m，年均日照2780h，年均气温13℃，近10年极端最低气温-16℃，最高气温41℃。近10年年均降水量540.6mm，汛期（6月1日～8月31日）平均降水量384.5mm。试验材料名称、来源地、规格及数量见表1。

试验材料名称及来源地　　表1

中文名称	拉丁文名	来源地	规格（胸径）	数量（株）
'河津樱'	*Cerasus×kanzakura* 'Kawazu-zakura'	安徽全椒	5cm	5
'大寒樱'	*Cerasus×kanzakura* 'Oh-kanzakura'	江苏溧阳	5cm	5
'大渔樱'	*Cerasus×kanzakura* 'Tariyo-zakura'	安徽全椒	5cm	5
'修善寺寒樱'	*Cerasus×kanzakura* 'Rubescens'	安徽全椒	5cm	5

1.2 试验方法

1.2.1 耐热性试验

7月下旬剪取观测植株外围中部各方向、节间长度与直径相仿、无病虫害且生长势良好的1年生带叶枝条。每株观测植株取5个枝条，每个品种共计25枝。分为5组，每组包含每株观测植株各1枝，下部插入蒸馏水中。根据北京地区近年来最高气温记录，将样品放入不同人工培养箱中，光照强度3000lx，分别升温至25、30、35、40、45℃，萎蔫14h。处理后的每组枝条，分别取同一品种5枝枝条上的叶片，剪碎后混合均匀，等分为3份。对每份叶片利用植物叶绿素含量测试盒（苏州科铭生物技术有限公司）提取叶片中的叶绿素，采用可见光分光光度计法测定叶绿素含量[7]。同时对每份叶片利用脯氨酸含量测试盒（苏州科铭生物技术有限公司）提取叶片中的脯氨酸，采用茚三酮法测定脯氨酸含量[7]。

1.2.2 耐寒性试验

12月下旬剪取观测植株外围中部各方向、节间长度与直径相仿、无病虫害且生长势良好的1年生枝条。每株观测植株取5个枝条，每个品种共计25枝。分为5组，每组包含每株观测植株各1枝，用保鲜膜包裹。根据北京地区近年来最低气温记录，将样品放入低温恒温槽中，分别降温至0、-5、-10、-15、-20℃，冷冻24h。处理后的每组枝条，分别将同一品种5枝枝条剪碎后混合均匀，等分为3份。对每份枝条利用丙二醛含量测试盒（苏州科铭生物技术有限公司）提取枝条中丙二醛，采用硫代巴比妥酸（TBA）缩合法测定丙二醛含量[8]。同时对每份枝条利用超氧化物歧化酶含量测试盒（苏州科铭生物技术有限公司）提取枝条中超氧化物歧化酶，采用抑制氮蓝四唑（NBT）光还原法测定其含量[9]。

1.2.3 田间观测评定

于2019年6～8月、2020年6～8月进行热胁迫田间观测。参考邱勇波[10]的方法，每10天对所有引种的20株植株进行观测。分级标准为：0级，无热害伤害；Ⅰ级，1/4叶片出现热伤害；Ⅱ级，1/4～1/2叶片出现热伤害；Ⅲ级，1/2～3/4叶片出现热伤害；Ⅳ级，3/4以上叶片出现热伤害。观测期结束后，汇总观测数据，计算每个品种出现热伤害的叶片在该品种全部叶片中的占比，得到该品种的热害等级。

于2018年12月～2019年2月、2019年12月～2020年2月进行冷胁迫田间观测。参考李心[11]的方法，每10天对所有引种的20株植株进行观测。分级标准为：0级，无冷害伤害；Ⅰ级，枝条部分褐变；Ⅱ级，枝条全部褐变；Ⅲ级，枝条部分萎蔫；Ⅳ级，枝条全部萎蔫。观测期结束后，汇总观测数据，计算每个品种出现冷伤害的枝条在该品种全部枝条中的占比，得到该品种的冷害等级。

1.3 数据处理

利用SPSS 21.0对数据进行单因素方差（ANOVA）分析以及应用最小显著差数法（LSD）进行多重分析。

2 结果与分析

2.1 耐热性生理指标

4个品种樱花不同温度下叶绿素含量、脯氨酸含量见表2。

4个品种樱花不同温度下叶绿素含量、脯氨酸含量　　表2

生理生化指标	品种	胁迫温度（℃）				
		25	30	35	40	45
叶绿素（μg/g，鲜重）	'河津樱'	2.69±0.33aB	2.70±0.08aAB	3.07±0.11aB	5.79±0.40cC	4.12±0.11bAB
	'大寒樱'	1.43±0.02aA	2.90±0.29bB	4.65±0.06dD	3.49±0.10cA	3.46±0.06cA
	'大渔樱'	2.49±0.16aB	2.53±0.02aA	2.61±0.41aA	5.19±0.16cB	3.53±0.11bA
	'修缮寺寒樱'	3.18±0.18aC	3.33±0.09aC	4.02±0.14bC	5.57±0.35cBC	4.30±0.71bB

续表

生理生化指标	品种	胁迫温度（℃）				
		25	30	35	40	45
脯氨酸（μg/g，鲜重）	‘河津樱’	37.45±3.84aC	46.41±3.38bC	52.80±2.40bcC	54.98±5.86cB	117.97±2.66dB
	‘大寒樱’	17.68±0.96aA	21.80±1.40bA	25.14±0.48cA	36.49±0.39eA	27.72±1.65dA
	‘大渔樱’	69.69±0.51aD	104.45±2.94bD	120.93±1.76cD	126.06±5.39cC	132.76±1.35dD
	‘修缮寺寒樱’	30.79±0.29aB	32.65±1.20aB	43.33±2.80bB	48.17±2.46cB	125.53±2.88dC

注：不同小写字母表示同一品种不同温度下差异显著，不同大写字母表示同一温度下不同品种差异显著，$P<0.05$，下同。

4个品种樱花的叶绿素含量，随着温度的上升，均呈现先上升后下降的趋势。‘大寒樱’叶绿素含量在35℃达到最大值，其余3个品种均在40℃达到最大值。‘河津樱’‘大渔樱’的叶绿素含量在25～35℃没有显著差异。‘修善寺寒樱’的叶绿素含量在25～30℃没有显著差异。‘河津樱’‘大寒樱’‘大渔樱’‘修善寺寒樱’叶绿素含量最大值比25℃时分别增长115.24%、225.17%、108.43%、75.16%。

4个品种樱花的脯氨酸含量，除‘大寒樱’呈现先上升后下降的趋势，在40℃达到最大值外；其余3个品种脯氨酸含量均随温度升高持续上升，在45℃达到最大值。‘河津樱’与‘修善寺寒樱’在25～40℃脯氨酸增幅较缓，在45℃突然急剧增加。‘大渔樱’的脯氨酸含量始终处于较高水平，而‘大寒樱’的脯氨酸含量始终处于较低水平。‘河津樱’‘大寒樱’‘大渔樱’‘修善寺寒樱’脯氨酸含量最大值比25℃时分别增长215.01%、106.39%、90.50%、307.70%。

2.2 耐寒性生理指标

4个品种樱花不同温度下丙二醛含量、超氧化物歧化酶含量见表3。

4个品种樱花不同温度下丙二醛含量、超氧化物歧化酶含量　　表3

生理生化指标	品种	胁迫温度（℃）				
		0	−5	−10	−15	−20
丙二醛（nmol/g，鲜重）	‘河津樱’	4.39±2.56aAB	6.11±0.83bA	8.43±0.29cA	8.92±0.62cA	9.64±1.06cA
	‘大寒樱’	5.42±0.52aB	16.42±0.30bC	18.58±1.81cB	18.66±1.05cB	27.44±1.29dC
	‘大渔樱’	6.88±0.79aC	7.58±0.40abB	8.07±0.31bcA	8.66±0.28cA	14.48±0.77dB
	‘修缮寺寒樱’	3.53±0.50aA	5.38±0.48bA	6.64±0.59cA	10.00±0.59dA	13.83±0.50eB
超氧化物歧化酶（U/g，鲜重）	‘河津樱’	507.25±11.47aD	876.14±12.11bD	1013.92±9.29cC	1330.67±7.45dD	506.47±9.75aC
	‘大寒樱’	338.83±13.01aB	757.82±20.13cC	1110.66±14.61eD	884.99±9.21dC	590.46±8.39bD
	‘大渔樱’	237.70±18.67aA	450.09±16.34cA	451.63±8.99cA	787.48±15.16dB	379.71±6.85bB
	‘修缮寺寒樱’	372.92±4.03bC	682.34±7.16dB	864.89±12.36eB	450.32±6.68cA	221.77±17.32aA

4个品种樱花丙二醛含量均随着温度的下降而升高。‘修善寺寒樱’各温度间差异显著，‘河津樱’在−20～−10℃没有显著差异，‘大寒樱’‘大渔樱’在−15～−10℃没有显著性差异。温度低于−5℃后，‘大寒樱’丙二醛含量较其他品种明显升高。−20℃时‘河津樱’‘大寒樱’、‘大渔樱’‘修善寺寒樱’的丙二醛含量比0℃时分别增长119.59%、406.27%、110.47%、291.78%。

4个品种樱花超氧化物歧化酶含量随着温度的下降，均呈现先上升后下降的趋势。其中‘河津樱’‘大渔樱’在−15℃达到最大值，‘大寒樱’‘修善寺寒樱’在−10℃达到最大值。‘河津樱’超氧化物歧化酶含量整体处于较高水平。‘河津樱’‘大寒樱’‘大渔樱’‘修善寺寒樱’超氧化物歧化酶最大值比0℃时分别增长162.33%、227.79%、231.29%、131.92%。

2.3 田间观测结果

表4为栽植地中2018年冬～2020年夏4个品种樱花叶片热害分级情况及枝条冷害分级情况。在两年的观测中，‘河津樱’与‘大渔樱’越夏没有发生明显困难；但‘大寒樱’出现叶面发黄甚至早落叶的情况；而‘修善寺寒樱’在2019年进入夏季后约1/2的叶面持续出现发黄的情况，2020年越夏没有发生明显困难。越冬过程中，4个品种樱花均进行根系无纺布覆盖、树干缠干的越冬保护。‘河津樱’没有出现冷害；连续两年‘大寒樱’远端枝条出现萎

蔫情况；'大渔樱' 在 2018 ~ 2019 年冬远端枝条出现萎蔫情况，2019 ~ 2020 年冬没有出现冷害；'修善寺寒樱' 在 2018 ~ 2019 年冬远端枝出现部分褐变，2019 ~ 2020 年冬没有出现冷害。

2018 年冬至 2020 年夏 4 个品种樱花热害、冷害分级　表 4

品种	热害分级		冷害分级	
	2019 年 6 ~ 8 月	2020 年 6 ~ 8 月	2018 年 12 月 ~ 2019 年 2 月	2019 年 12 月 ~ 2020 年 2 月
'河津樱'	0	0	0	0
'大寒樱'	Ⅲ	Ⅲ	Ⅲ	Ⅲ
'大渔樱'	0	0	Ⅲ	0
'修善寺寒樱'	Ⅱ	0	Ⅰ	0

2.4 温度抗逆性指数

对 25、30、35、40、45℃这 5 个温度分别赋值 1、2、3、4、5，定义各樱花品种叶绿素含量、脯氨酸含量达到最大值时温度对应的数值，为该品种叶绿素含量、脯氨酸含量温度得分。对 0、-5、-10、-15、-20℃分别赋值 1、2、3、4、5，定义各樱花品种超氧化物歧化酶含量达到最大值时温度对应的数值，为该品种超氧化物歧化酶含量温度得分。对各品种丙二醛最大值与 0℃时的增长率赋值，400% ~ 500%、300% ~ 400%、200% ~ 300%、100% ~ 200%、0 ~ 100% 这 5 个区间分别赋值 1、2、3、4、5，得到各品种丙二醛含量涨幅得分。各品种生理生化指标得分情况见表 5。

4 个品种樱花生理生化指标得分　表 5

品种	叶绿素		脯氨酸		超氧化物歧化酶		丙二醛	
	最大值温度	对应得分	最大值温度	对应得分	最大值温度	对应得分	增长率	对应得分
'河津樱'	40℃	4	45	5	-15℃	4	119.59%	4
'大寒樱'	35℃	3	40	4	-10℃	3	406.27%	1
'大渔樱'	40℃	4	45	5	-15℃	4	110.47%	4
'修善寺寒樱'	40℃	4	45	5	-10℃	3	291.78%	3

为对比各品种之间生理生化指标的差异，定义表 2 中叶绿素含量、脯氨酸含量以及表 3 中超氧化物歧化酶含量中的表示品种间显著性差异的 A ~ D 为温度抗逆性增强，赋值 1 ~ 4[12]。定义表 3 中丙二醛含量中表示品种间显著性差异中 A ~ C 为温度抗逆性减弱，赋值 3 ~ 1。对于表 2、表 3 中同一数据的不同显著性差异，以数值较小的进行计算。不同品种间，数值越高表示该品种温度抗逆性越强。各品种间显著性差异得分情况见表 6。

品种间显著性差异得分　表 6

品种	品种间显著性差异得分			
	叶绿素	脯氨酸	丙二醛	超氧化物歧化酶
'河津樱'	9	13	14	18
'大寒樱'	9	5	8	16
'大渔樱'	7	19	11	7
'修缮寺寒樱'	13	11	14	9

定义热害等级、冷害等级 0 ~ Ⅳ为温度抗逆性减弱，赋值 5 ~ 1。各品种两年观测周期内，观测得分见表 7。

将生理生化指标得分、品种间显著性差异得分以及热害、冷害分级得分进行加和，得到各品种温度抗逆指数。'河津樱' '大寒樱' '大渔樱' '修善寺寒樱' 的温度抗逆性指数分别为 91、57、78、79。指数越大，温度抗逆性越强。结合实际田间观测，'河津樱' 在华北地区的温度抗逆性良好，'大寒樱' 的温度抗逆性弱。

2018 年冬至 2020 年夏 4 个品种樱花热害、冷害分级得分　表 7

品种	热害分级		冷害分级	
	2019 年 6 ~ 8 月	2020 年 6 ~ 8 月	2018 年 12 月 ~ 2019 年 2 月	2019 年 12 月 ~ 2020 年 2 月
'河津樱'	5	5	5	5
'大寒樱'	2	2	2	2
'大渔樱'	5	5	2	5
'修善寺寒樱'	3	5	4	5

3 结论

试验测定 4 种品种樱花在高温胁迫下叶片叶绿素含量、脯氨酸含量，低温胁迫下枝条丙二醛含量、超氧化物歧化酶含量等 4 项生理指标，并结合两年的田间观测进行综合评价，'河津樱' 在华北地区的温度抗逆性较强，'大寒樱' 较弱，'大渔樱' 和 '修善寺寒樱' 居中。

在华北地区引种由原生种寒绯樱和原生种大岛樱杂交而得到的上述一系列品种樱花，应充分考虑不同品种的温度抗逆性差异，选择小环境相对良好的区域种植。夏季避免过度的高温暴晒，冬季进行适当的越冬保护，可提高引种成活率。由于该系列樱花具有花期早、花色艳丽的特点，如果能够在华北地区园林景观营造中适当应用，可以在初春形成亮丽的景观效果。

4 讨论

4.1 热胁迫对不同品种樱花叶绿素含量的影响

叶绿素是植物进行光合作用的重要色素，强光和高温的作用易使其分解[13]。在热胁迫下，耐热性好的品种，可维持较高水平的叶绿素含量[14]。过高的温度会导致叶绿素发生分解[15]。试验表明，‘河津樱’‘大渔樱’在温度低于35℃时，叶绿素含量稳定。随着温度继续升高至40℃，两种樱花的叶绿素含量快速升高达到最大值，表明植物为应对高温逆境做出了相应的生理响应。但随着温度进一步升高到45℃，过高的温度导致叶绿素被破坏，叶绿素的含量出现下降。对比试验数据，‘大寒樱’在35℃叶绿素含量达到最大值，而其他3个品种在40℃时叶绿素含量达到最大值，表明‘大寒樱’的耐热性略弱。实际田间观测中，试验地夏季最高气温在40℃上下，‘河津樱’‘大渔樱’生长正常，而‘大寒樱’连续两年越夏出现困难，与叶绿素含量测试得到的结果一致。郑书旗等[16]对不同苹果品种进行的耐热性研究表明，高温胁迫下叶片叶绿素含量下降。彭勇政等[12]对5个月季品种进行了耐热性研究表明，部分月季品种的叶绿素含量随温度升高呈现先升高后下降的趋势，与本研究结果相似。

对于华北地区而言，特别是城市中心，受热岛效应影响，夏季极值温度较容易超过35℃，这种环境下，种植‘大寒樱’易发生越夏困难。就北京地区而言，近10年的气象数据中，夏季出现过41℃的高温，此时其余3个樱花品种的叶绿素抗逆机制也受到了挑战。为保障植株安全越夏，遇40℃左右的高温天气，应进行搭建遮阴网、增加喷淋设施等措施，以确保植株的越夏安全。

4.2 热胁迫对不同品种樱花脯氨酸含量的影响

脯氨酸与甜菜碱、甘氨酸等渗透物质的积累，是植物体内抵抗外界胁迫的适应性基质[17]。脯氨酸可以清除活性氧，减少脂质过氧化，清除NH_4^+及防止有毒氨基酸积累[18]。脯氨酸积累越高，植物耐热性越强[19]。试验结果显示，随着温度的升高，4个品种樱花的脯氨酸含量均有所增加。除‘大寒樱’外，其余3个品种脯氨酸含量均在45℃达到最大值。而‘大寒樱’在40℃达到最大值，随后有所下降，表明‘大寒樱’的耐热性略弱。这与田间观测中‘大寒樱’的越夏表现最弱一致。申惠翡等[20]对不同杜鹃花品种耐热性的研究表明，不同品种的脯氨酸含量对于热胁迫的反应不同。宋阳[21]对国内北方代表柳树品种进行了研究，发现脯氨酸含量随热胁迫而增加，部分品种脯氨酸含量在升高到一定温度后下降，这与本研究结果基本一致。

结合叶绿素试验数据可以看出，‘大寒樱’的耐热能力，较其他3个品种有一定的差距。如果要在华北地区栽植该品种，可选择夏季小环境相对凉爽的区域。此外，也可通过在植株西南方向配植相对高大的乔木的方法以减少夏季西晒对植株的危害。

4.3 冷胁迫对不同品种樱花丙二醛含量的影响

低温会影响植物细胞内的自由基产生和清除，随着自由基累积，细胞膜逐渐受到伤害，造成膜脂过氧化，丙二醛含量上升影响植物体内代谢反应[22]。丙二醛具有细胞毒性，其含量越高表明植物细胞膜受伤程度越大[23]。本试验中，各品种的丙二醛含量均随温度降低而增大。‘河津樱’在−20～−10℃时丙二醛含量变化不大，显示其具有一定耐寒性。‘大寒樱’在冷胁迫过程中，丙二醛增幅超过400%，显示其细胞受到较大伤害，抗寒性较弱。实际田间观测中，在一定的越冬保护措施下，‘河津樱’可以正常越冬，‘大寒樱’的越冬表现最弱，这与本研究结果一致。张志伟[24]对5种棕榈苗木进行了抗寒性研究，发现不同品种对于冷胁迫下丙二醛含量增幅存在差异。李瑞雪等[25]对6种木兰科植物冷胁迫下的生理响应进行了研究，丙二醛含量均随温度降低呈现上升的趋势，与本试验结果基本一致。

华北地区冬季温度随地势变化差异较大，东南部平原地区冬季相对温暖，而西北部山区冬季寒冷。若选择栽植上述4个品种樱花，应充分考量冬季极端最低温度，最低气温频繁在−15℃上下浮动时，不宜种植。此外，种植时应选择背风向阳、冬季小环境相对良好的区域。由于这4个品种樱花由原产自我国福建山区的寒绯樱与日本的大岛樱杂交获得，其耐寒性受亲本寒绯樱的影响，相对较弱。因此，适当的越冬保护也是十分必要的。对根区进行保温覆盖，可以保障早春时节根系的正常萌动，保证植株地上部分的水分供应，防止抽条现象的发生。对植株进行缠干保护，也有助于植株抵抗华北地区冬季低温。

4.4 冷胁迫对不同品种樱花超氧化物歧化酶含量的影响

超氧化物歧化酶是非常重要的抗氧化酶，它能清除超氧根阴离子O_2^-，同时产生H_2O_2。超氧化物歧化酶含量越高说明植物耐寒性越强[26]。一定温度下的冷胁迫，会令

植物体内的超氧化物歧化酶活性升高，有利于植株应对逆境。但若冷胁迫持续加强，抗氧化防御系统遭到破坏，超氧化物歧化酶的保护机制被打破，细胞受到损伤，酶活性下降[27]。4 个樱花品种的超氧化物歧化酶含量均随着胁迫温度的降低呈现先上升后下降的趋势。大寒樱在 −10℃达到最高，而另外 3 个品种在 −15℃达到最高，说明‘大寒樱’的抗寒性略弱。实际的田间观测中，试验地冬季最低气温在 −15℃左右，在一定的越冬保护下‘河津樱’可以适应 −15℃的温度，而‘大渔樱’则出现一定冻害，需要更进一步的越冬保护。孟诗原等[28]对 5 种卫矛属植物低温胁迫的生理响应研究表明，随着低温胁迫的加剧，超氧化物歧化酶含量呈现先上升后下降的趋势，不同品种达到峰值的温度不同。张迎辉研究了低温胁迫下福建山樱花的生理响应，发现随着温度的降低，植物体内的超氧化物歧化酶含量先上升后下降，与本研究得到的结果一致[29]。

对比丙二醛试验数据可以看出，‘大寒樱’的耐寒能力较其他 3 个品种有明显差异。结合田间观测情况，其对华北平原地区的冬季气候适应能力相对较弱，更不适宜在华北地区的山区栽植。冬季最低气温在 −10℃以上的地区，在有效的越冬保护下，可以种植该品种。

4.5 华北地区应用前景

本研究引种的‘河津樱’‘大寒樱’‘大渔樱’‘修善寺寒樱’，由寒绯樱与大岛樱杂交得到。由于上述 4 个品种中含有耐寒性不佳的寒绯樱基因，此前普遍认为不适宜种植于华北地区。本研究的开展，弥补了华北地区引种上述品种的空白。通过研究表明，寒绯樱品系的樱花，因品种不同，温度抗逆性存在较大差异。通过筛选，部分品种可栽植于华北东南部平原地区。相较于夏季高温，华北地区的冬季低温更大程度地影响了上述品种樱花的生长表现，因此对于冬季低温的考量，应成为引种栽植时重点关注的方面。

上述 4 个品种樱花，花期早于目前华北地区常见的樱花品种，且花色呈玫粉色，深受游客喜爱。若能在园林造景中加以应用，可在早春呈现良好的景观效果。除上述 4 个品种外，寒绯樱与其他樱花杂交得到的品种，如‘椿寒樱’‘飞寒樱’‘红粉佳人’‘**オカメ**’等，同样具有花期早、花色艳丽的特点，未来可进一步进行引种栽植试验。通过田间观测及生理生化指标测定，筛选出适宜华北地区栽植的樱花品种。

参考文献

[1] 魏云华，林魁，林清．福建山樱花研究现状及其园林应用 [J]. 安徽农学通报，2011，17（19）：136-137.

[2] 叶超宏．珠江地区樱花适应性调查研究 [D]. 广州：仲恺农业工程学院，2016：52-54.

[3] 马祥宾，徐大鹏，周春玲 .10 个樱属种和品种抗寒性研究 [M]// 中国观赏园艺研究进展，2016：9-13.

[4] 郭学民，刘建珍，肖啸，等．桃、杏和樱桃树抗寒性研究进展 [J]. 河北科技师范学院学报，2016，30（1）：1-9.

[5] 张生智，孙俊宝，张未仲，等．樱桃优良品种枝条抗寒性生理生化指标分析 [J]. 农业工程技术综合版，2019，5：31-31.

[6] 多摩森林科学园．樱の新しい系统保全 [M]. 东京都八王子市：多摩森林科学园，2013：35.

[7] 王学奎，黄见良．植物生理生化实验原理与技术 [M]. 北京：高等教育出版社，2015：131-133.

[8] 白宝璋．植物生理学测试技术 [M]. 北京：中国科学技术出版社，1995：55-59.

[9] 李和生．植物生理生化实验原理和技术 [M]. 北京：高等教育出版社，2000：23-26.

[10] 邱勇波，罗凤霞，白瑞琴，等．热胁迫下矮牵牛幼苗的形态和生理变化 [J]. 河北农业大学学报，2002，31（1）：88-92.

[11] 李心，张栋梁，杨柳燕，等．开花期红掌耐寒性评判方法研究 [J]. 西北农林科技大学学报，2020，48（10）：1-11.

[12] 彭勇政，刘智媛，朱晓非，等 .5 个月季品种高温处理后生理指标变化及其耐热性评价 [J]. 上海交通大学学报：农业科学版，2019，37（5）：53-58.

[13] 马晓娣，彭慧茹，汪矛，等．作物耐热性的评价 [J]. 植物学通报，2004，21（4）：411-418.

[14] Syed AdeelZafar，AmiadHameed，Muhammad Amjad Nawaz，et al.Mechanisms and molecular approaches for heat tolerance in rice（*Oryza sativa* L.）and climate change scenario[J].Journal of Integrative Agriculture，2018，17（4）：726-738.

[15] 孔令接，陈言博，王亚琴 [J]. 园艺学报，2019，46（12）：2437-2448.

[16] 郑书旗，高木旺，周佳，等．不同苹果品种的耐热性评价 [J]. 落叶果树，2019，51（6）：11-13.

[17] 徐海，宋波，顾宗福，等．植物耐热机理研究进展 [J]. 江苏农业学报，2020，36（1）：243-250

[18] Petolino J F，Cowen N M，Thompson S A，et al. Gamete selection for heat-stress tolerance in maize[J].Journal of Plant Physiolofy，1990，136（2）：219-224.

[19] 邢景景．淡黄花百合的引种栽培及耐热性机理探究 [D]. 武汉：华中农业大学，2017：41-42.

[20] 申惠翡，赵冰．杜鹃花品种耐热性评价及其生理机制研究 [J]. 植物生理学报，2018，54（2）：335-345.

[21] 宋阳．柳树对高温胁迫的生理化影响及种质资源耐热性

评价 [D]. 北京：中国林业科学研究院，2015：34.

[22] 蒋宝等，郭春会，梅立新，等 . 沙地植物长柄扁桃抗寒性的研究 [J]. 西北农林科技大学学报，2008，36（5）：92-96.

[23] Campos P S，Nunes M N. Electrolyte leakage and lipid degradation account for cold sensitivity in leaves of *Coffea* sp.Plants[J].Journal of Plant Physiolofy，2003，160（3）：283-292.

[24] 张志伟 . 基于主成分分析法的 5 种棕榈苗木抗寒性评价 [J]. 种子，2009，38（12）：72-76.

[25] 李瑞雪，金晓玲，胡希军，等 . 低温胁迫下 6 种木兰科植物的生理响应及抗寒相关基因差异表达 [J]. 生态学报，2019，39（8）：2883-2898.

[26] 王芳，王淇，赵曦阳，等 . 低温胁迫下植物的表型及生理响应机制研究进展 [J]. 分子植物育种，2019，17（15）：5144-5153.

[27] 张红梅，金海军，丁小涛，等 . 不同砧木黄瓜嫁接苗对温度胁迫的生理响应及抗性评价 [J]. 西北植物学报，2019，39（7）：1259-1269.

[28] 孟诗原，吕桂云，张明忠，等 . 5 种卫矛属植物对低温胁迫的生理响应及抗寒性评价 [J]. 西北植物学报，2020，40（4）：0624-0634.

[29] 张迎辉 . 低温胁迫下福建山樱花的生理响应与抗寒基因的表达 [D]. 福州：福建农林大学，2014：31-32.

中国现代园林从城市公园到公园城市之路

中国园林博物馆 / 黄亦工　陈进勇　吕　洁

摘　要：中国现代园林自1949年肇始，全国公园数量自1949年的112座，至1975年增加到533座，1990年增至1552座，2018年达到16735座，呈现数量和面积的快速增长。同时，植物园、动物园、森林公园、湿地公园、郊野公园等公园类型不断涌现，功能也呈现多样化，文化和生态功能进一步突显，促进了园林城市、生态园林城市的创建。随着新时代生态文明和美丽中国建设，公园城市的建设提到园林事业发展的历史日程。

关键词：现代园林；公园；园林城市；公园城市

1949 年 10 月 1 日，中华人民共和国宣告成立，标志着中国现代园林的开端。园林绿化纳入国民经济发展纲要与城市总体规划建设之中，改善了城市面貌。尤其是 1978 年改革开放后，各地园林建设蓬勃开展，类型不断多样，功能不断提升，成为改善人居环境、维护城市生态的重要基础设施。2012 年党的十八大以来，国家大力推进生态文明建设，园林在生态文明建设中起到重要的作用，成为建设美丽中国、实现人与自然和谐共生的重要途径。

1　公园的恢复发展与探索

1949 年中华人民共和国成立后，随着广泛的旧城改造和新城建设，城市公园和绿地得到恢复和发展，园林绿化纳入国民经济发展纲要与城市总体规划建设之中，植物园、动物园等专类公园也得到发展，全国公园数量自 1949 年的 112 座，增加到 1975 年的 533 座，从整体上改善了城市的面貌（表 1）[1]。

全国公园数量和总面积　　表 1

年份	公园数量	总面积（hm^2）
1949	112	2961
1959	386	9925
1975	533	14664
1978	579	15229
1979	630	15576
1980	679	16192
1981	694	14739
1982	743	14998
1983	812	17532
1984	904	19626
1985	1026	21896
1986	1091	25854
1987	1211	27145
1988	1363	30764
1989	1484	31313
1990	1552	32128
2018	16735	494228

数据来源：《中国统计年鉴》《中华人民共和国环境与发展报告》。

1.1 城市公园的恢复与发展

新中国诞生后，不少城市把原来仅供少数人享乐的场所，改造成供广大人民群众游览、休息的园地。天津市将原租界内的6处公园全部开放，供人民群众游览。随着国民经济的恢复，许多城市开始新建公园，城市面貌发生了大的变化，如1952年，上海将原租界内的跑马场改建为人民公园。

1952年，建筑工程部成立，下设城市建设局，主管全国城市建设工作。同年，中央召开了第一次城市建设会议，划定了城市建设的范围，其中包括城市的公园、绿地建设。各城市的园林绿化管理机构也相继成立，园林绿化成了为广大人民群众服务的事业。

以北京市为例，中华人民共和国成立初期一次性划拨42块土地用于公园绿地建设。1950年，北京市成立公园管理委员会，确定各公园的经营方针，开始实施城市公园的重点恢复与建设，卧佛寺、潭柘寺、戒台寺、八大处、碧云寺等寺庙园林经过修整，向群众开放。1951年，北京市中山、北海两座公园着手修缮，颐和园开始抢修古建。1952年新建陶然亭公园（图1）。1957年，新建东单公园、什刹海公园、官园公园、宣武公园等公园，改建、开辟日坛公园、月坛公园、善果寺和万寿西宫等公园。

图1 北京陶然亭公园

在此期间，动物园和植物园等专类公园也开始建设。新中国成立后，北京市人民政府接管北平市农林试验所，以西郊公园的名称向社会开放，1951年北京市人民政府指示："西郊公园有发展前途，宜建成大规模的动物园"。随后对动物园进行规划设计，改造建设部分动物展区、展舍，又从国内外引进部分动物，1955年4月1日正式命名为北京动物园[2]。

1954年，中国科学院植物研究所十位青年联名写信给毛泽东主席，提出首都今后一定要有一座像莫斯科总植物园一样规模宏大、设备完善的北京植物园。1956年，国务院批准设立北京植物园，由中国科学院植物研究所、北京市人民委员会园林局共同领导，园址选在香山脚下，规划用地8000余亩[3]。

南京、上海、广州等其他城市也有类似建设，1951年，南京市恢复了中山陵园、和平公园，修复整理了玄武湖公园、莫愁湖公园、白鹭洲公园、鸡鸣寺公园等，同时新建雨花台烈士陵园和浦口公园。1957年，新建绣球公园、太平公园、午朝门公园、九华山（复舟山）公园、栖霞山公园、燕子矶公园、头台洞公园、二台洞公园、三台洞公园等。

1.2 大地园林化

毛泽东主席在1958年8月召开的中共中央政治局北戴河扩大会议上做出了"园林化"的要求："要使我们祖国的山河全部绿化起来，要达到园林化，到处都很美丽，自然面貌得到改变。种树要种好，要有一定的规格，不是种了就算了，株行距，各种树种搭配要合适，到处像公园，做到这样，就达到共产主义的要求。农村、城市统统要园林化，好像一个个花园一样，都是颐和园、中山公园"。1958年12月中国共产党第八届中央委员会第六次全体会议通过《关于人民公社若干问题的决议》，第一次以中央文件的形式完整地发出了"大地园林化"的号召："应当争取在若干年内，根据地方条件，把现有种农作物的耕地面积逐步缩减到1/3左右，而以其余的一部分土地实行轮休，种牧草、肥田草，另一部分土地植树造林，挖湖蓄水，在平地、山上和水面都可以大种其万紫千红的观赏植物，实行大地园林化。"大地园林化是当时新中国园林绿化的愿景[4]。1959年《人民日报》在社论中发表《实行大地园林化》。

1.3 园林绿化结合生产

三年困难时期后，我国经济建设进入了调整阶段，结合"调整、巩固、充实、提高"的方针，"园林结合生产""以园养园"成为园林工作指导思想。1959年12月，建筑工程部在无锡召开了第二次全国城市园林绿化会议，提出公园绿地的建设是实现城市园林化的一个重要方面。以"大地园林化"为契机，继承与发展园林传统成为此时公园设计与建设的显著特征。同时提出园林绿化结合生产、开展多种经营、实现以园养园等要求。1960年，北京市新开辟礼士路公园、南菜园公园、大郊亭、三里河三角地、安乐林公园、老君地公园、西颐公园、人定湖公园、青年湖公园、北太平湖公园、久大湖公园等21处公园绿地。为了园林结合生产，在北京市水产局等单位的支持下，在紫竹院公园内挖湖，用以发展养鱼生产，中山公园也圈地建起果园，

减少了实际游览面积。

1962 年，中共中央、国务院召开了第一次全国城市工作会议，有效推动了城市园林绿化建设，提高了园林绿化水平。1964 年，毛泽东主席在与汪东兴的谈话中提到："今后庭院里要多种树木，多种果树，还可以种点粮食、蔬菜、油料作物。北京市的中山公园和香山，要逐步改种些果树和油料作物。这样既好看，又实惠，对子孙后代有好处。"园林绿化结合生产一度成为园林绿化工作的长期指导方针。

1.4 公园的曲折前进

1965 年，第五次城市建设工作会议传达了"园林绿化要为无产阶级政治服务，为社会主义生产建设、为劳动人民生活服务"的思想。随着"文化大革命"的开展，有些公园或景点被更名，如香山公园改名为"红山公园"，颐和园改为"人民公园"，佛香阁改为"向阳阁"，上海复兴公园改为"红卫公园"，合肥逍遥津公园改为"东风公园"等，从侧面体现了当时所要求的"红色"意识形态或革命理想。

1971 年，联合国大会恢复了我国在联合国的合法席位，随后中美关系正常化，中日正式恢复邦交，国际交往活动增加。为了改善城市形象，"为革命养好花、种好树"的口号和"公园要办、园林事业要发展"的方针随之提出，园林绿化工作逐步恢复开展起来。1974 年，国务院环境保护领导小组成立，同年，恢复华南植物园，建立上海植物园。1976 年，北京整修建设南馆公园等。

2 公园百花齐放的发展

1978 年 12 月，党的十一届三中全会制定了改革开放的政策，园林绿化得到快速发展，并呈现出类型多样、百花齐放的特点。现代城市公园建设数量大幅增加、功能更加完善，湿地公园、郊野公园、森林公园等不断涌现，公园数量 1978 年为 579 座，至 1990 年增至 1552 座（表 1）[5]。绿地系统改善了城市环境，园林绿化建设已成为构建和谐、宜居、优美的城市环境不可或缺的物质基础。

2.1 园林事业的春天

十一届三中全会以后，作为城市基础设施之一的园林绿化重新纳入城市建设规划。1978 年 12 月，第三次全国园林工作会议召开，会议指出："我们现有的公园、动物园、植物园、风景区要进行整顿，提高科学和艺术水平，要真正能发挥它的功能。恢复公园、风景区的本来面目，在恢复的基础上，要搞得更美丽"。会议明确要求城市"要有计划、有步骤的进行园林绿化建设，加速实现城市园林化"，并提出城市园林绿地指标，使园林绿化事业得以迅速发展。

1982 年，天津建成了长 19km，面积 20hm^2 的海河公园。1983 年，西安建成环城公园并开放，带状的公园与城墙构成了西安的标志性景观（图 2）。1985 年，合肥市采用环城绿带与环城公园相结合的规划建设方式，提出开敞式城市园林化是人与自然环境有机联系的最佳途径。通过林带、水系将建筑、山水、植物组成一个整体，形成"城在园中、园在城中、城园交融、园城一体"的园林城市艺术景观，满足了市民对公园多功能、多层次的要求，开创了我国"以环串绿"的绿地系统先河。

1986 年城乡建设环境保护部召开了全国第一次城市公园会议，会议提出，要正确处理好环境效益、社会效益、经济效益的关系，不应再把"以园养园"、"园林结合生产"作为园林绿化工作的指导方针。

1991 年，北京市新建和改扩建了古城公园、团结湖公园、北滨河公园、莲花池公园、青年湖公园、玉润源公园、双秀公园等公园，开始修建圆明园遗址公园。

1992 年，建设部制定的《公园设计规范》出台，为全国新建、扩建、改建和修复的各类公园设计提供了指导。

图 2　西安环城公园

2.2 园林城市创建

随着城市化进程的发展，园林绿化对城市环境改善起到的重要作用被进一步认识，园林管理也逐步走上法制化、规范化发展道路。作为中国城市现代化的美好愿景，"园林城市"的创建和评比取得了令人瞩目的成绩。各类园林展会的举办促进了地方经济的发展，也促进了行业内和行业间的技术交流。

1992 年，建设部制定了《园林城市评选标准（试行）》，对不同地区和规模的城市人均公共绿地、绿地覆盖率等提出了具体要求，公布第一版"园林城市"评选 10 条标准，并于当年正式命名了北京、合肥、珠海等第一批园林城市。创建"园林城市"极大促进了城市环境的改善，全民保护生态环境意识进一步增强，将全国城市园林绿化建设推向了新的高度[6]。

1992 年 6 月，国务院颁布了我国第一部直接对绿化事业进行全面规定和管理的行政法规——《城市绿化条例》，提出了城市绿化有关的总任务、总方针，并详细规定了城市园林绿化所包括的规划、建设、养护、管理、处罚等方面的规定。此后，各地的公园立法也在不断推进。1994 年 7 月 22 日，上海市第十届人民代表大会常务委员会第十一次会议通过《上海市公园管理条例》。1997 年 9 月 26 日，广州市第十届人民代表大会常务委员会第三十六次会议通过《广州市公园管理条例》。1998 年 10 月 29 日，武汉市十届人大常委会第六次会议通过《武汉市城市公园管理条例》。2000 年，《南京市城市公园管理办法》《重庆市公园管理条例》《杭州市公园管理条例》相继出台。2002 年《北京市公园条例》、2004 年《天津市城市绿化条例》，这些法律规范的发布，意味着城市园林绿化建设进入全面法制化轨道。

2.3 园林人居环境建设

党的十六大以来，园林建设围绕科学发展，以构建人居和谐的环境为目标，城市湿地公园建设全面推进，园林的数量和质量不断提高。以 2008 年北京奥运会和 2010 年上海世博会为契机，我国现代园林取得的成绩令世界瞩目。

2005 年，建设部批准山东荣成市桑沟湾城市湿地公园为首家国家城市湿地公园，并颁布了《国家城市湿地公园管理办法（试行）》和《城市湿地公园规划设计导则（试行）》（2005 年）。至今，住房和城乡建设部共批准了 12 批共 57 个国家城市湿地公园。

2005 年，建设部印发《关于加强公园管理工作的意见》，2006 年，《国家重点公园管理办法（试行）》开始实施，其目的是为了加强公园管理，提高公园的规划建设和管护水平。2007 年，北京市按照北京城市总体规划，启动了绿化隔离地区“郊野公园环”建设。

2008 年北京举办奥运会之际，在城市中轴线的北端建成奥林匹克公园，总占地面积 1159hm^2，其北部为奥林匹克森林公园，占地约 680hm^2，成为一个以自然山水和植被为主的、可持续发展的生态地带，成为北京市中心地区与外围边缘组团之间的绿色屏障，对进一步改善城市环境和气候具有举足轻重的生态战略意义。

3 公园城市的建设

2012 年，党的十八大明确指出：“建设生态文明，是关系人民福祉、关乎民族未来的长远大计”。园林在生态文明建设中起到了重要的作用，必须树立和践行绿水青山就是金山银山的理念，坚定走生产发展、生活富裕、生态良好的文明发展道路，建设美丽中国，为人民创造良好的生产环境，为全球生态安全作出贡献。

3.1 公园普惠利民

2012 年，住房城乡建设部印发《关于进一步加强公园建设管理的意见》，并在关于促进城市园林绿化事业健康发展的指导意见中指出，要坚持城市公园公益性、专业化方向发展，要按照城市居民出行“300 米见绿，500 米见园”的要求，加快各类公园绿地建设，不断提高公园服务半径覆盖率。

2013 年，第九届中国国际园林博览会在北京市丰台区永定河西岸举办，展区占地 267hm^2，园博湖占地 246hm^2，总面积 513hm^2。园区布局为“一轴、两点、五园”，“一轴”即园博轴，是贯穿主展区的景观轴线。“两点”即永定塔和锦绣谷，永定塔为辽金风格的仿古塔，高 69.7m，是园博园的标志性建筑；锦绣谷是一个 20 多公顷的建筑垃圾填埋坑打造成的花团锦簇的下沉式花谷。“五园”即传统展园、现代展园、创意展园、国际展园和湿地展园，共有展园 69 个。成为集园林艺术、文化景观、生态休闲、科普教育于一体的大型城市公园（图 3）。2015 年贵阳市启动“千园之城”建设工程，新建森林公园、湿地公园、城市公园、山体公园、社区公园 660 个。

图 3　北京园博园

2015 年，第一次命名国家生态园林城市。2016 年，对《国家园林城市申报与评审办法》《国家园林城市标准》《生态园林城市申报与定级评审办法和分级考核标准》《国家园林县城城镇标准和申报评审办法》进行了修订，形成了《国家园林城市系列标准》。

2018 年 5 月，习近平在全国生态环境保护大会上强调，良好生态环境是最普惠的民生福祉，坚持生态惠民、生态利民、生态为民，不断满足人民日益增长的优美生态环境需要。截至 2018 年，城市公园数量共计 16735 座，公园面积达 494228hm^2。

3.2 公园城市建设

2018 年 2 月，习近平总书记在视察成都天府新区时，提出“公园城市”理念，指出要突出公园城市特点，把生

态价值考虑进去，努力打造新的增长极，建设内陆开放经济高地。次年4月，在世界地球日来临之际，首届公园城市论坛在成都举行。2020年第二届公园城市论坛共同探索了区域协同的体制机制创新、旧城更新与公园城市协同建设、城市生态基础设施的体系化建设。

与生态城市、花园城市、绿色城市等不同，“公园城市”将城乡绿地系统和公园体系、公园化的城乡生态格局和风貌作为城乡发展建设的基础性、前置性配置要素，把“市民—公园—城市”三者关系的优化和谐作为创造美好生活的重要内容。通过提供更多优质生态产品以满足人民日益增长的优美生态环境需要，是一种新型城乡人居环境建设理念和理想城市建构模式[7]。

公园城市作为全面体现新发展理念的城市发展高级形态，坚持以人民为中心、以生态文明为引领，是将公园形态与城市空间有机融合，生产生活生态空间相宜、自然经济社会人文相融合的复合系统，是人、城、境、业高度和谐统一的现代化城市，是新时代可持续发展城市建设的新模式[8]。

公园城市作为新时代城乡人居环境建设和理想城市建构模式的理念创新，是指导新时代城乡规划建设的生态文明观和城市治理观。同时，“公园城市”理念在指标体系、规划和建设体系方面仍须不断探索和总结经验，其中，构建科学合理的指标体系是引导“公园城市”理念推广实践的重要手段。

4 结语

千百年来，中国人一直在不断追求着生活的理想家园。中国园林作为承载这一理想的重要载体，在不同的历史时期，创造出了具有丰富文化内涵的人居环境。中国现代园林作为城市中唯一具有生命的基础设施，在吸收传统园林文化精髓的基础上，顺应时代潮流，不断扩大外延与内涵，走向了以人民为中心，服务社会、服务公众，建设和谐、宜居、生态、安全城市的道路[9]。中国特色社会主义已进入了新时代，树立山水林田湖草生命共同体，是建设美丽中国、实现人与自然和谐共生的重要途径。园林在今后将发挥着越来越重要的角色，担负更多的历史使命。

参考文献

[1] 中国统计局 . 中国统计年鉴 1985[M]. 北京：中国统计出版社，1985.

[2] 王涛 . 从“万牲园”到北京动物园 [J]. 百科知识，2004(02)：56-57.

[3] 风雨历程六十载——中国科学院北京植物园历史回顾 [J]. 生命世界，2012（02）：4-9.

[4] 赵纪军 . 对“大地园林化”的历史考察 [J]. 中国园林，2010，26（10）：56-60.

[5] 中国环境与发展报告（摘登）[J]. 环境保护，1992（1）：7-10.

[6] 王仁凯 . 论园林城市与城市设计 [J]. 城市发展研究，1998（6）：41-42.

[7] 吴岩，王忠杰，束晨阳，等 .“公园城市”的理念内涵和实践路径研究 [J]. 中国园林，2018，34（10）：30-33.

[8] 李晓江，吴承照，王红扬，等 . 公园城市，城市建设的新模式 [J]. 城市规划，2019，43（03）：50-58.

[9] 柳尚华 . 中国风景园林当代五十年：1949-1999[M]. 北京：中国建筑工业出版社，1999.

大熊猫 CD4 分子流式细胞术检测用抗体的初步研究①

北京动物园，圈养野生动物技术北京市重点实验室 / 李祥翔　夏茂华　普天春　卢　岩　张成林

摘　要：流式细胞术是一种利用流式细胞仪快速定量分析细胞群的物理化学特性以及根据这些理化特性精确分选细胞的技术。本文通过对北京动物园圈养大熊猫外周血液内白细胞CD4蛋白进行摸索性流式细胞仪检测，成功筛选出适用于大熊猫外周血CD4蛋白检测抗体，为研究大熊猫的免疫学特征及其遗传机制提供新的科研思路及理论依据。

关键词：CD4；流式细胞仪；大熊猫

流式细胞术（flow cytometry，FCM）是一种对液流中的细胞或其他微粒进行多参数快速分析和分选的技术[1]。流式细胞术可以对细胞膜上和细胞质中的蛋白、细胞因子及其他各种特异性标志，以及细胞核中的DNA、RNA和蛋白等进行分析。近年来，随着流式细胞技术的飞速发展，流式细胞仪逐渐在畜牧兽医领域得到应用。

然而，流式细胞技术在珍稀野生动物中的应用还处于接近空白的阶段。大熊猫是我国特有的珍稀野生动物，对其做好健康管理和疾病防控是保护大熊猫的一项重要工作。相较于传统技术，流式细胞术高通量以及多参数联合分析的特点有助于更快速准确地对样本进行分析，使得从复杂的细胞混合体中识别出某一特定的细胞亚群成为可能[2]。因此，该技术非常适用于大熊猫的免疫状态监测以及疾病的快速诊断。本研究以圈养大熊猫为研究对象，通过采集其外周血样品，进而筛选出适用于大熊猫 CD4 分子流式细胞术检测的抗体，为大熊猫免疫学特征及其遗传机制的研究奠定基础。

1　材料和方法

1.1　试验材料

1.1.1　血液样本

选择成年健康大熊猫 1 只，空腹 16h 后经物理保定，静脉采血 3mL（EDTA 抗凝管收集），采集的血样 48h 内完成检测。

1.1.2　试剂和仪器

流式细胞仪（BACKMAN COULTER，MoFlo XDP，配备 488nm 激发光源），混合荧光微球（BACKMAN COULTER，for MoFlo XDP），恒温振荡培养箱（上海智诚分析仪器制造有限公司，ZHWY-103B），离心机（上海安亭科学仪器厂，TDL-50B），荧光显微镜（OLYMPUS，BX53），微量加样器（Thermo Electron，0.2 ~ 2.5μL、5 ~ 50μL、20 ~ 200μL）。

一抗：Rabbit Anti-CD4 antibody（bs-0647R，BIOSS），Rabbit Anti-CD4 antibody（ab203034，abcam），Mouse Anti-

① 本文已发表于《上海畜牧兽医通讯》，2021（4）:7-10。

CD4 antibody [10C12] (ab25804, abcam), Mouse Anti-CD4 antibody [OKT4] (FITC) (ab210322, abcam)。

二抗：Goat Anti-rabbit IgG/FITC antibody (bs-0295G-FITC, BIOSS), Goat Anti-Mouse IgG/FITC antibody (bs-0296G-FITC, BIOSS)。PBS 缓冲液 (索莱宝, P1020), 去离子水 (索莱宝, F0020), 红细胞裂解液 (Beyotime, C3702)。

2 方法

2.1 样本浓度

取 3mL 大熊猫外周血于离心管内，用 PBS 洗涤 3 次 (1200r/min, 3min)。洗涤结束后取 10μL 血液滴于细胞计数板上，镜下红细胞计数，计数完成后，用 PBS 稀释调整红细胞浓度，再次进行计数，调至最佳染色浓度为 (0.2 ~ 2) × 10^7 个 /mL，浓度调整完毕后分为 9 (管) 组 (A、B、C、D、E、F、G、H、I), 100μL/ 管。

2.2 抗体孵育

在 A ~ I 组含有细胞悬液的离心管中，按照抗体与细胞悬液体积 1 : 100 的比例，分别加入 1μL 一抗 (抗体及浓度如表 1 所示), 吹打混匀, 37℃摇床振荡, 避光孵育 1.5h。孵育结束后 1200r/min 离心 5min, 弃上清液, PBS 洗涤 3 次, 1200r/min 离心 3min, 洗去多余抗体, PBS 重悬浮细胞。

除 G 组 {Anti-CD4 antibody[OKT4] (FITC)} (该抗体为荧光一抗，不需荧光二抗孵育) 外，向 A ~ F6 组细胞悬液离心管中加入 1μL 对应荧光二抗 (按照抗体与细胞悬液体积 1 : 100 的比例，表 1), 吹打混匀；2 组 (H、I) 细胞悬液离心管中仅加入二抗 (表 1), 37℃摇床温和振荡, 避光孵育 1.5h。孵育结束后离心 1200r/min 离心 5min, 弃上清液, PBS 洗涤 3 次, 1200r/min, 3min), 洗去多余抗体。

大熊猫 CD4 免疫荧光抗体组合表　　表 1

分组	一抗及浓度	荧光二抗及浓度
A	Rabbit Anti-CD4 antibody (bs-0647R, BIOSS) (1mg/1mL)	Goat Anti-rabbit IgG/FITC antibody (bs-0295G-FITC, BIOSS) (2mg/1mL)
B	Rabbit Anti-CD4 antibody (ab203034, abcam) (Protein A purified)	Goat Anti-rabbit IgG/FITC antibody (bs-0295G-FITC, BIOSS) (2mg/1mL)
C	Mouse Anti-CD4 antibody [10C12] (ab25804, abcam) (Protein G purified)	Goat Anti-rabbit IgG/FITC antibody (bs-0295G-FITC, BIOSS) (2mg/1mL)
D	Rabbit Anti-CD4 antibody (bs-0647R, BIOSS) (1mg/1mL)	Goat Anti-Mouse IgG/FITC antibody (bs-0296G-FITC, BIOSS) (2mg/1mL)

续表

分组	一抗及浓度	荧光二抗及浓度
E	Rabbit Anti-CD4 antibody (ab203034, abcam) (Protein A purified)	Goat Anti-Mouse IgG/FITC antibody (bs-0296G-FITC, BIOSS) (2mg/1mL)
F	Mouse Anti-CD4 antibody [10C12] (ab25804, abcam) (Protein G purified)	Goat Anti-Mouse IgG/FITC antibody (bs-0296G-FITC, BIOSS) (2mg/1mL)
G	Mouse Anti-CD4 antibody [OKT4] (FITC) (ab210322, abcam) (Protein A purified)	
H		Goat Anti-rabbit IgG/FITC antibody (bs-0295G-FITC, BIOSS) (2mg/1mL)
I		Goat Anti-Mouse IgG/FITC antibody (bs-0296G-FITC, BIOSS) (2mg/1mL)

注：一抗和二抗添加量均为 1μL。

2.3 红细胞裂解

上述抗体孵育工作完成后，每组加入 300μL 体积红细胞裂解液，温和涡旋 (60r/min, 3min) 混匀，室温避光 10min。裂解结束后 1200r/min 离心 5min, 弃上清液。PBS 洗涤 2 ~ 3 次 (1200r/min 离心 3min), 洗去裂解液。0.5mL PBS 重悬浮细胞，置于冰上避光保存，1h 内完成显微镜下荧光显色检测。

2.4 显微镜观察

上述试验完成后，每组吸取 10μL 细胞悬液滴于载玻片上，荧光显微镜下观察，判断抗体结合情况。

2.5 流式细胞仪检测及数据分析

使用 BACKMAN COULTER MoFlo XDP 型流式细胞仪进行分析，激发光源 488nm, 测定前用混合荧光微球校正仪器，使流式细胞仪检测变异系数小于 3%。数据收集及分析使用 Summit V5.0。

3 结果

异硫氰酸荧光素 (Fluorescein isothiocyanate, FITC) 被 488nm 激发光源激发，在 530nm 发出绿色荧光。抗体孵育后在荧光显微镜下观察，A 组 [一抗：Rabbit Anti-CD4 antibody (bs-0647R), 二抗：Goat Anti-rabbit IgG/FITC antibody (bs-0295G-FITC)] 染色组可见绿色荧光，CD4 蛋白存在于细胞表面，呈点状、片状分布 (图 1), 说

明抗体可与细胞结合；其余抗体组、阴性组及二抗组均无可见荧光反应。故使用 A 组进行后续流式细胞仪检测实验。

流式细胞仪荧光校准后上机检测，结果表明：由阴性对照组（细胞悬液不进行一抗、二抗孵育）可见细胞在 488nm 激发光下无自发荧光（图 2）。A 组细胞悬液在流式细胞仪下检测可见有较强阳性读值，通过阈值调节减少背景噪音。在 FSC/SSC 图中设门，排除细胞碎片，选定白细胞。对脉冲高度（height）、脉冲面积（area）、脉冲宽度（width）的组合设门，排除死细胞及粘连细胞，可以完成对 CD4+ 细胞的选定（图 3）。试验结果表明 Rabbit Anti-CD4 antibody (bs-0647R) 可与大熊猫外周血 CD4 蛋白结合，流式试验数据稳定可靠。

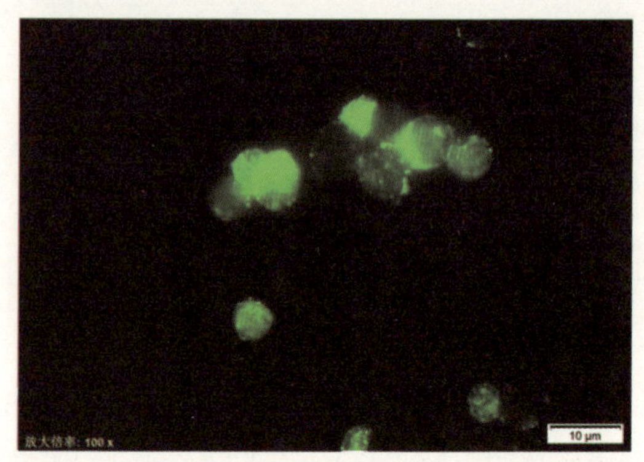

图 1　大熊猫外周血 CD4 白细胞荧光染色呈阳性

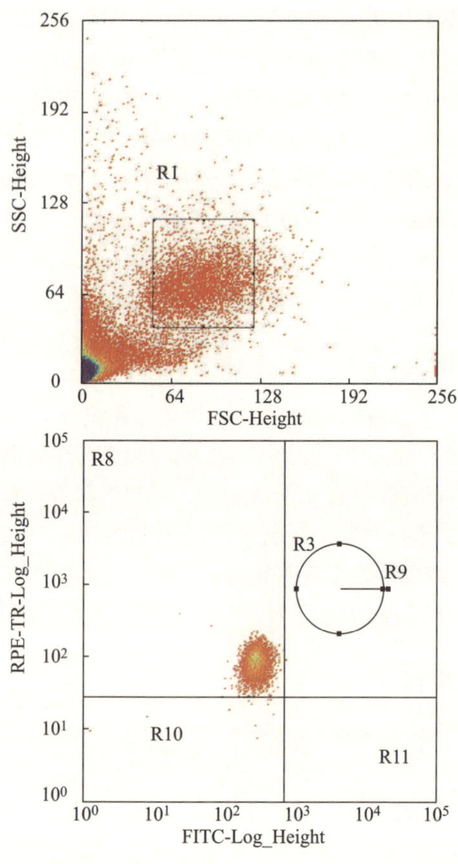

图 2　阴性对照，可见细胞在 488nm 激发光下无自发荧光

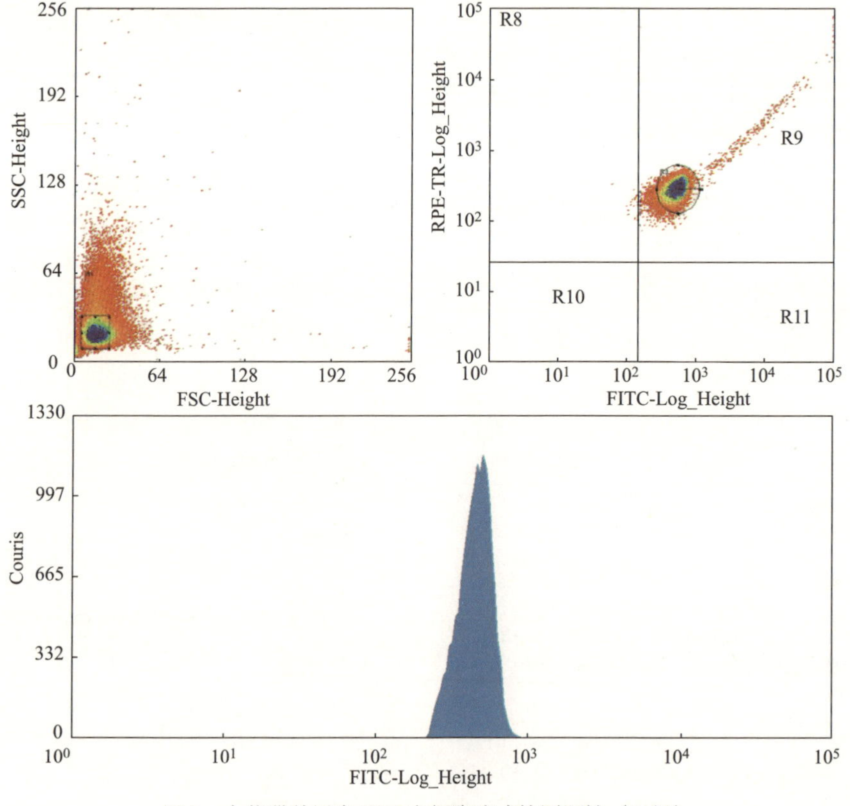

图 3　大熊猫外周血 CD4 白细胞流式检测阳性（A 组）

4 讨论

血液系统是各种重要免疫细胞的载体，也是各种免疫事件的主要发生场所。流式细胞术的出现使我们能通过抗原-抗体反应特异性识别血液细胞表面的特征性CD(cluster of differentiation）蛋白，并借此对细胞进行更为准确的分类研究[3]。细胞免疫是人体免疫系统的重要组成部分，T细胞在细胞免疫中居中心地位。按照表面标志，T细胞主要分 $CD8^+$ 的细胞毒 T 细胞（cytotoxic T cell，CTL），$CD4^+$ 的辅助 T 细胞（helper T cell，T helper），$CD4^+$、$CD25^+$ 的调节／抑制性 T 细胞（regulatory ／ suppressor T cell，Treg）[4]。$CD4^+$ T 细胞根据自身所分泌的细胞因子分为不同亚群，各种亚群均在细胞免疫反应中发挥重要作用。这些作用的发挥主要通过分泌细胞因子和趋化因子激活或募集靶细胞来实现[5-8]。

本研究采集健康成年大熊猫外周血，成功筛选出能与大熊猫细胞表面蛋白 CD4 结合的抗体 [Rabbit Anti-CD4 antibody（bs-0647R）]，并通过流式细胞仪对大熊猫外周血 CD4 白细胞进行检测。大熊猫外周血白细胞在 488nm 激发光下无自发荧光，二抗与细胞表面蛋白无特异性结合，不会对测试样本造成干扰。测试样本的荧光信号较强、分布宽度小、背景荧光较低，说明该抗体能够满足流式细胞仪检测的需求。本研究采用间接染色法对抗原进行荧光染色，与直接染色法相比，使用二抗可以使荧光信号得到放大，易于观察和检测。此外，由于野生动物的物种特异性很难获得匹配的标记抗体，采用间接染色法使用未标记的一抗，在抗体的种类上有更多的选择空间。但是二抗与不同一抗间存在一定的非特异性结合，进行多标志物染色时，二抗与一抗间易产生交叉反应造成测定误差。因此检测多个细胞表面蛋白时应选择差异较大的抗体或采用直接染色法。

珍稀野生动物的细胞免疫是一个新的研究领域，本研究以全新的视角研究健康和疾病大熊猫的免疫学特征及其遗传机制，为相关动物细胞水平乃至机体免疫状态评估、疾病筛查、诊断、病情监测、治疗和预后提供了新的思路及理论依据。

5 结语

Rabbit Anti-CD4 antibody（bs-0647R）可与大熊猫细胞表面蛋白 CD4 结合，流式检测荧光信号较强、分布宽度值小、背景荧光较低，该抗体能够满足流式细胞仪检测的需求，可用于后续的免疫表型分析、疾病感染及预后等研究。

参考文献

[1] THOMAS R A，THORNTHWAITE J T，EGGELSTON，et al.Flow cytometry[M]. US：Wiley，1987.

[2] GERSTEIN A S.Flow Cytometry：First Principles，2nd Edition[M]. US：Wiley，2001.

[3] O’LEARY，T J. Flow cytometry in diagnostic cytology[J]. Diagnostic Cytopathology，1998，18（18）：41-46.

[4] ZHU J，PAUL W E. CD4 T cells：fates，functions，and faults[J]. Blood，2008，112（5）：1557.

[5] WEAVER C T，HARRINGTON L E，MANGAN P R，et al. Th17：an effector CD4 T cell lineage with regulatory T cell ties[J]. Immunity，2006，24（6）：677-688.

[6] SAKAGUCHI S. Naturally arising CD4+ regulatory t cells for immunologic self-tolerance and negative control of immune responses[J]. Annual Review of Immunology，2004，22（22）：531.

[7] 和彦良，李真光，冷雪，等．猪瘟病毒感染后对机体免疫系统的影响 [J]. 中国畜牧兽医，2001，38（12）：177-181.

[8] 张柳，冯霞，靳野，等．猪免疫口蹄疫灭活疫苗后外周血细胞亚群变化的研究 [J]. 中国畜牧兽医，2016，43（4）：1012-1016.

颐和园摇蚊优势种群鉴定及绿色防控措施①

北京市颐和园管理处 / 李洁
天津师范大学生命科学学院 / 闫春财　刘文彬
北京中农瑞景生态科技有限公司 / 朋　康　胡　奎

摘　要：摇蚊是双翅目摇蚊科昆虫的统称，虽具有重要的生态学意义，但其集群婚飞会带给人们不悦，幼虫也会威胁人类健康。为科学有效地防控摇蚊，2018年的3月1日至2019年6月1日在颐和园西堤、西区中路进行了摇蚊的生态学、生物学测定及综合治理措施评价试验示范。通过对采集样品进行鉴定，发现颐和园摇蚊的优势种为齿突水摇蚊（*Hydrobaenus dentistylus Moubayed*, 1985）。进一步对摇蚊采样调查及监测，明确颐和园水域摇蚊的生活规律，采取以生物防控为主、物理防控为辅的综合防控措施，达到了0.5m深水域摇蚊幼虫防控率95.4%、成虫防控率94.8%，1.5米深水域摇蚊幼虫防控率94.7%、成虫防控率95.2%的良好防控效果。

关键词：摇蚊；绿色防控；发生趋势；鉴定；药剂生物测试

摇蚊是双翅目（Diptera）长角亚目（Nematocera）摇蚊科（Chironomidae）昆虫的统称，完全变态。目前已被描述的摇蚊种类超过6000种[1]，世界估计有16000余种[2]。摇蚊幼虫生活在各种类型的水体中，是种类最多、分布最广、密度和生物量最大的淡水底栖动物类群之一[2]。作为初级消费者，其既可以滤食藻类等浮游植物，又是诸多鱼类的天然饵料，不光在水生生态系统中发挥着不可或缺的作用，也是水质监测的生物指标。然而，数量惊人的摇蚊集中羽化，加之其集群婚飞的习性，虽然“不咬人”，但也势必会造成扰民、污秽建筑物和车辆、妨碍交通安全等不良影响[3]。而且，摇蚊幼虫体内的血红蛋白是人类重要的变态反应源之一，某些种类还可能携带病原体，引起哮喘、皮炎等疾病，威胁人类健康[4]。某些种类的摇蚊幼虫也会威胁诸如莲、莼菜等水生植物的生长[5]，为害幼蚌对水产养殖业造成不利影响[3]。

由于摇蚊的适应性极高，几乎可以滋生在任何水体，抗逆性强，导致防控工作较为困难。摇蚊绿色防控体系的构建依据颐和园水域摇蚊的生态学、生物学测定及综合治理措施评价试验示范开展，对颐和园西堤、西区中路区域的摇蚊进行调查测定和防控，覆盖面积约80亩。持续时间15个月，从2018年的3月1日至2019年的6月1日，明确了园内摇蚊种类，对春季扰民的优势种——齿突水摇蚊的生态习性进行了研究，总结了环境因素对摇蚊大量发生的影响，分析了优势种群区域性集中爆发的主要原因；通过室内和实地的生物测定，对生物制剂这一防治措施进行了效果评价，最终有效控制了摇蚊的种群数量和虫口密度，降低了摇蚊对景观环境和游客游览的影响，起到了推广和示范作用，取得了良好的生态效益和环境效益。

1　摇蚊幼虫发生规律调查及优势种群鉴定

1.1　调查方法

采样调查是调查摇蚊幼虫在水中发生规律的重要方法，摸清摇蚊幼虫发生规律有助于增加药剂防控的精准

①　基金项目：北京市颐和园管理处科技课题，国家自然科学基金（31672324, 31801994, 32170473）。

性。试验设置5个采样点（图1），3～11月份每月进行2次采样。每个采样点分别进行浅水采样和深水采样两种采样方法。浅水采样选择在不超过0.5m深的水域中（5个采样点沿岸区域平均水深），用D型-底栖生物采集网采样。深水采样选择在约1.5m深处的水域（5个采样点平均水深），沉入小型底栖彼得逊采泥器收集样土，采样点用浮标标记。同时用特制抄网采集摇蚊蛹期蜕皮用于辅助鉴定。

每次取样取3～5cm处表土5kg，将样土收入采样箱保存。利用60m孔目的筛网洗涤样土，洗涤后装入50mL的烧杯中，倒入95%浓度的乙醇进行固定。将固定后的样土倒入白色瓷盘，人工分拣出摇蚊幼虫计数。将分拣出的摇蚊幼虫放入75%酒精中固定。在实验室中将标本鉴定至尽可能低的分类单元[3,6-8]。

图1 采样点分布

1.2 摇蚊幼虫种类鉴定

将保存的摇蚊幼虫样本制成玻片利用电子显微镜观察其形态学特征。制片方法参照Sæther(1969)和唐红渠(2006)，研究形态学术语及测量标准参照Sæther(1980)[9-11]。根据对摇蚊形态学学特征的对比，依据其头壳触角和口器各部分(背颏、腹颏、唇舌、上颚、前上颚和上唇)结构，加上蛹期蜕皮触角和背板特质，优势种的摇蚊鉴定为齿突水摇蚊（Hydrobaenus dentistylus Moubayed, 1985）[3,10,12]。

1.3 齿突水摇蚊幼虫形态特征

体长7.15 mm，头壳500μm、宽400μm。头壳略带呈褐色，前上颚顶端1/2处为黑色，上颚顶端、颏板和后头缘黑褐色。触角长115μm；AR 1.87；环器在基部1/5处，感觉孔靠近基节2/5处；触角叶长35μm，伸至第四节顶端。上唇：SI刚毛6～8支，37.5μm长；SII感觉毛单一，50μm长；前上颚二分叉，87.5μm长；上颚长180μm，上颚顶齿长22.5μm，约是3内齿总宽度的0.82；齿下毛长15μm，达第1内齿端部。颏板宽175μm；两颏中齿25μm宽；腹颏板最大宽度15μm；两亚颏毛间距80μm；后颏长217.5μm；腹部尾刚毛台60μm，基部宽58μm，部分骨化，顶端具有7根强壮肛毛，687.5μm长；肛上毛462.5μm长；后原足150μm，肛管是后原足长度的2/3（图2、图3）。

图2 齿突水摇蚊老熟幼虫

图3 齿突水摇蚊老熟幼虫头壳

1.4 齿突水摇蚊幼虫生活习性

水生，生活于冷水特别是流水中，占据整个生命周期的 90%，与流水环境相适应的形态特征是它们的身体细长，后原足发达，用以勾住基质不易被水冲走。从幼虫到蛹，一般要经过四个龄期，蜕三次皮。I、II 龄期较短，营自由生活；III、IV 龄的幼虫潜入水底，营巢定居生活。如果非 III 龄期幼虫越冬，那么 IV 龄幼虫生活时期最长。进入 III 龄以后的幼虫，胸部的第 2 和第 3 节由于内部各种器官的发育而开始膨大，颜色开始变白，这时第 2 和第 3 节的区别变得不明显，但与腹部出现明显区别。进入 IV 龄后，胸节再度膨大，此时的胸节已经融合并出现色斑，幼虫逐渐缩小，开始进入蛹期。摄食方式为集食和滤食：直突摇蚊亚科主要是集食栖息地所在处的石头或植物茎、叶表面上附着或沉积的藻类和其他有机微粒；筑巢实际上是摄食行为之一，以方便滤食。幼虫为封闭式气管系统，依靠血红蛋白这种“呼吸色素”来吸收氧气。

1.5 幼虫发生规律分析

根据采样情况绘制摇蚊幼虫发生规律趋势图（图 4），根据趋势图可以了解在 3 月上旬，深水区域越冬的摇蚊幼虫开始向浅水区域活动，3 月上旬至 4 月下旬期间摇蚊幼虫数量逐渐减少，成虫开始由浅水逐渐羽化，这段时间摇蚊成虫较多。5 月中旬摇蚊成虫开始产卵，5 月下旬～ 8 月下旬摇蚊幼虫逐渐增多，主要分布在深水区域内生活取食，9 月中旬摇蚊逐渐由浅水区域向深水区域集中活动，10 月下旬摇蚊幼虫基本集中在深水区域准备越冬。

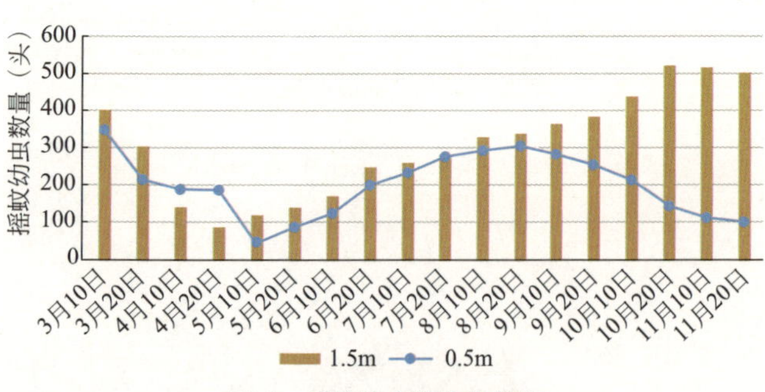

图 4 摇蚊幼虫发生趋势图

2 摇蚊成虫发生规律调查

2.1 调查方法

监测摇蚊成虫时间、空间分布有助于增加药剂防控的精准性。每个监测点分别设置定点成虫监测器和漂浮成虫监测器，定点成虫监测器设置于不超过 0.5m 深的浅水区域，漂浮成虫监测器设置在 1.5m 深的水域。监测工作 3 ～ 11 月每周进行一次，统计成虫数量，采样带回并鉴定。每个监测点另设置光诱捕蚊器 1 处，在夜间对摇蚊进行监测。

2.2 摇蚊成虫种类鉴定

将保存的摇蚊成虫样本制成玻片利用电子显微镜观察其形态学特征。制片方法参照 Sæther (1969)，研究形态学术语及测量标准参照 Sæther(1980)[9, 11]。根据对摇蚊形态学特征的对比，依据其头部、翅脉、生殖节背板特征，特别是第 IX 背板中央向后突起，形成尖角，常常似肛尖，被毛；抱器端节靠端部具一齿状突或指状突特征，优势种的摇蚊鉴定为齿突水摇蚊（*Hydrobaenus dentistylus* Moubayed, 1985)，且该种生殖节变异巨大，优势种的鉴定结果和幼虫、蛹期一致[13, 14]。

2.3 齿突水摇蚊成虫形态特征

雄成虫：体长 3.03 ～ 4.68 mm；翅长 1.84 ～ 2.48 mm；体翅比 1.50 ～ 1.95；翅长、腿节长比 2.26 ～ 2.55；胸部棕黑色，腹部棕黄色，翅棕色。触角比 1.45 ～ 2.26；颞毛 5 ～ 14 根，内顶鬃 0 ～ 4 根，外顶鬃 2 ～ 8 根，眶后鬃 3 ～ 8 根；唇基毛 10 ～ 23 根；幕骨 165 ～ 220μm；下唇须第 5 节与第 3 节长度比为 1.04 ～ 1.36。前胸背板鬃上侧毛 0 ～ 3 根，下侧毛 2 ～ 10；无中鬃；背中鬃 8 ～ 12 根；翅前鬃 5 ～ 8 根，单排；小盾片鬃 5 ～ 14 根，1 ～ 2 排。翅脉比 1.06 ～ 1.20；前缘脉延伸长 30 ～ 50μm；R 脉具 8 ～ 16 根刚毛，R1 脉具 0 ～ 4 根刚毛其余脉无毛；翅瓣毛 12 ～ 31 根。前足胫距长 53 ～ 90μm，基部无鳞毛；中足 2 胫距分别长 23 ～ 30μm 和 30 ～ 50μm；后足 2 根胫距，较短胫距长 12 ～ 30μm，较长胫距长 55 ～ 80μm，中后足胫距无或具薄弱的鳞毛；后足胫栉具 9 ～ 14 根棘刺；前足第 1、第 2 跗节一般无伪胫距，偶见 1 根；中足第 1 跗节具 1 ～ 3 根，第 2 跗节 0 ～ 2 根；后足伪胫距同中足。生殖节无外突的肛尖；第 IX 背板具刚毛 38 ～ 87 根，中部后缘突出，形成尖角，常常似肛尖，被毛背板侧刚毛 6 ～ 10 根；阳茎内突长 105 ～ 130μm，横腹内生殖突长 100 ～ 150μm，中间上拱，两侧骨化突显著，上翘；阳茎刺突较细长，8 ～ 25μm 长，含 2 ～ 4 根刺；抱器基节长 240 ～ 300μm；下附器分上下两叶，下叶小于上叶，形状相似，外缘均较圆；抱器端节长 103 ～ 125μm，亚端部具齿状至指状突起；抱器端棘长 15 ～ 30μm；殖节比 2.08 ～ 2.54；生殖节值 2.88 ～ 3.90。

2.4 齿突水摇蚊成虫生活习性

成虫婚飞，交尾在飞舞中进行的；有强趋光性；对二氧化碳、热和汗水十分敏感，能在一定的距离内感知到恒温的哺乳动物。口器退化，几乎不进食，只能存活几天（图 5、图 6）。

图 5　齿突水摇蚊成虫

图 6　齿突水摇蚊成虫头部——示口器退化

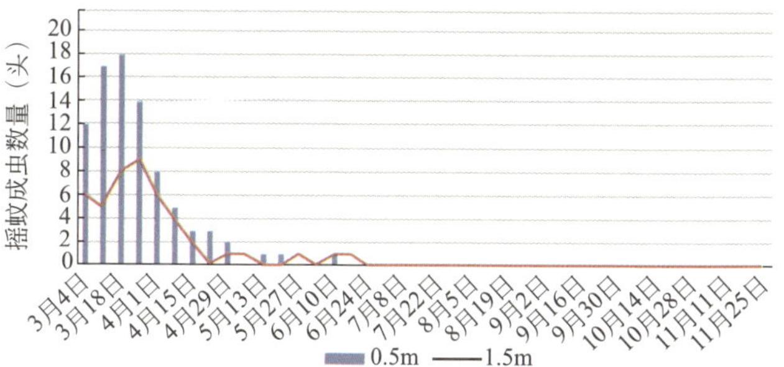

图 7　成虫监测器监测趋势图

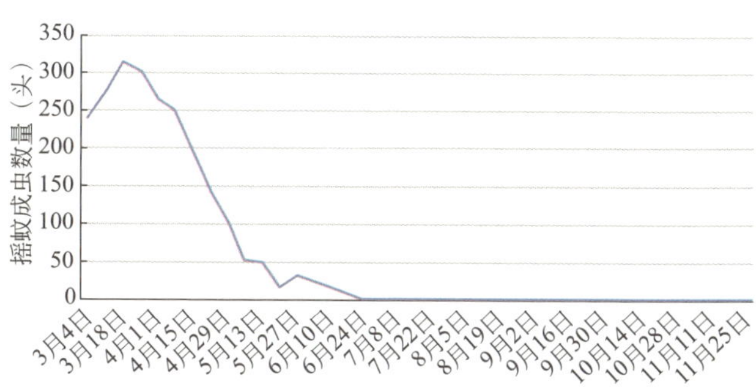

图 8　光诱捕蚊器监测趋势图

2.5　成虫发生规律分析

根据成虫监测器的监测结果绘制成虫发生趋势图（图 7），根据趋势图，成虫在 3 月上旬开始羽化，到 3 月中旬进入羽化高峰期，进入 4 月上旬成虫开始产卵，多数成虫将卵产在深水区域，产卵后数量逐渐减少。4 月下旬到 6 月中旬，成虫分散在芦苇、草丛中间，密度较小。进入 6 月下旬成虫基本消失。根据光诱捕蚊器的监测结果（图 8）绘制摇蚊成虫的发生趋势，也可得出以上结论，灯诱效果较监测器监测效果强。对比数据可知成虫多活动于浅水区域和草丛、芦苇中，深水区域较少。

3　药剂室内生物测试

3.1　材料与方法

选择对水摇蚊属防控效果优秀的纯天然制剂进行生物测试：杀幼虫剂为 CJ-LI、CJ-LII、CJ-LIII，该系列药剂基于微生物代谢物产品，针对摇蚊和成蚊水生期处理，干颗粒水面施药，可使用喷粉机喷洒。杀成虫剂为 CJ-A1、CJ-A2，该系列药剂基于天然矿物质提取产品，针对滋生地周围栖息的成虫进行诱杀，浓缩诱饵可于陆地和植被表面施药。

通过摇蚊成虫监测器与灯诱捕蚊器收集成虫，置于蚊笼内，每笼 50 只。剪取颐和园沿湖常见植物枝叶，分别向其喷洒不同稀释倍数的 CJ-A1、CJ-A2 至下滴，在室内晾干，再分别放入笼内，观察 24、48、72 小时死亡率。同时设对照以清水处理植物枝叶。

在 4 口 30cm × 10cm 的水族箱中分别加入等量分成 4 份的西堤周围含高幼虫密度的沉淀，加上通气泵，盖上网纱。分别用 CJ-LI、CJ-LII、CJ-LIII 进行撒施，同时设对照组喷施清水。每日记录羽化的成虫数量直到对照无成虫。

3.2　药剂测试结果分析

如表 1 所示，杀成虫剂选用 CJ-A1 稀释 4 倍喷雾效果最佳，即可以迅速达到 90% 的防控效果，同时不会破坏生态链的完整，消灭全部摇蚊成虫。

杀成虫剂药剂生物测试效果　　　　表 1

药剂	浓度	死亡率		
		24h	48h	72h
CJ-A1	2	94%	100%	100%
	4	90%	92%	96%
	10	82%	86%	88%
CJ-A2	2	86%	92%	96%
	4	78%	84%	88%
	10	72%	78%	80%
清水	—	0%	2%	4%

如表 2 所示，杀幼虫剂选用 CJ-LII 撒施，即可以迅速达到良好的防控效果，同时不会破坏生态链的完整，消灭全部摇蚊幼虫。

杀幼虫剂药剂生物测试效果　　　　表 2

药剂	收获摇蚊成虫数量							
	day1	day2	day3	day4	day5	day6	day7	day8
CJ-LI	0	0	0	0	0	0	0	0
CJ-LII	4	1	1	0	0	0	0	0
CJ-LIII	9	5	3	2	0	2	3	1
清水	15	11	23	44	22	27	13	5

4　综合防控措施应用评价

4.1　材料与方法

2019 年 3 月 1 日～3 月 3 日对颐和园西堤、西区中路的沿湖区域进行纯天然制剂防控工作，同时在藻鉴堂及凤凰墩区域设置对照区域，向湖岸边的植物、地面、围栏上喷施 CJ-A1 稀释 4 倍药液，向浅水区域使用喷粉机喷施 CJ-LII 颗粒剂，对照区域喷施清水（图 9）。防控工作持续 3 天，成虫防控面积约为 38 亩，用药 129kg，幼虫防控面积约 36 亩，用药 136.8kg。防控后利用采样、定点成虫监测器、漂浮成虫监测器和光诱捕蚊器进行统计，发现摇蚊数量减少明显。3～5 月每周在防控区和对照区分别进行扫网，统计摇蚊成虫数量进行对比。

2018 年 3～7 月、2019 年 3～6 月设置光诱捕蚊器。

悬挂黄板诱杀摇蚊成虫。保持黄板高度一致，间隔一致，尽量保证景观性。每星期及时撤除无效黄板，替换新黄板。黄板重点设置于西堤两侧，根据监测情况在其他发生量大的地方也进行设置，每批黄板 120 张，约每两星期更换一次，共需 1200 张。在 2018 年 3～6 月和 2019 年 3～6 月对其中 10 个悬挂点的黄板每两周进行计数统计，取平均值，调查每个悬挂点黄板对摇蚊成虫的防控效果。同时在对照区也设置 10 个悬挂点，进行调查。

图 9　防控区域与对照区域

4.2　防控效果评价

针对 2018～2019 年摇蚊发生量对比，其中 0.5m 深水域摇蚊幼虫防控率达到 95.9%（图 10），成虫防控率达到 94%（图 11）。1.5m 深水域摇蚊幼虫防控率达到 95.2%（图 12），成虫防控率达到 94.3%（图 13）。光诱捕蚊器诱捕到的摇蚊成虫同比减少了 94.8%（图 14）。通过扫网对比，发现对照区域的摇蚊发生情况明显较防控区域严重（图 15），防控效果显著。

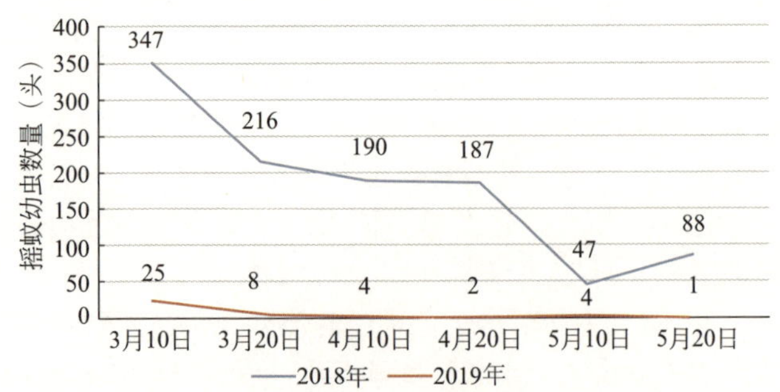

图 10　防控前后 0.5m 水域摇蚊幼虫采样对比

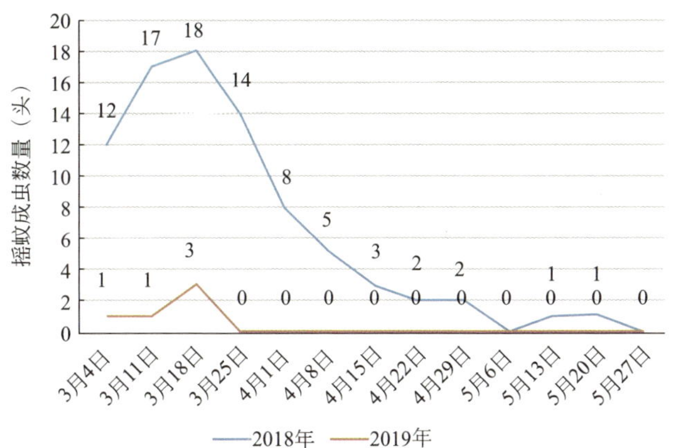

图 11　防控前后 0.5m 水域摇蚊成虫监测对比

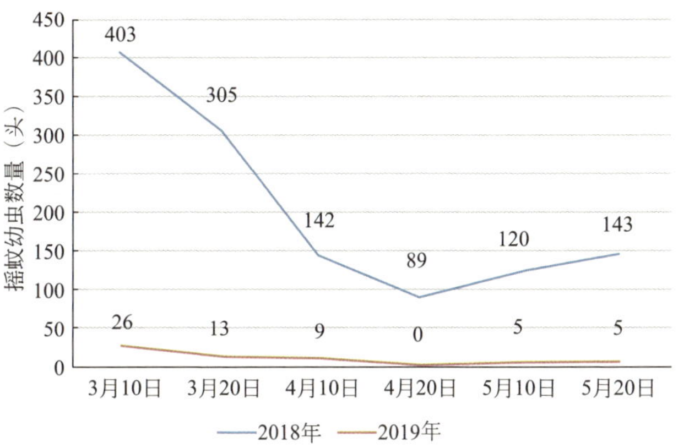

图 12　防控前后 1.5m 水域摇蚊幼虫采样对比

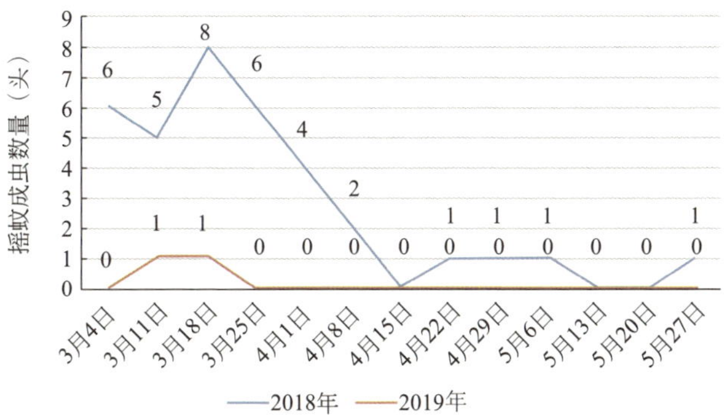

图 13　防控前后 1.5m 水域摇蚊成虫监测对比

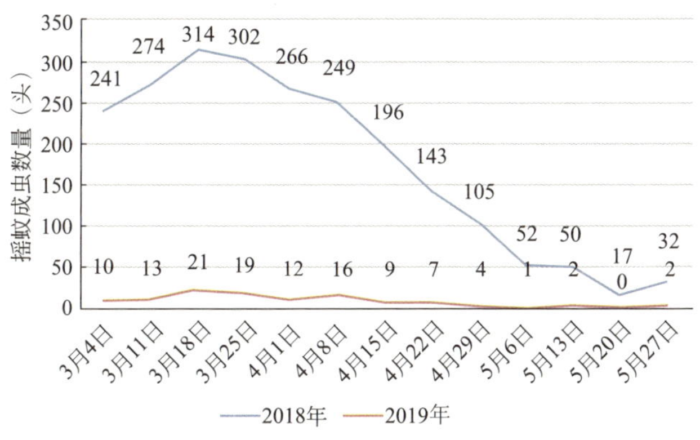

图 14　防控前后摇蚊成虫灯诱对比

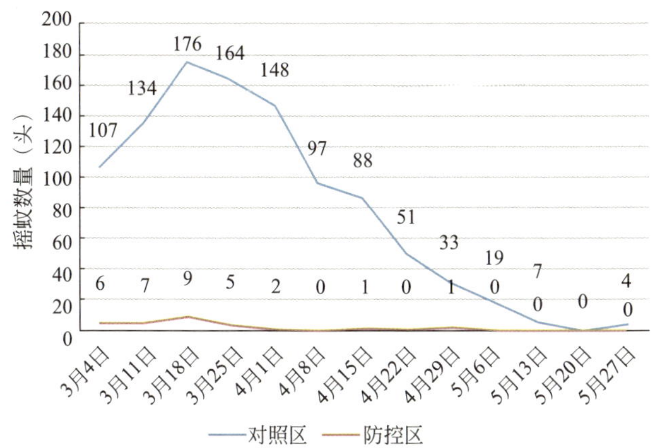

图 15　摇蚊防控区与对照区扫网对比

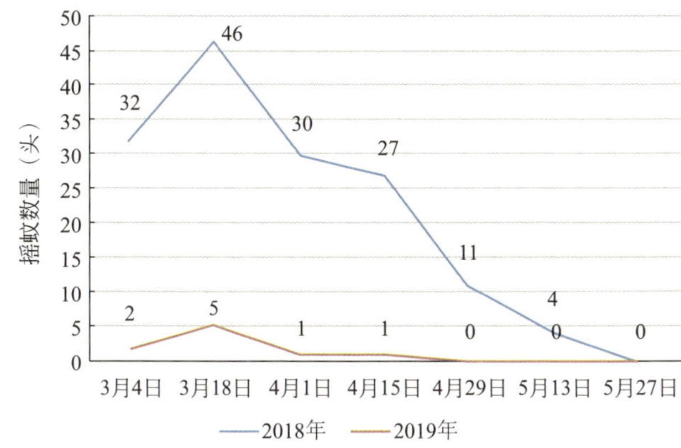

图 16　黄板对摇蚊成虫的平均防控效果两年对比

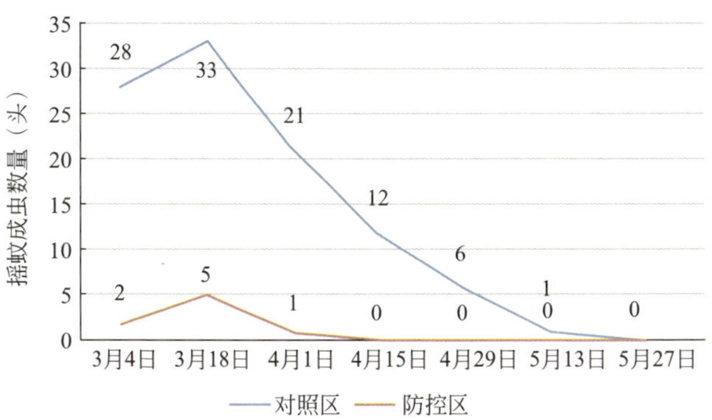

图 17　防控区与对照区黄板对摇蚊成虫的平均防控效果

西堤、西区中路区域单个悬挂点的黄板在未进行纯天然制剂防控的情况下，平均可以诱杀 150 只摇蚊成虫，在进行纯天然制剂防控后，平均可以诱杀 9 只摇蚊成虫（图 16）。黄板本身对摇蚊防控效果较弱，但黄板可以起到良好的监测效果，在防控区与对照区设置黄板，可以明显监测到对照区的摇蚊发生情况较防控区严重（图 17）。设置灯光诱虫器 5 套，起到监测和防控的效果，2018 年全年诱杀摇蚊成虫 2288 头。

5 展望

摇蚊是监测水体环境和污染状况的优良指示生物，在生态学和环境科学领域中有重要研究价值[15]。因其不同的种类对于水域生态环境要求不同，使其成为监测水体环境及污染状况的指示生物[16]。摇蚊不仅在食物链上是重要一环，也是水生经济养殖动物的绝佳饲料。因此防控思路应该是控制摇蚊数量在不造成扰民的范围之内，并不是赶尽杀绝，破坏自然生态。

目前我国摇蚊防控技术尚不成熟，存在着一些误区。例如大规模使用化学药剂灭杀摇蚊幼虫，往往会因为药剂靶性不强，误杀其他生物，造成生态污染。

随着摇蚊绿色防控体系的逐渐建立，现已可以全方位有效控制摇蚊数量。在2019年春季颐和园就通过这一体系实现了摇蚊的有效防控。持续对摇蚊分布和控制方法进行评估与研究，进而推广摇蚊种群评估和治理的成功范例，有助于保障和谐自然的人居环境，同时也利于生态环境的维护。

参考文献

[1] 陈姗，王丽卿，张瑞雷．蒙古国摇蚊分类学的研究进展及名录 [J]. 生物学杂志，2017（5）：98-104.

[2] Armitage，P. D.，Cranston，P. S.，Pinder，L. C. V. The Chironomidae. Biology and ecology of non-biting midges [M]. Chapman and Hall，1995：1-572.

[3] 王俊才，王新华．中国北方摇蚊幼虫 [M]. 中国言实出版社，2011：1-291.

[4] Najera，J. A. ，Zaim，M. Decision Making Criteria and Procedures of Judicious of Insecticides. WHO，2003.

[5] 王士达，叶奕佐．危害莼菜的几种摇蚊幼虫 [J]. 水产科技情报，1989（4）：98-99.

[6] 刘月英，张文珍，王跃先，等．中国经济动物志——淡水软体动物 [M]. 科学出版社，1979.

[7] 梁彦龄，王洪铸．高级水生生物学 [M]. 科学出版社，1999.

[8] 刘学勤．湖泊底栖动物食物组成与食物网研究 [D]. 中国科学院，2006.

[9] Sæther，O.A. Some Nearctic Podonominae，Diamesinae and Orthocladiinae（Diptera：Chironomidae）. Bulletin of the Fisheries Research Board of Canada，1969，170：1-154.

[10] 唐红渠．中国摇蚊幼虫生物系统学研究（双翅目：摇蚊科）[D]．南开大学，2006.

[11] Sæther，O.A. Glossary of chironomid morphology terminology（Chironomidae：Diptera）. Entomologica scandinavica Supplement，1980，14：1-51.

[12] 刘文彬．中国摇蚊科蛹期生物系统学研究（双翅目：摇蚊科）[D]．南开大学，2017.

[13] 孙慧．中国直突摇蚊亚科布摇蚊复合体及直突摇蚊复合体七属系统学研究（双翅目：摇蚊科）[D]. 南开大学，2010.

[14] 刘文彬，罗阳，王新华．中国水摇蚊属三新记录种记述（双翅目：摇蚊科）（英文）[J]. 南开大学学报（自然科学版），2015（6）：78-85.

[15] 丁煌英，宁鹏飞，张庆，等．剑湖摇蚊幼虫的空间分布与水质评价 [J]. 水生态学杂志，2017，38（3）：58-65.

[16] 王俊才，方志刚，鞠复华．摇蚊幼虫分布及其与水质的关系 [J]．生态学杂志，2000，19（4）：27-37.

Characterization of the gut microbiome and resistomes of wild and zoo-captive macaques[①]

Beijing Key Laboratory of Captive Wildlife Technologies, Beijing Zoo.
Marie Bashir Institute for Infectious Diseases and Biosecurity, School of Life and Environmental Sciences and School of Medical Sciences, The University of Sydney.
Department of Molecular and Translational Sciences, Monash University
Centre for Innate Immunity and Infectious Diseases, Hudson Institute of Medical Research
School of Medicine, Sun Yat-sen University/
Ting Jia, Wei-Shan Chang, Vanessa R. Marcelino, Sufen Zhao, Xuefeng Liu, Yuyan You, Edward C. Holmes, Mang Shi, Chenglin Zhang

Abstract: Rhesus macaques (*Macaca mulatta*) are the most widely distributed species of Old World monkey and are frequently used as animal models to study human health and disease.Their gastrointestinal microbial community plays a substantial role in primate physiology, ecology and evolution.Herein, we investigated and compared the fecal microbiome and antibiotic resistance genes of 15 free-ranging and 81 zoo-captive rhesus macaques from two zoos in China using both 16S amplicon sequencing and whole genome shotgun DNA sequencing approaches.Our data revealed similar levels of microbial diversity/richness among the three groups, although the composition of each group differed significantly, and were particularly marked between two zoo-captive and one wild groups.Zoo-captive animals also demonstrated a greater abundance and diversity of antibiotic genes.In addition, through whole genome shotgun sequencing we identified a mammalian (simian) associated adenovirus.Overall, this study provides a comprehensive analysis of resistomes and microbiomes in zoo-captive and free-ranging monkeys, revealing that semi-captive wildlife might harbor higher diversity of antimicrobial resistant genes.

Keywords: monkey; microbiome; antimicrobial resistance gene; adenoviruses; captive primates

Introduction

Rhesus macaques (*Macaca mulatta*) are a species of Old World Monkey with a wide geographic distribution.Because of their close phylogenetic relationship with humans, they are extensively used as biomedical models for understanding human disease.A handful of publications have demonstrated that the non-human primate (NHP) gut microbiome is shaped by diet, evolutionary features, age, sex, geographical habits (Yildirim et al., 2010; Amato et al., 2013; Amato et al., 2014; Hale et al., 2018), and notably captivity, indicating that human-mediated life styles and living locations could alter gut-associated microbial communities of primates (Clayton et al., 2016) .Many previous studies have investigated the different impacts of captivity, diet and anthropogenic activity on the composition of microbiomes.For example, Clayton

① 本文已发表于 *Frontiers in veterinary science*, 2022, 8 (01)。

et al.examined the gut microbiome in different species of NHPs such as douc and howler monkeys, showing that diversity of native gut microbial taxa was reduced among the captivity groups（Clayton et al., 2016）.In the black howler monkeys, the environmental and dietary changes associated captivity had a great impact on intestinal microbial methanogenesis（Nakamura et al., 2011）.However, similar bacterial compositions were observed in wild versus captive chimpanzees（Uenishi et al., 2007）.

Driven by advances in next-generation sequencing technologies, microbiome-and resistome focused studies of are of increasing importance, expanding our knowledge of microbial community and interaction associated with humans, animals and the environment.Amplicon sequencing is sufficient for family-level and genus-level bacterial classification, although the variation captured by 16S sequencing is insufficient for strain-specific identification（Kuczynski et al., 2011）.Additionally, metagenomic approaches provide a means to characterize non-bacterial microbes, including viruses and eukaryotic pathogens（Ranjan et al., 2016）. Recent studies have also revealed that host-associated intestinal microbiota have a great impact on viral susceptibility and ensuing immune responses to host（Pfeiffer and Sonnenburg, 2011; Chassaing, 2015）.The widespread use of antibiotic agents in veterinary and human medicine has revolutionized the therapeutic options of bacterial infection, although at the same time it has increased the selection pressure for the rapid emergence and evolution of antimicrobial resistance（Dolejska and Literak, 2019）.

Herein, we used both 16S rRNA and whole genome shotgun DNA sequencing approaches to identify the differences of fecal microbial composition and resistome between zoo-captive and wild rhesus monkeys in China.Our results provide important insights on the impact of captivity on microbial diversity and antimicrobial resistance properties.

1 Material and methods

1.1 Animal ethics statements

This study was approved by the Beijing Municipal Committee of Animal Management before sample collection. All experiments were performed in accordance with the approved guidelines and regulations under approval number #SYSU-IACUC-MED-2021-B0123.

1.2 Study sites and sampling information

This study was conducted from July to August in 2014 at Shennongjia Forestry District natural reserves（SR）, a zoo located in Beijing（BR）and a wildlife zoo located in inner Monglia（ER）. All fecal specimens of rhesus monkeys（*Macaca mulatta*）were collected following defection at three sampling locations：one wild（SR）, one semi-captive（ER）, and a zoo-captive population（BR）.Details of the sample collection sites and sample groups were presented in Table 1.DNA extraction of the fecal samples was performed using the TruSeq ™ DNA Sample Prep Kit（Illumina）following the manufacturer' s instructions.

1.3 Comparisons of bacterial composition and diversity using 16S rRNA sequencing

Fecal samples from each monkey were subject to 16S rRNA amplicon sequencing.The V3–V4 hypervariable regions of the bacterial 16S ribosomal RNA（rRNA）gene were amplified using barcoded primers, 341F- 5' -CCTACACGACGCTCTT CCGATCTN（barcode）CCTACGGGNGGCWGCAG-3' and 805R-5' -GACTGGAGTTCCTTGGCACCCGAGAATTCCA（barcode）GACTACHVGGGTATCTAATCC-3', according to the Illumina 16S Metagenomic Sequencing Library Guide. The amplicons generated were sequenced on an Illumina HiSeq platform in a 2x250 paired-end mode.All sequencing and library preparation procedures were performed by Sangon Biotech（Beijing, China）.

The raw amplicons generated were screened, trimmed, filtered, denoised, and chimera-depleted using QIIME2 version 2018.2（http：//qiime.sourceforge.net）.Short, ambiguous sequences and the PCR-originating chimeras were removed by DADA2 plugins.Sequences were clustered into Operational Taxonomic Units（OTUs）and then assigned to bacterial sequences with at least 99% similarity to representative sequences from the SILVA 132 database（http：//www.arb-silva.de/）.For statistical analysis, all the sequences were rarefied to 1112 reads for the downstream analysis.For each sample, the relative abundance of each bacterium identified was expressed as the percentage of total reads.QIIME2 was applied to profile the taxonomy of microbial composition in each group and to calculate alpha diversity matrices（including ACE, Chao1, Shannon diversity index and Simpson index）（Lozupone and Knight, 2008; Kuczynski et al., 2010）.To evaluate the variation between different groups, beta-diversity distance matrices（including Bray-

Curtis distances, weighted and unweighted UniFrac values) were performed using rarefied data sets, and subsequently principal coordinate analysis (PCoA) was conducted to visualize the dissimilarities in the fecal bacterial communities among different groups of rhesus monkeys.

1.4 Fecal microbiome characterization

All reads from the high-throughput DNA sequencing data were mapped to reference genomes of *Macaca mulatta* (NCBI txid：9544) using Bowtie2 (Langmead and Salzberg, 2012) to remove genetic material of host origin after quality-trimming by Trimmomatic (Bolger et al., 2014) .To profile the bacterial results from microbial composition, CCMetagen (Marcelino et al., 2020) was used for taxonomic annotation against nt database.To screen for viruses, host-filtered reads from the metagenomic sequencing data sets were assembled using MEGAHIT (Li et al., 2015) then compared against the entire nr database in GenBank using Diamond BlastXe value <10^5) (Buchfink et al., 2015) .Any viral reads and contigs identified by Blast were then extracted and reassembled using the assembler implemented in Geneious v.11.This process identified abundant adenovirus sequences that were then reassembled into an entire adenovirus genome.This genome was then translated into amino acid sequences for gene annotation and functional prediction using Conserved domain databases (CDD) .

The assembled sequences were then aligned using the MAFFT version 7 with implemented E-INS-i algorithm (Katoh and Standley, 2013) .Conserved domains within the E1A and 100k protein of adenoviruses were used for subsequent phylogenetic analyses.After removing all ambiguously aligned regions using TrimAl (Capella-Gutierrez et al., 2009), the final lengths of E1A and 100K protein alignments were 832 and 1379 amino acid residues, respectively.Phylogenetic trees of these data were inferred using the maximum likelihood method (ML) implemented in PhyML version 3.0, employing a Subtree Pruning and Regrafting topology searching algorithm.Statistical support for specific groupings in the tree was assessed using the approximate likelihood-ratio test (aLRT) with a Shimodaira-Hasegawa like procedure with 1000 replicate bootstrap.The phylogenetic trees were visualized using the FigTree program (http：//tree.bio.ed.ac.uk/software/figtree) .

1.5 Detection of antimicrobial resistance genes

To determine the presence of putative antimicrobial resistance (AMR) genes in the data, we analyzed the shotgun sequencing data using the KMA program (Clausen et al., 2018) combined with the ResFinder reference database (Zankari et al., 2012) .To reduce false-positive results, genes were only considered in downstream analyses when *p*-values for the conclave score were lower than 0.05, only two genes were excluded due to their *p*-value > 0.05 (Clausen et al., 2018) .We also excluded the blaTEM116 gene which has been previously identified as a common laboratory contaminant (Jacoby and Bush, 2016) .AMR diversity and abundance was visualized in R with the package *ggplot2.*

2 Results

2.1 Overall characterization of 16S and shotgun DNA sequencing results

The 16S rRNA amplicon sequencing generated a total of 2,680 OTUs and 2,572,794 reads.For the reads generated from the high-throughput shotgun DNA sequencing data, the total number of raw reads across all groups was 1,425,675,194. Rarefaction curves showed a similar trend in all three populations.Observed numbers of OTUs (Observed_OTUs), as an indicator of alpha diversity, is a qualitative measure of community richness.By this metric, the population of SR (wild monkeys) harbored the highest numbers of OTUs among all three groups under the same sequencing depth (orange：SR; blue：BR; cyan：ER) (SI Fig.1A) .The Shannon-Wiener curves showed that the samples from all groups were all achieved the plateau (SI Fig.1B) .The rarefaction curves indicate that sequencing depth was sufficient to capture the bacterial diversity in all samples (SI Fig.1) .

2.2 Association between bacterial richness and diversity and animal captivity

Based on the OTU data, we examined the bacterial richness and diversity of captive (BR), semi-captive (ER), and wild (SR) groups using ACE, Chao1, the Shannon index and the Simpson index (Fig.1) .The number of OTUs identified in the samples depicted species richness, as estimated by ACE and Chao1.A non-parametric Kruskal-Wallis test was performed in all groups.Both of the richness indices (ACE and Chao1) revealed no significant difference (p>0.05) between the wild and zoo-captive groups of macaques (Table 2) .However, bacterial diversity was significantly different (p< 0.05) among all groups, as evaluated with the Shannon and Simpson indexes.

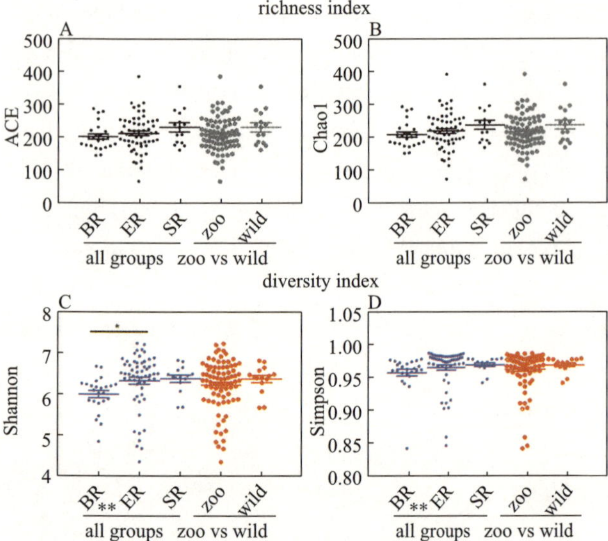

Figure 1 Estimated OTUs richness and diversity index in different groups of monkeys. The index of OTUs richness in different groups were using ACE (A) and Chao 1 (B) metrics.For OTU diversity, Simpson' s index (C) and Shannon' s index were performed, respectively.Using Kruskal-Wallis tests to compare each index in the three groups, no significant statistical results in ACE (p=0.23) and Chao 1 metrics (p=0.23) .In the Simpson and Shannon metrics, statistically significant differences were found between ER and other groups (p< 0.05)

Furthermore, Shannon indexes revealed significant differences between the captive (BR) and semi-captive (ER) groups, whereas no differences between wild (SR) and semi-captive groups (ER) were found by any of the methods.

2.3 Monkeys from different groups have distinct microbiomes

Principal coordinate analysis (PCoA) was performed based on unweighted UniFrac (Fig.2A) and Bray-Curtis distances (Fig.2B) to visualize the dissimilarities in the bacterial communities among different groups of monkeys. The unweighted UniFrac analysis provided a much stronger clustering by population than either the weighted UniFrac or Bray Curtis distances, indicating that the clustering is likely driven by presence or absence of key taxa in different populations, rather than by shifts in the ratios of dominant members of the microbiota. In addition, PCoA plots based on Bray–Curtis distance matrices revealed that the samples from different locations formed distinct clusters, indicating that bacterial community composition conforms with the groups they were in, and hence that there were clear differences among wild, captive, and semi-captive monkeys.Analyses of distances based on relative abundance showed semi-captive groups overlapped more with captive group than with the wild group.We additionally performed Permutational Multivariate Analysis of Variance Using Distance Matrices (PERMANOVA) based on unweighted-uniFrac dissimilarity matrices (SI Fig.2) .Accordingly, the PERMANOVA results, indicated that (p value=0.001, number of permutations is 999) higher pseudo-F value in comparison of SR and ER groups with others (SI Table 1) .

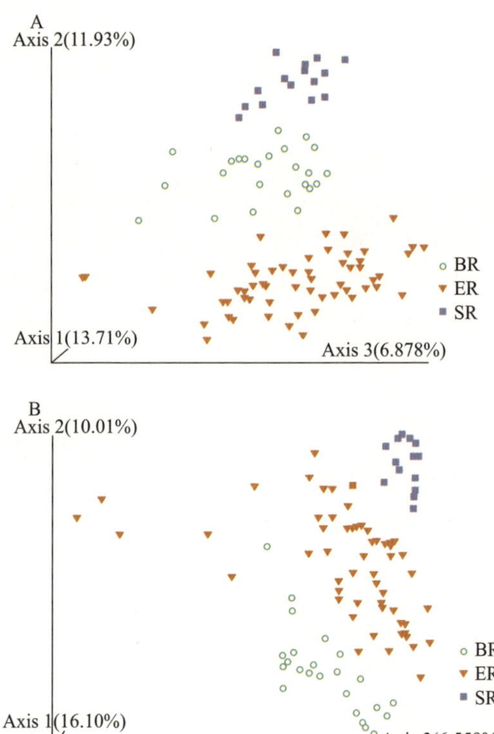

Figure 2 Microbiome clustering of different groups of monkeys. Principal coordinate analysis (PCoA) 3D-plots display bacterial community structure based on unweighted UniFrac distance (A) and Bray-Curtis distance (B) .The numbers of Axis 1, Axis 2 and Axis 3 showed the percent variation explained by the PCoA plots, indicating three distinctive clusters of microbiome groups.

Sample location and size of zoo-captive and wild rhesus monkeys Table 1

Group name	Type	Location	Sample size
BR	Zoo-captive	Beijing	24
ER	Semi-Zoo-captive	Inner Mongolia	57
SR	Free-ranging	Shennongjia Forestry District natural reserves	15

2.4 Comparisons of microbial composition results between 16S and WGS approaches

Based on 16S rRNA sequencing, the clustered operational taxonomic units identified in fecal samples were assigned to 32 bacterial phyla.Both 16S and WGS approaches identified Firmicutes, Bacteroides, Proteobacteria, and Actinobacteria as the most abundant phyla in all samples, although the proportion of Bacteroides and Proteobacteria differed substantially (Fig.3A and C) .At the class level, the two approaches revealed quite different bacterial compositions (Fig.3B and D) .The main differences lie in the Epsilonproteobacteria that only appeared in great abundance in the wild (SR) group from metagenomic sequencing, but not in the corresponding group from 16S sequencing.Furthermore, the proportion of the class Bacilli also varied greatly between the two approaches.In general, the 16S sequencing resulted in relatively consistent results across three groups, whereas WGS sequencing revealed relatively high levels of variation. Further comparisons were performed at the family level using 16S sequencing results for microbial composition between the three groups (i.e.wild, semi-captive and zoo-captive) (Fig.4) .

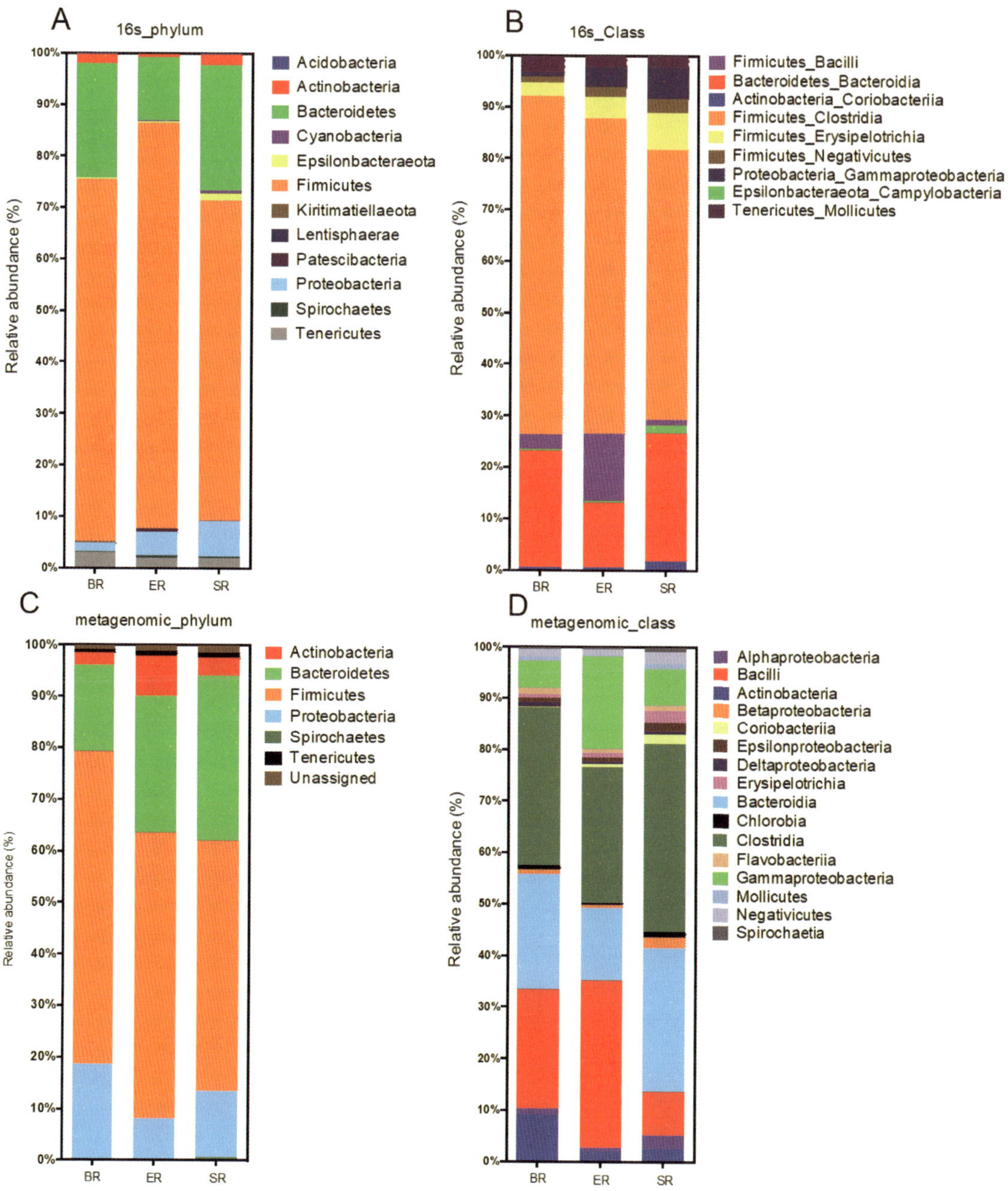

Figure 3 Bacterial read profiling of 16S rRNA sequencing and metagenomic approaches at phylum level (A, C) and class level (B, D) . Stacked columns for the mean of each group of samples enrolled in this study, indicating the relative abundance as a percentage of the total bacterial sequences per group.All data with an abundance of at least 0.1% in at least one subject were included.

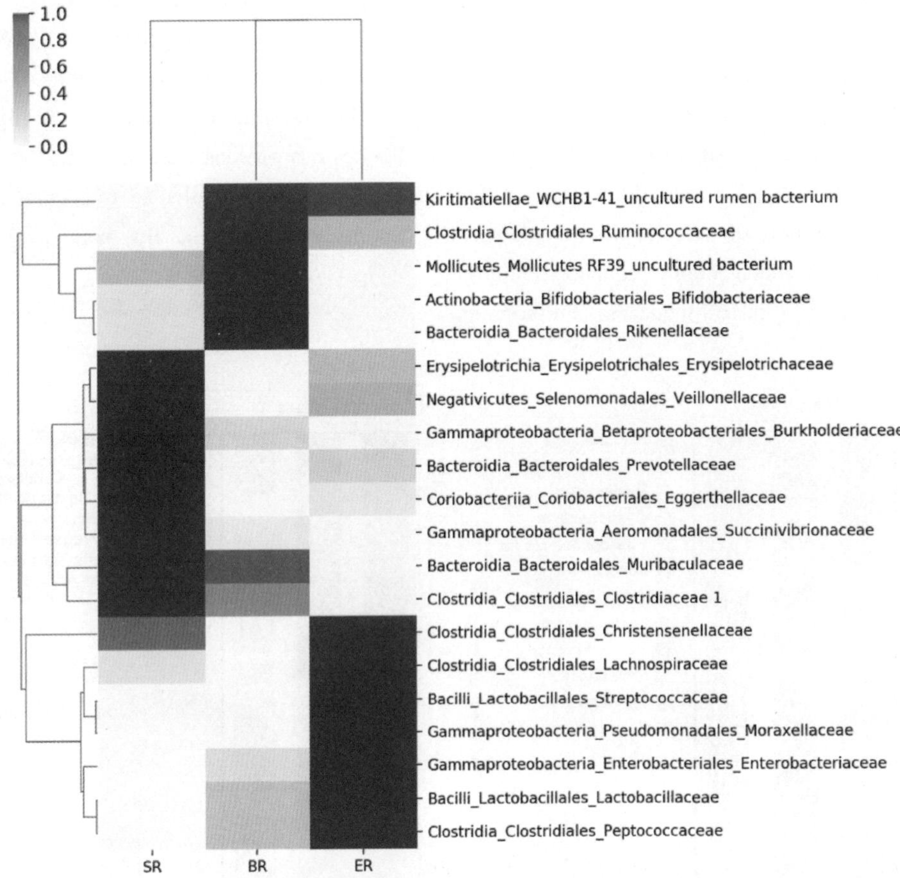

Figure 4 Comparisons of microbial community at family level in different groups of monkeys. A heatmap was used to visualize the microbial composition in three groups of monkeys by 16s rRNA sequencing.

2.5 Detection of a novel simian adenovirus in zoo-captive monkeys

To assess the adenoviral reads and contigs identified from group ER, a near complete genome was derived from reassembled reads sequences that were mapped to a reference adenovirus genome (a double-strand DNA virus) .The total length was 34, 291 nucleotides (with a G/C ratio of 56.9%) . To further characterize the adenovirus, phylogenetic trees were estimated based on the alignment from the conserved region of the E1A and the 100K protein and utilizing reference adenovirus sequences downloaded from NCBI/GenBank.The novel virus shared 70.5% identity (E1A) and 88.7% (100K) with the closest relative (Simian adenovirus 3) that fall within the Simian adenovirus clade (Fig.5) .Based on its level of sequence divergence, the newly discovered virus likely represents a new virus species which we tentatively named as simian adenovirus ER (GenBank accession number：MZ062897) .

2.6 WGS-based characterization of the diversity and abundance of AMR genes

A total of 67 acquired AMR genes were detected in the DNA-seq data sets, representing resistance against nine classes of antibiotics (Fig.6) .Genes providing resistance to aminoglycosides, beta-lactams, MLS (including macrolides, lincosamides, streptogramin) and tetracyclin were found across all locations tested (SI Table 2) .The semi-captive group (ER) showed highest variety and abundance of antibiotic genes, followed by captive group (BR) .The wild group (SR) has the lowest variety and abundance (Fig.6) . Furthermore, genes conferring resistance to sulphonamide, rifampicin, trimethoprim and phenicol were only detected in ER group.In both zoo-captive groups, relative abundances (AMR genes abundance (RPKM) /Total AMR genes abundance (RPKM) of the genes conferring resistance against Tetracycline were the most abundant (68% in ER, 88% in BR), whereas genes conferring resistance against Vancomycin were the most abundant in the SR group (97.5%).

Kruskal-Wallis tests of Alpha diversity in three groups of monkeys

Table 2

K-W test (all groups)	ACE	Chao1	Shannon index	Simpson index
H value	2.97	2.97	14.87	14.31
p-value	0.23	0.23	0.00059	0.00059

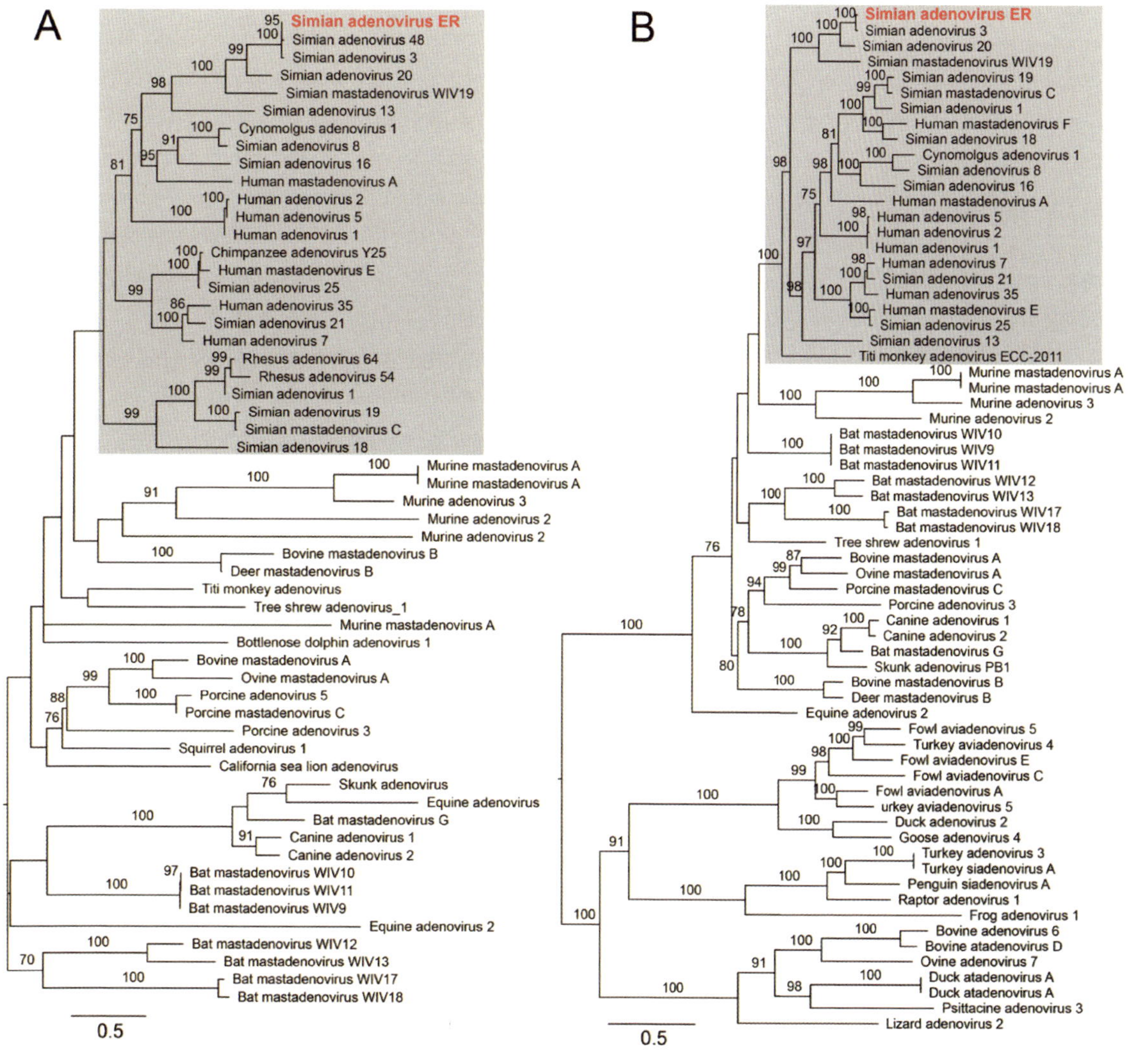

Figure 5 Characterization of the newly identified simian adenovirus ER in zoo-captive monkeys.The phylogenetic analysis was performed based on the amino acid sequence of E1A (A) and 100K protein (B) .The gray shading indicated the primate adenoviruses.Branch lengths are scaled according to the number of amino acid substitutions per site.The trees were mid-point rooted for clarity only.

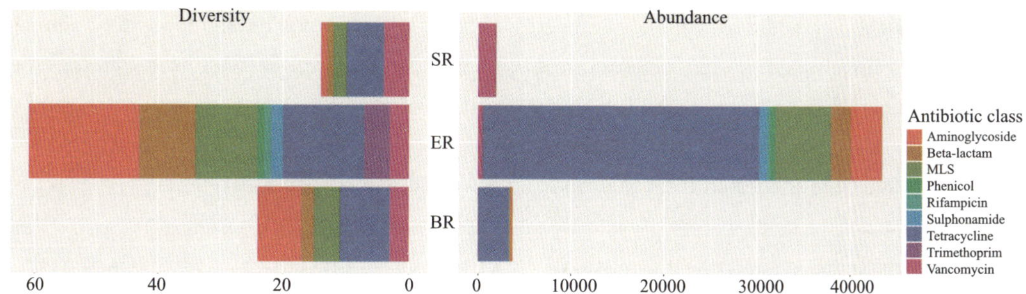

Figure 6 Resistome profiling of wild and zoo-captive monkeys. The diversity measures indicate the number of AMR genes detected against ResFinder database in each class.Abundance was calculated based on the sum RPK of each class of AMR makers per metagenome.

3 Discussion

We present a detailed fecal microbiome analysis of the zoo-captive and wild rhesus monkeys in China by exploiting their fecal microbiome and acquired resistance genes.Since non-human primates are the most relevant animal models for human research, a wide range of microbial composition studies have provided important information on the features that shape host-microbiome interactions (Clayton et al., 2018) .To date, however, only a few studies have investigated the fecal microbiome and resistome of wild and captive primates.

Several previous studies have demonstrated that human activities such as captivity, confinement, diet and anthropogenic activity, may change the diversity and complexity of the primate gut microbiome (Clayton et al., 2016) .Although these studies provide evidence that captivity reduced diversity/richness in gut microbiome comparing with wild primates, our study revealed no such reduction, consistent with other studies (McKenzie et al., 2017) .As for microbial composition, we found similarity at phylum and class level among the three groups, but striking differences at the OTU level.The cause for such differences is still unclear and might be related to miss-assignment.While captivity may be an important contributing factor, we are unable to exclude other factors such as geographic locations, diet and human interactions.

Due to climate change and increasing anthropogenic activities, the habitat of many wildlife species has been threatened.As such, enclosed environments like zoos provide an opportunity for intermingling of human and monkey populations, especially in Asia, Africa, and Latin America (Roy et al., 2012) .Previous studies have detected several zoonotic pathogens were detected in free-ranging or zoo-captive monkeys in China, such as *Escherichia coli* O98 (Qi et al., 2017), *Mycobacterium tuberculosis* (Gong et al., 2017), *Bartonella quintana* infection in captive or wild rhesus macaques (Huang et al., 2011) .In addition, canine distemper virus (Qiu et al., 2011), novel noroviruses, enteroviruses and enteric parasites such as *Enterocytozoon bieneusi*, *Cryptosporidium* spp.and *Giardia duodenalis* (Ye et al., 2012; Yu et al., 2017) have been identified from monkeys, raising public concerns about the risk of disease transmission from zoo animals to humans.In our study, a single vertebrate-associated virus - an adenovirus – was identified in one of the zoo-captive group, ER.This virus was relatively abundant and related to the previously identified Simian adenovirus type 3.Adenoviruses have a broad host spectrum including humans and cross-species transmission have been reported in non-human primates (Chen et al., 2011; Roy et al., 2012; Chiu et al., 2013) .Furthermore, Simian adenoviruses can result in infectious respiratory and diarrheal diseases in humans, but are asymptomatic in rhesus macaques (Roy et al., 2012), indicating that they are of public health concern.

Our analysis revealed a great diversity and abundance of AMR genes in zoo-captive groups.Although AMR genes exist in nature and are transmitted among wildlife animals, habitats that are more closely linked to anthropogenic activities tend to show significantly higher levels of antimicrobial resistance (Allen et al., 2011) .Common sources of AMR genes for zoo-captive groups are through contact with humans (i.e.keepers, caretakersor tourists), diet, or through receiving veterinary medication.Interestingly, the highest level of antimicrobial resistance was observed in semi-captive monkeys (ER) rather than captive animals (BR), despite the fact that the latter are more subject to human interventions.However, since the study is limited in sampling size and locations, this needs to be examined with more data in the future studies.

We identified the AMR genes *Van*G, *Van*T-G, and *Van*XY-G genes in all groups of monkeys.These confer Vancomycin resistance in gram-positive cocci such as *Enterococcus faecalis* (McKessar et al., 2000) .Since the first vancomycin-resistant enterococci (VRE) cases were reported in the 1980s (Uttley et al., 1988), VRE-associated infections and persistent colonization in humans have raised serious public health awareness and caused huge economic impacts (Drees et al., 2008) .The emergence of VREs in food-animal production systems has been largely attributed to the heavily use of avoparcin as a growth promoter (Nilsson, 2012) .Even though the use of growth-promoting antibiotics in farm animals has been banned since 1997, high rates of VRE carriage have been reported globally in economic animals, as well as in companion and laboratory animals (Yamanaka et al., 2019) as well as wildlife (Santestevan et al., 2015), and which might act as reservoir populations (Delpech et al., 2012; Jackson et al., 2015; Kim et al., 2016; Hammerum et al., 2019; Leong et al., 2019; Markwart et al., 2019; Yangzom and Kumar Singh, 2019; Zalipour et al., 2019; Collingwood et al., 2020; Davis et al., 2020; Ekwanzala et al., 2020; Osman et al., 2020) .Accordingly, the continuous long-term monitoring of a broader range of microbiome and resistomes between

captive and free-ranging wildlife for enterococcal species as well as other vancomycin-resistant genes dispersal is clearly required.

In comparison to wild populations, the captive populations studied here had much higher levels of tetracycline associated resistant genes.These genes are frequently found in human isolates of the two types of bacteria that were a substantial part of the normal microbiota of primates (Firmicutes and Bacteroidetes) .It was previously found that *Enterococcus* species showed high resistance in captive black capuchin monkeys in Brazil, characterized by a higher frequency of *msr*C (95%) and *tet* (L) (57%) genes when compared to wild monkeys (Grassotti et al., 2018) .Although we did not find *msr*C in all groups, *tet* (M) and *tet* (L) resistance genes were found at high abundance in the semi-captive group (ER) ; nevertheless, these AMRs genes which have also been found overlapping with existing known human gut resistomes, suggesting potential transmission via human contact with wildlife.However, because our sample size was limited future studies are needed to clarify the essential reservoirs, carriers, and vectors on the transmission chain, and to identify the factors promoting and models assessing AMR gene exchange.

References

[1] Allen, S.E., Boerlin, P., Janecko, N., Lumsden, J.S., Barker, I.K., Pearl, D.L., et al.Antimicrobial resistance in generic Escherichia coli isolates from wild small mammals living in swine farm, residential, landfill, and natural environments in southern Ontario, Canada[J].*Appl Environ Microbiol,*2011, 77 (3) : 882-888.

[2] Amato, K.R., Leigh, S.R., Kent, A., Mackie, R.I., Yeoman, C.J., Stumpf, R.M., et al.The role of gut microbes in satisfying the nutritional demands of adult and juvenile wild, black howler monkeys (Alouatta pigra) [J].*Am J Phys Anthropol*, 2014, 155 (4) : 652-664.

[3] Amato, K.R., Yeoman, C.J., Kent, A., Righini, N., Carbonero, F., Estrada, A., et al.Habitat degradation impacts black howler monkey (Alouatta pigra) gastrointestinal microbiomes[J].*ISME J*, 2013, 7 (7) :1344-1353.

[4] Bolger, A.M., Lohse, M., and Usadel, B.Trimmomatic : a flexible trimmer for Illumina sequence data[J]. *Bioinformatics,2014,* 30 (15) : 2114-2120.

[5] Buchfink, B., Xie, C., and Huson, D.H.Fast and sensitive protein alignment using DIAMOND[J].*Nat Methods,* 2015, 12 (1) : 59-60.

[6] Capella-Gutierrez, S., Silla-Martinez, J.M., and Gabaldon, T. (2009) .trimAl : a tool for automated alignment trimming in large-scale phylogenetic analyses[J].*Bioinformatics,* 2009, 25 (15) : 1972-1973.

[7] Chassaing, B.The intestinal microbiota helps shapping the adaptive immune response against viruses[J].*Med Sci (Paris)*, 2015, 31 (4) :355-357.

[8] Chen, E.C., Yagi, S., Kelly, K.R., Mendoza, S.P., Tarara, R.P., Canfield, D.R., et al. Cross-species transmission of a novel adenovirus associated with a fulminant pneumonia outbreak in a new world monkey colony[J].*PLoS Pathog,* 2011, 7 (7) : e1002155.

[9] Chiu, C.Y., Yagi, S., Lu, X., Yu, G., Chen, E.C., Liu, M., et al.A novel adenovirus species associated with an acute respiratory outbreak in a baboon colony and evidence of coincident human infection[J].MBio, 2013, 4 (2) : e00084.

[10] Clausen, P., Aarestrup, F.M., and Lund, O.Rapid and precise alignment of raw reads against redundant databases with KMA[J].*BMC Bioinformatics*, 2018, 19 (1) :307.

[11] Clayton, J.B., Gomez, A., Amato, K., Knights, D., Travis, D.A., Blekhman, R., et al.The gut microbiome of nonhuman primates : Lessons in ecology and evolution[J]. *Am J Primatol,* 2018, 80 (6) : e22867.

[12] Clayton, J.B., Vangay, P., Huang, H., Ward, T., Hillmann, B.M., Al-Ghalith, G.A., et al. Captivity humanizes the primate microbiome[J].*Proc Natl Acad Sci U S A*, 2016, 113 (37) : 10376-10381.

[13] Collingwood, A., Blostein, F., Seekatz, A.M., Wobus, C.E., Woods, R.J., Foxman, B., et al..Epidemiological and Microbiome Associations Between Klebsiella pneumoniae and Vancomycin-Resistant Enterococcus Colonization in Intensive Care Unit Patients[J].*Open Forum Infect Dis,*2020, 7 (1) :ofaa012.

[14] Davis, E., Hicks, L., Ali, I., Salzman, E., Wang, J., Snitkin, E., et al.Epidemiology of Vancomycin-Resistant Enterococcus faecium and Enterococcus faecalis Colonization in Nursing Facilities[J].*Open Forum Infect Dis,*2020, 7 (1) , ofz553.

[15] Delpech, G., Pourcel, G., Schell, C., De Luca, M., Basualdo, J., Bernstein, J., et al.Antimicrobial resistance profiles of Enterococcus faecalis and Enterococcus faecium isolated from artisanal food of animal origin in Argentina[J]. *Foodborne Pathog Dis,* 2012, 9 (10) :939-944.

[16] Dolejska, M., and Literak, I.Wildlife Is Overlooked in the Epidemiology of Medically Important Antibiotic-Resistant

Bacteria[J].*Antimicrobial Agents and Chemotherapy*, 2019, 63（8）: e01167-01119.

[17] Drees, M., Snydman, D.R., Schmid, C.H., Barefoot, L., Hansjosten, K., Vue, P.M., et al.Prior environmental contamination increases the risk of acquisition of vancomycin-resistant enterococci[J].*Clin Infect Dis,* 2008, 46（5）: 678-685.

[18] Ekwanzala, M.D., Dewar, J.B., Kamika, I., and Momba, M.N.B.Comparative genomics of vancomycin-resistant Enterococcus spp.revealed common resistome determinants from hospital wastewater to aquatic environments[J].*Sci Total Environ,*2020, 719: 137275.

[19] Gong, W., Yang, Y., Luo, Y., Li, N., Bai, X., Liu, Y., et al.An alert of Mycobacterium tuberculosis infection of rhesus macaques in a wild zoo in China[J].*Exp Anim,* 2017, 66（4）: 357-365.

[20] Grassotti, T.T., de Angelis Zvoboda, D., da Fontoura Xavier Costa, L., de Araujo, A.J.G., Pereira, R.I., Soares, R.O., et al.Antimicrobial Resistance Profiles in Enterococcus spp.Isolates From Fecal Samples of Wild and Captive Black Capuchin Monkeys（Sapajus nigritus）in South Brazil[J]. *Front Microbiol,* 2018, 9: 2366.

[21] Hale, V.L., Tan, C.L., Niu, K., Yang, Y., Knight, R., Zhang, Q., et al.Diet Versus Phylogeny：a Comparison of Gut Microbiota in Captive Colobine Monkey Species[J]. *Microb Ecol*, 2018, 75（2）: 515-527.

[22] Hammerum, A.M., Justesen, U.S., Pinholt, M., Roer, L., Kaya, H., Worning, P., et al.Surveillance of vancomycin-resistant enterococci reveals shift in dominating clones and national spread of a vancomycin-variable vanA Enterococcus faecium ST1421-CT1134 clone, Denmark, 2015 to March 2019[J].*Euro Surveill,* 2019, 24（34）.

[23] Huang, R., Liu, Q., Li, G., Li, D., Song, X., Birtles, R.J., et al.Bartonella quintana infections in captive monkeys, China[J].*Emerg Infect Dis,*2011, 17（9）: 1707-1709.

[24] Jackson, C.R., Kariyawasam, S., Borst, L.B., Frye, J.G., Barrett, J.B., Hiott, L.M., et al.Antimicrobial resistance, virulence determinants and genetic profiles of clinical and nonclinical Enterococcus cecorum from poultry[J].*Lett Appl Microbiol* 2015, 60（2）: 111-119.

[25] Jacoby, G.A., and Bush, K.he Curious Case of TEM-116[J].*Antimicrob Agents Chemother,* 2016, 60（11）: 7000.

[26] Katoh, K., and Standley, D.M.MAFFT multiple sequence alignment software version 7：improvements in performance and usability[J].*Mol Biol Evol,* 2013, 30（4）, 772-780.

[27] Kim, D.H., Chung, Y.S., Park, Y.K., Yang, S.J., Lim, S.K., Park, Y.H., et al.Antimicrobial resistance and virulence profiles of Enterococcus spp.isolated from horses in korea[J].*Comp Immunol Microbiol Infect Dis,* 2016, 48,:6-13.

[28] Kuczynski, J., Lauber, C.L., Walters, W.A., Parfrey, L.W., Clemente, J.C., Gevers, D., et al..Experimental and analytical tools for studying the human microbiome[J].*Nat Rev Genet,* 2011, 13（1）: 47-58.

[29] Kuczynski, J., Liu, Z., Lozupone, C., McDonald, D., Fierer, N., and Knight, R.Microbial community resemblance methods differ in their ability to detect biologically relevant patterns[J].*Nat Methods,* 2010, 7（10）: 813-819.

[30] Langmead, B., and Salzberg, S.L.Fast gapped-read alignment with Bowtie 2[J].*Nat Methods,* 2012, 9（4）,:357-359.

[31] Leong, K.W.C., Kalukottege, R., Cooley, L.A., Anderson, T.L., Wells, A., Langford, E., et al.State-Wide Genomic and Epidemiological Analyses of Vancomycin-Resistant Enterococcus faecium in Tasmania' s Public Hospitals[J].*Front Microbiol,* 2019, 10：2940.

[32] Li, D., Liu, C.M., Luo, R., Sadakane, K., and Lam, T.W.MEGAHIT：an ultra-fast single-node solution for large and complex metagenomics assembly via succinct de Bruijn graph[J].*Bioinformatics,* 2015, 31（10）: 1674-1676.

[33] Lozupone, C.A., and Knight, R.Species divergence and the measurement of microbial diversity[J].*FEMS Microbiol Rev,* 2008, 32（4）: 557-578.

[34] Marcelino, V.R., Clausen, P., Buchmann, J.P., Wille, M., Iredell, J.R., Meyer, W., et al. CCMetagen：comprehensive and accurate identification of eukaryotes and prokaryotes in metagenomic data[J].*Genome Biol,* 2020, 21（1）: 103.

[35] Markwart, R., Willrich, N., Haller, S., Noll, I., Koppe, U., Werner, G., et al.The rise in vancomycin-resistant Enterococcus faecium in Germany：data from the German Antimicrobial Resistance Surveillance（ARS）[J]. *Antimicrob Resist Infect Control,* 2019, 8：147.

[36] McKenzie, V.J., Song, S.J., Delsuc, F., Prest, T.L., Oliverio, A.M., Korpita, T.M., et al.The Effects of Captivity on the Mammalian Gut Microbiome[J].*Integr Comp Biol* 57（4）,2017, 690-704.

[37] McKessar, S.J., Berry, A.M., Bell, J.M., Turnidge, J.D., and Paton, J.C.Genetic characterization of vanG, a novel vancomycin resistance locus of Enterococcus faecalis[J]. *Antimicrob Agents Chemother,* 2000, 44 (11): 3224-3228.

[38] Nakamura, N., Amato, K.R., Garber, P., Estrada, A., Mackie, R.I., and Gaskins, H.R. Analysis of the hydrogenotrophic microbiota of wild and captive black howler monkeys (Alouatta pigra) in palenque national park, Mexico[J].*Am J Primatol*, 2011, 73 (9) : 909-919.

[39] Nilsson, O. Vancomycin resistant enterococci in farm animals - occurrence and importance[J].*Infect Ecol Epidemiol* 2, 2012.

[40] Osman, K., Zolnikov, T.R., Badr, J., Naim, H., Hanafy, M., Saad, A., et al.Vancomycin and florfenicol resistant Enterococcus faecalis and Enterococcus faecium isolated from human urine in an Egyptian urban-rural community[J]. *Acta Trop, 2020,* 201: 105209.

[41] Pfeiffer, J.K., and Sonnenburg, J.L.The intestinal microbiota and viral susceptibility[J].*Front Microbiol,* 2011, 2 : 92.

[42] Qi, M., Wang, Q., Tong, S., Zhao, G., Hu, C., Chen, Y., et al.Identification of Atypical Enteropathogenic Escherichia coli O98 from Golden Snub-Nosed Monkeys with Diarrhea in China[J].*Front Vet Sci,*2017, 4 : 217.

[43] Qiu, W., Zheng, Y., Zhang, S., Fan, Q., Liu, H., Zhang, F., et al.Canine distemper outbreak in rhesus monkeys, China[J].*Emerg Infect Dis* 17 (8) ,2011 : 1541-1543.

[44] Ranjan, R., Rani, A., Metwally, A., McGee, H.S., and Perkins, D.L.Analysis of the microbiome : Advantages of whole genome shotgun versus 16S amplicon sequencing[J]. *Biochem Biophys Res Commun,* 2016, 469 (4) : 967-977.

[45] Roy, S., Sandhu, A., Medina, A., Clawson, D.S., and Wilson, J.M.Adenoviruses in fecal samples from asymptomatic rhesus macaques, United States[J].*Emerg Infect Dis,*2012, 18 (7) : 1081-1088.

[46] Santestevan, N.A., de Angelis Zvoboda, D., Prichula, J., Pereira, R.I., Wachholz, G.R., Cardoso, L.A., et al.Antimicrobial resistance and virulence factor gene profiles of Enterococcus spp.isolates from wild Arctocephalus australis (South American fur seal) and Arctocephalus tropicalis (Subantarctic fur seal) [J].*World J Microbiol Biotechnol,* 2015, 31 (12) : 1935-1946.

[47] Uenishi, G., Fujita, S., Ohashi, G., Kato, A., Yamauchi, S., Matsuzawa, T., et al.Molecular analyses of the intestinal microbiota of chimpanzees in the wild and in captivity[J].*Am J Primatol*, 2007, 69 (4) : 367-376.

[48] Uttley, A.H., Collins, C.H., Naidoo, J., and George, R.C.Vancomycin-resistant enterococci[J].*Lancet* 1, 1988 (8575-6) : 57-58.

[49] Yamanaka, H., Kadomatsu, R., Takagi, T., Ohsawa, M., Yamamoto, N., Kubo, N., et al. Antimicrobial resistance profiles of vancomycin-resistant Enterococcus species isolated from laboratory mice[J].*J Vet Sci*, 2019, 20 (2) : e13.

[50] Yangzom, T., and Kumar Singh, T.S.Study of vancomycin and high-level aminoglycoside-resistant Enterococcus species and evaluation of a rapid spot test for enterococci from Central Referral Hospital, Sikkim, India[J].*J Lab Physicians,* 2019, 11 (3) :192-199.

[51] Ye, J., Xiao, L., Ma, J., Guo, M., Liu, L., and Feng, Y.Anthroponotic enteric parasites in monkeys in public park, China[J].*Emerg Infect Dis,*2012, 18 (10) :1640-1643.

[52] Yildirim, S., Yeoman, C.J., Sipos, M., Torralba, M., Wilson, B.A., Goldberg, T.L., et al.Characterization of the fecal microbiome from non-human wild primates reveals species specific microbial communities[J].*PLoS One,*2010, 5 (11) : e13963.

[53] Yu, F., Wu, Y., Li, T., Cao, J., Wang, J., Hu, S., et al.High prevalence of Enterocytozoon bieneusi zoonotic genotype D in captive golden snub-nosed monkey (Rhinopithecus roxellanae) in zoos in China[J].*BMC Vet Res*, 2017, 13 (1) : 158.

[54] Zalipour, M., Esfahani, B.N., Halaji, M., Azimian, A., and Havaei, S.A.Molecular Characterization Of Vancomycin-Resistant Enterococcus faecalis Among Inpatients At Iranian University Hospitals : Clonal Dissemination Of ST6 And ST422[J].*Infect Drug Resist,* 2019, 12:3039-3047.

[55] Zankari, E., Hasman, H., Cosentino, S., Vestergaard, M., Rasmussen, S., Lund, O., et al. Identification of acquired antimicrobial resistance genes[J].*J Antimicrob Chemother,* 2012, 67 (11) :2640-2644.

部分忍冬属植物花粉形态的数量分类研究①

北京市植物园管理处，北京市花卉园艺工程技术研究中心，城乡生态环境北京实验室 / 陈　燕　曹　颖　刘恒星　付怀军　刘东焕

摘　要：为了解忍冬属物种的亲缘关系、为分类和杂交育种工作提供依据。选取不同引种地不同种类的12个忍冬属植物进行扫描电镜花粉形态观测，选取10个形态指标进行测量，并根据观测结果对研究材料分别进行主成分和聚类分析。结果表明：忍冬属植物花粉均为球形或近球形，中等或大花粉，3或4环状萌发孔沟，外壁纹饰为相对较为粗糙的刺突或微疣。聚类分析表明在欧式距离为10处，可将所有样本花粉分成5类：蕊被忍冬及刚毛忍冬，与空枝组的关系较近，聚为第1类；金银花与其变种红白忍冬关系最近，聚为第2类；贯月忍冬、盘叶忍冬及唐古特忍冬均与其他忍冬关系较远，各成一类。轮花亚属更显示其原始性。通过花粉形态判断，该属物种间亲缘关系与现行忍冬属植物分类系统大致吻合，对杂交育种成败有指导作用。

关键词：忍冬属；花粉形态；扫描电镜；聚类分析；亲缘关系

忍冬属（*Lonicera*）植物隶属川续断目忍冬科，全球约143种，分布于北美洲、欧洲、亚洲和非洲北部的温带和亚热带地区。我国有67种，以西南部地区种类最多。本属以富含观赏植物和传统中药材而著称，具有重要的生态、观赏和经济价值。

花粉是植物的雄性生殖器官，其形态主要受基因型调控，是研究植物分类和亲缘关系的重要依据之一。对该属植物花粉形态的研究多以药用金银花或某一地区的植物为主，而对该属不同地区不同种群之间的花粉形态比较尚未见报道，另外该属植物的分类体系也尚未完全达成一致。

本文运用扫描电镜对该属12种（含品种）植物的花粉形态特征进行观察比较和统计学分析，探讨物种之间的亲缘关系，为分类和杂交育种工作提供参考依据。

1　材料与方法

1.1　材料

试验样本为2017～2020年在各地引种收集的12种忍冬属植物（表1）。它们栽种在北京植物园苗圃内，受到正常养护管理。

实验材料及引种地　　表1

编号	分组	名称	引种地	经度（°）	纬度（°）	海拔（m）
1	空枝组 Sect. *Coeloxylosteum*	阿诺德红新疆忍冬 *L.tatarica*‘Arnold Red’	欧洲	—	—	—
2		黄果新疆忍冬 *L.tatarica*‘Lutea’	北京植物园	116.45	40	61.60
3		新疆忍冬 *L.tatarica*	新疆乌鲁木齐	87.50	43.60	695
4		金银木 *L.maackii*	河北兴隆	117.80	40.48	571
5		长白忍冬 *L.ruprechtiana*	吉林临江	126.61	42.09	490.23

① 基金项目：忍冬属优良品种选育研究（ZX2019008）。

续表

编号	分组	名称	引种地	经度（°）	纬度（°）	海拔（m）
6	大苞组 Sect. *Bracteatae*	刚毛忍冬 *L.hispida*	甘肃漳县	104.09	34.94	2878
7	蕊被组 Sect. *Gynochlamydeae*	蕊被忍冬 *L.gynochlamydea*	甘肃天水	106.15	34.34	1570
8	囊管组 Sect. *Isika*	唐古特忍冬 *L.tangutica*	四川甘孜	99.64	27.91	3371
9	忍冬组 Sect. *Nintooa*	红白忍冬 *L.japonica* var. *chinensis*	安徽岳西	116.15	31.09	800
10		金银花 *L.japonica*	河北邢台	113.89	37.08	1005
11	红黄花组 Sect. *Phenianthi*	贯月忍冬 *L.sempervirens*	北美	—	—	—
12	欧忍冬组 Sect. *Lonicera*	盘叶忍冬 *L.tragophylla*	陕西柞水	108.94	33.48	1500

1.2 方法

2021 年在各种植物初花时期取尚未开放的花蕾，剥离花药后将其放在干燥通风的室内自然风干。散粉后将少许干燥的花粉均匀涂在粘有双面胶带的金属样品台上，用常规真空喷镀法喷金处理后，将样品置于 Hitachi S-4800 型扫描电镜下观察。选取外形完整饱满和大小有代表性的花粉粒，在清晰视野下观察花粉的形状、大小、萌发孔、表面纹理等特征并摄像。

每种材料各随机选取摄像清晰的 10 粒花粉图片，用 Image J 软件分别测定花粉的极轴长（*P*）、赤道轴长（*E*）、边缘直立的刺突长度（*L*）、正面刺突基部直径（*Dia*）、刺突密度（*D*）、萌发孔长度和宽度等定量数据、记录表面纹饰和花粉类型等定性指标。其中用花粉粒表面中部每（15×15）μm^2 所分布的刺突数衡量花粉表面刺突的密度（*D*），定性指标则采用分解法进行编码（表 2）。描述术语参照《孢粉学术语》和《孢粉学手册》。利用 SPSS 19 软件对数据进行方差分析后，对测定指标进行主成分分析，然后对各主成分采用类平均法和欧氏距离进行系统聚类分析，画出聚类分析图。

性状及编码 **表 2**

编号	形态指标	编码类型	编码分解
1	极轴长（*P*）	定量指标	
2	赤道轴长(*E*)	定量指标	
3	*P/E*	定量指标	
4	刺突长度 *L*	定量指标	
5	刺突基部直径（*Dia*）	定量指标	
6	刺突密度（*D*）	定量指标	花粉粒表面中部每（15×15）μm^2 所分布的刺突数
7	萌发孔长度	定量指标	
8	萌发孔宽度	定量指标	
9	花粉类型	定性指标	1：$N_3P_4C_3$；2：$N_3P_4C_5$；3：$N_4P_4C_3$
10	表面纹饰	定性指标	1：刺突状＋具条纹覆盖层；2：刺突状＋具穿孔覆盖层；3：微疣

2 结果与分析

2.1 花粉大小与形状

从图 1 及表 3 可以看出，供试样本赤道面观均为球形或近球形（1.03 < *P/E* < 1.15），极面观为三裂或四裂圆形。除了红白忍冬、贯月忍冬等 4 种藤本类忍冬为大花粉（50 ~ 100μm），其余均为中等花粉（25 ~ 50μm）。其中盘叶忍冬花粉粒最大，唐古特忍冬最小。

2.2 花粉萌发孔特点

所有样本均为环状萌发孔沟类型，且沟普遍较短。除了刚毛忍冬孔沟明显有较深的孔洞外，其余样本从表面看内孔不显著。属内各种植物花粉的萌发孔数量、位置及特征各有不同，花粉类型也呈现多样化，其中刚毛忍冬为 $N_3P_4C_5$ 型、盘叶忍冬为 $N_4P_4C_3$ 型，其余为 $N_3P_4C_3$ 型花粉。

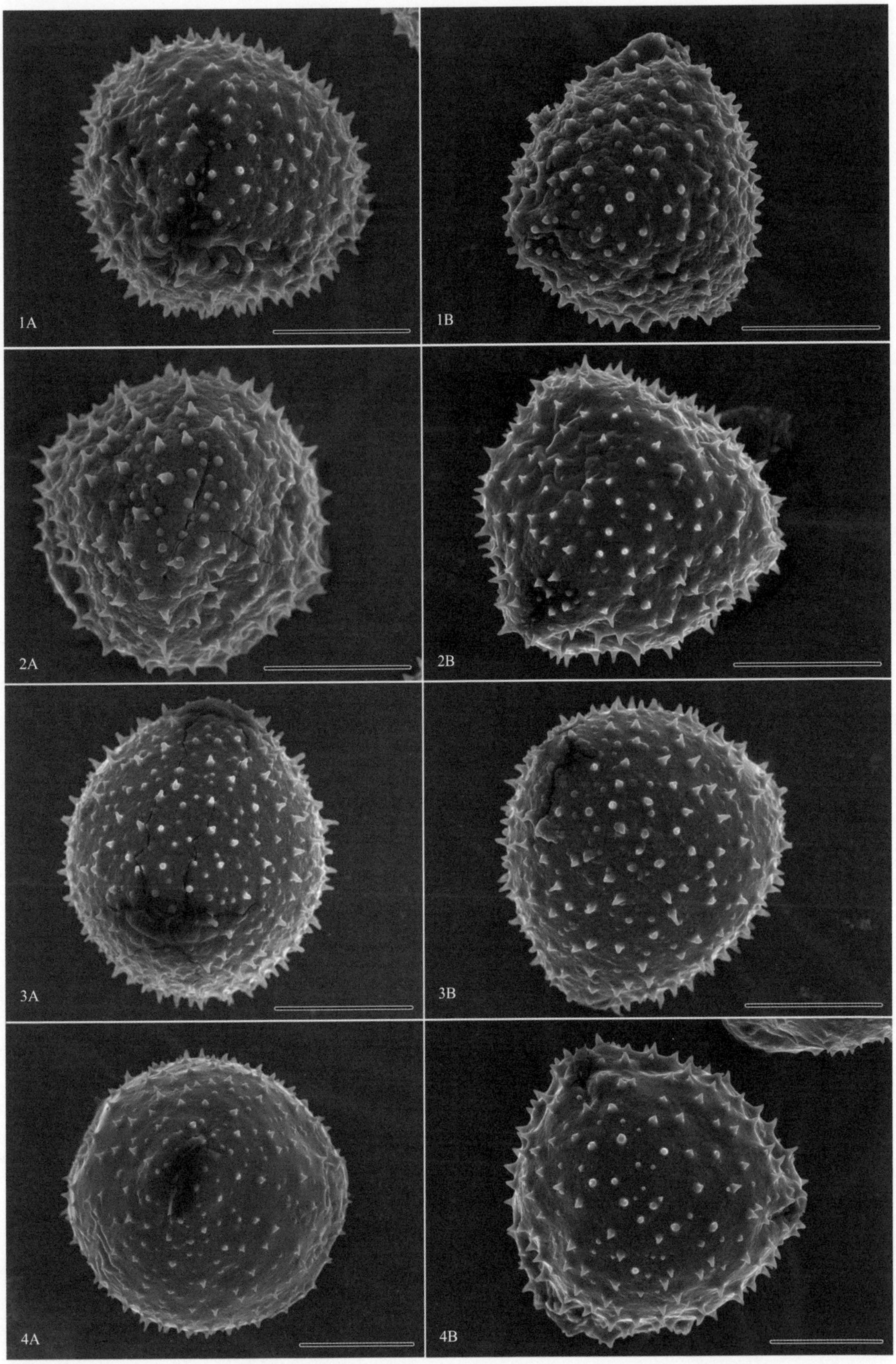

图 1　忍冬属 12 个样本的花粉形态电镜扫描图（一）
（注：1.A：赤道面观，B：极面观；2.1-12 编号同表 1，*Bar*=20 μ m）

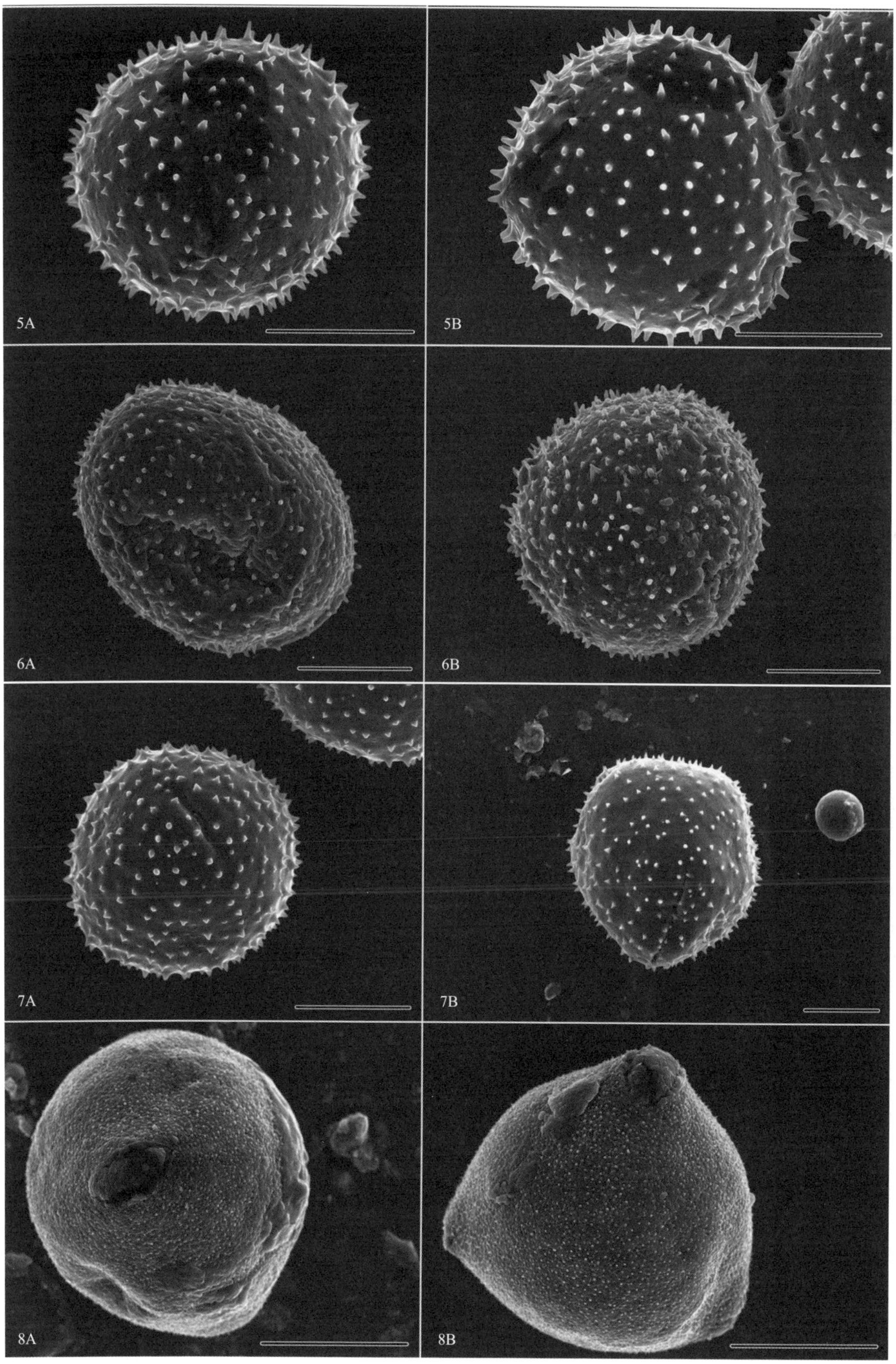

5A 5B

6A 6B

7A 7B

8A 8B

图 1　忍冬属 12 个样本的花粉形态电镜扫描图（二）
（注：1.A：赤道面观，B：极面观；2.1-12 编号同表 1，*Bar*=20 μ m）

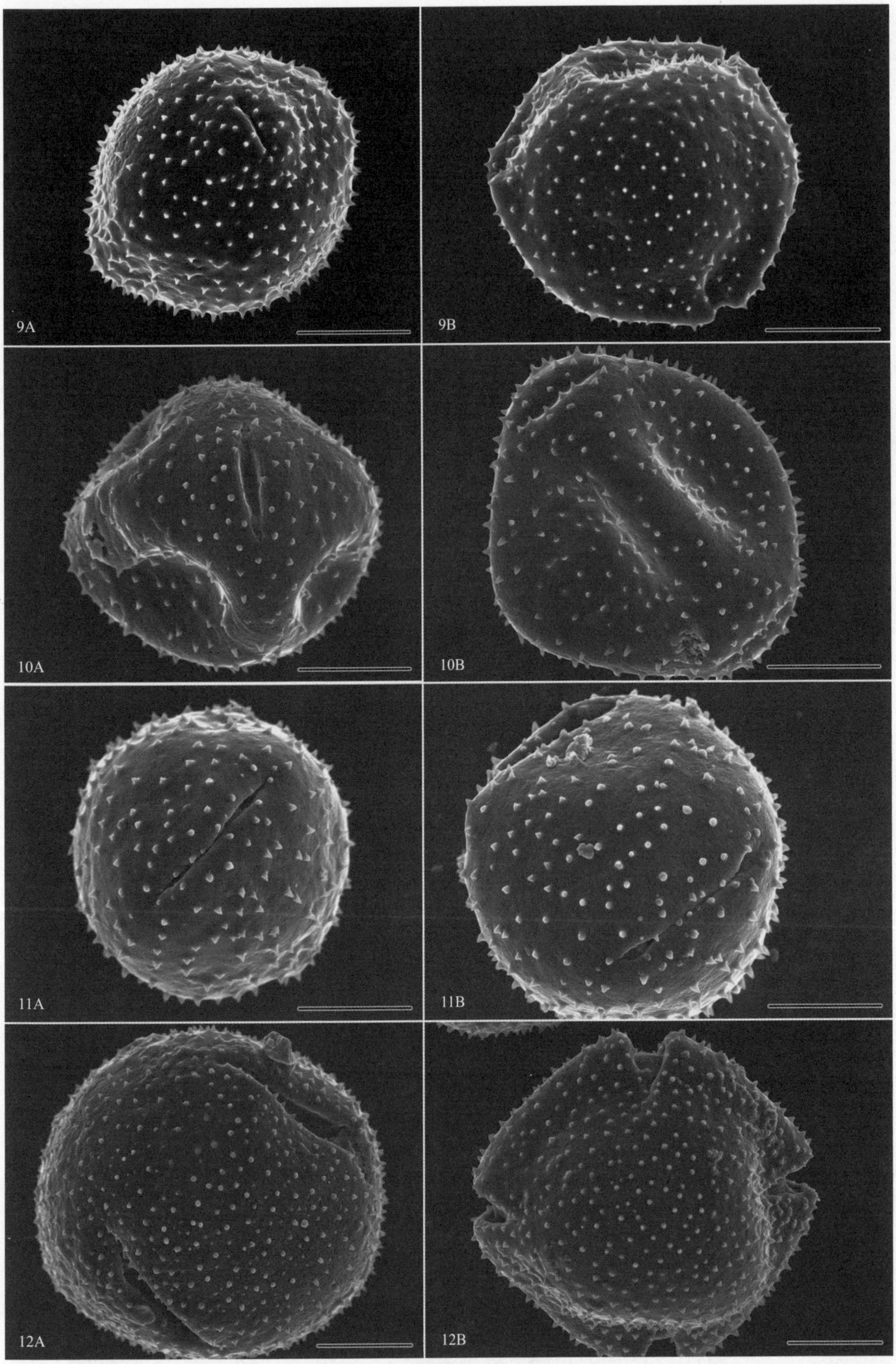

9A 9B

10A 10B

11A 11B

12A 12B

图 1　忍冬属 12 个样本的花粉形态电镜扫描图（三）
（注：1.A：赤道面观，B：极面观；2.1-12 编号同表 1，*Bar*=20 μm）

2.3 花粉表面纹饰

本属花粉外壁纹饰粗糙，除唐古特忍冬花粉外壁为密度较大的微疣外，其余各种均为刺状。其中空枝组和刚毛忍冬外壁纹饰为刺突状及具有微小的、不规则条纹的覆盖层表面，4 种藤本忍冬为刺突状与具有微小的、浅薄的穿孔状覆盖层组合。

忍冬属植物花粉形态特征　　表 3

编号	花粉形状			刺突			萌发孔沟		表面纹饰
	P×E（μm²）	*P/E*	花粉类型	*L*（μm）	*Dia*（μm）	*D*	长度（μm）	宽度（μm）	
1	44.11c×39.62d	1.11	$N_3P_4C_3$	1.59a	1.15cd	24.23b	4.71c	0.90b	刺突状 + 具条纹状覆盖层
2	40.81c×38.55d	1.06	$N_3P_4C_3$	1.17bcde	1.33abc	26.37b	17.13b	1.08b	刺突状 + 具条纹状覆盖层
3	44.00c×40.01d	1.10	$N_3P_4C_3$	1.49ab	1.47ab	25.88b	12.32bc	1.21b	刺突状 + 具条纹状覆盖层
4	53.01b×48.22c	1.10	$N_3P_4C_3$	1.44abc	1.51ab	17.08b	9.60bc	1.23b	刺突状 + 具条纹状覆盖层
5	40.88c×38.34d	1.07	$N_3P_4C_3$	1.36abcd	1.13cd	18.77b	8.75bc	1.01b	刺突状 + 具条纹状覆盖层
6	47.16c×42.79d	1.10	$N_3P_4C_5$	1.18bcde	0.82e	24.53b	11.35bc	1.64b	刺突状 + 具条纹状覆盖层
7	46.22c×42.24d	1.09	$N_3P_4C_3$	1.08cde	1.25bcd	17.03b	17.44b	1.66b	刺突状 + 具穿孔覆盖层
8	41.51c×38.36d	1.09	$N_3P_4C_3$	0.32f	0.32f	324.88a	5.92c	4.05a	微疣
9	56.62b×49.94c	1.13	$N_3P_4C_3$	0.89e	1.02de	16.65b	15.15bc	2.76ab	刺突状 + 具穿孔覆盖层
10	59.21b×51.18bc	1.15	$N_3P_4C_3$	1.29abcd	1.12cd	22.70b	17.80b	2.71ab	刺突状 + 具穿孔覆盖层
11	56.67b×55.01b	1.03	$N_3P_4C_3$	1.44abc	1.55a	11.30b	30.65a	1.20b	刺突状 + 具穿孔覆盖层
12	71.86a×64.20a	1.12	$N_4P_4C_3$	1.01de	1.11cd	18.81b	31.41a	3.58a	刺突状 + 具穿孔覆盖层

注：同列不同小写字母数值间表示达到 0.05 显著水平。

2.4 数据分析

2.4.1 主成分分析

主成分分析是一种降维或将多个指标转化为少数几个综合指标的一种多元统计分析方法，通过软件分析得到特征值和特征向量如表 4 所示，从中可以看出，第 1 主成分的贡献率为 41.34%，第 2 主成分的贡献率为 35.17%，第 3 主成分的贡献率为 12.32%，第 4 主成分的贡献率为 7.12%，前 4 个成分的累计贡献率已经达到 95.95%，可见前 4 个成分足以反应原始数据信息。将它们作为数据有效成分，进一步计算得到 12 个样本各自的成分得分，如表 5 所示。

4 个主成分初始特征值和贡献值　　表 4

主成分	特征值	贡献率（%）	累积贡献率（%）
1	4.134085381	41.34085381	41.34085381
2	3.516985212	35.16985212	76.51070593
3	1.231538684	12.31538684	88.82609277
4	0.712149727	7.121497269	95.94759004

4 个主成分得分　　表 5

编号	样本	主成分			
		1	2	3	4
1	阿诺德红新疆忍冬	−1.824878086	−0.905068787	1.169273962	0.037806256
2	黄果新疆忍冬	−1.653617856	−0.70931843	−0.915940888	−0.568806935
3	新疆忍冬	−1.850313981	−0.301183248	0.367204227	0.167334877
4	金银木	−1.474305976	0.514505754	0.50476848	0.455447239

续表

编号	样本	主成分			
		1	2	3	4
5	长白忍冬	−1.784416509	−1.157061271	−0.074086718	−0.551709731
6	刚毛忍冬	−0.120185114	−0.308909742	0.97035179	−1.582866923
7	蕊被忍冬	−0.199583333	−0.297094957	−0.588509998	0.420079825
8	唐古特忍冬	4.151947363	−3.972505768	−0.800926696	−0.040388558
9	红白忍冬	1.409709782	0.312566699	0.644596618	0.968658725
10	金银花	1.057999055	1.001649965	1.104797654	1.419768372
11	贯月忍冬	−0.807157615	2.001668365	−2.698128187	0.368172173
12	盘叶忍冬	3.094802271	3.820751419	0.316599758	−1.09349532

2.4.2　聚类分析

采用表 5 中主成分得分代替原始指标对样本进行聚类分析，结果见图 2。从图 2 看出，在欧氏距离 10 处将样本分为 5 组，第一组为空枝组、蕊被忍冬和刚毛忍冬等 7 个样本，共有特征是花粉普遍较小，表面纹饰为刺突状，且其覆盖层具有微小的不规则条纹；第二组为忍冬组的红白忍冬和金银花，特征是大花粉，萌发沟短，表面纹饰为刺突状和具有微小的、浅薄的穿孔状覆盖层组合；第三组为花粉较大、萌发沟较长的贯月忍冬；第四组为具有 4 萌发孔沟的盘叶忍冬；第五组为体量最小、表面纹饰为密度大的微疣状唐古特忍冬。在欧氏距离 5 处可将第一组进一步划分为空枝组、蕊被组的蕊被忍冬和大苞组的刚毛忍冬。在欧氏距离 1 处，可以看到空枝组的新疆忍冬和金银木关系最近，黄果新疆忍冬和长白忍冬关系最近，红白忍冬和金银花关系最近。这大致与现行忍冬属植物分类系统的分类结果吻合，但也存在个别差异，如：隶属忍冬亚属（Subgen. *Chamaecerasus*）囊管组的唐古特忍冬与该亚属其他各组的距离最远，超过了轮花亚属（Subgen.*Lonicera*）的贯月忍冬和盘叶忍冬，这主要是其表面纹饰差异过大造成的。

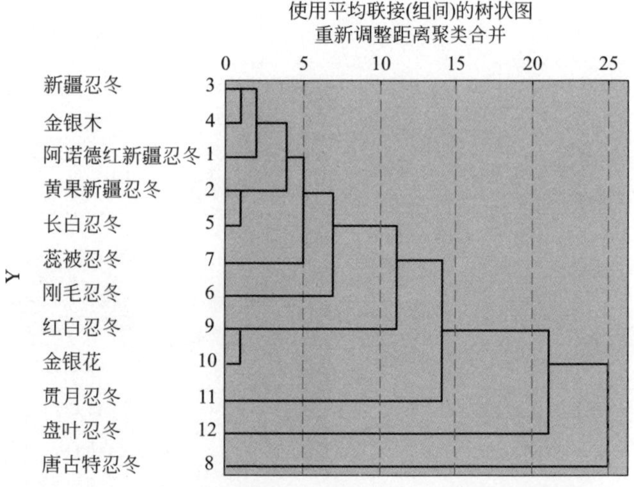

图 2　基于 10 个花粉形态性状的忍冬属 12 个样本的聚类分析

3　结论与讨论

3.1　花粉形态确定分类关系与演化趋势推导

花粉形态很少受到环境因素的影响，在进化过程中具有保守性，可用于物种亲缘关系和分类研究[14]。忍冬属植物花粉均为球形或近球形，中等或大花粉，有 3 或 4 环状萌发孔沟，外壁纹饰为相对较为粗糙的刺突或微疣状。花粉形态的聚类分析表明：蕊被忍冬及刚毛忍冬与空枝组的关系较近，可以在欧式距离为 10 处聚为一类；金银花与其变种红白忍冬关系最近，可聚为一类；贯月忍冬、盘叶忍冬及唐古特忍冬，均与其他忍冬关系较远，各成一类。聚类结果总体上支持现行形态学和分子分类结果，但也出现了一些不一致的情况，如：隶属忍冬亚属的唐古特忍冬与本亚属其他物种花粉形态差异过大，遗传距离最远，因此不能完全依据花粉形态确定植物的分类地位。

目前的研究普遍认为花粉是按照从大向小、从外表光滑到粗糙的顺序进行演化，即相对原始的被子植物花粉体积相对较大、外壁相对光滑[17]。本次供试样本中盘叶忍冬花粉个体最大、外壁刺突相对平滑柔和；而隶属中等大小花粉的空枝组外壁粗糙，为刺突状与覆盖层具条纹状凸起的结合，空枝组内物种比盘叶忍冬进化程度更高，这与汤彦承等所述的“轮花亚属保留较多的原始性状，显示其古老性”相符合[9]。

3.2　花粉形态与花形态比较

花粉大的植物，其花朵也相对较大，如 4 种藤本类忍冬均为大花粉，其花朵也相对较大，而唐古特忍冬的花朵和花粉体量都是最小的，花朵大小、花粉数量与花粉大小的关系需做进一步研究。另外，从花粉形态聚类分析可以看出，遗传距离较近的物种花期也较接近，如空枝组、蕊被忍冬与刚毛忍冬均为 4 月左右开花，而与其关系较远的种类开花时间也相继不同，植物物候期和亲缘关系是否存

在相关性、花期不同是否存在生殖隔离等也需要进一步地探讨。

3.3 花粉形态分类结果对杂交育种的指导

将上述亲缘关系分析运用于杂交育种实践中，发现除了空枝组内部、忍冬组内部杂交可以结实，空枝组与大苞组的刚毛忍冬杂交同样也可以获得杂种，但需要注意正反交，如红白忍冬为母本、金银花为父本的组合可以结实，反之则不能结实，这和父母本大小孢子发育情况相关，还需做进一步研究。

参考文献

[1] 林秦文，李晓东 . 中国迁地栽培植物志忍冬科 [M]. 北京 ：科学出版社，2021 ：336-488.

[2] 程璧瑄，于超，周利君，等 . 蔷薇属月季组植物的花粉形态学研究 [J]. 云南农业大学学报（自然科学）,2021,36（2）：314-323.

[3] 顾欣，张延龙，牛立新 . 中国西部四省 15 种野生百合花粉形态研究 [J]. 园艺学报，2013，40（7）：1389-1398.

[4] LIJJ，JIAGL，LI JF，etal.Comparison of the pollen morphological characteristics of different *Lonicera japonica* germplasms[J]. Medicinal Plant，2013，4（3）：1-4，7.

[5] 李群，吴和珍，田代志，等 . 花粉形态数量化分析在忍冬属花类药材的鉴别及分类中的应用 [J]. 中国现代中药，2016，18（7）：857-865.

[6] MACIEJEWSKA I.Pollen morphology of the Polish species of the family Caprifoliaceae.Part 2[J]. Acta Societatis Botanicorum Polonniae，1997，66（2）：143-151.

[7] 曲波，翟强，许玉凤，等 . 4 种忍冬属（*Lonicera*）植物花粉的形态比较 [J]. 沈阳农业大学学报，2016，37（1）：96-98.

[8] BOZEK M. Pollen productivity and morphology of pollen grains in two cultivars of honeyberry（*Lonicera kamtschatica*（Sevast.）Pojark）[J]. Acta Agrobotanica，2007，60（1）：73-77.

[9] 汤彦承，李良千 . 试论东亚被子植物区系的历史成分和第三纪源头——基于省沽油科、刺参科和忍冬科植物地理的研究 [J]. 植物分类学报，1996，34（5）：453-478.

[10] 徐炳声，王汉津 . 中国植物志（第 72 卷）[M]. 北京 ：科学出版社，1988 ：143-259.

[11] 许腊，陆露，李德铢，等 . 川续断目的花粉演化 [J]. 植物分类与资源学报，2011，33（3）：249-259.

[12] 席以珍，李继新 . 孢粉学术语 . DZ/T 0134-1994[S]. 北京：中华人民共和国地质矿产部，1995.

[13] ERDTMAN G. 孢粉学手册 [M]. 北京 ：科学出版社，1978 ：1-120.

[14] 李京璟，张日清，马庆华，等 . 榛属植物花粉形态扫描电镜观察 [J]. 电子显微学报，2017，36（4）：404-413.

[15] 胡佳琪，贺超兴 . 中国忍冬科植物花粉形态及其在分类上的意义 [J]. 植物分类学报，1988，26（5）：343-352.

[16] 张敏，陆敏，张林凡，等 . 石斛属 3 组 10 种植物花粉块的形态观察 [J]. 电子显微学报，2020，39（04）：399-404.

[17] 刘秀丽，陈金金，王晨宇 .37 个玉兰品种的花粉形态及数量分类研究 [J]. 分子植物育种，2018，16（7）：2389-2400.

利用简化基因组测序技术鉴别八仙花品种①

国家植物园植物研究所 / 吕　彤

摘　要：利用2b-RAD（Ⅱb restriction site-associated DNA）基因组简化测序技术，采用双盲方法对46个八仙花品种（含种和变种）进行了分子生物学分析，获得17541个SNPs，构建了八仙花系统发育树。系统发育树分析发现，该方法可以把八仙花资源根据亲缘关系的远近进行区分，发现粗齿八仙花（*Hydrangea serrata*）与大叶八仙花（*H.macrophylla*）亲缘关系近，可以利用这两个品种群进行杂交育种。野生八仙花中的西南八仙花（*Hydrangea davidii*）和柳叶八仙花（*Hydrangea stenophylla*）与栎叶八仙花（*Hydrangea quercifolia*）虽然地理起源上并不相近，但是亲缘关系近，可以考虑利用这些资源进行遗传改良。另外发现重萼片品种聚合在一起，连续开花的品种也聚合在一起，说明利用SNPs可以开发与八仙花重要观赏性状相关联的分子标记。

关键词：八仙花；遗传多样性；分子标记；SNPs

八仙花科（Hydrangeaceae）八仙花属（*Hydrangea*）植物大约有208个种和众多的品种资源[1]，常见的品种群有：大叶八仙花（*Hydrangea macrophylla*），耐平均最低气温 -12℃；圆锥八仙花（*Hydrangea paniculata*），耐平均最低气温 -36℃；耐寒八仙花（*Hydrangea arborescens*），耐平均最低气温 -36℃；栎叶八仙花（*Hydrangea quercifolia*），耐平均最低气温 -24℃；粗齿八仙花（*Hydrangea serrata*），耐平均最低气温 -12℃；重萼片八仙花（*Hydrangea involucrate×macrophylla*），耐平均最低气温 -8℃。八仙花可以做切花、干花和盆花，在园林中越来越得到重视而广泛应用，然而八仙花对环境的要求比较苛刻，比如喜光而怕热、喜湿润而怕水涝，所以需要不断对八仙花进行品种改良。八仙花的育种目标包括培育不同花色，特别是培育不受土壤酸碱度影响的开蓝色花的品种；不同花型的品种（lacecap 和 mophead）；当年连续开花的品种；抗逆性强（耐高温、耐干旱、耐低温胁迫）的品种；适合园林应用品种；适合做盆花和切花品种等等。而人们在对亲本进行选择时由于对其遗传背景不够清晰，往往比较盲目，同时在现有品种中存在很多混杂现象如同名异物和同物异名等[2]，给选择亲本造成困难。RAD（restriction association site DNA）是通过限制性内切酶测序技术降低生物基因组复杂程度并能反映生物部分基因组序列结构信息，2b-RAD（type IIb endonucleases restriction-site associated DNA）则是利用 IIb 限制性内切酶对生物基因组 DNA 进行剪切的 RAD 测序技术。本研究的目的在于采用 2b-RAD 简化基因组测序技术鉴定八仙花属内不同种或品种群之间的遗传亲缘关系，为杂交育种亲本选择和划分品种群提供分子生物学遗传基础。

1　材料与方法

1.1　试验材料

供试八仙花属品种（含种和变种）46个（表1和图1）

① 基金项目：北京市公园管理中心资助项目（项目编号：2019-ZW-08）。

八仙花供试品种 表 1

序号	编号	中文名称	拉丁学名
1	BH-01	柳叶八仙花	*Hydrangea stenophylla*
2	BH-02	多花柳叶八仙花	*H.stenophylla* var.
3	BH-03	西南八仙花	*H.davidii*
4	BH-04	多花西南八仙花	*H.davidii* var.
5	BH-05	‘丽达教授’	*H.serratophlla* ‘Professeur Lida’
6	BH-06	‘奥瑞迪可阿玛措’	*H.serratophlla* ‘Odoriko Amacha’
7	BH-07	‘蓝鸟’	*H. serrata* ‘Bluebird’
8	BH-08	‘初恋’	*H.serrata* ‘First Love’
9	BH-09	‘白波’	*H.serrata* ‘White Wave’
10	BH-10	‘开格卡’	*H.serrata* ‘Shiro Gaku’
11	BH-14	‘粉色精灵’	*H.paniculata* 'Pink Elf'
12	BH-16	‘无尽夏’	*H.macrophylla* ‘Endless Summer’
13	BH-17	‘无尽夏新娘’	*H.macrophylla* ‘Endless Summer Bride’
14	BH-18	‘雨之物语’	*H.macrophylla* ‘The Raining Story’
15	BH-19	‘琉璃’	*H.macrophylla* ‘Coloured Glaze’
16	BH-20	‘魔幻革命’	*H.macrophylla* ‘Magical Sevolution’
17	BH-21	‘小绿’	*H.macrophylla* ‘Tiny Green’
18	BH-22	‘青山绿水’	*H.macrophylla* ‘Qingshanlvshui’
19	BH-23	‘湖蓝’	*H.macrophylla* ‘Hulan’
20	BH-24	‘你我爱慕’	*H.involucrate×macrophylla* ‘You & Me Love’
21	BH-25	‘狂热’	*H.involucrate×macrophylla* ‘Fanaticism’
22	BH-26	‘舞孔雀’	*H.involucrate×macrophylla* ‘The Dancing Peacoock’
23	BH-27	‘千代女’	*H.involucrate×macrophylla* ‘Chiyome’
24	BH-28	‘舞会’	*H.involucrate×macrophylla* ‘Ball’
25	BH-29	‘万华镜’	*H.involucrate×macrophylla* ‘Mangekyo’
26	BH-30	‘水晶绒球’	*H.macrophylla* ‘Crystal Pompo’
27	BH-31	‘含羞叶’	*H.macrophylla* ‘Elbtal’
28	BH-32	‘史欧尼’	*H.macrophylla* ‘Shiouni’
29	BH-33	‘帝亚娜’	*H.involucrate×macrophylla* ‘Tizian’
30	BH-34	‘塔贝’	*H.serrata* ‘Tabell’
31	BH-35	‘卡米拉’	*H.macrophylla* ‘Camilla’
32	BH-36	‘爆米花’	*H.macrophylla* ‘Kettle Corn’
33	BH-37	‘爱莎’	*H.macrophylla* ‘Ayesha’
34	BH-38	‘玫瑰女王’	*H.macrophylla* ‘Rose Queen’
35	BH-39	‘宝石’	*H.macrophylla* ‘Gemstone’
36	BH-40	‘魔幻革命’	*H.macrophylla* ‘Magic Revolution’
37	BH-41	‘甜蜜幻想’	*H.macrophylla* ‘Sweet Fantasy’
38	BH-42	‘卑弥呼’	*H.involucrate×macrophylla* ‘Himiko’
39	BH-43	‘花手鞠’	*H.involucrate×macrophylla* ‘Stockings’
40	BH-44	‘小町’	*H.involucrate×macrophylla* ‘Komachi’
41	BH-45	‘你我的情感’	*H.involucrate×macrophylla* ‘You and Me Feelings’
42	BH-46	‘头花’	*H.involucrate×macrophylla* ‘Corsage’
43	BH-47	‘夏祭’	*H.macrophylla* ‘Summer Sacrifice’
44	BH-48	‘爱你的吻’	*H.macrophylla* ‘Love Your Kiss’
45	BH-54	‘雪花’	*H.quercifolia* ‘Snowflake’
46	BH-55	‘紫水晶’	*H.quercifolia* ‘Amethyst’

图 1　部分八仙花品种
(a)‘舞会’；(b)‘小绿’；(c)‘无尽夏新娘’；(d)‘青山绿水’；(e)‘塔贝’；(f)‘无尽夏’

1.2　研究方法

1.2.1　试材采集

摘取八仙花品种完整叶片，每个品种 3 ～ 5 片，放在自封袋内，并用干硅胶包埋，做好标记，带回实验室提取 DNA。

1.2.2　DNA 提取

采用 CTABT 法提取 DNA，提取用试剂盒为 DNAsecure Plant Kit。通过琼脂糖检测和紫外可见分光光度计对抽提样本基因组 DNA 的质量和浓度进行检测。

1.2.3　测序文库构建

八仙花样品 DNA 抽提质检合格后，利用 2b-RAD 五标签串联技术（Wang 等，2016）进行测序文库构建，过程中所有样品均采用标准型 5′-NNN-3′ 接头与酶切标签连接，文库质控合格后在 Illumina Hiseq Xten 平台进行 Paired-end 测序，具体建库流程如下（图 2）：

（1）酶切：≥ 200ng 基因组 DNA 采用 IIB 型限制性内切酶（eg：BsaXI/BcgI/FalI/BaeI）进行酶切。

（2）加接头：酶切产物分别加入 5 组不同的接头，T4 DNA Ligase 连接。

（3）扩增：PCR 扩增连接产物。

（4）串联：根据 5 组接头信息，将 5 个标签按顺序串联。

（5）Pooling：连接产物添加 barcode 序列，混库。

（6）测序：质检合格的高质量文库上机测序。

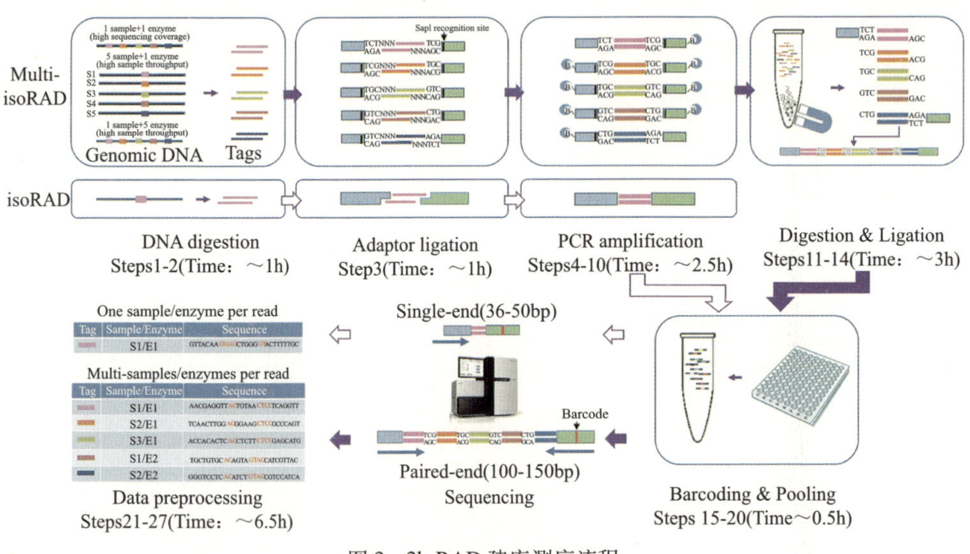

图 2　2b-RAD 建库测序流程

1.2.4　生物信息分析

八仙花属于无参考基因组，选取部分样品测序数据提取含有酶切识别位点的 Reads，使用 Stacks[3] 软件包中的 ustacks 软件（version 1.34）进行聚类，构建参考序列。使用 SOAP[4] 软件（version 2.21）将测序数据比对到参考序列，利用最大似然法（ML）进行位点的分型 [5]。具体分析流程如图 3 所示。

（1）数据过滤：对 Raw Reads 进行拼接、质控。

（2）Enzyme Reads 提取：提取含有酶切识别位点的 Reads，我们称之为 Enzyme Reads，用于后续分析。

（3）数据比对：利用 SOAP 软件将 Enzyme Reads 比对到构建好的参考序列上。

（4）SNP 分型：根据比对结果，利用最大似然法（ML）进行分型。

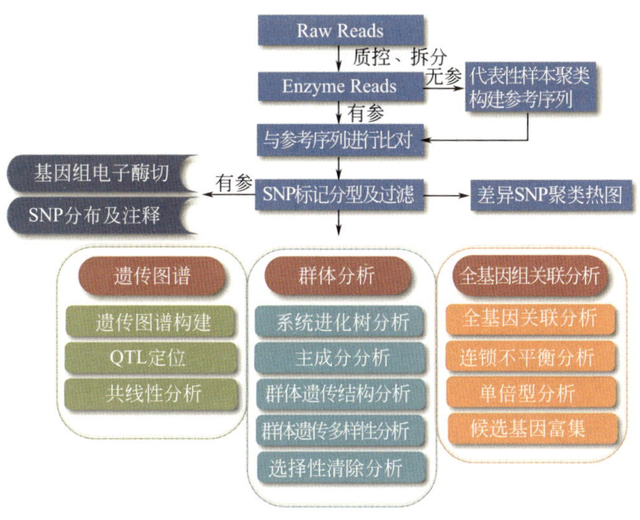

图 3　生物信息分析流程

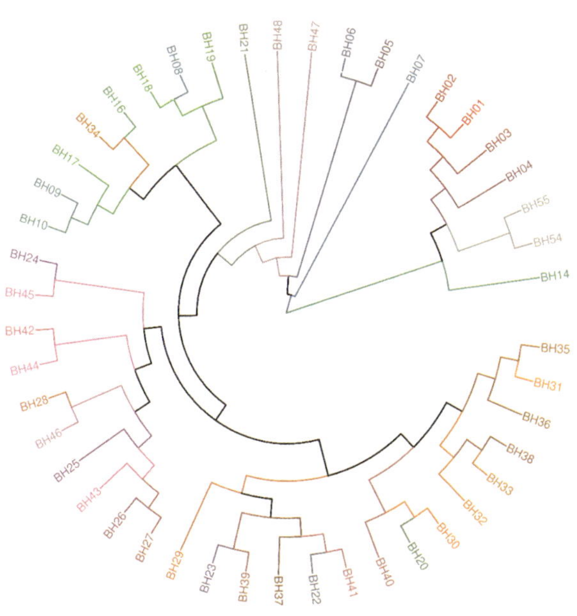

图 4　46 个八仙花品种的系统发育进化树

（5）分析内容：构建进化树、主成分分析、群体遗传结构分析、全基因组关联分析。

2　结果与分析

2.1　SNPs 标记的获得

SNPs（single-nucleotide polymorphisms，单核苷酸多态性）主要是指在基因组水平上由单个核苷酸的变异所引起的 DNA 序列多态性，包括单个碱基的转换、颠换等。

利用 SOAP 软件将 Enzyme Reads 比对到参考序列后利用最大似然法（ML）进行 SNP 标记分型。过程中使用的 RAD 分型软件包（RADtyping）包含 10 余个软件组分，覆盖了从数据预处理至最终分型结果输出的全过程。为保证后续分析的准确性，分型工作完成后会通过以下指标对分型结果进一步过滤：剔除只含有 1 种等位基因的位点；剔除基因组碱基为 N 的位点；剔除一个标签内多于 2 个 SNP 的标签；剔除同一位置两种分型的位点；剔除所有样品中低于 80% 个体可以分型的位点；剔除 MAF 低于 0.01 的位点；剔除等位基因大于 2 的位点。经过所有过滤最终获得 17541 个 SNPs。

2.2　八仙花系统发育树的构建

系统发生学研究物种之间的进化关系，其基本思想是比较物种的特征，并认为特征相似的物种在遗传学上接近。系统发生的结果往往以系统进化树（Phylogenetic tree）来表示。系统进化树是表示物种间亲缘关系远近的树状结构图。在进化树中，各个分类单元（物种）依据进化关系的远近，被安放在树状图表上的不同位置。所以，进化树简单地表示生物的进化历程和亲缘关系。

将每个个体 SNP 标记首尾相连，如果缺失相应的位点，则用“-”代替。获得的序列采用邻接法（neighbor-joining method）构建进化树（图 4）。通过 treebest（Ruan 等，2008）软件（Version：1.9.2）计算距离矩阵，进化树的可靠性通过 bootstrap 法进行检验[5]。

因为采集样品时采用的是双盲做法，系统发育树中聚类到一起的品种亲缘关系越近。BH01 与 BH02 聚类在一起，实际样品分别是柳叶八仙花（BH01）和多花柳叶八仙花（BH02）。柳叶八仙花是原种，多花柳叶八仙花是柳叶八仙花变种，两者的亲缘关系特别近，说明该系统树的数据的真实性是可信的。

八仙花品种系统发育进化树的构建为八仙花品种群的科学合理划分提供了分子生物学遗传基础支持。

BH-01（柳叶八仙花）和 BH-02（多花柳叶八仙花）属于柳叶八仙花野生种。BH-03（西南八仙花）和 BH-04（多花西南八仙花）属于西南八仙花野生种。BH-54（‘雪花’）和 BH-55（‘紫水晶’）属于栎叶八仙花品种群。BH-14（‘粉色精灵’）属于圆锥八仙花品种群。

柳叶八仙花（*Hydrangea stenophylla* ）产于我国江西西南部、广东北部和西部海拔 700 ～ 800m 的山谷密林。灌木，高 0.8 ～ 2m；伞房状聚伞花序顶生。

西南八仙花（*Hydrangea davidii*）产于我国四川、云南、贵州海拔 1400 ～ 2400m 的山谷密林。灌木，高 1 ～ 2.5m；伞房状聚伞花序顶生，直径 7 ～ 10cm，结果时达 14cm。

栎叶八仙花（*Hydrangea quercifolia*）产于美国东南地区，灌木，高 2 ～ 3m。栎叶八仙花品种群目前已超过 40 个品种[6]。

圆锥八仙花（*Hydrangea paniculata*）产于我国西北（甘

肃）、华东、华中、华南、西南等地区海拔 360 ～ 2100m 的山坡疏林中；日本也有分布。灌木或小乔木，高 1 ～ 5m，有时达 9m；圆锥状聚伞花序尖塔形，长达 26cm。圆锥八仙花品种群目前已经超过 20 个品种。

系统发育树数据支持柳叶八仙花和西南八仙花亲缘关系近，西南八仙花与栎叶八仙花亲缘关系比较近。圆锥八仙花在整个八仙花属中与以上 3 个八仙花野生种亲缘关系比较近。还有这几个资源的共同特点就是花序都是聚伞花序，这也可以提示 SNP 可以进一步围绕某一性状开发品种分子标记，为品种鉴定和杂种早期选择提供支持。

BH-09（'白波'）和 BH-10（'开格卡'）、BH-17（'无尽夏新娘'）、BH-16（'无尽夏'）和 BH-34（'塔贝'）、BH-08（'初恋'）和 BH-18（'雨之物语'）、BH-19（'琉璃'）这 5 组分属 2 个品种群——大叶八仙花品种群（*H. macrophylla*）和粗齿八仙花品种群（*H. serrata*）。BH-08（'初恋'）、BH-09（'白波'）、BH-34（'塔贝'）和 BH-10（'开格卡'）是粗齿八仙花品种群。BH-17（'无尽夏新娘'）、BH-16（'无尽夏'）、BH-18（'雨之物语'）和 BH-19（'琉璃'）是大叶八仙花品种群。这 5 组聚合在一起说明大叶八仙花品种群（*H. macrophylla*）和粗齿八仙花品种群（*H. serrata*）亲缘关系比较近，现有的品种材料也说明可以利用大叶八仙花品种群（*H. macrophylla*）和粗齿八仙花品种群（*H. serrata*）开展品种群间的杂交获得新品种。另外，值得特别说明的是 BH-17（'无尽夏新娘'）、BH-16（'无尽夏'）和 BH-34（'塔贝'）、BH-08（'初恋'）和 BH-18（'雨之物语'）、BH-19（'琉璃'）这 6 个品种一个共同的特征是当年可以连续开花，这是八仙花重要的观赏性状。虽然这 6 个品种属于两个品种群，而且是两种花型，BH-17（'无尽夏新娘'）、BH-16（'无尽夏'）、BH-18（'雨之物语'）和 BH-19（'琉璃'）属于大叶八仙花 Mophead 花型，而 BH-34（'塔贝'）和 BH-08（'初恋'）属于 Lacecap 花型，但是两组品种都属于当年连续开花的品种，说明 SNP 标记在这两组品种上更偏向于开花性状基因相似度上，所以利用 SNP 标记可以开发出与八仙花重要观赏性状连锁的分子标记。

BH-07（'蓝鸟'）、BH-05（'丽达教授'）和 BH-06（'奥瑞迪可阿玛措'）、BH-47（'夏祭'）、BH-48（'爱你的吻'）、BH-21（'小绿'）这 5 组品种分属 3 个品种群——大叶八仙花品种群（*H. macrophylla*）、粗齿八仙花品种群（*H. serrata*）和粗齿大叶八仙花品种群（*H.serratophlla*）。这 5 组聚合在一起同样说明了大叶八仙花品种群（*H. macrophylla*）和粗齿八仙花品种群（*H. serrata*）亲缘关系比较近。但是也说明同一品种群内亲缘关系存在差异。

BH-24（'你我爱慕'）、BH-25（'狂热'）、BH-26（'舞孔雀'）、BH-27 （'千代女'）和 BH-28（'舞会'）BH-42（'卑弥呼'）、BH-43（'花手鞠'）、BH-44（'小町'）、BH-45（'你我的情感'）和 BH-46（'头花'）这 10 个品种都是重萼片八仙花品种群。BH-24（'你我爱慕'）和 BH-45（'你我的情感'）、BH-42（'卑弥呼'）和 BH-44（'小町'）、BH-28（'舞会'）和 BH-46（'头花'）、BH-25（'狂热'）、BH-43（'花手鞠'）、BH-26（'舞孔雀'）和 BH-27（'千代女'）这 6 组 10 个品种都是重萼片八仙花品种群聚合在一起，说明这些重萼片品种亲缘关系近，也说明 SNP 在这些重萼片品种中集中表现在重萼片性状基因相似度上，再一次说明利用 SNP 标记可以开发出与八仙花重要观赏性状关联的分子标记。而 BH-29（万华镜）虽然也是重萼片的，但是萼片上有条纹，所以与其他重萼片品种遗传距离稍远。

BH-41（'甜蜜幻想'）和 BH-22（'青山绿水'）、BH-37（'爱莎'）、BH-39（'宝石'）和 BH-23（'湖蓝'）这 5 个大叶八仙花品种群的品种与重萼片带条纹的重萼片品种 BH-29（'万华镜'）聚类在一起。

BH-31（'含羞叶'）和 BH-35（'卡米拉'）、BH-33（'帝亚娜'）和 BH-38（'玫瑰女王'）、BH-20（'魔幻革命'）和 BH-30（水晶绒球）、BH-36（爆米花）、BH-32（'史欧尼'）、BH-40（'魔幻革命'）9 个品种都是大叶八仙花，都聚类在一起。这些大叶八仙花与其他大叶八仙花品种并没有很好的聚类在一起，充分说明大叶八仙花遗传背景复杂。

3 讨论

3.1 利用简并基因组分子标记可以区分八仙花资源的亲缘关系

利用简并基因组分子标记可以将 46 个八仙花品种（包含种和变种）很好的区分，确定他们的亲缘关系，是非常方便的分子生物学手段。

3.2 系统发育树数据为八仙花杂交育种亲本选择提供依据

系统进化树数据支持粗齿八仙花与大叶八仙花亲缘关系近，在现有品种群中有粗齿大叶八仙花品种群（*H.serratophlla*），而且以往的研究也都支持两个品种群适合开展杂交[7, 8]。May 等[8]甚至支持粗齿八仙花是大叶八仙花的一个亚种。

3.3 利用 SNPs 可以挖掘重要观赏性状分子标记

八仙花系统发育树发现具有共同遗传特征的品种聚类在一起，如具有当年连续开花特性的 BH-17（'无尽夏新娘'）、BH-16（'无尽夏'）和 BH-34（'塔贝'）、BH-08（'初恋'）和 BH-18（'雨之物语'）、BH-19（'琉璃'）这 6 个品种聚类在一起，另外 BH-24（'你我爱慕'）和 BH-45（'你我的

情感’)、BH-42(‘卑弥呼’)和 BH-44(‘小町’)、BH-28(‘舞会’)和 BH-46(‘头花’)、BH-25(‘狂热’)、BH-43(‘花手鞠’)、BH-26(‘舞孔雀’)和 BH-27(‘千代女’)这 6 组 10 个品种都是重萼片八仙花品种群聚合在一起，聚类的依据是具有相似的 SNPs，利用 SNPs 可以进一步开发与八仙花重要观赏性状如花型(Lacecap 和 Mophead)、重萼片、当年连续开花[9]、蓝色花等相关联的分子标记，用于八仙花育种早期选择。

参考文献

[1] De Smet Y, Granados Mendoza C, Wanke S, et al. Molecular phylogenetics and new (infra) generic classification to alleviate polyphyly in tribe Hydrangeeae (Cornales : Hydrangeaceae) [J]. Taxon, 2015, 64.

[2] Hempel P, Hohe A, Tränkner C. Molecular Reconstruction of an Old Pedigree of Diploid and Triploid Hydrangea macrophylla Genotypes[J]. FrontPlant Sci, 2018, (9) : 429.

[3] Julian Catchen, Paul A. Hohenlohe, Susan Bassham, et al. Stacks : an analysis tool set for population genomics[J]. Molecular Ecology, 2013, 22 : 3124-3140.

[4] Li R, Li Y, Kristiansen K, et al. SOAP : short oligonucleotide alignment program[J]. Bioinformatics, 2008, 24 (5) : 713-714.

[5] Fu X, Dou J, Mao J, et al. RAD typing : an integrated package for accurate de novo codominant and dominant RAD genotyping in mapping populations[J]. Plos One, 2013, 8 (11) : e79960.

[6] Sandra M. Reed and Lisa W.Alexander. ‘Queen of Hearts’ Oakleaf Hydrangea[J]. Hortscience, 2015, 50 (2) : 310-311.

[7] Wu Xingbo, Lisa W.Alexander. Genetic Diversity and Population Structure Analysis of Bigleaf Hydrangea Using Genotyping-by-sequencing[J]. J Am SocHorticSci, 2019, 144 (4) : 257-263.

[8] May Thinn Khaing, Hyo Jin Jung, Jong Bo Kim, et al. Characterization of Hydrangea Accessions Based on Morphological and Molecular Markers[J]. Horticultural Science and Technology, 2018, 36 (4) : 598-605.

[9] Wu, Alexander. Genome-wide association studies for inflorescence type and remontancy in *Hydrangea macrophylla*[J]. Horticulture Research, 2020, (7) : 27.

定期报告框架下遗产地生态保护监测模式探讨
——以“北京的皇家祭坛——天坛”为例

北京市天坛公园管理处 / 段　超

摘　要： 天坛建于明永乐十八年（1420年），是中国保存最完整的皇家祭天场所，也是世界上现存最大的祭天建筑群，1998年即以“北京的皇家祭坛——天坛”列入世界遗产名录。本文对天坛作为世界文化遗产、北京重要文化地标和市民公园所包含的遗产生态要素进行了梳理，基于遗产定期报告框架，初步构建了遗产生态监测保护体系，并对遗产监测与生态文明建设进行了探讨。

关键词： 天坛；定期报告；遗产监测；生态

引言

天坛始建于明永乐十八年（1420 年），是明清两朝帝王举办祭天、祈谷大典的圣地，是中国保存最完整的皇家祭天场所，也是世界上现存最大的祭天建筑群，1998 年被世界遗产委员会以“北京的皇家祭坛——天坛”列入世界遗产名录。此外，天坛也被列入北京中轴线遗产点。对遗产地进行有效保护、监测是世界遗产管理的一项重要的基础工作，加之中轴线申遗的客观要求，都对天坛遗产保护监测体系提出了更高的要求。

1　世界遗产保护监测体系及定期报告制度

根据《保护世界文化和自然遗产公约》及《实施〈世界遗产公约〉的操作指南》中对世界遗产监测的定位、要求以及程序规定，监测是世界遗产保护管理的核心内容之一，对遗产有效的管理体制应包括规划、实施、监测、评估和反馈的循环机制。

1987 年起世界遗产委员会开始建立遗产的“系统监测与报告”机制，提出“系统性监测”概念，《实施〈世界遗产公约〉的操作指南》《关于强化监测机制的报告》等国际文件对遗产地的“系统监测与报告”“反应性监测”等工作提出了具体要求，遗产地每 6 年提交定期报告，对保护状况的关键指标、影响因素、遗产保护管理等内容进行监测和评估，世界遗产委员会以此审查各地区、缔约国及遗产地等不同层级履行《保护世界文化和自然遗产公约》的情况等。定期报告不仅是为世界遗产突出普遍价值保护状况的常规性监测，也成为推动交流合作、信息分享的重要工具。2021 年，根据亚太地区的总体安排，在国家文物局、北京市文物局的统筹指导下，天坛完成了世界遗产第三轮定期报告，切实履行了《世界遗产公约》的责任和义务。

基于世界遗产委员会要求和我国遗产保护工作的实际需要，国家文物局相继颁布实施了《关于加强世界文化遗产监测管理工作的通知》《中国世界文化遗产监测预警体系建设规划（2012 ～ 2020）》等一系列指导性文件，2012 年，国家文物局设立国家级世界文化遗产监测中心，2014 年“中国世界文化遗产监测预警总平台”上线，联系国家、省、遗产地 3 个管理层次，实现对中国世界文化遗产的监测、

预警和综合管理。2015 年起，我国也推出世界文化遗产监测年度报告制度，作为国家层面上评估遗产地保护管理监测工作的有效工具，并为世界遗产定期报告提供数据支撑。

2 天坛遗产生态要素

天坛作为世界文化遗产，具有世界范围的“突出普遍价值”，保护和传承天坛世界遗产突出普遍价值是遗产保护监测的基础和核心。遗产要素是指能承载并体现突出普遍价值的遗产组成部分。天坛遗产生态要素主要包括：古树和古树分布格局。

2.1 天坛现存古树

一级古树 1147 棵：侧柏 668 棵，桧柏 478 棵，国槐 1 棵。

二级古树 2415 棵，侧柏 1667 棵，桧柏 724 棵，国槐 21 棵，银杏 2 棵，油松 1 棵。

此外，还包含古树名木：九龙柏、柏抱槐、神乐槐、迎客柏、问天柏、莲花柏、古油松、人字柏等。

2.2 空间格局——古树分布格局

天坛古树生态格局依照坛域空间格局、不同种植形式和树种分为内坛和外坛及道路系统三部分：外坛树木散点种植，体现自然郊野氛围，起到防风阻沙等生态效益；内坛古树围合祈谷坛、圜丘，构成坛域整体景观，形成“苍璧礼天”景观格局；历史祭祀道路格局以列植形式标识，联通、构建礼乐空间秩序，代表了中国古代封建王朝最高等级的祭祀规划布局。

2.3 遗产生态景观格局

符合中国历史中“南郊祭天”的空间意向和生态氛围，体现了中国古代景观设计“天人协和”的中国传统宇宙观。

3 天坛遗产生态监测保护体系的构建

通过对世界遗产定期报告以及“中国世界文化遗产监测预警总平台”监测项目[1]的梳理，定期报告要求对遗产影响因素、保护管理等定期评估，总平台主要监测数据 4 类 37 项，其中主要对遗产地生态监测保护提出具体要求的监测项如表 1 所示。

天坛遗产生态监测保护体系监测项目　　表 1

监测项目	监测数据
基础信息	1. 遗产要素清单 2. 遗产要素格局区划图 3. 突出普遍价值 4. 申遗承诺及遗产委员会决议

续表

监测项目	监测数据
机构和能力建设	1. 管理机构及专项规章制度 2. 人员、培训及经费 3. 传统技艺传承体系 4. 保护管理规划及保护项目 5. 相关研究及科普宣教
遗产要素保存状况	1. 遗产要素总体格局 2. 遗产要素现状记录及分类评估 3. 病害分布图 4. 病害调查监测工作情况记录 5. 病害监测数据 6. 病害控制状态评估
影响因素	1. 自然环境影响情况记录及评估 2. 自然灾害影响情况记录及评估 3. 旅游及游客影响情况记录及评估 4. 人为破坏影响情况记录及评估

根据世界遗产定期报告和中国世界文化遗产监测预警总平台监测工作要求，初步构建天坛遗产生态监测保护体系如下：

3.1 遗产生态档案数据库

加强对天坛自然生态相关历史档案资料、老照片，古树普查、体检、生物多样性普查资料档案等，传统栽培养护技艺，古树历史受害记录及修复、复壮历史资料，及自然环境如气候、地形地貌、土壤、断层线、地下水位、地表水等地质、水文、气象信息等的收集、整理、研究，建立完善包括历史档案、古树档案、生态档案、传统技艺档案、自然环境及灾害资料档案等的天坛遗产生态遗产档案数据库。

3.2 遗产保护管理监测

世界遗产定期报告及“中国世界文化遗产监测预警总平台”中，都对遗产保护管理监测提出了具体要求。根据《世界文化遗产地风险管理术语》WW/T 0090—2018：监测是指收集并分析数据，及时发现、认知风险并检查风险管理体系是否有效运行的过程。初步确定监测项目及重点监测内容如表 2 所示。

天坛遗产生态保护管理监测项目　　表 2

监测项目	监测内容
古树档案监测	古树档案、照片、资料、病虫害及养护记录等
古树修复、复壮项目监测	树体修复前监测、修复后监测、树洞情况、古树支撑加固构件监测等，是否产生次生风险等
古树风险管理体系监测	相关防汛工作方案、应急预案、联防联动机制，灾前、灾中、灾后应急措施程序、人员、物资准备等

续表

监测项目	监测内容
坛域腾退、环境整治工程监测	增加、改变的绿地面积、树木种类、规格及数量等，是否影响古树分布格局、遗产生态景观格局
规划编制及执行情况记录监测	对《天坛遗产保护规划》中古树、生态保护相关措施执行情况的记录及总体评估
机构和能力建设监测	1. 古树、生态专业管理机构及专项规章、制度等 2. 专业技术人员、相关培训及经费等 3. 古树栽培养护等传统技艺传承体系 4. 古树、生态相关研究及科普宣教 5. 舆情监测

3.3 古树名木监测

古人为表示坛庙的尊崇，坛庙周围植树寓“尊而识之”之意。明初天地坛营建之初就很重视树木的建植，《明史・吉礼・坛壝之制》中记载：“十年改定合祀之典……二十一年增修坛壝，坛后树松柏……成祖迁都北京，如其制。”明清两朝皇帝也很重视树木的增补营植，经过历年高规格管理而留下天坛的“活文物”，是天坛历史沧桑的见证，是天坛总体景观的重要组成部分，是除建筑物、构筑物、可移动文物等之外重要的遗产要素之一。本文初步确定监测项目及重点监测内容如表 3 所示。

天坛古树名木监测项目　　表 3

监测项目	监测内容
古树树体情况监测	古树脆弱性情况分级分类、树体潜在危险情况等
古树病虫害监测	柏肤小蠹、柏大蚜、柏小爪叶螨、国槐尺蠖等古树病虫害及防治措施
古树生长环境监测	土壤温度、容重、孔隙度、含水量、化学成分等
古树树势监测	新梢数量、平均年生长量、枯梢数量、叶色、叶片宿存年限等
古树根系监测	复壮沟内根系生长状况等
极端天气对古树影响监测	大风、暴雨和暴雪等极端天气，造成古树枝条断裂、树干劈裂、树体倒伏等情况
古树格局监测	规划道路、设施等对古树历史格局影响情况等
园内施工建设、游人活动对古树影响监测	施工区域立地环境改变、古树保护措施及受损状况等；古树围栏保护、根系分布范围、污水及危险化学排放、游人攀爬古树、攀枝折条等不文明行为

定期采用人工巡查、手机 app 等进行古树巡查，记录并及时更新古树管理信息系统，包括古树生长状况、病虫害、日常养护记录及照片、视频资料等，对零散分布于被占用单位内的古树进行重点监测记录。按照古树等级、脆弱性等，对一级古树及衰弱濒危古树设立古树生长监测站点，应用土壤墒情监测仪等对古树生境指标进行定期监测。借助植物根系生长监测仪、探地雷达等设备，测定根系生长状况。适时开展古树健康诊断及风险评估，采用雷达成像法、应力波断层成像法等对古树内部缺陷等进行专项监测研究。

预警等级划分为 4 级——Ⅰ级（特别重大）、Ⅱ级（重大）、Ⅲ级（较大）、Ⅳ级（一般），分别用红、橙、黄、蓝 4 种颜色标示。根据病害状况及时采取相应措施，配合根际与根系复壮技术、树冠修剪技术、树箍加固、树干支撑等措施，进行科学有效的保护。在大风、暴雨、冰雹和暴雪等灾害性天气后进行现场勘查，及时监测古树受损情况，对劈裂枝条、断枝进行处理，及时监测伤口愈合情况。

3.4 自然环境监测

生态环境中的暴风雨、干旱、气温变化异常等气象灾害，及地震、空气、地下水质污染等都可能对遗产地的生态环境等造成毁灭性破坏。基于中国世界文化遗产监测预警总平台监测框架要求，初步确定监测项目及重点监测内容如表 4 所示。

天坛自然环境监测项目　　表 4

监测项目	监测内容
气象监测	大气湿度、温度、风速、降水量等
灾害性天气监测	暴雨、干旱、雷击电、雪灾、冰雹、霜冻、风灾等
地质、地貌、水文监测	地震、洪水、污染等
大气环境质量监测	二氧化硫、一氧化碳、臭氧、颗粒物 $PM_{2.5}$ 等
辐射影响监测	对遗产所处环境辐射的监测等
生态系统监测内容	对遗产所处环境的生态系统的完整性、演变趋势的监测等

与气象、地震等专业部门保持联动，利用天坛内气象自动监测站、空气监测站点、辐射监测设备等对天坛气象情况、空气质量、辐射污染进行实时监测预警，通过公园 LED 屏等宣传窗口，及时发布气象、灾害性天气预报等服务信息。识别与评估风险因子及遗产脆弱性，评估灾害发生的规律性和破坏性，确定风险的等级，利用风险分析和预判的结果，对未来行动进行决策。

根据气象灾害可能造成的危害程度、紧急程度和发展态势将气象灾害分为 4 级——Ⅰ级（特别重大）、Ⅱ级（重大）、Ⅲ级（较大）、Ⅳ级（一般），分别用红、橙、黄、

蓝4种颜色标示。根据灾害情况，及时启动应急预案，对已产生影响或损害的，留存文字及影像记录，并及时进行量化评估。选取典型样地开展生态系统发生机制、演替规律等的调查以及对园区生物多样性的长期动态监测，按照物候期对园区内动植物、昆虫等进行监测，采用普查与抽样调查结合的方式，完成生态观察基础数据统计。对气候现象等进行建模和预测。

3.5 市民游客游憩活动监测

由于良好的生态环境、优质的服务、优越的地理位置等，天坛成为众多市民晨练晚游的重要场所，针对天坛市民游客多集中于绿地游憩、活动等特点，对游客游憩活动进行监测，初步确定监测项目及重点监测内容如表5所示。

天坛市民游客游憩活动监测项目　　表5

监测项目	监测内容
市民游客游憩活动及分布	对古树名木、绿地及市民游客集中区域游憩活动及人流分布进行监测
客流高峰时段现场照片	游客密集区域每日客流高峰时段定时定点拍照
游客满意度、接诉即办及游客影响评估	对游客满意度、接诉即办情况以生态环境受到的游客影响进行评估

采取人工巡视监测、相机影像记录等方式，对遗产地古树、生态环境等受到的游客影响进行记录，并汇总评估。采取理论与经验相结合的方法，核定不同区域生态承载量、心理承载量、社会承载量等，当园区内游客量达到最大容量的80%及以上时，及时启动《游客流量控制及疏散方案》，加强与志愿者、派出所等的共治共管，合力疏导、引导、劝导游客文明游园。

4 天坛遗产监测与生态文明建设

公园被称为“城市天然氧吧”“城市加湿器”“城市会客厅”，作为北京城市核心区大型园林景观，天坛文化底蕴深厚、古树参天、环境宜人、设施完善、交通便利，始终发挥着重要的文化和生态功能。

4.1 提升遗产地生态管理水平

2020年，天坛完成《世界文化遗产地：北京的皇家祭坛——天坛监测方案》的编制工作，规划建设将基于地理信息和动态监测信息的具有数据采集、统计、管理和自动预警、预警处置、反馈等功能的世界文化遗产监测预警体系，与天坛现有信息化系统、古树管理平台、日常巡查管理、生态普查等工作有机结合，应用卫星遥感监测天坛遗产区和缓冲区空间格局变化，监测维护遗产区自然生态环境的稳定，确保园区古树、生态环境安全和可持续发展；与气象、环保部门建立长期的合作关系，综合气象、环境、实地调查普查、经济统计等多源数据，构建遗产区生态安全预警与快速反应系统，以智能化系统保障高效管理与全面服务，全面提升遗产区生态环境整体管理水平，更好实现天坛遗产管理与保护的“研究性、预防性保护”和“科学决策”。

4.2 推动遗产区向生态、节约型转型升级

在生态文明建设、“双碳”目标背景下，建设节约、友好型生态公园，已成为当前公园管理者的主要任务之一。学者研究表明，日本园林植物应用在经历1970年代农业绿化时代、1990年代工业绿化时代，2000年后进入生态恢复绿化阶段，其群落体系体现出节约资源和能源、人力和物力，结构稳定，抗御风险能力强，生态效益好的特点[2]。在继续推进天坛公园现有的植被、生态普查工作的基础上，对园区生态系统、生物多样性进行长期动态监测，对天坛现有生态系统的结构、功能，发展机理与演替规律，稳定性、连续性、抗逆性、生产力、恢复力与可持续性，生态系统健康等内容进行深入研究，引入生态型、循环型城市绿地评价系统[3]，推动遗产地发挥降低碳排、增加碳汇等主动功能[4]，推动遗产区向生态、节约型公园的转型升级。

4.3 人与自然的可持续发展

《世界遗产可持续发展政策》指出，生态效益是人类从生态系统获得的效益。这些效益包括文化服务，如精神、娱乐和文化效益；以及支持服务，如维持地球的生命条件的养分循环。《园冶》指出：“（城市地）足征市隐，犹胜巢居，能为闹处寻幽，胡舍近方图远；得闲即诣，随兴携游。”城市园林自古就是远近居民闹处寻幽、休闲休憩的重要场所，特别是老年人免费入园政策的施行，使天坛园区游客压力长期居高不下。生态文明强调人与自然的可持续发展，具体到遗产地的保护管理实践，以监测数据为依据，科学分析市民游客跳舞、唱歌、练功等聚集性游憩活动的分布及变化规律，对重点区域园林景观、设施等合理布局、科学引导，避免局部区域长期高强度使用，构建生态健康、和谐宜人的公园环境，实现人与自然的可持续发展。

5 结语

“中国坚持绿水青山就是金山银山的理念，推动山水林田湖草沙一体化保护和系统治理，全力以赴推进生态文明建设。”在生态文明建设的大背景下，天坛作为世界文化遗产、北京历史名园、大型市民公园，更需要以真实、完整地保护并延续“世界文化遗产地：北京的皇家祭坛——

天坛”的突出普遍价值为核心，在遗产监测的框架下，深入研究探讨遗产保护、生态和谐、服务市民之间的平衡点，推动天坛生态保护管理水平的持续提升和遗产的可持续发展。

参考文献

[1] 中国世界文化遗产监测总平台 .https：//www.wochmoc.org.cn//.

[2] 赵惠恩 . 生态恢复背景下园林植物学科发展的新动向 [J]. 中国园艺文摘，2009，25（11）：52-55.

[3] 李树华 . 共生、循环——低碳经济社会背景下城市园林绿地建设的基本思路 [J]. 中国园林，2010，26（6）：19-22.

[4] 李倞，吴佳鸣，汪文清 . 碳中和目标下的风景园林规划设计策略 [J]. 风景园林，2022，29（5）：45-51.

园林经典文献在中职语文教学中的实践研究
——以《园冶》整本书阅读为例

北京市园林学校 / 李方平　张培艳　乔　程

摘　要： 园林经典文献中有诸多文质兼美的篇目，可以作为园林类专业中职生语文阅读的素材。园林经典文献阅读篇目的选择要与语文教学要求相契合，阅读教学内容要注重文体特点，兼顾语言积累、文本理解、文学鉴赏、文化传承等方面。通过积极有效的教学策略，帮助学生理解文本，掌握方法，在阅读中体悟思想，涵养性灵。

关键词： 园林经典文献；语文阅读；《园冶》

语文学科的核心素养是在具体的阅读与欣赏、表达与交流、语文综合实践等活动中形成与发展的。中职语文新课标中不仅加大了阅读的比重，特别增加了18课时的整本书阅读与探讨专题，而且对古文阅读的重视程度也有所提高，古代诗文选读增至36课时。新课标要求这些专题的学习要注重融入职业道德、职业修养教育，增加职教特色。园林经典文献中有大量古文名篇，具有鲜明的专业特色，学生在阅读学习的过程中既能积累文言基础知识和古代文化常识，又能从中领悟古人的实践智慧，感悟先人的工匠精神、创新精神。语文的阅读教学不仅要教学生理解单篇文章的思想内涵，更要教会学生阅读的方法，培养学生阅读兴趣和良好的阅读习惯。在阅读教学中加入园林经典文献的内容，介绍阅读此类作品的方法，可以为学生未来进行专业学习、阅读专业文献助力。

1　园林经典文献选篇原则

语文是人文性与工具性相统一的一门课程。语文课程借助大量选文与著作，帮助学生积累丰富的语言材料和言语活动经验，培养人文情怀、获得审美体验、传承优秀文化。在语文课中开展园林经典文献的阅读，就要基于语文的学科特点，最大限度地挖掘园林经典文献中的语文元素。

园林经典文献的篇目、体裁涉及先秦至明清的诗词歌赋、散文、戏曲、小说、造园专著。内容包含园林植物、园林景观、园林典故、园林审美、造园思想等方面。利用园林经典文献开展语文教学，需要选取具有语文教学价值，符合语文课程标准要求的内容。在文献篇目的选择上，主要遵循三个原则。

1.1　文质兼美

作为语文阅读材料，其文本内容要有文学鉴赏价值。我国中小学语文教科书在选文方面有一个传统的标准就是“文质兼美”。这个标准在选择园林经典文献篇目时同样适用。语文课阅读园林文献首先要体现语文学科本质，其目的不是让学生掌握专业知识，而是给学生以文化浸润、阅读指导，帮助学生积累言语材料和文化常识，激发学生阅读兴趣，提升学生阅读能力。如《园冶》的《园说》《兴造论》

等篇章在词语表达、用典、阅读方法和文本结构上都具有一定的代表性，可以引导学生在学习的基础上举一反三，具有很强的可读性。

1.2 与教材呼应

园林经典文献阅读是对语文课堂教学的补充拓展，在内容选择上要与语文教材呼应。一是内容呼应。比如教材《中国建筑的特征》讲的是中国传统建筑，搭配《园冶》的阅读，引导学生思考《园冶》所体现的古典园林建筑特点，再进一步与课文中作者的观点进行比照，在对比中发现问题，形成观点。二是写作手法的呼应。课文《石缝间的生命》运用托物言志的手法，通过描写植物在与自然环境斗争中的“倔强”来赞扬生命的“顽强”。这种将植物拟人化，托物言志的写作手法在古诗文中常有涉及。如袁宏道的《瓶史·品第》认为品鉴花木如花国选美，后宫佳丽争奇斗艳，也不乏激烈厮杀。诸多古诗中歌咏花木的诗篇，如咏梅、咏牡丹、咏芍药、咏菊、咏莲等诗词也都将花做了人格化的处理，借花言志，映射出文人对花的难舍情结。三是人物呼应。教材的诗词单元有王维的《山居秋暝》和陶渊明的《归园田居》，二人都是山水田园诗的代表人物，他们的很多作品都具有幽远的园林意境，可以在园林经典文献篇目中选取二人其他作品作为教材内容的补充，进行对比阅读。

1.3 易教利学

园林经典文献的选文要充分考虑学生现阶段的言语环境，难度适中，易教利学。第一，朗朗上口的名家名篇。园林经典文献以古文居多，中职学生的古文基础比较弱，选择韵律感较强的名家名篇，设计一些灵活易操作的诵读活动，帮助学生感知文本，体会情感。第二，符合现阶段学生的专业学习需要。园林专业学生的专业课程包括园林美术、园林植物、园林制图、园林设计等。《长物志》《闲情偶寄》中关于园内家具布置，园林生活用品使用情况，园林居室及种植方面的描述，不仅语言生动形象，而且具有审美价值和艺术价值，有助于加深学生对专业的学习和领悟。文学名著《红楼梦》所塑造的纸上园林大观园体现了中国传统园林艺术的特征，学生在品读文本的过程中可以体会其中的园林审美艺趣和园林文化意蕴。

2 园林经典文献阅读整体设计

园林经典文献的阅读学习可以分为初识经典和深入探究两个阶段，以课内课外相结合的形式展开实施。

2.1 初识阶段

初识阶段面向各学段学生，重点针对一年级新生，以诵读和摘抄活动为主，辅以知识竞赛，旨在培养学生的语感，让学生对园林经典文献有初步了解，掌握其中的语言文化常识。语文课上利用课前五分钟让学生进行古诗文的诵读，诵读篇目有《园冶》中的《园说》《兴造论》《借景》以及《长物志·花木》、《楚辞》（节选）、《兰亭集序》、王维诗、陶渊明诗等作品。在阅读与鉴赏课上，结合课文内容、体裁、作者选择相关联的园林经典文献选段进行拓展，完成对这些选段的正音正字、文意疏通等基础工作。利用语文综合实践课开发校外研学活动，与专业课老师联合备课，带领学生到园林中进行实地考察，激发学生的情感体验，引导他们将平时的积累外化为语言文字，加深对经典文献的理解，实现语言表达从输入到输出的转换。课外鼓励学生利用寒暑假读经典、抄经典、诵经典、背经典。平时则借助传统节日、校艺术节组织学生开展朗诵比赛、知识竞赛，通过比赛展示课内学习成果，与课堂教学形成互补，激发学生对经典文献的学习兴趣，增强学习动力。

2.2 深入探究阶段

深入探究阶段重点针对二年级学生，以整本书阅读为纲，旨在让学生掌握经典阅读的方法，品读经典之美，感受园林文化的精妙。课上以任务为导向，教师分阶段、分步骤地进行阅读方法的指导，对有代表性的重点章节给予讲解，最后对学生阅读成果进行展示和点评。课外学生根据阅读任务进行自主阅读，完成由通读到精读再到研读的阅读过程，形成读书报告、论文等阅读成果。

3 《园冶》整本书阅读教学设计

整本书阅读不是让学生将一本书从头读到尾，而是引导学生掌握阅读方法，反复阅读、品读，甚至延伸出表达，把输入的内容加工再输出。整本书阅读教学一学期只有6课时，学生大部分阅读行为发生在课下。课上的6个课时主要进行导读和学习成果展示。我们将6课时分为三个阶段：第一阶段为通读指导阶段，帮助学生了解成书背景，作者信息，文本整体框架，规定精读章节和略读章节，精读部分通过阅读任务引导学生了解基本内容，梳理阅读中的难点和问题，为下个阶段的深入阅读做准备。第二阶段为重点突破阶段。这一阶段选取了重点章节《说园》《兴造论》《相地》《立基》，在课上进行精读指导，帮助学生了解《园冶》的文本组织形式，掌握“图文互解”的阅读策略；设置应用情境，在情境中完成读写任务。第三阶段是成果展示阶段，提供与文本内容相关的主题供学生探究学习，鼓励有能力的同学进行小论文的写作，促进思维能力的提升，实现阅读成果的转化。整本书阅读目的在于帮

助学生会读《园冶》，读懂《园冶》，并以此类推能够阅读其他同类型文献。

3.1 教学内容

3.1.1 言语积累角度

《园冶》以骈体文、散体文、图式为主要表达方式。“《园冶》在对仗、声韵、藻饰、借典等修辞中形成了辞彩清丽、叙事简约的语言风格，因骈文与散文交合，情怀与事理交融，致使它从专业技艺之书上升为情理兼胜的艺术之作。”[1]书中的典故是学生理解文本内容最大的障碍，结合常见的园林意象，将相关典故、人文知识、诗词章句做分类解读，帮助学生疏通文意，理解作品的内容和主旨，积累语言表达的素材以及文化常识。

3.1.2 文章理解角度

理解《园冶》就要把握《园冶》的文体特点。“文章体裁是解读文本的重要路径，从文体大类解读作品，这是解读作品的方向。”[2]把握骈散结合的特点，可以引导学生把握文本的韵律与节奏，在反复诵读中品味作品的韵味及意境。理解骈文辞赋体物写志的形式，鉴赏作者行文技巧和情怀思想。

作者的个人风格对作品有重要影响，通过知人论世，可以加深对文本内容主旨的理解。《园冶》成书于明末战乱时期，在朝代更迭之际，计成潜心总结前人和自己的造园经验，创立造园学说，著书以流传后世。面对纷繁复杂的政治斗争，计成有着自己的态度和看法，并将自己对待人生的态度融入了园林建造中，在《园冶·江湖地》中发出了“寻闲是福，知享即仙”的感慨。了解作者的生平经历、时代背景，就更能理解作者在作品中注入的情感、观点和态度。

3.1.3 文学欣赏角度

中国古代诗文的文学性主要体现在音韵、意象、意境、语言的锤炼、章法的考究等方面。丰富的文学意象和精妙的遣词用字中蕴含了中国传统的审美特质和审美文化。《园冶》用诗化的语言展现了丰富的园林意象、营造了富有中国审美特色的园林意境。在教学中，引导学生品读文字，运用联想与想象，将园林要素与古典诗词进行勾连，激活自己的审美经验，获得对园林之美的理解和感悟，领略作品的艺术魅力。

3.1.4 文化传承角度

朱自清说：“经典训练的价值不在实用，而在文化。”[3]园林经典文献也是优秀传统文化的载体，学习经典文献，最终要实现文化的传承和反思。《园冶》一书中有作者对造园思想和造园理念的表达。比如《园冶·园说》中提到造园应遵守“虽由人作，宛自天开”的原则。园林建造就是造园者利用造物的方法，使天地万物能为人所用，最终达到人造如天然的境界。这是造园艺术的根本，作者在阐述园林各要素的建造时同样遵循着这条原则。这样的原则和理念与“天人合一”的传统哲学思想相契合，反映了古代匠人通达的智慧。学生在理解作品的文化内涵和民族智慧的同时，也要看到作者对职业的专注和热爱，并将这样的职业情怀牵引到现实的职业学习中。

3.2 教学策略

3.2.1 诵读激趣

朗诵在经典文学作品，尤其是古文占比较大的园林经典文献的学习中尤为重要。在学习《园冶》之前，我们鼓励学生先进行诵读。清代张裕钊提出了“因声求气”说，“欲学古人之文，其始在因生以求气，得其气，则意与辞往往因之而并显”。[4]诵读符合《园冶》这种骈散文的文体特点，学生通过诵读能够感受汉语言的韵律之美，对激发学习兴趣，涵养性灵有很大帮助，而且有助于学生体会文本的涵义，减少文言文学习的畏难情绪。

3.2.2 创设情境

有意义的学习要放到情境中进行。文言文与我们的现代生活有隔离感，学生读起来感到陌生，可以通过创设生活情景、职业情境，将阅读任务蕴含在情境中。

以《园说》教学为例。《园说》部分作者用了文学的笔触将大量理论知识呈现给读者，教师指导学生理解文字内涵时，借助生活中现实的园林场景，设置图文互解任务，引导学生在文中选择与园林景色相匹配的语句，从而帮助学体会作品的真实感和笔法功力。

作者在写作过程中引用、化用大量诗文典故，除了图文互解之外，我们还设计了配诗文和配鉴赏两项任务，设计《园冶》展览的情境，要求学生以设计者的身份，为展区的图片配诗文鉴赏。这些图片都是与文本中的园林意象、文学典故相关的内容。这一环节旨在让学生理解原文表达的文学背景，体会文字的诗歌意境和内涵，从视觉体验回到文字层面，让学生用自己的语言将之前的情感体验表达出来，实现语言的输出，促进学生语言理解和表达能力的提升。

3.2.3 读写结合

阅读的积累最终要实现表达的输出。写作就是对思想情感梳理的过程，是将阅读所得进行内化加工的过程。通过设计写作任务，将阅读与写作相结合，最终实现《园冶》的阅读成果转化。如：读完本书，你如何看待“三分匠，七分主人”这个观点？计成在《园冶·相地》中说：“旧园妙于翻建，自然古木繁花。如方如圆，似偏似曲；如长弯而环璧，似偏阔以铺云。”红楼梦第十七回《大观园试才题对额，荣国府归省庆元宵》中，贾宝玉题大观园：“编新不如述旧，刻古终胜雕今”。请结合上述材料谈谈你对当今时代仿古、翻建的理解。结合计成的造园理论，选一座你喜欢的园林或园林建筑，试着用文字描绘他们，写出你的感受。分析计成能够创作出《园冶》这部经典著作的原因。

3.2.4　方法突破

“授人以鱼不如授人以渔”，利用课堂教学不可能将全书内容做细致分析。课上通过对重点章节进行重点突破，在阅读方法上给予指导和训练，帮助学生开展自主阅读，拓展延伸同类作品阅读。

一般来说，不同文类有相应的篇章结构和语言特征，了解同类文章的结构特征，可以更好地理解主旨、把握作者观点、提取信息。计成创作《园冶》目的是告诉后人如何建造园林，以理论来指导实践。作者在介绍造园原则时，既有总纲也有细化的分类，有一定的逻辑关系，而文献编排是按卷一、卷二、卷三来划分的内容，单从目录上看，学生可能对章节之间的关系产生困惑，为了帮助学生了解文本的结构特点，并借助这一特点顺利开展阅读实践，我们设计了三个阅读任务。学生以小组为单位根据提示，将不同组织方式的标志性内容从原文中摘录出来。三个任务的设计层层递进，逐步加大难度。任务一给学生提供的信息较多，学生只需要根据指示找出原文对应的句子，目的在于帮助学生理解什么是文本组织方式。在理解了组织方式之后，学生转入任务二的学习，提示信息随之减少，难度有所提升，要求学生独立阅读，目的是训练学生借助辅助信息进行相对独立的阅读。任务三则完全去除辅助手段，让学生独立阅读《立基》部分，分析组织方式，描述章节内容，并找出标志性内容。

园林经典文献是中国传统文化的载体之一，挖掘园林经典文献的语文元素，针对园林专业学生开展阅读与鉴赏，可以帮助学生在文字的感知中发现园林文化的魅力，树立阅读园林经典文献的信心。从经典阅读中获得审美体验，在匠心之作中培育职业情感。

参考文献

[1] 张米娜．传统园林与古文学的珠璧交辉——评园林古籍《园冶》[J]. 中国果树，2019（6）.

[2] 魏本亚．台湾文言文教学的守正与出新 [J]. 语文建设，2014（9）.

[3] 朱自清．经典常谈 [M]. 桂林：漓江出版社，2012.

[4] 张裕钊．张裕钊诗文集 [M]. 上海：上海古籍出版社，2007.

景山公园老龄牡丹养护管理措施的研究

景山公园/高 岚 孟 媛 宋 愷 邓 硕 周明洁 张燕萍

摘 要：观测景山公园老龄牡丹生长情况，收集18个老龄牡丹品种，记录101株老龄牡丹资料，建立景山公园老龄牡丹档案，建设公园老龄牡丹种植资源圃，形成老龄牡丹移栽方法，规划资源圃内移栽牡丹方案。针对老龄牡丹生长势弱，易出现抗性弱、花色退化、枝干回缩等问题，形成公园老龄牡丹养护管理方法。

关键词：老龄牡丹；调查；移栽；养护管理方法

牡丹，花色泽艳丽、富丽堂皇，素有“花中之王”的美誉，因牡丹花大而香，故又有“国色天香”之称。景山牡丹自1957年从山东菏泽引进牡丹[1]，到目前已有60多年的栽培历史。现在公园有牡丹近两万株，500多个品种。

牡丹从种子萌芽开始，直到死亡，在其一生的生命活动中，都要经历生长、开花、结实、衰老、更新和死亡的过程，这一过程称为生命周期[2]。牡丹植株发育按照年龄时期可划分为幼年期、成年期、衰老期。幼年阶段，又称为童期，这一时期难以诱导开花。成年阶段，只要环境条件适合，即可开花结果[3]。栽植40年以上的植株被称为老龄牡丹。

1 景山公园老龄牡丹档案建立

1.1 景山公园老龄牡丹种质资源调查

经过3年的调查与整理，共调查景山公园东门牡丹园837株牡丹，其中株龄在40年以上、生长进入缓慢期的老龄牡丹有101株，94株已确定品种，尚有7株品种未确定，还需继续调查，景山公园现有老龄牡丹品种名录如表1所示。

景山公园现有老龄牡丹品种名录　　表1

花型	品种名称							
单瓣型	多头蓝	凤丹						
荷花型	墨洒金	似荷莲	朱砂垒	古斑同春	酒醉杨妃			
蔷薇型	二乔	乌龙捧盛	洛阳红					
千层台阁型	脂红	胜葛巾	卷叶红	贵妃插翠				
托桂型	青龙卧墨池							
皇冠型	姚黄	赵粉	银粉金鳞	胡红	首案红	姚黄	白玉	彩绘
楼子台阁型	璎珞宝珠	盛丹炉						

1.2 景山公园老龄牡丹品种现状

1.2.1 景山公园老龄牡丹调查

景山公园老龄牡丹多分布在东门两个牡丹园内，规则式种植，其中小牡丹地有老龄牡丹34株，大牡丹地株，共67株老龄牡丹。在确定品种的94株牡丹中，花型以皇冠型为主，花色以雪青色、红色、粉色为主，'首案红''盛丹炉''银粉金鳞''古斑同春''乌龙捧盛''彩绘''多头蓝'长势较好，'胡红''洛阳红''二乔'等品种出现长势较弱的情况，主要表现为成花率较低，花芽在春季易受低温影响，夏季叶片在高温下易出现黄叶、焦叶的现象，易感染病虫害，主枝易出现枯死枝。景山公园老龄牡丹调查情况如表2所示。

景山公园现有老龄牡丹品种调查　　表2

品种名	小牡丹地数量（株）	大牡丹地数量（株）	总数量（株）	花型	花色	株型	花期	长势情况
首案红	—	2	2	皇冠型	红色	直立	中开花	1株长势较好，1株一般
胡红	—	1	1	皇冠型，有时呈荷花型或拖桂型	红色	半开展	晚开花	长势较弱
酒醉杨妃	—	2	2	荷花型或拖桂型，偶呈皇冠型	紫色	半开展或开展	中开花	2株长势较好，1株较弱
脂红	—	2	2	千层台阁型	红色	开展	中开花	2株长势一般
盛丹炉	3	5	8	楼子台阁型	粉色	开展	晚开花	8株长势较好
银粉金鳞	—	1	1	皇冠型	粉色	开展	晚开花	长势较好
古斑同春	—	2	2	荷花型	粉色	直立	中开花	2株长势较好
赵粉	2	2	4	皇冠型，有时呈金环型、拖桂型或荷花型	粉色	开展	早开花	2株长势较好，1株一般，1株较弱
洛阳红	6	9	15	蔷薇型	紫色	直立	中开花	8株长势较好，4株一般，3株较弱
乌龙捧盛	6	10	16	蔷薇型	紫色	半开展	中开花	16株长势较好
朱砂垒	3	8	11	荷花型	紫色	半开展	早开花	10株长势较好，1株一般
彩绘	1	1	2	皇冠型	雪青色	半开展	早开花	2株长势较好
多头蓝	—	1	1	单瓣型	雪青色	直立	早开花	长势较好
青龙卧墨池	1	4	5	拖桂型，偶成皇冠型	黑色	半开展	中开花	4株长势较好，1株较弱
姚黄	2	4	6	皇冠型，或金环型	黄色	直立	中开花	3株长势较好，1株一般，2株较弱
二乔	2	2	4	蔷薇型	复色	直立	中开花	1株长势较好，1株一般，2株较弱
凤丹	—	1	1	单瓣型	白色	直立	早开花	长势较好
墨洒金	—	1	1	荷花型	墨色	开展	中开花	长势一般
似荷莲	1	1	2	荷花型	紫色	直立	中开花	长势较好
胜葛巾	2	—	2	千层台阁型	雪青色	半开展	中开花	2株长势较好
贵妃插翠	—	2	2	千层台阁型	雪青色	半开展	晚开花	长势较好
卷叶红	1	—	1	千层台阁型	红色	半开展	中开花	长势较好
白玉	—	2	2	皇冠型	白色	半开展	中开花	长势较好
璎珞宝珠	1	—	1	楼子台阁型	粉色	半开展	中开花	长势一般
未知品种	3	4	7	—	—	—	—	3棵长势较好，3棵较弱
总数量	34	67	101					

图 1 ‘青龙卧墨池’长势较好的情况

图 2 ‘青龙卧墨池’长势较弱的情况

长势情况说明：长势较好：开花正常，花后叶片正常，花芽发育正常，枝条生长正常。长势一般：开花正常，花后叶片会出现黄叶情况，花芽有败育现象，枝条生长正常。长势较弱：开花成花率不高，花后叶片易出现黄叶、焦叶情况，花芽遇低温发育不正常，枝条易出现枯死枝（图 1、图 2）。

景山公园 2020 年 4 月 10 日，牡丹开始开放，老龄牡丹 4 月 13 日开始开放，4 月 20 日左右进入盛花期，比公园其他区域中原牡丹品种进入盛花期晚了 5 天左右（图 3、图 4）。

景山公园现有老龄牡丹生长花期观测（2020 年） 表 3

品种	盛花期（月 / 日）	花径（横径 × 高度）（cm × cm）	整株花期（天）
首案红	4.20	16 × 9	7 ~ 10
胡红	4.23	15 × 6	8
酒醉杨妃	4.17	19 × 9	5 ~ 7
脂红	4.18	17 × 5	5 ~ 7
盛丹炉	4.20	15 × 11	7 ~ 10
银粉金鳞	4.20	15 × 9	6
古班同春	4.19	20 × 6	5 ~ 6
赵粉	4.15	17 × 14	6 ~ 8
洛阳红	4.19	16 × 8	7 ~ 10
乌龙捧盛	4.19	15 × 7	7 ~ 10
朱砂垒	4.18	20 × 8	6 ~ 9
彩绘	4.15	16 × 10	5 ~ 6
多头蓝	4.14	15 × 3.5	5
青龙卧墨池	4.19	16 × 7	6 ~ 9
姚黄	4.20	15 × 10	6 ~ 9
二乔	4.19	14 × 12	7 ~ 10
凤丹	4.14	14 × 6	8
墨洒金	4.19	15 × 4	6
似荷莲	4.19	20 × 7	7 ~ 8
胜葛巾	4.20	19 × 10	5 ~ 8
贵妃插翠	4.21	19 × 11	5 ~ 6
卷叶红	4.15	17 × 12	6
白玉	4.18	17 × 8	6 ~ 7
璎珞宝珠	4.21	13 × 8	6

图 3 老龄牡丹花芽

图 4　牡丹园盛花期

1.2.2　景山公园老龄牡丹种质资源圃的建立

通过 3 年对公园老龄牡丹情况的调查，公园的老龄牡丹迫切需要进行收集与保护，园内的牡丹随着时间推移，越来越多的牡丹即将步入老龄时期，生长即将缓慢，公园众多牡丹会进入更新换代的时期。公园东门牡丹园内，现有老龄牡丹 101 株，可以将此景区作为公园老龄牡丹种质资源圃进行建设。继续逐年收集资源圃内老龄牡丹的信息并录入档案，对每株牡丹进行精细管理。

景山公园老龄牡丹种质资源圃的建立主要用于保护公园内的老龄牡丹，定期改善牡丹的生长环境，复壮牡丹长势，对生长势弱的、已影响观赏性的老龄牡丹进行更新替换。收集老龄牡丹种质资源，利用嫁接的手段对老龄牡丹资源进行扩繁。

2　老龄牡丹养护管理措施

2.1　移栽老龄牡丹的方法

2.1.1　牡丹移栽前准备工作

（1）方案准备

公园内移栽需要调查被移栽牡丹的生长习性、生物学特性，仔细记录其适应环境状况，以便控制牡丹移栽过程中的环境因子[4]。

（2）移栽牡丹的挑选

在公园内牡丹密植的地方，选择适宜挖出的牡丹进行移栽。牡丹移栽后，原有的地方要及时进行补植，不影响牡丹地块的观赏效果。

（3）工具和人员准备

选择适宜装卸牡丹的车，在移栽过程中要轻拿轻放，避免损伤牡丹根。铁锹、花剪、钳子、无纺布、绳子等工具要事先准备好[5]。人员上需要 3 ～ 4 人挖刨牡丹，2 ～ 3 人运输（图 5）。

图 5　挖牡丹

（4）种植穴的准备

提前要对移植牡丹的环境进行土壤改良，一般种植穴要挖到 80cm 深以上，直径在 50cm 以上，保证移栽牡丹的土球可以直接栽种于种植穴。种植穴内的土壤要提前进行晾晒，加入草炭等疏松的基质改善土壤的通透性（图 6）。

图 6　牡丹种植穴

2.1.2　牡丹移栽的技术要点

（1）牡丹移出时的技术要点

修剪牡丹叶片。在牡丹移栽的过程中，要带土球移栽，并且尽可能增加土球的体积，减少伤根。移栽时尽量带土

球移植，保证土球完好，土球大小比例为株高∶土球=2∶1，起苗前用草绳将枝条缠绕，防止碰断枝条和芽；起苗过程中，发现有大的根系尽量不要截断，适当增加土球体积，尽量保留全根（图7）。

图7　修剪牡丹叶片

（2）牡丹移栽技术要点

牡丹移栽时要轻拿轻放，用粗绳子控制牡丹位置，将牡丹摆正后，再打开土球。一手提根颈处，一手将植株根系向四周分散开，使根系舒展，向穴内填土，坑穴内土填到一半时，轻轻向上提一提苗木，并左右、上下轻微摇动，使根系与穴内土壤充分接触，再一边回填土、一边用双手拇指和食指在根系周围压实土壤，待土回填满，用木棍或铁锹把将植株周围捣实，只有苗木根系与土壤接触密实，才能提高成活率。压而不实容易出现"吊死"现象。栽培后，再在植株周围用土覆盖，高度一般为20cm，以利越冬防寒。

2.1.3　牡丹栽后管理的技术要点

牡丹在施肥时要坚持少施勤施的原则，肥量不宜过多，老龄牡丹代谢缓慢，输送水分和养分相对较慢，必须薄肥勤施，不得浓液追肥。对于老龄牡丹的修剪是养护管理中比较关键的技术操作，为了不影响开花效果和通风透光，一般留芽不能过多、过密。由于老龄牡丹抗病能力降低，所以在日常中更重要精心管理，兼顾加强病虫害防治且茎、叶、根防护，是保证老龄牡丹健康成长的重要措施。

老龄牡丹应加强保护，最好的方法是原地保护，要尽量减少和避免移栽次数，减少不可挽回的损失。进行必要老龄牡丹移栽，要科学系统地制定移栽方案及栽后养护管理，确保移栽成活率。同时，尽量避免跨气候带、不适宜生长地区间移栽，否则要建立人为气候干涉设施，满足牡丹生长。老龄牡丹移栽工作是阶段性的，后期养护工作非常重要，并要长期坚持。老龄牡丹再生能力弱，可塑性较差，若得不到很好的管护，会逐年丧失生机、枝干回缩，观赏性降低。

移栽牡丹是一项管理性、专业性、系统性强的工作，必须从移栽前准备、移栽时技术指导和移栽后管理等方面入手，找到关键性技术要素，形成一套完整的技术体系，进而实现牡丹移栽的高成活率。

2.2　老龄牡丹栽培管理措施

2.2.1　景山公园老龄牡丹

在公园众多牡丹品种中，最吸引游客瞩目的就是景山公园东门的牡丹园。展区内的牡丹均是各地引进的珍品牡丹，因"花大、色艳、株高、龄长"而名冠京华。'姚黄'瓣似着蜡，金黄绚丽；'二乔'花色奇异；'酒醉杨妃'艳若童面；黑牡丹'青龙卧墨池'更是别具风姿[6, 7]；各种牡丹汇聚一堂，多姿多彩。

2.2.2　景山公园老龄牡丹修剪

老龄牡丹在修剪上不能留芽过多过密，过多过密会影响开花效果，而且还影响通风透光，加大消耗。因此，对于老龄牡丹的修剪是养护管理中比较关键的技术操作。一般来说，老龄牡丹与壮龄牡丹相同，在三月中、下旬进行第一遍修剪。首先对老枝条上的花芽进行选择。因为老龄牡丹具有独特的欣赏价值，所以老条应尽量给予保留。对生长势较弱、影响观赏的枝条进行剪除。如果老龄牡丹的枝条过于衰弱，应对根部萌发的萌蘖予以适当保留，根据老条位置及整体株形，留第一茬个别粗壮的萌蘖，以备更新，其余全部剪除。此次修剪时如萌蘖未出，则修剪时间适当延后，待萌蘖钻出后再行修剪。

第二遍修剪对老龄牡丹非常重要，这次修剪距离第一遍修剪间隔时间不宜过长。这一遍根据植株长势对弱条弱芽进行剪除。对老龄牡丹来说，由于枝条老龄化，养分运输不足，此时的顶芽在春季环境下发育不充分，因而可以选择次芽进行保留最佳。

第三遍修剪一般在五月底六月初进行，在这时除了保留的萌蘖后，把剩下的萌蘖全部剔除，以达到节省养分、减少消耗、以利通风的目的。

另外，开过花的植株，应及时剪去残花，不使其结实，以免徒耗养分。

入冬前，浇完冻水后，还应当剪去全部叶子，留3～4cm叶柄，保护鳞芽。

2.2.3　景山公园老龄牡丹水肥管理

牡丹虽有喜燥恶湿的习性，但生长发育过程中要消耗大量水分和养分。为取得良好的栽培效果，适时、适量施肥浇水非常重要。景山一般以施有机肥为主，在春季结合每次修剪都要把水肥浇透施足，直到开花前两周为止。花后为了补充开花消耗的养分，同时由于花后进入牡丹的花芽分化阶段，还要进行一次施肥浇水，以恢复植株的生长势促进花芽分化能够充分地顺利进行。9～10月份植株地上部分停止生长，结合浇冻水可施肥一次。越冬前施肥有一定的防寒作用，同时补充土壤肥分，为翌春的萌芽生长提供营养物质。除炎热的夏天之外的其他时间，可根据植株的生长情况结合浇水追施稀薄的液肥和叶面喷施复合肥，会使其生长更佳。

2.2.4　景山公园老龄牡丹越夏

（1）中耕除草

牡丹具有喜凉恶热、宜燥惧湿的习性，为使牡丹安全越夏，中耕锄草是栽培管理的重要措施。经常中耕锄草可以改善土壤的通气状况和调节土壤的水分状况。以满足牡丹根系对土壤空气的需求。土壤过湿时，中耕可以加速水分蒸发；而土壤较干时，中耕又可以保墒，固持水分。在春季就要按照“锄小锄净”的原则及时中耕锄草。进入七八月份，天气闷热雨勤，杂草滋生快，更要勤锄、锄净，以通气、透光、防阴湿，防止植株生长衰弱和出现病虫害。一般春天中耕宜深，以保墒防旱，深度应达 10cm；而夏天主要为锄草排湿，应浅锄，一般深度在 5cm 左右。

（2）雨季排涝

牡丹是肉质根，在高温多雨的夏季，即使是短期积水也会造成严重损失，轻者伤根黄叶，重者烂根，枝叶枯死。为了排涝，在雨季到来之前，在牡丹养殖地内挖排水沟，每畦扒排水口，保证雨后畦内不积水，同时雨后及时中耕。

（3）病虫害防治

促使牡丹安全越夏的另一措施是病虫害防治。根据我们多年的观察与实践，牡丹开花后特别是进入雨季，极易感染病虫害。因为雨季空气潮湿、闷热，通风条件差，有利于病虫害的滋生，为了防止病虫害的发生，加强栽培管理，栽植密度要适度，雨季注意及时中耕，保持土壤干燥。少用或不用氮肥，增加磷钾肥及中微量元素的使用，强壮树势。景山公园牡丹主要病虫害发生期、症状和防治方法如表 4 所示。

景山公园牡丹主要病虫害发生期、症状和防治方法　　**表 4**

病虫害名称	发生期和症状	生物防治方法	物理防治方法	化学防治方法
褐斑病	5～9月，特别是 7、8 月，为害叶片，出现近圆形的褐色小斑点，发病严重时造成叶片脱落	少用或不用氮肥，增加磷钾肥及中微量元素的使用，强壮树势，达到延缓早衰，保叶促根壮根的作用	加强栽培管理，栽植密度要适度，雨季注意及时中耕，保持土壤干燥	吡唑醚菌酯进行叶面喷雾，间隔 7～10 天防治 1 次
根结线虫病	4～9月，为害牡丹根系最重要病害。发病严重时，牡丹叶片 8～9 月全部脱落	建议灌根，达到延缓早衰，保叶促根壮根的作用	秋季移植时摘除虫瘿瘤，为害严重时进行轮作，3～4 周深翻一次，使线虫干旱、暴晒致死	哈茨·淡紫紫孢菌＋水溶肥冲施，间隔 20～30 天二次冲施；3.5% 阿维·噻唑膦颗粒剂－盈辉快线（800～1500 倍灌根或 1000mL）＋水溶肥／生物菌剂冲施，间隔 20～30 天二次冲施
蚧壳虫	7～9月，老龄牡丹容易上虫，产卵时群聚叶背或嫩梢上为害，严重时叶及枝梢枯萎		用软刷轻刷，剪除为害枝条、叶片	使用高渗苯氧威或高氯噻虫嗪喷施为害枝条及叶面
红蜘蛛	7～8月，一年繁殖十几代，叶片为害严重，致使叶片枯黄脱落	1 只捕食螨一生能捕食 300～500 只红蜘蛛，同时也吸食害螨虫卵，可有效地控制红蜘蛛为害		使用阿维螺螨酯、阿维菌素、克螨特等喷施虫害植株
刺蛾	7～8月，幼虫为害严重，致使牡丹叶片残缺不全	生物农药杀螟杆菌／白僵苗 1000～1500 倍液叶面喷雾	灯光诱杀。加强虫情测报，当虫情严重时，在 7～8 月第 1 代成虫期或 5～6 月第 2 代成虫期，用频振式杀虫灯诱杀成虫	在幼虫发生期，用 25% 灭幼脲 3 号悬浮剂 1500 倍液叶面喷雾防治
蛴螬	4～9月，为害根颈部位，严重时可使全株死亡	应用杀虫性线虫 利用土蜂防治蛴螬。 利用金龟长喙寄蝇	利用成虫的趋光性，在其盛发期用黑光灯或黑绿单管双光灯（发出一半黑光一半绿光）诱杀成虫	绿僵菌颗粒剂埋施，或用土杀等药剂结合浇水灌根
美国白蛾	4～9月	天敌——周氏啮小蜂一般在北方发生在 5 月下旬至 7 月下旬和 8 月上旬至 9 月 9 中旬以及 9 月下旬至 11 月，共 3 代。以 8 月中旬为第 2 代幼虫危害，为全年最为严重。 在美国白蛾老熟幼虫期至蛹期，释放白蛾周氏啮小蜂释放密度为虫口密度的 3 倍	秋季（10 月中旬）树干基部扎草把收集虫蛹，然后烧毁	华北地区 4 月底出现第一代幼虫，叶面喷施 25% 灭幼脲 3 号悬浮剂（抑制幼虫蜕皮）1000 倍或 4.5% 高效氯氰菊酯 800 倍叶面喷雾，局部出现时可人工剪除网幕，集中烧毁

2.2.5　景山公园老龄牡丹防寒越冬

为了确保牡丹安全越冬，在霜降前后浇一遍冻水，最好结合浇冻水施一些有机肥，这样能提高牡丹的抗寒能力。立冬前将牡丹用土培上，如冬天干旱风多可在西北面加设风障，由于景山部分牡丹植株高大，只能在基部培土，而老枝外露。越冬时老枝干死，可用新枝更新。经过多年实践，采取此种培土方法防寒效果好。

3　结论

收集观察公园老龄牡丹 101 株，完成收集牡丹的档案建设。

完成老龄牡丹移栽和养护管理措施方法的制定，公园在管理现有老龄牡丹时按照该方法执行。

通过建立老龄牡丹种质资源圃，展现牡丹各品种的观赏价值，展示牡丹的个体及群体效果；精心设计牡丹文化载体，突出表现牡丹文化内涵，让游人在观赏过程中有所启迪与感悟。在收集和调查牡丹品种的同时，应该深入挖掘有关的诗词歌赋、神话传说、历史名人与牡丹逸事，以及重要品种的历史渊源，增加资源圃的文化底蕴。可以通过制作展示牌、公园官网、公众号、展板、科普活动，宣传老龄牡丹。

老龄牡丹最好的保护方法是原地保护，尽量减少和避免多次移栽。进行必要老龄牡丹移栽，要科学系统地制定移栽方案及栽后养护管理，确保移栽成活率。老龄牡丹移栽工作是阶段性的，后期养护工作非常重要，并要长期坚持。建立公园牡丹移栽计划，有序的对公园老龄牡丹种质资源圃进行移栽。加强老龄牡丹的养护管理措施，尤其是通过对老龄牡丹的修剪，改变牡丹现有的长势，维持老龄牡丹的生长活力。牡丹也有生老病死，如何维持公园现有老龄牡丹的景观是今后工作的重点。

参考文献

[1] 北京市景山公园管理处 . 太景山公园 [M]. 北京 ：中国林业出版社，2008.

[2] 中国牡丹全书编纂委员会 . 中国牡丹全书 [M]. 北京 ：中国科学技术出版社，2002.

[3] 李嘉珏 . 中国牡丹起源的研究 [J]. 北京林业大学学报，1998（3）：22-26.

[4] 郭亚珍，王二强，庞静静，卢林 . 古牡丹移栽技术探讨 [J]. 中国园艺文摘，2013（5）：168，177.

[5] 胡军，彭正飞 . 古牡丹复壮养护 [J]. 园林 . 2003（11）：38-39.

[6] 中国人民政治协商会议全国委员会教科文体委员会，等 . 中国牡丹文化（洛阳）高峰论坛文集 [M]. 郑州：大象出版社，2010.

[7] 戴松成 . 国花牡丹档案 [M]. 开封 ：河南大学出版社，2008.